Eugen Richter

Das preussische Staatsschuldenwesen und die preussischen Staatspapiere

Eugen Richter

Das preussische Staatsschuldenwesen und die preussischen Staatspapiere

ISBN/EAN: 9783743444997

Hergestellt in Europa, USA, Kanada, Australien, Japan

Cover: Foto ©Suzi / pixelio.de

Manufactured and distributed by brebook publishing software (www.brebook.com)

Eugen Richter

Das preussische Staatsschuldenwesen und die preussischen Staatspapiere

Das

Preussische Staatsschuldenwesen

und die

Preussischen Staatspapiere.

Von

Eugen Richter

Mitglied des Hauses der Abgeordneten.

BRESLAU

Maruschke & Berendt

1869.

Vorrede.

Vollständige Oeffentlichkeit der Finanzverhältnisse des Staats und allgemein verbreitete Kenntniss über dieselben sind Grundbedingungen einer wohlfeilen parlamentarischen Regierung. Wo diese fehlen, vermag die Kunst der Zahlengruppirung gar leicht das Land und seine Vertreter irrezuführen. Liegt daran, gewisse Ausgaben bewilligt zu erhalten, so kommt eine Fülle von Geld in der Staatskasse zur Erscheinung, während umgekehrt, wenn es sich um die Bewilligung neuer Steuern handelt, das Kaleidoskop wachsende Deficits im Staatshaushalt zeigt. Hat man sich dann zuerst durch den anscheinenden Ueberfluss zur Bewilligung jener Ausgaben bestimmen lassen, so soll nun die Consequenz zur Bewilligung der angeblich dafür mangelnden Einnahmen zwingen. Die neuen Steuern ergeben dann wieder Ueberschüsse zur Bestreitung neuer Ausgaben, und so treiben fort und fort die Steuern die Staatsbedürfnisse und die Staatsbedürfnisse wieder die Steuern in die Höhe, ohne dass sich ein Ende dieser Schraube absehen liesse.

Die dicken Quartbände, welche in Preussen alljährlich über die Finanzlage des Staats veröffentlicht werden, sind nach ihrer geringen Verbreitung und ihrer ganzen Anlage wenig geeignet, im Lande Klarheit über die Finanzlage und Verständniss der Finanzverhältnisse herbeizuführen. Es steckt zwar viel Material in diesen Etatsanlagen und Rechnungen, aber dasselbe ist wie der Preussische Staatshaushaltsetat überhaupt nicht übersichtlich geordnet und setzt für das richtige Verständniss weit mehr Kenntnisse voraus, als man bei Jemanden, der nicht gerade berufsmässig sich mit diesen Dingen befasst, erwarten kann. Während der zweiundzwanzig Jahre, dass in Preussen die Finanzen Gegenstand parlamentarischer Verhandlungen sind, hat nur Reden den Versuch einer Bearbeitung dieser parlamentarischen Drucksachen gemacht. Bei dem kurzen Auszuge aus denselben in dem 1856 erschienenen zweiten Bande von Reden's allgemeiner Finanzstatistik ist es dann geblieben. Auch Bergius' kursorische Darstellung Preussischer Finanzverhältnisse in seinen Grundsätzen der Finanzwissenschaft ist durch die Ereignisse des Jahres 1866 veraltet. Im Uebrigen beschränkt sich die neuere Preussische Finanzlitteratur, von einigen historischen Schriften abgesehen, auf Gelegenheitsbroschüren über finanzpolitische Tagesfragen. Im Gegensatze zum Preussischen ist das Finanzwesen anderer Staaten längst in Deutschland Gegenstand eingehender wissenschaftlicher Darstellung geworden; wir verweisen nur auf Hock's treffliche Bücher über die Finanzen von Frankreich und Nordamerika, Lehzen's Darstellung des Hannoverschen Staatshaushalts, Regenauer's Darstellung des Badischen Staatshaushalts u. s. w.

Das vorliegende Buch soll einen Anfang machen, dem Mangel einer historisch-statistischen, staatsrechtlichen und kritischen Darstellung des Preussischen Finanzwesens abzuhelfen. Ich beginne mit einer Darstellung des Staatsschuldenwesens, weil dieser Theil der Finanzverwaltung die Vergangenheit des Staates mit der Gegenwart vorzugsweise verbindet; auch stehen im Gebiete des Schuldenwesens für die nächste Zeit so durchgreifende Veränderungen nicht in Aussicht, wie sie für andere Theile der Finanzverwaltung insbesondere durch die weitere Ausbildung des Norddeutschen Bundes bedingt werden. Bei entsprechender Musse beabsichtige ich später eine Darstellung der Einnahmequellen und eine Darstellung der Verwaltungsausgaben des Preussischen Staates folgen zu lassen; jeder dieser folgenden Bände soll aber ebenso wie die vorliegende Darstellung des Staatsschuldenwesens ein für sich abgeschlossenes Ganze bilden.

Dieses Buch zerfällt in fünf Theile. Der erste Theil schildert in der Geschichte des Staatsschuldenwesens den Zusammenhang der Kreditoperationen mit der gesammten Finanzpolitik und erweitert sich dadurch zu einer Skizze der Preussischen Finanzgeschichte überhaupt. Insbesondere habe ich den Passivis des Staats überall die werbenden Activen gegenübergestellt, weil für die verschiedenen Zeitalter sich nur aus der Bilanz der beiden ein richtiges Urtheil über die Grösse der Staatsschuld wie über die Finanzlage überhaupt ergiebt. Die Nichtbeachtung dessen trägt auch wesentlich die Schuld an der vielfach herrschenden pessimistischen Auffassung der gegenwärtigen Preussischen Finanzlage. Eine vollständige Bilanz dagegen zeigt, wie die Finanzpolitik von 1848 an bis auf die neuesten Steuerprojecte fortgesetzt auf Kapitalisirung von Vermögen für den Staat gerichtet ist.

Der zweite Theil stellt das Verhältniss der Landesvertretung zum Staatsschuldenwesen dar, sowohl in älterer Zeit, als wie es sich seit der Verfassungs-Urkunde von 1850 ausgebildet hat.

Der dritte und vierte Theil schildern zusammen die Formen, in welchen der Preussische Staat zur Zeit Kredit beansprucht. Der dritte Theil stellt die Verpflichtungen des Staats gegen die Gläubiger dar und vergleicht die verschiedenen Gattungen der Staatspapiere in Bezug auf die einzelnen Seiten des Schuldverhältnisses, Entstehung, Rückzahlung, Verzinsung u. s. w. Der vierte Theil widmet jeder einzelnen Gattung der Preussischen Staatspapiere eine besondere Beschreibung.

Die ausführliche Darstellung im dritten und vierten Theil soll das Buch auch für den Geschäftsverkehr mit Preussischen Staatspapieren praktisch brauchbar machen. In den dafür vorhandenen Börsenkalendern fehlen nämlich einmal die allgemeineren Bestimmungen über Preussische Staatspapiere, sodann auch alle Daten über die zahlreichen Hannoverschen, Kurhessischen, Nassauischen, Frankfurter u. s. w. Papiere, welche neuerdings den Charakter Preussischer Staatspapiere erhalten haben. Die vollständige Beschreibung der letzteren ist mir nur möglich geworden durch die

von der Hauptverwaltung der Staatsschulden mir bereitwilligst ertheilte Erlaubniss, für die Zwecke dieses Buches von ihren Akten
Einsicht zu nehmen.

Der fünfte und letzte Theil des Buches enthält eine kurze
Schilderung der Verwaltung der Staatsschulden.

Die Darstellung des Französischen, Englischen oder Amerikanischen Staatsschuldenwesens würde ein Buch von dem Umfange
des vorliegenden nicht erforderlich machen. Dass die soviel kleinere
Preussische Staatsschuld eine solche Beschreibung erheischt, beweist deutlicher, als ich es im Werke selbst darlegen konnte,
wie dringend im Interesse des Staatskredits eine Vereinfachung
des Preussischen Staatsschuldenwesens durch Consolidation der
verschiedenen Gattungen von Staatspapieren geboten erscheint.

Einen besseren Wunsch kann ich daher diesem Buche nicht
mit auf den Weg geben, als dass es dazu beitragen möchte, diese
Consolidation bald herbeizuführen, sei es auch auf die Gefahr hin,
selbst dadurch zu veralten.

Berlin, im September 1869.

Eugen Richter.

Inhaltsverzeichniss.

———

II. Kapitel.
Die Gesetzgebung über die Staatsschulden.

III. Kapitel.
Die Entstehung der Schulden.

IV. Kapitel.
Die Schuldbeträge.

V. Kapitel.
Die Person der Gläubiger.
Erster Titel.

Zweiter Titel.

Dritter Titel.
Die Inhaberpapiere insbesondere.

Vierter Titel.

VI. Kapitel.
Die Rückzahlung der Schulden.
Erster Titel.

Zweiter Titel.
Die Hauptarten der Rückzahlungsbedingungen.
Erstes Stück.
Die Schulden, welche jährlich mit einem gewissen Mini-
malbetrag getilgt werden müssen.

Zweites Stück.

Die schwebenden Schulden.

Dritter Titel.

VII. Kapitel.

Die Verzinsung der Schulden.

Erster Titel.

Der Zinsbetrag.

Zweiter Titel.

Dritter Titel.

Vierter Titel.

VIII. Kapitel.

IX. Kapitel.

Vierter Theil.
Die einzelnen Gattungen der Staatsschulden.
I. Kapitel.
Die von der Hauptverwaltung der Staatsschulden ressortirenden Schulden.
Erster Titel.
Die Schulden der alten Landestheile und die nach 1866 von der Hauptverwaltung ausgefertigten Schuldverschreibungen.

Zweiter Titel.
Die vormals Hannoverschen Schulden.

Dritter Titel.
Die vormals Kurhessischen Schulden.

Berichtigungen.

Seite 70 Zeile 4 v. u. statt 22 Sgr. lies 20 Sgr. 6 Pf.
„ 70 „ 1 v. u. „ 11 Sgr. 8 Pf. lies 10 Sgr. 2 Pf.
„ 77 „ 13 v. u. „ 2,387,147 Thlr. lies 2,387,174 Thlr.
„ 78 „ 20 v. o. „ 860,910 Thlr. lies 860,918 Thlr.
„ 79 „ 16 u. 20 v. o. statt 1,301,085 Thlr. lies 1,291,085 Thlr.
„ 79 „ 21 v. o. statt 123,977 Thlr. lies 132,977 Thlr.
„ 82 „ 1 v. u. „ 83,862,659 Thlr. lies 83,862,629 Thlr.
„ 85 „ 8 v. o. „ 205,295 Thlr. lies 204,179 Thlr. u.
ebendaselbst „ 5,190,625 Thlr. lies 5,104,475 Thlr.
„ 85 Zeile 10 v. o. „ 200,904 Thlr. lies 207,625 Thlr. u.
ebendaselbst „ 5,104,475 Thlr. lies 5,190,625 Thlr.
„ 86 Zeile 16 v. u. „ 2¼ lies 1¼.
„ 112 letzte Zeile v. u. „ Kapitel lies Kapital.
„ 159 letzte Zeile v. u. „ worden lies werden.
„ 195 Zeile 12 v. u. „ 4,671.872 Thlr. lies 4,669,872 Thlr.
„ 243 „ 3 v. u. „ 182,500,000 Thlr. lies 18,250,000 Thlr.
„ 246 „ 14 v. u. sind die beiden ersten Silben wegzulassen.
„ 260 „ 15 v. u. statt 582,964 Thlr. lies 582,944 Thlr.
„ 301 „ 10 v. o. „ 93,357 Thlr. lies 33,357 Thlr.
„ 305 „ 5 v. o. „ 463,000 Thlr. lies 460,000 Thlr.
„ 305 „ 21 v. o. „ 460,000 Thlr. lies 463,000 Thlr.
„ 369 „ 17 v. u. „ 2597 Thlr. lies 2527 Thlr.

Bei den Additionen zeigt die angegebene Summe mehrfach gegen die Summe der angegebenen Posten einen Unterschied von einigen Thalern; es rührt dies daher, dass die Silbergroschen und Pfennige bei den einzelnen Posten nicht mit angegeben, wohl aber nachher addirt worden sind. — Bei den einzelnen Posten sind hier wie auch sonst Silbergroschen und Pfennige nur insofern berücksichtigt, dass bei einem Betrage von 15 Silbergroschen an die Thalersumme um Einen Thaler erhöht wurde.

Erster Theil.

Die Geschichte des Preussischen Staatsschuldenwesens.

I. Abschnitt.

Von der ältesten Zeit bis 1807.

Eine vielverbreitete Fabel erzählt, der Preussische Staat sei erst durch die Französische Revolution zu Ende des vorigen Jahrhunderts und den durch dieselbe veranlassten Kriegsaufwand in Schulden gerathen. In Wahrheit wurde aber auch vorher der Brandenburgisch-Preussische Staat durch Schuldenlast wiederholt bedrängt. Die Höhe der Schuldenlast lässt sich freilich in den ältesten Zeiten kaum übersehen; denn die Schulden, welche damals zur Bestreitung von Ausgaben für öffentliche Zwecke aufgenommen wurden, erscheinen nicht als allgemeine fundirte Staatsschulden, sondern in der Form bald von persönlichen Schulden des Fürsten, bald von Schulden der Landstände, bald von Schulden einzelner landesherrlicher Aemter oder Domainen. Zur Verzinsung und Tilgung dieser verschiedenartigen Schulden waren überall besondere Einnahmen, Abgaben, Gefälle oder Domaineneinkünfte, angewiesen. Dazu kommt, dass die erhalten gebliebenen Staatsrechnungen weder weit in die Vergangenheit zurückreichen, noch für jeden Zeitraum, den sie umfassen, über Einnahmen und Ausgaben ganz vollständige Auskunft gewähren.

Von den Bearbeitungen der Geschichte des Preussischen Staatsschuldenwesens ist Krug's Geschichte der Preussischen Staatsschuld, herausgegeben von Bergius (Breslau 1861), im Wesentlichen nur eine Chronik der einzelnen Anleihen und Schuldpapiere aus der Zeit von 1793 bis 1822. Es giebt daher diese Darstellung weder Aufschluss über den Zusammenhang der einzelnen Kreditoperationen untereinander, noch über das Verhältniss des Schuldenwesens zur allgemeinen Finanzlage des Staates. Auch die Kapitel über die ältere Zeit (S. 1 bis 31) enthalten nur einzelne ziemlich lose aneinandergereihte Bemerkungen. Eine übersichtlichere Darstellung der Entwickelung des Brandenburgisch-Preussischen Finanzwesens, vom grossen Kurfürsten an, gewährt die Schrift

des Archivrath Riedel über den Brandenburgisch - Preussischen Staatshaushalt in den beiden letzten Jahrhunderten (Berlin 1866, bei Ernst
und Korn). Einige Nachrichten über die Finanzverhältnisse namentlich
der älteren Brandenburgischen Kurfürsten enthält auch Droysen's Geschichte der Preussischen Politik (Berlin 1857—67).

Die Mark Brandenburg bis zu den Hohenzollern 1411.

Soviel die Fürsten im zwölften und dreizehnten Jahrhundert dem
Reich entrissen, soviel wieder verloren sie gegen die ihnen Untergebenen.
So erging es auch den Askaniern in der Mark Brandenburg. Die Einkünfte der Markgrafen wuchsen nicht in dem Maasse, als mit dem Auf-
blühen des Landes und den politischen Beziehungen und Verwickelungen
mit Polen und Schlesien, mit Pommern, Mecklenburg, Dänemark das
Bedürfniss zunahm. Wenn auch für das Recht, ein neues Dorf, eine
neue Stadt zu gründen, augenblicklich bedeutende Summen einliefen, so
wurden sie ebenso schnell wieder verbraucht, und neue Summen zu
schaffen, mussten landesherrliche Besitze, Nutzungen und Rechte verkauft werden, deren Erträge damit dem fürstlichen Haushalt entgingen.
Befördert wurde dieser Entwicklungsgang noch durch die fortgesetzten
Erbtheilungen. Nach einer alten Erzählung sind einmal 1280 — also
vierzig Jahre vor dem Aussterben des Askanischen Geschlechts — neun-
zehn Markgrafen auf der Höhe bei Rathenow zusammen gewesen und
haben geklagt, dass ihrer so viele seien und keiner habe ein fürstliches
Auskommen. Zuerst hatten die beiden treuen Brüder Johann und Otto
die Belehnung zur gesammten Hand erwirkt und 1258 die Lande nach
Vogteien getheilt; ihre zahlreichen Söhne theilten dann weiter (1267);
jeder von ihnen wurde ein regierender Herr.

Von den so bedrängten Markgrafen erkauften dann die Städte, Ritter
und Vasallen es gegen eine bedeutende Summe, dass der Zwangsdienst
auf bestimmte Fälle beschränkt und dass die jährliche Zahlung einer
Bede nach dem angenommenen Reinertrage jedes Grundstücks, und wo
kein Grundbesitz, nach der Einnahme fixirt wurde. Die Markgrafen
verpflichteten sich, diese regelmässige Bede nie zu veräussern, ausser
wenn nach dem Rath der Vasallen Festungsbau nöthig ist, keine ausserordentliche Bede, ausser wenn ein Markgraf aus Gefangenschaft zu lösen
ist, oder bei schwerem Kriege oder „rechtmässiger Noth" zu fordern.
Hätte man dies Bederecht in den geistlichen Gütern festgehalten, über
die Städte die Macht behauptet, ihre fixirten Summen richtig abzuführen,
über die Mannschaft die Macht behauptet, für ihre Hebungen und für
die nicht dienstmässigen Hufen, die sie betrieben, sie zahlen zu lassen,
so würde nach ungefährem Ueberschlag den Markgrafen ein Jahresein-

kommen von 10—12,000 Mark, das ist gleich dem Werth von 480,000 bis 580,000 Scheffel Hartkorn gesichert gewesen sein.

Indessen geschah das Gegentheil; die geistlichen Güter wurden frei gekauft, bald da bald dort von einzelnen Hufen, von ganzen Dörfern und von vielen Städten gab man die Bede für eine Anleihe hin und verbrauchte das Kapital. Die Veräusserungen von gräflichen Burgen, welche schon unter den Askaniern begonnen hatten, mehrten sich, als die Mark nach deren Aussterben an die Baiern gekommen war, ganz ausserordentlich. Vielfach wurden für eine Anleihe die Burgen sammt den bürgerlichen und bäuerlichen Leben, den Zinsen, Diensten u. s. w. an diesen oder jenen Ritter pfandweise überlassen. Endlich trat Markgraf Otto . das ganze Markgrafthum für 500,000 Gulden an Kaiser Karl IV. ab (1373).

Dieser suchte die verpfändeten Landestheile wieder einzulösen, befahl auch Materialien zu einem Landbuch zu sammeln, in dem genau alle öffentlichen Einkünfte und deren Lehensinhaber verzeichnet wurden. Karls Nachfolger in den Marken, sein Sohn Sigismund gab, als er die Krone in Ungarn genommen hatte, die Neumark an Johann von Görlitz und verpfändete die übrigen Marken an seine beiden Vettern Jobst und Procop von Mähren für 565,232 Goldgulden. Als Sigismund nach fünf Jahren das Pfand nicht einlösen konnte, fiel es erb- und eigenthümlich an Jobst. Unter Jobst wurde der Zustand des Landes immer misslicher. Pfandweise kam der grössere Theil der Uckermark in Pommerschen Besitz; die Mecklenburger brachten in gleicher Weise Stücke der Priegnitz an sich; die Altmark fuhr fort, Schutzgeld an die Braunschweigischen Herzöge zu zahlen; die Neumark, die mit Johann von Görlitz Tode wieder an Sigismund gefallen war, wurde dem Polenkönig angeboten und dann dem Orden, der grössere Summen (63,200 ungrische Gulden) zahlte, mit Vorbehalt des Wiederkaufs 1402 überwiesen. Markgraf Jobst kam von Zeit zu Zeit in das Land, versetzte noch mehre Schlösser, und als deren Zahl erschöpft war, auch wohl die eine und andere Stadt „zur Zehrung", liess sich neue Summen bewilligen zur Einlösung der verpfändeten Plätze und war froh, mit gefülltem Säckel davon reisen zu können. Durch Jobstens Tod waren Sigismund die Marken wieder zugefallen, freilich in einem Zustande, der als eines der schlimmsten Beispiele von der allgemeinen Zerrüttung im Reich gelten konnte.

Kaiser Sigismund übergab die Mark dem Burggrafen Friedrich von Nürnberg aus dem Geschlecht der Hohenzollern, der seine Politik mit Gut und Blut unterstützt hatte. Er bestellte denselben zu einem „vollmächtigen gemeinen Verweser und obersten Hauptmann"; alle markgräfliche Gewalt mit einziger Ausnahme der Ausübung der Kur wurde demselben übertragen. Die Uebertragung der Hauptmannschaft war erblich; es wurde indess vorbehalten, dass König Sigismund oder seine Erben und Nachkommen die Mark gegen volle Auszahlung der Summe von 150,000 Goldgulden wieder zurücknehmen könnten. Durch Stipulation dieser Summe sollte Burggraf Friedrich eine Sicherheit gegeben werden, dass ihm und seinem Hause für den Fall der Rückgabe der Mark das Geld nicht verloren werde, welches er namentlich zur kriegerischen Behauptung der Mark und zur Wiedereinlösung der verpfändeten landesherrlichen Burgen und obrigkeitlichen Befugnisse nun aufwenden musste. Es wurde, wie die Urkunde sagt, jene Summe auf die Mark verschrieben, damit Friedrich das Land „aus solchem kriegerischen und verderblichen Wesen, darin sie lange Zeit beklagenswerther Weise gewesen, desto besser bringen möge"; oder wie in der gleichzeitigen Kundgebung an die Stände des Landes als Grund angegeben wird: weil „er (Sigismund) wisse, dass die Nutzungen, Zinsen und Renten der Markgrafschaft durch mancherlei Anfechtungen, Kriege und Versetzungen so klein geworden seien, dass der Burggraf die Hauptmannschaft und was dazu nöthig ohne des Königs besondere Hülfe nicht leisten könne, und es unbillig wäre, wenn er ausser seiner Mühe auch noch sein eigenes Vermögen daran wenden müsse". Es war dadurch also gewissermassen Ersatz des Anlagekapitals zugesichert, welches zur Herstellung landesherrlicher Gewalt in den Marken aus dem Vermögen des Burggrafen aufgewandt werden musste. Im Jahre 1415 erhielt Friedrich auch die bis dahin ausgenommene Kurwürde, und bei der feierlichen Belehnung zu Kostnitz 1417 blieb auch der erwähnte Vorbehalt wegen der Einlösung des Landes weg.

Die Hohenzollern in den Marken bis zum grossen Kurfürsten. (1411—1640.)

Burggraf Friedrich hatte durch den Edlen Wend von Eilenburg schon 1411 von den Marken Besitz ergreifen lassen. Als Friedrich den Pfandinhabern landesherrlicher Schlösser gebot, sich der Einlösung derselben zu fügen, griff der Adel zu den Waffen. Mit fremder Hülfe gelang es indessen Friedrich, die Burgen des ihm feindlichen Adels zu brechen und den Aufstand niederzuschlagen. Diese ersten Erfolge in der Befestigung der landesherrlichen Macht gingen durch Friedrichs spätere Abwesenheit von den Marken theilweise wieder verloren. Sein Sohn Johann vermochte als Statthalter nicht mit Nachdruck einzuschreiten, er begnügte sich zu vermitteln und obenhin Ruhe zu schaffen; immer neuen Geldverlegenheiten suchte er durch Verpfändung von Rechten, Einkünften und Schlössern zu begegnen und ward um so mehr von dem guten Willen derer abhängig, denen er stark und fest hätte gegenüberstehen müssen.

Als dann sein Bruder Friedrich in die Marken kam, fand dieser die
Herrschaft tief verschuldet, die landesherrlichen Güter und Gefälle grösstentheils verpfändet.

Friedrich II. (1440—1470) folgte nach dem Tode des Vaters diesem in der Herrschaft in den Marken und zeigte sich als einen sparsamen
und ordnungsliebenden Fürsten. Er kaufte (1455) dem deutschen Orden
die Neumark für 100,000 Gulden ab und vereinigte so einen werthvollen
Bestandtheil der früheren Brandenburgischen Besitzungen wieder mit
diesen. Das Aussterben der Stettiner Linie der Pommerschen Herzöge
(1464) veranlasste wiederholt kostspielige Kriegszüge.

Friedrichs Nachfolger Albrecht Achilles (1470—1486) fand
in Folge dessen eine Schuldenlast von 124,000 Gulden vor. Nach einem
in Berlin vereinbarten Recess übernahmen hiervon die Stände, Städte,
Prälaten, Herren und Mannschaft 80,000 Gulden in vier Jahren durch
Landbede, Ungeld, Kopfsteuer je nach ihrem Gutdünken aufzubringen.
Den Rest der Schuld im Betrage von 44,000 Gulden übernahm der
Markgraf selbst und versprach ihn auf eine dem Lande möglichst bequeme und am mindesten schädliche Weise, keinenfalls durch Ungeld
oder Kopfsteuer aufzubringen. Gleichwohl versuchte der Marggraf darauf
einen Tonnenzoll einzuführen. Die Stände klagten „durch eine falsche
List" betrogen zu sein, die Städte weigerten sich die Zöllner aufzunehmen, sowie ihrerseits den Recess zu erfüllen, und als der Krieg in Pommern wieder drohte, lehnten sie es ab, Hülfe zu leisten, es werde denn
der neue Zoll abgestellt. „Wir sind mit unserm Kanzler und andern",
schreibt Albrechts Sohn Johann, „zu Zeiten so in grosser Gefahr und
Nöthen, dass uns der Schweiss ausbricht." In diese Zeit (1473) fällt
auch der Erlass jenes wichtigen Hausgesetzes, der Dispositio Achillea,
durch welches bestimmt wurde, dass die Mark Brandenburg mit der Kurwürde, mit allen neuen Erwerbungen und mit allen für die Zukunft erworbenen Ansprüchen und Anrechten auf ewige Zeiten ungetheilt, nach
dem Rechte der Erstgeburt unter den männlichen Nachkommen vererben
solle. Zugleich wurde streng untersagt jede Verpfändung oder Veräusserung von Land und Leuten, Schlössern und Städten.

Albrecht Achilles' Sohn Johann Cicero (1486—1499) liess die
Dinge gehen, wie sie gingen. Früh alternd, schweren Leibes, mit der
Resignation, dass sein Haus doch überflügelt sei, war er zufrieden, wenn
man ihn und sein Land in Ruhe liess. Er zeigte, wie sein Sohn Joachim I. Nestor (1499—1535) das Bestreben, durch Ordnung und
Sparsamkeit die Finanzen zu bessern. Ganz gelang auch dem Letzteren
dies freilich nicht. Nach Ausweis des Landtagsrecesses vom Donnerstag
nach Johannes der Täufer 1524 hatten „die gutwilligen und getreuen

Unterthanen nochmals bewilligt, uns aus unseren Schulden gutwillig und unterpfändlich zu helfen, unsere Schulden zu bezahlen und die verpfändeten Schlösser und Oerter wieder zu lösen und zu freien." Ebenso hatten nach dem Recesse des Kurfürsten Joachim und beider Prinzen Joachim und Johannes mit der Landschaft Donnerstag nach Johannis 1534 die Stände wieder zur Bezahlung der landesherrlichen Schulden und Einlösung der verpfändeten Schlösser und Orte einen gemeinen Hufenschoss nach demselben Massstabe wie im Jahre 1524 auf 8 Jahre verwilligt und zwar unter denselben Bedingungen.

Der Sohn Joachim Nestors, Joachim II. (1535—1571) führte ein wüstes Leben. Feste, Schloss- und Kirchenbauten, kostspielige Reisen bewirkten, dass schon in den ersten Jahren der Regierung die Einnahmen, welche aus Domainen, Regalien, Zöllen, der früher von den Ständen bewilligten Bierziese in die Hofrenthei flossen und auf 80,000 Gulden zu schätzen sind, die Ausgaben nicht mehr decken konnten. Masslose Schenkungen an Günstlinge, die Missverwaltung der landesherrlichen Güter und Hebungen, gegen die nicht einzuschreiten möglich war, weil man statt Einnahmen nur noch Vorschüsse fordern konnte, die Wucherzinsen, mit denen man in immer neuen Verlegenheiten Geld aufnehmen musste, das Alles führte dann mit der Zeit den kläglichsten Zustand der Finanzen herbei. Auf dem Landtage im März 1540, wo die Kirchenordnung verkündet werden sollte, hatte Joachim zugleich eine Schuld von wenigstens 600,000 Thlr. anzukündigen, welche die Stände übernehmen sollten. „Eine solche Anhäufung von Schulden", entgegneten die Stände, „sei bei vorigen Herrschaften, da die aus der Landschaft mitgerathen, nicht vorgekommen; S. Kurfürstl. Gnaden möge seinen Vorgängern folgen und nicht mit zweien oder dreien etwas beschliessen, hernach aber die Lasten gemeiner Landschaft übertragen; wo nicht ander Regiment gemacht werde, müssten die Stände verderben." Dann aber bewilligte man die verlangten Steuern, liess sich dabei aber unter Anderm auch zugestehen, künftig „die gemeine Landsteuer und Hülfe selbst zu erheben." Die neue Steuer rief in der Mark grosse Aufregung hervor und die Schuldentilgung gerieth in's Stocken. Der Türkenzug von 1542 steigerte Joachims Schuld; es waren bei mehreren Fürsten Summen aufgenommen, allein bei Markgraf Georg oder unter dessen Bürgschaft gegen 50,000 Gulden; „die von der Landschaft", klagt Eustachius Schlieben, „haben gegen E. Kurf. Gnaden den Glauben verloren, Bürgen sind nicht zu bekommen, auch kein einzelner von E. Kf. G. Landschaft will sich in keinerlei Weg zur Versiegelung vermögen lassen." Nach dem schweren Schmalkaldener Krieg war der Hof in grösserer Bedrängniss als zuvor; er wandte sich mit neuen Anträgen an die Stände. Der Kurfürst bat, sie möchten „nicht aus Pflicht, sondern lauterer Liebe, Treue und Willigkeit" zur Befreiung der versetzten Aemter, Klöster und Gefälle, auch Bezahlung der anderweit gemachten Schulden eine Erhöhung des Biergeldes um 2½ Gulden für das Gebräu auf 8 Jahre bewilligen. Es wurde nicht ohne harte Worte über die „unordentliche Hof- und Haushaltung" auf nähere Erörterung des Antrages eingegangen „und etliche viele Landtage" darüber gehalten. Erst allmälich entdeckte sich der trostlose Zustand der Dinge völlig; zu 600,000 Gulden ward die neue Schuld angegeben, die Register zeigten, dass es 800,000 Gulden Kapital und 100,000 Gulden „versessene Zinsen" seien, und auch diese Summe erschöpfte nicht Alles.

Die Stände übernahmen die Schuld als Selbstschuldner solidarisch und traten durch ihre „Verordnete" in unmittelbare Beziehung zu den Gläubigern. Auch die „Neue Biergeld-Kasse" zur Einlösung der versetzten Gefälle und Güter behielt man unter ständischer Verwaltung. Trotzdem der Kurfürst den Ständen hatte reversiren müssen, dass er sich in keinen Krieg, in kein Bündniss einlassen wolle ohne ihren Rath, fehlte doch viel, dass damit weiterer Verschuldung vorgebeugt worden wäre. Fast mit jedem neuen Landtage wurden neue Schulden angekündigt, etwa mit der Rechtfertigung, „weil ansehnliche Gesandtschaften mit schweren Unkosten nach Welschland und Polen abgefertigt worden und solches auch nicht ohne Frucht gewesen", oder „weil auf vielfältige Beschickung der Reichs-, Kreis- und Handlungstage ein treffliches aufgewendet worden;" wenn auch nicht abzusehen war, wie die Hunderttausende, die dann die Landschaft übernehmen sollte, darauf verwendet sein konnten. Trotz der fortdauernd gezahlten Abgaben waren daher schon im Jahre 1564 die auf das Biergeld fundirten kurfürstlichen Schulden, statt sich vermindert zu haben, auf den Betrag von 950,000 Thlr. angewachsen; der Kurfürst bekannte „mit Ruhm, dass die Stände binnen 12 Jahren 24 Tonnen Goldes allein an herrschaftlichen Schulden bezahlen müssen, ausser welchen sie noch 11 Tonnen Goldes über sich liegen hätten."

Als Joachim II. Johann (1572—1598) folgte, wurde die Summe der von den Landständen zu übernehmenden Schulden auf 3,689,981 Thlr. festgesetzt; davon übernahmen die Städte 1,500,000 Thlr. und 2,189,450 Thaler wurden dem neuen Biergelde zur Verzinsung und Bezahlung überwiesen. Krug S. 25 berechnet, dass diese Summe nach dem Silberwerth von 1820 mindestens 22,139,000 Thlr. betragen würde und im Verhältniss des damaligen Umfangs des Staates zur Grösse desselben im Jahre 1820 einer Schuldenlast von 168,000,000 Thlr., nach Verhältniss der Bevölkerung sogar einer Schuldenlast von 500 Millionen Thaler gleichkomme. Auf dem Landtage zu Küstrin 1572 wurden die Neumärkischen Landstände aufgefordert, eine Schuldenlast von 1,500,000 Thlr. zu übernehmen. In dem Neumärkischen Landtagsrecesse vom Stephanstage 1592 wird gesagt, dass die verwilligte Bierziese nun ihr Ende erreiche, aber die von Joachim II. hinterlassene beschwerliche Schuldenlast habe noch nicht gänzlich abgetragen werden können. Auch habe es eine Vermehrung der Hofhaltungskosten nach sich gezogen, „dass Gott Se. Kurfürstl. Gnaden mit jungen Herren und Fräulein gesegnet habe." Die Bierziese wurde demgemäss fortbewilligt. Der Kurfürst hinterliess bei seinem Tode für 600,000 Thlr. Schulden.

Kurfürst Joachim Friedrich (1598—1608) wird zwar als sparsamer Haushalter gerühmt, auch wurden von ihm die Einnahmen der säcularisirten Bisthümer mit den Landeseinkünften vereinigt, gleichwohl mussten die Stände 1602 wieder „so gutwillig" sein, „ausser der hiebevor schon angenommenen schweren Schuldenlast nochmals 600,000 Thlr. auf sich zu nehmen zu gänzlicher Abzahlung."

Auch dem Kurfürsten Johann Sigismund (1608—1613) waren die Stände 1611 „nochmals auf's Neue ganz erspriesslich zu Hülfe gekommen." Derselbe Kurfürst nahm 1614 eine Schuld von 100,000 Thlr. unter Garantie der Generalstaaten bei den holländischen Kaufleuten auf; die Nichterfüllung des Zinsversprechens gab 1627 für die Holländer einen Vorwand ab, Brandenburgische Grenzorte und Zollstätten am Rhein als Pfand zu besetzen.

Kurfürst Georg Wilhelm (1619—1640) übernahm die Regierung schon mit einer schweren Schuldenlast; in seine Zeit fällt überdies der dreissigjährige Krieg mit seinen entsetzlichen Landesverwüstungen. Während des Kurfürsten Kammer und Hofrenthei zu Anfang der Regierung noch eine Einnahme von etwa 265,000 Thlr. jährlich hatten, war dieselbe zu Ende derselben auf kaum 35,000 Thlr. gesunken. Um Luciä 1623 betrugen die Schulden des Biergeldes 2,001,745 Thlr., und da die Einkünfte des Fonds nicht einmal zur Verzinsung, viel weniger zur Abtragung der Kapitalien hinreichten, so mussten aus den aufgelaufenen Zinsen neue Kapitalien gemacht werden, und bei den damals das Land bedrückenden Kriegsunordnungen war der Kredit der Landstände so gefallen, dass zu einem Kapital von 144,500 Thlr. Niemand auch nur das Geringste herleihen wollte; man erhöhte zwar durch das Edikt vom 18. Juli 1624 das neue Biergeld um das Doppelte, und der Kurfürst versprach, aus den Lenzen'schen Zolleinkünften jährlich 12,000 Thlr. zur Hülfe zu geben; auch erhöhte man die Zinsen auf 5 Procent und unterhandelte mit den Gläubigern, die das Geld in leichter Münze hergegeben hatten und nun in schwerem Gelde wieder bezahlt sein wollten; man kam aber bei den grossen Verwüstungen des Krieges

mit keiner Einrichtung völlig zu Stande. Die deutlichsten Beweise von
der kläglichen Finanzlage des Landes geben die Ausschreiben wegen
Erhöhung des Biergeldes vom Jahre 1624; sie schildern die Noth der
Gläubiger und die Verlegenheit der Landstände und wollen gern Mittel
ausfindig machen, dass „des Winselns, Heulens, Klagens und Jammer-
schlagens armer Geistlichen, Hospitalien, Wittwen, Waisen u. dgl. mise-
rabilium personarum mehr, das bei der unerhörten Theuerung unzählig
viel getrieben", ein Ende gemacht werde. Ausser den von den Landständen übernommenen Schulden lasteten nach Riedel S. 16 nach einer
vom Kurfürsten Georg Wilhelm im Jahre 1623 angestellten Ermittelung
noch anderweite 2 Millionen Thaler Schulden auf der Mark Brandenburg. Die Domainen waren damals in allen Landestheilen sehr verschuldet. Preussen war ebenfalls nicht ohne Schulden; besonders aber
waren mit den Cleve'schen Landen dem Kurfürsten so grosse Schulden
zugefallen, dass auf einen Ueberschuss der Domaineneinkünfte, selbst
späterhin nach der verbesserten Einrichtung der Domainenverwaltung
durch die im Jahre 1653 gegründete Amtskammer zu Cleve, kaum gerechnet werden konnte.

Vom grossen Kurfürsten bis zu König Friedrich II.
(1640—1740.)

Die Fortdauer des dreissigjährigen Krieges in den ersten Jahren der
Regierungszeit des grossen Kurfürsten, die späteren Kriege, welche
derselbe abwechselnd bald gegen Polen, bald gegen Schweden oder
Frankreich führen musste, waren nicht geeignet, den Finanzen des
Landes sonderlich wieder aufzuhelfen. Der Haupttheil des Aufwandes
für das stehende Heer, welches der Kurfürst unterhielt, wurde allerdings
theils aus Subsidien fremder Mächte, theils durch Naturallieferungen des
Landes, theils aus dem Ertrage der nun regelmässig forterhobenen Con-
tributionssteuern bestritten, wozu gegen Ende der Regierungszeit noch
ausserordentliche Kopfsteuern und die Stempelabgabe kamen. Auch
suchte der Kurfürst in Betreff der alten, von seinem Vater überkommenen Schulden mit den Gläubigern Accorde abzuschliessen, nach denen
in gutem Gelde belegtes Kapital zu zwei Drittel des Betrages, anderes
gar nur zu 26⅔ Procent neu verbrieft wurde. Gleichwohl blieb die
finanzielle Verlegenheit während der ganzen Regierungszeit eine grosse.
Im Jahre 1664 mussten den Gläubigern Seitens der Stände Abgaben
verpfändet oder übergeben werden, um sie wegen ihrer Forderungen zu
befriedigen; auch wurden damals denen, die Kapitalien bei dem städtischen Schuldenwesen besassen, erlaubt, dass sie ihren Schoss mit ⅓
durch Compensation ihrer Forderungen bezahlen könnten. Ein am

22. September 1671 erlassenes Edict befahl, vornehmlich dahin zu sehen, dass unter den Gläubigern diejenigen, so die erträglichsten Konditionen in Handlungen offeriren, denen rigorosis in alle Wege präferiret werden. Dieses Verfahren deutet ebenso wie das zu Anfang der Regierungszeit eingeschlagene auf Accorde hin, zu denen man zwangsweise durch Vorenthaltung der Zinsen die Gläubiger zu bestimmen suchte.

In den Jahren 1674 bis 1688 mussten wiederum zur Bestreitung der Militairausgaben 689,756 Thaler angeliehen werden, wovon freilich ein Theil aus den laufenden Einkünften wieder zurückerstattet wurde. Im Jahre 1683 wurde das Verfahren verallgemeinert, die Schuldenlast zu verringern, indem man die Gläubiger durch Vorenthaltung der Zinsen zu Nachlässen in der Kapitalforderung bestimmte. Es hörte nämlich die Zahlung von Zinsen für die durch Vermittelung der Stände aufgenommenen Anleihen gänzlich auf; nur den milden Stiftungen unter den Gläubigern vergütete man vier Procent Zinsen. Das bisher zur Verzinsung aufgewendete Geld wurde zur Bezahlung von Forderungen bestimmt, deren Inhaber sich eine Ermässigung ihrer Forderungen gefallen liessen. Man schlug also ein Repudiationsverfahren ein, ähnlich demjenigen, welches 1869 in Amerika Johnson am Ende seiner Präsidentschaft zur allgemeinen Entrüstung Behufs Tilgung der Kriegsschulden in Vorschlag brachte.

Abgesehen von den durch Vermittelung der Landstände aufgenommenen Schulden, waren auch die Domainen-Aemter im Lande vielfach mit Schulden belastet. Die Cleve'schen Kammerschulden allein wurden auf 600,000 Thlr. angegeben. Auch auf den vom Kurfürsten neu erworbenen Landestheilen ruhten erhebliche Schulden, so auf dem Herzogthum Magdeburg eine alte Landesschuld aus der Zeit des Erzbischofs Albert, zu deren Tilgung eine jährliche Abgabe vom Bier, Wein und Branntwein erhoben wurde. Ebenso lasteten auf Hinterpommern und Cammin mehrere hunderttausend Thaler alter Pommerscher Landesschulden.

Der nachfolgende Kurfürst, nachherige König Friedrich I. (1688— 1713) hinterliess die Finanzen im Allgemeinen in einer besseren Verfassung. Er wusste den erheblichsten Theil des Heeresaufwandes aus Unterstützungsgeldern fremder Regierungen zu decken. Zwar nahm er für Kriegsausgaben im Laufe seiner Regierung für etwa 2 Millionen Thaler Schulden auf; davon konnte indess ein beträchtlicher Theil schon vor seinem Tode aus den laufenden Einkünften der General-Kriegskasse wieder abgetragen werden. Für den Ueberrest, worunter sich eine nicht durch Kapitalzahlung tilgbare Schuld aus den im Jahre 1689 in Rotterdam verkauften Leibrenten befand, hinterliess König Friedrich seinem

Nachfolger Deckung in Forderungen der General-Kriegskasse an rückständigen Subsidien bei fremden Mächten, sowie auch an gestundeten Zahlungen im Inlande zum Betrage von 2,494,594 Thlr. Schulden, die bis 1712 zum Betrage von 333,089 Thlr. besonders für die Erwerbung von Neufchatel gemacht waren, wurden aus der sog. Orangischen Successionskasse gedeckt.

König Friedrich Wilhelm I. (1713—1740) fand in der Erhöhung der regelmässigen Kriegsgefälle und der Domaineneinkünfte die Mittel, das bedeutend vergrösserte Heer ohne Anleihen und Subsidien zu erhalten und dazu noch einen Staatsschatz zu sammeln. Letzterer betrug bei seinem Tode 8,700,000 Thlr. Zu diesen Baarmitteln kamen aber noch über 1 Million Thaler Bestände in den beiden Generalkassen und über 1½ Mill. Thaler Werth in entbehrlichen Gold- und Silbereinrichtungen im Königlichen Schlosse.

König Friedrich II. (1740—1786).

Aus den erwähnten Beständen und den Mitteln einer bei den Kurmärkischen Landständen zum Betrage von 1,356,000 Thlrn. gemachten Anleihe führte König Friedrich II. die beiden ersten Schlesischen Kriege.

In dem Friedenstraktat übernahm Preussen die Bezahlung der auf Schlesien hypothezirten Schulden an die englischen und holländischen Gläubiger. Die englischen Schulden werden von Friedrich in der Geschichte seiner Zeit zu 1,700,000 Thlr. angegeben; dieselben scheinen gegen die während des siebenjährigen Krieges von England an Preussen gezahlten Subsidien mit aufgerechnet worden zu sein. Die Holländischen Schulden betrugen 3,958,666 Gulden; Friedrich hatte dieselben unter der Bedingung der Compensation der Forderungen Preussens an die Republik Holland übernommen. Weil diese Abrechnung nicht zu Stande kam, weigerte sich Preussen Zinsen auf diese Obligationen zu zahlen. Bis in das folgende Jahrhundert hinein, zuletzt selbst beim Bundestage, versuchten es die Gläubiger, ihre Ansprüche aus diesen Obligationen geltend zu machen. Nur 1809 gestattete es Preussen bei einer in Holland aufgenommenen Anleihe, einen Theil dieser Obligationen in Zahlung zu geben.

Die Zeit zwischen den Schlesischen Kriegen und dem siebenjährigen Kriege reichte für Friedrich hin, die bei den Kurmärkischen Landständen aufgenommene Anleihe zu tilgen und ausserdem einen Schatz anzusammeln, welcher sich 1756 auf etwa 14,300,000 Thlr. belief. Zur Bestreitung der ersten Kosten bei Ausbruch des siebenjährigen Krieges im Jahre 1756 wurde ausserdem noch bei den Kurmärkischen Landständen eine Anleihe von 3,568,071 Thlr. aufgenommen. Indessen waren diese Mittel

von zusammen beinahe 18 Millionen Thaler schon im Jahre 1757 auf-
gebraucht. Um den Krieg gleichwohl fortführen zu können, nahm der
König zu den bekannten Münzverschlechterungen seine Zuflucht; er verschaffte sich ausserdem zwangsweise Kredit, indem er vom Ende des
Jahres 1757 an alle Besoldungen und Pensionen seiner Beamten gegen
Ausstellung sogenannter Kassenscheine einbehielt. Ausserdem half er
sich mit englischen Subsidiengeldern und Kriegskontributionen aus einzelnen deutschen Territorien durch, wozu dann noch zwei Anleihen bei
den Städten und Stiften sowie bei den Magdeburgischen Landständen kamen.
Die Magdeburgische Anleihe wurde kurz vor Ende des Kriegs aufgenommen und noch unberührt in denselben Beuteln zurückerstattet.

Wiewohl für Militairzwecke in den Jahren 1756—63 über 99 Millionen Thaler verbraucht waren, verfügte Friedrich bei dem Friedens-
schlusse doch noch über Bestände von 30 Millionen Thaler. Hiervon
tilgte er sogleich die Anleihe bei den Kurmärkischen Landständen und
für etwa 700,000 Thlr. Kassenschulden. Die Beamten erhielten gegen
Einlieferung der oben erwähnten Kassenscheine ihre rückständigen Bezüge
nachgezahlt; freilich erfolgte die Zahlung in dem neuen Brandenburgischen Gelde, welches nur fünf Siebentel des Werths von dem alten Gelde
besass.

Die folgenden Friedensjahre, eine beträchtliche Erhöhung der
Steuern, die Einführung des Tabacksmonopols, des Lottos, neuer Accisen
und Zölle etc. ermöglichten es Friedrich, einen Staatsschatz anzusammeln,
welcher 1786 bei seinem Ableben sich auf 55,202,010 Thlr. (unter Zurechnung von 17 Millionen Thaler zum Theil in erkauftem Getreide angelegten Fouragegeldern und Vollrechnung vieler Scheidemünze des Baar-
bestandes) belief. Ausserdem waren etwa 10 Millionen Thaler in einem
Darlehen an die Bank, in Aktien der Seehandlung und in der Erwerbung
der Porzellan-Fabrik angelegt. Diesen Activis standen freilich nicht
unerhebliche Schuldposten gegenüber. Der Bericht der Hauptverwaltung
der Staatsschulden über die Geschäftsführung von 1820—1832 (Drucks. d.
2. Kammer 1850 N. 513) bemerkt in einer Einleitung über die Entstehung
der Preussischen Staatsschuld, dass über den Betrag der Staatsschulden
beim Ableben des Königs Friedrich II. zwar etwas Bestimmtes nicht zu
ermitteln gewesen sei, dass aber eine nicht unbedeutende Masse von Ansprüchen an den Staat, wenn auch vereinzelt und kaum irgendwo konsignirt
dem Königlichen Tresor gegenüber stehen geblieben wäre. Dies geht
schon daraus hervor, dass von den Staatsschulden aus der Zeit vor dem
Jahre 1786 noch im Jahre 1797, mithin nach Ablauf von mehr als
10 Jahren, noch 12,541,929 Thlr unberichtet waren.

König Friedrich Wilhelm II. (1786—1793).

Unter ihm erreichten die ausserordentlichen Bedürfnisse des Staats in Folge der mit der Französischen Revolution ausbrechenden Kriegsstürme bald ein so hohes Mass, dass nicht nur die Schätze Friedrichs des Grossen davon verschlungen wurden, sondern auch noch zu andern ausserordentlichen Deckungsmitteln gegriffen werden musste.

Schon der Feldzug nach Holland (1787) zur Einsetzung des vertriebenen Thronfolgers in die Statthalterschaft verursachte grosse Kosten. Dazu kamen 1790 und 1791 die vergeblichen Rüstungen und die Zusammenziehung grosser Truppenmassen an den Grenzen Oesterreichs und Russlands. Besonders aber nahmen die im Jahre 1792 begonnenen und bis in das Jahr 1795 fortgesetzten erfolglosen Kriege gegen Frankreich ausserordentlich grosse Geldaufwendungen in Anspruch. Hieran schloss sich 1793 der Feldzug gegen Polen, welcher zwar die Provinz Südpreussen dem Staate einbrachte, indess gleich darauf einen kostbaren Unterdrückungskampf des Aufstandes in Polen erforderlich machte. Die Verlegenheiten noch zu vergrössern traf einen grossen Theil des Staats im Jahre 1794 ein ganz ausserordentlicher Misswachs; dadurch erlitten nicht nur die Staatseinkünfte einen erheblichen Ausfall, sondern es wurden noch ausserordentliche Aufwendungen des Staates zur Unterstützung nothleidender Landestheile erforderlich.

Unter diesen Umständen war schon 1794 nicht nur der Staatsschatz erschöpft, sondern bereits aus rückständigen Forderungen für Armeebedürfnisse und eingegangenen Schuldverbindlichkeiten zur Aufhülfe der durch die Theuerung verarmten Landstriche eine erhebliche schwebende Schuld entstanden. Vergeblich war versucht, England und Holland zu Subsidien zu vermögen und das Deutsche Reich behufs kräftigerer Fortführung des Krieges gegen Frankreich zur Zahlung der Kriegskosten mit heranzuziehen. Dem König blieb daher nur die Wahl, entweder den Staatsangehörigen ausserordentliche Steuern abzufordern oder sich durch den Kredit des Staates Aushülfe zu verschaffen. Der König wählte das Letztere. Es wurden durch Anleihen in Holland 1793 und 1794 resp. 5 und 3 Millionen Holl. Gulden, sowie durch eine Anleihe in Frankfurt a. M. vom 1. Februar 1794 noch 5 Millionen Gulden beschafft. Im Inlande nahm man durch die seit 1794 in ein reines Staatsinstitut umgewandelte Seehandlung 2 bis 3 Millionen Thaler auf. Zugleich gab man massenhaft Scheidemünze aus; damit dadurch nicht eine allzugrosse Belästigung des Verkehrs herbeigeführt werde, bot man durch eine sogenannte Scheidemünzanleihe Gelegenheit, die Scheidemünze gegen 4 procentige Staatsobligationen wieder einzuliefern. Auch noch anderweitig wurden im In- und Auslande, wo sich irgend Gelegenheit dazu darbot, Anleihen gemacht, die meistens aber nur langsam und in kleinen Beträgen zu Stande kamen. So brachten die Anleihen vom 21. Januar und 24. April 1795 in Kassel, die 2 Millionen Gulden- sowie die Hardenbergschen Anleihen im Reiche vom 1. Februar und 1. April 1795, zusammen nur 1,387,000 Gulden auf. Die Frankfurter Prämien- und Lotterieanleihe von 5 Millionen Gulden stand in Unterhandlung, konnte aber erst zum 1. Januar 1796 flüssig gemacht werden. Inzwischen wurde die Geldnoth so gross, dass eine Kabinetsordre vom 3. Januar 1795 die Einsendung aller irgend entbehrlichen Kassenbestände zur Verpflegung der Armee verfügte. Es war dies vor Abschluss des Baseler Friedens am 5. April 1795 die letzte wenig erfolgreiche Anstrengung, die erforderlichen Mittel zur Fortsetzung des Krieges zusammenzubringen.

Wie der König das Volk während der Kriegszeit mit erhöhten Abgaben und mit ausserordentlichen Kriegssteuern verschont hatte, glaubte er auch nach wiederhergestelltem Frieden die zur Verzinsung und allmähligen Abtragung der Schuld erforderlichen Mittel ohne Mehrbelastung der Staatsangehörigen beschaffen zu können. Eine Kabinetsordre vom 20. Januar 1796 legt von diesen Gesinnungen nachstehendes denkwürdiges Zeugniss ab: „Allerhöchstdieselben haben sich durch die unvermeidlich gewesene Aufnahme erwähnter Staatsschulden schon die Dero landesväterlichem Herzen werthe Genugthuung verschafft, Dero getreue Unterthanen von Auflagen und Lasten, die ihnen sonst zur Führung dieses überaus kostbaren Krieges wie in anderen Staaten hätten aufgebürdet werden müssen, glücklich befreit zu haben und im Gefolge dieser wohlwollenden Gesinnungen geht auch jetzt Allerhöchsdero Absicht dahin, beide Zwecke, nämlich Bezahlung der Zinsen und Abzahlung der Kapitalien, mit fernerer Beiseitesetzung eines Beitrags von Allerhöchstdero Unterthanen blos durch Anwendung eines Theils Ihrer Staatseinkünfte und deren Ueberschüsse erfüllen zu lassen." Der König liess dann einen Etat der Staatsschulden aufstellen, welcher indess nur einen Theil derselben mit der Summe von 26,294,210 Thlr. umfasste. Zur Verzinsung und Tilgung dieser Schulden wurde eine Million Thaler aus den Ueberschüssen der Generalaccise- und Zollkasse angewiesen und ausserdem dazu die gesammten Ueberschüsse aus dem Salzeinkommen und dem Geschäftsbetrieb der Seehandlung bestimmt. Die letztgenannten Ueberschüsse beliefen sich auf jährlich etwa eine halbe Million Thaler. Dem Chef der Seehandlung Staatsminister von Struensee wurde zugleich mit dem gesammten Salzwesen auch die Verwaltung des Staatsschuldenwesens übertragen.

In seinem letzten Lebensjahre entschloss sich der König, Angesichts der immer noch drohenden politischen Verhältnisse und zur schnelleren Tilgung der Staatsschuld, das Tabacksmonopol wieder einzuführen; zur Beschaffung der Betriebsmittel nahm er im Juli 1797 die sog. Tabacks-actien-Anleihe von 2 Millionen Thaler auf. Beim Tode des Königs belief sich die Staatsschuld nach dem oben angeführten Bericht der Haupt-verwaltung der Staatsschulden auf 48,054,903 Thlr. Davon kamen auf die aus der Regierungszeit Friedrichs des Grossen herrührenden Schulden nach Verminderung der Kurmärkischen alten landschaftlichen Schulden um 407,655 Thlr. 12,134,324 Thlr. und auf die mit neuen Landestheilen über-kommenen Schulden 5,725,584 Thlr. Von den übrigen 30 Millionen betreffen 9,500,633 Thlr. die Anleihen im Auslande und 949,253 Thlr. die im In-lande aufgenommenen Kapitalien. Der Rest war schwebende Schuld und bestand u. A. aus 8,848,222 Thlr. Forderungen für Armeebedürfnisse und 2,353,603 Thlr. Rückständen auf die zur Abhülfe des Nothstandes von 1794/95 übernommenen Schuldverpflichtungen. Die Schuldsumme von 48,054,903 Thlr. ergibt auf den Kopf der damaligen Bevölkerung des Staates (8,660,000) eine Schuldenlast von 5½ Thlr.

Friedrich Wilhelm III. bis zum Tilsiter Frieden (1793—1807).

In den ersten Jahren der Regierung dieses Königs wurden die vom vorigen Könige im Auslande aufgenommenen Anleihen grösstentheils zur Rückzahlung fällig. Die Deckungsmittel beschaffte man aus neuen An-leihen; darunter gehört die erste Wittgensteinsche Anleihe in Kassel vom 1. Juli 1798. Besonders aber gelang es der Seehandlung, welche, wie erwähnt, nunmehr ein reines Staatsinstitut war, die Tilgung der auslän-dischen Anleihen durch Aufnahme inländischer Kapitalien zu ermöglichen. Die über diese inländischen Anleihen ausgestellten Seehandlungs-Obliga-tionen gewährten 4 Proc. Zinsen; nach Ablauf des ersten Jahres stand beiden Theilen die Kündigung frei. Zu diesen Bedingungen flossen der See-handlung bei dem Kredite, welchen sie im Lande genoss, und bei dem damals bestehenden niedrigen Zinsfusse die Gelder in dem Maasse reich-lich zu, dass der Zins für die Obligationen in den letzten Jahren sogar auf 3 Procent herabgesetzt werden konnte. Am Ende des Jahres 1805 hatte die Seehandlung an den Amortisationsfonds bereits eine Forderung von 13,139,395 Thlr., während die auswärtige Schuld nicht mehr als 1,397,067 Thlr. betrug.

Abgesehen von den Tilgungen aus den Mitteln, welche die Aufnahme neuer Anleihen gewährte, wurde aus den Einnahmen, welche man schon 1796 der besonderen Schuldenverwaltung überwiesen hatte, von 1797 bis 1805 eine Verminderung der Schuldenlast um etwa 3½ Millionen Thaler be-wirkt. Eine ebenso grosse Vermehrung hatte aber andererseits der Gebietswechsel nach dem Reichsdeputationshauptschluss (1803) zur Folge. Wenn man 1805 berechnet hat, dass durch fortgesetzten Bezug jener Einnahmen die ganze Staatsschuld bis 1828 völlig getilgt sein werde, so verstand man darunter offenbar nur die damals bereits fundirte, der besonderen Schuldenverwaltung überwiesene Staatsschuld zum Betrage von 24,780,220 Thlr. Indess auch in diesen Grenzen erwies sich jene Erwartung gar bald als trügerisch.

Der Krieg in Deutschland zwischen Oesterreich und Frankreich veranlasste im September 1805 behufs bewaffneter Aufrechterhaltung der Neutralität die Mobilmachung des Heeres. Diese ersten Kosten wurden noch aus dem Staatsschatze bestritten, in welchem sich im Laufe von 10 Jahren etwa 13,000,000 Thlr. wieder angesammelt hatten. Zur Aufrechterhaltung der Rüstungen der immer bedrohlicher werdenden Haltung Frankreichs gegenüber musste man schon Anfangs 1806 den Staatskredit wieder in Anspruch nehmen; man bemühte sich eine Anleihe von zwei Millionen Thaler zu Kassel, Münster, Fürth und Danzig aufzunehmen. Im Februar begann zu gleichem Zwecke die Ausgabe von unverzinslichen Tresorscheinen. Dieselben hatten Zwangscours, konnten aber an bestimmten Stellen gegen Silber eingewechselt werden. Im October 1806 brach dann der Krieg wirklich aus. Am 1. Januar 1807, also unmittelbar nach dem Ausbruch des Krieges, betrug nach dem mehrerwähnten Bericht der Hauptverwaltung der Staatsschulden die gesammte Staatsschuld 53,494,914 Thlr.; darunter

Anleihen im Auslande	3,430,600 Thlr.
inländische Schulden (17,861,641 Thlr. Seehandlungs - Obligationen)	40,656,745 „
provinzielle Staatsschulden	4,407,569 „
Tresorscheine	5,000,000 „

Die Staatsschuld war also um 5,440,011 Thlr. seit 1797 gewachsen. Auf den Kopf der Bevölkerung vom Februar 1806 (10,660,000 Seelen) betrug sie aber nur 5 Thlr.; das Wachsthum der Schuld war also noch um ⅓ Thlr. pro Kopf hinter dem Wachsthum der Bevölkerung zurückgeblieben.

Diesen Passivis stand aber ein weit grösseres Activvermögen des Staats in Domainen und Forsten gegenüber. K r u g in seinem Werk über den Nationalreichthum giebt den damaligen Pacht - Ertrag der Domainen auf 7,466,436 Thlr. an und berechnet den Reinertrag der Forsten auf 3,078,422 Thlr. D i e t e r i c i (der Volkswohlstand des Preussischen Staats) veranschlagt den Reinertrag der Domainen und Forsten in runder Summe auf 8,700,000 Thlr. Nehmen wir nun an, dass die Staatsschuld bei angemessener Verzinsung auch der schwebenden Schuld etwa 5 Procent

Zinsen jährlich kostete, so hätte dieser Activrente von 8,700,000 Thlr. eine Passivrente von rund 2,500,000 Thlr. gegenübergestanden. Der Staat hätte also danach eine Ueberschussrente von jährlich 5,200,000 Thlr. bezogen, das macht etwa einen halben Thaler auf den Kopf der Bevölkerung, eine Vermögenslage, welche der Staat im Verhältniss zu der Bevölkerung erst in der allerjüngsten Zeit wieder erreicht hat.

II. Abschnitt.

Von 1807 bis 1822.

Quellen über diese Zeit sind hauptsächlich die bereits im ersten Abschnitt erwähnte Geschichte der Preussischen Staatsschulden von Krug und der Bericht der Hauptverwaltung der Staatsschulden über die Periode von 1820/32 (Drucks. d. 2. K. 1850 Nr. 513). Letzterer ist namentlich werthvoll durch eine tabellarische Zusammenstellung und Vergleichung der Preussischen Staatsschuld vom Jahre 1806 mit ihrer Höhe am 1. Januar 1833. Auffallend ist die geringe Berücksichtigung des Staatsschuldenwesens wie der Finanzgeschichte des Staats überhaupt in den Darstellungen der Kriege von 1806—1815. Und doch hat für diese Kriege noch mehr als in früheren Zeiten der Ausspruch Montecuculi's gegolten, dass zum Kriegführen die drei Dinge gehörten: Geld, Geld und nochmals Geld. Unsere neuesten Geschichtschreiber entwickeln im Ausspüren diplomatischer Intriguen den grössten Scharfsinn; die tieferen Beweggründe, welche für die Richtung der Politik in dem jeweiligen Zustande der Finanzen liegen, lässt man dagegen fast gänzlich unbeachtet.

1807—1810.

Die Finanzgeschichte der Jahre 1807/10 ist ausführlich dargestellt in Bassewitz, die Kurmark Brandenburg in dieser Zeit (Leipzig 1860).

Durch den Tilsiter Frieden vom 9. Juli 1807 hatte Preussen sämmtliche Besitzungen zwischen der Elbe und dem Rhein, das ganze Preussische Polen u. s. w. verloren, so dass dem Staate nur 2855 Quadratmeilen mit etwa 4 Mill. Bewohnern übrig blieben. Auch dieses Gebiet hielten die Franzosen noch fortwährend besetzt und erschöpften dasselbe durch Requisitionen von Naturalleistungen und Kriegssteuern. Da überdies fast sämmtliche öffentlichen Kassen in ihren Händen waren, sah sich die

2*

Preussische Regierung fortan ausser Stande, ihren Beamten Gehalte und Pensionen zu zahlen und die Staatsschulden zu verzinsen. Ebenso musste die Einlösung der Tresorscheine aufhören; eine von Memel am 29. October 1807 erlassene Verordnung schrieb vor, dass dieselben nur zu dem Course in den Staatskassen angenommen werden sollten. Die Staatsbank war gleichfalls zahlungsunfähig, da ihre Baarfonds theils von den Franzosen weggenommen, theils von der Regierung zu allgemeinen Staatszwecken verwandt waren.

Die Räumung des Landes wurde im September 1808 nur gegen das Versprechen einer Contributionszahlung von 120 Millionen Franken erkauft. Die Contribution sollte gezahlt werden zum Betrage von 70 Millionen Franken in Domainenpfandbriefen und zum Betrage von 50 Millionen Franken in Wechseln. Die Domainenpfandbriefe wurden im Jahre 1809 von den verschiedenen landständischen Kreditinstituten ausgestellt, nachdem der König die Edicte wegen Unveräusserlichkeit der Domainen aufgehoben und eine entsprechende Anzahl derselben den Instituten zur Sicherheit überwiesen hatte. Die genannten Wechsel wurden zum angeführten Betrage von Bankiers und Kaufleuten aus den sieben ersten Handelsplätzen des Staats ausgestellt. Diese Wechsel waren vom November 1808 ab allmonatlich zum Betrage von 4 Millionen Franken fällig.

Hierfür die erforderliche Deckung zu beschaffen, wollte dem Minister von Altenstein, welcher nach dem Rücktritt Steins im November 1808 die Leitung der Finanzangelegenheiten übernommen hatte, nicht gelingen. An Anstrengungen der mannichfachsten Art zur Beschaffung von Mitteln fehlte es freilich nicht. Unter dem 27. December 1808 wurde eine inländische Anleihe von 1 Million Thaler mit der lockenden Versprechung von Prämienzinsen ausgeschrieben; bis zum Jahre 1811 konnten indess hiervon nur 743,262 Thlr. untergebracht werden. Die Verordnung vom 12. Februar 1809 schrieb darauf die Einlieferung aller Gold- und Silbergeräthe gegen Ausstellung von Münzscheinen vor; von dieser Zwangsanleihe sollte man sich loskaufen können durch Entrichtung einer Steuer im Betrage eines Drittels vom Werthe. Bis zum Jahre 1812 wurden indess nur für 1,464,408 Thlr. Edelmetalle eingeliefert; die Steuer brachte gar nur 932,800 Thlr. Ertrag; diese Summe war überdies bis auf 110,645 Thlr. in Münzscheinen entrichtet worden. Unter dem 12. Februar 1810 schrieb die Regierung eine freiwillige Zwangsanleihe von 1½ Millionen Thaler aus, dieselbe sollte in Scheidemünze angenommen und mit 5 Procent verzinst werden. Falls der Betrag nicht durch freiwillige Beiträge erreicht würde, sollte das Uebrige zwangsweise aufgenommen werden. Zur Ausführung dieser Drohung kam es indessen nicht, obwohl auf die 1,500,000 Thlr. nur 1,392,460 Thlr. eingezahlt wurden.

Verhandlungen, die man über eine Anleihe in Holland schon seit dem Herbst 1807 gepflogen hatte, gelangten zwar im März 1810 zum Abschluss; im Juni 1810 waren aber auf die verlangten 32 Millionen Gulden nur 1,090,600 fl. baar eingezahlt und ausserdem für 608,050 fl. Obligationen in Zahlung gegeben, die Schlesien in vorpreussischer Zeit ausgestellt hatte und zu deren Annahme man sich bei dieser Gelegenheit hatte verpflichten müssen (vgl. den vorigen Abschnitt in der Zeit Friedrichs des Grossen S. 13).

Alle diese Mittel reichten aber nur so weit, dass auf den bereits im November fälligen Theil der Contribution zum Betrage von 50 Millionen Franken bis in den Mai 1810 die Summe von 41,300,000 Franken abbezahlt werden konnte. Es waren daher allein auf diesen in Wechseln verbrieften Theil der Contribution im Sommer 1810 8,700,000 Franken und daneben noch für 500,000 Franken Zinsen rückständig. Seit dem 8. November 1809 war die Regierung überdies verpflichtet, in monatlichen Terminen bis zum 8. April 1811 diejenigen 70 Millionen Franken von der Contribution abzuzahlen, wofür sie Domainenpfandbriefe hinterlegt hatte.

Kaiser Napoleon äusserte sich schon 1809 über die fortdauernde Verzögerung der Preussischen Zahlungen sehr ungehalten. Als nun der Minister v. Altenstein auch in den ersten Monaten des Jahres 1810 ungeachtet der von ihm im März eingeleiteten Anleihen nicht vermochte, irgend bedeutende Restzahlungen zu leisten, so wurde der Kaiser Napoleon immer dringender und drohte mit Execution, zog auch zu diesem Behufe Truppen im Königreich Westphalen zusammen und verstärkte sehr ansehnlich die Garnisonen in Thorn, Danzig und Stralsund sowie in den von ihm zur Sicherstellung der Contributionszahlungen noch fortwährend besetzt gehaltenen Oderfestungen Stettin, Küstrin und Glogau. Unter diesen Verhältnissen trug sich der Minister v. Altenstein mit dem Plan, die Provinz Schlesien gegen Erlass der übrigen Contribution an Frankreich abzutreten. Der König entliess den Minister jedoch im Juli 1810 und betraute mit der Leitung der Staatsangelegenheiten den Freiherrn v. Hardenberg.

1810 und 1811.

Hardenberg arbeitete unter Zurathziehung des Freiherrn v. Stein einen vollständigen Plan zur Regelung der Finanzen aus, welcher darauf in dem Edict über die Finanzen des Staats und die neuen Einrichtungen wegen der Abgaben vom 27. October 1810 Gesetzeskraft erhielt. Demgemäss wurden zur Beschaffung ausserordentlicher Hülfsmittel zunächst die geistlichen Güter eingezogen, indem man die Pensionirung der Pfründner und die Sorge für Dotirung der Pfarreien, Schulen und milden Stiftungen der Staatskasse überwies. Diese Güter sollten zugleich mit den Staatsdomainen veräussert werden; die Veräusserung der letzteren hatte schon 1808 der Freiherr v. Stein eingeleitet. Bei Entrichtung des Kaufpreises für Domainen wurden bis zu zwei Drittel des Preises die fundirten Staatsschuldpapiere nach dem Nennwerth angenommen. Dergestalt fand sich freilich in dem Gesammterlös aus der Veräusserung von Staatsgütern in der Zeit vom 7. Januar 1809 bis 1. Juni 1813 zum Betrage von 8,181,784 Thlr. doch nur eine Baareinnahme von 785,960 Thlr. Wichtiger waren für den Augenblick andere Maassnahmen. Zur Erleichterung der Beitreibung rückständiger Einkünfte der Staatskasse wurde gestattet, die bis zum 1. Juni 1810 entstandenen Rückstände in Lieferungen von Roggen und Hafer zu bezahlen. Zur Vermehrung der laufenden Einnahmen wurde durch Verordnung vom 28. October 1810 eine neue Consumtions- und Luxussteuer nebst Patent-Klassensteuer und durch Verordnung vom 2. November 1810 eine neue Gewerbesteuer eingeführt. Das fernerweite Edict über die Finanzen des Staates und das Abgaben-System vom 7. September 1811 fügte für das platte Land und die kleinen Städte unter Aufhebung der Mahlaccise eine Kopfsteuer von jährlich 12 gGr. hinzu. Dazu kam unter dem 6. December 1811 noch eine allgemeine Klassensteuer von durchweg 1 Procent des Einkommens, welche je nach Bedarf erhoben werden sollte als Festungs-Verpflegungsbeiträge für die Französischen Besatzungen in den drei Oder-Festungen. Der Unterhaltungsbedarf derselben belief sich in den fünf Jahren von 1807—1812 auf zusammen 5,845,046 Thlr.

Andererseits war man auch bestrebt, Erleichterungen zu schaffen. Die Natural-, Brot-, Korn- und Fouragelieferungen für die Armee sollten nach dem Edict vom 27. October 1810 aufhören und der Bedarf aus den öffentlichen Einkünften für Geld angeschafft werden. Auch trug die neue Gesetzgebung über die freie Benutzung des Grund und Bodens, Regulirung der bäuerlichen Verhältnisse, Gewerbefreiheit, Aufhebung der Zwangs- und Banngerechtigkeiten, Tragung der Abgaben von Jedermann, Vereinfachung derselben und ihrer Erhebung das Ihrige dazu bei, das Volk zahlungsfähiger und damit zur Tragung grösserer Lasten geneigter zu machen.

Die neuen Einnahmequellen in Verbindung mit den von Hardenbergs Vorgänger bereits eröffneten, allerdings weniger einträglichen Quellen — die Holländische Anleihe brachte bis 1812 im Ganzen baare 3,996,150 Gulden ein — ermöglichten es dem Staate, zunächst vom Jahre 1811 an seine laufenden Verpflichtungen wieder zu erfüllen und die fortan fällig werdenden Zinsen der Staatsschuld und Gehälter der

Beamten zu bezahlen. Für den Rest der Französischen Contribution suchte Hardenberg bis zur Wirksamkeit seiner neuen Finanzpläne den Unwillen des Kaisers Napoleon durch anscheinend kräftige Anordnungen zur Ausführung der von Napoleon angeordneten Maassregeln gegen den Englischen Handel und durch einige Zahlungen zu besänftigen und hinzuhalten. Es wurden auf die Contribution einschliesslich der Verzugszinsen in den sieben Monaten der Verwaltung Hardenbergs im Jahre 1810 16,924,890 Franken und bis zum Mai 1811 weitere 8 Millionen Franken an Frankreich abgeführt. Nach der Berechnung von Bassewitz a. a. O. betrug die Contributionsschuld an Frankreich Ende Mai noch 59,043,736 Franken. Wiewohl damit mehr als die Hälfte der ursprünglich auferlegten Contribution von 120 Millionen Franken an Frankreich gezahlt war, weigerte sich dieses gleichwohl, die für diesen Zeitpunkt ausbedungene Räumung der Festung Glogau zu vollziehen. Vom Mai des Jahres 1811 an fanden daher nur noch einige weniger bedeutende Abtragungen der Kriegscontribution statt.

In gleicher Weise wie für die laufenden Bedürfnisse liess sich Hardenberg in Befolgung der im Edict vom 27. October 1810 niedergelegten Grundzüge die Regulirung der Rückstände aus den Jahren 1807—1811 angelegen sein. Dabei erhielten freilich die Gläubiger weder eine Zinsvergütung für die seit 1807 fälligen Summen, noch zahlte man ihnen die rückständigen Summen sofort baar aus. Doch wurden ihre Forderungen zum wenigsten klargestellt und förmlich verbrieft. Die erwähnten Rückstände waren vornehmlich dreierlei Art:

1) Zinsrückstände von Staatsschulden. Alle Zinsrückstände von ausländischen Anleihen wurden halb am 1. Juli 1811 und halb am 1. Juli 1812 bezahlt. Die Obligationen selbst nahm man bei dem Verkauf von Staatsgütern zu zwei Dritteln für voll an. Ueber die rückständigen Zinsen von inländischen Schulden wurden Zinsscheine zum Betrage von 3,756,724 Thlr. ausgestellt. Dieselben sollten zur Hälfte am 2. Januar 1814 und zur Hälfte am 1. Juli 1814 baar eingelöst, inzwischen aber bei dem Verkauf von Staatsgütern zu zwei Dritteln für voll angenommen werden.

2) Rückstände von Gehältern und Pensionen der Civilbeamten und Rückstände von Pensionen der Militärpersonen. Dieselben beliefen sich bis zum März 1809, wo die Zahlungen durchweg wieder begonnen hatten, auf etwa 5 Millionen Thaler. Von diesen Rückständen wurde auf die Gehälter der Civilbeamten im Betrage von etwa 1¼ Millionen Thalern ein Viertel in Tresorscheinen sogleich ausgezahlt; den übrigen drei Vierteln rechnete man Zinsen zu 4 Procent vom 1. Januar 1811 bis zum 1. Januar 1814 zu und stellte dann über die Summe Gehaltscheine oder Gehaltbons mit dem Fälligkeitstermin vom 1. Januar 1814 aus.

3) Rückstände aus Lieferungen für die Russische Armee. In den Jahren 1805—1807 waren die Russischen Hülfstruppen bei Durchmärschen und in ihren Kantonirungsquartieren von Preussischen Einwohnern, grösstentheils auf ausgestellte Empfangsbescheinigungen hin verpflegt und befördert worden. Nach dem Tilsiter Frieden hatte Preussen den Geldbetrag dieser geleisteten Vorschüsse möglichst zusammengestellt und hiernach mit Russland sich über eine, desfalls von letzterem zu bezahlende Summe vereinigt, zugleich aber erklärt, dass es für Befriedigung der desfallsigen Forderungen seiner Staatsangehörigen selbstständig Sorge tragen werde. Zufolge Kabinetsordre vom 28. Januar 1811 wurden diese Forderungen nun durch vierprocentige Bons im Betrage von 12,872,434 Thlr. berichtigt. Diese Bons sollten im Jahre 1816 eingelöst, inzwischen aber in Zahlung genommen werden, und zwar a) für voll auf alle Reste der Staatsangehörigen bei den Staatskassen und bei dem Ankauf von Staatsgütern bis zu zwei Dritteln des Preises, b) nach dem Cours bei der Ablösung erbpachtlicher und zinslicher Verpflichtungen.

Die gesammten Rückstände aus der Zeit von 1807/10 mit Ausschluss der Forderungen aus Lieferungen, also mit Einschluss namentlich der Zinsscheine und Gehaltscheine werden in dem erwähnten Bericht der Hauptverwaltung der Staatsschulden auf 12,500,991 Thlr. angegeben; die Lieferungsforderungen aus dieser Zeit sind besonders wie folgt specificirt:

Für Verpflegung der Russischen Armee 1806/7
  (Russische Bons) . . . . 12,872,434 Thlr.
Für Verpflegung vaterländischer Truppen 1806/7
  bis 1. März 1812, nach Abzug dessen, was
  durch die Resten-Compensationskasse berichtigt
  worden war 1,464,095   „
Für Wasser- und Landfrachten 1806   17,440   „
Für Lazareth-Einrichtungen dem Handlungshause
  Tamnau in Königsberg 1807   40,000   „

Zur Hebung des Courses der Tresorscheine — dieselben brauchten nach 1807 zuerst nur zum jedesmaligen Course angenommen zu werden — war schon 1809 bestimmt, dass dieselben bei Zahlungen an die Staatskassen für den vierten Theil der Zahlung zum vollen Nennwerth angenommen werden sollten. Ausserdem hatte man für 2 Millionen Tresorscheine in Thalerscheine convertirt; letztere konnten an bestimmten Stellen gegen Silber eingewechselt werden und mussten im Verkehr zum vollen Nennwerth angenommen werden.

Während also die schwebende Schuld geregelt wurde, suchte das Edict vom 27. October 1810 andererseits auch die fundirten Staats-

schulden für den Staat vortheilhafter zu ordnen, indem es befahl, alle
inländischen Staatsschulden mit Ausnahme der nur 2 Procent Zinsen
tragenden Bankobligationen zu consolidiren, auf einerlei Zinsfuss zu vier
Procent zu setzen und die bisherigen Verschreibungen gegen neue ein-
zuwechseln. Diese neuen Obligationen, die Staatsschuldscheine, sollten
von Seiten der Gläubiger unkündbar sein; jedoch wurde versprochen,
spätestens nach Abtragung der Contribution an Frankreich und der rückständigen Zinsen eine Summe unveränderlich zur jährlichen Ausloosung
zu verwenden. In den der Convertirung unterworfenen Obligationen
lauteten die Bedingungen für die Gläubiger, sowohl was Zinsfuss als was
Rückzahlung anbelangt, durchweg günstiger. In Wahrheit kam daher
diese Maassnahme einem Zwangsaccord gleich, wie ihn seiner Zeit der
grosse Kurfürst zum Besten der Staatsfinanzen den Gläubigern wiederholt
auferlegt hatte. Die Consolidation betraf nach der Ausführungsverord-
nung vom 5. December 1810 folgende Obligationen: die höchstens 4procen-
centigen aber auf kurze Kündigungsfristen ausgestellten Seehandlungs-
obligationen, die 5procentigen Seehandlungsactien, die 4procentigen in
6 Monaten kündbaren Scheidemünzobligationen, die Generalsalzkassen-
obligationen, die 4½procentigen Obligationen aus der Labes'schen Danziger
Anleihe von 1805, und die Bergwerksobligationen. Theilweise konnten
diese Obligationen freilich von nach dem Edict vom 27. Januar 1811
den Besitzern auch bei den Domainenkäufen in Zahlung gegeben werden
und entgingen dadurch der Convertirung; die 5procentigen Obligationen
wurden bei Domainenkäufen sogar mit 20 Procent Aufgeld augenommen.
In Folge der geschilderten Zwangsconvertirung in Staatsschuldscheine
waren zu Anfang des Jahres 1813 bereits für 19,922,410 Thlr. solcher
Staatsschuldscheine im Umlauf.

Die Schulden der Seehandlung waren, wie erwähnt, unter der
Consolidation in Staatsschuldscheine einbegriffen; die Seehandlung hatte
damit vor der Hand aufgehört, ein besonderes, von der Generalstaatskasse
getrenntes Staatsgeldinstitut zu sein. Anders war es mit der Bank.
Ihre Schulden wurden zwar auch auf den Staatsschuldenfond übernommen,
die Bankobligationen aber liess man des geringen Zinsfusses (2 Procent)
wegen nicht zur Convertirung in Staatsschuldscheine zu. Auch bestand
die Bank als besonderes Staatsgeldinstitut fort. Dies hatte zur Folge,
dass die Bank, statt wie die anderen Staatskassen schon 1811, erst
1816 in den Stand gesetzt wurde, die seit 1807 unterbrochene Zinsenzahlung wieder aufzunehmen. An Bankobligationen waren 1810 noch
21,600,000 Thlr. in Umlauf.

Endlich hatte das Edict vom 27. October 1810 auch noch eine
Regelung der Provinzial- und Communal-Kriegsschulden in Aussicht ge-

nommen. Dieselben waren entstanden theils durch die Provinzial- und Communal-Verbänden auferlegten Kriegscontributionen, theils durch Aufnahme von Anleihen zur Vergütung für Naturallieferungen, welche die Eingesessenen zur Befriedigung feindlicher Requisitionen hatten leisten müssen. Eine Generalcommission aus Vertretern der verschiedenen Provinzen sollte absondern, welche Lasten der einzelnen Provinzen als für den ganzen Staat geleistet zu betrachten seien. Die Kriegsschulden der am meisten ausgesogenen Provinzen Ostpreussen, Littbauen und Westpreussen wurden durch das Edict vom 7. September 1811 schon vorläufig auf den Staatsschuldenetat übernommen.

1812.

Auf diese Weise war die Wiederherstellung der Finanzen im besten Gange, als der Russisch-Französische Krieg ausbrach. Preussen hatte unter dem 12. Februar 1812 vertragsmässig die Stellung eines Hülfscorps von 20,000 Mann für Napoleon und ausserdem die Verpflegung der Französischen Armee und ihrer Verbündeten auf dem Durchmarsche nach Russland unter Anrechnung auf den Rest seiner Contributionsschuld übernommen. Schon bis zum Juni 1812 erreichten die Lieferungen für die Französische Armee und ihre Verbündeten den Betrag von mehr als 35 Millionen Franken. Frankreich gab nunmehr die zur Sicherheit des Restes der Contribution noch deponirten Domainenpfandbriefe wieder zurück. Ihrerseits bestimmte die Preussische Regierung zur Bezahlung der Lieferungen ihrer Staatsangehörigen zunächst, dass alle Rückstände an Pachten und Abgaben und alle bis zum 1. Juni 1812 noch entstehenden Zahlungsverpflichtungen an den Staat durch Lieferung von Weizen, Roggen und Hafer in natura abgetragen werden könnten. Bei Lieferungen auf Rückstände, welche vor dem 1. Juni 1811 entstanden waren, wurde dabei der doppelte Marktpreis in Rechnung gestellt; ausserdem konnten solche Rückstände auch in fundirten Staatspapieren nach dem Nennwerth abgetragen werden. Eine zweite kräftigere Maassregel zur Beschaffung von ausserordentlichen Mitteln war die am 21. Mai angeordnete Einführung einer Vermögens- und Einkommensteuer. Diese Steuer sollte drei Procent des gesammten Privatvermögens betragen, wovon ein Procent am 24. Juni baar, das zweite Procent zu Michaelis und das dritte Procent zu Weihnachten 1812 in baar oder in Gegenrechnung auf Armeelieferungen abzutragen war. Die Steuer hatte anfänglich insofern den Charakter einer Zwangsanleihe, als denjenigen, welche die beiden ersten Procente entrichtet hatten, von dem dritten Procent die Hälfte erlassen und für 1½ Procent ein vierprocentiger Domainenpfandbrief gegeben werden sollte. Späterhin wurde jedoch unter dem

10. September 1814 bestimmt, dass die Vermögenssteuer ganz als Kriegs-
steuer betrachtet und mit der 1812 bestimmten Anfertigung von Staatsobligationen nicht fortgefahren werden solle. Für 1,332,042 Thlr. Domainenpfandbriefe scheinen übrigens bis dahin schon ausgestellt gewesen
zu sein. Gleichzeitig mit der Vermögenssteuer wurde denjenigen, welche
ein nicht fundirtes Einkommen bezogen, davon eine Steuer von 5 Procent
auferlegt. Der Gesammtertrag dieser Vermögenssteuer wurde auf mindestens 18 Millionen Thaler veranschlagt. Den Grundbesitzern war in
dem Edict vom 24. Mai 1812 nachgelassen, das zweite und dritte Procent in besonderen, auf das Grundstück namentlich lautenden, mit sechs
Procent verzinslichen Steuerscheinen abzuführen.

Um der „sehr grossen augenblicklichen Verlegenheit" der Staatskasse abzuhelfen, ermächtigte eine Verordnung vom 24. Mai zur Ausgabe
von 1 Million gestempelter Tresorscheine und eine Verordnung vom
20. Juni 1812 ausserdem zur Ausgabe von 3½ Millionen Thaler unverzinslicher Anweisungen au porteur. Beide Arten von neuem Papiergeld
sollten spätestens vom 1. Januar 1813 an aus dem Ertrage der obigen
Steuer eingelöst, bis dahin aber bei der Steuer und beim Verkauf von
Staatsgütern wie baares Geld angenommen werden. Für Ost- und Westpreussen und Litthauen, welche bei dem Durchmarsch der Truppen besonders gelitten hatten, musste die Erhebung des ersten Procents von
der Vermögenssteuer vom 2. Juli bis zum 1. October suspendirt werden.
Die Verordnung wegen Ankauf des Gold- und Silbergeräths aus dem
Jahre 1809, welche überhaupt sich wenig einträglich erwiesen hatte,
wurde am 9. Juli 1812 aufgehoben; dagegen nahm man vom 20. August
1812 an bei der Vermögenssteuer Gold- und Silbergeräthe zum Metall-
werth mit 10 Procent Zuschlag für das Façon in Zahlung.

Die Eintreibung der Vermögens- und Einkommensteuer verursachte
gleichwohl in dem ausgesogenen Lande die grössten Schwierigkeiten; am
19. December 1812 wurde daher gedroht, dass vom 15. Februar 1813
ab die Rückstände in baar entrichtet werden müssten, überhaupt auf
dieselben nur die bis zum Jahre 1813 gemachten Lieferungen in Anrechnung gebracht werden dürften. In den durch die Truppenmärsche besonders stark mitgenommenen Gegenden gestattete man von demselben
Tage ab die Anrechnung von Naturalleistungen auch auf das erste Procent der Steuer, welches sonst baar entrichtet werden musste. Bis Mitte
Januar 1813 waren auf die Steuer in baar einschliesslich der Steueranweisungen, gestempelten Tresorscheine und der Scheine aus der Anleihe vom Jahre 1810 3,961,605 Thlr. und ausserdem für 590,966 Thlr.
Staatspapiere eingekommen. Lieferungen sind bis dahin und späterhin
im Ganzen zum Betrage von 4,500,000 Thlr. auf die Steuer angerechnet

worden. Der Gesammtbetrag der Lieferungen für die Armee im Jahre 1812 war aber weit bedeutender. Soweit dieselben nicht auf die Steuer oder andere Abgaben und Pächte an den Staat gegeben wurden, stellte man darüber sog. Compensationsanerkenntnisse aus. Diese erreichten in der Zeit vom 1. März 1812 bis 1. März 1813 den Gesammtbetrag von 20,882,175 Thlr. Um die Last dieser Zwangsleistungen einigermaassen zu vertheilen, wurde am 19. December 1812 bestimmt, dass die Einwohner in dem an den Etappenstrassen gelegenen Orten den Ersatz der vorgeschossenen Verpflegung monatlich durch Naturallieferungen aus den übrigen Theilen der Provinz unter angemessenem Aufschlag von mindestens zwölf Procent an Brod, Fleisch und Gemüse erhalten sollten.

1813—1815.

Als nach der Capitulation Yorks im Januar 1813 die Preussische Politik eine Wendung nahm, kam es darauf an, zur sofortigen Ausrüstung ansehnlicher Streitkräfte gegen Napoleon die nöthigen Mittel rasch zusammenzubringen. Das Nächste war die Einstellung der Zinsenzahlungen an die Staatsgläubiger, welche gleich nach dem 15. Januar erfolgte. Die im December 1812 begonnene Ausloosung der Steueranweisungen aus dem Jahre 1812 wurde noch bis in den Mai fortgesetzt. Gleichzeitig mit dieser Verminderung des einen Papiergeldes erfolgte aber eine starke Vermehrung der Tresorscheine. Im December 1812 circulirten von diesen seit 1805 ausgegebenen Scheinen und den seit 1809 ausgegebenen Thalerscheinen nur noch für 731,625 Thlr. im Publikum. Die Scheine wurden nur zum Course angenommen; dieser hatte im Jahre 1812 zwischen 80 und 40 geschwankt und Mitte Januar 1813 auf 48 gestanden. Nun ordnete ein Edict vom 19. Januar die Vermehrung dieser Scheine bis zum Betrage von 10 Millionen Thaler an und gab ihnen zugleich vollen Zwangscours. Man verkürzte auf diese Art alle Diejenigen, welche in erster Hand die Tresorscheine vom Staate für ihre Forderungen an denselben für voll in Zahlung nehmen mussten, weil, wie das Edict offen erklärte, die Einziehung der zu den Rüstungen unentbehrlichen Geldmittel von den einzelnen Unterthanen einen zu grossen Zeitverlust mit sich führen würde. Die Einlösung der Tresorscheine sollte erfolgen aus den Mitteln einer neuen Vermögens- und Einkommensteuer; dieselbe sollte vom Mai 1813 ab in sechs Vierteljahrsraten zum halben Betrage der Steuer von 1812 erhoben werden. Der Zwangscours der Tresorscheine rief grosse Verwirrung hervor. Inzwischen erbot sich die Berliner Kaufmannschaft, für die Regierung ein Darlehen von 1,200,000 Thlr. gegen Verpfändung der Kgl. Mühlen in Berlin aufzubringen. Dies bestimmte die Regierung am 5. März 1813, als von den 10 Millionen bereits für 8,093,210 Thlr. Tresorscheine ausgegeben waren, in der ferneren Vermehrung des Papiergeldes innezuhalten. Der Zwangscours wurde nur für Naturallieferungen zur Verpflegung der Armee aufrecht erhalten; ausserdem mussten Beamte und Pensionäre bei Gehalten und Pensionen über 400 Thlr. jährlich ein Viertel des Betrages in Tresorscheinen zum Nennwerth annehmen. Der Cours der Tresorscheine stand am 12. März 47 und sank im Juli 1813 bis auf 25; in demselben Verhältniss wurden also Lieferanten und Beamte durch Auszahlung in Tresorscheinen in ihren Forderungen gekürzt. Etwas gemildert erschienen diese Verkürzungen durch die Bestimmung, wonach die Scheine wieder zum vollen Nennwerth bei der Vermögenssteuer und bei dem dritten Theil der anderen Steuern in Zahlung gegeben werden konnten.

Eine ebenfalls vom 5. März 1813 datirte Verordnung erleichterte den Verkauf der Domainen, um „noch fernerhin den Staatsgläubigern Gelegenheit zu geben, die Staatspapiere zu realisiren und dadurch den öffentlichen Kredit zu erhalten, zugleich aber auch zur Erleichterung Unserer getreuen Unterthanen dadurch die baaren Mittel zu erlangen, welche die gegenwärtige Ausrüstung und Unterhaltung Unserer Truppen erfordert." Auch bei Bezahlung des Kaufpreises von Domainen sollten Tresorscheine zum vollen Nennwerth angenommen werden.

Der Ausbruch des Krieges liess indess die Einnahmequellen aus Domainenverkäufen bald versiegen; die Grundbesitzer als Käufer von Domainen machten von dem ihnen gewährten Indult für Kapital und Zinsforderungen auch hinsichtlich der Bezahlung des Kaufpreises Gebrauch. Auch die im Januar ausgeschriebene neue Vermögens- und Einkommensteuer konnte nicht erhoben werden und wurde im September 1813 förmlich erlassen. Die freiwilligen patriotischen Gaben, auf welche vielfach in übertriebener Weise als wunderthätiges Hülfsmittel zum Kriege hingewiesen wird, sollen sich in den ersten drei Monaten des Jahres 1813 in baarem Gelde auf noch nicht 100,000 Thlr. belaufen haben. Man schritt daher zur Ausschreibung von Zwangsanleihen in den einzelnen Provinzen und brachte dadurch 4,120,122 Thlr. auf.

Alle diese Mittel reichten aber nur hin, um die Kosten der ersten Ausrüstung des Heeres zu bestreiten; für die weitere Unterhaltung war man lediglich auf Requisitionen von Naturallieferungen angewiesen. Eine Cabinetsordre vom 26. Juli 1813 verbot den Gerichten, Klagen anzunehmen gegen Beamte aus Contracten über Lieferungen von Armeebedürfnissen, da es bei der gegenwärtigen Lage der Staatskassen nicht immer möglich sei, die Zahlungsverbindlichkeiten aus solchen Contracten pünktlich zu erfüllen. Im Jahre 1814 erhielt die Regierung noch einige Baarmittel durch Zwangsanleihen und Zwangssteuern, welche im ehemaligen Roerdepartement und im ehemaligen Grossherzogthum Berg ausgeschrieben wurden.

Am 30. Mai 1814 wurde der allgemeine Friede abgeschlossen. Die bereits getroffene aber noch nicht zur Ausführung gelangte Anordnung wegen Verminderung der Beamtengehalte konnte nun zurückgenommen werden. Auch die Verminderung der Pensionen, welche am 1. Juni 1814 eingetreten war, wurde am 4. Juli wieder rückgängig gemacht. Mit dem 1. Juli 1814 begann auch wieder die Zahlung der rückständigen Zinsen von den Staatsschulden. Die im Jahre 1811 ausgestellten Zinsscheine, welche am 2. Januar und 1. Juli 1814 fällig wurden, kamen indess in diesem Jahre noch nicht zur Einlösung. Die Einlösung der bereits seit dem 1. Januar 1814 fälligen Gehaltscheine aus dem Jahre 1811 begann am 1. Juli 1814, wurde jedoch nur nach der Reihenfolge des Datums der Ausstellung bewerkstelligt und kam erst im Februar 1816 zum Abschluss. Die vom 1. Juli 1814 an nöthigen Lieferungen für die Armee wurden baar bezahlt. Die bis dahin in den Jahren 1813 und 1814 gemachten Lieferungen sollten nach einem bestimmten Tarif geschätzt werden, und über den Betrag sollten dann unverzinsliche Lieferungsscheine ausgestellt werden. Von diesen Scheinen verpflichtete man sich, 1814 den Betrag von 1 Million Thaler, späterhin jährlich den Betrag von 2 Millionen Thaler nach der Reihenfolge des Looses einzulösen. Kriegsschäden, Einquartierung, Hand- und Spanndienste waren von der Vergütung ausgenommen. Die Besitzer von sog. Compensationsanerkenntnissen aus Armeelieferungen in den Jahren 1806 bis 1812 wurden vorläufig auf die Vorschläge der interimistischen Landes-Repräsentanten über die Liquidation vertröstet. Indess kam auch die zur Ausloosung von Lieferscheinen aus den Jahren 1813/14 versprochene Million weder 1814 noch 1815 zur Verwendung. Dagegen gestattete eine am 1. März 1815 erlassene Verordnung den Umtausch von Lieferscheinen in Staatsschuldscheine. Letztere standen damals 83 bis 86. Auch wurde den Einwohnern der Provinzen Ostpreussen, Litthauen und Westpreussen gestattet, ihre Anerkenntnisse über Lieferungen aus der Zeit von 1812/13 gegen die neuen Lieferscheine umzutauschen.

Zur Herstellung des vollen Courses des Papiergeldes setzte man zunächst die Ausloosung der Steueranweisungen und gestempelten Tresorscheine aus dem Jahre 1812 fort; es wurden davon im Jahre 1814 für 800,000 Thlr. und im Jahre 1815 für etwa 350,000 Thlr. eingezogen, so dass Ende 1815 von diesem Papiergeld nur noch etwa ½ Million Thaler in Umlauf waren. Von den Tresorscheinen und Thalerscheinen wurde im Herbst 1814 und April 1815 der Betrag von 1,900,000 Thlr. eingezogen, so dass hiervon nur noch etwa 6 Millionen umliefen. Da der Cours derselben in den letzten Monaten sich auf 85 bis 90 gestellt hatte, liess die Verordnung vom 1. März 1815 alle Zahlungen an die Staatskassen in diesen Scheinen unter Berechnung des vollen Nennwerths zu. Zugleich wurde aber auch bestimmt, dass man bei allen Zahlungen aus Staatskassen verpflichtet sei, diese Scheine zum vollen Nennwerth anzunehmen, und dass insbesondere die Berichtigung aller Forderungen aus Lieferungscontracten an den Staat ganz in diesen Scheinen angenommen werden müsste.

Die Rückkehr Napoleons nach Frankreich am 1. März und der daraus folgende zweite Krieg gegen Frankreich unterbrach die weitere Regelung der Finanzverhältnisse nur auf kurze Zeit. Das Mehrerforderniss des Staates für diesen neuen Feldzug über den gewöhnlichen Militair-Etat hinaus wird von der Hauptverwaltung der Staatsschulden in dem mehrerwähnten Bericht auf pptr. 15,300,000 Thlr. geschätzt. Zur Ausrüstung der Truppen konnte man 10 Millionen Franken Kriegssteuern verwenden, welche in den Rheinischen Generalgouvernements ausgeschrieben worden waren. Zur Verpflegung des Heeres fehlten indess die Mittel ganz und gar. Das Heer bezog in Belgien Cantonnements und schrieb Lieferungen aus gegen Anweisungen auf die von den verbündeten Mächten zur Verpflegung der Heere niedergesetzte Centralcommission. Der Eingang dieser Lieferungen fand indess ein Hinderniss in der Concurrenz des ebenfalls dort cantonnirenden Englischen Heeres, welches seine Bedürfnisse baar bezahlte. Als der Generalintendant Ribbentropp dem Feldmarschall Blücher darüber seine Noth klagte, dass alle Kassen erschöpft seien, das Finanzministerium ihn ohne Hülfe lasse, die Armee seit 2½ Monaten keinen Sold erhalten habe und in Belgien für jedes Pfund Brot und Fleisch baare Zahlung verlangt würde, gebrauchte Blücher das Auskunftsmittel, einen Wechsel von 100,000 Lstrl. auf die Englische Regierung zu ziehen. Die Elberfelder Kaufmannschaft discontirte den Wechsel und die Englische Regierung acceptirte ihn auch nachher. Nach dem siegreichen Vorrücken in Frankreich lebte die Preussische Armee ausschliesslich von Requisitionen, während die Engländer auch hier ihre Bedürfnisse baar bezahlten. Auf dem Marsche von Bellealliance nach Paris hatten „Eilebeute und Greifzu" die Verpflegung übernommen. Blücher pflegte zu sagen: „Wir können den Franzosen mit allen möglichen Grobheiten dienen, nur nicht mit grob Courant."

1815—1819.

Dem besiegten Frankreich wurde eine Contribution von 500 Millionen Franken, zahlbar in 20 Quartalsraten, auferlegt. Auf Preussen kam von dieser Contribution der Betrag von 145 Millionen Franken. Die

Hauptverwaltung der Staatsschulden nimmt an, dass dem Preussischen Staate die Kriegscontributionen einschliesslich der Revenüen-Bezüge und Truppen-Verpflegung in feindlichen Ländern im Ganzen etwa 65½ Millionen Thaler eingebracht haben. Aus den Abrechnungen mit befreundeten Mächten wegen gegenseitiger Truppenverpflegungen und gelieferter Kriegsbedürfnisse gingen nach Angabe derselben Behörde zusammen 50,269,528 Thaler ein.

So erheblich diese ausserordentlichen Mittel auch waren, zu denen überdies noch beträchtliche Domainenveräusserungsgelder kamen, so blieben die Forderungen der Staatsgläubiger doch auch in den ersten Jahren nach dem Frieden noch vielfach unerfüllt, und nur ganz allmählich kam die Regierung im Laufe der Jahre 1815—1819 in die Lage, ihren Verbindlichkeiten nachzukommen.

Die Tresorscheine wurden schon seit März 1815 bei den Staatskassen für voll in Zahlung genommen; vom August 1815 an liess man dieselben auch bei Privatbankiers für 95 gegen baar einlösen. Am 13. Januar 1816 erreichten die Tresorscheine Paricours. Am 28. August 1818 wurde zu ihrer Baareinlösung das Realisations-Comtoir in Berlin errichtet. Die Wiederherstellung des vollen Courses hatte der Staatskasse im Ganzen 2,100,000 Thlr. gekostet.

Die Zinsscheine aus dem Jahre 1811, welche sämmtlich bereits im Jahre 1814 fällig geworden waren, begann man vom Juli 1815 an auszuloosen; indess erreichte erst im Jahre 1821 die Einlösung derselben ihr Ende.

Im Jahre 1816 waren die Russischen Bons, welche man zum Betrage von 12,872,434 Thlr. im Jahre 1811 für Verpflegung der Russischen Armee in den Jahren 1806/7 ausgestellt hatte, fällig geworden. Die Regierung erklärte im Mai 1816, dass es der Staatskasse nicht möglich sei, dieselben sämmtlich noch im Laufe des Jahres 1816 einzulösen, es wurde indess freigestellt, dieselben gegen 4procentige Staatsschuldscheine umzutauschen, im Uebrigen ihre allmähliche Ausloosung versprochen. Die Ausloosung erfolgte denn auch in verschiedenen Terminen bis zum Frühjahr 1819. Von den kleineren Anleihen der Jahre 1808 und 1810 waren die Obligationen der Anleihe von 1½ Millionen Thaler aus dem Jahre 1810 schon 1812, die Obligationen der Anleihe mit Prämienzinsen aus dem Jahre 1808 im Jahre 1814 fällig geworden. Erst im Jahre 1818 erfolgte indess die Baareinlösung der bis dahin noch nicht in Zahlung angebrachten oder gegen Staatsschuldscheine umgeschriebenen Obligationen.

Noch weniger als den Inhabern der genannten Obligationen wurde man den Armeelieferanten gerecht. Ueber Lieferungen aus den Jahren

1813 und 14 waren im Ganzen für 21,721,473 Thlr. Lieferscheine ausgestellt worden. Ausserdem hatte die Verordnung vom 27. September 1815 bestimmt, dass auch die sog. Compensationsanerkenntnisse über Lieferungen aus dem Jahre 1812 sämmtlich in Lieferscheine umgeschrieben werden sollten. Diese Umschreibung von Compensationsanerkenntnissen belief sich auf 14,002,051 Thlr. und die Lieferscheine insgesammt erreichten dadurch den Betrag von 35,723,524 Thlr. Das Edict vom 3. Juni 1814 hatte bestimmt, dass von diesen Lieferscheinen vom 1. October 1814 an jährlich für 2 Millionen Thaler ausgeloost werden sollten. Diese Ausloosung begann aber erst Ende 1815; inzwischen hatte die Regierung den Besitzern am 1. März 1815 gestattet, die Lieferscheine gegen 4procentige Staatsschuldscheine einzutauschen.

Auch im Jahre 1816 wurden im Ganzen nur für 1,500,000 Thlr. Lieferscheine gegen baar eingelöst. Für die Jahre 1815 und 1816 zahlte die Regierung auf die noch in erster Hand befindlichen Scheine Zinsen. Im Jahre 1817 fand wiederum keine Baareinlösung statt und am 7. Mai 1818 bestimmte die Regierung, dass alle noch vorhandenen Lieferungsscheine in 4procentige Staatsschuldscheine umgeschrieben werden sollten. Da die Staatsschuldscheine damals nur einen Courswerth von 66—68 hatten, so kam diese Verordnung einer zwangsweisen Reduction der Kapitalforderung um ein volles Drittel gleich.

Selbst diese unvollkommne Erfüllung der Verbindlichkeiten aus der schwebenden Schuld konnte trotz der ausserordentlichen Mittel, welche der Regierung dazu aus Contributionen, Domainenveräusserungsgeldern u. s. w. zuflossen, doch nicht ermöglicht werden, ohne gleichzeitig neue Schulden anderweitig einzugehen. Im Jahre 1817 nahm die Regierung bei dem Bankhause Rothschild in Frankfurt a. M. eine 5procentige Anleihe von 2,857,142 Thlr. (5 Mill. fl.) auf, in der Absicht, damit die im südlichen Deutschland noch umlaufenden Anleihe-Obligationen zu tilgen. Dazu kam in den Jahren 1818 und 1819 die bedeutende Anleihe bei dem Englischen Hause Rothschild. Es hatten sich zwar inländische Unternehmer zu einer Anleihe erboten, indessen waren die Bedingungen, unter welchen man in England eine bedeutende Summe erhalten konnte, für die Regierung vortheilhafter. Freilich waren die Bedingungen dieser Anleihe noch immerhin harte. Aber die Regierung brauchte durchaus Geld. Der Staatskanzler von Hardenberg schrieb im Februar 1818 von Engers aus an den mit Negociirung der Anleihe in London beauftragten Oberfinanzrath Rother: „Bei Empfang dieser Zeilen sind Sie hoffentlich in vollem Gange. Wir müssen nothwendig Geld haben, zu so manchen Zwecken. Die Erhaltung des Staats fordert es laut." — „Mit Ungeduld sehe ich Nachrichten von Ihnen entgegen. Handeln Sie nur ja fest und als ein Mann." Rother erhielt dann auch eine Anleihe von 5 Mill. Pfd. Sterling (33,750,000 Thlr. incl. Agio) zum Begebungscourse von 71,86 gegen 5 Procent Zinsen, Rückzahlung in jährlichen Quoten innerhalb 28 Jahren und hypothekarische Verpfändung einer entsprechenden Anzahl Domainen.

Diese beiden fundirten Anleihen reichten nicht einmal aus, das Deficit zu decken. Man entnahm Darlehne von der Staatsbank. Durch Verordnung vom 3. April 1815 hatte man die Depositalschulden der Bank als wahre Staatsschulden anerkannt, für kündbar erklärt und zugleich prompte Zinszahlung versprochen. Als in Folge dessen der Kredit der Bank sich neu belebte, und die Depositenkapitalien reichlicher zuflossen, konnte die Regierung in ihrer Finanznoth der Versuchung nicht widerstehen, diese Gelder zum Betrage von 3,146,300 Thlr. zur Staatskasse einzuziehen. Die bereiten Mittel der Bank wurden dadurch dermassen erschöpft, dass sie erst 1817, also zuletzt von allen Staatskassen dazu gelangte, die seit 1807 unterbrochene Zinsenzahlung wieder aufzunehmen. Die Depositenkapitalien, welche vor 1810 bei der Bank belegt waren, beliefen sich noch am 31. December 1817 auf 16,940,000 Thlr.

Trotz der neuen Darlehnsschulden, welche 1815/19 gemacht wurden, schloss das Jahr 1819 noch mit 13½ Millionen Thaler Deficit ab, wofür jegliche Deckung fehlte.

1819—1822.

Ausser auf Bezahlung der Ausgaberückstände musste auch auf Deckung für das Deficit Bedacht genommen werden, welches sich für die folgenden Jahre voraussehen liess. Dasselbe berechnete sich für die Jahre 1820/22 auf nicht weniger als 27 Millionen Thaler. Diese Finanznoth konnte zwar die Regierung nicht bewegen, ihr wiederholt gegebenes feierliches Versprechen wegen Einberufung von Reichsständen einzulösen, zwang sie jedoch zum Erlass der diese Einberufung vorbereitenden **Verordnung vom 17. Januar 1820** wegen der künftigen Behandlung des gesammten Staatsschuldenwesens. Der König erklärte in deren Eingang derselben, nunmehr von dem gesammten Schuldenzustande des Staats unterrichtet zu sein; er habe desshalb beschlossen, denselben zur öffentlichen Kenntniss zu bringen. Die Verordnung fährt dann fort: „Wir hoffen dadurch und durch die von Uns beabsichtigte künftige Unterordnung dieser Angelegenheit unter die Reichsstände das Vertrauen zum Staate und zu seiner Verwaltung zu befestigen und Unsern aufrichtigen Willen, allen Staatsgläubigern gerecht zu werden, um so unzweideutiger an den Tag zu legen, als Wir zugleich wegen Sicherstellung sowie wegen regelmässiger Verzinsung und allmählicher Tilgung aller Staatsschulden das Nöthige unwiderruflich hiermit festsetzen."

Der Inhalt der Verordnung ist danach ein dreifacher; sie will erstens den Schuldenzustand des Staats zur öffentlichen Kenntniss bringen, zweitens das Staatsschuldenwesen künftig unter die Reichsstände ordnen und drittens in Bezug auf die Verhältnisse zu den Gläubigern Bestimmungen treffen.

I. Der Schuldenzustand des Staats nach der Verordnung von 1820.

Nach dem der Verordnung beigefügten Etat für die Staatsschuldenverzinsung betragen die „von Unseren Vorfahren und in den verhängnissvollen Zeiten Unserer Regierung zum wahren Bedürfnisse und zur Erhaltung des Staats entweder bereits gemachten oder, insoweit die Verbriefung noch nicht erfolgt ist, noch zu machenden verzinslichen allgemeinen Staatsschulden" die Summe von 180,091,720 Thlr. Neben dieser Summe sind aber noch vor der Linie vermerkt: „Provinzielle Staatsschulden im Betrage von 25,914,694 Thlr. auf dem Provinzial-Passiv- und auf dem Haupt-Schatzkassen-Etat". Die unverzinslichen Schulden sind ausserdem in dem Etat auf 11,242,347 Thlr. angegeben. Demnach hätten also die bereits gemachten oder, insoweit die Verbriefung noch nicht erfolgt ist, noch zu machenden verzinslichen Staatsschulden, die provinziellen Staatsschulden und die unverzinslichen Staatsschulden im Jahre 1820 zusammen 217,248,762 Thlr. oder mit dem durch Umwandlung höherer Valuten in Silbergeld zugetretenen Agio 217,845,558 Thlr. betragen.

Die summarische Uebersicht über die Entstehung der Hauptsumme der Staatsschuld von 217,845,558 Thlr. in dem Bericht der Hauptverwaltung findet, dass für diese Periode eine Gesammtschuld von 239,077,991 Thlr. „motivirt sein würde" und überschlägt dies wie folgt:

Der ausserordentliche Aufwand der Staatskasse in den Jahren 1806 bis 1815 betrug

1) an Ausrüstungs-Aufwand, Einnahme-Verlusten und baaren Abzahlungen auf die zuletzt verglichene allgemeine Kriegs-Contribution bis 1813   86,647,280 Thlr.

2) an 5jähr. Unterhaltungs-Bedarf der Französ. Besatzung in den 3 Oderfestungen . . . .   5,845,045 „

3) an Leistungen an die Franz. Armee und ihre Verbündeten im Feldzuge von 1812 circa . .   51,981,310 „

4) in den Kriegsjahren 1813—15 . . . . .   61,605,135 „

5) in den Jahren 1815—19 zum allgemeinen Retablissement des Staats in seinem Innern und in Beziehung auf seine Verhältnisse gegen das Ausland . . . .   50,065,618 „

6) zur Deckung des vollständigen Bedürfnisses in
den folgenden Jahren . . . . 31,500,000 Thlr.
also an aussergewöhnlichem Bedarf der Staatskassen
für das Jahrzehend total . . . . 287,644,388 Thlr.
Es wurden dagegen aufgebracht:
1) durch ausserordentliche Besteuerung (der Edelmetalle, Festungsverpflegungsbeiträge, Klassensteuer, Vermögens- und Einkommensteuer . . 23,541,786 Thlr.
2) durch gezwungene Anleihen, soweit sie nachher
in Staatsschuldscheinen verbrieft wurden (insgesammt haben die gezwungenen Anleihen einschliesslich der baar zurückgezahlten oder com-
pensirten Beträge 17,608,715 Thlr. aufgebracht) 897,650 „
3) Abrechnungen mit befreundeten Mächten wegen
Truppenverpflegung etc. . . . . 50,269,528 „
4) Kriegs-Contributionen, Truppenverpflegungen in
feindlichen Ländern . . . . 65,500,000 „
5) Verkauf von Domainen und säcularisirten Gütern etc. . . . . 25,318,324 „
also Gesammt-Einnahme an ausserordentl. Mitteln 165,527,288 Thlr.
Die Summe der ausserordentlichen Erfordernisse
betrug oben . . . . 287,644,388 „
Anderweitig haben also noch . . . . . . 122,117,100 Thlr.
gedeckt werden müssen.

Unter der am Schlusse des Jahres 1806 schon vorhandenen Schuld
von . . . . 53,494,913 Thlr.
waren an provinziellen Staatsschulden . . . . . 4,407,568 „
welche auf Gebieten hafteten, die der Tilsiter Friede
von der Monarchie trennte; ward nun gleich hierdurch die Staatsschuld auf . . . . 49,087,345 Thlr.
ermässigt, so traten derselben doch wieder die Verpflichtungen hinzu,
mit welchen die seit dem Pariser Frieden vereinigten Provinzen belastet
waren. Die Gesammtsumme, für welche die Staatsfonds in dieser Beziehung in Anspruch genommen wurden, betrug . . 79,876,985 Thlr.
wovon den Provinzen nur . . . . 12,003,439 „
zur Selbstvertretung überlassen blieben, den Staats-
schulden-Etats aber zur Last fielen . . . . . 67,873,546 Thlr.
Hierdurch und durch die obige Summe des durch ausserordentliche
Einnahmen ungedeckten Theils der ausserordentlichen Bedürfnisse von
122,117,100 Thlr. würde eine Erhöhung der Schuldsumme von 49,087,345
auf obige 239,077,991 Thlr. motivirt sein.

Wenn man die Schuldsumme von 217,248,762 Thlr. in's Auge fasst, wie sie aus dem Etat zur Verordnung von 1820 sich ergibt, so findet man, dass zunächst in dieselbe nicht einbegriffen sind die Passiva der Staatsbank, welche Ende 1819 sich auf 28,210,900 Thlr., darunter 25,329,908 Thlr. Depositenkapitalien, beliefen. Hiervon waren mindestens sieben Millionen Thaler nicht gedeckt durch Actien der Bank. Sodann sind nicht einbegriffen diejenigen Leibrentenschulden, welche 1825 nach der Ausscheidung von den gewöhnlichen Pensionen zu dem sog. Pensionsaussterbefonds zusammengestellt wurden. Dieselben sind für diese Zeit mit einem Kapitalwerth von mindestens 20 Millionen Thaler zu veranschlagen.

Dann sind auch bei einzelnen Positionen Beträge bereits in Abzug gebracht, welche erst nach Erlass der Verordnung in den Jahren 1820 bis 1822 ausserordentlich getilgt wurden. Es sind dies im Ganzen 5,201,106 Thlr., welche bei folgenden einzelnen Posten in Abzug gebracht sind:

Anleihen im Auslande von 1807 mit . . . . . 835,429 Thlr.
Rückstände, durch den Krieg von 1807 veranlasst 952,076 „
Zwangsanleihe von 1813 mit . . . . 217,301 „
Darlehen der Staatsbank aus den Jahren 1815/18 3,176,300 „

Andererseits sind aber in die Summe schon einbegriffen 35,500,000 Thaler, für welchen Betrag bei Erlass der Verordnung Schuldverbindlichkeiten noch nicht bestanden. Indess war die Ausgabe von Staatsschuldscheinen bereits damals in Aussicht genommen: Zur Deckung des Deficits in den Jahren 1820/22 mit . . . . . 27,000,000 Thlr.
und zur Füllung des Staatsschatzes mit . . . . 4,500,000 „
Ausserdem behielt man sich eine Vermehrung der
unverzinslichen Schuld vor zum Betrage von . . . 4,000,000 „

Die in dem Etat zur Verordnung angegebene Summe von 217 Mill. 248,762 Thlr. zerfällt nach diesem Etat in folgende Positionen:

a. Anleihen im Auslande 35,982,009 Thlr. Es ist dies der Restbetrag der beiden Rothschild'schen Anleihen aus den Jahren 1817 und 1818. Die ausländischen Anleihen aus der Zeit vor 1807 sind nur noch mit dem Betrage von 111,943 Thlr. in dieser Summe einbegriffen, indem der Betrag von 835,429 Thlr., welcher durch Baarzahlung aus dem Extraordinarium pro 1820/22 getilgt wurde, schon jetzt ausser Betracht blieb. Die Holländische Anleihe von 1809 war von 1812 an in 5 procentige Domainenpfandbriefe convertirt worden; es erübrigten von derselben daher damals nur noch 808,200 Thlr.

b. Die alten Kurmärkischen landschaftlichen Obligationen 3,234,891 Thlr. Dieselben rühren aus der Zeit vor 1807. Das besondere landständische Kreditinstitut, welches die früheren Herrscher oft zur Aufnahme von Anleihen benutzt hatten, wurde durch eine ebenfalls vom 17. Januar 1820 datirte Verordnung aufgehoben; damit gingen auch die Passiva des Instituts zum obigen Betrage auf den Staat über.

c. Die einzelnen Passiva auf besonderen Verschreibungen 598,536 Thlr. Dieselben rührten durchweg aus der Zeit vor 1807 her.

d. Domainenpfandbriefe 5,527,245 Thlr. Die s. Z. an Frankreich als Unterpfand für die Contribution gegebenen 4procentigen Domainenpfandbriefe waren 1812 in natura zurückgegeben worden. Indess scheint die Regierung nachher von denselben einen Betrag von 1,332,042 Thalern versilbert zu haben. Im Uebrigen rührt die oben angegebene Summe mit dem Betrage von 4,025,600 Thlr. aus der Convertirung der Holländischen Anleihe (siehe zu a.) und mit dem Betrage von 600,000 Thalern aus der Ausfertigung besonderer Schlesischer Domainen-Pfandbriefe vom Jahre 1807 her.

e. Für die Staatsschuldscheine oder die consolidirte Staatsschuld, mit Einschluss der in den Jahren 1817/19 nothwendig gewesenen Mehrausgaben und der annoch unumgänglich erforderlichen extraordinären Bedürfnisse, als Zinsen- und Kapitalrückstände, Zahlungen an auswärtige Staaten, Festungs-, Garnison-Einrichtungs-, Land- und Wasserstrassen- und anderen Bauten, Retablissement der Festungs-Anwohner etc. 119,500,000 Thlr. In Wirklichkeit waren im Jahre 1820 nur für 56,614,048 Thlr. dieser Staatsschuldscheine in Umlauf. Der überschiessende Betrag von 62,885,952 Thlr. wurde in den Etat aufgenommen, um durch spätere Ausgabe derselben Deckung zu gewinnen:

für 13½ Millionen Thaler Ausgaberückstände aus den Jahren 1815/19;

für 27 Millionen Thaler Deficit in den Jahren 1820/22;

für 4 Millionen Thaler zur Begründung eines Staatsschatzes;

für 1½ Millionen Thaler zur Entschädigung der Müller, Brenner und Brauer für den durch Edict vom 28. October 1810 aufgehobenen Mahl- und Getränkezwang;

für 8 Millionen Thaler zur vollständigen Convertirung noch umlaufender Lieferscheine;

für 9 Millionen Thaler zur vollständigen Einlösung bezw. Convertirung anderer bereits liquider Schuldposten.

Ausgefertigt waren bis Januar 1820 nicht der umlaufende Betrag von 56,614,048 Thlr., sondern für 59,685,543 Thlr. Staatsschuldscheine. In den Jahren 1818 und 1819 hatte man nämlich für 3,071,495 Thlr. Staatsschuldscheine eingezogen, um das im Edict vom 28. October 1810 gegebene Versprechen zu lösen, „gleich nach Abtragung der Contribution an Frankreich und der rückständigen Zinsen" eine Summe zur Tilgung der Staatsschuldscheine zu verwenden. Der festgesetzte Tilgungsmodus der Ausloosung war dabei freilich nicht beobachtet worden; man hatte die Scheine freihändig angekauft und bei dem niedrigen Course für 2 Millionen Thaler die erwähnten 3,071,495 Thaler Scheine erwerben können.

Die erwähnte bis 1820 ausgefertigte Summe von 59,685,543 Thlr. Staatsschuldscheinen war wie folgt entstanden:

1) Zwangsconvertirung der Seehandlungsobligationen nach dem Edict vom 27. October 1810 . . . . 14,563,513 Thlr.
2) desgl. der Seehandlungsactien . . . . . 1,147,000 „
3) desgl. der Tabacksadministrationsactien . . 1,989,000 „
4) desgl. der Salzkassenobligationen . . . . 463,020 „
5) desgl. der Salzkassencautionen . . . . . 11,750 „
6) desgl. der Accisekassenobligationen . . . . 536,110 „
7) desgl. der Brennholzobligationen . . . . 6,500 „
8) desgl. der Torfadministrationsobligationen . . 21,300 „
9) desgl. der Obligationen aus der Labes'schen Anleihe . . . . , . . . 771,600 „
10) desgl. der Kalkreuth'schen Danziger Obligationen . . . . 341,375 „
11) für von der Regierung angekaufte standesherrliche Rechte . . . . 275,000 „
12) der Restencompensationskasse für den Zeitraum von 1806—12 an Staatsschuldscheinen zugeschossen . . . . 512,575 „
13) Rest aus der Zwangsanleihe zwischen der Oder und Weichsel . . . . 50,575 „
14) Zwangsconvertirung der 1800 von der Seehandlung ausgestellten Südpreussischen Obligationen oder Polnischen Reconnaissancen seit 1815 . 2,021,100 „
15) Zwangsconvertirung der auf dem Königreich Westphalen lastenden ursprünglich Preussischen Landesschuldverschreibungen seit 1815 . . . 6,322,652 „
16) theilweise Convertirung von Obligationen der Anleihe mit Prämienzinsen von 1808 . . . 483,750 „
17) theilweise Convertirung von Gehaltsbons aus dem Jahre 1811 seit 1814 . . . . . . 982,525 „
18) desgl. von rückständigen Pensionsforderungen 420,975 „
19) theilweise Convertirung von Zinsscheinen aus dem Jahre 1811 seit 1814 . . . . . . 1,345,575 „

20) theilweise Convertirung Russischer Bons aus dem Jahre 1811 seit 1816 . . . .   3,228,702 Thlr.

21) Zwangsconvertirung von Lieferungsscheinen seit 1815 . . . .   17,519,357 „

22) Convertirung rückständiger Forderungen aus der Verpflegung der Französischen Garnisonen in den Oderfestungen . . . .   1,411,050 „

23) zur Unterstützung der beiden Provinzen Preussen   1,520,575 „

24) Schuldscheine an andere Institute zur Berichtigung von Forderungen von Privatpersonen, sowie kleiner, oben nicht speciell angegebenen Anleihen etc. . . . .   3,739,973 „

Summa   59,685,543 Thlr.

Die theilweisen Convertirungen waren durchweg auch Zwangsconvertirungen, indem man die Gläubiger, wenn sie im Besitze der ursprünglichen Obligationen bleiben wollten, für ihre Forderungen aus denselben ganz oder theilweise unbefriedigt liess (s. die Darstellung der Verhältnisse in den Jahren 1815—19 S. 31—34).

f. Für die noch in Liquidation und Verhandlung begriffenen noch nicht vollständig anerkannten Schulden 15,249,039 Thlr. In diese Summe waren nicht mit einbegriffen 952,076 Thlr. Ausgabenrückstände, durch den Krieg von 1806/7 veranlasst, welche durch Baarzahlung aus dem Extraordinarium pro 1820/22 getilgt wurden. Die Summe setzt sich aus folgenden von einzelnen Provinzen zu übernehmenden Beträgen zusammen:

    a. die Kurmark . . . .   4,566,438 Thlr.
    b. die Neumark . . . .   1,558,624 „
    c. Ostpreussen und Litthauen . .   1,807,311 „
    d. der Freistaat Danzig . . . .   4,316,667 „
    e. Westphälische Centralschulden .   3,000,000 „
15,249,040 Thlr.

Ausser den sub a. —f. aufgeführten verzinslichen allgemeinen Staatsschulden waren in der Summe von 217,248,762 Thlr. einbegriffen:

1) Die vor der Linie des Etats vermerkten auf dem Provinzial-Passiv- und auf dem Haupt-Schatzkassenetat vermerkten provinziellen Staatsschulden zum Betrage von 25,914,694 Thlr., und zwar:

    a. Sächsische Schulden
        1) Central-Steuer-Obligationen . . . .   2,539,400 Thlr.
        2) Kammer-Kreditkassenscheine . . .   1,297,904 „
        3) Stamm-Kreditkassenscheine . . . .   5,591,318 „
    b. sämmtliche übrige einzelnen Kapitalien .   16,486,072 „
25,914,694 Thlr.

Die Uebernahme der obigen Sächsischen Schulden in Folge der von Sachsen an Preussen 1815 abgetretenen Landestheile war durch Hauptconvention mit Sachsen vom 28. August 1819 geregelt worden.

2) Die unverzinslichen Schulden zum Betrage von 11,242,347 Thaler. In diese Summe mit einbegriffen war ein Posten von 4,000,000 Thaler zur Deckung „einer Forderung, welche in einem nur möglichen, nicht einmal wahrscheinlichen Falle wegen einer schon in älterer Zeit übernommenen Garantie dereinst an den Staat gemacht werden könnte, bis jetzt aber noch nicht gemacht ist" (Krug a. a. O. S. 77). Wir haben bereits oben diesen mysteriösen Posten von der Summe der 1820 wirklich vorhandenen Schulden abgesetzt. Der Rest von 7,242,347 Thlr. setzt sich zusammen wie folgt:

Umlaufende Tresorscheine . . . . 5,925,425 Thlr.
Umlaufende Sächsische Kassenbillets, von Sachsen
übernommen und den Tresorscheinen gleichgestellt   1,300,122 „
Unverzinsliches Darlehen einer Privatperson . .   16,800 „

II. Die künftige Unterordnung des Schuldenwesens unter die Reichsstände nach der Verordnung von 1820.

In Betreff derselben bestimmte die Verordnung vom 17. Januar 1820 Art. II.: „Wir erklären diesen Staatsschuldenetat auf immer für geschlossen. Ueber die darin angegebene Summe hinaus darf kein Staatsschuldschein oder irgend ein anderes Staatsschulden-Document ausgestellt werden. Sollte der Staat künftighin zu seiner Erhaltung oder zur Förderung des allgemeinen Besten in die Nothwendigkeit kommen, zur Aufnahme eines neuen Darlehns zu schreiten, so kann solches nur mit Zuziehung und unter Mitgarantie der künftigen reichsständischen Versammlung geschehen."

Letzteres wollte nun freilich vorläufig wenig besagen, insofern bereits zur Deckung des Deficits von 1820/22, zur Füllung des Staatsschatzes und zur Vermehrung der unverzinslichen Schuld ein Kredit von 35½ Millionen Thaler, wie wir ad I. nachgewiesen haben, in den geschlossenen Etat vorsorglich mit aufgenommen worden war. Der reichsständischen Versammlung wurde auch vorbehalten die Rechnungsdecharge über die Schuldenverwaltung, die Präsentation der Mitglieder der Hauptverwaltung der Staatsschulden und die Mitverschlussnahme der eingelösten Staatsschulden-Documente. Bis zum Zusammentritt der Reichsstände wurden die ersten beiden Obliegenheiten dem Staatsrath, die letztere einer Deputation des Berliner Magistrats übertragen.

III. Die Regelung der Verhältnisse zu den Staatsgläubigern nach der Verordnung vom 17. Januar 1820.

In Betreff derselben enthielt die Verordnung vom 17. Januar 1820 folgende wesentlichen Bestimmungen:

a. Zur Sicherheit der in dem Etat angegebenen, nicht schon durch Specialhypotheken gesicherten Staatsschulden soll Garantie leisten das gesammte Vermögen und Eigenthum des Staats, insbesondere die sämmtlichen Domainen, Forsten und säcularisirten Güter mit Ausschluss derer, welche zur Aufbringung der Kronfideicommissrente von 2,500,000 Thlr. jährlich erforderlich sind. Zur regelmässigen Verzinsung und Tilgung wurden bestimmte Staatseinnahmen, insbesondere der Erlös aus dem Verkauf von Staatsgütern und Ablösungen überwiesen, dergestalt, dass hierbei nur die von der Staatsschulden-Verwaltungsbehörde bescheinigten Zahlungen hierauf als gültig anerkannt werden sollen.

b. Zur Tilgung aller verzinslichen Schulden — insoweit solche nicht schon, wie bei den Anleihen im Auslande, durch besondere Verträge anderweit festgesetzt ist, wurde „für immer" Ein Procent jährlich von der gegenwärtigen Höhe des Tilgungskapitals bewilligt. Diesen Tilgungsfonds sollten bei den alten Kurmärkischen landschaftlichen Obligationen und den im Etat sub c. aufgeführten besonders verbrieften Schulden (598,536 Thlr.) die durch Tilgung ersparten Zinsen ununterbrochen zuwachsen. Bei den übrigen Schulden findet dagegen das Hinzutreten der aus der allmählichen Kapitalstilgung entstehenden Zinsersparniss nur in bestimmten Fristen statt; zunächst in den Jahren 1820/22, vom 1. Januar 1823 ab aber immer in Zeitabschnitten von 10 auf einander folgenden Jahren, „um so den Bedarf zur Verzinsung von Zeit zu Zeit zu vermindern und dadurch Unseren Unterthanen bei Entrichtung der Abgaben nach und nach Erleichterungen gewähren zu können."

c. Mit Ausnahme der ausländischen Anleihen, wofür die besonderen Verträge entscheidend sind, soll die Tilgungsquote jährlich durch Aufkauf von Obligationen zur Verwendung gelangen, eine Verloosung erst dann eingeleitet werden, wenn die resp. Documente an der Börse oder sonst nicht mehr unter dem Nennwerthe aufgekauft werden können.

d. Zur Ausführung der in der Verordnung enthaltenen Bestimmungen wird ein besonders von den übrigen Staats- und Finanzverwaltungen ganz abgesondertes Collegium unter der Benennung „Hauptverwaltung der Staatsschulden" eingesetzt und auf die Beobachtung der Verwaltung besonders vereidigt. Diese Behörde wurde dem Könige und der Gesammtheit der Staatsgläubiger dafür verantwortlich erklärt, dass weder Ein Staatsschuldschein mehr, noch andere Staatsschulden-Documente irgend einer Art ausgestellt werden, als der Etat zur Verordnung besagt.

Ueber alle darin genannten Summen kann sie, insofern solches noch nicht geschehen ist, Staatsschuldscheine, jedoch immer nur in der bisherigen Form, oder falls es bei den schon im Etat aufgenommenen, aber noch in der Festsetzung begriffenen Schulden nöthig werden sollte, andere Staatsschulden-Documente ausfertigen.

Nach dem Etat zur Verordnung vom 17. Januar 1820 stellte sich der jährliche Bedarf zur Verzinsung der Staatsschuld auf 7,637,177 Thlr. und zur Tilgung auf 2,505,850 Thlr.; es waren somit für die Schuld im Ganzen jährlich 10,143,028 Thlr. erforderlich. Hierzu muss man für Verzinsung und Tilgung der provinziellen Staatsschulden noch zum Mindesten 1,300,000 Thlr. zählen. Es leuchtete ein, dass diese Summe von 11½ Millionen Thaler aus dem Ertrage der bisherigen Staatseinnahmen nicht werde bestritten werden können. Daher bestimmte man zur Tilgung der Staatsschulden, für welche im Ganzen etwa 3,000,000 Thlr. jährlich erforderlich waren, eine ausserordentliche Einnahme von einer Million Thaler jährlich, welche durch den Verkauf von Staatsdomainen beschafft werden sollte. In Wirklichkeit wurden in den nächsten drei Jahren statt einer Million Thaler durchschnittlich 2,400,000 Thlr. jährlich aus der Domainenveräusserung eingenommen.

Zum Bedarf für die Verzinsung mit etwa 8,500,000 Thlr. ergaben die Ueberschüsse aus dem Staatsvermögen (Domainen, Forsten, Montanindustrie) etwa 6,000,000 Thlr. Der Rest von 2,500,000 Thlr., wie der etatmässig nicht durch Domainenverkäufe gedeckte Bedarf zur Tilgung im Betrage von 2,000,000 Thlr. konnte sonach nur aus Steuern bestritten werden.

So zögerte man denn nicht, die längst beabsichtigte Erhöhung der directen Steuern zur Ausführung zu bringen. Die Regulirung der Zölle und inländischen Abgaben war schon durch die Gesetzgebung von 1818 und 1819 erfolgt. Verschiedene am 24. Mai 1820 erlassene Gesetze gaben der Klassensteuer, Schlacht- und Mahlsteuer und Gewerbesteuer eine veränderte Grundlage und erhöhten dadurch den Betrag derselben.

„Damit Jedermann von dem wahren Zustande der Finanzen des Staats vollständig unterrichtet werde, und sich überzeuge, dass nicht mehr an Abgaben gefordert werde, als das dringende Bedürfniss für die innere und äussere Sicherheit, sowie zur Erfüllung der zum wahren Vortheile und zur Erhaltung des Staats eingegangenen Verpflichtungen unumgänglich nöthig macht", hatte eine an demselben Tage wie die Verordnung über das Staatsschuldenwesen erlassene Kabinetsordre die Veröffentlichung des Hauptfinanzetats von drei zu drei Jahren bestimmt. Die erste Veröffentlichung erfolgte 1821; Einnahmen und Ausgaben balancirten in diesem, den „wahren Zustand" beschreibenden Etat, wiewohl der Schuldenetat zur Verordnung über das Staatsschuldenwesen in der Ziffer der Staatsschuldscheine bereits Deckungsmittel für ein Deficit in den Jahren 1820 bis 1822 von 27,000,000 Thlr. mit aufgenommen hatte.

Nach diesen Publicationen hielt man den Kredit des Staats für soweit erstarkt, um Anleihen bis zu den von der Verordnung über das Staatsschuldenwesen gezogenen Grenzen behufs Bezahlung der Ausgaberückstände, Deckung des Deficits, Füllung des Staatsschatzes u. s. w. aufnehmen zu können. Nach der Verordnung von 1820 hatte dies durch Ausgabe von Staatsschuldscheinen zu geschehen. Diese Vorschrift wurde umgangen. Man fertigte zwar für 54,500,000 Thlr. Staatsschuldscheine aus, begab aber hiervon nur 30 Millionen Thaler unmittelbar und überwies die übrigen 24½ Millionen zum Course von 66⅔ der Seehandlung. Diese war seit 1820 wieder ein von der übrigen Finanzverwaltung abgesondertes Geldinstitut des Staats geworden, hatte aber mit der Schuldenverwaltung denselben Präsidenten in der Person des Oberfinanzrath Rother.

Die Seehandlung nahm nun in London bei Rothschild eine 5procentige Anleihe von 3,500,000 Lstrl. zum Course von 84 auf und hinterlegte dafür die ihr von der Hauptverwaltung der Staatsschulden übergebenen Staatsschuldscheine als Pfand. Zugleich attestirte die Hauptverwaltung, dass die verpfändeten Staatsschuldscheine sämmtlich in der etatmässigen Summe der Verordnung vom 17. Jan. 1820 mitenthalten seien.

So wurde thatsächlich die Aufnahme einer ausländischen Anleihe bewirkt, ohne dass die Hauptverwaltung der Staatsschulden unmittelbar die ihr durch die Verordnung von 1820 auferlegte Verpflichtung, keine anderen Staatsschulddocumente wie Staatsschuldscheine auszugeben, verletzt hatte. Die Seehandlung machte dabei auch für sich einigen Gewinn. Der Seehandlungspräsident Rother berichtete darüber später (Die Verhältnisse des Königlichen Seehandlungs-Instituts, Berlin 1845): Der Besitz und die Behauptung erwähnter Staatsschuldscheine, welche ihr Kapital-Vermögen bei Weitem überstiegen, haben der Seehandlung manche Opfer gekostet; nichtsdestoweniger sind sie in Verbindung mit der Englischen Anleihe die Grundlage zu dem blühenden Zustande geworden, wozu sich die Geld- und Kreditverhältnisse des Instituts erhoben. — Für dreissig Millionen Thaler Staatsschuldscheine von den erwähnten 54½ Millionen Thalern, welche überhaupt unterzubringen waren, erübrigte nun noch anderweitig zu begeben. Dies wurde auch durch Vermittlung mehrerer Handlungshäuser bewirkt, und die Ausgabe der Scheine erfolgte zum vollen Nennwerth, nachdem man sich dazu verstanden hatte, mit der Ausgabe eine Lotterie zu verbinden. Es wurden in zehn bis 1826 halbjährlich auf einander folgenden Ziehungen im Ganzen für 8,164,800 Thaler Prämien in Beträgen von 18 Thlr. bis 100,000 Thlr. gezahlt.

Nach der Verordnung vom 17. Januar 1820 befanden sich noch für 15,249,039 Thlr. allgemeine und für 25,914,694 Thlr. provinzielle Staatsschulden in Liquidation und Verhandlung. Die Regelung dieser Verhältnisse machte in dem Jahre 1822 folgende Fortschritte:

a. Verschiedene Kabinetsordres vom 17. December 1821 trafen Bestimmungen über die Tilgung der von Sachsen übernommenen Schulden und die Verbriefung, Verzinsung und Tilgung der Kurmärkischen und Neumärkischen Kriegsschulden. Die letzteren wurden vom Staat und den Communalständen gemeinschaftlich verbrieft, und beide übernahmen eine bestimmte Quote der Verzinsung und Tilgung.

b. Eine Kabinetsordre vom 30. Juli 1822 sprach es als Grundsatz für die Regelung der Verwaltungsschulden in den neuen Landestheilen aus, dass eine Verpflichtung der allgemeinen Preussischen Staatsfonds aus den von den vorigen Gouvernements eingegangenen Verbindlichkeiten nur insoweit vorhanden, als es sich mit dem allgemeinen Besten verträgt und demgemäss die höchste Staatsgewalt solche anerkennt. Es werden desshalb alle Streitigkeiten über solche Ansprüche der richterlichen Cognition entzogen und bestimmten Verwaltungs-Commissionen überwiesen.

c. Nachdem auch die provinziellen Staatsschulden von der Hauptverwaltung der Staatsschulden übernommen waren, traf die Kabinetsordre vom 2. November 1822 zur Regulirung derselben, namentlich in Betreff der Tilgung, analoge Bestimmungen, wie die Verordnung von 1820 für die allgemeinen Staatsschulden getroffen hatte. Die Feststellung noch nicht anerkannter oder noch illiquider Provinzial-Staatsschulden wurde mit Ausschluss richterlicher Cognition der Hauptverwaltung der Staatsschulden übertragen.

Mit dem Ende des Jahres 1822 war die Ordnung der Finanzen zu einem gewissen Abschluss gekommen. Die nunmehrige Schuldsumme berechnen wir unter Zugrundelegung der Berechnung im Etat zur Verordnung von 1820 wie folgt:

Schuldsumme im Etat von 1820 . . . . . 217,248,762 Thlr.

    Davon ab:

bis 1822 noch nicht realisirte Kassen-

    scheine 4,000,000

ordentliche Tilgung 1820, 21, 22 etwa 7,000,000

                                11,000,000 -

            Bleiben . . . 206,248,762 Thlr.

Die Schulden der Staatsbank betrugen 24,489,300 Thlr., wovon zum Mindesten 6 Millionen als nicht durch sichere Forderungen gedeckt anzusehen sind. Zählen wir diese 6 Millionen obiger Summe hinzu und stellen für die später auf den Pensionsaussterbefonds übernommenen Leibrentenschulden noch 20 Millionen Thaler in Rechnung, so ergibt sich ein Schuldenstand von 232 Millionen Thaler, das macht auf den Kopf der damaligen Bevölkerung (11,664,133) circa 20 Thlr.

Das Erforderniss für die Verzinsung dieser Schuld lässt sich — unter Zurechnung der Leibrenten zur Hälfte — veranschlagen auf 9,700,000 Thaler = $4_{,18}$ Procent des Schuldkapitals, oder auf den Kopf der damaligen Bevölkerung pptr. 25 Sgr. Die damalige Reineinnahme des Staats aus Domainen, Forsten, Berg- und Hüttenwerken und Salinen ist nach Abzug der Kronfideicommissrente auf 6,000,000 Thlr. zu veranschlagen. Danach überstiegen die jährlichen Passivrenten des Staats die Activrenten um 3,700,000 Thlr., das macht auf den Kopf der Bevölkerung etwa $9\frac{1}{6}$ Sgr. Im Jahre 1807 war auf den Kopf ein Mehr an Activrenten von 15 Sgr. gekommen.

III. Abschnitt.
Von 1822 bis 1848.

Diese Periode der Preussischen Finanzgeschichte ist noch in ein grosses Dunkel gehüllt. Nur auf das Ende der Periode werfen die beginnenden Veröffentlichungen zu parlamentarischen Zwecken einiges Licht. Was insbesondere das Staatsschuldenwesen anbelangt, so kommen als Quellen fast nur die Berichte der Hauptverwaltung der Staatsschulden in Betracht. Dieselben wurden zuerst in Perioden von zehn zu zehn Jahren (für 1820/32 und 1832/42), dann über die Zeit von 1843/47 und 1847/49 erstattet. Sie sind theils nach ihrem Erscheinen, theils in den Verhandlungen des Vereinigten Landtags, und zuletzt sämmtlich bei der ersten Budgetberathung der Zweiten Kammer im Jahre 1850 (Drucks. der 2. Kammer 1850 No. 513) veröffentlicht worden. Diese Berichte geben indess keinen Aufschluss über diejenigen Kreditoperationen, welche in dieser Periode vielfach im Widerspruch mit der Verordnung von 1820 und grösstentheils durch andere Ressorts wie dasjenige der Hauptverwaltung ausgeführt wurden. Krug setzte leider seine Notizen über das Staatsschuldenwesen nicht mehr fort, als 1823 die Veröffentlichung seiner Geschichte der Staatsschulden durch die Behörden beanstandet worden war.

1822—1833.

Die Regulirung der noch übrigen in Liquidation befindlichen Staatsschulden nahm ungestört ihren Fortgang. In den nächstfolgenden Jahren wurden über 9,000,000 Thlr. provinzielle Staatsschulden in Staatsschuldscheine umgeschrieben. In eigenthümlicher Weise erfolgte die Regelung der Danziger Freistaatsschulden. Es waren dieselben hauptsächlich durch Contributionen und Truppenverpflegungen entstanden, welche Frankreich 1807/13 dem damaligen Freistaat auferlegt hatte. Insgesammt beliefen sich die Schulden auf 11,992,603 Thlr. Durch Verordnung vom 24. Juli 1824 erklärte sich die Regierung nur insoweit verpflichtet zur Abtragung beizutragen, als die Ueberschüsse aus der Staatsverwaltung im Gebiete des vormaligen Freistaats reichten. Auch die Stadt könne nur nach Massgabe ihrer Kräfte zur Beisteuer angehalten werden. Demnach hielt man sich für berechtigt, den Nennwerth der Obligationen auf 33⅓, den damaligen Courswerth an der Börse, herabzusetzen. Eine Verzinsung sollte auch fernerhin nicht stattfinden; dagegen wurden zur Tilgung der Schuld jährlich 115,000 Thlr. vom Staat und 30,000 Thlr. von der Stadt ausgesetzt. Aus diesen Fonds sollten die Obligationen zu einem jährlich um 1⅓ Procent über den Nennwerth steigenden Betrage eingelöst werden und diese wachsende Prämie die Entschädigung der Gläubiger für die mangelnde Verzinsung darstellen. Der Werth des Schuldkapitals im Ganzen wurde hiernach auf 2,300,000 Thlr. geschätzt.

Wie am Ende des vorigen Abschnitts bemerkt ist, erübrigte von der in der Verordnung von 1820 festgesetzten Schuldsumme noch die Realisirung von 4 Millionen Thaler, zu welchem Betrage die unverzinsliche Schuld in jener Verordnung höher angegeben war, als sie in Wirklichkeit betrug. Diese vier Millionen wurden 1824 durch Vermehrung der Tresorscheine flüssig gemacht. Wie Krug in einem Anhang zu seiner Geschichte bemerkt, war diese ausserordentliche Beihülfe der Finanzverwaltung damals höchst nöthig, da die Einnahme aus Domainen, Grundsteuer u. s. w. wegen der Verlegenheit und Verarmung vieler Landwirthe nicht das Anschlagmässige einbrachte. Bei Gelegenheit dieser Vermehrung des Papiergeldes wurden die alten Tresorscheine, Thalerscheine und Sächsischen Kassenbillets eingezogen und neue „Kassen-Anweisungen" an ihrer Stelle ausgegeben. Dieselben kamen nun zum Gesammtbetrage der in der Verordnung vom 17. Januar 1820 für die unverzinsliche Schuld angegebenen Summe von 11,242,347 Thlr. in Umlauf. Das Gleichgewicht im Staatshaushalt scheint dadurch noch nicht haben wiederhergestellt werden können, wiewohl man in den Jahren 1823 bis 1827 aus Domainen-Verkäufen und Ablösungen statt der etatmässigen Summe von fünf Millionen Thaler 7,800,000 Thlr. herausschlug. Wie

Krug noch erzählt, haben die erwähnten ausserordentlichen Einnahmen nicht hingereicht, die Ausfälle in den Einnahmen aus Domainenpächten, Grundsteuer u. s. w. zu decken und der Seehandlung, welche in der Regel Rath schaffte, wo es fehlte, ihre in laufender Rechnung (gegen 5 Procent Zinsen gewährten) Vorschüsse zu ersetzen; der Finanzminister v. Klewitz war in der letzten Zeit seiner Verwaltung nicht im Stande, der Staatsschuldenverwaltung die anschlagmässige Summe zur Verzinsung und Tilgung der Staatsschulden regelmässig zu zahlen. Der neue Finanzminister v. Motz brachte zwar durch promptere Einziehung der unter der vorigen Verwaltung entstandenen Reste und durch einsichtigere Verwaltung der Geschäfte die nöthigen Zahlungen wieder in Gang; aber um sich möglichst sicher zu stellen, bewirkte er, dass das Verlangen des Publikums nach einer Mehrausgabe von Papiergeld dazu benützt wurde, die Staatskassen von allen ihren rückständigen Zahlungen und Verpflichtungen loszumachen. Man kaufte nämlich für 6 Millionen Thaler Staatsschuldscheine nach dem Tagescourse zu 87—90 an, deponirte dieselben bei der Hauptverwaltung der Staatsschulden und veranlasste diese durch Kabinetsordre vom 22. April 1827, über den in der Verordnung vom 17. Januar 1820 für die unverzinslichen Staatsschulden festgesetzten Betrag von 11,242,347 Thlr. noch weitere 6 Millionen Thaler Kassenanweisungen auszugeben. Die Kassenscheine konnten zum Nennwerth untergebracht werden, was gegen den erwähnten Einkaufspreis der Staatsschuldscheine einen Gewinn von 6—700,000 Thlr. für die Staatskasse ergab. Ausserdem kosteten die neuen Kassenscheine keine Zinsen, dagegen konnte man von den deponirten Staatsschuldscheinen jährlich 240,000 Thlr. in den Staatsschatz abführen. Die Verordnung von 1820 wurde allerdings von der Hauptverwaltung der Staatsschulden durch Ausstellung von unverzinslichen Schulddocumenten über den Etat dieser Verordnung hinaus verletzt.

In noch gröberer Weise, wiewohl ohne Mitwirkung der auf Beachtung der Verordnung von 1820 besonders vereidigten Hauptverwaltung der Staatsschulden, wurden die feierlichen Verheissungen der Verordnung gebrochen, als 1829/1831 die politischen Unruhen zu ausserordentlichen militairischen Rüstungen Veranlassung gaben. Die Verordnung von 1820 hatte den Staatsschuldenetat für immer für geschlossen erklärt und die Aufnahme eines neuen Darlehns von der Zustimmung der künftigen reichsständischen Versammlung abhängig erklärt. Um diese nicht aus einer unbestimmten Zukunft in die Gegenwart treten zu lassen, gab man jetzt der Verordnung die Auslegung, dass neue Schulden wohl entstehen dürften, wenn sie nur statt auf den Schuldenetat, auf andere Etats gebracht, als sog. Passiva der Generalstaatskasse bezeichnet würden.

Die nächste Deckung zu den ausserordentlichen Rüstungskosten, den Kosten der Besetzung der Rheingrenze und der Absperrung der Grenze gegen die Cholera gewährte der Staatsschatz im Betrage von 11 Millionen Thalern. Weitere Deckung gab 1831 die Einziehung des Vermögens der Civilwittwenverpflegungsanstalt zum Betrage von 2,684,000 Thlr. in Gold. Diese vom Staate garantirte Anstalt war zahlungsunfähig geworden und der Staat übernahm es, gegen Einziehung des Vermögens ihr den fortan erforderlichen Zuschuss zu zahlen. Ein Theil dieses Zuschusses erschien mit 130,100 Thlr. fortan als Passivrente aus dem eingezogenen Vermögen auf dem Etat. Sodann wurde durch Kabinetsordre vom 11. Februar 1832 vorgeschrieben, dass fortan alle Cautionen von Beamten in baar zu erlegen seien. Die in Obligationen, Pfandbriefen und Effecten vorhandenen Cautionen zum Nominalbetrage von 2,847,560 Thaler wurden in baares Geld umgesetzt bezw. den Bestellern gegen Leistung entsprechender Baarcautionen zurückgegeben. Dadurch entstand an Stelle der bisherigen Depositen eine mit 4 Procent verzinsliche, jährlich um den Betrag der wachsenden Cautionen sich vermehrende Darlehnschuld des Staates.

Die bedeutsamste Kreditoperation war aber die unter der Firma der Seehandlung im Jahre 1832 vollzogene Aufnahme einer Staatsanleihe von 12,600,000 Thlr. Das Verhältniss der Seehandlung zum Staate hatte sich, seitdem dieselbe 1820 ein besonderes Staatsgeldinstitut geworden, wie folgt gestaltet. Die im vorigen Abschnitt erwähnte Vermittelung der Englischen Anleihe im Jahre 1822, sowie die Vermittelung bei Ausgabe von Prämienstaatsschuldscheinen, der speculative Ankauf von Compensations-Anerkenntnissen aus dem Jahre 1812 behufs nachheriger Umschreibung in Staatsschuldscheine u. dgl. Geldgeschäfte mehr setzten die Seehandlung in den Stand, das ihr 1820 überwiesene Betriebskapital von 1,635,110 Thlr. mit Zinsen im Jahre 1829 an den Staatsschatz zurückzuzahlen und ausserdem der Staatskasse erhebliche Vorschüsse in laufender Rechnung zu gewähren. Seit dem Jahre 1824 war die Seehandlung ausserdem durch Uebernahme des Baues von 125 Meilen Staatschausseen Gläubigerin der Staatskasse geworden. Um der Seehandlung nun wieder Betriebsmittel zu verschaffen, wurde dieselbe durch Kabinetsordre vom 27. Juli 1832 ermächtigt, die oben erwähnte Anleihe aufzunehmen. Die Seehandlung nahm die Anleihe in Form von 252,000 Prämienscheinen à 50 Thlr. auf. Die Scheine wurden mit 5 Procent verzinst und sollten mit Prämien zum Gesammtbetrage von 10,303,200 Thlr. in den Jahren 1833—1857 getilgt werden. Die Staatskasse übernahm in Gegenrechnung auf ihre schwebende Schuld bei der Seehandlung die Verzinsung und Tilgung von 8 Millionen Thaler Prämienscheinen und gab der Seehandlung zum Unterpfand für die Erfüllung ihrer Verpflichtungen Anweisungen auf die Einkünfte aus den Chausseen in Form von Anerkenntnissen. Die Seehandlung war durch diese Anleihe in den Stand gesetzt, die 1822 auf ihren Namen aufgenommene Englische Anleihe bis zum Jahre 1834 vollständig zu tilgen.

Zu den neuen Kapitalschulden des Staates kamen auch neue, nicht ganz unerhebliche Rentenschulden in Folge der neuen Ablösungsgesetze, insbesondere der Gesetze von 1816, 1818, 1821, welche die Aufhebung der Communal- und Privat-Binnenzölle gegen Entschädigungsrenten bestimmten. Auch die Regulirung der standesherrlichen Verhältnisse nach der Instruction vom 30. Mai 1820 führte zur Stipulirung von Entschädigungsrenten. Der für 1833 veröffentlichte Etat giebt den Betrag solcher Renten bereits auf 391,000 Thlr. an, was (durch 25 vervielfacht) eine Kapitalschuld von 9,775,000 Thlr. darstellt. — Auch einzelne Provinzial-Staatsschulden wurden in dieser Periode noch nachträglich auf Staatsfonds übernommen, und da auf dem Etat der Hauptverwaltung der Staatsschulden der Titel für Provinzial-Staatsschulden seine durch die Verordnung von 1820 bestimmte Grenze schon erreicht hatte, ebenso wie die anderen gesetzwidrig neu eingegangenen Schulden unter die „Passiva der General-Staatskasse" aufgenommen. Hierhin gehören für 187,004 Thlr. Schulden des Landkastens zu Stralsund, ferner Zuschüsse zur Verzinsung und Tilgung der ständischen Schulden der Niederlausitz und der Schulden der Stifter Merseburg und Naumburg von jährlich 5,000 Thlr. und 6,700 Thlr.

Im Gegensatz zu diesen Neubelastungen des Staats mit Schulden hat sich die etatsmässige Schuldsumme in der Verordnung von 1820 durch planmässige jährliche Tilgung nach Inhalt der Verordnung in den Jahren 1820—1833 um 42,774,788 Thlr. vermindert. Aufgewendet worden waren hierzu 39,168,174 Thlr. Zur Beschaffung dieser Tilgungsmittel hatte man den Domainenbestand in stärkerer Weise angegriffen als die veröffentlichten Etats gestatteten. Es war nämlich in den 13 Jahren statt 13 Millionen Thaler aus Domainen- und Forstveräusserungs- und Ablösungs-Geldern die Summe von 23,818,475 Thlr. zur Staatsschulden-Tilgungskasse abgeführt worden. Aus laufenden Mitteln hatte der Tilgungsfonds somit nur etwa 15,400,000 Thlr. bezogen, und hierunter befanden sich wieder für 9,268,003 Thlr. Zinsersparnisse aus der Tilgung selbst. Aus den Steuererträgen brauchten sonach nur etwa 6 Millionen Thaler zur Tilgung der Staatsschuld in dieser Periode verwandt zu werden. Von den nach der Verordnung von 1820 ausseretatsmässigen Schulden hatte die Staatsbank aus ihrem Geschäftsgewinn die Unterbilanz, welche 1822 noch zum Mindesten 6 Millionen Thaler betrug, 1833 bis auf 4 Millionen Thaler ausgeglichen.

Die Leibrenten-Schulden des Staats wurden in den Jahren 1825 und 1826 regulirt durch Scheidung des Pensionsfonds für die noch bestehenden Behörden und Verwaltungsorganisationen von dem sog. Pensions-Aussterbe-Fonds. Der Pensions-Aussterbe-Fonds umfasst danach diejenigen Leibrenten, welche in Gemässheit von Staatsverträgen und in Anerkennung der fremden Gesetzgebungen in den neu oder wieder erworbenen Provinzen über das Pensionswesen hinsichtlich der darin vorgefundenen Beamten und ihrer Angehörigen auf die Preussische Staatskasse zu übernehmen waren. Hierhin gehören auch die Pensionen und persönlichen Entschädigungen nach den Bestimmungen des Reichsdeputations-Hauptschlusses vom Jahre 1803, der Wiener Verträge, der besonderen Staatsverträge mit Sachsen, Nassau, dem Grossherzogthum Hessen, mit Russland wegen Posen, mit den Staaten, welche Theile des ehemaligen Königreichs Westfalen besitzen etc. Dieser Pensions-Aussterbe-Fonds betrug im Jahre 1826 2,414,997 Thlr. und nach dem Etat für 1833 1,921,000 Thlr. In diesen Summen stecken indess auch viele Pensionen, welche auf den allgemeinen Pensionsfonds gehören, wegen Unzulänglichkeit der dort ausgeworfenen Summe indess hierhin übertragen wurden. Nehmen wir an, dass der Pensions-Aussterbe-Fonds zu zwei Dritteln wirkliche Leibrenten-Schulden umfasst, so hatten diese Leibrenten-Schulden, mit 10 vervielfacht, 1833 einen Kapitalwerth von etwa 13 Millionen Thalern. Durch Heimfälle von Pensionen hat demnach die Leibrenten-Schuld des Staats gegen 1822 eine Verminderung um 7 Millionen Thaler erfahren.

Für das Jahr 1833 berechnet sich demnach die Staatsschuld im Ganzen auf 175 Millionen Thaler nach dem Etat der Schuldenverwaltung, auf 24 Millionen Thaler „Passiva der Generalstaatskasse" (8 Mill. Seehandlungs-Anleihe, 10 Mill. Rentenschulden, 3 Mill. Cautionen, 3 Mill. Wittwenkassenrente), 13 Millionen Thaler Werth der Leibrentenschuld, und 4 Millionen Thaler Unterbilanz der Staatsbank, zusammen auf 216 Millionen Thaler. Für das Jahr 1822 hatten wir eine Schuldsumme von 232 Millionen Thaler veranschlagt; demnach hat sich also die Schuldsumme in zehn Jahren um 16 Millionen Thaler vermindert. Andererseits weist aber das Kapitalvermögen der Domainen durch Veräusserungen und Ablösungen eine Verminderung von etwa 20 Millionen Thaler in den zehn Jahren von 1822—1833 nach. Es lässt sich daher nicht behaupten, dass die Vermögensbilanz des Staats in dieser Zeit eine absolute Verbesserung erfahren hätte. Auf den Kopf der Bevölkerung von 1833 (13,509,927) kommen 16 Thlr. Schulden gegen 20 Thlr. auf den Kopf der Bevölkerung von 1822 (11,664,133).

Eine grössere Abbürdung des Staats ergibt sich, wenn man statt der Schuldsumme die Zinsrente im Vergleich zu den Activrenten des Staats in's Auge fasst. Die Zinsrente der Schuld hat sich nämlich in dieser Periode auch abgesehen von dem Kapitalbetrage verringert durch die Convertirungen aller bis dahin 5procentigen Staatsschulden in 4procentige. Dieselbe war seit 1830 durch den hohen Cours der Staatspapiere ermöglicht und erfolgte zugleich mit der Umschreibung der bis dahin 5procentigen Sächsischen Centralsteuerobligationen, Kurmärkischen alten landschaftlichen Obligationen und Domainenpfandbriefe, sowie des Restes der Holländischen Anleihe von 1809 in 4procentige Staatsschuldscheine. Hiernach, weist der Etat zur Verzinsung der von der Hauptverwaltung der Staatsschulden ressortirenden Schuldposten für 1833 nur noch die Summe von 5,873,113 Thlr. auf. Rechnet man dazu von den Passivis der Generalstaatskasse 391,000 Thlr. Entschädigungsrenten, sodann 120,000 Thlr. Zinsen für 3 Millionen Thaler ungedeckte Cautionen und 120,000 Thlr. für 3 Millionen Thaler des eingezogenen Vermögens der Wittwenkasse, ferner 400,000 Thlr. Zinsen für 8 Millionen Thaler Prämienanleihe, dazu den zwanzigsten Theil des Kapitalwerthes der Leibrentenschuld (Pensionsaussterbefonds) mit 650,000 Thlr., endlich noch 200,000 Thlr. Zinsen für die Unterbilanz der Bank, so ergibt sich eine Zinsrente von insgesammt 7,754,113 Thlr. Davon gehen ab etwa 240,000 Thaler, welche durch Mehrausgabe von 6 Millionen Thaler Kassenscheinen und etwa 120,000 Thlr., welche bei der Bank durch Ausgabe von 3 Millionen Thaler unverzinslicher Bankkassenscheine erspart wurden. Es bleibt also dann eine Zinsrente von pr. ppt. 7,400,000 Thlr., d. i. 3,₄₂ Procent des Schuldkapitals oder 16½ Sgr. auf den Kopf der Bevölkerung; im Jahre 1822 betrug die Zinslast 9,700,000 Thlr. oder 4,₄₈ des Schuldkapitals oder 25 Sgr. auf den Kopf der Bevölkerung.

Der Reinertrag des Staatsvermögens (Domainen, Forsten, Berg- und Hüttenwerke) lässt sich dagegen nach dem Etat für 1833 nur auf 4,700,000 Thlr. annehmen, stellt sich also in Folge der Domainenveräusserungen und Ablösungen um 1,300,000 Thlr. geringer als für 1822. Verglichen mit der Zinsrente ergibt diese Activrente ein Minus von 2,700,000 Thlr., d. i. 1 Million weniger Deficit als das Deficit der Renten im Jahre 1822 betrug. Auf den Kopf der Bevölkerung ergibt dies eine Deficitrente von jährlich 6 Sgr., gegen 9⅙ Sgr. für 1822.

1833—1848.

Diese Periode zeichnet sich durch starke Tilgungen aus, ohne dass andererseits neue Schuldposten von Erheblichkeit den Staatshaushalt belastet hätten. Auch der in diese Periode fallende Beginn umfassender Eisenbahnbauten gab nicht wie in der folgenden Periode zur Vermehrung der Schuldenlast Veranlassung. Man überliess den Eisenbahnbau Privatgesellschaften, sicherte diesen aber Zinsgarantie zu, und aus den Ueberschüssen der laufenden Verwaltung betheiligte sich der Staat mit einer gewissen Quote des Anlagekapitals als Actionair.

Erst als König Friedrich Wilhelm IV. durch das Patent vom 3. Februar 1847 in dem Allgemeinen Landtage ein Organ geschaffen zu haben glaubte, welches im Sinne der Verordnung von 1820 berechtigt sei, Anleihen zu bewilligen, sollte eine förmliche Staatsanleihe zum Bau der Ostbahn als Staatseisenbahn aufgenommen werden. Der Landtag lehnte indess die Bewilligung ab, theils aus formellen Gründen wegen nicht vollständiger Erfüllung der Königlichen Verheissungen über die Befugnisse der künftigen Reichsstände, theils mit Rücksicht auf die damalige Lage des Geldmarkts.

Die Consolidation der Staatsschulden machte in dieser Periode weitere Fortschritte durch die vollständige Umschreibung der ausländischen Staatsschulden, insbesondere der 1845 gekündigten Londoner Anleihe von 1818, des Restes der Kurmärkischen landschaftlichen Obligationen und der Domainenpfandbriefe, sowie vieler einzelner Provinzialstaatsschulden in Staatsschuldscheine.

Dergestalt blieben Ende 1848 auf dem Etat der Schuldenverwaltung ausser den Staatsschuldscheinen nur noch folgende verzinsliche Schuldposten stehen:

die 1822 verbrieften Kur- und Neumärkischen Kriegsschulden, für deren Verzinsung und Tilgung der Staat in Gemeinschaft mit den Communalständen der Kur- und Neumark haftete,

eine aus der Regulirung von 1822 dem Tilgungsfonds dieser Communalstände zugesprochene Rente,

die zu einem niedrigeren Zinsfuss als die Staatsschuldscheine verzinslichen Sächsischen Steuer- und Kammerkreditkassenscheine,

die nach dem S. 47 erwähnten besonderen Modus zu tilgenden Danziger Freistaatsschulden,

die Königsberger Kriegsschulden, für welche die Commune ebenso wie bei den Danziger Schulden mitverhaftet war,

einzelne Schulden in den Provinzen, zum Gesammtbetrage von etwa 850,000 Thlr.

Der Betrag der unverzinslichen Kassenscheine wurde in dieser Periode zweimal vermehrt, indem man die 1827 zu Gunsten der Staatskasse vorgenommenen Massnahmen zum Zweck der Consolidation des inzwischen von der Bank, der Seehandlung und der Ritterschaftlichen Privatbank in Pommern ausgegebenen Papiergeldes wiederholte. Es mussten nämlich im Jahre 1836 die Bank, die Seehandlung und die

Ritterschaftliche Privatbank ihr besonderes Papiergeld einziehen. Zum Betrage von 5,500,000 Thlr. erhielten sie dann neue Kassenscheine zur Verausgabung, nachdem sie vorher zur Sicherung der eventuellen Wiedereinlösung derselben für den Nennwerth Staatsschuldscheine deponirt hatten. Zur Begründung der Massnahmen wurde in der Kabinetsordre vom 5. December 1836 angeführt, dass das mit Staatsgenehmigung circulirende Papiergeld nach einem gleichmässigen Plane angefertigt werden und einer gleichmässigen Beaufsichtigung in Betreff der Verfälschung unterliegen solle.

Die Bank hatte bis dahin für 4½ Millionen Thaler Papiergeld in Umlauf gehabt, während von obigen 5,500,000 Thlrn. nur 3,000,000 Thaler auf ihren Antheil fielen. Sie klagte daher über Verkürzung ihrer Betriebsmittel und es wurden ihr 1837 noch weitere 3 Millionen Thaler neuer Kassenanweisungen gegen Verpfändung. von Staatsschuldscheinen überwiesen. Im Ganzen waren also jetzt für 11,242,347 (von 1824) + 6,000,000 (1827) + 5,500,000 + 3,000,000 Thlr. = 25,742,347 Thaler Kassenscheine in Umlauf. Durch die neue Bankordnung von 1846 wurde der Bank aufgegeben, den auf ihre Rechnung kommenden Betrag von 6,000,000 Thlr. Kassenscheinen binnen drei Jahren einzuziehen; bis Ende 1848 war diese Einziehung bis auf den Betrag von 1,100,000 Thlr. erfolgt.

Tilgungen der Staatsschulden erfolgten in dieser Periode in nachstehendem Umfange:

1) Die Schuldsumme auf dem Etat der Hauptverwaltung der Staatsschulden betrug am Ende 1847, abgesehen von einer Rente an die Tilgungsfonds der Kur- und Neumark von jährlich 16,413 Thlr. mit einem Kapitalwerth von etwa 340,000 Thlr., im Ganzen 137,188,189 Thlr., das ist 37,680,641 Thlr. weniger als im Jahre 1833. Auf die Tilgung verwandt worden waren 38,212,895 Thlr. Hierzu lieferten die Domainen und Forst-Veräusserungs- und Ablösungsgelder 20,742,274 Thlr., während etwa 6 Millionen Thaler auf die Zinsersparnisse aus der Tilgung kommen. Aus Steuern haben daher zur Tilgung nur etwa 11¼ Millionen Thaler zugeschossen werden müssen.

2) Die Passivrente aus dem eingezogenen Vermögen der Wittwenverpflegungsanstalt muss als gänzlich getilgt angesehen werden, indem in der Periode 1833—1847 die ausschliesslich der Rente für die Anstalt gezahlten Staatszuschüsse weit mehr betragen haben, als der Kapitalwerth des 1831 eingezogenen Vermögens. Da ausserdem von 1832 an nur Beamtenwittwen in der Anstalt neu versichert wurden, so erhielt dieselbe immer mehr den Charakter eines zur laufenden Staatsverwaltung gehö-

renden Instituts; der Staatszuschuss verliert damit den Charakter einer Schuldrente und erscheint mehr als Zuschuss zu den aus den Beamtenbesoldungen geleisteten Beiträgen, mittelbar also als Zuschuss zu den Beamtenbesoldungen selbst.

3) Zur Tilgung der Cautionsschuld sollten die nach 1832 neu eingehenden Baarcautionen in zinstragenden Effecten angelegt werden und Zins und Zinseszins davon dem Depositum so lange zuwachsen, bis durch die angesammelten Zinsen der Betrag der zur Staatskasse geflossenen Cautionskapitalien erreicht sein würde. Von der Cautionsschuld, welche nach dem Etat für 1849 5,588,700 Thlr. betrug, waren damals nur noch circa 2 Millionen Thlr. durch das Cautionsdepositum ungedeckt.

4) Der Staatsantheil an der Prämienanleihe der Seehandlung war 1848 bis auf den Betrag von 5,334,318 Thlr. getilgt.

5) Zur Ablösung der Entschädigungsrenten für aufgehobene Rechte und Nutzungen waren in den letzten Jahren durchweg jährlich 100,000 Thaler verwandt worden. Im Etat für 1848 konnten daher nur noch 263,474 Thlr. Renten derart aufgeführt werden. Dieselben haben, mit 25 vervielfacht, einen Kapitalwerth von 6,586,800 Thlr.

6) Der Pensionsaussterbefonds beträgt nach dem Etat für 1848 1,023,540 Thlr. Rechnet man hiervon ein Drittel als zu den ordentlichen Pensionen gehörig und zwei Drittel als Leibrentenschulden, so haben letztere, mit zehn vervielfacht, einen Kapitalwerth von etwa 6,700,000 Thlr.

7) Die Unterbilanz der Staatsbank war 1846 vollständig ausgeglichen worden theils aus dem bis dahin erzielten Geschäftsgewinn, theils aus einem ausserordentlichen Zuschusse des Staatsschatzes. Zugleich hatte die Bank mit diesem Jahre aufgehört Staatsinstitut zu sein.

Die gesammte Staatsschuld berechnet sich demnach wie folgt: 1) Auf dem Etat der Hauptverwaltung 138 Millionen, 2) ungedeckte Cautionsschuld 2 Mill., 3) Prämienanleihe 5½ Mill., 4) Entschädigungsrente 6½ Mill., 5) Pensionsaussterbefonds 6½ Mill., im Ganzen 158½ Mill. Thaler. Gegen 1833 ergiebt sich danach eine Abbürdung von 57½ Millionen.

Das Activvermögen des Staats hat sich einerseits vermindert durch Domainen-Veräusserungen, Ablösungen u. s. w. für 20,742,274 Thlr. Andererseits hatte dasselbe aber Vermehrungen erfahren durch Ansammlung eines Eisenbahnfonds von etwa 10 Millionen Thaler, durch Ansammlung eines Staatsschatzes von 19,433,967 Thlr., durch ein der Bank gegebenes Einschusskapital des Staats von 1,260,000 Thlr. und durch das Vermögen, welches die Seehandlung zum Betrage von etwa 5 Millionen Thaler erworben hatte, zusammen also um 36 Millionen Thaler.

Hiervon die obige Verminderung um etwa 21 Millionen Thaler in Abzug gebracht, bleibt eine Vermehrung des Vermögens von 15 Millionen Thaler, was zu der oben berechneten Verminderung der Schuldenlast um 57½ Millionen Thaler einer Verbesserung der Vermögensbilanz des Staats um 72½ Millionen Thaler in 15 Jahren, oder jährlich um 4⅞ Millionen Thaler gleichkommt.

Dieses Ergebniss ist zu erklären:

1) aus der grösseren Einträglichkeit des Staatsvermögens; die Domainen und Forsten gewährten statt des 1833 veranschlagten Reinertrags von pptr. 4,200,000 Thlr. trotz der inzwischen erfolgenden Veräusserungen im Betrage von 21 Millionen Thaler in den Jahren 1833—48 durchschnittlich eine Reineinnahme von 5,250,000 Thlr.;

2) aus der grösseren Einträglichkeit der Steuern in Folge zunehmender Bevölkerung und wachsenden Wohlstandes, wobei die Steuerlast bis 1842 ganz unverändert blieb und von da ab nur um etwa 4 Procent (2 Millionen Thaler) durch Herabsetzung des Salzmonopolpreises von 15 Thlr. auf 12 Thlr. vermindert wurde.

Während so einerseits die Staatseinnahmen zunahmen, wurde an den Staatsausgaben gespart einmal durch Herabsetzung des Zinsfusses der Staatsschuld, wie solches der hohe Cours der Staatspapiere ermöglichte, sodann auch durch die seit 1833 erfolgte Verminderung der Präsenzstärke des Heeres in Folge Verkürzung der Dienstzeit von 3 auf 2 Jahre bei der Infanterie.

Es kamen von der Schuldsumme auf den Kopf der Bevölkerung 1848 (16,331,187 Seelen) 9½ Thlr., gegen 16 Thlr. Schulden im Jahre 1833, also 1848 weniger 6½ Thlr.

Noch günstiger stellt sich die Bilanz, wenn man statt der Kapitalien Activ- und Passivrenten gegenüberstellt.

Einerseits ermässigte sich die Zinslast, wie vorbemerkt, auch abgesehen von dem Kapitalbetrage der Schuld. Der Cours der Staatspapiere ermöglichte von 1838 an, wie 1830 die Convertirung der 5procentigen in 4procentige Papiere, so jetzt die Convertirung der 4procentigen in 3½procentige Obligationen. Der Verzinsungsbedarf der Hauptverwaltung der Staatsschulden, welcher sich 1833 noch auf 6,402,940 Thlr. belaufen hatte, war 1848 auf etwa 4,350,000 Thlr. gesunken. Dazu kommen Zinsen der ungedeckten Cautionsschulden 80,000 Thlr., der Prämienanleihe 215,000 Thlr., die Entschädigungsrenten 263,473 Thlr., der 20ste Theil des Kapitalwerths vom Pensions-Aussterbe-Fonds 330,000 Thaler, in Summa 5,241,473 Thlr. Davon geht ab die Zinsersparniss für

die Mehrausgabe von 6 Millionen Thalern unverzinslicher Kassenscheine
an Stelle der deponirten Staatsschuldscheine mit 210,000 Thlr., es bleibt
also eine Passivrente von 5,031,473 Thlr. Das ergiebt gegen 1833
(7,400,000 Thlr.) einen Minderbedarf von 2,400,000 Thlr. Auf den
Kopf der Bevölkerung kamen 1848 9 Sgr., gegen 16 Sgr. Passivrenten im Jahre 1833. Im Verhältniss zum Schuldkapital ergiebt die
Passivrente 3,11 Procent gegen 3,42 Procent im Jahre 1833.

Andererseits lassen sich die Reinerträge aus dem bereits 1833 vorhandenen Staatsvermögen nach dem Etat für 1848 auf 5½ Millionen
Thaler veranschlagen. Rechnet man dazu die Zinsen von den 10 Millionen des Eisenbahn-Fonds mit 500,000 Thlr., die Zinsen von den 5 Millionen der Seehandlung mit 250,000 Thlr. (der Staatsschatz von 20
Millionen, dessen Bestände meist zinslos waren, bleibt ausser Rechnung),
so ergeben sich 6,250,000 Thlr. Activrenten, das ist 1,250,000 Thlr.
mehr als die Passivrenten betragen. Für 1833 überstiegen noch die
Passivrenten die Activrenten um 2,700,000 Thlr. Auf den Kopf der
Bevölkerung kommt daher jetzt statt eines Plus der Passivrenten von
6 Sgr. ein Plus der Activrenten von 2½ Sgr.

IV. Abschnitt.

Von 1848 bis 1866.

Zuerst durch die octroyirte Verfassung vom 5. December 1848,
dann durch die vereinbarte Verfassung vom 31. Januar 1850 wurde in
den Kammern, oder, wie sie nachher benannt wurden, in dem Landtage
eine Volksvertretung geschaffen, deren Befugnisse, namentlich was die
Bewilligung der Staatsanleihen oder Staatsgarantien anbelangte, unzweifelhaft den Verheissungen in der Verordnung von 1820 entsprechen. Zur
beständigen Controle des Staatsschuldenwesens, insbesondere zur Prüfung
der Rechnungen trat an Stelle der vom Vereinigten Landtage gewählten
ständischen Deputation ein aus Mitgliedern beider Kammern von diesen
gewählte Staatsschulden-Commission. Die Befugnisse derselben, wie auch
der Hauptverwaltung der Staatsschulden, wurden durch das Gesetz, betreffend die Verwaltung des Staatsschuldenwesens und Bildung einer

Staatsschulden-Commission, vom 24. Februar 1850 geregelt. Dieses Gesetz hob zugleich das in der Verordnung von 1820 den Reichsständen gewährte Präsentationsrecht in Bezug auf die Mitglieder der Hauptverwaltung der Staatsschulden auf, und wurden diese Beamten daher seitdem vom Könige selbständig ernannt.

Nachdem das in der Verordnung von 1820 vorgesehene Organ zur Bewilligung von Anleihen geschaffen war, fiel der Grund fort, der bisher hatte unterscheiden lassen zwischen der gesetzlichen, von der Hauptverwaltung ressortirenden sog. öffentlichen Schuld und den der gesetzlichen Grundlagen entbehrenden sog. Passivis der General-Staatskasse. Es wurden demgemäss auch bei der ersten Budgetberathung 1850 vom Etat der letzteren der Rest der Prämienanleihe von 1832 und die Cautionsschuld auf den Etat der öffentlichen Schuld übertragen. Einige andere Titel — Entschädigungsrenten für aufgehobene Rechte etc. — blieben aber auf jenem Nebenetat; ebendort wurde auch die 1857 durch Aufhebung der Sund- und Beltzölle entstandene, übrigens in gesetzlicher Form eingegangene Schuld an Dänemark aufgeführt. Auch bei der folgenden Darstellung werden wir daher noch zu unterscheiden haben zwischen der sog. „Oeffentlichen Schuld" und den Schuldposten auf Nebenetats.

Die öffentliche Schuld.

Für die Entwicklung des Preussischen Staatsschuldenwesens in der Zeit von 1848—1866 ist es bezeichnend, dass gleichzeitig alte Schuldposten durch Tilgung vermindert und neue Schulden eingegangen wurden.

Die neuen Schulden entstanden durchweg aus Anleihen. Davon wurden nicht weniger als dreizehn aufgenommen, zu verschiedenem Zinsfuss und mit besonderen Tilgungsfonds. Dieselben datiren von 1848, 1850, 52, 53, 54, 55, 56, 57, 59, 1862 und 64. In die Jahre 1855 und 1859 fielen je 2 Anleihen. Von den dreizehn Anleihen wurden sieben, nämlich die Anleihen von 1852, 1853, 1855 A., 1857, 1859 A., 1862 und 1864 im Betrage von zusammen 76,680,000 Thlr. lediglich aufgenommen zum Bau von Staatseisenbahnen, insbesondere zum Bau der Ostbahn, der Westfälischen Bahn, der Saarbrücker Bahn, der Verbindungsbahn in Berlin und der Schlesischen Gebirgsbahn. Zu demselben Zwecke wurden auch noch 6,300,000 Thlr. aus der Anleihe von 1854 verwandt. Zu diesen Eisenbahnschulden und Anleihen kommen die Schulden, welche dem Staate 1852 und 1855 durch die Erwerbung der Niederschlesisch-Märkischen und der Münster-Hammer Eisenbahn als Staatsbahnen zufielen. Die auf diesen Bahnen ruhenden Actien und Prioritätsschulden, welche nun als Staatsschulden anerkannt wurden, betrugen 22,364,300 Thlr.

Von den sechs nicht zu Eisenbahnzwecken aufgenommenen Anleihen war die sog. freiwillige Anleihe aus dem Jahre 1848 im Betrage von 15 Millionen Thaler noch von dem Vereinigten Landtage in dessen zweiter Session nach den Märzereignissen zum äusseren und inneren Schutz des Staates bewilligt worden. Die Anleihe wurde verwandt zur Deckung des Deficits und der ausserordentlichen Ausgaben im Staatshaushalt für 1848 und 1849. Die Anleihe von 1850 im Betrage von 18 Millionen Thaler war bestimmt, die Kosten der Mobilmachung des Heeres gegen Oesterreich im November 1850 und die ausserordentlichen militairischen Aufwendungen in den Jahren 1850 und 1851 zu decken. Die Anleihe von 1854 und die Prämienanleihe von 1855 wurden durch die Kriegsbereitschaft zur Zeit des orientalischen Krieges veranlasst. Von den 30 Millionen, auf welche diese Anleihen sich beliefen, beanspruchten indess die ausserordentlichen Militairausgaben in den Jahren 1854/56 nur 14,205,216 Thlr.; der Rest der Anleihen wurde verwandt mit 6,300,000 Thlr. zum Bau von Staatseisenbahnen, mit 2,327,798 Thlr. zur Erhöhung des Betriebsfonds der Generalstaatskasse, mit 5,291,864 Thaler zur Deckung der Mehrkosten der ordentlichen Militairverwaltung aus Anlass der Theuerung in den Jahren 1854 und 1856, mit 1,286,330 Thaler zur Deckung derselben Mehrkosten bei der Verwaltung der Strafanstalten und mit 1,173,938 Thlr. zur Deckung der Mehrkosten der Militairverwaltung in Folge Beibehaltung der dreijährigen Dienstzeit bei der Infanterie in den Jahren 1856 und 1857.

Die (fünfprocentige) Anleihe aus dem Jahre 1859 im Betrage von 30 Millionen Thaler diente zur Deckung der Kosten der Mobilmachung gegen Frankreich im Sommer dieses Jahres aus Anlass des Jtalienischen Krieges. Eine Anleihe, welche die Regierung im December 1863 zum Betrage von 12 Millionen Thaler zur Deckung der Rüstungskosten gegen Dänemark verlangte, wurde vom Abgeordnetenhause nicht bewilligt, weil es mit der damaligen Richtung der Politik des Ministeriums in der Schleswig-Holsteinschen Frage nicht einverstanden war. Die Kosten des Dänischen Krieges zum Betrage von 22,481,777 Thlr. konnten indess aus den Ueberschüssen der Jahre 1863, 64 und 65 (circa 17 Millionen Thaler) und aus den Beständen des Staatsschatzes bestritten werden.

Noch erübrigt die Anleihe von 1856 im Betrage von 16,598,000 Thaler. Ihre Entstehung hängt zusammen mit der Geschichte der unverzinslichen Staatsschuld in dieser Periode. Wie aus dem Vorhergehenden S. 54 erinnerlich, liefen im Jahre 1846 vor Erlass der Bankordnung für 25,742,347 Thlr. Kassenscheine um. Hiervon kamen 11,242,347

Thaler auf den Etatposten der Verordnung von 1820 für die unverzinsliche Staatsschuld; für die Mehrausgabe war ein entsprechender Betrag von Staatsschuldscheinen bei der Hauptverwaltung der Staatsschulden deponirt. Die neue Bankordnung hatte dann der Bank aufgegeben, für 6 Millionen Thaler Kassenscheine gegen Rücknahme eines entsprechenden Betrags der von ihr deponirten Staatsschuldscheine einzuziehen. Diese Bestimmung war bis 1848 für einen Betrag von 4,900,000 Thlr. Kassenscheinen zur Ausführung gekommen, so dass um diese Zeit noch 25,742,347 — 4,900,000 = 20,842,347 Thlr. Kassenscheine umliefen.

Durch Gesetz vom 7. März 1850 wurde nun die etatmässige Summe der Kassenscheine von 11,242,347 Thlr. auf diesen der Circulation entsprechenden Betrag von 20,842,347 Thlr. erhöht. Zugleich erhielt die Regierung die Ermächtigung, die von der Generalstaatskasse seit 1827 deponirten 6 Millionen Thaler Staatsschuldscheine zu versilbern. Auch mussten die Bank und die Seehandlung die noch zu ihren Gunsten circulirenden 3,100,000 Thlr. Kassenscheine gegen Rücknahme der dafür deponirten Staatsschuldscheine wieder einliefern. Die Regierung aber wurde ermächtigt, diese Kassenscheine wieder auszugeben. Die hieraus für die Regierung erwachsenden ausserordentlichen Einnahmen wurden dann mitverwandt für die Deckung der ausserordentlichen Ausgaben der Jahre 1849 und 1850. Das Gesetz vom 30. April 1851 führte abermals eine Vermehrung des Staatspapiergeldes von 10 Millionen Thaler herbei; dasselbe erreichte damit den Betrag von 30,842,347 Thlr. Die 1848 unter Staatsgarantie ausgegebenen Darlehnskassenscheine wurden nämlich nach Auflösung dieser Kassen nicht wieder eingezogen, sondern als Bestandtheile der unverzinslichen Staatsschuld erklärt. Die an jene Kassen zurückgezahlten Darlehen flossen in die Staatskasse und dienten mit zur Bestreitung der ausserordentlichen Ausgaben in den Jahren 1850 und 1851. Die veränderte Bankordnung und die vermehrte Ausgabe von Banknoten im Jahre 1856 gab dann Anlass zu einer Verminderung des Staatspapiergeldes um 15 Millionen Thaler. Die Mittel hierzu wurden aus der oben erwähnten verzinslichen Anleihe zum Betrage von 16,598,000 Thlr. beschafft. Das Mehr dieser Anleihe gegen die Verminderung der unverzinslichen Staatsschuld diente zur Entschädigung der Bank für den Minderwerth von Activen, welche dieselbe 1846 bei Auflösung der Staatsbank von der letzteren hatte übernehmen müssen. Zur Verzinsung und Tilgung der neuen Anleihe verpflichtete sich die Bank, welche durch Verminderung des Staatspapiergeldes einen erweiterten Markt für ihre Banknoten gewonnen hatte, jährlich 621,910 Thlr. beizutragen.

Wie die Anleihe von 1856 grösstentheils zur Tilgung unverzinslicher Schulden bestimmt war, so diente die Uebernahme von Rentenschulden aus der Ablösung der Reallasten nach dem Gesetz vom 2. März 1850 zur ausserordentlichen Tilgung der freiwilligen Anleihe von 1848. Der Staat übernahm von den Rentenpflichtigen die Erfüllung ihrer Verbindlichkeiten an die Rentenbank gegen Einzahlung bestimmter Ablösungskapitalien und tilgte aus letzteren Obligationen der genannten Anleihe.

Die Tilgungen aus laufenden Mitteln richteten sich hinsichtlich der Schuldposten aus der Zeit von 1848 nach den Vorschriften über den jährlichen Tilgungsfonds in der Verordnung von 1820. Für jede neue Anleihe wurde ein besonderer, durchweg stärkerer Tilgungsfonds bestimmt. Man liess nämlich dem Tilgungsprocent von dem ursprünglichen Schuldkapital die Zinsersparnisse aus der Tilgung nicht, wie dies die Verordnung von 1820 bestimmte, innerhalb je zehn Jahren, sondern in ununterbrochener Reihenfolge zuwachsen.

Aus Beständen wurden in dieser Periode ausserordentlich getilgt ein Rest der Prämienanleihe der Seehandlung und der grösste Theil der Cautionsschuld. Letztere Tilgung geschah aus den durch Zins und Zinseszins allmählich bis zur Höhe der Schuld angesammelten Beständen des Cautionsdepositums.

Aus diesen ausserordentlichen und ordentlichen Tilgungen einerseits und andererseits der Eingehung neuer Schuldverbindlichkeiten, der Aufnahme von Anleihen, sowie der Uebertragungen von anderen Etats ergeben sich für das Schuldkapital der „Oeffentlichen Schuld“, welches von der Hauptverwaltung der Staatsschulden ressortirt, in den einzelnen Jahren von 1848 bis 1866 nachstehende Veränderungen der Hauptsumme:

Jahr.	Schuldenlast zu Anfang des Jahres. Thlr.	Zugang. Thlr.	Abgang. Thlr.	Schuldenlast am Jahresschluss. Thlr.
1848	137,188,189	15,000,000	3,003,077	149,185,112
1849	149,185,112	—	2,765,239	146,419,872
1850	146,419,872	*39,032,286	2,851,147	182,601,011
1851	182,601,011	10,770,986	3,885,243	189,486,747
1852	189,486,747	35,461,465	5,622,709	219,325,684
1853	219,325,684	5,104,145	6,683,926	217,654,498
1854	217,654,498	15,000,000	4,989,883	227,670,918
1855	227,670,918	24,292,406	4,129,729	247,833,596
1856	247,833,596	16,771,668	11,166,447	253,438,816
1857	253,438,816	6,128,912	15,559,866	244,007,862
1858	244,007,862	1,823,308	4,211,985	241,619,185
1859	241,619,185	34,175,416	4,599,726	271,194,875

* Darunter von dem Etat der Passiva der Generalstaatskasse hierhin übernommen die Cautionsschulden und die Prämienanleihe von 1832.

Jahr.	Schuldenlast zu Anfang des Jahres. Thlr.	Zugang. Thlr.	Abgang. Thlr.	Schuldenlast am Jahresschluss. Thlr.
1860	271,194,875	10,246,384	4,477,279	276,963,980
1861	276,963,980	833,400	6,145,156	271,652,225
1862	271,652,225	15,000	6,406,181	265,261,044
1863	265,261,044	4,510,800	5,315,984	264,456,359
1864	264,456,359	9,491,200	5,276,355	268,671,204
1865	268,671,204	10,694,000	5,502,329	273,862,874

Von der Schuldsumme am Schlusse des Jahres 1865 im Betrage von 273,862,874 Thlr. sind bei Vergleichungen ausser Betracht zu lassen:

1) 3,571,047 Thlr. Cautionsschulden, welche schon damals durch Bestände des Cautionsdepositums völlig gedeckt waren und in den beiden folgenden Jahren auch daraus getilgt worden sind;

2) eine Forderung der Militairwittwenkasse von 890,400 Thlr., welche 1848 nicht zu den Schulden gerechnet und auch 1866 wieder vom Etat abgesetzt wurde, weil diese Wittwenkasse Staatsinstitut ist, zwischen den verschiedenen Staatskassen aber ein Schuldverhältniss rechtlich nicht besteht.

Dagegen muss der Summe von 273,862,874 Thlr. zugesetzt werden der Kapitalwerth der nicht darin einbegriffenen Rentenschulden. Dieselben bestehen in der 1822 ausgeworfenen Amortisationsrente von 8104 Thlr. und 3606 Thlr. an die Tilgungsfonds der Kur- und Neumark und in der Summe der gegen Einzahlung von Ablösungskapitalien übernommenen Amortisationsrenten an die Rentenbanken zum Betrage von 416,680 Thlr. Beide Renten haben zusammen einen Kapitalwerth von etwa 8,150,000 Thlr. Diese Summe zu der Summe von 273,862,874 Thlr. zugesetzt und obige 3,571,047 Thlr. und 890,400 Thlr. in Abzug gebracht, ergibt eine Schuldsumme von pr. ppt. 277½ Millionen Thaler.

Die Schuldposten auf anderen Etats.

Bei den „Passivis der Generalstaatskasse" kam ein neuer Schuldposten hinzu in der Schuld an Dänemark, welche 1857 zum Betrage von 3,330,020 Thlr. als Entschädigung für Aufhebung der Sund- und Beltzölle übernommen wurde. Diese Schuld ist jährlich mit 3 Procent des ursprünglichen Kapitals und den Zinsersparnissen aus der Tilgung getilgt worden, so dass dieselbe Ende 1865 nur noch 2,226,733 Thaler betrug. Die Entschädigungsrenten für aufgehobene Rechte und Nutzungen betrugen 1866 einschl. 9,580 Thlr. Zuschussrenten zur Verzinsung und Tilgung verschiedener vom Staate nicht übernommener Provinzial - und Communalschulden 315,231 Thlr., hatten sich also gegen 1848 (263,474 Thlr.) um 51,750 Thlr. vermehrt; diese Vermehrung kommt hauptsächlich auf Entschädigungen an die Standesherren. Der Kapitalwerth dieser Renten beträgt pro 1866: 7,880,775 Thlr.

Der Pensionsaussterbefonds betrug im Jahr 1865 in Folge von Heimfällen nur noch 210,956 Thlr., was mit zehn vervielfacht eine Leibrentenschuld zum Kapitalwerth von 2,109,560 Thlr. darstellt.

Mit der Erwerbung der Hohenzollernschen Landestheile im Jahre 1849 waren 258,912 Thlr. Schulden dieser Landestheile übernommen, welche Ende 1865 bis auf 112,570 Thlr. getilgt waren.

Summe der Staatsschulden im Jahre 1866.

Zusammen haben die nicht von der Hauptverwaltung der Staatsschulden ressortirenden Schuldposten 1866 einen Kapitalwerth von 12,327,838 Thlr. gehabt, was zu obigen 277¼ Millionen Thaler der öffentlichen Schuld eine Gesammtschuld für den Preussischen Staat von 290 Millionen Thaler macht. Gegen die Schuldsumme im Jahre 1848 von 158¼ Millionen Thaler ergiebt sich also für 1866 ein Mehr an Schulden von 131¼ Millionen Thaler. Auf den Kopf der Bevölkerung von 1866 (1864: 19,255,195 Seelen) kamen 15 Thaler Schulden, während auf den Kopf der Bevölkerung von 1848 nur 9⅜ Thaler fielen.

Zu einer Vermehrung der Schuldenlast um 131¼ Millionen Thaler kommt andererseits eine Verminderung des Staatsvermögens durch Veräusserung von Domainen oder Ablösung von Domainenabgaben im Betrage von 22,917,505 Thlr. Diesem Deficit in der Vermögensbilanz von zusammen 154¼ Millionen Thalern steht aber als Plus gegenüber:

1) Das Anlagekapital der seit 1848 erworbenen Staatseisenbahnen, nämlich der Ostbahn, Westfälischen Bahn, Saarbrücker Bahn, Niederschlesisch - Märkischen Bahn und der Schlesischen Gebirgsbahn (einschl. der zur Beendigung des Baues noch disponiblen Summe). Dasselbe ist in der Uebersicht über den Fortgang des Baues bezw. über die Ergebnisse des Betriebes der Preussischen Staatseisenbahnen (Anlag. d. Verh. des Abg.-H. 66/67, S. 3) im Jahre 1865 auf 118,175,874 Thlr. veranschlagt.

2) Die im Staatsbesitz befindlichen Eisenbahn-Actien und Prioritäts-Obligationen. Dieselben hatten 1866 einen Nennwerth von 16,117,100 Thlr. Der Eisenbahn-Fonds bezw. die von demselben erworbenen Actien betrugen 1848 10 Millionen Thaler. Der Antheil des Staates an Privatbahnen hat sich also vermehrt um 6,117,100 Thlr.

3) Das Vermögen der Seehandlung betrug Ende 1865 12,380,705

Thaler. Für 1848 schätzten wir dasselbe auf 5,000,000 Thlr. Es ergiebt sich also hier eine Vermehrung um 7,380,705 Thlr.

4) Das Einschusskapital des Staates zur Bank, welches Ende 1847 1,260,000 Thlr. betrug, hatte 1866 einen Betrag von 1,897,800 Thlr. erreicht, mithin eine Vermehrung von 637,800 Thlr. erfahren.

Der Staatsschatz betrug Ende 1865 20,029,069 Thlr., war also nahezu so gross wie im Jahre 1848 (19,433,967 Thlr.). Dazu kam im Jahre 1866 noch ein Betriebsfonds der General-Staatskasse von 7 Millionen Thaler, welcher 1848 nicht vorhanden war.

Lässt man den Staatsschatz und den Betriebsfonds als nicht zum werbenden Staatsvermögen zählend ausser Betracht, so ergiebt sich ein Plus des Staatsvermögens gegen 1848 von im Ganzen 132,305,379 Thlr. Dieses Plus von obigem Deficit in der Vermögensbilanz von 154½ Millionen Thaler abgezogen, bleibt nur ein Deficit von 22 Millionen Thaler. Dieses Deficit würde sich in ein Plus verwandeln, wenn man dagegen noch die Kapitalien aufrechnete, welche in den 18 Jahren zur Melioration der Domainen, Forsten, Berg-, Hüttenwerke und Salinen verwendet worden sind. Diese Kapitalien kommen deutlich zum Vorschein nur in der erhöhten Reineinnahme aus diesen Vermögenstheilen.

Dass sich dergestalt in Preussen für die Zeit von 1848 bis 1866 trotz wachsender Ausgaben für das Militair im Frieden, trotz der wiederholten Kriegsrüstungen und des 1864 wirklich geführten Krieges gegen Dänemark der Kapitalstock des fiscalischen Vermögens nicht vermindert hat, findet seine natürliche Erklärung in der verhältnissmässigen Zurücksetzung aller Etats der Civilverwaltung (vgl. den Vorbericht der Staatshaushalts-Commission des Abg.-Hauses, 1865, Anl. S. 433) und noch mehr in der vermehrten Steuerlast des Volkes. Es wurden 1865 78,285,680 Thlr. Steuer erhoben (122 Sgr. auf den Kopf der Bevölkerung) gegen 51,668,388 Thlr. (95 Sgr. auf den Kopf) im Jahre 1849.

Wenn man statt der Kapitalien die Renten in Betracht zieht und die Passivrenten den Activrenten gegenüberstellt, so ergiebt sich statt einer Verschlechterung eine entschiedene Verbesserung der Vermögensverhältnisse des Staates.

A. Passivrenten im Jahre 1865.

Zinsen der Schuldkapitalien auf dem Etat der Hauptverwaltung . . . . 10,921,654 Thlr.

Renten ebendaselbst nach Abzug der Amortisationsquoten etwa . . . . 350,000 „

Zinsen der Schuld an Dänemark für Aufhebung der Sund- etc. Zölle . . . . prptr. 89,000 „

Entschädigungsrenten für aufgehobene Rechte und Nutzungen	315,231 Thlr.
Pensions-Aussterbe-Fonds, als Leibrenten-Schuld zur Hälfte veranschlagt	105,478 „
Zinsen von den Hohenzollernschen Staatsschulden .	8,860 „
Summa Passivrenten . .	11,790,223 Thlr.

Gegen die Passivrenten von 1848 (5,031,473 Thlr.) ist dies ein Mehr von 6,758,750 Thlr. Im Verhältniss zum Schuldkapital ergibt dies für 1866 4,₀₄ Procent Zinsen gegen 3,₁₁ Procent Zinsen im Jahre 1848. Die Vermehrung rührt daher, dass einerseits die zu 3½ Procent verzinslichen alten Schuldposten zu einem erheblichen Theil getilgt worden sind, andererseits die neu aufgenommenen Anleihen mit 4, 4½ oder gar 5 Procent verzinst werden müssen. Um etwa 0,₁₂ Procent stellt sich der Zinsfuss höher, weil in der Zinssumme schon die Zinsen für die Grundsteuerentschädigungsgelder mit 450,000 Thlr. einbegriffen sind, wiewohl das Schuldkapital von 10,000,000 Thlr. erst 1867 aufgenommen wurde und daher in der obigen Schuldsumme von 290 Millionen Thlr. nicht enthalten ist. Auf den Kopf der Bevölkerung kommen 1866 18¼ Sgr. Passivrenten gegen 9 Sgr. im Jahr 1848.

B. Activrenten im Jahre 1865.

Bei den Einnahmen aus Domainenabgaben und Domainengrundstücken ergibt ein Vergleich mit 1848, dass trotz der inzwischen erfolgten weiteren Veräusserungen und Ablösungen im Betrage von 22,917,505 Thlr. die Reineinnahme sich nahezu gleichgeblieben ist (statt 4,842,063 Thlr. jetzt 4,784,398 Thlr.). Es ist dies die Folge der gesteigerten Pachterträge und der auf die Domainen verwandten Meliorationen. Die Reineinnahme aus den Forsten dagegen hat sich von 2,293,802 Thlr. auf 6,525,197 Thlr. gehoben, also nahezu verdreifacht. Da die Morgenzahl nahezu dieselbe geblieben ist, kommt der höhere Ertrag lediglich auf Rechnung der gestiegenen Holzpreise, der Ablösung von Servituten und der auf Meliorirung der Forsten verwandten Kapitalien. Ebenmässig hat sich der Reinertrag der Staatsbergwerke, Hüttenwerke und Salinen in der Zeit von 1848 bis 1866 in Folge von Bauten, Betriebsverbesserungen und Preisveränderungen der Producte verdreifacht und ist von 1 Million Thaler auf etwa 3 Millionen Thaler gestiegen. Der Reinertrag der Staatseisenbahnen berechnet sich pro 1865 auf 7,779,993 Thlr., wiewohl in dieser Reineinnahme keine Einnahme aus der noch im Bau begriffenen Schlesischen Gebirgsbahn einbegriffen ist. Ohne die letztere Bahn beträgt das Anlagekapital 104 Millionen Thaler; es ergibt das von den

Richter.   5

Staatseisenbahnen eine Reineinnahme von über 7 Procent. Die Activrenten des Staats summiren sich im Ganzen wie folgt:

Domainen und Forsten nach Abzug der Kronfideicommissrente . . . . 8,756,877 Thlr.

Berg-, Hüttenwerke und Salinen pptr. . . . . . 3,000,000 „

Staatseisenbahnen . . . . 7,779,993 „

Zinsen und Dividenden aus den Antheilen an Privateisenbahnen . . . . 1,464,044 „

Desgl. aus den vom Ertrage der Eisenbahnabgabe
erworbenen Antheilen . . . . 376,765 „

Reineinnahme der Seehandlung . . . . 1,206,413 „

Zinsen von dem Einschusskapital des Staats zur Bank 66,423 „

Vertragsmässiger Beitrag der Bank zur Verzinsung
der Staatsanleihe von 1856 . . . . 550,000 „

Summa . . . . 23,200,515 Thlr.

Hiervon in Abzug gebracht die Passivrente unter A.
mit . . . . 11,790,223 „

bleibt. . . . . 11,410,292 Thlr.

Ueberschuss der Activrenten über die Passivrenten.

Der Ueberschuss betrug 1848 nur 1,250,000 Thlr., ist also gewachsen um 10,160,290 Thlr. Auf den Kopf der Bevölkerung beträgt
der Ueberschuss 1866 17⅓ Sgr. gegen 2⅓ Sgr. im Jahre 1848.

Nachstehende Tabelle fasst die Veränderungen in den Vermögens-
verhältnissen des Staats für die Zeit von 1806 bis 1866 übersichtlich
zusammen und ergibt, dass 1866 der Preussische Staat auch relativ
wieder die günstige Vermögenslage von 1806 erreicht hatte.

Jahr.	Bevölkerung.	Schuldkapital.	Auf den Kopf der Bevölkerung.	Zinsrente davon.	Procent vom Schuldkapital.	Zinsrente auf den Kopf der Bevölkerung.	Verhältniss der Vermögens-einkünfte zu der Zinsrente.	Auf den Kopf der Bevölkerung.
		Thlr.	Thlr.	Thlr.		Sgr.	Thlr.	Sgr.
1806	10,660,000	53,494,914	5	2,500,000	5	7	+ 5,200,000	+ 15
1822	11,664,133	232,000,000	20	9,700,000	$4_{,18}$	25	— 3,700,000	— 9¼
1833	13,509,927	216,000,000	16	7,400,000	$3_{,42}$	16¼	— 2,700,000	— 6
1848	16,331,187	158,500,000	9¼	5,031,473	$3_{,17}$	9	+ 1,250,000	+ 2¼
1866	19,255,195	290,000,000	15	11,790,223	$4_{,06}$	18¼	+ 11,410,292	+ 17¾

V. Abschnitt.
Von 1866 bis 1868.

Unmittelbar vor und während des Krieges von 1866 wurde der Staatskredit zunächst in Anspruch genommen für die Ausgabe von Darlehnskassenscheinen. Die im Widerspruch mit der Verfassungsurkunde ohne Zustimmung des Landtages erlassene Verordnung vom 18. Mai 1866 schuf zur Unterstützung des Handels- und Gewerbsstandes sog. Darlehnskassen. Dieselben waren ermächtigt, bis zum Betrage von 25 Millionen Thaler Darlehnskassenscheine auszugeben, welche gleich den Noten der Bank an den öffentlichen Kassen in Zahlung genommen werden sollten. Bis zum 7. August hatten diese Kassen schon für 11,264,494 Thlr. solcher Scheine ausgegeben. Durch Gesetz vom 27. September wurden die Kassen geschlossen und die Scheine nach Maassgabe der allmälichen Rückzahlung der ausstehenden Darlehne eingezogen.

Für Kriegszwecke unmittelbar wurde vor beendigtem Kriege der Staatskredit nur in Anspruch genommen durch Ausgabe vierprocentiger Anerkenntnisse als Vergütung für Kriegsleistungen in Gemässheit des Gesetzes wegen der Kriegsleistungen und deren Vergütung vom 11. Mai 1851. Dergleichen Anerkenntnisse stellte man während des Jahres 1866 zum Betrage von 6,055,433 Thlr. aus; dieselben wurden in den folgenden Jahren, als andere ausserordentliche Mittel zur Bezahlung der Kriegskosten flüssig gemacht waren, gegen baar eingelöst. Abgesehen von diesen Anerkenntnissen bestritt man bis zum Friedensabschluss im August 1866 die Kriegskosten: 1) aus den Baarbeständen des Staatsschatzes im Betrage von 20,029,067 Thlr.; 2) durch Einziehung kreditirter indirekter Steuern (Zoll, Rübenzuckersteuer, Branntweinsteuer, Stempelsteuer etc.) vor dem Verfalltage gegen Gewährung einer angemessenen Discontovergütung (an Discontovergütung wurden 299,108 Thlr. verrechnet); der Betrag der anticipirten Zölle und Steuern selbst ist nicht bekannt geworden; 3) aus Veräusserung eines Theils der im Staatsbesitze befindlichen Eisenbahneffecten mit einem Erlös von 4,343,035 Thlr.; 4) aus Vorauseinzahlungen an directen Steuern, zufälligen Einnahmen aus den occupirten Ländern und bereiten Mitteln der Generalstaatskasse. Auch dieser Betrag ist nicht bekannt geworden.

Nach dem Friedensabschluss ward durch das Gesetz, betreffend den ausserordentlichen Geldbedarf der Militair- und Marineverwaltung und die Dotirung des Staatsschatzes vom 28. September 1866 dem Finanzminister zur Bestreitung der Ausgaben, soweit sie nicht aus den verwendbaren Beständen der General-Staatskasse und aus dem Staatsschatze, sowie aus den Kriegscontributionen und Kriegs-Entschädigungsgeldern entnommen, oder durch Verwerthung verfügbarer Effecten der Staatskasse bereit gestellt werden können, ein Kredit eröffnet bis zur Höhe von 60 Millionen Thaler. Aus den Kriegs-Entschädigungsgeldern musste jedoch nach den Bestimmungen dieses Gesetzes zunächst der Staatsschatz mit 27½ Millionen Thaler wieder gefüllt werden. Erst im April 1867 machte die Regierung von diesem Kredit durch Aufnahme einer 4½-procentigen Anleihe von 30 Millionen Thaler Gebrauch; im Juni und August wurden noch für 10 Millionen Thaler Schatzanweisungen ausgegeben. Schatzanweisungen als verzinsliche Staatsobligationen mit höchstens einjähriger Umlaufszeit waren eine bis dahin unbekannte Form der Staatspapiere. Von dem nach Ausgabe von 40 Millionen Thaler Obligationen noch übrigen Kredit von 20 Millionen Thlr. liess sich die Regierung nur einen Kredit von 5 Millionen zur Bezahlung der noch übrigen Kriegskosten in den folgenden Landtagssessionen verlängern.

Ueber die ausserordentlichen Kosten aus Anlass des Krieges von 1866 und die ausserordentlichen Einnahmen zur Bestreitung derselben legte die Regierung dem Landtage Ende 1868 folgende Hauptrechnung vor:

Einnahme.

Bis zum Schlusse des III. Quartals 1868 sind eingekommen:

	Thlr.	Sgr.	Pf.
1) Verwaltungs-Ueberschuss de 1865	12,824	15	10
2) Aus dem Staatsschatze	20,029,068	22	2
3) Verwaltungs-Ueberschuss de 1866	7,985,267	5	1
4) Vertragsmässige Kriegskosten-Entschädigungen	55,634,244	21	7
5) Kriegs-Contributionen und ähnliche Einnahmen	4,959,720	6	4
6) Sonstige Einnahmen aus Anlass des Krieges	124,202	7	—
7) Erlös aus dem Verkauf der Effecten der General-Staatskasse, und zwar:			
a. für Actien der Köln-Mindener Eisenbahn-Gesellschaft	15,958,763	26	6
b. für den Staats-Antheil an dem Stammkapital der Bergisch-Märkischen Eisenbahn-Gesellschaft	1,000,000	—	—
c. für Actien der Oberschlesischen Eisenbahn-Gesellschaft	873,367	18	6
8) Auf den Kredit der 40,000,000 Thlr. sind vereinnahmt:			

	Thlr.	Sgr.	Pf.
a. durch Ausgabe von 10,000,000 Thlr. Schatzanweisungen	10,072,738	11	10
b. durch Realisirung von 4½ proc. Staatsschuldverschreibungen	29,418,266	25	6
Summa . .	146,068,464	10	4

Ausgabe.

Es sind zur Verrechnung gelangt oder an Resten noch zu berichtigen:

	Thlr.	Sgr.	Pf.
1) Bei der Militair-Verwaltung unmittelbar verrechnet	81,750,000	—	—
2) Herstellung von Telegraphenlinien zur Verbindung mit dem Kriegsschauplatz . . .	60,566	14	3
3) Vergütung für Kriegsleistungen	6,110,683	8	8
4) Zur Dotation des Staatsschatzes (Gesetz vom 28. September 1866)	27,500,000	—	—
5) Extraordinairer Zuschuss für Marinezwecke	4,483,100	—	—
6) Kosten für das Erinnerungskreuz (Allerb. Statut vom 20. September 1866) . . .	100,000	—	—
7) Zu Dotationen (Gesetz vom 28. Sept. 1866)	1,500,000	—	—
8) Vertragsmässige Entschädigung an Oldenburg (Gesetz vom 19. Januar 1867)	1,000,000	—	—
9) Zu geheimen Ausgaben für militairisch-politische Zwecke	729,096	14	—
10) Zinsvergütungen für aufgenommene Vorschüsse und für die vor der Verfallzeit eingezahlten Zoll- und Steuer-Kredite	299,108	11	1
11) Kosten der Erhebung der vertragsmässigen Kriegs-Entschädigungen und sonstige durch die Friedensverträge bedingte Ausgaben . .	97,854	4	1
12) Vergütung für Kriegsschäden	200,000	—	—
13) Zahlungen aus der Abrechnung über das bewegliche Vermögen des vormaligen Deutschen Bundes	2,144,743	28	5
14) Vertragsmässige Entschädigung an den König Georg von Hannover	16,000,000	—	—
15) Vertragsmässige Entschädigung an den Herzog Adolf von Nassau	8,892,110	—	—
Summa der Ausgaben .	150,867,262	22	—
Summa der Einnahmen .	146,068,464	10	4
Bleiben aus dem Restkredit von 5 Millionen Thaler noch zu bestreiten	4,798,798	11	8

In Folge der Kriegsereignisse und durch die Gesetze vom 20. October und 24. December 1866 wurden in den Preussischen Staatsverband einverleibt das Königreich Hannover, das Kurfürstenthum Hessen, das Herzogthum Nassau, die Landgrafschaft Hessen-Homburg, einzelne Hessen-Darmstädtische und Bairische Gebietstheile, die Herzogthümer Schleswig-Holstein und die freie Stadt Frankfurt a. M. Die Finanzverwaltung, insbesondere auch die Verwaltung des Schuldenwesens in diesen einzelnen Landestheilen blieb vorläufig noch eine abgesonderte. Die Verwaltung der erwähnten zur Bestreitung der Kriegskosten aufgenommenen Anleihen fiel daher vorläufig den Finanzen der alten Landestheile allein zur Last. Ebenfalls auf deren alleinige Rechnung wurde auch im März 1867 eine mit 4½ Procent verzinsliche Anleihe von 3 Millionen Thaler aufgenommen zur Entschädigung an Thurn und Taxis für Aufgabe der Postgerechtsame in einzelnen neuen Landestheilen und ausserpreussischen Deutschen Staaten.

Die Finanzverwaltung der alten Landestheile nahm 1867 auch noch zwei andere Anleihen auf, welche im Gegensatz zu den vorerwähnten nur den besonderen Zwecken dieser Landestheile dienten. Es war dies eine 4½procentige Anleihe von 10 Millionen Thaler zur Entschädigung für die bereits durch Gesetz vom 21. Mai 1861 aufgehobenen Grundsteuerbefreiungen und eine gleichfalls 4½procentige Anleihe von 24 Millionen Thlr. zum Bau und zur Erweiterung mehrerer Staatseisenbahnen. Die letztere Anleihe ist jedoch im Etat für 1868 nur erst mit dem Betrage von 10 Millionen Thaler aufgeführt. Im Etat für 1868 ist auch zum ersten Male ein bis dahin unter den Verwaltungsausgaben des Kriegsministeriums aufgeführter Beitrag für das Militairwaisenhaus in Potsdam unter die Passiva der Generalstaatskasse zum Betrage von 132,253 Thlr. aufgenommen. Die Summe musste hierhin übernommen werden, weil das Waisenhaus eine besondere nicht zu den Bundeseinrichtungen gehörende Stiftung ist und der Beitrag nur die Entschädigung für die der Stiftung im Laufe der Zeit entzogenen Vermögenstheile Monopole und Privilegien darstellt.

Durch Tilgung nach den für die einzelnen Anleihen geltenden besonderen Bestimmungen erlitt das auf dem Etat der Hauptverwaltung der Staatsschulden stehende Schuldkapital 1866 und 1867 einen Abgang von 5,288,094 Thlr. und 5,906,124 Thlr. Demnach ist im Staatshaushaltsetat für 1868 das Schuldkapital der alten Landestheile auf dem Etat der Hauptverwaltung der Staatsschulden angegeben zum Betrage von 321,985,593 Thlr.

Das Schuldenwesen der neuen Landestheile.

Für das Jahr 1868 wurde zum ersten Male der gemeinschaftliche Staatshaushaltsetat für die alten und neuen Landestheile aufgestellt. Gleichzeitig fand auch die Vereinigung der Schuldenverwaltung statt. In Betreff der künftigen Behandlung der auf diesen Landestheilen — die vormals freie Stadt Frankfurt a. M. ausgenommen — lastenden Staatsschulden erschien ein besonderes Gesetz unter dem 29. Februar 1868. Dasselbe erklärte die in einer Zusammenstellung zum Betrage von 78,765,476 Thalern aufgeführten Schuldkapitalien dieser Landestheile förmlich für Staatsschulden Preussens und übertrug die Verwaltung derselben der Hauptverwaltung der Staatsschulden. Es bestimmte, dass in den Rechten der betreffenden Staatsgläubiger bezüglich des Kapitalbetrages ihrer Forderungen, des Zinsfusses, zu welchem ihnen dieselben zu verzinsen sind, und der Rückzahlung ihrer Kapitalforderungen durch das gegenwärtige Gesetz nichts geändert werde. Dagegen führte es für die Zinsverjährung allgemein den vierjährigen Termin ein und bestimmte, dass sonst für die Verwaltung der Passivkapitalien lediglich die in den älteren Provinzen über die Verwaltung der Preussischen Staatsschulden bestehenden Vorschriften gelten sollen. Ausserdem verfügte das Gesetz die Einziehung der Kurhessischen Kassenscheine und der von der Nassauischen Landesbank ausgegebenen Banknoten unter gleichzeitiger Vermehrung der Preussischen Kassenanweisungen um den Betrag von 2,407,653 Thlr.

Die Schulden der Stadt Frankfurt a. M. wurden in diesem Gesetze noch unberücksichtigt gelassen, weil die Vermögensauseinandersetzung zwischen Staat und Stadt noch nicht beendigt war. Diejenigen Schuldposten der Stadt Frankfurt a. M., welche man indess als Staatschulden zu übernehmen beabsichtigte, wurden zum Betrage von 11,964,348 Thlr. schon jetzt in den Staatshaushaltsetat für 1868 als Passiva der Generalstaatskasse zur Verzinsung und Tilgung aufgenommen. Ebendort setzte man auch den bereits für die alten Landestheile vorhandenen Schuldtiteln der Entschädigungsrenten für aufgehobene Rechte die einschlagenden Renten aus den neuen Landestheilen (72,014 Thlr.) zu. Gleichfalls unter die Passiva der Generalstaatskasse aufgenommen wurde eine Restschuld Schleswig-Holsteins an Dänemark (1,071,298 Thlr.) aus der Entschädigung für die von letzterem im Wiener Frieden 1864 übernommene Mehrlast an jährlichen Pensionszahlungen. Die Leibrentenschulden aus den neuen Landestheilen (286,730 Thlr.) wurden dem Pensionsaussterbefonds zugesetzt mit Ausnahme der Leibrentenschulden an Glieder der vormals landesherrlichen Familien, welche unter dem besonderen Titel Apanagen (430,338 Thlr.) in den Etat des Finanzministeriums aufgenommen wurden. Der Antheil Schleswig-Holsteins an der Dänischen Gesammtstaatsschuld war im Wiener Frieden auf 21¾ Millionen Thaler festgesetzt worden. Zur Abfindung erhielt Dänemark 1868 4procentige auf den Inhaber lautende Theilobligationen zum Gesammtnennwerth obiger Summe aus einer zu diesem Zweck neu aufgenommenen Staatsanleihe ausgehändigt.

Im Folgenden sind die Schulden der einzelnen Landestheile nach dem Etat für 1868 zusammengestellt und mit den Einkünften aus dem fiskalischen Vermögen derselben nach den Rechnungsübersichten für 1867 verglichen. Den kleinen Betrag von 27,239 Thlr. Passivrenten für aufgehobene Zölle und andere Berechtigungen, welche aus den neuen Landestheilen insgesammt übernommen wurden, haben wir auf die einzelnen derselben nicht zu zerlegen vermocht.

A. Hannover. Durch das Gesetz vom 29. Februar 1868 ist ein Schuldkapital von 41,160,505 Thlr. übernommen worden, darunter 25,256,060 Thlr. Eisenbahn-Schulden.

Die Geschichte des Hannoverschen Schuldenwesens ist ausführlich dargestellt in der trefflichen Schrift von W. Lehzen über „Hannovers Staatshaushalt" (Hannover 1854).

Die gesammte Hannoversche Staatsschuld wurde in drei Hauptklassen getheilt: 1) Schulden der vormaligen Königlichen Generalkasse; 2) Schulden der vormaligen General-Steuer-Kasse und 3) Eisenbahnschulden. Diese Eintheilung hatte zwar seit der Vereinigung der Kassen im Jahre 1851 nicht mehr die Bedeutung wie früher, gleichwohl wurden die Schulden im Etat stets getrennt aufgeführt, und lässt sich auch die Kenntniss jener Eintheilung zur Beurtheilung des Hannoverschen Staatsschuldenwesens nicht entbehren. Die vormalige Generalkasse umfasste im Gegensatz zur General-Steuer-Kasse die der ständischen Bewilligung entzogenen Einnahmen und Ausgaben. Es gehörten dahin die Einnahmen aus Domainen, Zöllen und Bergwerken und die Ausgaben für den Landesherrn, die Gesandtschaften, einen Theil des Militairetats und die Regierungs- und Justizcollegien. Die General-Steuerkasse bestritt die übrigen Ausgaben aus den Einnahmen, welche die Steuern gewährten. In den verschiedenen Stadien der Entwickelung des Hannoverschen Verfassungswesens wurden, je nachdem es gelang, das ständische Bewilligungsrecht für den gesammten Staatshaushalt zur Geltung zu bringen, die beiden Kassen 1834 vereinigt, dann 1841 wieder getrennt und 1849 aufs Neue vereinigt. Die 1843 errichtete Eisenbahnkasse umfasste alle den Bau und Betrieb der Staatseisenbahnen betreffenden Einnahmen und Ausgaben.

1) Die Schulden der vormaligen Königlichen Generalkasse betrugen 1868 noch 1,691,543 Thlr. Die Domainen (Kammergut) waren seit Jahrhunderten mit bedeutenden Schulden belastet gewesen. Bei Vereinigung der Calenberg'schen und Celle'schen Linien (1705) betrugen sie über 2 Millionen Thaler, vermehrten sich aber bis zur Französischen Besitznahme des Landes 1803 noch sehr ansehnlich, theils in Folge von Krieg, Theuerung und anderen Vorfällen, die das Land besonders trafen, theils durch Erwerbung neuer Landestheile oder Kammergüter. Nach 1813 mussten neue Schulden gemacht werden, die für Vergütung der von 1811/13 rückständig gebliebenen Zinsen, für Schiffbarmachung der Ems, für Wiedereinlösung der von den fremden Herrschaften veräusserten Domainen und für Erwerbung der Grafschaft Spiegelberg auf 1¾ Millionen Thaler sich beliefen. Von 1824 bis 1830 wurden einzelne Schulden getilgt; in dem Jahre 1831 dagegen nahm man für verschiedene ausserordentliche Bedürfnisse (Luxemburger Expedition, Erfüllung des Liquidationsvertrages mit Preussen etc.) 1 Million Mark Banco und 1,100,000 Thlr. in Golde auf. Bei der Kassenvereinigung im Jahre 1834 hatte die Königliche Generalkasse eine Schuld von 5,233,633 Thlr. Ein grosser Theil der Schuld (2,198,940 Thlr.) wurde während der ersten Kassenvereinigung aus Landesmitteln abgetragen oder zum Zwecke der Zinsenherabsetzung in Landesschuld verwandelt. Den Rest (2,605,757 Thlr.) musste 1841 bei der neuen Kassentrennung die Königliche Generalkasse wieder übernehmen. Von 1842/46 hatte die Königl. Generalkasse grosse Ueberschüsse. Sie konnte erhebliche Abträge auf die älteren Schulden machen und 1842/43 unter Zuhülfenahme einer Anleihe von 340,000 Thlr. aus dem Domanial-Ablösungs-Fonds den noch verbliebenen Rest der Anleihe von 1,100,000 Thlr. Gold aus dem Jahre 1831 tilgen. Von 1846 an aber hörten die Ueberschüsse auf, und als dennoch der eingeleitete Bau des Hoftheaters fortgesetzt werden sollte, mussten die Mittel dazu theils durch eine 4procentige, von Seiten der Gläubiger vierteljährlich kündbare Anleihe von 240,000 Thlr., theils durch eine Art verzinslichen Papiergeldes von 94,000 Thlr. geschaffen werden. Letzteres wurde 1848 eingezogen, dagegen zur Deckung des Deficits der Kasse in den Jahren 1846 — 49 und zur Einlösung der Theaterbau-Scheine eine neue Schuld von 300,000 Thlr. aufgenommen.

2) Die Schulden der vormaligen General-Steuer-Kasse betrugen 1868 14,198,698 Thlr. Unter den 1815 in eine Masse vereinigten Schulden machten die schon vor der feindlichen Besitznahme des Landes contrahirten Schulden und unter diesen wiederum die Kosten der sog. Demarcationslinie (des bewaffneten Neutralitätscordons in den Jahren 1796 bis 1800 den grössten Theil aus (11,624,270 Thlr.) Einen wei-

tern beträchtlichen Theil bildeten die Schulden der fremdherrlichen Occupationszeit von 1803—13. Die schon vor 1817 verbrieften Schulden dieser Zeit beliefen sich auf 1,473,995 Thlr.; die übrigen, soweit sie nach Herstellung der rechtmässigen Regierung verbrieft wurden, auf 527,358 Thlr. Einigen Antheil an den 1815 in Eine Masse vereinigten Schulden haben auch die Ausgaben der Befreiungskriege von 1813 bis 15, wiewohl die desfallsige Summe mit Bestimmtheit sich nicht angeben lässt. Die meisten dieser Kriegsausgaben waren nämlich durch Steuern und Zahlungen anderer Mächte bestritten und die damaligen Anleihen nur theilweise zu den Kriegsausgaben gemacht, ohnehin aber meistens bald, und zwar ebenfalls zum Theil aus Mitteln, die nicht das Land aufbrachte, getilgt.

Zur Deckung der dringendsten Bedürfnisse nach Herstellung der rechtmässigen Regierung nahm man 1814 eine Lotterieanleihe von 500,000 Thlr. in Gold und zur Bestreitung neuer Bedürfnisse, sowie zur Tilgung eines Theils dieser Anleihe 1819 eine zweite Lotterieanleihe von 810,000 Thlr. in Gold auf. Zur Beseitigung des Deficits hatte man ausserdem bis 1822 monatlich kündbare Anleihen zum Betrage von 750,000 Thlr. aufgenommen. Um nun der bedenklichen weiteren Vermehrung solcher temporären Schulden zu entgehen, schritt man 1823 zur Aufnahme einer dritten Lotterieanleihe von 2,000,000 Thlr. Conventions-Münze, welche nebst gewissen jährlichen Zuschüssen aus der Generalsteuerkasse in einen besonderen Tilgungsfonds floss, aus dem nicht nur alle jene sog. neueren Landesschulden von überhaupt 2,516,673 Thlr. Conventions-Münze, sondern auch das neue Anleihen selbst und dessen Zinsen in den Jahren 1824—37 getilgt wurden. Die älteren, d. h. aus den Zeiten bis zur Reorganisation im Jahre 1813 herrührenden Landesschulden betrugen damals noch rund 15⅕ Millionen Thaler; zu ihrer Tilgung wurden von jetzt an jährlich 111,120 Thlr. und die Zinsenersparnisse aus der Tilgung ausgesetzt. Zwei Jahre später machten die grossen Unterstützungen in Folge der Deichbrüche von 1825 und die Vorschüsse für die Brandkassen wiederum die Aufnahme einer kündbaren Anleihe von 945,502 Thlr. Conventionsmünze nöthig. Indess änderten sich die Zustände und bis 1829—30 konnten die sämmtlichen temporären Schulden abgetragen werden. Von 1830—1835 trat wieder jährlich ein Deficit ein; zur Deckung der Kosten der Luxemburger Expedition musste eine neue Anleihe aufgenommen werden. Bei der Kassenvereinigung von 1834 betrugen die Schulden der Generalsteuerkasse rund 16,140,000 Thlr.

Der Tilgungsfonds für die älteren Schulden wurde 1835 auf 270,000 Thaler normirt; durch die Zinsenersparnisse sollte dieser Fonds bis auf 330,000 Thlr. steigen, dann aber wieder auf 270,000 Thlr. vermindert werden und diese Vermehrung und Verminderung beständig fortgehen. Die vorerwähnte Anleihe für die Luxemburger Expedition wurde bis 1839 gleichzeitig mit allen übrigen vier oder mehr Procent Zinsen tragenden kündbaren Schulden der neuen Generalkasse theils aus den Ueberschüssen des laufenden Haushalts zurückgezahlt, theils in unkündbare 3½ procentige Schuld verwandelt. Andererseits entstanden aber neue Schulden durch die Grundsteuer-Exemptions-Entschädigungen (684,000 Thaler) und die Ablösung von Renten (143,668 Thlr.). Zwar wurden ausserdem noch grosse Summen angeliehen; da dieselben aber nur zur Tilgung anderer, namentlich höher verzinslicher Schulden benutzt wurden, so entstand dadurch keine Schuldenvermehrung. Im Gegentheil bewirkte die durch die grossen Kassenüberschüsse möglich gemachte starke Tilgung, dass 1841 die Gesammtsumme der Landesschulden auf ungefähr 14,900,000 Thlr., also nahezu auf den Betrag von 1868 vermindert war.

In das Jahr 1848/49 fallen die Anleihen zur Deckung des Deficits der Königlichen Generalkasse (1,287,867 Thlr.), der Kosten des Kriegs mit Dänemark, sowie der zu dem letzteren Zwecke aus dem Domanial-Ablösungsfonds entnommenen Vorschüsse (etwa 1,133,000 Thlr). Trotz der ansehnlichen Tilgungen waren daher die Schulden zur Zeit der zweiten Kassenvereinigung wieder auf 15,230,000 Thlr. gestiegen. Während des Jahres 1849/50 mussten zu den ausserordentlichen Militairausgaben noch fernere Anleihen aus dem Domanial-Ablösungsfonds gemacht werden, deren Gesammtbetrag 2,000,000 Thlr. ausmacht. Für die Tilgung der Anleihen von 1848/49 wurden seitdem jährlich 1½ Procent des Schuldkapitals und die Zinsersparnisse aus der Tilgung verwandt.

Die letzte Anleihe auf Rechnung der Generalsteuerkasse wurde 1864 im Betrage von 3,493,000 Thlr. gegen 4 Procent Zinsen aufgenommen zur Deckung der Kosten der Kriegsbereitschaft aus dem Jahre 1859 und sonstiger ausserordentlicher Ausgaben, sowie für den Bau der steuerfreien Niederlagen zu Harburg, Emden und Leer. Das Gesetz vom 13. Februar 1865 bestimmte zur jährlichen Tilgung für diese Anleihe und die Anleihe aus dem Jahre 1849/50 von 2,000,000 Thlr., welche noch keinen Tilgungsfonds besass, 2 Procent des Schuldkapitals nebst den bis 1878 aus der Tilgung erwachsenden Zinsersparnissen. Zugleich wurde darin festgesetzt, dass den Tilgungsfonds für die älteren Landesschulden die Zinsersparnisse fernerhin ununterbrochen, also auch über die 1835 begrenzte Summe von 330,000 Thlr. hinaus zuwachsen sollten.

3) Die Eisenbahnschulden betrugen 1868 25,256,060 Thlr. Für die älteren Landeseisenbahnen wurden 1845—1847 etwa 9,300,000 Thlr. aufgenommen, welche sämmtlich bis 1868 getilgt waren. Der Bau der neueren Eisenbahnen erforderte von 1850—1865 4 procentige Anleihen

zum Gesammtbetrage von 28,284,490 Thlr. Die Tilgung derselben begann 1858 mit jährlich 1 Procent vom Schuldkapital und den Zinsersparnissen aus der Tilgung. Durch das unter 2) erwähnte Gesetz vom 13. Februar 1865 wurde der Tilgungsfonds auf 2 Procent erhöht; demselben sollen bis 1878 die Zinsersparnisse zuwachsen. Hierdurch ist die Anleihesumme 1868 auf den vorerwähnten Betrag von 25,256,060 Thlr. ermässigt worden.

Zu den Schulden unter 1, 2 und 3 kommt noch ein Reservequantum für illiquide oder unabgehobene Schulden von 14,204 Thlr.

Ausser den durch das Gesetz vom 29. Februar 1868 übernommenen Hannoverschen Schulden von insgesammt 41,160,505 Thlr. sind auf den gemeinschaftlichen Staatshaushaltsetat noch übergegangen 12,847 Thlr. Renten an Fürsten und Standesherren für abgetretene Rechte etc. und ein Pensionsaussterbefonds von 94,002 Thlr. Mit 25 bezw. 16 vervielfacht haben diese beiden Posten einen Kapitalwerth von 321,175 bezw. 940,020 Thlr. Zum Zweck der Vergleichung mit anderen Landestheilen wird aber Hannover auch das oben unter der Berechnung der Kriegskosten mit enthaltene an König Georg geleistete Entschädigungskapital von 16,000,000 Thlr. zuzurechnen sein. Die von Hannover übernommene Gesammtschuld beträgt alsdann 58,421,690 Thlr., d. i. auf den Kopf der Bevölkerung (1,936,856 Seelen) 30,1 Thlr. Nach Abzug der Eisenbahnschulden bleibt ein Schuldkapital von 33,165,630 Thlr. = 17,1 Thlr. Schulden auf den Kopf der Bevölkerung.

Die Zinsrente für diese Schuld stellt sich wie folgt:

Zinsen der Kapitalschuld	1,607,327 Thlr.
Zinsen der Entschädigung an König Georg . . .	720,000 „
Renten an Fürsten etc.	12,847 „
Pensionsaussterbefonds, zur Hälfte in Rechnung gestellt	47,000 „
Summa	2,387,147 Thlr.

Das macht auf den Kopf der Bevölkerung 1,23 Thlr.

Dieser Schuldrente stehen folgende Vermögensrenten gegenüber:

Reinertrag von Domainen und Forsten	2,121,731 Thlr.
Desgl. der Berg-Hüttenwerke und Salinen (einschl. der Harzer Forstverwaltung)	857,064 „
Desgl. der Staatseisenbahnen	2,697,780 „
Aus dem Hannoverschen Kapitalfonds nach Abzug der Provinzialrente von 500,000 Thlr. . .	206,489 „
Summa	5,883,064 Thlr.
Davon ab Schuldrenten . .	2,387,174 „
Bleibt Ueberschuss	3,495,890 Thlr.

D. i. 1,80 Thlr. auf den Kopf der Bevölkerung (1,936,856 Seelen).

B. Schulden des vormaligen Kurfürstenthums Hessen. Die durch Gesetz vom 29. Februar 1868 übernommenen Schulden von 17,535,250 Thlr. (einschl. 1,000,000 Kassenanweisungen) sind zum Betrage von 16,000,000 Thlr. Eisenbahnschulden. Ausserdem wurden noch Apanagen für das Kurfürstliche Haus zum Betrage von 356,897 Thlr. (darunter an den Kurfürsten zufolge Vertrag vom 17. September 1867 300,000 Thlr.) und ein Pensionsaussterbefonds von 106,800 Thlr. auf den Staatshaushaltsetat von 1868 übernommen. Vervielfacht man zur Berechnung des Kapitalwerthes die letzteren Posten mit zehn, so erhält man eine Gesammtschuld von 22,172,220 Thlr., d. i. auf den Kopf der Bevölkerung (732,516 Seelen) 30,2 Thlr. Zieht man davon die Eisenbahnschulden mit 16,000,000 Thlr. ab, so bleiben 6,172,200 Thlr., d. i. auf den Kopf der Bevölkerung 8,4 Thlr.

Die Rente der Kurhessischen Schulden berechnet sich wie folgt:

Zinsen der Kapitalschuld	419,070 Thlr.
Zinsen der Prämienanleihe (steckt in den Prämien, muss aber veranschlagt werden mit 3½ Proc. .	210,000 „
Pensionsaussterbefonds zur Hälfte	53,400 „
Apanagen zur Hälfte	178,448 „
Summa	860,910 Thlr.

Dagegen betragen die Vermögensrenten aus:

Domainen und Forsten	486,655 Thlr.
Berg-Hüttenwerken und Salinen	388,311 „
Staatseisenbahnen	639,969 „
Zinsen von Activkapitalien (ausschl. des dem Reg.-Bezirk Kassel späterhin eigenthümlich überlassenen Staatsschatzes)	255,065 „
Summa	1,770,000 Thlr.
Davon ab Schuldrenten . .	860,918 „
Bleibt Ueberschuss	909,082 Thlr.

D. i. 1,22 Thlr. auf den Kopf der Bevölkerung (732,506 Seelen).

C. Die Schulden des vormaligen Herzogthums Nassau. Die durch das Gesetz vom 29. Februar 1868 übernommenen Schulden im Betrage von 21,945,493 Thlr. (einschl. 1,428,511 Thlr. Noten der Landesbank) sind zum grösseren Theil, nämlich im Betrage von 16,589,657 Thlr. Eisenbahnschulden. Ausserdem wurden auf den Staatshaushaltsetat für 1868 übernommen Renten an Fürsten und Standesherren etc. 19,178 Thlr., ein Pensionsaussterbefonds von 40,208 Thlr. und eine Apanage an den Prinzen Nikolaus (nach Vertrag mit Herzog Adolph vom 18. September 1867) von 10,286 Thlr. Der Kapitalwerth davon beträgt nach derselben

Berechnung, welche wir unter A. und B. anwandten, 1,386,480 Thlr.
Bei Vergleichen mit anderen Landestheilen wird indessen Nassau auch
das an den Herzog Adolph gezahlte, aber unter der Berechnung der
Kriegskosten mit enthaltene Entschädigungskapital von 8,891,253 Thlr.
zuzurechnen sein. Alsdann erhalten wir eine Gesammtschuld von
32,223,220 Thlr., d. i. auf den Kopf der Bevölkerung (466,272 Seelen)
69,₈ Thlr. Lässt man die Eisenbahnschulden mit 16,589,657 Thlr.
ausser Betracht, so bleiben 15,633,849 Thlr. Schulden, d. i. auf den
Kopf der Bevölkerung 33,₈ Thlr.

Die Zinsrente berechnet sich davon wie folgt:

Zinsen der Kapitalschuld	840,844 Thlr.
Zinsen der Entschädigung an Herzog Adolf . . .	385,712 „
Renten an Fürsten u. s. w.	19,178 „
Pensionsaussterbefonds zur Hälfte	40,208 „
Apanagen zur Hälfte	5,143 „
Summa . .	1,301,085 Thlr.

Vermögensrenten stehen derselben gegenüber aus dem Reinertrage
der Domainen, Forsten, Berg- und Hüttenwerke, Staatseisenbahnen im
Ganzen . . . . 1,178,108 Thlr.
Dagegen Schuldrenten . . . . 1,301,085 „
bleibt ein Minus von . . . . 123,977 Thlr.
d. i. auf den Kopf der Bevölkerung (461,272 Seelen) 0,₂₆ Thlr.

D. Schulden der vormaligen Landgrafschaft Hessen-Homburg.
Durch das Gesetz vom 29. Februar 1868 sind 161,143 Thlr. Schulden
und ausserdem durch den Staatshaushaltsetat ein Pensionsaussterbefonds
von 599 Thlr. übernommen worden. Letzterer mit 10 vervielfacht zu
161,143 Thlr. gerechnet, ergiebt eine Schuldsumme von 167,133 Thlr.,
d. i. auf den Kopf der Bevölkerung (27,374 Seelen) 6,₁ Thlr. Der
Schuldrente davon zum Betrage von 7,280 Thlr. (0,₂₆ Thlr. auf den Kopf
der Bevölkerung) stehen Vermögensrenten von ungefähr 14,000 Thlr.
gegenüber, was einen Ueberschuss von ungefähr 7,000 Thlr., d. i. auf
den Kopf der Bevölkerung ungefähr 0,₂₅ Thlr. ergibt.

E. Schulden der vormaligen Herzogthümer Schleswig-Holstein. Durch das Gesetz vom 29. Februar 1868 sind nur 391,657 Thlr.
Schulden, welche theils aus der Ablösung des Mühlenzwangs, theils durch
die Uebernahme Augustenburgischer Domainen herrührten, übernommen
worden. Ausserdem aber ist durch Gesetz vom 23. März 1868 die
oben erwähnte Anleihe im Betrage von 21,750,000 Thlr. aufgenommen
worden Behufs Abfindung Dänemarks für den Antheil von Schleswig-
Holstein an seiner Staatsschuld in Gemässheit der Artikel VIII. und IX.
des Wiener Friedensvertrages vom 30. November 1864. Das Herzog-

thum Lauenburg ist für seinen Antheil an dieser Schuld mitverhaftet, dieser Antheil aber zur Zeit noch nicht liquidirt worden.

Ausser dieser Schuld sind auf den Staatshaushaltsetat für 1868 noch 12,750 Thlr. Renten an Fürsten und Standesherren etc., 63,154 Thlr. Apanagen und ein Abfindungskapital an den Dänischen Pensionsfonds zum Restbetrage von 1,071,298 Thlr. übernommen worden. Unter Hinzurechnung des Kapitalwerthes dieser Posten beträgt die gesammte von Schleswig-Holstein übernommene Schuld 24,163,255 Thlr., d. i. auf den Kopf der Bevölkerung (981,822 Seelen) 24,₆ Thaler.

Die Schuldrente davon berechnet sich wie folgt:

Zinsen der Kapitalschuld (mit Abfindung von der
Dänischen Schuld) . . . . 885,412 Thlr.
Zinsen des Abfindungskapitals an den Dänischen
Pensionsfonds . . . . 42,851 „
Renten an Fürsten etc. . . . . 12,750 „
Apanagen zur Hälfte . . . . 31,577 „
Summa . . 972,590 Thlr.

Dieser Schuldrente stehen Vermögensrenten gegenüber aus dem Ueberschuss der Domainen und Forsten im Betrage von 416,801 Thlr. Letztere Summe von der Schuldrente in Abzug gebracht, bleiben 555,789 Thaler, d. i. auf den Kopf der Bevölkerung (982,822 Seelen) ein Mehr der Passivrenten von 0,₅₆ Thlr.

F. Schulden der vormals freien Stadt Frankfurt a. M. Die Schulden von Frankfurt a. M., welche 1869 bei der endgiltigen Vermögensauseinandersetzung zwischen der Commune Frankfurt und dem Preussischen Staate als Bestandtheil der Preussischen Staatsschuld anerkannt und übernommen wurden und deren Verzinsung und Tilgung für 1868 vorläufig schon auf den Etat der Passiva der Generalstaatskasse gebracht wurde, betragen nach Abzug der Contributionsschulden von 1866 7,994,629 Thlr., darunter 3,682,875 Thlr. Eisenbahnschulden. Die Schulden, welche die Stadt 1866 zur Bezahlung Preussischer Contributionen im Betrage von 3,969,719 Thlr. eingehen musste, kann man bei der Vergleichung mit anderen Landestheilen Frankfurt a. M. ebensowenig wie die Preussischen Kriegsschulden aus dem Jahre 1866 den alten Landestheilen besonders in Rechnung stellen. Andererseits muss man für Vergleichungen der Frankfurter Schulden mit anderen Landestheilen obiger Summe von 7,994,629 Thlr., die von Preussen an Frankfurt später laut Recess vom 5. März 1869 gezahlte Entschädigungssumme von 350,000 Gulden (die übrigen 1,650,000 Gulden wurden aus einem von Baden auf Frankfurts Rechnung zurückgezahlten Vorschuss gedeckt) hinzuzählen. Alsdann ergiebt sich eine Schuldsumme von 7,994,629 + 200,000 Thlr. (350,000 Gulden) = 8,194,629 Thlr., das macht auf den Kopf der Bevölkerung (89,943 Seelen) 91 Thlr., oder nach Abzug der Eisenbahnschulden 50,₂ Thlr.

Der Zinsbedarf für diese 8,194,629 Thlr. beträgt etwa 266,000 Thlr., welcher Summe eine Vermögensrente aus dem Ueberschuss der Staatseisenbahnen von ungefähr 240,000 Thlr. gegenübersteht. Dies ergiebt ein Plus der Schuldrente von 26,000 Thlr., d. i. auf den Kopf der Bevölkerung etwa 0,₃₀ Thlr.

G. Die vormals Hessen-Darmstädtischen und Bayerischen Gebietstheile. Dieselben sind ohne Kapitalschuld abgetreten worden. Es wurden damit nur Pensionen zum Pensionsaussterbefonds von 3,843 Thlr. bezw. 1,429 Thlr. übernommen. Diese Pensionen ergeben, mit 10 vervielfacht, einen Kapitalwerth von 34,830 Thlr. bezw. 14,290 Thlr., d. i. auf den Kopf der Bevölkerung (32,976 und 47,733 = 80,709 Seelen) 1,₀₆ bezw. 0,₃₀ Thlr. Die mit diesen Gebietstheilen überkommenen Renten aus dem Ueberschuss der Domainen und Forsten, Berg-Hüttenwerke und Salinen ergeben gegen den Pensionsaussterbefond ein Plus von etwa 25,000 Thlr. und 65,000 Thlr., d. i. auf den Kopf der Bevölkerung ein Plus von etwa 1,₁₂ Thlr.

Aus A. bis G. erhalten wir folgende Uebersicht über den Zuwachs von Staatsschulden aus den neuen Landestheilen:

(Diese Uebersicht steht der tabellarischen Form wegen auf der nachfolgenden Seite.)

Berechnen wir in derselben Art die Schuldenlast der alten Landestheile nach dem Etat für 1868, so erhalten wir — die Schulden zur Deckung der Kriegskosten von 1866 und zur Entschädigung von Thurn und Taxis bleiben, weil sie diese Landestheile nicht besonders angehen, ausser Betracht — ein Schuldkapital von 302,670,879 Thlr., d. i. auf den Kopf der Bevölkerung (19,729,497) 15,₃ Thlr., also 18,₄ Thlr. weniger als nach Obigem auf den Kopf der Bevölkerung in den neuen Landestheilen kommen. Etwas günstiger stellt sich schon das Verhältniss für die neuen Landestheile, wenn man beiderseitig die Eisenbahnschulden ausser Betracht lässt. Alsdann macht das Schuldkapital für die alten Landestheile 200,403,967 Thlr., oder 10,₁₃ Thlr., also nur 9,₄ Thlr. weniger als nach Obigem auf den Kopf der Bevölkerung in den neuen Landestheilen kommen.

Eine Vergleichung der Zinsrenten stellt für die neuen Landestheile das Verhältniss in etwas schlechter, indem der Zinsfuss bei den Schulden der neuen Landestheile durchschnittlich höher ist. Es beträgt nämlich die Schuldrente für die alten Landestheile 11,752,402 Thlr. oder 3,₈₈ Procent des Schuldkapitals oder 0,₆₀ Thlr. auf den Kopf der Bevölkerung, während die Schuldrente für die neuen Landestheile 3,₉₆ Procent des Schuldkapitals und 1,₃ Thlr. auf den Kopf der Bevölkerung ausmacht.

Richter. 6

	Bevölkerung. Seelen.	Schuldkapital im Ganzen. Thlr.	Auf den Kopf der Bevölkerung. Thlr.	Schuldkapital nach Abzug der Eisenbahnschulden. Thlr.	Auf den Kopf der Bevölkerung. Thlr.	Schuldrente. Thlr.	Auf den Kopf der Bevölkerung. Thlr.	Verhältniss der Vermögensrenten zu den Schuldrenten. Thlr.	Auf den Kopf der Bevölkerung. Thlr.
A. Hannover	1,936,856	58,421,690	$30_{,1}$	33,165,630	$17_{,1}$	2,387,147	$1_{,23}$	+ 3,495,590	+ $1_{,80}$
B. Kurhessen	732,516	22,172,220	$30_{,2}$	6,172,200	$8_{,4}$	860,910	$1_{,17}$	+ 909,082	+ $1_{,23}$
C. Nassau	461,272	32,223,220	$69_{,8}$	15,633,549	$33_{,8}$	1,301,085	$2_{,79}$	— 122,977	— $0_{,26}$
D. Hessen-Homburg . .	27,374	167,133	$6_{,1}$	167,133	$6_{,1}$	7,286	$0_{,26}$	+ 7,000	+ $0_{,25}$
E. Schleswig-Holstein .	981,822	24,163,255	$24_{,6}$	24,163,255	$24_{,6}$	972,590	$0_{,99}$	— 555,789	— $0_{,56}$
F. Frankfurt a. M. . .	89,943	8,194,629	$91_{,1}$	4,511,742	$50_{,2}$	266,000	$2_{,96}$	— 26,000	— $0_{,29}$
G. Hessen-Darmstädtische und Bayrische Gebietstheile . . . . {	32,976	34,830	$1_{,06}$	34,830	$1_{,06}$	{ 2,455	$1_{,06}$	+ 25,000	{ + $1_{,13}$
	47,733	14,290	$0_{,30}$	14,290	$0_{,30}$		$0_{,03}$	+ 65,000	
	4,310,492	145,391,267	$33_{,7}$	83,862,659	$19_{,4}$	5,797,473	$1_{,34}$	+ 3,797,206	+ $0_{,88}$

In das völlige Gegentheil verändert sich aber das Verhältniss der alten zu den neuen Landestheilen, wenn man den Schuldrenten die Einkünfte aus dem fiscalischen Vermögen gegenüberstellt. Die Activrenten betrugen nämlich in den alten Landestheilen nach der Uebersicht über die Einnahmen und Ausgaben im Jahre 1867 etwa 21 Millionen Thaler. Die Schuldrenten wurden oben mit 11,752,402 beziffert. Aus letzter Summe muss man indessen für den Zweck solcher Vergleichung die Zinsen der Eisenbahnanleihen von 1864 und 1867 mit zusammen 1,125,000 Thlr. fortlassen, wofür die betreffenden Eisenbahnlinien 1867 noch nicht in Betrieb waren. Diese 1,125,000 Thlr. Zinsen nun von obigen 11,752,402 Thlr. in Abzug gebracht, bleiben 10,627,402 Thlr. übrig. Die Passivrente zu diesem Betrage von den obigen 21 Millionen Thaler Activrenten abgezogen, bleibt ein Ueberschuss der Activrenten von 10,372,598 Thlr., d. i. auf den Kopf der Einwohner 0,₅₂ Thlr. Für die neuen Landestheile dagegen beträgt dieser Ueberschuss nach obiger Tabelle 0,₈₈ Thlr., ist also um 0,₃₆ Thlr. oder 70 Procent höher.

Summa Summarum ergiebt sich aus diesen Vergleichungen, dass der Zuwachs der neuen Landestheile die Vermögensbilanz des gesammten Preussens keinesfalls verschlechtert haben kann.

VI. Abschnitt.

Die Staatsschuld nach dem Staatshaushalts-Etat für das Jahr 1869.

Der Staatshaushalts-Etat für das Jahr 1869 zeigt hinsichtlich des Staatsschuldenwesens gegen den Etat für 1868 folgende wesentliche Veränderungen: Die Eisenbahnanleihe von 1867 ist statt mit 10 Millionen Thaler zu dem vollen Betrage von 24 Millionen Thaler realisirt. Ein Betrag von 20 Millionen Thaler ist aus einer neuen Eisenbahnanleihe von 40 Millionen auf den Etat gebracht, zu deren Aufnahme behufs Deckung an Vorschüssen für Eisenbahnanlagen und für die Beschaffung von Betriebsmitteln auf den Eisenbahnen in den neuen Landestheilen, beziehungsweise zur Erweiterung des Bahnnetzes in diesen wie in den alten Provinzen (Elm-Gemünden, Schneidemühl-Dirschau, Thorn-Insterburg) die Regierung durch Gesetz vom 17. Februar 1868 die Ermächtigung erhalten hatte. Bei dieser letzten zum Betrage von 20 Millionen Thaler schon Ende 1868 begebenen Anleihe hat sich der Staat vorbehalten, Anleihen, welche demnächst im Laufe der Jahre 1868, 1869 und 1870 bewilligt werden möchten, mit der durch das erwähnte Gesetz bewilligten Anleihe behufs der Verzinsung und Tilgung zu einer und derselben Anleihe zu vereinigen, sofern für die neuen Anleihen derselbe Zinsfuss gewählt und der Tilgungsfonds nach denselben Bestimmungen festgesetzt wird. Man will dadurch die Nachtheile einer weitern Vermehrung der Zahl der Anleihen, insbesondere auch die Vermehrung der besonderen Tilgungsfonds vermeiden.

Die 1867 zur Deckung der Kriegskosten noch im Betrage von 10,000,000 Thlr. ausgegebenen Schatzanweisungen wurden nach ihrem Ablauf im Jahre 1868 durch neue Schatzanweisungen ersetzt. Darüber hinaus waren noch weitere 3 Millionen Thlr. Schatzanweisungen ausgegeben auf Grund des Gesetzes vom 3. März 1868 behufs Verstärkung der Geldmittel zur Abhülfe des in den Regierungsbezirken Königsberg und Gumbinnen herrschenden Nothstandes.

Diesen beträchtlichen Vermehrungen gegenüber hat andererseits die Schuldsumme seit 1868 eine Verminderung erfahren durch die ordentliche Tilgung auf dem Etat der Hauptverwaltung der Staatsschulden um 9,016,250 Thlr. und auf dem Etat der Passiva der General-Staatskasse um 835,401 Thlr. Ausserdem fand ein ausserordentlicher Abgang statt durch Vernichtung der Staatsschuldverschreibungen, welche in verschiedenen, aus den neuen Landestheilen überkommenen Nebenfonds des Staats und im Besitz dortiger Beamten-Wittwenkassen sich befanden. Vorher war durch Verordnung vom 8. Juli 1867 (Ges.-S. S. 1183) die besondere rechtliche Natur dieser Nebenfonds aufgehoben und durch Gesetz vom 6. März 1868 (Ges.-S. S. 195) das Vermögen jener Wittwenkassen unter Anerkennung der darauf lastenden Verpflichtungen als Staatsverbindlichkeit für unbeschränktes Staatseigenthum erklärt worden. Mithin war bei den zu diesen Fonds gehörigen Staatsschuldverschreibungen der Staat Schuldner und Gläubiger zugleich geworden. Um der Mühe überhoben zu sein, aus einer Königl. Kasse in die andere Zinsen zu zahlen, wurden vernichtet und einerseits bei den Staatsschulden, andererseits bei jenen Vermögensbeständen abgeschrieben Hannoversche Schuldverschreibungen zum Nennwerth von 18,034,600 Thlr. und Kurhessische Schuldverschreibungen zum Nennwerth von 348,750 Thlr., zusammen also 18,383,350 Thlr.

Die gesammte Staatsschuld hat durch diese Zugänge einerseits und die Abgänge andererseits nach dem Etat für 1869 folgenden Betrag erreicht:

Kapitalschulden auf dem Etat der Hauptverwaltung
der Staatsschulden . . . . 434,509,121 Thlr.

Rentenschulden ebendaselbst, veranschlagt zum Kapitalwerth von . . . . 7,680,000 „

Schulden der vormals freien Stadt Frankfurt a. M.
auf dem Etat der Passiva der Generalstaatskasse 11,941,605 „

Entschädigungsrenten an Fürsten und Standesherren
etc., Kapitalwerth 205,295 Thlr. × 25 = . 5,190,625 „

Entschädigungsrenten für aufgehobene Zölle und Berechtigungen, Kapitalwerth 200,904 Thlr. × 25 = 5,104,475 „

Rente an das Potsdamer Militairwaisenhaus, Kapitalwerth 132,253 Thlr. × 25 = ... 3,306,325 „

Entschädigung an Dänemark für Aufhebung des
Sundzolls etc. . . . . 1,909,338 „

Entschädigung an Dänemark für Uebernahme des
Antheils von Schleswig-Holstein an der Pen-
sionslast . . . . 419,311 „

Antheil an den ständischen Schulden der Niederlausitz und der Stifter Merseburg und Naumburg, Kapitalwerth der zur Verzinsung und Tilgung übernommen Schulden circa . . . . 110,000 „

Pensions-Aussterbe-Fonds, Kapitalwerth 490,000
Thlr. × 10 = ... 4,900,000 „

Apanagen, Kapitalwerth 430,464 Thlr. × 10 = 4,304,640 „

Hohenzollernsche Staatsschulden . . . . . . 87,143 „

Summa . . 479,462,583 Thlr.

Das ergibt seit Ende 1865, wo die Schuldsumme 290 Millionen Thaler
betrug, eine Vermehrung derselben um 190 Millionen Thaler. Auf den
Kopf der Bevölkerung (23,970,820 Seelen) kommen 1869 netto 20 Thlr.
Staatsschulden. Im Jahre 1866 kamen auf den Kopf der Bevölkerung
nur 17⅓ Thlr., also 2⅓ Thlr. weniger Schulden. Das relative Mehr
wird indess nahezu ausgeglichen durch die seit 1866 neu entstandenen
Eisenbahn-Schulden und die zu den productiveren Schulden zu rechnen-
den Entschädigungskapitale für die aufgehobenen Grundsteuerbefreiungen
und für die aufgehobenen Postgerechtsame von Thurn und Taxis (zusammen
57 Millionen Thaler oder auf den Kopf der Bevölkerung 2⅓ Thlr.)

Für die anderen Grossstaaten gibt der Gothaische Kalender
für 1869 die Höhe der Staatsschuld wie folgt an:

	Bevölkerung. Millionen.	Staatsschuld. Millionen Thlr.	Auf den Kopf der Bevölkerung Thlr.
Amerika (Ver. Staaten) . .	35	3,472	99
Frankreich	38	3,466	91
Grossbritannien	30	5,340	178
Italien	25	1,806	72
Oesterreich	36	2,016	56
Russland	77	1,977	26

Nach Verhältniss der Schuldsumme beträgt die Preussische Staatsschuld von 480 Millionen Thaler etwa 14 Procent der Amerikanischen und Französischen Staatsschuld, 9 Procent der Englischen, 27 Procent der Italienischen, 29 Procent der Oestreichischen und Russischen Staatsschuld. Im Verhältniss zur Bevölkerung ist die Amerikanische Schuld 5 mal, die Französische 4½ mal, die Englische 9 mal, die Italienische 3½ mal, die Oesterreichische 2⅔ mal und die Russische 2¼ Mal so gross wie die Preussische Schuld. Von europäischen Mittelstaaten haben Spanien und die Niederlande eine grössere Schuld. Die Spanische Schuld ist etwa 3 mal, die Niederländische etwa 8 Siebentel mal so gross als die Preussische Staatsschuld. Der Preussischen Schuld kommt von Staaten, welche eine geringere Schuld haben, am nächsten die Türkei, deren Schulden nahezu die gleiche Höhe haben. Im Verhältniss zur Bevölkerung haben von ausserdeutschen Staaten nur Schweden, Norwegen und die Schweiz eine geringere Schuldsumme.

Der blosse Nennwerth der Schuldkapitalien giebt in mancher Beziehung keinen richtigen Maassstab für die finanzielle Bedeutung der Schuld. Denn da die Staatsschulden Seitens der Gläubiger durchweg unkündbar sind, so enthält der Nennwerth nur ein Zahlungsversprechen für den Zeitpunkt der Kündigung des Schuldverhältnisses von Seiten des Staates. Je nachdem dieser Zeitpunkt näher oder entfernter liegt und je nach der Zinsrente, welche das Nominalkapital bis dahin gewährt, müssen die Obligationen daher einen von dem Nennwerth mehr oder weniger verschiedenen Courswerth erhalten. — Für die Preussische Staatsschuld mit einem Nennwerth von 479,462,583 Thlr. berechnet sich dieser Courswerth in Bausch und Bogen wie folgt:

	Schuld-bestand. Millionen Thaler.	Courswerth an der Berliner Börse am 2. April 1869 für 100 Thlr.	Gesammter Courswerth. Millionen Thaler.
5procentige Obligationen . .	32	102¼	32,7
4¼proc. Obligationen einschliess-lich der Renten an die Renten-banken	185	93¼	173
4procent. Obligationen einschl. der Renten für aufgehobene Rechte	122	86¼	106
3- u. 3¼procent. Obligationen .	80	83¼	67
3¼procentige Preussische Prä-mien-Anleihe	11,7	124¼	14,8
unverzinsl. Kurhess. Prämien-scheine	5,3	142	7,8

Summe . . 436 mit einem Courswerthe von 400,7 oder rund 401 Millionen Thaler.

Zu diesen 436 Millionen mit 401 Millionen Courswerth kommen noch 13 Millionen Schatzanweisungen, 19 Millionen Thaler unverzinsliche Schulden (insbesondere Kassenanweisungen), welche zum vollen Nennwerth in Rechnung zu stellen sind. Ebenso stellen wir die Leibrentenschulden (Pensionsaussterbefonds und Apanagen) und die unablösliche Rente an das Potsdamer Militairwaisenhaus mit dem oben veranschlagten Kapital-werth von zusammen 12 Millionen Thaler in Rechnung. Zählen wir diese 13 + 19 + 12 = 44 Millionen al pari zu obigen 401 Millionen, so ergiebt sich, dass die Preussische Staatsschuld von 480 Millionen Thaler am 2. April 1869 einen Kaufwerth von etwa 445 Millionen Tha-ler = 92,7 Procent des Nominalwerthes hatte. Der Courswerth der Schuld von anderen Grossstaaten dürfte sich im Verhältniss zum Nomi-nalwerth durchweg geringer herausstellen; nur die Englische Staatsschuld wird denselben Procentsatz erreichen, wenn nicht gar sich etwas höher berechnen.

Die Verzinsung der Preussischen Schuld erfordert nach dem Etat für 1869 folgende Summen:

	Thlr.
Zinsen von der auf dem Etat der Hauptverwaltung stehen-den Kapitalschuld	16,973,637
Renten ebendaselbst nach Abzug der Amortisationsquote pr. prpt.	345,000
Zinsen von den Schulden der vormals freien Stadt Frank-furt, auf dem Etat der Passiva der Generalstaats-kasse	453,788
Entschädigungsrenten an Fürsten und Standesherren etc.	204,179
Entschädigungsrenten für aufgehobene Zölle und Berech-tigungen	207,625

	Thlr.
Rente an des Potsdamer Militairwaisenhaus	132,253
Zinsen der Schuld an Dänemark für Aufhebung der Sund- zölle etc.	76,373
Zinsen für die Schuld an Dänemark aus der Uebernahme der Pensionslast etc.	16,772
Pensionsaussterbefonds, als Leibrentenschuld zur Hälfte veranschlagt mit	245,000
Apanagen desgleichen mit	215,232
Zinsen von den Hohenzollern'schen Staatsschulden . .	3,486
Summa	18,873,345

das ist gegen die Zinsrente für das Jahr 1866 (11,790,223 Thlr.) mehr 7,083,122 Thlr. Im Verhältniss zum Schuldkapital (479,462,583 Thlr.) beträgt die Zinsrente 3,93 Procent, das ist gegen 1866 (4,06 Procent) weniger 0,13 Procent. Dieses Weniger erklärt sich wesentlich daraus, dass in den entsprechenden Summen für 1866 schon die Zinsrente, nicht aber auch das Schuldkapital von der 1867 zur Entschädigung für aufgehobene Grundsteuerbefreiungen aufgenommenen Anleihe von 10 Millionen Thaler enthalten war. Auf den Kopf der Bevölkerung kommt 1869 eine Zinsrente von 23½ Sgr. gegen 18½ Sgr. im Jahre 1866.

Den Passivrenten stehen als Activrenten folgende Ueberschüsse aus werbendem Staatsvermögen nach dem Staatshaushalt für 1869 gegenüber:

	Thlr.
Domainen und Forsten (ausschliesslich der Kronfideicom- missrente)	12,330,081
Berg-, Hüttenwerke, Salinen, ausschliesslich der Einnah- men aus Steuern und Sporteln und der Ausgaben für die Aufsichtskosten über die Privatbergwerke, sowie der einmaligen und ausserordentlichen Ausgaben etwa	3,700,000
Staatseisenbahnen, ausschliesslich der einmaligen und ausserordentlichen Ausgaben	12,942,217
Betheiligung an Privateisenbahnen, abzüglich der Zins- zuschüsse und der Ausgaben für Amortisation . .	657,927
Zinsen und Dividenden von den aus dem Ertrage der Eisenbahnabgabe angekauften Actien	166,254
Zinsen von dem Einschuss des Staatskapitals zur Bank	66,423
Zuschuss der Bank zur Verzinsung der Staatsanleihe von 1856	550,000

	Thlr.
Aus der Seehandlung	700,000
Zinsen von Activkapitalien aus den neuen Landestheilen	390,120
Summa	31,503,022
oder nach Abzug der Provinzialrente an Hannover mit	500,000
	31,003,022
Davon ab die Passivrenten	18,873,345
bleiben Ueberschuss der Activrenten	12,129,677

Dieser Ueberschuss übersteigt den Ueberschuss von 1866 (11,410,292 Thaler) um 719,385 Thlr. Auf den Kopf der Bevölkerung kommt eine Ueberschussrente im Jahre 1869 von 15⅓ Sgr. gegen 17⅔ Sgr. im Jahre 1866. Das Minus dürfte aber nahezu verschwinden, wenn erst die Eisenbahnen dem Betrieb übergeben sein werden, für welche die Verzinsung des Baukapitals bereits unter den Passivrenten mit einbegriffen ist. Sonach darf man wohl annehmen, dass der Vermögensstand des Preussischen Staats durch die Ereignisse des Jahres 1866 und die Erweiterung des Staatsgebiets keine Verschlechterung erlitten hat.

Wenn man die Passivrenten und Activrenten Preussens mit denen anderer Staaten vergleicht, so erscheint die Finanzlage Preussens noch weit günstiger, als oben die Vergleichung des nominellen Schuldkapitals ergab. Denn während für Preussen die Passivrenten noch nicht zwei Drittel der Activrenten betragen, stehen den Passivrenten der anderen Grossstaaten überhaupt keine nennenswerthen Activrenten gegenüber. Amerika, Italien, Oesterreich und Russland müssen ausserdem das nominelle Schuldkapital höher verzinsen; für Frankreich und England ist der Zinsfuss etwas (vielleicht ⅓ bis ¾ Procent) niedriger.

Bei den deutschen Mittel- und Kleinstaaten übersteigt durchweg das Reineinkommen aus dem Staatsvermögen den Zinsbedarf für die Staatsschuld. Letztere ist hauptsächlich nur Eisenbahnschuld. Baden, Bayern und Sachsen beziehen mindestens dieselbe Ueberschussrente wie Preussen auf den Kopf ihrer Bevölkerung; für Würtemberg wird dieselbe noch erheblich höher zu veranschlagen sein.

———

Auch für die **Zukunft** steht eine weitere Verbesserung der Vermögensbilanz des Staats in Aussicht. Im Staatshaushaltsetat für 1869 ist für die ordentliche, den Bestimmungen der Gesetze und der Verträge entsprechende Tilgung der öffentlichen, auf dem Etat der Hauptverwaltung stehenden Schuld die Summe von 8,178,433 Thlr. ausgeworfen. Damit werden voraussichtlich durch theilweisen Ankauf von Obligationen unter dem Nennwerth für etwa 9,200,000 Thlr. Schulden getilgt werden können. Ausserdem kommen auf die Amortisationsquote, welche in den Rentenschulden

der öffentlichen Schuld enthalten ist, und auf die Passiva der Generalstaatskasse einschliesslich der Frankfurter Schulden Tilgungen von etwa
800,000 Thlr. Danach würden bis 1870 weitere 10 Millionen Thaler
Schulden getilgt sein.

Dieser Schuldentilgung stehen indess folgende bereits stattgehabte
oder in Aussicht genommene Vermehrungen der Staatsschulden gegenüber:

1) Durch Gesetz vom 5. Februar 1869 ist die Regierung ermächtigt
worden, zur Deckung des Restes der Kriegskosten von 1866 eine Anleihe von 5 Millionen Thaler aufzunehmen.

2) Durch Gesetz vom 5. März 1869 hat die Regierung die Ermächtigung erhalten, Behufs Tilgung der Frankfurter Contributionsschulden im
Betrage von 3,969,719 Thlr., sowie zur Ergänzung der recessmässigen
Entschädigungssumme bei der endgültigen Vermögensauseinandersetzung
mit Frankfurt a. M. eine mit 4½ Procent verzinsliche Anleihe im Betrage von 4,450,000 Thlr. aufzunehmen. In Folge dessen erleidet die
Schuldsumme einerseits einen Abgang von 3,969,719 Thlr., andererseits
einen Zugang von 4,450,000 Thlr., im Ganzen also einen Zugang von
480,281 Thlr.

3) Sodann besitzt die Regierung noch die Ermächtigung, von der
durch Gesetz vom 17. Februar 1868 genehmigten Eisenbahnanleihe von
40 Millionen Thaler die im Etat für 1869 noch nicht vorgesehenen
20 Millionen Thaler aufzunehmen.

Danach ergibt sich im Ganzen für die nächste Zeit eine ausserordentliche Vermehrung der Staatsschuld um 5,000,000 + 480,281 +
20,000,000 = 25,480,281 Thlr. Hiervon die Schuldentilgung mit
10,000,000 Thlr. in Abzug gebracht, bleibt für 1870 eine Vermehrung
der Staatsschuld um 15,480,281 Thlr.

Andererseits sind aber auch folgende bis dahin stattfindende Veränderungen des Activvermögens in Betracht zu ziehen:

I. Zugang an Activvermögen.

A. Meliorationen nach dem Etat für 1869:

1. Zu Forstkulturen . . . . 834,000 Thlr.
2. Zur Ablösung von Forstserviruten . . . . 500,000 „
3. Zum Ankauf von Grundstücken und zur Entlastung der Domainen und Forsten, namentlich zur Ablösung der Domainen-Passivrenten 100,000 „
4. Neubauten und Hauptreparaturen an Gebäuden
   und Wegen für Staatsbergwerke, Hüttenwerke
   und Salinen . . . . 166,139 „

5. Neuherstellung und Hauptveränderungen an
Betriebs-Anlagen bei den Staatsbergwerken,
Hüttenwerken und Salinen . . . . . . 1,169,643 „
6. Ankauf von Stammactien von Privateisenbahnen 388,181 „
7. Erweiterung der Betriebsanlagen von Staatseisenbahnen . . . . 359,154 „
8. Ablösung von Passivrenten und anderen Verpflichtungen . . . . 50,000 „
Summa 3,567,117 Thlr.

B. Vermehrung des Anlagekapitals der Staatseisen-
bahnen durch Verwendung der noch erübrigenden
Eisenbahnanleihe von 20,000,000 Thlr. . . . 20,000,000 „
Im Ganzen also Zugang 23,567,117 Thlr.

II. Abgang von Activvermögen.

1. Ablösungen an Domainen-Gefällen und Verkäufe
von Domainengrundstücken nach dem Etat von
1869 . . . . 860,000 Thlr.
2. Veräusserung von Eisenbahneffecten nach dem Etat
für 1869 . . . . 5,140,000 „
Im Ganzen also Abgang . . 6,000,000 Thlr.
Dagegen Zugang . . . . . 23,567,117 „
Danach ist Activvermögen mehr Zugang . 17,567,117 Thlr.
Davon ab obiger Zugang bei den Schulden 15,530,286 „
Bleibt eine Verbesserung der Vermögensbilanz von 2,036,831 Thlr.

Ohne die ausserordentlichen Ausgaben zur Deckung der Kriegskosten
von 1866 im Betrage von 5 Millionen Thaler und ohne die Entschädigungssumme an Frankfurt würde die Vermögensbilanz sich um 7,567,112 Thlr.
günstiger stellen. Auch abgesehen davon hält die Finanzverwaltung das
Jahr 1869 nicht für ein normales. Sie hat sich zur Veräusserung von
Eisenbahneffecten im Betrage von 5,140,000 Thlr. nur bequemt, weil
sonst ein Deficit der Einnahme zu diesem Betrage vorhanden gewesen
wäre. Zugleich schickt sich die Regierung gegenwärtig an, durch Erhöhung der Steuern einem ähnlichen Deficit für 1870 vorzubeugen.

Nach Ansicht der Regierung besteht also eine geordnete Finanzlage
nur dann, wenn der Staat durch seine laufenden Einnahmen unter
Zuhülfenahme der geringen Summe von 860,000 Thlr. aus Ablösungen
von Domainengefällen und Veräusserungen von Domainengrundstücken in
den Stand gesetzt wird, 1) Meliorationen des Activvermögens im Betrage von
3,567,117 Thlr. vorzunehmen und 2) die gesammten Kosten der Schuldentilgung nach Massgabe der dafür bestehenden Vorschriften zu bestreiten.

Schon für 1869 bedeutet dies soviel, wie: Eine geordnete Finanzlage ist nur dann vorhanden, wenn der Staat alljährlich seine Vermögensbilanz um etwa 12,700,000 Thlr. verbessert.

Für die folgenden Jahre muss diese Finanzpolitik zu noch erheb-
licheren Kapitalisirungen führen, insofern die Schuldentilgung nach den
dafür bestehenden Vorschriften fortwährend wachsende Summen beansprucht. Durchweg sind nämlich den Tilgungsfonds die Zinsersparnisse
aus der Schuldentilgung zuzuführen.

Die nach dem Etat für 1869 zur Schuldentilgung verwendete Summe
beläuft sich auf rund 9 Millionen Thaler. Innerhalb der nächsten
zehn Jahre gehen hiervon ab für rund 2 Millionen Thaler, welche durch
die völlige Abtragung einzelner Schuldposten oder die periodisch zu-
lässige Verminderung des Tilgungsfonds erspart werden. Es kommen
innerhalb derselben Zeit hinzu für rund 1 Million Thaler zur Tilgung
von Anleihen, für welche im Etat für 1869 noch keine Tilgungsfonds
ausgeworfen zu werden brauchten. Es beträgt hiernach die Durch-
schnittssumme der Tilgungsmittel, welchen in den nächsten zehn Jahren
die Zinsersparnisse zuwachsen, 9 — 2 + 1 = 8 Millionen Thaler.

Der Zinsfuss der Schuldposten, für welche Tilgungsfonds ausgeworfen sind, beträgt im Durchschnitt 4 Procent. Wächst die Summe von
8 Millionen Thaler jährlich um 4 Procent, so beträgt sie ohne Zinseszins 1873 schon 9,280,000 Thlr., und diese Summe ohne Zinseszins
1876 schon 10,208,000 Thlr., und diese Summe ohne Zinseszins 1879
11,432,960 Thlr. Nimmt man an, dass ebenso wie heute mit je 8 Thlr.
Tilgungsfonds für 9 Thlr. Schulden getilgt werden können, so werden
1873 für 10,440,000 Thlr., 1876 für 11,484,000 Thlr. und 1879
für 12,842,080 Thlr., oder im Durchschnitt der zehn Jahre jährlich für
11,588,693 Thlr., in zehn Jahren also 115,886,930 Thlr., d. i. nahezu
ein Viertel der gesammten Staatsschuld getilgt werden. Kommen hierzu,
wie nach dem Etat für 1869, alljährlich 3,567,117 Thlr. zur Melioration des Activvermögens (Domainen, Forsten, Berg- und Hüttenwerke)
und werden andererseits, wie 1869, alljährlich nur für 860,000 Thlr.
Domainengrundstücke veräussert und Gefälle abgelöst, so wird die Vermögensbilanz auch noch um 3,567,117 Thlr. — 860,000 Thlr. =
2,707,117 Thlr. × 10 = 27,071,170 Thlr. verbessert, was mit der
Schuldentilgung von 115,886,930 Thlr. eine Gesammtverbesserung der
Vermögensverhältnisse des Staats von 142,958,100 Thlr. ergibt.

Eine dergestalt auf die Kapitalisirung von Staatsvermögen gerichtete
Finanzwirthschaft, zu deren Durchführung man schon jetzt eine Erhöhung
der Steuerlast des Volkes verlangt, entspricht weder den Traditionen

der Preussischen Verwaltung, noch lässt sie sich nach den Grundsätzen einer richtigen Finanzpolitik rechtfertigen.

Die Gesetzgebung von 1820 liess die Zinsersparnisse den Tilgungsfonds nur innerhalb von je zehn Jahren zuwachsen, „um so den Bedarf zur Verzinsung von Zeit zu Zeit vermindern und dadurch Unsern Unterthanen bei Entrichtung der Abgaben nach und nach Erleichterungen gewähren zu können." Auch führte man 1820—1833 die Tilgung nur durch, indem man zu den Tilgungsmitteln von im Ganzen 39,168,174 Thlr. die Summe von 23,818,475 Thlr. aus der Veräusserung von Domainen etc. beibrachte. Nur etwa ein Drittel der Tilgungsmittel also brauchte aus laufenden Einnahmen bestritten zu werden. In den Jahren 1833 bis 1848 wurden 38,212,895 Thlr. zur ordentlichen Schuldentilgung aufgewandt, wozu aus Veräusserungen und Ablösungen 20,742,274 Thlr., also nahezu die Hälfte, einkamen.

Noch dem Etat für 1869 dagegen verhält sich die Einnahme aus dem Verkauf von Domainen und der Ablösung von Gefällen zu den ordentlichen Mitteln des Tilgungsfonds auf dem Etat der Hauptverwaltung wie 860,000 : 8,178,433 Thlr., also nur wie 1 : 9½. Die Jahre 1820 bis 1848 weisen dafür keine Erhöhung der Steuerlast, sondern im Jahre 1842 noch eine Verminderung durch Herabsetzung des Monopolpreises von Salz auf.

Seit 1848 ist allerdings die Finanzpolitik auf Kapitalisirung gerichtet gewesen, indem man die Veräusserung von Domainen etc., statt sie entsprechend der Vermehrung des Tilgungsfonds auszudehnen, eher noch einschränkte und es vorzog, fortgesetzt neue Steuern einzuführen. Dadurch hat man trotz der zu militairischen Aufwendungen aufgenommenen Anleihen in dieser Zeit die Vermögensbilanz des Staates, was das Kapitalvermögen anbelangt, jedenfalls nicht verschlechtert; ja, wenn man statt der Kapitalbeträge die Renten vergleicht, ist sogar eine entschiedene Verbesserung der Vermögensverhältnisse des Staates eingetreten. Die Jahre 1866 bis 68 haben dies Verhältniss nicht wesentlich geändert, indem die besseren Vermögensverhältnisse der neu hinzugekommenen Landestheile die ausserordentlichen Aufwendungen aus den Ereignissen des Jahres 1866 ausglichen.

Die Vermögensverhältnisse des Preussischen Staats haben hiernach gegenwärtig relativ den günstigen Stand wieder erreicht, welchen sie zu Anfang dieses Jahrhunderts vor den Kriegen von 1806/7 einnahmen. Das neunzehnte Jahrhundert hat also für den Preussischen Staat die Vermögensbilanz wiederhergestellt, wie sie von früheren Jahrhunderten dem Volke hinterlassen ist. Darüber hinaus Vermögen für den Staat anzusammeln, empfiehlt sich am Wenigsten zu einer Zeit, welche für die

laufenden Staatszwecke so erhebliche Ausgaben zu bestreiten hat, wie
sie dem Preussischen Staate zufolge der Wehrverfassung des Norddeutschen Bundes gegenwärtig obliegen. Es hiesse an dem Culturfortschritt
der Menschheit verzweifeln, wenn man annehmen wollte, dass auch in
künftigen Jahrzehnden vom Staate für die fortdauernde Vorbereitung für
den Krieg alljährlich eine Summe wird beansprucht werden, welche das
Dreifache der Summen beträgt, die vom Staate, den Gemeinden und
Privaten zusammengenommen für die Geistes- und Herzensbildung der
Jugend in den Schulen — von Elementarschulen bis zu den Universitäten
hinaufgerechnet — aufgewendet werden.

Zukünftige Geschlechter, denen ein gleich hoher Militairaufwand erspart wird, mögen die Frage einer weiteren Kapitalisirung von Staatsvermögen in Erwägung ziehen; vielleicht wird dann die Meinung allgemein
vorherrschen, dass die Kapitalien für die Volkswirthschaft im Ganzen
productiver sich erweisen, wenn sie im Privatbesitz bleiben, als wenn
sie zwangsweise in Form von Steuern in den Besitz des Staats gebracht
und von dessen Beamten verwaltet werden. Ein Staat, den seine Bürger
der Erhaltung für würdig erachten, bedarf bei einer freien Verfassung
keines Kapitalvermögens, weil seine Bürger sich stets bereit zeigen werden, dasjenige, was zur Zeit für die Erhaltung des Staates wirklich nothwendig ist, aus ihren Einkünften und ihrem Vermögen herzugeben. Nur
ein Regierungssystem, welches darauf ausgeht, sich im Widerspruche mit
dem Volksgeiste im Besitz der Macht zu erhalten, muss darauf bedacht
sein, bei Zeiten Schätze zu sammeln, damit es unter Umständen auch
ohne Erhöhung der Steuern politische Krisen überdauern kann.

Für die Gegenwart, worunter wir das nächste Decennium begreifen,
hat eine richtige Finanzpolitik, statt auf weitere Kapitalisirung in der
Hand des Fiscus bedacht zu sein, nur die vortheilhaftere Anlage des
vorhandenen Activ- und Passivvermögens des Staates sich angelegen sein
zu lassen. Auch in dieser Richtung ist eine wesentliche Verbesserung des
Staatseinkommens möglich, wenn man sich entschliesst, dem Erfahrungssatz, dass Kapitalien im Privatbesitz sich durchweg productiver erweisen
als im Staatsbesitz, durch Veräusserung von Staatsgütern behufs Tilgung
der Staatsschulden praktische Folge zu geben. Man erspart damit schon
von vornherein in zweifacher Beziehung, für die Staatsschuld und für
das Staatsvermögen, erhebliche Generalkosten der Verwaltung. Freilich
verringert die vereinfachte Staatsverwaltung auch den Einfluss der Staatsgewalt im Ganzen und damit den Einfluss der Partei, welche sich je-
weilig im Besitz dieser Gewalt befindet. Für die politische Freiheit aber
wäre dies gerade in Preussen, wo die Staatsgewalt durch die besondere
Organisation des Militair- und Schulwesens ohnehin der bürgerlichen Ge-

sellschaft zu übermächtig gegenübersteht, ein sehr nöthiger Fortschritt. Die finanziellen und volkswirthschaftlichen Gesichtspunkte einer solchen umfassenden Finanzreform im Einzelnen darzustellen, würde die Grenzen dieser Schrift überschreiten. Es käme hierbei darauf an, bei den einzelnen Kategorien von Staatsgütern zunächst die volkswirthschaftlich für eine Veräusserung sprechenden Gesichtspunkte darzustellen und alsdann finanziell den Reingewinn zu ermitteln, welchen diese Staatsgüter im Verhältniss zu ihrem Verkaufswerth gegenwärtig abwerfen. Dieser Procentsatz müsste schliesslich verglichen werden mit dem Procentsatz, welcher an Zinsen durch Schuldentilgung erspart werden kann.

Indem wir uns eine eingehende Untersuchung hierüber bei einer anderen Gelegenheit wie dieser Schrift vorbehalten, wollen wir hier nur auf die Vortheile einer derartigen Finanzreform in Bezug auf die **Veräusserung der Domainen zum Zwecke der Schuldentilgung** etwas näher hinweisen. Eine Veräusserung von Domainengrundstücken in grösserem Umfange, als dieselbe gegenwärtig stattfindet, würde zunächst die Mittel hergeben können, um ohne Vermehrung der laufenden Einnahmen durch Steuererhöhungen etc. die Schuldentilgung in dem gegenwärtigen den geltenden Tilgungsvorschriften entsprechenden Umfange aufrecht zu erhalten. Zugleich würde bei einer allgemeinen Veräusserung der Staatsgüter der Verkauf der Domainen als des am wenigsten einträglichen Theils derselben den Anfang zu machen haben.

In der Landwirthschaft kann am Wenigsten die Weisheit eines Beamten die Betriebsamkeit des Eigenthümers vertreten; keine Schablone amtlicher Controlle ist im Stande, die Augen zu ersetzen, mit welchen der Privatmann seine Pächter betrachtet. Dazu ist dieser Staatsbesitz recht eigentlich ein Besitz zur todten Hand. Die Grundstücke sind dem Verkehr entzogen und können nicht in den Besitz desjenigen gelangen, welcher sie volkswirthschaftlich am Besten auszunutzen versteht. Die geschlossenen Vorwerke, welche keine Hypothekennoth, kein Erbgang der Speculation zugänglich macht, erschweren es den Landwirthen in der Nachbarschaft, sich den jedesmaligen Betriebsverhältnissen angemessen zu arrondiren, erschweren insbesondere durch Beschränkung der Zahl von verkäuflichen Grundstücken das Aufkommen und die Kräftigung des kleinen Bauernstandes.

In finanzieller Beziehung gewähren die bereits stattgefundenen Veräusserungen den besten Massstab für den Nutzen einer weiteren Ausdehnung derselben. Es sind in den Jahren 1849—1865 für 7,172,237 Thlr. Domainengrundstücke veräussert. Vor dem Verkaufe gewährten diese Grundstücke einen Reinertrag von 184,848 Thlr., das ist vom Verkaufserlös 2½ Procent. In Wirklichkeit stellt sich aber das Verhältniss noch ungünstiger. Als Reinertrag der Domainen ist hier in Anschlag gebracht der Pachtzins nach Abzug der auf den einzelnen Grundstücken ruhenden Baulasten und Passivrenten. Es stecken also in diesen 2½ Procent Reinertrag jedenfalls noch alle Generalkosten der Domainenverwaltung, namentlich der ratirliche Antheil an den im Domainenetat als „vermischte Kosten" angegebenen Summen, die Kosten der Departemental- und Centralverwaltung etc. Sodann kommt in Betracht, dass diese Domainengrundstücke bis zu ihrer Veräusserung von der Grundsteuer befreit waren, es muss also von dem angeblichen Reinertrag auch noch das Aequivalent des Staats für Entbehrung dieser Steuer in Abzug gebracht werden.

Die Grundsteuer beträgt gegenwärtig in den östlichen Provinzen der alten Landestheile durchschnittlich 10 Procent von dem veranlagten Reinertrag der Liegenschaften. Nehmen wir nun an, der zur Grundsteuer veranlagte Reinertrag von den veräusserten Grundstücken betrage statt der obigen 2½ Procent nur 2 Procent, so kämen als Aequivalent für die Grundsteuerfreiheit von diesen 2½ Proc. noch $\frac{2 \times 10}{100} = {}^{20}/_{100}$ Proc. in Abzug. Dann hätte also der Reinertrag von den veräusserten Grundstücken nur $2\frac{50-20}{100} = 2{}^{30}/_{100}$ Procent betragen. Berücksichtigt man auch die oben erwähnten Generalkosten der Domainenverwaltung, welche in diesem Reinertrag noch stecken, so erscheint die Annahme, wonach diese Grundstücke vor ihrer Veräusserung einen Reinertrag von 2 Procent gewährten, eher zu günstig als zu ungünstig.

Nun kann man allerdings entgegnen: Wenn die Veräusserungen von Domainengrundstücken auch bisher das Fünfzigfache des bisherigen Reinertrages dieser Grundstücke als Verkaufserlös ergaben, so beweist das doch noch nichts für die Veräusserung der jetzt noch vorhandenen Domainen, denn es liegt in der Natur der Sache, dass man zur Veräusserung der am wenigsten einträglichen Grundstücke zuerst geschritten ist. Dagegen ist zu erwidern: Die Veräusserung von Domainengrundstücken hat, wie unsere Darstellung ergibt, nicht 1849, sondern schon viel früher begonnen. Auch zeigt sich, dass die Ergebnisse der Veräusserung in den späteren Jahren der Periode 1849—1865 hinter den früheren Ergebnissen nicht zurückgeblieben sind. Man darf daher jedenfalls annehmen, dass auch in den alten Landestheilen — für die neuen Landestheile bedarf es nicht erst des Beweises — der Bestand der für den Staat wenig rentablen Domainengrundstücke noch lange nicht erschöpft ist.

Was im Ganzen die Domainengrundstücke jetzt an Reinertrag abwerfen, lässt sich bei der kunstvoll verworrenen Anlage unseres Staatshaushalts beim besten Willen nicht ermitteln. Der Pachtzins von den

in den alten Landestheilen gelegenen Domainenvorwerken beträgt gegenwärtig durchschnittlich 2 Thlr. 4 Sgr. 5 Pf. pro Morgen. Der Regierungs-Commissar im Abgeordnetenhause gibt indess schon selbst zu, dass
man den Nettoertrag noch um 8 Sgr. pro Morgen niedriger annehmen
müsse. Fünf Silbergroschen pro Morgen wird man zum Mindesten als
Acquivalent für die Grundsteuerfreiheit der Domainen in Abzug bringen
müssen. Alsdann bleiben noch 1 Thlr. 22 Sgr. pro Morgen Reinertrag
übrig, das ist kaum drei Viertel mehr als der Durchschnitts-Reinertrag,
welchen man für sämmtliche steuerpflichtigen Liegenschaften
in den östlichen Provinzen bei Veranlagung der Grundsteuer ermittelt hat.

Bedenken wir, wie sehr der für die Steuer massgebende Reinertrag
der Grundstücke hinter dem wirklichen Reinertrag zurückbleibt, erwägen
wir ferner, dass dieser Reinertrag von 1 Thlr. 22 Sgr. pro Morgen der
Durchschnitt ist von 1,165,407 Morgen, welche zu 819 geschlossenen,
wohl abgerundeten Vorwerken gehören, dass ferner dieser Bestand der
werthvollere Rest ist von einem viel grösseren Bestande, dessen am wenigsten einträgliche Theile veräussert sind, endlich, dass diese Grundstücke fortgesetzt Meliorationen erfahren haben, so kann dieser Durch-
schnittsertrag von 1 Thlr. 22 Sgr. pro Morgen des gegenwärtigen Do-
mainenbestandes uns schwerlich die Ueberzeugung beibringen, dass eine
weitere Domainenveräusserung zu erheblich schlechteren Ergebnissen im
Verhältniss des Verkaufserlöses zum bisherigen Reinertrag führen werde,
als sie die bisherigen Veräusserungen geliefert haben.

Nehmen wir aber selbst an, diese Veräusserungen ergäben einen
Erlös, welcher statt des Fünfzigfachen vom bisherigen Ertrage nur das
33⅓fache ausmachte, so würde das immerhin doch nur einen Nutzungs-
werth von 3 Procent vom gegenwärtigen Domainenbesitze beweisen.

Giebt daher der Staat diesen Besitz auf und verwendet den Erlös
zur Tilgung von 4½ proc. Staatsschuld-Obligationen, so steht er sich
immer noch um 50 Procent besser als bisher, selbst wenn diese 4½-
proc. Papiere nicht unter dem Nennwerth eingelöst werden könnten.

Gegen die Veräusserung der Staatsdomainen wird nun vielfach, insbesondere auch von der Regierung, auf den steigenden Werth der Domainen hingewiesen. Was zunächst die Möglichkeit eines unabhängig
vom Reinertrag steigenden Kapitalwerths von Grund und Boden anbelangt,
so lässt sich auf der anderen Seite mindestens ebenso sehr ein steigender Courswerth der Staatspapiere erwarten; die grössere Verkaufssumme
aus den Domainen wird dann also durch die grössere Ankaufssumme für
die Staatspapiere bei der Tilgung ausgeglichen werden. Für den in Zukunft grösseren Kapitalwerth der Domainen als Folge eines grösseren
Reinertrages beruft sich die Regierung auf folgende Zahlen. Im Jahre

1849 betrug der Domainen-Pachtzins durchschnittlich nur 1 Thlr. 5 Sgr. 7 Pf., 1856 noch 1 Thlr. 10 Sgr. 7 Pf., gegenwärtig beträgt er 2 Thlr. 4 Sgr. 5 Pf. pro Morgen in den alten Landestheilen, also 180 Procent mehr. Die Neuverpachtung von 42 Vorwerken hat im Jahre 1868 196,183 Thlr. Pacht statt der bisherigen Pacht von 138,695 Thlr., also 41 Procent Pachtzins mehr ergeben. Für die im Jahre 1869 pachtlos werdenden Domainen haben 55 Verpachtungstermine 276,388 Thlr. Pacht statt des bisherigen Pachtzinses von 164,193 Thlr., das macht gar 68 Procent mehr, ergeben. Wir nahmen oben an, dass die Domainen jetzt höchstens 3 Procent ihres Verkehrswerthes als Reinertrag gewährten. Nehmen wir nun an, die Steigerung der Pachterträge setzte sich in den folgenden Jahren in demselben Maasse wie von 1849—1868 fort, so würden die Domainen in 19 Jahren statt 3 Procent 5⅗ Procent ihres gegenwärtigen Werthes als Reinertrag abwerfen. Auf diese 5⅗ Procent in 19 Jahren verzichten wir allerdings bei einem gegenwärtigen Verkaufe. Wir verzichten aber andererseits auch darauf, schon heute diesen Besitz durch Tilgung von Staatsschulden mit 4½—5 Procent statt mit 3 Procent zu verwerthen.

Ist aber die Aussicht wirklich begründet, dass die Domainenpächte in den nächsten 20 Jahren in demselben Maasse als in den letzten Jahren steigen werden? Die Wahrscheinlichkeit spricht entschieden dagegen. Zunächst kommt in Betracht, dass die seit 1848 in den alten und seit 1868 in den neuen Landestheilen erzielte Mehrpacht auch wesentlich die Folge war der seit 1848 veränderten Verpachtungsweise, der Einführung der öffentlichen Licitation an Stelle der Verpachtung unter der Hand. Bei unseren langen Pachtperioden sind es ja bis in die Gegenwart hinein durchweg noch Pachtverträge aus der Zeit vor 1848, deren Ablauf die höheren Neuverpachtungen ermöglicht. Auch ist der höhere Pachtzins theilweise die Folge der vom Staate zu Meliorationszwecken seit 1849 in die Domainen gesteckten Kapitalien. Aber selbst zugegeben, dass der Ertrag der Grundstücke sich seitdem erheblich gehoben hat, wer bürgt für dasselbe Wachsthum in der Zukunft? In die nun abgelaufenen Pachtperioden sind die ersten Eisenbahnanlagen gefallen; glaubt man, der weitere Ausbau des Eisenbahnnetzes werde dem Grundbesitz überall dieselben Vortheile gewähren, wie bei den ersten Linien?

Jedenfalls sind Staatsbeamte sehr schlechte Speculanten. Wegen eines in der Zukunft möglicherweise noch grösseren Gewinnes auf den sicheren Gewinn für die Gegenwart verzichten, das lässt sich wohl vom Standpunkte des Privatmannes, nicht aber für die Finanzpolitik rechtfertigen. Schon die allgemein volkswirthschaftlichen und politischen Interessen verlangen eine alsbaldige Veräusserung der Domainen. In welchem Umfange das Finanzinteresse der Gegenwart davon berührt wird, zeigen folgende Zahlen. Der gesammte Pachtzins von Domainengrundstücken, incl. Mineralbrunnen, Badeanstalten, Gebäuden, Mühlen, Fischereien u. s. w. beträgt gegenwärtig 4,677,941 Thlr. Bringen wir hiervon ein Achtel (8 Sgr. pro Morgen) für Unkosten und ein Zwölftel (5½ Sgr. pro Morgen) für die Grundsteuerfreiheit in Abzug, so bleiben 3,703,371 Thlr. als wirklicher Reinertrag. Eine Verwendung dieses 3proc. Ertrages zur Tilgung 4½proc. Schulden würde einen jährlichen Vortheil von 1,851,685 Thlr. ergeben.

Zur vollständigen Klarstellung des Staatsschuldenwesens im Jahre 1869 erübrigt es noch, einen kurzen Blick zu werfen auf gewisse **Nebenschulden,** welche nicht zu den eigentlichen Staatsschulden gezählt werden können, auch die allgemeine Finanzlage nicht beeinflussen, gleichwohl aber noch den Rahmen dieser Schrift berühren. Wir haben demnach zu skizziren: A. die besonderen Schulden einzelner Vermögensbestände des Staates, B. die Verwaltungsschulden und C. die Staatsgarantien als eventuelle Staatsschulden.

A. Die besonderen Schulden einzelner Vermögensbestände des Staates.

Es sind dies Schulden, welche nicht auf dem Etat der Hauptverwaltung der Staatsschulden oder der Centralfinanzverwaltung stehen, sondern von besonderen Behörden ressortiren und in besonderen Activis und Einnahmen ihre Deckung finden. Dahin gehören: 1) die auf den Domainen lastenden Schuldkapitalien und Schuldrenten; 2) die auf den Forsten lastenden Ablösungsrenten; 3) die Schulden der Seehandlung, und 4) die Schulden der Nassauischen Landesbank.

1) Die auf den Domainen lastenden Schuldkapitalien und Schuldrenten. Der Betrag der Schuldkapitalien ist nicht bekannt; an Zinsen sind für solche Kapitalien im Etat für 1869 18,741 Thlr. ausgeworfen. Danach müssen die Schuldkapitalien im Ganzen sich auf 4—500,000 Thaler belaufen. Dahin gehören die Pfandbriefschulden des vormaligen Stammschäfereiguts Frankenfelde, sowie einzelner Posenschen und Schlesischen Domainen, die Schulden auf den von der Seehandlung später an die Domainenverwaltung überwiesenen sog. Borker Gütern, die rückständigen Kaufgelder der zum Betriebe der Berliner Wassermühlen angekauften Häuser, Schulden früherer Lehngüter u. s. w. — Zu den besonderen Schuldrenten auf den Domainenetats gehörten nach Angabe der

7*

Kabinetsordre wegen Regulirung des von der Hauptverwaltung der Staats-schulden übernommenen Provinzial-Staatsschuldenwesens vom 2. Januar 1822 bereits früher die unablöslichen Passivkapitalien. Die Schuldrenten werden im Domainenetat nicht besonders aufgeführt, sondern sind für 1869 zusammen mit den Staats-, Kreis- und Communalabgaben der Domainen zum Betrage von 145,774 Thlr. angegeben. Nur der Etat für 1852 machte eine Ausnahme und führte die Passivrenten der Domainen be-sonders an mit dem Betrage von 10,487 Thlr. Die Schuldrenten sind· zum grossen Theil mit den säcularisirten Gütern überkommen.

2) Die auf den Forsten ruhenden Ablösungsrenten. Dieselben sind Vergütungen für aufgehobene Naturalnutzungen und betragen nach dem Etat für 1869 198,400 Thlr. Die Ablösungen, welche diese Renten-bezüge zur Folge hatten, sind erfolgt auf Grund der Gesetze über Ge-meinheitstheilungen und Servitutablösungen vom 7. Juni 1821 und 2. März 1850. Der Betrag dieser Renten ist mit fortschreitender Ablösung wie folgt gestiegen 1856: 52,278 Thlr., 1860: 114,757 Thlr., 1864: 172,624 Thaler, 1867: 192,700 Thlr. Auf den Forsten in den neuen Landes-theilen scheinen solche Renten nicht zu ruhen. Zur Ablösung dieser Renten mitbestimmt ist ein Fonds von jährlich 125,000 Thlr. auf dem Forstetat; derselbe ist überschrieben: zum Aukauf von Grundstücken und zur Entlastung der Domainen und Forsten. Die nach dem Gesetz vom 2. März 1850 festgesetzten Renten können durch Zahlung des 20fachen Betrages, die älteren Renten durch Zahlung des 25fachen Betrages ab-gelöst werden. Nimmt man an, dass diese Renten im Gesammtbetrage von 198,400 Thlr. fast ausschliesslich erst nach 1850 entstanden sind, so lässt sich der Kapitalwerth dieser Schuld auf etwa 4 Millionen Thaler veranschlagen.

3) Die Schulden der Seehandlung. Wie die Darstellung in den vorhergehenden Abschnitten ergibt, ist die Seehandlung seit 1820 ein von der übrigen Finanzverwaltung getrenntes Bankinstitut des Staats. Die Schulden desselben haben seitdem stets ihre Deckung in den ihm überwiesenen Activis gefunden. Im Staatshaushaltsetat erscheint die See-handlung nicht mit ihren gesammten Einnahmen und Ausgaben, sondern nur mit einer bestimmten Summe, welche sie aus dem jährlichen Ueber-schuss an die Generalstaatskasse abzuführen hat. Die Passiva der See-handlung bestanden Ende 1867 in den Conten der in- und ausländi-schen Creditoren und in den Seehandlungs-Obligationen. Den Haupttheil der erstgenannten Conten bilden Depositenschulden; letzteren steht immer derselbe Betrag an Depositen unter den Activis gegenüber. Es betrugen Ende

	die in- und ausld. Creditoren	darunter waren Depositen
1862	11,659,755 Thlr.	9,832,796 Thlr.
1863	10,560,632 „	8,752,495 „
1864	9,621,803 „	7,421,259 „
1865	16,281,411 „	10,785,832 „
1866	8,745,142 „	7,099,415 „
1867	17,755,829 „	16,447,786 „

Seehandlungs-Obligationen nennt man solche Quittungen über Geldsummen, welche zeitweise bei der Seehandlung auf 6monatliche, beiden Theilen zustehende Kündigung belegt sind. Um den Zufluss fremder Gelder zu mindern, wurde der Zinsfuss für diese Gelder Ende 1861 von 3½ auf 2½ Procent herabgesetzt. Die beabsichtigte Verminderung ist auch eingetreten, wie nachstehende Uebersicht zeigt. Es betrugen nämlich die Obligationen insgesammt ultimo

1856	4,771,149 Thlr.	1863	1,576,122 Thlr.
1857	4,666,485 „	1864	1,340,621 „
1859	4,127,604 „	1865	1,136,021 „
1860	4,014,914 „	1866	903,191 „
1861	3,593,776 „	1867	746,990 „
1862	1,854,540 „		

Den Vermögensstand der Seehandlung von ultimo 1867 ergibt nachstehende Bilanz:

Activa.	Thlr.	Passiva.	Thlr.
Grund-, Gewerbe- und Mobilien-Besitz	4,110,217	Schuld auf Seehandlungs-Obligationen	753,851
Kassen-Bestände.	216,381	Prämien-Geschäft, Abwicklungs-Conto	2,343
Effecten	4,146,815	In- und ausländ. Creditores	
Wechsel	1,784,379	(hierunter Depositen:	
In- und ausländische Debitores (darunter Depositen 16,447,786 Thlr.)	21,891,632	16,447,786 Thlr.)	17,755,829
		Reserve-Fonds	1,033,363
		Kapital-Conto	12,355,516
Summa . . .	32,149,424	Summa . . .	31,900,903

Bleibt nach Abführung von 600,000 Thlr. zur Generalstaatskasse pro 1867 ein Netto-Gewinn von 248,521 Thlr.

4) Die Schulden der Nassauischen Landesbank in Wiesbaden. Dieselbe ist ebenso wie die Seehandlung ein Staatsgeldinstitut. Die von diesem Institut ausgegebenen Banknoten wurden, wie im vorigen Abschnitt S. 72 erwähnt ist, durch das Gesetz vom 29. Februar 1868 unter entsprechender Vermehrung der Preussischen Kassenanweisungen eingezogen. Da die Regierung die bestimmte Absicht hat, dieses Institut dem Communalverbande des Regierungsbezirks Wiesbaden zu überweisen, begnügen wir

uns, die letzte im Staatsanzeiger veröffentlichte Jahresbilanz der Landesbank vom 1. Januar 1869 hier mitzutheilen:

Activa.	Thlr.	Passiva.	Thlr.
Darlehen:		Anlehen, durch Annuitäten rückzahlbar:	
a) zur Ablösung von Reallasten	3,066,118	a) Landeskreditkass.-Obligationen	963,600
b) auf Hypotheken	3,725,354	Vorzutragende Passivrückstände	48,857
c) an Gemeinden u. Fonds	680,513	b) gegen Schuldschein auf Namen	1,256,780
Laufende Rechnungen:		c) gegen Schuld- u. Pfandbriefe	925,086
a) mit Bankhäusern und Privaten	1,476,809	Geld-Deposits	92,937
b) mit verschied. Kassen und Fonds	163,989	Sparkassen-Kapitalien ..	305,767
Vorschüsse:		Anlehen auf kurze Zeit..	4,492,305
a) Lombard-Vorschüsse .	75,167	Banknoten	628,037
b) gegen Bürgschaft ...	202,053	Zinsenrückstände	196,338
c) „ Cessionen	37,330	Conto der Landesbank ..	1,307,449
Effecten	299,307		
Wechsel	42,899		
Asservate und Vorschusszahlungen.	39,780		
Zinsenrückstände	68,405		
Kassenbestand	339,482		
Summa ...	10,217,207	Summa ...	10,217,207

B. Die Verwaltungsschulden.

Es sind dies Schulden, welche bei den einzelnen Verwaltungsressorts innerhalb der Grenzen der ihnen für das laufende Jahr etatmässig bewilligten Summen entstehen und welche dann theils als Ausgabereste, theils als Ausgaberückstände in die Rechnungen folgender Jahre übergehen.

Unter Ausgaberesten versteht die Preussische Finanzpraxis diejenigen Beträge, welche vom Etats-Soll im Rechnungsjahre nicht baar verausgabt worden sind, gleichwohl aber dem Etats-Soll gegenüber nicht als erspart verrechnet werden, sondern mit den baaren Deckungsmitteln in die Restverwaltung des Staatshaushalts übergehen. Unter diesen Restausgaben sind also nicht nur solche Beträge einbegriffen, denen eine Zahlungsverbindlichkeit bereits gegenübersteht, sondern es gehören dazu auch diejenigen Beträge, welche im Etatsjahr noch keine Verwendung gefunden haben und welche zu verwenden der Verwaltung grundsätzlich auch noch in den folgenden Jahren gestattet ist. Letztere Art von Restausgaben kommt namentlich vor bei den Ausgabetiteln für Bauzwecke, für Culturzwecke, den Fonds zu Remunerationen, Unterstützungen u. s. w.

Ende 1867 betrugen die Restausgaben 9,584,879 Thlr. aus der Verwaltung sämmtlicher Landestheile im Jahre 1867, 4,584,685 Thlr. aus der Verwaltung der alten Landestheile in den Vorjahren, 1,363,004 Thlr. aus der Verwaltung Hannovers in den Vorjahren, und 54,194 Thlr. aus der Verwaltung Schleswig-Holsteins in den Vorjahren, zusammen also 15,586,762 Thlr. Ende 1868 hatte sich dieser Betrag auf 11,219,586 Thaler vermindert. Im Laufe des Jahres 1868 haben nach einer dem Reichstage im Mai 1869 vorgelegten Denkschrift die baaren Deckungsmittel für die in das Jahr 1869 übergehenden Restausgaben zur Deckung von Einnahmeausfällen und Mehrausgaben des Jahres 1868 verwandt werden müssen.

Besonders verrechnet werden noch die Restausgaben für die Schuldentilgung bei den Depositalfonds der Schuldenverwaltung, indem man die Deckungsmittel für die bereits vom Etat der öffentlichen Schuld abgesetzten und aufgerufenen, aber noch nicht eingelösten Schulddocumente in das Generaldepositorium der Schuldenverwaltung für Privatpersonen abführt und dort in Staatspapieren anlegt. Am 1. October 1868 befanden sich in diesem Depositum 756,241 Thlr. Ebenfalls besonders verrechnet werden bei der Verwaltung des Staatsschatzes die Restausgaben für die Einlösung der vom Schuldenetat abgesetzten und zur Einlösung aufgerufenen, aber noch nicht eingelösten älteren Kassenanweisungen von 1835 und der Darlehnskassenscheine von 1848. Die Einlösung geschieht aus den Baarbeständen des Staatsschatzes; Ende 1866 waren von diesem Papiergeld 275,592 Thlr. noch nicht eingelöst.

Bei mehreren Verwaltungszweigen kommen Restausgaben in dem vorerwähnten Sinne nicht vor; die gegen das Etatssoll nicht baar verausgabten Beträge werden als erspart verrechnet und die Ausgabereste gehen als „Ausgaberückstände" zugleich mit den Einnahmeresten in die Rechnung des folgenden Jahres über. So wird verfahren im Ressort des Finanzministeriums mit Ausnahme der Verwaltung der Domainen und Forsten, bei der Verwaltung für Berg-, Hütten- und Salinenwesen, den Staatsarchiven, der General-Ordenscommission, der Oberrechnungskammer, dem Disciplinarhof, dem Ministerium des Auswärtigen, und dem Justizministerium. Bei diesen Ressorts betrugen die Ausgaberückstände in den alten Landestheilen Ende 1867 zusammen 948,697 Thlr., die Einnahmerückstände dagegen 15,772,433 Thlr. — Man beabsichtigt, diese Art der Verrechnung an Stelle der obenbeschriebenen sog. Restverwaltung vom 1. Januar 1870 ab bei sämmtlichen Ressorts einzuführen.

C. Die Staatsgarantieen.

Dieselben enthalten eine bedingte Zahlungsverbindlichkeit für den Staat und sind daher als eventuelle Staatsschulden anzusehen. Die Verfassungsurkunde vom 5. December 1848 und 31. Januar 1850 schreibt ausdrücklich vor, dass es zur Uebernahme einer Garantie wie zur Aufnahme einer Anleihe eines Gesetzes bedürfe; das Gesetz, betreffend die Verwaltung des Staatsschuldenwesens und Bildung einer Staatsschuldencommission vom 24. Februar 1850 bestimmt ausserdem, dass die Einregistrirung der Staatsgarantien der Hauptverwaltung der Staatsschulden obliegen soll. Seit 1851 wird in den Anlagen zum Staatshaushaltetat alljährlich dem Landtage ein Verzeichniss der übernommenen Staatsgarantieen vorgelegt.

Das Verzeichniss für 1869 zählt 21 Staatsgarantieen in ihrem Zustande am Schlusse des Jahrs 1867 auf. Diese Garantieen beziehen sich sammt und sonders auf die alten Landestheile. Nicht näher durch Zahlen dargelegt ist der Umfang der Garantie für die Seehandlungssocietät und die Preussische Bank. In Betreff der Seehandlung kann nur uneigentlich von einer Staatsgarantie die Rede sein; denn die Seehandlung ist ein Theil des Staatsorganismus und der Staat ist für die von der Direction der Seehandlung eingegangenen Verbindlichkeiten ebenso Selbstschuldner, wie für die ressortmässigen Verbindlichkeiten irgend einer anderen Staatsbehörde.

Für die Preussische Bank hat der Staat in zwiefacher Weise eine Garantie übernommen. Einmal ist der Staat Bürge für die von den Gerichts- und Vormundschaftsbehörden und den Verwaltern von Kirchen, Schulen, Hospitälern und anderen milden Stiftungen und öffentlichen Anstalten bei der Bank belegten Gelder. Diese Gelder gehören zu den Depositenschulden der Bank, welche am 31. März 1869 20,283,000 Thlr. betrugen. Ferner hat sich der Staat verpflichtet, die von der Bank auszugebenden Banknoten bei sämmtlichen öffentlichen Kassen zum vollen Betrage in Zahlung zu nehmen. Der Betrag der auszugebenden Banknoten unterliegt keiner Beschränkung; es liefen am 31. März 1869 für 145,490,000 Thlr. Banknoten um. Als Entgeld für diese Garantieen und einige andere der Bank ertheilte Privilegien bezieht der Staat die Hälfte des Reingewinns der Bank vorweg.

Die übrigen 19 in dem Verzeichniss aufgeführten Garantieen beziehen sich theils auf Kapital und Zinsen, theils nur auf die Zinsen für gewisse Aufwendungen. Zinsgarantieen laufen für ein Kapital von 201,143,787 Thlr. mit circa 8,213,398 Thlr. Zinsversprechen. Zinsen und Kapital sind garantirt für 68,359,470 Thlr. An Zinsenzuschuss für die aufgeführten Garantieen hat der Staat bis ult. 1867 10,011,635 Thlr. gewähren müssen.

Von den 19 Garantieen betreffen nicht weniger als elf Eisenbahnanlagen. Es sind dies lediglich Zinsgarantieen und zwar für ein Kapital von 141,357,438 Thlr. Hiervon sind 22,204,600 Thlr. mit

4½ Procent Zinsen, also zum Zinsbetrage von 999,215 Thlr. garantirt. Es gehören dahin für 2,000,000 Thlr. Prioritätsobligationen der Rheinischen Eisenbahn zum Bau einer festen Rheinbrücke zwischen Koblenz und Ehrenbreitstein (1860), für 8,204,000 Thlr. Prioritäts-Obligationen der Rhein-Nahebahn (1860) und für 12,000,000 Thlr. Prioritäts-Obligationen der Berlin-Stettiner Eisenbahn zum Bau der Angermünde-Stralsunder Eisenbahn (1861).

Für 29,101,980 Thlr. Kapital sind vier Procent Zinsen garantirt, was einem Zinsbetrage von 964,080 Thlr. gleichkommt. Hiervon kamen 11,000,000 Thlr. auf die Stammactien Litt. B. der Rheinischen Bahn, ausgegeben zum Bau einer Eisenbahn von Trier durch die Eifel nach Call (1866); 750,000 Thlr. auf die Prioritäten derselben Bahn zum Bau einer Eisenbahn von Ehrenbreitstein bis zur Landesgrenze bei Horchheim (1860); 14,190,000 Thlr. auf Stammactien der Magdeburg-Leipziger Eisenbahn, ausgegeben zum Bau der Halle-Nordhausen-Heiligenstadt-Kasseler Eisenbahn (1863) und 3,161,980 Thlr. Stammactien der Thüringischen Eisenbahn, ausgegeben zum Bau der Gotha-Langensalza-Mühlhausen-Leinefelder Eisenbahn (1866).

Für 72,175,500 Thlr. Kapital sind 3½ Procent Zinsen garantirt, was einem Zinsbetrag von 2,526,139 Thlr. gleichkommt. Es gehören hierher für 1,026,000 Thlr. Prioritäts-Obligationen der Rheinischen Bahn (1843), für 1,693,800 Thlr. Stammactien der Oberschlesischen Bahn (1843), für 12,025,500 Thlr. Prioritäts-Obligationen der Oberschlesischen Bahn zum Bau der Breslau-Posen-Glogauer Eisenbahn (1854, 1857, 1861), für 6,446,100 Thlr. Prioritäts-Obligationen der Köln-Mindener Bahn zum Bau der Oberhausen-Arnheimer Bahn (1853 und 1858), für 25,980,600 Thlr. Prioritäts-Obligationen der Köln-Mindener Bahn zum Bau der Linie Deutz-Giessen und Betzdorf-Siegen, sowie der festen Rheinbrücke zwischen Köln und Deutz; für 3,503,500 Thlr. Stammactien der Stargard-Posener Bahn (1847), für 11,500,000 Thlr. Prioritäts-Obligationen der Berlin-Stettiner Eisenbahn zum Bau der Stargard-Kolberg-Kösliner Eisenbahn (1856 und 1858), und für 10,000,000 Thlr. Prioritäts-Obligationen derselben Bahn für den Bau der Köslin-Danziger Bahn (1867).

Endlich sind für 17,875,358 Thlr. Prioritäts-Obligationen der Bergisch-Märkischen Eisenbahn 3¼ Procent Zinsen garantirt, was einem Zinsbetrag von 580,944 Thlr. gleichkommt.

Der gesammte garantirte Zinsbetrag beläuft sich hiernach auf 5,070,378 Thlr.

In Folge dieser Garantieleistungen für Eisenbahnanlagen hat der Staat bis ultimo 1867 Zinsenzuschüsse leisten müssen zum Betrage von

9,791,228 Thlr. Für 1869 sind 1,257,423 Thlr. Zinszuschüsse aus Eisenbahngarantien auf den Etat gebracht. In der Regel ist für die Zinsgarantie ein Endtermin bestimmt, wonach sie aufhört, sobald die Bahn 10 Jahre nacheinander mindestens 4 Procent des Anlagekapitals aufgebracht hat. Die Gegenleistung der Eisenbahn-Gesellschaften an den Staat besteht durchweg in einem Antheil an dem 4 Procent des Anlage-kapitals übersteigenden Reingewinn.

Von den noch erübrigenden acht Garantien, welche sich nicht auf Eisenbahnanlagen beziehen, betreffen vier Anstalten für die Ablösung von Reallasten, darunter die Garantie für Kapital und Verzinsung der Rentenbriefe der Rentenbanken mit 4 Procent. Die garantirten Renten-briefe belaufen sich auf etwa 64 Millionen Thaler. Die drei anderen Garantien betreffen die 3½- und 4 procentigen Obligationen der Pader-borner, Wittgenstein'schen und Eichsfeld'schen Ablösungskassen im Ge-sammtbetrage von etwa einer Million Thaler. Die vier übrigen Garantien betreffen 1) das Kapital und 3½ resp. 4 Procent Zinsen der vom Kö-niglichen Kreditinstitut für Schlesien ausgefertigten Pfandbriefe Litt. B. (1835) zum Betrage von noch 3,405,900 Thlr.; 2) das Kapital und 3½ Procent Zinsen von 178,700 Thlr. Allensteiner Kreis-Obligationen (1845 und 1847); 3) 4½ Procent Zinsen für 1,290,900 Thlr. Obligatio-nen der Deichbau-Gesellschaft zur Melioration des Nieder-Oderbruchs (1848 und 1854); 4) das Kapital und 3½ Procent Zinsen von 460,413 Thaler Elbinger Kriegsschuld von 1808 (1839).

Zu diesen in dem letzten Verzeichniss aufgeführten, bis ult. 1867 übernommenen Garantien sind neuerdings noch hinzugekommen:

1) Die Ausgabe von Darlehnskassenscheinen im Betrage von höchs-stens 2,228,000 Thlr. zur Beschaffung der Mittel für Darlehne zur Ab-hülfe des in Ostpreussen herrschenden Nothstandes ist durch Gesetz vom 23. December 1867 gestattet worden. Die Scheine müssen bei allen öffentlichen Kassen nach ihrem vollen Nennwerth angenommen werden.

2) Die Zinsgarantie des Staats für das Anlagekapital einer Eisen-bahn von Trier durch die Eifel nach Call ist durch Gesetz vom 11. März 1868 über den bereits früher garantirten Betrag von 11 Millionen Thaler bis auf die zur Deckung der Anlagekosten erforderliche Kapitalsumme erweitert worden.

3) Der Oberschlesischen Eisenbahngesellschaft ist Behufs des Baues einer Eisenbahn von Posen nach Thorn und Bromberg durch Gesetz vom 11. März 1868 Garantie für 4 Procent Zinsen von einem Anlagekapital von 13 Millionen Thaler gewährt worden.

Zweiter Theil.

Das Staatsschuldenwesen und die Landes-vertretung.

I. Kapitel.

Das Staatsschuldenwesen und die Landesvertretung bis zur Verfassungsurkunde von 1850.

Vorbemerkung.

In dem Verhältniss der Landesvertretung zum Staatsschuldenwesen lassen sich in der Zeit bis zum Erscheinen der Verfassungsurkunde von 1850 drei Perioden unterscheiden:

1) die Wirksamkeit der alten Landstände,
2) die künftigen Reichsstände nach der Verordnung vom 17. Januar 1820, und
3) der Vereinigte Landtag nach dem Patent vom 3. Februar 1847.

§ 1.
Die alten Landstände.

Bis in die Mitte des sechszehnten Jahrhunderts beschränkt sich die Wirksamkeit der Landstände in Bezug auf das Schuldenwesen des Landes auf die Bewilligung von Steuern an die Landesherren zur Tilgung von Schulden, welche die letzteren auf ihren persönlichen Kredit oder unter Verpfändung von landesherrlichen Besitzungen oder Rechten eingegangen waren. Die von den Ständen bewilligten Steuern waren dann durch landesherrliche Beauftragte erhoben worden. Als aber Kurfürst Joachim II. 1541 von den Ständen Steuern zur Tilgung einer Schuld in der ungewöhnlichen Höhe von 600,000 Thlr. verlangte, musste er den Ständen das Zugeständniss machen, dass sie die „gemeine Landsteuer und Hülfe" selbst erheben könnten. Die Erhebung sollte in der Art geschehen, dass die gesammten Städte für sich durch einen „Pfundschoss" ihren Antheil in den „Städtekasten", die Oberstände d. h. die Ritter und Prälaten jeder Provinz ihren Antheil durch einen „Hufenschoss" in ihren „Schosskasten" abführten und durch ihre „Superattendenten und verordneten Befehlshaber" verwalten liessen. Die weiteren

Verrechnungen sollten dann zwischen dem Kurfürsten und den Ausschüssen der Oberstände wie den Verordneten der Städte vor sich gehen. Auf dem Landtage von 1543 wurde der gesammte Hufenschoss ("so aller Orten fällt") zu einer Kasse, die sich in Berlin befinden sollte, vereint, ein Prälat und einer von der Ritterschaft bestellt "mit S. Kurfürstlichen Gnaden Rath und Mitwissen" die Zahlungen zu machen, von Zeit zu Zeit vor dem ständischen Ausschuss Rechnung zu legen u. s. w. Als es sich 1549 um die Tilgung von weiteren Schulden des Kurfürsten handelte, liess man die beiden bisherigen Kassen bestehen. Die Städte übernahmen auf ihre Schosskasse 500,000 Gulden, dazu etwa 100,000 Gulden versessener Zinsen; Prälat und Ritterschaft auf ihre Schosskasse etwa 400,000 Gulden Kapital und Zinsschuld. Die Verwaltung dieser Kassen blieb, wie bisher, den betreffenden Ständen überlassen; sie übernahmen als Selbstschuldner und in völliger Solidarität die Schuld und traten durch ihre "Verordneten" in unmittelbare Beziehung zu den Gläubigern. Zur Einlösung der versetzten Gefälle und Güter fand man einen Zuschlag zum Biergeld angemessen; aber man war nicht Willens, dem Landesherren eine Einnahme, deren unberechenbarer Betrag wer weiss wie von ihm verwendet werden konnte, unmittelbar in die Hand zu geben. Man behielt auch diese, die "Neu Biergelds-Kasse," unter ständischer Verwaltung; man stellte sie, da zum Biergeld Stadt und Land herangezogen wurden, unter drei städtische und drei Verordnete von Prälat und Ritterschaft. Sie hatten dafür zu sorgen, dass aus dieser Kasse nur für die Zwecke Gelder gezahlt wurden, für welche die Stände sie bewilligten. In dieser Kasse zuerst bildeten alle Stände aller Landestheile Ein Ganzes, Eine Solidarität. Es lag in der Natur dieser Kassen, dieses grossen "Kreditwerks" und seines umfassenden Geldgeschäftes, schreibt Droysen in seiner Geschichte der Preussischen Politik, dass es der finanzielle Schwerpunkt für die Marken und über deren Grenzen hinaus wurde. Diese sog. Kurmärkische Landschaft repräsentirte die ganze Steuerkraft oder richtiger den Kapitalwerth dieser Lande und schuf eine Form, diesen Kredit — freilich nur soweit ständische Bewilligung es erlaubte — zu verwenden.

Nachdem das Geldbewilligungsrecht der Stände so weit entwickelt war, lag es nahe, dass die Stände die Anleihen, welche sie zu verzinsen und zu tilgen gewillt waren, nicht erst vom Landesherrn übernahmen, sondern von vornherein auch selbst abschlossen. Schon nach dem Landtagsdecret vom Dienstag nach Dionysius 1550 hatte man Obligationen oder Landesschuldscheine, welche von den Landständen unterschrieben und besiegelt waren, denn der Kurfürst sagt: "weil auch unsere Landstände vielfältig vor uns gesiegelt, dessen wir ihnen gnädige Danksagung

thun, wollen wir auch Verordnung thun, ihnen in Lösung der Schuldverschreibungen ihre Siegel wieder zuzustellen."

Ein Jahrhundert später gelang es dem grossen Kurfürsten, die
Steuererhebung von der ständischen Bewilligung unabhängig zu machen.
Gegen Ende seiner Regierung ging er auch darauf aus, das ständische
Schuldenwesen zu beseitigen. Wie Krug einem ihm mitgetheilten Re-
script des Landrentmeisters Buchholtz entnimmt, setzte der Kurfürst im
Jahre 1683 eine aus 3 Staatsbeamten gebildete Commission ein, die
„das landschaftliche und Städtekassen-Schuldenwerk untersuchen und
ausmitteln sollte, wie sämmtliche Schulden bald völlig getilget und die
Fonds des Biergeldes und Hufenschosses völlig liberiret werden könnten."
Man bediente sich zu diesem Zwecke, wie bereits im ersten Abschnitt
der Geschichte des Staatsschuldenwesens erzählt worden ist, des ein-
fachen Mittels, die Verzinsung einzustellen und die Zinsersparnisse zur
Tilgung des Kapitals zu verwenden. Wie Krug in seiner Geschichte
der Preussischen Staatsschulden nachweist, sollten nach Abführung aller
Kapitalien und rückständigen Zinsen alle landschaftlichen Einkünfte nach
Abzug der zum Hofetat bestimmten 12,000 Thlr. und der zu Stipendien
bestimmten Summe, von der Landschaft fernerhin eingenommen und berechnet, jedoch zu einem beständigen Nothpfennig für das Kurhaus auf-
bewahrt werden, der nur im Falle der höchsten Noth angegriffen würde;
hiernächst sollten die auf kurfürstlichen Aemtern stehenden Prediger aus
diesem Fond mit baarem Gelde besoldet und dagegen ihre Pfarräcker
zu den Aemtern gezogen werden.

Dieser Plan, der die Verfassung des ganzen Kreditwesens geändert
haben würde, kam aber nicht zur Ausführung. Die folgenden Herrscher
mochten einsehen, dass, wenn auch ihre Macht bis zur selbständigen
Steuerausschreibung erstarkt sei, sie doch für die freiwillige Hergabe
von Kapitalien auf Kredit der Mitwirkung der Landstände noch nicht
entbehren konnten. Schon das eigene Interesse gebot ihnen demnach,
das Anleihebewilligungs-Recht der Stände zu achten. Gleich der Nachfolger des grossen Kurfürsten, der nachherige König Friedrich, fand es
rathsam, den Kredit der Landschaft wieder herzustellen und die seit
1683 nicht gezahlten Zinsen nachzahlen zu lassen. Durch Edict vom
23. Februar 1704 forderte der Kurfürst einen Jeden auf, der Kapitale
besitzt, sie bei der Landschaft anzulegen und verspricht völlige Sicherheit des Kapitals und der Zinsen; auch bemühte er sich, durch Herstellung des hier und da eingegangenen und vergessenen Hufen- und
Giebelschosses das Einkommen der Landschaft wieder zu vermehren.

Wiederholt negociirte dann der König durch die Landstände Kapitalien zu seinem Bedarf, welche er aus seiner Kasse der Landschaft

verzinsen und allmählich zurückzahlen liess, worüber förmliche Recesse mit den Landständen abgeschlossen wurden. Auf diese Art ist damals zuweilen selbst auswärtigen fürstlichen Häusern mit Anleihen geholfen worden. Unter dem 8. September 1713 wurde in einem Edicte geklagt: dass die Städte mit Bezahlung des Grund- oder Pfundschosses sehr nachlässig wären, und dass viele glaubten, er sei ganz abgeschafft; da indessen die Einkünfte daraus den Landeskreditoren zur Hypothek bestellt wären, so müsse diese Abgabe, wenn keine anderen Mittel helfen, mit militairischer Execution beigetrieben werden.

Der folgende König Friedrich Wilhelm I., so wenig er sonst auch vom Ständewesen wissen wollte, bediente sich der märkischen Stände gleichwohl zur Aufnahme einer Anleihe von 360,000 Thlr. bei Gelegenheit der Besitznahme von Vorpommern. Auch Friedrich der Grosse nahm bei den Kurmärkischen Ständen 1743 eine Anleihe von 1,356,000 Thlr. und 1756 eine Anleihe von 3,568,071 Thlr., sowie bei den Magdeburgischen Ständen kurz vor dem Ende des siebenjährigen Krieges eine Anleihe auf. Für die Anleihe von 1743 hatte der König, wie Krug a. a. O. mittheilt, der Landschaft einen Theil der Mahlziese aus Berlin verschrieben; dies geschah jedoch nur so weit, dass die Landschaft in Gemeinschaft mit dem Accisedirector diese Abgabe erhob, besondere Rechnung darüber führte und den Ueberschuss über den Verzinsungsbedarf der Königl. Kasse herausgab. Unter dem 2. Juli 1747 versprach der König der Landschaft in einer Resolution, dass, „wenn die Landschaft mit starken Loskündigungen befallen werden sollte und nicht gelegentlich oder dem Kreditwerk nützlich befunden würde, dazu anderwärts Kapitalien aufzunehmen, Se. Majestät auf blosse Anzeige der Landschaft in aller Geheim mit soviel Geld, als nur nöthig gefunden würde, an Hand gehen wolle etc." Indess wurde diese erste Kurmärkische Anleihe schon vor dem siebenjährigen Kriege zurückgezahlt. Die Magdeburgische Anleihe konnte gleich nach Beendigung dieses Krieges in denselben, noch unversehrten Beuteln zurückgegeben werden.

Die alten Schulden der Landschaft wurden von dieser nicht abgetragen; man schien zu der Zeit, als der Staat noch nicht für Verzinsung und Tilgung allgemeiner Landesschulden zu sorgen hatte, dieses Kreditinstitut ebenso wie die Seehandlung und die Bank als eine bequeme Einrichtung zu betrachten, wo wohlhabende Leute, milde Stiftungen und öffentliche Anstalten ihre Kapitalien sicher unterbringen und von ihnen regelmässige Zinsen ziehen konnten. Dass die allmähliche Ablösung dieser alten Landesschulden nicht mehr bezweckt und von der Regierung auch nicht verlangt wurde, geht daraus hervor, dass die Stände im Jahre 1772 dem Könige ein Kapitel von 100,000 Thlr., das sich als Ueberschuss der zur Verzinsung und Verwaltung nöthigen Einkünfte in der Kasse vorräthig fand, zum beliebigen Gebrauch anboten, der dieses Kapital auch dazu verwendete, schlecht ausgestattete Landschullehrer-Stellen in der Mark zu verbessern.

Friedrich Wilhelm II. nahm die Anleihen, deren er bedurfte, ohne Vermittelung der Stände auf; während seiner Regierung wurden für 407,655 Thlr. Kurmärkische alte landschaftliche Schulden abbezahlt. Am 1. Januar 1807 beliefen sich die Schulden der Kurmärkischen Landschaftsrentei noch auf 3,313,781 Thlr., und die Schulden der Mittel- und Altmärkischen Städte-Kasse auf 176,800 Thlr. In den Jahren 1807—1810 hörte, wie für die anderen Staatsschulden, auch für diese ständischen Schulden die Verzinsung auf.

Die Verordnungen vom 27. und 28. October 1810 über die Finanzen des Staates und die neuen Consumtionssteuern ordneten die Einziehung einiger, der Kurmärkischen Landschaft für ihre Schuldenverwaltung überwiesenen Steuergefälle, gegen Gewährung von Geldentschädigung aus der Staatskasse an. Nachdem hierdurch das landschaftliche Kreditinstitut allein darauf beschränkt war, die Hufen- und Giebelschoss-Gefälle und jene vom Staate gezahlten Entschädigungsgelder zu vereinnahmen und an die landschaftlichen Gläubiger zu verausgaben, wurde dasselbe durch Verordnung vom 17. Januar 1820 „für immer" aufgehoben, um, wie es in der Verordnung hiess, der allgemeinen Finanzverwaltung des Staats die erforderliche Einheit zu geben und eine vollständige Uebersicht der gesammten Staatsschulden behufs deren richtiger Verzinsung und Tilgung zu erschaffen. Der Staat übernahm alle Verpflichtungen des Instituts und ebenso die Einkünfte und Activa, letztere „jedoch lediglich zu dem Zwecke, um solche nicht bloss zur regelmässigen Verzinsung der zu übernehmenden Schulden, sondern auch zu der bis jetzt nur mangelhaft geschehenen Amortisirung derselben zu verwenden." Iu dem Etat zu der am selbigen Tage erlassenen Verordnung wegen der künftigen Behandlung des gesammten Staatsschuldenwesens werden demgemäss auch die alten Kurmärkischen landschaftlichen Obligationen, und zwar zum Betrage von 3,234,891 Thlr., als allgemeine Staatsschulden mit aufgeführt. Späterhin wurden nachträglich noch weitere 125,199 Thlr. Städtekassen-Schulden ermittelt und für die gesammten landschaftlichen Schulden ein Agio-Zuschlag von 169,553 Thlr. in Rechnung gestellt. Von den landschaftlichen Schulden, welche sich hiernach insgesammt auf 3,529,641 Thlr. beliefen, wurden 1820—33 für 621,329 Thlr. und 1833—43 für 136,496 Thlr. getilgt. Ausserdem wurden in Staatsschuldscheine umgeschrieben 1820 — 1833 für 1,731,100 Thlr. und 1833—43 für 1,170,625 Thlr. Demnach waren 1843 diese Schuldposten gänzlich erloschen.

Richter.   8

§ 2.
Die künftigen Reichsstände nach der Verordnung vom 17. Januar 1820.

Bereits in dem Edict über die Finanzen des Staats vom 27. October 1810 war die Absicht des Königs ausgesprochen, „der Nation eine zweckmässig eingerichtete Repräsentation sowohl in den Provinzen als für das Ganze zu geben, deren Rath Wir gern benutzen und in der Wir nach Unsern landesväterlichen Gesinnungen gern Unseren getreuen Unterthanen die Ueberzeugung fortwährend geben werden, dass der Zustand des Staats und der Finanzen sich bessere und dass die Opfer, welche zu dem Ende gebracht werden, nicht vergeblich sind.“

Schon jetzt sollten nach diesem Edict aus den Provinzen und Communen Repräsentanten vom Könige berufen werden, welche als eine Generalcommission sämmtliche Provinzial- und Communal-Kriegsschulden zu reguliren haben. Das Edict vom 7. September 1811 über die Finanzen des Staats und das Abgaben-System erneuert das Versprechen, „der Nation eine zweckmässig eingerichtete Repräsentation zu geben“; vorerst sollen die Mitglieder jener General-Commission, welche von den Rittergutsbesitzern, den Städten und dem platten Lande zu erwählen sind, National-Repräsentation constituiren und hierzu von den Wählenden mit bevollmächtigt werden. Nach Beendigung der Freiheitskriege bestimmte dann die Verordnung vom 22. Mai 1815, dass eine Repräsentation des Volkes gebildet und ohne Zeitverlust eine vorbereitende Commission in Berlin niedergesetzt werden solle. Indess behielt es bei dem Abdruck dieser Verordnung in der Gesetzsammlung sein Bewenden. Auch die Verordnung wegen Einführung des Staatsrathes vom 20. März 1817 erinnerte nur an die Verordnung vom 22. Mai 1815. Die Bestrebungen der Adelspartei auf Wiederherstellung der alten Stände, der wachsende Einfluss des Oesterreichischen Staatskanzlers Metternich auf die Preussische Regierung, der einer lebhaften geistigen Bewegung abgewandte Sinn des Königs brachten das Verfassungswerk auch in den nächstfolgenden Jahren nicht zur Ausführung. Im Jahre 1818 erschien aus Anlass der Mahnungen einer Deputation der Rheinlande an die Erfüllung der gemachten Verheissungen ein Kabinetsbefehl, laut welchem der König sich ausdrücklich vorbehielt, denjenigen Zeitpunkt zu wählen, welchen er selbst zur Gewährung der verheissenen Verfassung für den angemessensten erachten werde. Es folgte der Congress zu Aachen, auf welchem der König durch Nesselrode und Metternich in seiner Abneigung gegen alle Aenderungen der Staatsverfassung noch weiter bestärkt wurde. Die Ermordung Kotzebue's durch Sand veranlasste dann 1819 die Karlsbader

Beschlüsse zur sog. Demagogenverfolgung. Nach dem Rücktritt der mit den Beschlüssen unzufriedenen Minister Wilhelm von Humboldt, Boyen und Beym war der Staatskanzler von Hardenberg ganz dem Einfluss der Oesterreichischen Partei (Fürst Wittgenstein) überliefert.

Andererseits freilich drängte die grosse Finanznoth zur Erfüllung der dem Volke gegebenen Zusage. Die in der Vorbereitung begriffenen neuen Steuergesetze verlangten von dem Volke dauernd grössere Opfer; auch bedurfte man einer Belebung des Staatskredits für neue Anleihen, welche im Betrage von 40½ Millionen Thaler allein zur Deckung des Deficits in den Jahren 1815/22 erforderlich waren. Das Erzeugniss dieser Finanznoth einerseits und des Widerwillens gegen eine Beschränkung des Absolutismus durch eine Volksvertretung andererseits ist die Verordnung wegen der künftigen Behandlung des gesammten Staatsschuldenwesens vom 17. Januar 1820. Die Bedeutung dieser Verordnung für das Schuldenwesen im Allgemeinen und die Ordnung der Rechtsverhältnisse mit den Staatsgläubigern ist im zweiten Abschnitt des ersten Theils dargelegt worden. In der Verfassungsfrage war die Verordnung nur ein Wechselversprechen für eine unbestimmte Zukunft.

Im Eingang der Verordnung spricht der König die Erwartung aus, dass „durch die von Uns beabsichtigte künftige Unterordnung dieser Angelegenheit unter die Reichsstände das Vertrauen zum Staate und zu seiner Verwaltung werde befestigt werden." In No. II. der Verordnung wird sodann bestimmt: Wir erklären diesen Staatsschuldenetat auf immer für geschlossen. Ueber die darin angegebene Summe hinaus darf kein Staatsschuldschein oder irgend ein anderes Staatsschuldendocument ausgestellt werden. Sollte der Staat künftighin zu seiner Erhaltung oder zur Förderung des allgemeinen Bestens in die Nothwendigkeit kommen, zur Aufnahme eines neuen Darlehns zu schreiten, so kann solches nur mit Zuziehung und unter Mitgarantie der künftigen reichsständischen Versammlung geschehen.

Bevor die Regierung dergestalt den Staatsschuldenetat „auf immer für geschlossen" erklärte und die Aufnahme eines neuen Darlehns von der Zustimmung der künftigen reichsständischen Versammlung abhängig machte, hatte sie, wie aus unserer Darstellung im zweiten Abschnitt des ersten Theils erhellt, in den Schuldenetat eine Summe von 35½ Millionen Thaler aufgenommen, welcher Schuldverbindlichkeiten noch nicht gegenüberstanden und welche zur Deckung des Deficits in den Jahren 1820/22, zur Füllung des Staatsschatzes u. s. w. bestimmt war.

Für die laufende Verwaltung des Staatsschuldenwesens setzte die

8*

Verordnung eine besondere Behörde in der Hauptverwaltung der Staatsschulden ein; dieselbe wurde besonders darauf vereidet, dass sie bei ihrer Verwaltung nach keinen anderen, wie den in der Verordnung ausgesprochenen Grundsätzen verfahren wolle. Die Mitglieder dieser Verwaltung wurden durch die Verordnung selbst bezeichnet. In Zukunft sollte der künftigen reichsständischen Versammlung und bis zu deren Errichtung dem Staatsrath ein Vorschlagsrecht für die Mitglieder der Hauptverwaltung zustehen. Auch ist diese Behörde verpflichtet, der künftigen reichsständischen Versammlung und bis zur Einführung derselben dem Staatsrath alljährlich Rechnung zu liefern. Der König behielt sich nach Maassgabe der von ersterer, vorläufig aber vom Staatsrathe zu erstattenden Gutachten die Ertheilung der Decharge vor. Die eingelösten Staatsschulden-Documente soll, bis die reichsständische Versammlung zusammengetreten sein wird, statt ihrer eine Deputation des Berliner Magistrats mit der Hauptverwaltung alljährlich nach erfolgtem Rechnungsschlusse in gemeinschaftlichen Verschluss nehmen.

So sehr hiernach die Verordnung in allen ihren einzelnen Bestimmungen darauf berechnet war, die Berufung der Reichsstände in eine unbestimmte Zukunft zu verlegen, erwiesen es doch die praktischen Verhältnisse schon sehr bald, dass das Finanzwesen sich in den engen Rahmen der Verordnung nicht überall einschränken liess. Wie unsere Darstellung im zweiten Abschnitt des ersten Theils ausführlicher ergibt, wurde die Verordnung schon gleich nach ihrem Erlass verletzt, indem man einen Theil der darin vorgesehenen Anleihe statt in Staatsschuldscheinen indirect durch fünfprocentige sog. Englische Obligationen begab, welche die Seehandlung gegen Hinterlegung von Staatsschuldscheinen ausfertigte. Die Hauptverwaltung selbst verletzte schon 1827 ihre Verpflichtung, indem sie gegen Deponirung von Staatsschuldscheinen für 6 Millionen Thaler Kassenscheine über den im Etat zur Verordnung angegebenen Betrag der unverzinslichen Schuld ausfertigen liess. Bis zum Jahre 1832 war dann die gegen die Berufung von Reichsständen gerichtete reactionäre Strömung in der Regierung soweit erstarkt, dass man sich auch nicht mehr scheute, die in der Verordnung von 1820 feierlich gegebenen Zusagen offen und unzweideutig zu verletzen in der selbständigen Aufnahme einer neuen Staatsanleihe (Prämienanleihe) durch die Seehandlung und in der Umwandlung der Cautionsdepositen in Darlehen an den Staat. Die Mitwirkung der Hauptverwaltung der Staatsschulden wurde hierbei freilich umgangen, indem man für derartige ungesetzliche Schulden, wozu auch die aus den neuen Ablösungsgesetzen erwachsenen Entschädigungsrenten und einige nachträglich übernommene provinzielle Staatsschulden gehörten, den besonderen Kunstausdruck

„Passiva der General-Staatskasse" erfand und die Verwaltung derselben unmittelbar dem Finanzministerium übertrug. Bezeichnend war es übrigens, dass der Präsident der Seehandlung, welcher als solcher die Obligationen der ungesetzlichen Prämienanleihe ausfertigen liess, derselbe Herr v. Rother war, der in seiner anderen Eigenschaft als Präsident der Hauptverwaltung der Staatsschulden auf die Beobachtung der Verordnung von 1820 einen besonderen Eid geleistet hatte.

Im Jahre 1846 gelangte an die Hauptverwaltung der Staatsschulden das Ansinnen, die Banknoten auszufertigen, welche die in ein Gesellschaftsunternehmen umgewandelte Preussische Bank durch die neue Bankordnung auszugeben ermächtigt war. Die Hauptverwaltung hatte zwar 1836 und 1837 kein Bedenken getragen, die Summe der Kassenscheine zu Gunsten der Bank und Seehandlung wie der Ritterschaftlichen Privatbank gegen Hinterlegung eines entsprechenden Betrags in Staatsschuldscheinen noch weiter zu vermehren. In der jetzt beabsichtigten Ausgabe von Banknoten, welche wie die Kassenscheine bei allen öffentlichen Kassen zum vollen Nennwerth angenommen werden sollen, erblickte indessen die Hauptverwaltung eine Verletzung der Verordnung von 1820, da diesen Banknoten durch die Bestimmung über ihre Annahme bei öffentlichen Kassen eine Staatsgarantie zugesichert sei, zur Ertheilung einer solchen, als einer eventuellen Vermehrung der Staatsschuld, aber die Mitwirkung der Reichsstände erforderlich sei. Der König beantwortete die Weigerung der Hauptverwaltung, die Ausfertigung der Banknoten zu übernehmen, in einer in der Gesetzsammlung veröffentlichten Kabinetsordre vom 16. Juli 1846 (Ges.-S. S. 264) und übertrug die Ausfertigung der Noten einer besonderen Immediatcommission. Ohne Mitwirkung der Hauptverwaltung der Staatsschulden hatte der König schon vor Erlass der Bankordnung Staatsgarantieen ertheilt, so namentlich im Jahre 1835 für die vom Königlichen Kredit-Institut für Schlesien ausgefertigten Pfandbriefe Litt. B., sowie für die Verbriefungen einzelner Ablösungskassen, später auch für Actien und Prioritäts-Obligationen neu sich bildender Eisenbahn-Gesellschaften.

Die geschilderten, in der Periode von 1820 bis 1847 nach jeder Richtung fortgesetzten Verletzungen der Verordnung von 1820 kamen auf dem 1847 einberufenen Vereinigten Landtage wiederholt zur Sprache. Der Abgeordnete Hansemann brachte auch einen Antrag ein, die Regierung behufs Regularisirung dieser gesetzwidrigen Finanzoperationen um die Vorlage eines Gesetzentwurfes zu ersuchen, zog denselben indess später aus formellen Gründen wieder zurück.

§ 3.

Der Vereinigte Landtag nach dem Patent vom 3. Februar 1847.

Der Vereinigte Landtag war durch Patent vom 3. Februar 1847 berufen worden zur Befriedigung der immer lauter und allgemeiner werdenden Mahnungen an die Erfüllung der vor und während der Befreiungskriege gegebenen Königlichen Verheissungen einer Nationalrepräsentation. Das Patent vom 3. Februar 1847 berief sich nun zwar auf die Verordnung vom 17. Januar 1820, erfüllte gleichwohl in seinen Ausführungsbestimmungen nicht vollständig die Zusagen, welche diese Verordnung in Betreff der Befugnisse der künftigen Reichsstände hinsichtlich des Schuldenwesens gegeben hatte. Denn während die Verordnung vom 17. Januar 1820 die Aufnahme eines neuen Anlehens ohne Unterschied von der Zustimmung der Reichsstände abhängig erklärte, wurde in der Verordnung über die Bildung des Vereinigten Landtages vom 3. Februar 1847 das Recht des Vereinigten Landtages, bei der Aufnahme neuer Schulden mitzuwirken, näher dahin bestimmt, dass neue Darlehne, für welche das gesammte Vermögen und Eigenthum des Staates zur Sicherheit bestellt wird, fortan nicht anders als mit Zuziehung und unter Mitgarantie des Vereinigten Landtages aufgenommen werden sollen. Auch sollte nach § 6 dieser Verordnung im Falle, dass bei einem zu erwartenden oder bereits ausgebrochenen Kriege ein Darlehen aufgenommen werden müsste und die Einberufung des Landtages in Berücksichtigung der obwaltenden politischen Verhältnisse nicht zulässig befunden werden sollte, die Mitwirkung des Landtages durch Zuziehung der aus je einem Mitgliede von jedem Provinziallandtage gebildeten Deputation für das Staatsschuldenwesen ersetzt werden können.

Die Stände-Kurie des Landtages stellte wegen dieser mangelhaften Ausführung der Verordnung vom 17. Januar 1820 den Antrag:

a. anzuerkennen, dass nur mit Zustimmung des Vereinigten Landtages Landesschulden rechtsgültig contrahirt werden könnten; falls jedoch der unbedingten Anwendung dieses Grundsatzes erhebliche Bedenken entgegenstehen möchten, dem Vereinigten Landtage eine darauf bezügliche Proposition vorlegen zu lassen;

b. anzuerkennen, dass nach der Verordnung vom 17. Januar 1820 überhaupt keine Staatsschulden-Documente irgend einer Art, also weder verzinsliche noch unverzinsliche Papiere und also auch keine Erklärungen über Schuldgarantien, ohne Zuziehung und Mitgarantie des Vereinigten Landtages rechtsgültig ausgestellt werden dürfen;

c. insofern aber die unbedingte Anwendung dieses Grundsatzes bedenklich erachtet würde, dem Vereinigten Landtage dieserhalb eine Proposition vorlegen zu lassen.

Die Herren-Kurie stimmte diesem Votum nicht zu. Wiewohl nun hiernach in der Sache keine Petition an die Krone zu Stande kam, sah sich letztere doch veranlasst, die Verordnung vom 3. Februar 1847 durch eine Königl. Botschaft vom 24. Juni 1847 näher zu declariren; danach sollte es in Friedenszeiten der Zustimmung des Vereinigten Landtages auch zu solchen Staats-Anleihen bedürfen, für welche nur ein Theil des Staatseigenthums oder der Staats-Revenüen als Sicherheit bestellt werden möchte. Nur bei den laufenden Verwaltungsschulden bedürfe es der ständischen Mitwirkung nicht, indem dieselben lediglich in Anticipationen der Staats-Revenüen auf kürzere Zeit beständen und durch dieselben das Land mit neuen Lasten nicht beschwert werde. Die für die Aufnahme von Kriegsanleihen vorgeschriebene Zuziehung der ständischen Deputation sei nicht dazu bestimmt, den Vereinigten Landtag in seinen gesetzlichen Befugnissen hinsichtlich der Consentirung von Staats-Anleihen zu ersetzen oder zu vertreten.

Zur Wahrnehmung der den Reichsständen in der Verordnung vom 17. Januar 1820 vorbehaltenen Rechte der Präsentation der Mitglieder der Hauptverwaltung, der Rechnungsprüfung und der Mitverschlussnahme der eingelösten Schulddocumente schuf die Verordnung vom 3. Februar 1847 ein besonderes Organ in der ständigen Deputation. Dieselbe bestand aus acht Mitgliedern, wovon jeder der einzelnen Provinziallandtage eins zu wählen hatte; die Deputation sollte zur Wahrnehmung ihrer Obliegenheiten einmal jährlich vom Ministerium berufen werden.

Die beim Vereinigten Landtage erforderte Zustimmung zur Aufnahme einer Anleihe für den Bau der Ostbahn lehnte derselbe mit grosser Mehrheit ab und u. A. auch deshalb, weil dem Landtage eine detaillirte Vorlage, mithin eine gründliche Kenntniss des gesammten Staatshaushaltes noch fehle.

Im Frühjahr 1848 nach den Märzereignissen wurde der Vereinigte Landtag nochmals berufen, um das Wahlgesetz für die Nationalversammlung zu berathen, welche die neue Verfassung des Staats bestimmen sollte. Bei dieser Gelegenheit liess sich das neugebildete Ministerium von dem Landtage auch Vollmacht ertheilen, „auf ausserordentlichem Wege zum äusseren und inneren Schutze der Monarchie eine Summe von 15 Millionen Thaler zu beschaffen". Mit dem Mühlstein einer solchen Bewilligung belastet, wie sich der damalige Abgeordnete von Bismarck-Schönhausen ausdrückte, stürzte sich dann der Vereinigte Landtag in das Meer der Vergessenheit. —

II. Kapitel.

Das Staatsschuldenwesen und die Landesvertretung seit der Verfassungsurkunde von 1850.

Erster Titel.
Allgemeine Bestimmungen.

§ 4.

Die Verfassungsurkunde vom 31. Januar 1850 bildet den Abschluss der Verfassungskämpfe in den vorhergehenden Jahren. Nach der Verfassungsurkunde wird die gesetzgebende Gewalt gemeinschaftlich ausgeübt durch den König und durch zwei Kammern, welche letztere später die Namen Abgeordnetenhaus und Herrenhaus erhielten. Die Grundlage für das nunmehrige Verhältniss der Landesvertretung zum Staatsschuldenwesen bilden die Artikel 99, 103 und 104 dieser Verfassungsurkunde. Art. 99 lautet: „Alle Einnahmen und Ausgaben des Staates müssen für jedes Jahr im Voraus veranschlagt und auf den Staatshaushaltsetat gebracht werden. Letzterer wird jährlich durch ein Gesetz festgestellt." Art. 103 lautet: „Die Aufnahme von Anleihen für die Staatskasse findet nur auf Grund eines Gesetzes statt. Dasselbe gilt von der Uebernahme von Garantieen zu Lasten des Staates." Art. 104 lautet: „Zu Etats-Ueberschreitungen ist die nachträgliche Genehmigung der Kammern erforderlich. Die Rechnungen über den Staatshaushaltsetat werden von der Oberrechnungskammer geprüft und festgestellt. Die allgemeine Rechnung über den Staatshaushalt jeden Jahres, einschliesslich einer Uebersicht der Staatsschulden, wird mit den Bemerkungen der Oberrechnungskammer zur Entlastung der Staatsregierung den Kammern vorgelegt. Ein besonderes Gesetz wird die Einrichtung und die Befugnisse der Oberrechnungskammer bestimmen."

Wenige Wochen nach Emanation der Verfassungsurkunde erschien am 24. Februar 1850 das Gesetz betreffend die Verwaltung des Staatsschuldenwesens und Bildung einer Staatsschulden-Commission, welches auch bei der Verwaltung des Staatsschuldenwesens für die Mitwirkung der Landesvertretung der neuen Staatsverfassung entsprechende Organe schuf.

Die angeführten Verfassungs-Artikel 99 und 103 waren gleichlautend schon enthalten in der ersten Regierungsvorlage einer Verfassungsurkunde an die Nationalversammlung vom 20. Mai 1848, wie in der octroyirten Verfassung vom 5. December 1848.

So einfach und klar die beiden Verfassungsartikel 99 und 103 sind, so haben sie doch ebenso wie der übrige Theil der Verfassungsurkunde seit ihrem nun 20jährigen Bestehen von Seiten der Regierung in allen Beziehungen die willkürlichsten Auslegungen zu Gunsten einer Beschränkung der Landesvertretung erfahren.

Soweit sich diese Verfassungsverletzungen in den Rahmen einer systematischen Darstellung der rechtlichen Beziehungen der Landesvertretung zu dem Staatsschuldenwesen nicht einfügen lassen, stellen wir sie vorab hier zusammen. Es handelt sich dabei theils um die Nichtachtung von beiden Artikeln 99 und 103 zugleich, theils um die Nichtachtung des Artikels 103 für sich allein.

Die Verletzung von beiden Artikeln zugleich äussert sich darin, dass die Regierung einerseits Schuldverbindlichkeiten eingeht, ohne durch ein Gesetz dazu Vollmacht erhalten zu haben und andererseits Zahlungen aus diesen Verbindlichkeiten annimmt oder leistet, ohne dazu durch das Etatsgesetz ermächtigt zu sein.

Eine Nichtachtung der Verfassungsbestimmungen in dieser Art ist bei zwei Gattungen von Schulden vorgekommen, bei den Schuldanerkenntnissen über Kriegsleistungen und bei den Schulden der Seehandlung.

Bei den Schuldanerkenntnissen über Kriegsleistungen stützt sich die Regierung auf das Gesetz wegen der Kriegsleistungen und deren Vergütung vom 11. Mai 1851. Dieses Gesetz trat an die Stelle einer während der Mobilmachung gegen Oesterreich am 12. November 1850 octroyirten Verordnung. Dieses Gesetz berechtigt die Regierung, nach eingetretener Mobilmachung von den Kreisen gewisse Leistungen (Lieferung von Proviant, Vorspann, Ueberlassung von Gebäuden u. s. w.) gegen einen bestimmten Preis zu beanspruchen und den Kreisen statt Baarzahlung mit 4 Procent verzinsliche Anerkenntnisse auszustellen. Die zweite Kammer lehnte bei Berathung des Gesetzes vom 11. Mai 1851 den Antrag Beseler, wonach die Ausgabe solcher Anerkenntnisse von der Zustimmung der Landesvertretung abhängig gemacht werden sollte, mit Stimmengleichheit ab (Verh. d. 2. Kammer 1850/51 S. 712). Vergebens führte der Abg. Simson aus, dass ein solches Gesetz gegen Art. 99 und 103 der Verfassung verstosse. Er bemerkte: „Lassen sich die gesetzgebenden Gewalten gleichwohl zu solchen Bestimmungen herbei, so behaupte ich, dass sie es ohne Erfolg thun. Wenn die gesetzgebenden Gewalten die Verfassung auch im Wege der sogenannten ordentlichen Gesetzgebung ändern können, so binden sie durch Gesetze, die — ohne vorgängige Aenderung der Verfassung — dieselbe übertreten, nicht einmal sich selbst für die Zukunft, geschweige denn eine andere Volksvertretung, die nach ihnen kommt (S. 705).

In Bezug auf Art. 103 der Verfassung wurde die Unverträglichkeit des Gesetzes in den Verhandlungen damit auszuräumen versucht, dass man behauptete, dieser Artikel verlange blos zur Aufnahme von Darlehen, wohin kreditirte Kriegsleistungen ja nicht zu rechnen seien, ein Gesetz. Das in dem Artikel 103 gebrauchte Wort Anleihe ist allerdings nach dem gewöhnlichen Sprachgebrauch gleichbedeutend mit Darlehen; ersteres bezeichnet mehr den Standpunkt des Darlehnsempfängers, letzteres den Standpunkt des Darleihers. Von Publicisten dagegen wird Staatsanleihe durchweg gleichbedeutend gebraucht mit Staatsschuld. Für diese weitere Bedeutung des Wortes Anleihe in Artikel 103 spricht auch der zweite Satz des Artikels, wonach es zur Uebernahme einer Garantie eines Gesetzes bedarf. Eine Garantie begründet doch immer nur eventuell eine Staatsschuld. Der Gesetzgeber würde also nicht folgerichtig verfahren sein, hätte er zur Uebernahme von eventuellen Schulden immer ein Gesetz, zur Uebernahme bereits actueller Schulden dagegen ein Gesetz nur dann verlangt, wenn diese Schulden aus Darlehen entstehen. Auch der innere Zusammenhang mit Artikel 99 spricht für die weitere Auslegung des Wortes Anleihe in Art. 103. Die Aufnahme einer Schuld und die Uebernahme einer Garantie hat in der Regel Ausgaben für eine ganze Reihe von Jahren zur Folge. Das Staatshaushaltsgesetz gibt nach Art. 99 immer nur für ein Kalenderjahr der Regierung Vollmacht zur Leistung gewisser Ausgaben. Da bedarf es bei Eingehung von Schulden für die Regierung offenbar schon der Gläubiger wegen einer Vollmacht, welche über diese Zeit hinausreicht. Vollkommen angemessen erscheint es, wenn nun für die Vollmacht zur Eingehung solcher weitreichender Schuldverbindlichkeiten dieselbe Form wie nach Art. 99 für die jährliche Feststellung des Staatshaushaltsetats erfordert wird, d. h. die Form eines Gesetzes (vgl. Verh. der 2. Kammer 1851 S. 649).

Indem die Regierung nach dem Gesetze über die Kriegsleistungen ohne Zustimmung des Landtags über ausserordentliche Mittel zur Kriegsführung gebieten kann, hat sie thatsächlich eine ähnliche Befugniss wiedergewonnen, welche sie im Patent vom 3. Februar 1847 unter dem Widerspruch des Vereinigten Landtags in Anspruch nahm, nämlich das Recht, in Kriegszeiten selbständig Darlehen aufnehmen zu können. Die Bedeutung jener Befugniss zeigte sich während des Krieges von 1866. Der Landtag war vor Beginn desselben nach Hause geschickt worden; ob derselbe der Regierung bedingungslos eine Anleihe bewilligt haben würde, erschien damals mehr als zweifelhaft. Nach angeordneter Mobilmachung machte die Regierung von der ihr im Gesetze vom 11. Mai 1851 eingeräumten Befugniss den ausgedehntesten Gebrauch; sie bezahlte für 6,055,433 Thlr. Kriegsleistungen der Kreise mit Anerkenntnissen. Um diese Leistungen bis zur Einlösung der Anerkenntnisse Seitens der Regierung bezahlen zu können, mussten nun die Kreise Anleihen aufnehmen. Die Nothwendigkeit, für Kriegszwecke Anleihen aufzunehmen, war also vom Staate auf die Kreise übergewälzt, und diese letzteren mussten natürlich ihren Kredit weit theurer bezahlen, als der Staat, wenn er zur Aufnahme einer Anleihe in verfassungsmässiger Weise geschritten wäre, nöthig gehabt hätte. Nach beendigtem Kriege sind die Anerkenntnisse von der Regierung aus dem Ertrage der Kriegscontributionen der besiegten Staaten eingelöst worden.

Nicht zufolge eines besonderen Gesetzes, sondern thatsächlich nimmt eine Ausnahmestellung den Artikeln 99 und 103 der Verfassung gegenüber das Staatsgeldinstitut der „Seehandlung" ein. Die Einnahmen und Ausgaben derselben werden nicht auf den Staatshaushaltsetat gebracht; ebenso geht die Seehandlung Schuldverbindlichkeiten ohne gesetzliche Unterlage ein. Sie nimmt gegen Ausstellung sog. Seehandlungs-Obligationen verzinsliche Depositen auf sechsmonatliche Kündigung an (Ende 1867 betrugen dieselben 746,990 Thlr.) und macht ausserdem von dem gewönlichen Bankkredit Gebrauch (Ende 1867 betrug das Conto der in- und ausländ. Creditoren der Seehandlung 17,755,829 Thlr.). Allerdings verträgt sich mit der Beobachtung der Verfassung ein kaufmännischer Geschäftsbetrieb nicht. Daraus geht aber, wie schon 1850 der Abgeordnete von Beckerath in der zweiten Kammer hervorhob (Verh. S. 2231), nur die Bestätigung des Satzes hervor, dass überhaupt die kaufmännische Natur der Seehandlung ganz unhaltbar ist. Im Abgeordnetenhause kam die Zweckmässigkeit der Auflösung der Seehandlung zuletzt 1862 und zwar in der Staatshaushalts-Commission und im Plenum (Anl. S. 837 und Verh. S. 1152) zur Sprache. Es führte u. A. der Abg. Meibauer aus, dass nach Art. 109 der Verf.-Urkunde, wonach nur die der Verfassung nicht zuwiderlaufenden Artikel in Kraft bleiben, die für die Geschäftsoperationen der Seehandlung massgebende Kabinetsordre vom 17. Januar 1820 als aufgehoben zu betrachten sei. Von der Stellung eines Antrages nahm man jedoch Abstand, und zwar wie derselbe Abgeordnete ausführte, aus dem Grunde, „weil wir alle unsere moralischen und legalen Kräfte einzusetzen haben für die grosse Aufgabe, die uns bevorsteht, für die Erledigung der Militairfrage, von deren richtiger und verfassungsmässiger Lösung es ja abhängen wird, ob wir aus dem Scheinconstitutionalismus heraus sind oder nicht."

Ein ähnliches Geldinstitut, dessen Geschäftsbetrieb in gleicher Weise gegen die Verfassung verstösst, ist die seit 1866 Preussische, vormals Nassauische Landesbank in Wiesbaden. Die Regierung hat die Unverträglichkeit dieser Landesbank mit der Verfassungsurkunde selbst anerkannt und bereitet demzufolge auch einen Gesetzentwurf zur Umwandlung dieses Instituts vor.

Der Artikel 103 der Verfassungsurkunde insbesondere ist wiederholt ausser Acht gelassen worden bei der Eingehung von Schuldverbindlichkeiten, welche nicht zu der von der Hauptverwaltung der Staatsschulden ressortirenden öffentlichen Schuld, sondern zu den sog. „Passiva der Generalstaatskasse" gehören. Dieser in den dreissiger Jahren zur Verdeckung einer gesetzwidrigen Vermehrung der Staatsschulden eingerichtete Etatstitel findet sich auch heute noch im Etat und stehen ˙auf demselben namentlich die Entschädigungsrenten für abgetretene Rechte und Nutzungen. Die Zahlungen aus diesen Rentenschulden werden zwar nach Art. 99 auf den Etat gebracht, dagegen ist die Eingehung solcher Verbindlichkeiten nicht immer nach Art. 103 auf Grund eines Gesetzes erfolgt. Die eigenmächtige Bewilligung solcher Renten an Fürsten und Standesherren hat vielfach Gelegenheit zu Verhandlungen im Abgeordnetenhause gegeben, bis in der letzten Session das Gesetz vom 15. März 1869 (Ges.-S. S. 490) vereinbart wurde, welches einerseits die bereits gewährten Renten bestätigt, andererseits die künftige Gewährung neuer Entschädigungsrenten für die seit 1848 verletzten Rechte und Vorzüge mittelbar gewordener Deutscher Reichsfürsten und Grafen ausdrücklich an die Gesetzesform knüpft. Hinsichtlich der Entschädigungsrenten für aufgehobene Zölle und sonstige Gerechtsame wurde 1850 in der Centralcommission der zweiten Kammer darauf angetragen, ausdrücklich als Grundsatz auszusprechen, dass solche Renten künftig nur, wenn die Entschädigundsverpflichtung auf einem positiven noch gültigen und unzweifelhaft auf den Fall anwendbaren Gesetze beruht, verwilligt werden dürfen. Die Centralcommission hat aber hierauf mit 9 gegen 7 Stimmen beschlossen, es bedürfe der ausdrücklichen Hervorhebung eines solchen Grundsatzes nicht, da sich derselbe nach dem jetzigen constitutionellen Staatsrechte ganz von selbst verstehe.

Der im Etat des Finanzministeriums besonders aufgeführte Pensionsaussterbefonds wird von der Regierung als Leibrentenschuld rechtlich nicht angesehen; es kommen daher hier Zugänge vor ohne besondere Gesetzesform, indem man lediglich Pensionszahlungen auf den Etat bringt. Ebenfalls finden fortwährend Vermehrungen der Ablösungsrentenschulden auf dem Forstetat ohne besondere gesetzliche Unterlage statt.

Im Jahre 1861 kam auch die wider Art. 103 erfolgte Aufnahme eines Darlehns im Abgeordnetenhause zur Sprache. Es wurde nämlich festgestellt, dass die Regierung zum Bau des Berliner Stadtgerichtsgebäudes in den Jahren 1854—1857 selbstständig eine Anleihe von 78,298 Thaler bei dem Generaldepositorium des Stadtgerichts unter Verpfändung des Gerichtsgebäudes aufgenommen hatte. Die Anleihe war verzinst und theilweise zurückgezahlt worden aus dem alljährlich im Staatshaushalts-etat für den Umbau des Gebäudes ausgeworfenen Beträgen. Der Abg. H o v e r b e c k bezeichnete dieses Verfahren (Verh. S. 1248) als ein ge-meinschaftliches Attentat des früheren Justiz-Ministers und eines Richter-kollegioms auf die Verfassung. Es wurde dann mit grosser Majorität vom Abgeordnetenhause nachstehender Antrag angenommen: „Das Haus der Abgeordneten erkennt mit Befremden, dass von der früheren Justiz-verwaltung ohne Genehmigung der Landesvertretung ein Darlehn zum Erweiterungsbau des hiesigen Stadtgerichts contrahirt worden ist. Das Haus der Abgeordneten begnügt sich damit, die Angelegenheit bei der diesjährigen Budget-Berathung angeregt zu haben, in der bestimmten Er-wartung, dass der Justizminister im nächsten Jahre die geeigneten An-träge stellen wird, um die Angelegenheit in einen verfassungsmässigen und den gesetzlichen Rechten der Deposital-Interessenten entsprechenden Zustand überzuleiten." Im Jahre 1862 erklärte der Regierungscommissar in der Budgetcommission, der eben beregten Erwartung habe Seitens der Staatsregierung nur dadurch genügt werden können, dass in dem Haupt-Etat der Justizverwaltung für die Jahre 1862 und 1863 ein, den generellen Bedürfnissen entsprechendes Quantum von 8000 Thlr. zur schnelleren Tilgung der Schuld ausgeworfen worden, zu welcher dadurch zugleich die nachträgliche Genehmigung der Landesvertretung eingeholt wird. (Anl. S. 827). Das Abgeordnetenhaus beschloss dagegen, unter Bewilligung der 8000 Thlr., die Staatsregierung aufzufordern, den Rest der Schuld des Justiz-Fiscus an das General-Depositorium des Berliner Stadt-Gerichts, soweit dasselbe im Jahre 1864 noch vorhanden, im Jahre 1864 zurückzuzahlen und den desfallsigen Betrag in den Staatshaushalts-etat von 1864 aufzunehmen, ohne die Ansätze für die übrigen Bauten zu beeinträchtigen (Verh. S. 1215).

Auch der zweite Satz des Art. 103 der Verfassungsurkunde, wo-nach die U e b e r n a h m e v o n G a r a n t i e e n zu Lasten des Staates und auf Grund eines Gesetzes stattfindet, ist nicht unverletzt geblieben. Unter Berufung auf Art. 63 der Verfassung erschien nämlich am 18. Mai 1866 eine Königliche Verordnung über die Gründung öffentlicher Darlehnskassen und die Ausgabe von Darlehnskassenscheinen. Die Verordnung schuf Darlehnskassen als selbstständige juristische Institute und ermächtigte dieselben zur Ausgabe von Geldzeichen unter der Benennung Darlehns-kassenscheine. Diese sollten bei allen öffentlichen Kassen nach ihrem vollen Nennwerth angenommen werden. In der letzteren Bestimmung lag eine Garantie dieser Scheine, wie des Darlehnsinstituts selber.

Der Art. 63 der Verfassung, auf welchen sich die Verordnung be-

rief, lautet: „Nur in dem Falle, wenn die Aufrechthaltung der öffentlichen Sicherheit, oder die Beseitigung eines ungewöhnlichen Nothstandes
es dringend erfordert, können, insofern die Kammern nicht versammelt
sind, unter Verantwortlichkeit des gesammten Staatsministeriums, Verordnungen, die der Verfassung nicht zuwiderlaufen, mit Gesetzeskraft erlassen werden. Dieselben sind aber den Kammern bei ihrem nächsten
Zusammentritt zur Genehmigung sofort vorzulegen." — In Gemässheit
dieses Artikels legte die Regierung denn auch die Verordnung dem im
August 1866 zusammentretenden Landtage vor. Das Abgeordnetenhaus
versagte aber diese Genehmigung. In dem Commissionsbericht darüber
(Anl. S. 270) heisst es u. A.: Der Art. 63 der Verfassung gewährt nur
insofern die Berechtigung zum Erlass von Verordnungen mit Gesetzeskraft, als dieselben „der Verfassung nicht zuwiderliefen." Die Verordnung vom 18. Mai d. J. sei mithin von Anfang an nichtig und kraftlos
gewesen. Ueberhaupt wäre der Art. 103 gewissermassen neben Art. 99
der Angelpunkt der ganzen Verfassung. Wenn der Regierung das Recht
zugestanden würde, auf Grund des Art. 63 Garantieen zu übernehmen
oder Anleihen zu contrahiren, so wäre der Landtag ein überflüssiges
Institut. Ausserdem sei der Art. 103 und die stricte Beobachtung desselben die Hauptsicherheit der Staatsgläubiger. Seine Durchblöcherung
müsse nothwendig den Staatskredit erschüttern. Endlich könne man
keineswegs zugeben, dass die Darlehnskassen ein so nützliches Institut
wären, wie von der Regierung und auch anderweit behauptet werde.
Sonach liege keine Veranlassung vor, die beantragte nachträgliche Genehmigung zu der Verordnung vom 18. Mai d. J. zu ertheilen, da dieselbe weder für verfassungsmässig noch für nothwendig und nützlich gehalten werden könne. Nach erfolgter Genehmigung des Abgeordnetenhauses erklärte die Regierung ihre Verordnung für aufgehoben.

Gleichzeitig mit dem Antrage zur verfassungsmässigen Genehmigung
der Verordnung hatte der Finanzminister persönlich im Abgeordnetenhause um Indemnität, d. h. um Verzeihung für den Verfassungsbruch
gebeten. Das Abgeordnetenhaus ertheilte die Indemnität, weil, wie der
betreffende Commissionsbericht ausführt, angenommen werden müsse, dass
die Regierung bona fide gehandelt habe.

Unter den geschilderten Verhältnissen hat sich eine verfassungsmäs-
sige Praxis in Bezug auf das Verhältniss der Landesvertretung nur für
denjenigen Theil der Staatsschuld entwickeln können, welcher von der
Hauptverwaltung der Staatsschulden ressortirt und im Staatshaushaltsetat
als öffentliche Schuld bezeichnet wird. Es gehören dahin diejenigen
Schuldposten, welche bereits in der Verordnung vom 17. Januar 1820 erwähnt sind und diejenigen neueren Schuldposten, welche nach dem Gesetz

betreffend die Verwaltung des Staatsschuldenwesens und Bildung einer Staatsschulden-Commission vom 24. Februar 1850 der Hauptverwaltung besonders überwiesen sind. Zu den letzteren zählen namentlich alle grösseren Staatsanleihen. Im Ganzen beträgt die Schuld auf dem Etat der Hauptverwaltung circa 442 Millionen Thaler d. i. etwa elf Zwölftel der gesammten Staatsschuld. Für diesen Theil der Staatsschuld kommt in Betracht das Recht der Landesvertretung 1) in Bezug auf die Aufnahme von Anleihen; 2) in Bezug auf die jährliche Feststellung des Haushaltsetats, und 3) in Bezug auf die Controlle der Hauptverwaltung.

Zweiter Titel.

Die Schuld auf dem Etat der Hauptverwaltung.
(Oeffentliche Schuld.)

§ 5.
Die Aufnahme von Anleihen.

Staatsanleihen können nur auf Grund eines Gesetzes aufgenommen werden. (Art. 103 d. Verf.-Urk.) Ebenfalls eines Gesetzes bedarf es, wenn der Staat als Schuldner in bereits vorhandene Schuldverhältnisse eintreten soll. Die aus den 1866 neu erworbenen Landestheilen auf den Etat der Hauptverwaltung der Staatsschulden übernommenen Schulden sind durch die Gesetze vom 29. Februar 1868 und vom 5. März 1869 als Preussische Staatsschulden anerkannt worden. In den Motiven zu dem erstgenannten Gesetze heisst es: Durch die Incorporation dieser Landestheile haben zwar ihre Passiva die rechtliche Natur Preussischer Staatsschulden erhalten, welche Schuld aber die Eigenschaft einer Staatsschuld gehabt habe, und zu welchem Betrage, kann nur durch Anerkenntniss derselben verfassungsmässigen Organe festgestellt werden, welche durch Aufnahme von Schulden den Staat obligiren können (Abg.-H. 1867/68 Anl. Nr. 37).

Die Hohenzollernschen Staatsschulden, welche nicht auf dem Etat der Hauptverwaltung der Staatsschulden stehen, sondern auf dem Etat der Hohenzollernschen Lande, einem besonderen Abschnitt des Staatshaushaltsetats, geblieben sind, wurden s. Z. ohne besonderes Gesetz zur Verzinsung und Tilgung übernommen. Die Verzinsung und Tilgung der Actien und Prioritätsobligationen der Niederschlesisch-Märkischen und der Münster-Hammer Eisenbahngesellschaft ist durch die Gesetze betreffend die Erwerbung dieser Eisenbahnen für den Staat vom 31. März 1852 und vom 30. April 1855 auf die Staatskasse übernommen worden.

Die Aufnahme einer Anleihe wird durch das Gesetz beschränkt a) in Bezug auf die Verwendung des Kredits und b) in Bezug auf den Umfang der Anleihe.

a) Was die Verwendung des Kredits anbelangt, so werden in Kreditgesetzen für den Bau von Staatseisenbahnen die Endpunkte der Linien angegeben, in Kreditgesetzen für militairische Zwecke pflegt eine Begrenzung der Verwendung auf die ausserordentlichen Bedürfnisse eines bestimmten Jahres oder auf die ausserordentlichen Ausgaben aus einem bereits eingetretenen Ereignisse stattzufinden. So bezieht sich beispielsweise das Kreditgesetz vom 28. September 1866 auf die durch den Krieg gegen Oesterreich und in Deutschland veranlassten ausserordentlichen Ausgaben. Einzelne Gesetze wie die Gesetze vom 7. December 1849, 7. März 1850, 21. Mai 1859 und 28. September 1866 haben die Aufnahme eines Kredits nur alternativ und subsidiär, d. h. soweit gestattet, wie andere in den Gesetzen noch aufgeführte Geldmittel zu dem bestimmten Zwecke nicht ausreichen sollten. Die Einnahmen und Ausgaben, welche der Staatskasse durch Aufnahme und Verwendung von Krediten erwachsen, pflegen nicht auf den Staatshaushalts-Etat gebracht zu werden, wiewohl Art. 99 der Verfassungsurkunde bestimmt, dass alle Einnahmen und Ausgaben im Voraus veranschlagt und auf den Etat gebracht werden müssten. Im Haushalt des Norddeutschen Bundes wird die gleichlautende Verfassungsbestimmung strenger beobachtet und sind dort die ausserordentlichen Einnahmen aus der Marineanleihe und die Verwendungen daraus regelmässig auf den Etat gebracht worden. In den Allgemeinen Rechnungen über den Preussischen Staatshaushalt erscheinen die Einnahmen und Ausgaben aus Krediten als ausseretatmässige Positionen. In Kreditgesetzen für militairische und allgemeine politische Zwecke pflegt der Regierung die Verpflichtung auferlegt zu werden, bei der nächsten Zusammenkunft des Landtags über die Ausführung des Gesetzes Rechenschaft zu geben. Ueber die Verwendung der Eisenbahnkredite findet man nähere Auskunft in den dem Landtage alljährlich über den Fortgang des Baues von Staatseisenbahnen vorgelegten Uebersichten. Im Jahre 1865 kam in der Budgetkommission des Abgeordnetenhauses (Anlagen S. 105) zur Sprache, dass die Regierung den Bedarf für die Altenbecken-Holzmindener Bahn statt mit der dafür bestimmten Anleihe von 1862, aus dem Erlöse der für den Bau der Schlesischen Gebirgsbahn 1864 aufgenommenen Anleihe vorschussweise entnommen hätte. Es war das Seitens der Regierung geschehen, weil die 4½procentigen Obligationen der Anleihe von 1864 zur Zeit vortheilhafter für die Staatskasse untergebracht werden konnten, als die 4procentigen Obligationen der Anleihe von 1862. Der Regierungskommissar erklärte, dass die nachträgliche Genehmigung dieser Finanzoperation bei der Rechnungslegung nachgesucht werden solle. Gegen diese Bemerkung wurde eingewendet, dass eine Rechnungslegung keineswegs den Charakter der Nachsuchung einer Indemnität in sich schliesse, dass die Regierung vielmehr verpflichtet gewesen sei, Indemnität beim ersten Zusammentritt der Landesvertretuug nachzusuchen. Die Zweckmässigkeit der Finanzoperation, die überdies noch zu bestreiten, könne nicht die Berechtigung des Finanz-Ministers begründen. Wenn Gelder, welche für eine bestimmte Bahn bewilligt werden, zum Bau einer anderen verwendet würden, gehe die Sicherheit dafür verloren, dass die zu bestimmten Zwecken bewilligten Anleihen auch wirklich dazu verwendet würden. Mit denselben Gründen, wollte man sie gut heissen, könnte eine anderweitige, beliebige Verwendung möglicherweise vorgenommen werden. Die Commission war indess der Meinung, dass es vorläufig genüge, diese protestirende Ansicht niederzulegen und enthielt sich in Folge dessen der Stellung eines bezüglichen Antrages im Plenum des Hauses. Späterhin bei Vorlegung der Allgemeinen Rechnungen aus dem betreffenden Jahre wurde im Abgeordnetenhause mit Rücksicht auf das unter dem 20. September 1866 erlassene Indemnitätsgesetz von einer ins Einzelne gehenden Prüfung der Rechnungen abgesehen.

Eine erheblichere Abweichung von der gesetzlich gestatteten Verwendung erlaubte sich die Regierung bei dem ihr durch das Gesetz vom 28. September 1866 bewilligten Kredit. Derselbe war ertheilt worden zu den durch den Krieg gegen Oesterreich und in Deutschland veranlassten ausserordentlichen Ausgaben. Gleichwohl bestritt die Regierung aus diesem Kredit auch die dem Könige Georg und dem Herzog Adolph zu Nassau durch Königliche Entschliessung gewährten Ausgleichungssummen. In der Budget-Commission des Abgeordnetenhauses wurde dies 1867 gerügt und beschlossen, an die Staatsregierung die Aufforderung zu richten, durch eine besondere Vorlage unter Vorlegung der mit den depossedirten Fürsten abgeschlossenen Verträge die Genehmigung des Landtages für die denselben gewährten Abfindungssummen einzuholen. Die Regierung kam dieser Aufforderung durch Vorlage eines dahin gerichteten Gesetzentwurfs nach; letzterer erhielt darauf die Zustimmung des Landtages. (Abgeordnetenhaus 1867/68 Anl. S. 116.)

b) Der Umfang der Anleihe wird in der Hauptsache begrenzt durch die Summe, bis zu welcher sich die Regierung obligiren darf und durch die Aufnahmebedingungen. Was zunächst die Summe betrifft, so wird in Kreditgesetzen für militärische und allgemein politische Zwecke die Kreditbewilligung regelmässig an die Resolutivbedingung geknüpft, dass, soweit bei der nächsten Zusammenkunft des Landtages die Kreditaufnahme noch nicht erfolgt sei, hinsichtlich der Fortdauer der Ermächtigung gesetzliche Anordnung vorbehalten bleibt. Im Zusammenhange damit enthalten diese Kreditgesetze sämmtlich die bereits oben erwähnte

Bestimmung, dass die Regierung bei der nächsten Zusammenkunft des Landtages über die Ausführung des Gesetzes Rechenschaft zu geben habe. Hinsichtlich des frühesten Termins zur Aufnahme der bewilligten Summe enthalten die Kreditgesetze keine Beschränkung. Die Regierung kann also namentlich bei den Eisenbahnanleihen sofort die ganze für den Bau einer Linie bewilligte Summe aufnehmen.

Die Summe der aufgenommenen Kredite ergiebt sich aus dem alljährlich dem Landtage von der Staatsschulden-Commission erstatteten Bericht. Während der letzten 14 Jahre scheint die Regierung von den Eisenbahnkrediten durchweg früher Gebrauch gemacht zu haben, als es die zum Bau erforderlichen Summen nothwendig machten. Die Eisenbahnanleihe von 1855 wurde schon im selbigen Jahre vollständig realisirt; der Erlös aus der Anleihe gelangte gleichwohl in diesem Jahre nur zu einem Drittel zur Verwendung, während die übrigen Summen erst in den Jahren 1856—58 verausgabt wurden. Ebenso fanden bei den folgenden Eisenbahnanleihen erhebliche Vorgriffe statt. Die durch Gesetz vom 9. März 1867 genehmigte Eisenbahnanleihe von 24,000,000 Thlr. ist bereits 1868 vollständig realisirt worden, wiewohl die aus dem Erlös der Generalstaatskasse zugeflossenen Gelder kaum vor 1871—1872 vollständig zur Verausgabung gelangen dürften. Es scheint, als wenn in der Zwischenzeit entweder die Obligationen in natura im Portefeuille der Generalstaatskasse bleiben oder der Erlös daraus anderweitig, vielleicht bei der Seehandlung verzinslich angelegt würde. In beiden Fällen erwächst der Generalstaatskasse ein Zinsgewinn. Aus dem Zuwachs desselben zu dem unmittelbaren Erlös aus der Anleihe erklärt es sich auch vielleicht, dass die allgemeinen Rechnungen aus mehreren Anleihen einen höheren Ertrag nachweisen, als der Nennwerth der Anleihesumme beträgt. Thatsächlich sichert sich die Regierung in dieser Weise durch vorzeitige Benutzung des Kredits grössere Mittel, als ihr zu bewilligen Absicht des Landtages gewesen ist.

Unter den Aufnahmebedingungen, welche den Umfang der Anleihen beschränken, sind die wichtigsten die Bestimmungen über die Rückzahlung der Anleihe. In dieser Beziehung ist die Anleihe entweder eine fundirte oder sie betrifft die Ausgabe von Schatzanweisungen. Schatzanweisungen sind verzinsliche Obligationen, längstens auf ein Jahr lautend; dieselben wurden zuerst durch das Kreditgesetz vom 28. September 1866 eingeführt. In den Kreditgesetzen vom 28. Sept. 1866, 3. März 1868, 6. März 1868 und 5. Februar 1869 ist der Regierung freie Hand gelassen, den Kredit entweder ganz zur Ausgabe von Schatzanweisungen oder theilweise auch zur Aufnahme einer fundirten Anleihe zu benutzen. Bei dem Kreditgesetz vom 28. September 1866 war für die Ausgabe von Schatzanweisungen die Aussicht massgebend, einen Theil des Kredits aus dem Erlös zur Veräusserung bestimmter Eisenbahneffecten des Staates oder aus Ueberschüssen einlösen zu können. Als sich diese Aussicht nachher nicht verwirklichte, behielt man die Schatzanweisungen bei, weil man nach den Verhältnissen des Geldmarktes in dieser Form Kredit zu billigerem Preise erhalten zu können meinte. Durch die Staatshaushaltsgesetze für 1868 und 1869 wurde die Regierung ermächtigt, für den Gesammtbetrag der in diesen Jahren ablaufenden Schatzanweisungen neue Schatzanweisungen auszugeben. Die Nothwendigkeit solcher periodischen Erneuerung dieses Kredits kann dazu beitragen, dem Geldbewilligungsrecht des Landtags diejenige thatsächliche Bedeutung wiederzugeben, welche demselben durch die Ansammlung eines Baarschatzes von dreissig Millionen Thaler genommen ist. Im Staatshaushaltsgesetz für 1869 ist der Ermächtigungsklausel, die Ausgabe neuer Schatzanweisungen betreffend, eine Fassung gegeben worden, welche es ermöglicht, dass zunächst durch Ausgabe neuer Schatzanweisungen die Mittel zur Einlösung der früher emittirten beschafft werden, während nach der Fassung des Staatshaushaltsgesetzes für 1868 die ausgegebenen Schatzanweisungen eingelöst sein mussten, bevor die Ausgabe neuer Schatzanweisungen erfolgen durfte.

Fundirte Anleihen sind Anleihen, welche im Gegensatz zu den Schatzanweisungen keinen bestimmten Rückzahlungstermin haben; es wird jedoch in den Kreditgesetzen eine Minimalquote der Anleihesumme bestimmt, welche alljährlich zur Tilgung der Anleihe verwendet werden muss. Letztere Bestimmung fehlt in den Kreditgesetzen vom 7. December 1849 und vom 21. Mai 1859. In dem Gesetz vom 7. December 1849 hat man die Bestimmung unterlassen, weil die Aufnahme einer Anleihe damals noch nicht so nahe bevorstand und die Regierung sich vorbehalten hatte, erst einen Amortisationsplan auszuarbeiten. In dem Angesichts des Krieges in Italien erlassenen Kreditgesetze vom 21. Mai 1859 ist eine Bestimmung über die Amortisation fortgeblieben, weil es wünschenswerth erschien, „der Staatsregierung unter den dermaligen schwierigen Verhältnissen hinsichtlich der Modalitäten, unter welchen die Anleihe aufzunehmen, freie Hand zu lassen." (Abg.-H. 1859 Anl. S. 831).

Wo das Kreditgesetz eine Tilgungsquote festsetzt, trifft es auch Bestimmung über die Verwendung dieser Quote, darüber, ob dieselbe auch durch freihändigen Ankauf oder blos durch Ausloosung al pari zur Verwendung gelangen kann. Nur bei der Anleihe von 1850 hat diese Bestimmung erst nachträglich das Gesetz vom 7. Mai 1851 getroffen. Für die Prämienanleihe von 1855 erlaubte in Bezug auf die Tilgungsweise die Königliche Kabinetsordre sich von dem Kreditgesetz abweichend

9*

Bestimmungen. Letzteres hatte nämlich festgesetzt, dass die jährlich zu tilgenden Obligationen durch freihändigen Ankauf an der Börse oder Ausloosung al pari beschafft werden sollten. Der Königliche Aufnahme-Erlass bestimmte dagegen, dass die Tilgung durch Prämienausloosung erfolgen solle. Die Commission der Zweiten Kammer erklärte, dass diese Form die Anwendung der für die Staatsschuldentilgung allgemein gegebenen gesetzlichen Vorschriften ausschliesse und dass es deshalb einer jenen allgemeinen Vorschriften derogirenden gesetzlichen Genehmigung des Special-Tilgungsplanes der Prämien-Anleihe bedürfen werde, um möglichen, künftigen Weiterungen vorzubeugen. Der Finanzminister leugnete die Nothwendigkeit des gewünschten Zusatzes. Die Bedenken, welche der fragliche Zusatz beseitigen wolle, seien vor der Beschluss-fassung über die bei Realisirung der neuesten Anleihe zu wählende Form in reifliche Erwägung gezogen, und wäre man zu der Ueberzeugung gelangt, dass keine gesetzliche Bestimmung verletzt werde, wenn eine Prämien-Anleihe und nicht eine in üblicher Weise zu verzinsende und zu amortisirende effectuirt werde. An dieser Ueberzeugung halte die Regierung auch jetzt noch fest und ebenso an der, dass es einer gesetzlichen Regelung und Billigung des abgeschlossenen Anleihe-Geschäftes in keiner Weise bedürfe. Da aber der Zusatz-Paragraph als ein nur formeller angekündigt, und da hierdurch, wie durch anderweitige Discussionen, sich thatsächlich herausgestellt, dass Bedenken dennoch gehegt würden, da endlich das Amendement auch keinerlei Tadel gegen die Regierung einschliesse, so finde dieselbe gegen dessen Annahme nichts zu erinnern. (2. Kammer 54/55 Anl. 2. 302.) Demgemäss wurde dann in das Gesetz vom 7. Mai 1855 ein Passus aufgenommen, wonach die Verzinsung und Tilgung der Prämien-Anleihe „nach Massgabe des dem Erlass beigefügten speciellen Verzinsungs- und Tilgungsplans stattfindet."

Ebenso wie die Tilgungsweise wird auch der Vorbehalt der Kündigung und die Kündigungsfrist für den Staat durch Gesetz festgestellt. Der Nennwerth der Theilobligationen, sowie der Zinsfuss unterliegt dagegen der selbstständigen Festsetzung der Regierung. Nur bei den Anleihen von 1856 und 1867 hat das Gesetz auch hierüber vorgängige Bestimmung getroffen. Es war dies ausnahmsweise erforderlich, weil die betreffenden Anleihe-Obligationen nicht auf den Markt gebracht wurden, sondern die gesetzliche Entschädigung für bestimmte Personen (die Preussische Bank und die bisher von der Grundsteuer Befreiten) darstellten.

Ueber die Zinsverjährung werden stets gesetzliche Bestimmungen getroffen. Nur für die Kriegs-Anleihe von 1859 hat eine auf Grund des Nothstandsartikels (Art. 63) der Verfassung erlassene, später dem Landtage zur Genehmigung vorgelegte Königliche Verordnung hierüber Bestimmungen getroffen.

§ 6.

II. Die jährliche Feststellung des Haushalts-Etats.

Art. 99 der Verfassungs-Urkunde bestimmt: Alle Einnahmen und Ausgaben des Staates müssen für jedes Jahr im Voraus veranschlagt und auf den Staatshaushalts-Etat gebracht werden. Letzterer wird jährlich durch ein Gesetz festgestellt.

Für die Jahre 1862 bis einschl. 1866 ist in Folge der Weigerung der Regierung, die vom Abgeordnetenhause im Etat gemachten Streichungen anzuerkennen, kein Staatshaushalts-Gesetz publicirt worden; gleichwohl hielt sich die Regierung für berechtigt, alle Ausgaben, welche sie als für das Staatsinteresse nothwendig oder nützlich erachtete, zu leisten. Durch Gesetz vom 14. September 1866 wurde der Regierung hierfür Indemnität, und zwar in der Form ertheilt, dass die diesem Gesetz als Anlagen beigefügten Uebersichten der Staatseinnahmen und Ausgaben für die Jahre 1862, 1863, 1864 und 1865 statt des verfassungsmässigen und alljährlich vor Beginn des Etatsjahres zu vereinbarenden Staatshaushalts-Gesetzes als Grundlagen für die Rechnungslegung und die Entlastung der Staatsregierung dienen sollen. Zugleich wurde die Staatsregierung für das Jahr 1866 zu den Ausgaben der laufenden Verwaltung bis zur Höhe von 154 Millionen Thaler ermächtigt.

In Uebereinstimmung mit Art. 99 der Verfassungsurkunde hat das Gesetz, betreffend die Verwaltung des Staatsschuldenwesens und Bildung einer Staatsschulden-Commission vom 24. Februar 1850 im § 7 noch besonders festgesetzt: Das Bedürfniss der Hauptverwaltung der Staatsschulden zur Verzinsung und Tilgung der Staatsschulden und zur Bestreitung der Verwaltungskosten wird für jedes Finanzjahr durch den Staatshaushalts-Etat bestimmt.

Das neueste Staatshaushalts-Gesetz für 1869 enthält die Ausgaben für die von der Hauptverwaltung der Staatsschulden ressortirenden Schuldposten als „Dotation der öffentlichen Schuld" im 33. Kapitel der Ausgaben (Kap. 32—35 bilden unter der Ueberschrift Dotationen den Abschnitt B. der Ausgaben). Der erste mit Zustimmung der Landesvertretung festgestellte Etat für 1850 theilte dies Kapitel in 4 Ausgabetitel, für die Verzinsung, Tilgung, die Renten einschliesslich der Kosten der unverzinslichen Schuld und die Verwaltungskosten. Im Etatsgesetz für 1851 wurden die Kosten der unverzinslichen Schuld als besonderer Titel ausgeworfen. Das Etatsgesetz für 1853 schied die Verwaltungskosten in persönliche und sächliche und fügte als neuen Titel die Bruttoausgaben für die Staatsdruckerei hinzu. Die Staatsdruckerei verschwindet von 1858 ab vom Etat der öffentlichen Schuld und geht auf den Etat der Allgemeinen Kassenverwaltung über, bis sie später besondere Einnahme- und Ausgabekapitel bekommt.

In Folge der bereits 1862 im Abgeordnetenhause beantragten grösseren Specialisirung (Hagen'scher Antrag) des Staatshaushalts-Etats werden seitdem die Renten und das Extraordinär als besondere Titel aufgeführt und die Persönlichen Verwaltungskosten in die zwei Titel „Besoldungen" und „Andere persönliche Ausgaben", die sächlichen Verwaltungskosten in die zwei Titel „Sächliche und vermischte Ausgaben" und „Unterhaltung des Dienstgebäudes" zerlegt.

Demnach zählt das Etatsgesetz gegenwärtig folgende neun Titel: Die Titel 1—5 umfassen die Verzinsung, die Tilgung, die Kosten der unverzinslichen Schuld, die Renten und das Extraordinär, die Titel 6 bis 9 die Verwaltungskosten, nämlich die Besoldungen, andere persönliche Ausgaben, die sächlichen und vermischten Ausgaben und die Unterhaltung des Dienstgebäudes.

Unter diesen Titeln bedürfen 1 und 2 für Verzinsung und Tilgung keiner näheren Erläuterung. Der Titel Nr. 3, „Kosten der unverzinslichen Schuld", begreift die Kosten zur Verfolgung der Verfertiger und Verbreiter falscher Kassenanweisungen, zur Ersatzleistung für dieselben in besonderen, dazu geeigneten Fällen und zur Bestreitung der Ausfertigungskosten der für beschädigte Kassenanweisungen zu gewährenden Ersatzstücke. Ersparnisse an diesem Titel fliessen zur Verwendung in folgenden Jahren in einen besondern Depositalfonds. Der Titel 4 „Renten" umfasst die Amortisationsrenten an die Rentenbanken aus Ablösungskapitalien und an die Tilgungsfonds der Kur- und Neumark aus einem von denselben 1816 entnommenen Vorschusse. Der Titel „Extraordinär" enthält die an das Rothschild'sche Bankhaus für Zins- und Kapitalauszahlungen zu entrichtenden Provisionen und ausserdem kleine Beträge zur Abrundung.

Aus dem Ausgabenbewilligungsrecht des Landtages folgt auch für die Regierung die Nothwendigkeit, sich für die Kündigungen von Staatsanleihen behufs Herabsetzung des Zinsfusses der Zustimmung des Landtages zu versichern. Denn verlangen die Gläubiger, statt in die Zinsherabsetzung zu willigen, die Baarzahlung des Kapitals, so entstehen für die Staatskasse Ausgaben, mag nun diese Baareinlösung von ihr selbst oder gegen eine Prämie von einem Bankinstitut bewirkt werden. Ueberdies ist in der Regel auch die Einwilligung in die Zinsherabsetzung von den Gläubigern nicht ohne Geldprämien zu erlangen. Thatsächlich hat die Regierung solche Zinsherabsetzungen bisher ohne vorherige Zustimmung des Landtages vorgenommen; die Verfassungsmässigkeit dieses Ver-

fahrens ist bei den durch Königl. Erlass vom 21. März 1862 bewirkten Zinsherabsetzungen für die Anleihen von 1850 und 1852 wiederholt Gegenstand
der Verhandlungen im Abgeordnetenhause gewesen. Dasselbe bewilligte
am 11. August 1862 zwar die Convertirungskosten, erklärte aber dabei,
dass der Erlass vom 21. März 1862 mit der Verfassung nicht im Ein-
klang sei und zu seiner Rechtsgültigkeit der Genehmigung beider Häuser
des Landtages bedürfe. In der Sitzung des Abgeordnetenhauses vom
13. Februar 1868 behauptete der Regierungs-Commissar, diese Genehmigung sei inzwischen durch das Indemnitäts-Gesetz vom 14. September
1866 ertheilt, wodurch der Zustand genau so hergestellt worden, als ob
der Etat für die Jahre 1862 bis 1866 genehmigt worden wäre. Ein
Antrag des Abg. v. Bonin (Genthin), in den Staatshaushaltsetat für
1868 dem für die Anleihe von 1852 ausgeworfenen Zinsbetrage von
4 Procent hinzuzufügen: nicht convertirte 4½ Procent, wurde in der
Schlussberathung am 13. Februar 1868 abgelehnt. Ein von demselben
Abgeordneten als Inhaber eines nicht convertirten Schulddocuments von
1852 gegen die Hauptverwaltung der Staatsschulden angestrengter Pro-
cess auf Zahlung von 4½ statt 4 Procent Zinsen ist nach den bei Erörterung des erwähnen Antrages im Abgeordnetenhause gemachten Mit-
theilungen in zwei Instanzen ungünstig entschieden worden, zuletzt auf
den Präjudicialeinwand hin, dass das Gericht nicht befugt sei, die Rechtsgültigkeit gehörig verkündeter Königlicher Verordnungen zu prüfen.
(Vergl. darüber insbesondere Abgordnetenhaus 1867/68, Verhandlungen
S. 1269, 1599, 1865 Verh. 1248, Anlagen S. 1804.

Nach diesen Erfahrungen hat der Reichstag 1868 darauf bestanden, dass in das Bundesgesetz, betreffend die Verwaltung des Schuldenwesens des Norddeutschen Bundes, ein Amendement Eingang fand, welches
der Verwaltung untersagt, eine Convertirung von Schuldverschreibungen
anders, wie auf Grund eines dieselbe anordnenden oder zulassenden Gesetzes vorzunehmen.

Einnahmetitel enthält der Etat der Hauptverwaltung nicht.
Die Einnahmen der Hauptverwaltung der Staatsschulden aus den in
Effecten angelegten Beständen ihrer Betriebs- und Depositalfonds sind
bisher nicht auf den Etat gebracht worden, wiewohl sie über 100,000 Thlr.
betragen. Entweder wachsen diese Einnahmen stillschweigend dem Fonds
zu, oder werden als zufällige Einnahmen der Allgemeinen Kassenverwaltung verrechnet.

Zur Begründung der Ausgabentitel werden dem Landtage Specialetats vorgelegt, welche den ersten Theil von Band 2 der Anlagen
zum Staatshaushaltsetat bilden und für 1869 111 Quartseiten ausmachen.
Unter diesen Anlagen befindet sich auch ein Verzeichniss der Bestände

der Betriebs- und der Depositalfonds, sowie der von der Hauptverwaltung der Staatsschulden einregistrirten Staatsgarantieen. In dem Specialausgabeetat zerfallen die Titel 1 und 2 für Verzinsung und Tilgung in verschiedene nach der Entstehung der einzelnen Schuldposten zusammengesetzte Gruppen und letztere wieder in die Nummern der einzelnen Schuldposten, wie dies im § 1 des folgenden Theils dieses Werkes angegeben ist. Vor der Linie wird in den Specialetats überall der Kapitalbetrag der betreffenden Schuldposten angegeben.

§ 7.

III. Die Controlle der Schuldenverwaltung.

Gleichwie hinsichtlich der übrigen Finanzverwaltung ergiebt sich auch hinsichtlich der Schuldenverwaltung ein Recht der Controlle für den Landtag schon aus Art. 104 der Verfassungsurkunde. Derselbe lautet: „Zu Etats-Ueberschreitungen ist die nachträgliche Genehmigung der Kammern erforderlich. Die Rechnungen über den Staatshaushalts-Etat werden von der Ober-Rechnungskammer geprüft und festgestellt. Die allgemeine Rechnung über den Staatshaushalt jedes Jahres, einschliesslich einer Uebersicht der Staatsschulden, wird mit den Anmerkungen der Ober-Rechnungskammer zur Entlastung der Staatsregierung den Kammern vorgelegt. Ein besonderes Gesetz wird die Einrichtung und die Befugnisse der Ober-Rechnungskammer bestimmen."

In Gemässheit dieses Artikels wird zunächst nach Beschluss des Abgeordnetenhauses vom 5. Juli 1862 (No. 63 der Drucks.) 10—14 Monate nach Ablauf des Rechnungsjahres dem Landtage eine Uebersicht der Etatsüberschreitungen mit einer summarischen Uebersicht der Einnahmen und Ausgaben vorgelegt. Gegen Ende des dritten Jahres nach Ablauf des Rechnungsjahres folgt dann die Vorlage der Allgemeinen Rechnungen über den Staatshaushalt zur Entlastung der Verwaltung.

Das Ausführungs-Gesetz über die Einrichtung und die Befugnisse der Oberrechnungskammer ist noch nicht erlassen und besteht in Folge dessen die Abhängigkeit derselben von der Verwaltung fort. Dieselbe geht soweit, dass für die Oberrechnungskammer eine Königliche Kabinetsordre genügt, um Etatsüberschreitungen durch beliebige Titelübertragungen auszugleichen. Die Allgemeinen Rechnungen über den Staatshaushalt geben danach über die sachliche Verwendung der Gelder eine nur sehr unzuverlässige Auskunft.

In Bezug auf die Schuldenverwaltung ist neben dieser allgemeinen Controlle dem Landtage durch das Gesetz vom 24. Februar 1850 betreffend die Verwaltung des Staatsschuldenwesens und die Bildung einer Staatsschulden-Commission noch eine besondere Controlle gegeben.

Wie die Darstellung im ersten Abschnitt ergiebt, waren schon durch die Verordnung vom 17. Januar 1820 den Reichsständen folgende Befugnisse eingeräumt worden: a) ein Recht der Präsentation bei Besetzung der Stellen von Mitgliedern der Hauptverwaltung der Staatsschulden; b) die Prüfung der Rechnungen, wogegen die Decharge dem Könige vorbehalten blieb; c) die Mitverschlussnahme der eingelösten Staatsschulden-documente. Durch die Verordnung vom 3. Februar 1847 über die Bildung des Vereinigten Landtags war das erwähnte Präsentationsrecht auf den Vereinigten Landtag übergegangen. Zugleich war an demselben Tage eine besondere Verordnung über die Bildung einer ständigen Deputation für das Staatsschuldenwesen erschienen. Diese Deputation sollte aus acht von den einzelnen Provinziallandtagen gewählten Mitgliedern bestehen, die Rechnungen prüfen, die eingelösten Staatsschulden-Documente in Mitverschluss nehmen und ausserdem bei Gelegenheit ihrer Versammlung ausserordentliche Revisionen der Staatsschulden-Tilgungskasse und der Controlle der Staatspapiere vornehmen können. Diese ständige Deputation trat im März 1848 während der zweiten und letzten Sitzungsperiode des Vereinigten Landtages auch in Thätigkeit und prüfte u. A. die Rechnungen der Schuldenverwaltung pro 1845 und 1846. Die desfallsigen Erinnerungen wurden am 8. März 1848 aufgestellt und das Revisionsprotokoll am 3. November 1848 dem Staatsministerium zur Mittheilung an die (unmittelbar darauf auseinandergetriebene) Nationalversammlung übersandt. Mit dem Bestehen des Vereinigten Landtages hörte dann auch die Wirksamkeit dieser Deputation auf. Die Verfassungsurkunden vom 5. December 1848 und vom 31. Januar 1850 enthielten über die Staatsschuldenverwaltung keine ausdrückliche Festsetzung. Nur musste die Bestimmung der Verordnung vom 17. Januar 1820, wonach der König auf das Gutachten der reichsständischen Versammlung die Rechnungsentlastung zu ertheilen hatte, durch den Art. 104 der Verfassungsurkunde, welcher die Entlastung der gesammten Finanzverwaltung der Landesvertretung zuweist, als beseitigt angesehen werden. Da nun mit dem Aufhören des Vereinigten Landtages kein Organ mehr bestand zur Wahrnehmung der in der Verordnung vom 17. Januar 1820 der Landesvertretung vorbehaltenen Mitwirkung bei der Schuldenverwaltung, so konnten seit 1848 weder die inzwischen erledigten Stellen (des Präsidenten und eines Mitgliedes) der Hauptverwaltung der Staatsschulden besetzt, noch die Rechnungen geprüft, noch die eingelösten Staatsschulden-documente in den vorschriftsmässigen Verschluss genommen werden. Die Nothwendigkeit einer Regelung dieser Verhältnisse veranlasste dringliche Anträge in beiden Kammern, welche Seitens der Regierung die Vorlage eines Gesetzentwurfes, betreffend die Verwaltung des Staatsschuldenwesens und Bildung einer Staatsschulden-Commission, zur Folge hatten.

Das so entstandene Gesetz vom 24. Februar 1850 kam auf das in den Verordnungen vom 17. Januar 1820 und 3. Februar 1847 der Landesvertretung vorbehaltene Recht des Vorschlages zur Besetzung erledigter Stellen der Staatsschuldenverwaltungsbehörde nicht wieder zurück, da, wie es in den Motiven des Gesetzentwurfs heisst, „abgesehen von den durch das Zweikammersystem bedingten Schwierigkeiten, einem solchen Vorschlagsrecht bei Stellen, die eine specielle Verwaltungsthätigkeit erfordern, an sich die erheblichsten Bedenken gegenüberstehen.“ Zur Prüfung der Rechnungen der Hauptverwaltung der Staatsschulden, zur Mitverschlussnahme der eingelösten Staatsschuldendocumente und ausserdem zur fortlaufenden Controlle über alle der Hauptverwaltung der Staatsschulden unter eigner Verantwortlichkeit übertragenen Geschäfte schuf das Gesetz die Staatsschulden-Commission.

Dieselbe sollte nach der Regierungsvorlage bestehen aus zwei Mitgliedern der ersten Kammer, aus zwei Mitgliedern der zweiten Kammer, aus dem Präsidenten der Ober-Rechnungskammer und aus dem Präsidenten des Hauptbank-Directoriums. Die Mitglieder der ersten und der zweiten Kammer sollten durch den König aus einer Liste von je sechs Candidaten ernannt werden, welche jede der beiden Kammern aus ihrer Mitte in Vorschlag zu bringen hatte. Nach dem schliesslich vereinbarten Inhalt des Gesetzes besteht die Commission indessen aus drei von der ersten Kammer (dem Herrenhause) und drei von der zweiten Kammer (dem Abgeordnetenhause) frei gewählten Mitgliedern derselben und aus dem Präsidenten der Ober-Rechnungskammer. Der letztere ist der Commission nach den Motiven des Gesetzentwurfs seiner „technischen Sachkenntniss wegen“ beigeordnet. Bei den Verhandlungen über den Gesetzentwurf wurde es mehrfach als eine Anomalie bezeichnet, dass in einer Commission, aus Volkswahl hervorgegangen, ein Königlicher Beamter Sitz und Stimme habe. Ein die Ausschliessung dieses Beamten bezweckender Antrag wurde in der ersten Kammer gestellt, jedoch mit einer schwachen Mehrheit abgelehnt. (1850, erste Kammer, Verh. S. 2940.)

Die vom Landtage zu ernennenden Mitglieder der Staatsschulden-Commission werden mit absoluter Stimmenmehrheit auf drei Jahre gewählt. Wenn vor Ablauf dieser Zeit ein Mitglied aufhört, Abgeordneter zu sein, so scheidet dasselbe aus der Commission aus. Die in diesem Falle oder nach Ablauf der dreijährigen Amtsdauer Ausscheidenden fungiren bis zum Eintritt ihrer Nachfolger. (§ 11 des Gesetzes.) Die Commission wählt aus ihrer Mitte einen Vorsitzenden und einen Stellvertreter desselben. Die Beschlüsse der Commission werden nach Stimmenmehrheit gefasst. Zu einem Beschlusse ist die Anwesenheit von wenigstens vier Mitgliedern erforderlich. (§ 12 des Gesetzes.) Die aus den Kammern gewählten Mitglieder der Staatsschulden-Commission werden vom Präsidenten in öffentlicher Sitzung unter Hinweisung auf ihren als Abgeordneten geleisteten Eid (Artikel 108 der Verfassungs-Urkunde), der Präsident der Ober-Rechnungskammer aber in der öffentlichen Sitzung des Obertribunals, unter Hinweisung auf seinen Amtseid, auf Erfüllung ihrer besonderen Obliegenheiten verpflichtet. (§ 13 des Ges.)

Mitglieder der Staatsschulden-Commission sind gegenwärtig ausser dem Präsidenten der Ober-Rechnungskammer die Mitglieder des Abgeordnetenhauses v. Bockum-Dolffs, v. Hennig, Frhr. v. Patow (gewählt am 18. December 1867), und die Mitglieder des Herrenhauses Graf zur Lippe, v. Kröcher und v. Rabe. Letzterer ist Vorsitzender, v. Patow stellvertretender Vorsitzender der Commission.

Die Staatsschulden-Commission erhält von der Hauptverwaltung der Staatsschulden die Monats- und Jahresabschlüsse sowohl der Staatsschulden-Tilgungskasse über die zur Verzinsung und Tilgung der Staatsschuld bestimmten Fonds als auch der Controlle der Staatspapiere, und hat so oft sie es für angemessen erachtet, wenigstens aber einmal halbjährlich, ausserordentliche Revisionen der Tilgungskasse und der Controlle der Staatspapiere vorzunehmen. Sie ist befugt, über Alles, was den Bestand, die Verzinsung und Tilgung der Staatsschuld sowie die Verwaltung der Fonds betrifft, von der letzteren Auskunft zu erfordern und derselben ihre Bemerkungen und Ansichten zur Beschlussnahme mitzutheilen (§ 14 des Gesetzes).

Im Jahre 1851 beantragte die Staatsschulden-Commission in der ersten und in der zweiten Kammer des Landtages eine Ergänzung des Gesetzes dahin, dass ein Mitglied der Commission den Vorträgen in den Sitzungen der Hauptverwaltung beiwohnen und alle wesentlichen Verfügungen derselben an Behörden im Concept zu zeichnen habe. In beiden Kammern erfuhren dieselben aber Ablehnung (in der zweiten Kammer sprachen u. A. Vincke, Beseler für dieselben). In der ersten Kammer gelangte nur eine von Mathis vorgeschlagene Resolution zur Annahme, wonach die Hauptverwaltung in Verbindung mit der Regierung alle mit den Vorschriften des Gesetzes vom 24. Februar 1850 vereinbarlichen Mittel anwenden möge, um die Staatsschulden-Commission in den Stand zu setzen, ihren Verpflichtungen nachzukommen. — Unmittelbar nach diesen Beschlüssen legte der Abg. Pochhammer sein Amt als Mitglied der Staatsschulden-Commission nieder, da ihm „zu dessen pflichtmässiger und der eigenen Ueberzeugung genügthuender Wahrnehmung die erforderlichen Mittel nicht gegeben seien." Auch der Abg.

Kühne, Vorsitzender der Commission, schied ohne Angabe von Gründen aus der Commission aus. Der in der ersten Kammer angenommene Antrag Mathis hatte laut dem 1852 erstatteten zweiten Bericht der Staatsschulden-Commission (Drucks. der 2. Kammer Nr. 1751) ein Uebereinkommen mit der Hauptverwaltung vom 13. Mai 1851 zur Folge, demgemäss die Journale derselben von 14 zu 14 Tagen den zu diesem Zwecke zu deputirenden Mitgliedern der Commission oder dieser selbst offen gelegt werden. Der Commission bleibt es dann überlassen, diejenigen Piecen und Acten zu bezeichnen, deren nähere Einsicht ihr wünschenswerth ist. Ferner erhält die Commission eine jährliche Uebersicht der zu tilgenden und eine monatliche Uebersicht der wirklich eingelösten Documente, eine alljährliche Uebersicht der Fondsbestände und eine vierteljährliche Nachweisung der Veränderungen. Die Commission erachtet dadurch sich in den Stand gesetzt, „von der gesammten Geschäftsführung der Hauptverwaltung Kenntniss zu nehmen" und eine „wirksame Ausführung der ihr gesetzlich übertragenen Controle in auslänglichem Maasse zu ermöglichen."

Bei dem jährlichen regelmässigen Zusammentritt der Kammern erstattet die Staatsschulden-Commission den beiden Kammern Bericht über ihre Thätigkeit, sowie über die Ergebnisse der unter ihre Aufsicht gestellten Verwaltung des Staatsschuldenwesens in dem verflossenen Jahre. Die Rechnungen der Staatsschulden-Tilgungskasse werden, nachdem sie von der Oberrechnungskammer revidirt und festgestellt worden sind, der Staatsschulden-Commission zugestellt, welche dieselben zu prüfen und demnächst mit ihren Berichten den Kammern zu überreichen hat. (§ 15 d. Ges.) Zu diesen Rechnungen gehören nicht nur diejenigen, welche die Verzinsung und Tilgung speciell betreffen, sondern alle das Staatsschuldenwesen betreffenden Rechnungen, namentlich auch diejenigen über die Verwaltung von Nebenfonds. Die Oberrechnungskammer pflegt die Feststellung der Rechnungen bis zum November des folgenden Jahres zu bewirken. Dem Bericht der Staatsschulden-Commission an den Landtag bei Ueberreichung der Rechnungen wird eine von der Hauptverwaltung aufgestellte Uebersicht über die Staatsschulden-Verwaltung des vorhergehenden Kalenderjahres beigefügt, welche die Hauptzahlen aus den Rechnungen mittheilt. Die eingelösten verzinslichen Staatsschulden-Documente werden jährlich, nach erfolgtem Rechnungsabschlusse, von der Staatsschulden-Commission und von der Hauptverwaltung der Staatsschulden in gemeinschaftlichen Verschluss genommen, und nach ihren Litern, Nummern und Geldbeträgen zur öffentlichen Kenntniss gebracht. Der gerichtlichen Niederlegung bedarf es nicht. (§ 16 d. Ges.) Sobald die betreffenden Rechnungen der Staatsschulden-Tilgungskasse von

den Kammern dechargirt worden sind, werden die eingelösten verzinslichen Staatsschulden-Documente von Commissarien der Staatsschulden-
Commission und der Hauptverwaltung der Staatsschulden durch Feuer
vernichtet und die Litern, Nummern und Geldbeträge derselben öffentlich angezeigt. Auf gleiche Weise erfolgt die Vernichtung der eingezogenen Kassenanweisungen. (§ 17 d. Ges.)

Die Thätigkeit der Staatsschulden-Commission hat sich bald nach
ihrer Einrichtung auf die nothdürftigste Erfüllung der gesetzlichen For-
malitäten beschränkt. Die jährlich dem Landtage vorgelegten Berichte
sind lediglich Calculatorenarbeit und recapituliren nur die Zahlenübersichten
der Hauptverwaltung. Den Mitgliedern der Commission hat zu einer
eingehenderen Prüfung der Einrichtungen des Staatsschuldenwesens wohl
durchweg die Sachkenntniss gefehlt, welche bei den verwickelten Ver-
waltungseinrichtungen und der grossen Zahl verschiedenartiger Schuldposten
nur durch fortgesetzte, eingehende Beschäftigung erworben werden kann.
Die ganze Einrichtung der Staatsschulden-Commission wäre
entbehrlich, wenn die Oberrechnungskammer der Verwaltung
gegenüber eine selbständigere Stellung besässe und zugleich
Organ des Landtages zur Vorprüfung der Rechnungen über den Staatshaushalt wäre. Will man ausserdem noch eine parlamentarische Commission zur Ueberwachung des Staatsschuldenwesens beibehalten, so
müsste derselben vor Allem vorbehalten werden, an der wichtigsten Ob-
liegenheit der Verwaltung, der Ausfertigung von Schuldobligationen durch
Gegenzeichnung unmittelbar theilzunehmen.

Die beiden Häuser des Landtags lassen sich über den Bericht der
Staatsschulden-Commission mündlich oder schriftlich Bericht erstatten und
sprechen danach die Entlastung der Verwaltung aus. Als die Regierung
1862/66 Ausgaben leistete, ohne dazu durch ein Staatshaushalts-Gesetz
ermächtigt zu sein, verweigerte das Abgeordnetenhaus bis zum Erlass
des Indemnitätsgesetzes der Regierung die Entlastung in Betreff jener
Ausgaben. In Folge dessen konnten weder die eingelösten Staatsschulden-Documente vernichtet, noch ausscheidenden Beamten der Hauptverwaltung ihre Cautionen zurückgezahlt werden.

Dritter Theil.

Die Verpflichtungen des Staats gegen die Gläubiger.

I. Kapitel.

Uebersicht der Schulden nach den Positionen des Staatshaushalts-Etats.

§ 1.

Die Preussische Staatsschuld zerfällt nach den Special-Etats, welche als Anlagen zu dem Entwurf des Staatshaushalts alljährlich dem Landtage unterbreitet werden, in 145 Posten. Hiervon kommen 126 Posten mit etwa 442 Millionen Thaler Kapitalwerth auf den Etat der Staatsschulden-Verwaltung und 19 Posten mit etwa 38 Millionen Thaler Kapitalwerth auf andere Theile des Staatshaushalts-Etats.

Erste Reihe: **Der Etat der Staatsschulden-Verwaltung.**

I. Für die alten Landestheile.

A. Allgemeine Staatsschulden.

		Kapitalbetrag Thlr.
1)	Staatsschuldscheine	66,784,700
2)	Freiwillige Anleihe	2,543,400
3)	Anleihe vom Jahre 1850	12,909,900
4)	Anleihe von 1852	11,850,600
5)	Anleihe von 1853	3,905,900
6)	Anleihe von 1854	12,064,100
7)	Prämienanleihe von 1855	11,670,000
8)	Anleihe 1855 A.	6,426,300
9)	Anleihe von 1856	14,853,300
10)	Anleihe von 1857	7,047,600
11)	Anleihe von 1859	27,928,100
12)	Anleihe 1859 A.	16,883,800
13)	Anleihe von 1862	4,630,200
14)	Anleihe von 1864	16,820,000

	Kapitalbetrag Thlr.	
15) Anleihe 1867 A.	29,682,400	30
16) Anleihe 1867 B.	2,968,300	
17) Anleihe 1867 C.	9,782,975	
18) Anleihe 1867 D.	24,000,000	9.
19) Anleihe 1868 A.	21,248,800	
20) Anleihe 1868 B.	20,000,000	
Summa A. Allgemeine Staatsschulden .	324,000,375	

B. Provinzielle Staatsschulden.

	Kapitalbetrag Thlr.
1) Kurmärkische Kriegsschuld	1,150,367
2) Neumärkische Kriegsschuld	214,300
3) Schulden des Herzogthums Sachsen:	
a) Kammer-Kredit-Kassenscheine .	2,107
b) Steuer-Kredit-Kassenscheine, verzinsl.	965,700
zinslos .	300
4) Reserve-Quantum für noch unbekannte An-	
sprüche einzelner Gläubiger von provin-	
ziellen Staatsschulden	467,860
Summa B. Provinzielle Staatsschulden .	2,800,634

C. Eisenbahnschulden.

1) Niederschlesisch-Märkische Eisenbahnactien und Obligationen:

	Kapitalbetrag Thlr.
a) Stammactien (1843)	7,049,100
b) Prioritätsactien Serie I. u. II. (1845)	3,597,412
c) Prioritäts-Obligationen Serie I. u. II.	
(1846)	2,921,400
d) Prioritäts-Obligation. Serie III. (1847)	2,300,000
e) Prioritäts-Obligation. Serie IV. (1851)	881,800
Ueberhaupt .	16,749,712

2) Münster-Hammer Eisenbahnactien und Obligationen:

	Kapitalbetrag Thlr.
a) Stammactien	1,127,600
b) Prioritäts-Obligationen	179,100
Ueberhaupt für die Münster-Hammer	
Eisenbahn	1,306,700
Dazu für die Niederschlesisch-Mär-	
kische Eisenbahn	16,749,712
Summa C. Eisenbahnschulden .	18,056,412

D. Schwebende Staatsschuld.

	Kapitalbetrag Thlr.
Schatzanweisungen	13,000,000

Hierzu:

Summe C. Eisenbahnschulden	18,056,412
Summe B. Provinzielle Staatsschulden . .	2,800,634
Summe A. Allgemeine Staatsschulden . . .	324,000,375
Summa Verzinsliche Staatsschuld .	**357,857,421**

Dazu:

Unverzinsliche Staatsschuld:

Kassenanweisungen	18,250,000

Renten: Betrag der Jahresrente Thlr.

1) An die Tilgungsfonds der Kur- und Neu-
    märkischen Kriegsschulden

a) der Kurmärkischen Städte . .	8,104
b) der Neumärkischen Städte . .	3,606

2) An die Regierungs-Hauptkassen:

(Aus Ablösungskapitalien)	418,042
Summa Renten . .	429,753

II. Für das ehemalige Königreich Hannover.

A. Landesschulden im engeren Sinne.

a. Aeltere Schulden.   Kapitalbetrag
Fünfprocentige.   Thlr.

1) Calenberg-Grubenhagensche	6,600
2) von Grote-Stillhorn'sches Lehnskapital	13,350
3) Lüneburgsche (Langenbeck'sche Stiftungsgelder) . . .	8,527

Vierprocentige.

4) Calenberg-Grubenhagensche, und zwar	
a) Marenholz'sches Stiftungskapital	3,045
b) Kapital der Officier-Wittwenkasse zu den Calenberg-	
Grubenhagenschen Schulden gehörend	49,170
5) Lüneburgsche, und zwar	
a) Langenbeck'sches Stiftungskapital	305
b) von Grote-Stillhorn'sches Lehnskapital	77,511
c) Kapital der Officier-Wittwenkasse, zu den Lüneburg-	
schen Schulden gehörend	27,500
6) Hoya'sche Schulden	6,380
7) Bremen- und Verdensche Schulden	3,300

Kapitalbetrag Thlr.

8) Obligationen Lit. A, B und C und ohne Litera 4procentige   150,150

9) Obligationen Lit. J, 4procentige   306,393

10) Obligationen Lit. K, 4procentige   55,000

11) Calenberg-Grubenhagensche.

12) Lüneburgsche.

13) Hoynsche.

14) Bremen- und Verdensche.

15) Osnabrücksche.

16) Bentheimsche.

17) Hildesheimsche.

18) Ostfries- und Harlingerländische.

19) Obligationen Lit. A, B und C und ohne Litera 3½procent.

20) Obligationen Litera D.

21)   „   „   E.

22)   „   „   F.

23)   „   „   G.

24)   „   „   H.

25)   „   „   J. (3½procentige).

26)   „   „   K. (3½procentige).

27)   „   „   L.

28)   „   „   M.

29)   „   „   N.   Summa 11 bis 29 . 2,251,157

     (Die Beträge der einzelnen Schuldgattungen konnten bei
Aufstellung des Etats für 1869 nicht angegeben werden.)

30) Vormalige Münstersche Schulden   700

b. Neuere Schulden.
Kündbar.

31) Obligationen Litera Q.   28,500

32)   „   „   R.   778,990

Summa A. vormalige Landesschulden im
engeren Sinne 3,766,578

B. Schulden der vormaligen Königlichen Generalkasse.
Fünfprocentige.

1) Obligationen Lit. A, und zwar   Kapitalbetrag Thlr.

    a) Grote-Stillhornsches Lehnskapital   69,875

    b) Meinhelf'sches Stiftungskapital   19,800

Vierprocentige.

2) Kapitalforderung des Grafen von Kielmannsegge . . .   4,567

3) Obligationen Litera S. 1,406,900

Summa B. Schulden der vormaligen Kgl. Generalkasse 1,501,142

C. Eisenbahnschulden.

Vierprocentige.

				Kapitalbetrag Thlr.
1) Obligationen Litera	E I. (1851)	. . . .	2,191,380
2) " "	F I. (1852)	. . . .	4,167,190
3) " "	G I. (1852)	. . . .	5,758,400
4) " "	H I. (1855)	. . . .	3,253,760
5) " "	J I. (1858)	. . . .	1,301,500

Dreieinhalbprocentige.

6) Obligationen Litera L I. (1862) 196,500

Summa C. Eisenbahnschulden 16,868,730

D. Reserve-Quantum.

1) Für noch unbekannte Ansprüche von Meppen- und Kapitalbetrag Thlr.
Emsbührenschen Schulden 6,400

2) Für auf den Tilgungskassen nicht ruhende, gekündigte, aber noch unerledigte Schuldkapitalien 3,199

Summa D. Reserve-Quantum 9,599

Hierzu

Summa C. Eisenbahnschulden 16,868,730

  " B. Schulden der vormaligen Königl. Generalkasse . 1,501,142

  " A. Vormalige Landesschulden im engeren Sinne . 3,766,578

Summa Hannoversche Schulden 22,146,050

III. Für das vormalige Kurfürstenthum Hessen.

A. Allgemeine Staatsschulden.

	Kapitalbetrag Thlr.
1) Die Schuld an den Fideicommissfonds, ehemals der Prinzessin Charlotte zu Hessen, jetzt der Kabinetskasse des Kurfürsten von Hessen	9,000 / 2,000 / 3,900
2) Schuld an die Scheffer'schen Erben	1,400
3) Anleihe von 1834	182,600

Summa A. Allgemeine Staatsschulden . 198,900

B. Eisenbahnschulden.

1) Prämienanleihe von 1845 5,325,000

2) Anleihe von 1863 9,882,600

Summa B. Eisenbahnschulden 15,207,600

Dazu Summa A. Allgemeine Staatsschulden . 198,900

Summa der Kurhessischen Schulden 15,406,500

IV. Für das vormalige Herzogthum Nassau.

A. Landessteuerkassen-Schulden.

I. Consolidirte Anleihen:

	Kapitalbetrag Thlr.
a) Allgemeine Staatsschulden.	
1) Anleihe von 1851	436,057
2) Anleihe von 1853	365,790
Summa	801,847
b) Eisenbahnschulden.	
1) Anleihe von 1858	2,205,600
2) Anleihe von 1859	1,096,114
3) Anleihe vom 28. April 1860	3,428,571
4) Anleihe vom 15. December 1860	3,428,571
5) Anleihe von 1861	2,285,714
6) Anleihe von 1862	4,087,714
Summa b. Eisenbahnschulden	16,532,285
Summa a. Allgemeine Eisenbahnschulden . . .	801,847
Summa I. Consolidirte Anleihen	17,334,133

II. Diverse nicht consolidirte Schulden:

1) Schuld aus der Zehntablösung von 1848	349,675
2) Schuld wegen der Rentenablösung des Grafen Bassenheim	46,324
Summa II. Diverse nicht consolidirte Schulden	395,999
Hierzu Summa I. Consolidirte Anleihen	17,334,133
Summa A. Landessteuerkassen-Schulden	17,730,133

B. Domanialschulden.

1) Anleihe von 1837	1,484,742
2) Anleihe von 1837 in Prämienscheinen	942,857
3) Anleihe von 1853	182,895
Summa B. Domanialschulden	2,610,495
Hierzu Summa A. Landessteuerkasse-Schulden .	17,730,133
Summa der Nassauischen Schulden	20,340,628

V. Für die vormalige Landgrafschaft Hessen-Homburg.

	Kapitalbetrag Thlr.
1) Anleihe von 1777	2,286
2) Anleihe (3½ procentige) von 1829	26,857
3) Anleihe (4 procentige) von 1829	20,000
4) Anleihe von 1859	82,285
Summa	131,428

VI. Für die Herzogthümer Schleswig und Holstein.

	Kapitalbetrag
1) Augustenburgische Prioritätsschulden:	Thlr.
a. Augustenburgische Fideicommiss-Obligationen (4 procentige)	51,600
b. Desgl. (3½ procentige)	16,800
c. Gravensteinsche (4 procentige) Fideicommiss-Obligationen	16,800
d. Desgl. (3½ procentige)	9,600
e. Augustenburgische Pfand-Obligationen (4 proc.)	780
f. Desgl. (3¾ procentige)	600
g. Desgl. 3½ procentige	3,360
h. Desgl. (3 procentige)	10,252
	109,792
2) Domanial-Obligationen:	
a. Schleswigsche	59,700
b. Holsteinsche	207,600
Summa Schleswig-Holsteinsche Schulden	377,092

Wiederholung.

	Kapitalbetrag
Verzinsliche Schuld:	Thlr.
I. Alte Landestheile	357,857,421
II. Hannover	22,146,050
III. Kurhessen	15,406,500
IV. Nassau	20,340,628
V. Hessen-Homburg	131,429
VI. Schleswig-Holstein	377,092
Summa	416,259,121
Unverzinsliche Schuld	18,250,000
Summa der Staatsschuld auf dem Etat der Staatsschuldenverwaltung	434,509,121
Renten jährlicher Ausgaben	429,753

Zweite Reihe: Andere Etats, insbesondere **Etat für das Finanzministerium.**

Ausgaben für 1869.

A. Passiva der General-Staatskasse.

	Thlr.
I. Renten und Entschädigungen für aufgehobene Rechte und Nutzungen und zwar:	
1) Renten an Fürsten und Standesherren	204,179
2) Entschädigung für Aufhebung der Sund- und Beltzölle	243,462

Ausgaben 1869
Thlr.

3) Entschädigung an Dänemark für die Mehrlast von Pensionszahlungen 419,311
4) An das Militair-Waisenhaus in Potsdam 132,253
5) Sonstige Renten und Entschädigungen für aufgehobene Zölle etc. 207,625

II. Zuschuss zur Verzinsung und Tilgung verschiedener vom Staate nicht übernommener Provinzial- und Kommunalschulden:

1) Zur Tilgung der ständischen Schulden der Niederlausitz 2,880
2) Zur Verzinsung und Abtragung der Schulden der Stifter Merseburg und Naumburg 6,700
3) Zur Verzinsung und Tilgung der Schulden der vormals freien Stadt Frankfurt. In dem besonderen Specialetat zu diesem Titel sind vor der Linie die Schuldkapitalien wie folgt vermerkt:

Kapitalbetrag
Thlr.

A. Allgemeine Schulden.

a) Anleihe von 1839 2,545,657
b) Anleihe von 1848 284,571
c) Anleihe von 1857 571,428
d) Anleihe von 1858 910,114

Summa A. Allgemeine Schulden . 4,311,771

B. Eisenbahnschulden.

a) Anleihe von 1844 742,857
b) Anleihe von 1846 2,092,800
c) Anleihe von 1848 824,457

Summa B. Eisenbahnschulden . 3,660,114

C. Schwebende Schuld.

a) Darlehen der Frankfurter Bank von 1866 . 3,284,005
b) Darlehen von Privaten 1866 aufgenommen . 685,714

Summa C. Schwebende Schuld . 3,969,719
Summa B. Eisenbahnschulden . 3,660,114
Summa A. Allgemeine Schulden . 4,311,771

Summa 11,941,604

Ausgaben 1869 Thlr.

B. Apanagen 430,464
C. Pensionsaussterbefonds 490,000

Kapitalbetrag Thlr.

Auf dem besonderen Etat für die Hohenzollernschen Lande Schuldkapital 152,500 Fl. . = 87,140

Die obige Reihenfolge und Eintheilung der Schuldposten auf dem Etat der Staatsschuldenverwaltung entspricht genau der Anordnung des betreffenden Specialetats. Die im Etat beobachtete Eintheilung der Schulden nach Maassgabe der einzelnen Landestheile ist daselbst insofern unrichtig, als zu den Schuldposten der alten Landestheile auch diejenigen neueren Anleihen gerechnet werden, welche im Interesse nicht bloss dieser, sondern sämmtlicher Landestheile aufgenommen worden sind, wie z. B. die zur Ablösung der Thurn- und Taxis'schen Postgerechtsame aufgenommene Anleihe 1867 C., die zu Eisenbahnbauten in den neuen und alten Landestheilen aufgenommene Anleihe 1868 B. Die als Schuld der alten Landestheile aufgeführte Anleihe 1868 A. hat mit letzterer gar nichts gemein, da sie zur Abfindung Dänemarks für den Antheil Schleswig-Holsteins an der Dänischen Staatsschuld verwandt wurde. Die weitere Eintheilung in Allgemeine Schulden und Eisenbahnschulden hat bei den alten Landestheilen einen anderen Sinn wie bei den neuen Landestheilen. Bei den letzteren umfassen die Eisenbahnschulden die zum Bau von Staatseisenbahnen aufgenommenen Anleihen; in dem Abschnitt für die alten Landestheile werden unter Eisenbahnschulden nur die durch den Erwerb von Privateisenbahnen als Staatsschulddocumente anerkannten Eisenbahnpapiere verstanden, während die zum Bau von Staatseisenbahnen aufgenommenen Anleihen unter den allgemeinen Staatsschulden verzeichnet sind. Die fernere Eintheilung der Hannoverschen und Nassauischen Schulden in Landesschulden und Schulden der Generalkasse beziehungsweise Domanialschulden ist, seitdem die besonderen Kassen zu bestehen aufgehört und die Domainen ihre besondere staatsrechtliche Natur verloren haben, von keiner Bedeutung mehr. Die Nassauische Anleihe von 1853 ist ihrer verschiedenen Verwendung entsprechend zu zwei Dritteln ihres Betrages unter den Allgemeinen Nassauischen Schulden und mit einem Drittel unter den Nassauischen Domanialschulden aufgeführt. Endlich bleibt noch zu bemerken, dass die Rentenschulden der alten Landestheile im Gegensatze zu den Nassauischen Rentenschulden nur mit dem Rentenbetrage, nicht auch mit dem Kapitalbetrage aufgeführt sind.

Bei den Schuldposten auf dem Etat des Finanzministeriums haben wir die Reihenfolge des bezüglichen Specialetats verlassen müssen, weil diese Posten dort mit anderen eigentliche Staatsschulden nicht betreffenden Ausgaben zusammengestellt sind. So werden dort als Passiva der Generalstaatskasse auch aufgeführt Beiträge an Tilgungskassen zur Ablösung von Reallasten, die Rente an den provinzialständischen Verband der Provinz Hannover, sowie die Ausgaben zur Erwerbung von Berlin-Hamburger Eisenbahnactien.

Im Einzelnen ist nur zu bemerken, dass die Frankfurter Anleihe von 1848 ihrer verschiedenen Verwendung entsprechend mit einem kleinen Theil ihres Betrages ($\frac{4}{13}$) unter den Allgemeinen Frankfurter Schulden und mit ihrem übrigen Betrage unter den Frankfurter Eisenbahnschulden aufgeführt wird.

Nach Feststellung des Etats für 1869 sind in Folge der Gesetze vom 5. Februar 1869 und vom 5. März 1869 noch für weitere 5,000,000 Thlr. und 4,450,000 Thlr. Anleihen aufgenommen und mit der Anleihe 1868 B. verbunden worden. Dagegen hat die Tilgung der schwebenden Schulden der Stadt Frankfurt im Betrage von 3,969,719 Thlr. stattgefunden.

Die für 1869 noch unter den Passivis der Generalstaatskasse aufgeführten Frankfurter Schulden sind durch das Gesetz vom 3. März 1869 der Hauptverwaltung der Staatsschulden zur Verwaltung überwiesen worden, erscheinen also von 1870 ab auf dem Etat dieser Behörde.

II. Kapitel.

Die Gesetzgebung über die Staatsschulden.

§ 2.

I. Uebersicht.

Sofern eine Obligation mit anderen Obligationen gleichartigen Ursprung und gleichartigen Inhalt hat, pflegen die Rechtsnormen für dieselbe sich ausser aus der Schuldurkunde selbst noch aus anderen für alle gleichartigen Obligationen gemeinsamen Quellen, Verordnungen, Gesetzen und dergl. zu ergeben.

Das allgemeinste Gesetz in dieser Beziehung ist, abgesehen von den Gesetzen über das allgemeine Civilrecht, das Gesetz betreffend die Ausgabe von Talons zu den Preussischen Staatsschuldverschreibungen vom 18. März 1869 (Ges.-Samml. S. 490). Dieses Gesetz hat Geltung für sämmtliche auf Inhaber lautende Staatsschuldverschreibungen.

Ausser dem vorbezeichneten giebt es keine Gesetze oder Verordnungen, welche für sämmtliche Preussischen Staatspapiere einschliesslich der Schuldverschreibungen der 1866 neuerworbenen Landestheile Geltung besässen.

Es muss daher in der weiteren Darstellung unterschieden werden die Gesetzgebung über die aus den neuen Landestheilen übernommenen Staatsschulden von der Gesetzgebung über die Schulden, welche in dem Abschnitt des Etats der Hauptverwaltung der Staatsschulden für die alten Landestheile aufgeführt sind (vergl. die verschiedenen Etatspositionen im ersten Kapitel § 1 S. 145 ff.)

§ 3.

II. Die Gesetzgebung über die Schuldposten, welche in dem Abschnitt des Etats der Hauptverwaltung der Staatsschulden für die alten Landestheile aufgeführt sind.

Hier kommen hauptsächlich in Betracht die Verordnung wegen der künftigen Behandlung des gesammten Staatsschuldenwesens vom 17. Januar 1820 und die Gesetze über die neueren Anleihen.

Die Verordnung vom 17. Januar 1820 hat nur Geltung für diejenigen Schuldposten, welche in dem dieser Verordnung beigefügten Etat mitinbegriffen sind. Dahin gehören gegenwärtig nur noch die Staatsschuldscheine und die Kur- und Neumärkischen Schuldverschreibungen. Für diese trifft die erwähnte Verordnung Bestimmungen über Garantie, Verzinsung, Tilgung und die Verjährung unerhobener Zinsen.

An die Verordnung vom 17. Januar 1820 schliessen sich ergänzend oder dieselbe abändernd folgende Kabinetsordres an:

a. für die Staatsschuldscheine:

1) die Kabinetsordre vom 25. Februar 1826, dass zur Tilgung der Staatschuldscheine die Verloosung derselben nicht weiter statthaben soll (Ges.-Samml. S. 18);

2) die Kabinetsordre, betreffend die Umwandlung der Staatsschuldscheine und die Herabsetzung der Zinsen derselben von 4 auf 3½ Procent vom 27. März 1842 (Ges.-Samml. S. 103);

b. für die Kur- und Neumärkischen Schuldverschreibungen:

1) die nur in den Amtsblättern für Potsdam und Frankfurt a. O. veröffentlichte Kabinetsordre vom 17. December 1821;

2) ebendaselbst die Bekanntmachungen der Hauptverwaltung der Staatsschulden von 1838 und 1839 über die Herabsetzung der Zinsen von 4 auf 3½ Procent.

Hinsichtlich der neueren Staatsanleihen fehlt es an einem allgemeinen Gesetze.

Für die Anleihe von 1848 massgebend sind der Königl. Aufnahme-Erlass vom 25. April 1848 (Ges.-Samml. S. 765), das Gesetz über die Tilgung der freiwilligen Anleihe vom Jahre 1848 und der Staatsanleihe vom Jahre 1850 u. s. w. vom 7. Mai 1851 (Ges.-Samml. S. 237), sowie in Betreff der Herabsetzung der Zinsen von 5 auf 4½ Procent der Königliche Erlass vom 10. September 1851 (Ges.-Samml. S. 606). Ueber die ausserordentliche Tilgung dieser Anleihe aus eingehenden Ablösungskapitalien trifft Bestimmung der § 62 des Gesetzes vom 2. März 1850 über die Errichtung von Rentenbanken (Ges.-Samml. S. 112).

Für die neueren seit Geltung der Verfassungsurkunde vom 31. Januar 1850 aufgenommenen Anleihen kommen folgende Rechtsquellen in Betracht:

1) Für die Anleihe von 1850 das Gesetz betreffend den ausserordentlichen Geldbedarf der Militairverwaltung für das Jahr 1850, sowie die Beschaffung der zur Deckung desselben erforderlichen Geldmittel vom 7. März 1850 (Ges.-S. S. 173), der Königl. Aufnahme-Erlass vom 7. Mai 1850 (Ges.-S. S. 322), das Gesetz, die Tilgung der freiwilligen Anleihe vom Jahre 1848 und der Staatsanleihe vom Jahre 1850 betreffend vom 7. Mai 1851 (Ges.-S. S. 237), endlich hinsichtlich der Herabsetzung des Zinsfusses von 4½ auf 4 Procent der Königl. Erlass vom 21. März 1862 (Ges.-S. S. 77).

2) Für die Anleihe von 1852 das Gesetz betr. den Bau der Ostbahn, der Westphälischen und der Saarbrücker Eisenbahn, sowie die Beschaffung der dazu erforderlichen Geldmittel vom 7. December 1849 (Ges.-S. S. 437), der Königl. Aufnahme-Erlass vom 28. November 1851 (Ges.-S. S. 758) und das Gesetz betr. die Tilgung dieser Anleihe etc. vom 23. März 1852 (Ges.-S. S. 75) und hinsichtlich der Herabsetzung des Zinsfusses von 4½ auf 4 Procent der Königl. Erlass vom 21. März 1862 (Ges.-S. S. 771).

3) Für die Anleihe von 1853 das Gesetz betr. den Bau der Ostbahn etc. vom 7. December 1849 (Ges.-S. S. 437), der Königl. Aufnahme-Erlass vom 14. März 1853 (Ges.-S. S. 88) und das Gesetz betr. die Tilgung dieser Anleihe etc. vom 23. März 1852 (Ges.-S. S. 75).

4) Für die Anleihe von 1854 das Gesetz betr. den ausserordentlichen Geldbedarf der Militairverwaltung für das Jahr 1854 etc. vom 20. Mai 1854 (Ges.-S. S. 313) und der Königl. Aufnahme-Erlass vom 17. Juni 1854 (Ges.-S. S. 316).

5) Für die Prämienanleihe von 1855 das Gesetz betr. den ausserordentlichen Geldbedarf vom 20. Mai 1854 (Ges.-S. S. 583) und den Königl. Aufnahme-Erlass vom 24. November 1854 (Ges.-S. S. 585), sowie das Gesetz zur Ergänzung des Gesetzes vom 20. Mai 1854 etc. vom 7. Mai 1855 (Ges.-S. S. 269).

6) Für die Zweite (Eisenbahn-) Anleihe 1855A das Gesetz betr. die Verrechnung der Kosten der Berliner Bahnhofs-Verbindungsbahn etc. vom 21. Mai 1855 (Ges.-S. S. 310) und der Königl. Aufnahme-Erlass vom 22. October 1855 (Ges.-S. S. 684).

7) Für die Anleihe von 1856 das Gesetz betr. die Verminderung der unverzinslichen Staatsschuld etc. vom 7. Mai 1856 (Ges.-S. S. 334).

8) Für die Anleihe von 1857 das Gesetz betr. den Bau einer Eisenbahn von Kreuz über Landsberg a. d. W. etc. vom 7. Mai 1856 (Ges.-S. S. 402) und der Königl. Aufnahme-Erlass vom 23. März 1857 (Ges.-S. S. 753).

9) Für die fünfprocentige Anleihe von 1859 das Gesetz betr. den ausserordentlichen Geldbedarf der Militair- und der Marineverwaltung vom 21. Mai 1859 (Ges.-S. S. 242), der Königl. Aufnahme-Erlass vom 28. Mai 1859 (Ges.-S. S. 277), die provisor. Verordnung betr. die Ueberweisung der Staatsanleihe etc. vom 28. Mai 1859 (Ges.-S. S. 278) und die Bekanntmachung betr. die nachträgliche Genehmigung dieser Verordnung vom 12. April 1860 (Ges.-S. S. 184).

10) Für die Zweite Anleihe vom Jahre 1859 das Gesetz betr. den Bau einer Eisenbahn von Königsberg etc. vom 10. Mai 1858 (Ges.-S. S. 270) und der Königl. Aufnahme-Erlass vom 21. August 1859 (Ges.-S. S. 419).

11) Für die Anleihe von 1862 das Gesetz betr. den Bau einer Eisenbahn von Altenbecken etc. vom 22. März 1861 (Ges.-S. S. 226) und der Königl. Aufnahme-Erlass vom 24. Februar 1862 (Ges.-S. S. 60).

12) Für die Anleihe von 1864 das Gesetz betr. den Bau einer Eisenbahn von Kohlfurt etc. vom 24. September 1862 (Ges.-S. S. 317) und der Königl. Aufnahme-Erlass vom 4. Februar 1864 (Ges.-S. S. 31).

13) Für die Anleihe von 1867 A. das Gesetz betr. die Beschaffung des Geldbedarfs für die der Militairverwaltung durch den Krieg gegen Oesterreich veranlassten Ausgaben vom 28. September 1866 (Ges.-S. S. 607) und der Königl. Aufnahme-Erlass v. 21. März 1867 (Ges.-S. S. 400).

14) Für die Anleihe von 1867 B. das Gesetz betr. die Uebernahme des Fürstl. Thurn und Taxisschen Postwesens etc. vom 16. Februar 1867 (Ges.-S. S. 353) und der Königl. Aufnahme-Erlass vom 25. März 1867 (Ges.-S. S. 399).

15) Für die Anleihe von 1867 C. das Gesetz betreffend die für die Aufhebung der Grundsteuer-Befreiungen etc. vom 21. Mai 1861 (Ges.-S. S. 327) und der Königl. Aufnahme-Erlass vom 13. März 1867 (Ges.-S. S. 450).

16) Für die Anleihe 1867 D. das Gesetz betr. die Vermehrung des Betriebsmaterials, die Herstellung doppelter Bahngeleise vom 9. März 1867 (Ges.-S. S. 393) und der Königl. Aufnahme-Erlass vom 5. August 1867 (Ges.-S. S. 1345).

17) Für die Anleihe 1868 A. das Gesetz betr. die von den Elbherzogthümern an Dänemark zu entrichtende Schuld vom 23. März 1868 (Ges.-S. S. 397) und der Königl. Aufnahme-Erlass vom 29. April 1868 (Ges.-S. S. 449).

18) Für die Anleihe 1868 B. das Gesetz betr. die Aufnahme einer Anleihe von 40 Millionen zu Eisenbahnzwecken vom 17. Februar 1868 (Ges.-S. S. 71) und der Königl. Aufnahme-Erlass vom 27. April 1868 (Ges.-S. S. 1005).

19) Für die mit No. 18 verbundenen beiden Anleihen von 1869:
    a. Die Anleihe von 5,000,000 Thlr.: Gesetz betr. die Fortdauer des in dem Gesetze vom 6. März 1868 eröffneten Kredits etc. vom 5. Februar 1869 (Ges.-S. S. 305) und Königl. Aufnahme-Erlass vom 22. Februar 1869 (Ges.-S. S. 348).
    b. Die Anleihe von 4,450,000 Thlr.: Gesetz betr. die Auseinandersetzung zwischen Staat und Stadt in Frankfurt a. M. und Königl. Aufnahme-Erlass vom 8. März 1869 (Ges.-S. S. 419).

Ueber diese Anleihegesetze und Aufnahme-Erlasse im Allgemeinen und das Verhältniss dieser Rechtsquellen zu einander ist Nachstehendes zu bemerken. Für den Inhalt der Obligationen sind zunächst massgebend die Königlichen Aufnahme-Erlasse, welche auch in der Gesetzgebung veröffentlicht werden. Diese Erlasse beziehen sich auf ein vorhergegangenes Kreditgesetz. Nur die Anleihe von 1856 beruht nicht auch zugleich auf einem Königlichen Erlass, sondern unmittelbar auf dem Gesetz vom 7. Mai 1856 (G.-S. S. 334), welches schon alle für das Verhältniss zwischen Gläubiger und Schuldner massgebenden Bestimmungen enthält.

Im Uebrigen bestimmt bei den Anleihen der Königliche Erlass in der Regel den Zinsfuss, setzt unter Innehaltung des im Kreditgesetz festgesetzten Minimums die Amortisationsquote fest und gibt die verschiedenen Nennwerthe an, zu welchem Theilobligationen ausgefertigt werden sollen. Die Zahl der Theilobligationen, welche zu diesem oder jenem Betrage ausgefertigt werden sollen, beruht dagegen nur auf Bestimmung des Finanzministers.

Spätere im Wege der Kündigung vorgenommene Aenderungen des Zinsfusses beruhen ebenfalls auf Königlichen Erlassen, welche in der Gesetzsammlung veröffentlicht werden. Ueber die Rechtsgültigkeit der ohne Zustimmung des Landtages vorgenommenen Convertirungen vgl. im zweiten Theil: Das Staatsschuldenwesen und die Landesvertretung § 5 No. II.

Die Bestimmungen über das Tilgungsverfahren, die Kündigung und die Zinsverjährung werden durch gesetzliche Anordnung getroffen. Bei der Prämien-Anleihe von 1855 enthielt der Königliche Erlass vom 24. November 1855 (Ges.-S. S. 585) von den vorhergangenen gesetzlichen Bestimmungen (Gesetz vom 20. Mai 1854, Ges.-S. S. 313) abweichende Anordnungen; dieselben wurden dann durch eine spätere gesetzliche Bestimmung (Ges. v. 7. Mai 1855, G.-S. S. 269) bestätigt. Vgl. darüber gleichfalls im zweiten Theil § 5, S. 131.

In der Regel finden sich die Bestimmungen über Tilgungsverfahren, Kündigung und Zinsverjährung schon in dem Kreditgesetz, welches die Ermächtigung zur Aufnahme enthält. Die Anleihen von 1854 und 1855 A. weisen auf ein und dasselbe Kreditgesetz vom 20. Mai 1854 (G.-S. S. 313) zurück. Für die Anleihen von 1850, 1852 und 1853 sind die genannten Bestimmungen nicht durch die Kreditgesetze, sondern nach Aufnahme der Anleihen durch die besonderen Gesetze vom 7. Mai 1851 (Ges.-S. S. 237) und 23. März 1852 (Ges.-S. S. 75) getroffen worden. Diese Gesetze ergänzen bezw. bestätigen auch zu den vorhergegangenen Kreditgesetzen und Erlassen die Bestimmungen über die Tilgungsquote. In das Gesetz vom 7. Mai 1851 ist dabei zufolge eines in der Commission gestellten Amendements ein Widerspruch gekommen mit dem Inhalt des Königlichen Aufnahme-Erlasses vom 7. Mai 1850 (Ges.-S. S. 321). Während dieser nämlich bestimmt hatte, dass die Anleihe mit mindestens Einem Procent jährlich, sowie mit dem Betrage der durch die fortschreitende Amortisation ersparten Zinsen des Gesammtkapitals getilgt werden solle, enthält das spätere Gesetz die Clausel, dass die Zinsersparnisse dem betreffenden Tilgungsfonds in ununterbrochener Reihenfolge nur so lange zuwachsen sollten, wie nicht durch ein späteres Gesetz etwas Anderes bestimmt wird. Für die Anleihe von 1859 sind die im Kreditgesetz fehlenden Bestimmungen über Zinsverjährung und die Behörde zur Verwaltung der Anleihe durch eine gleichzeitig mit dem Aufnahme-Erlass auf Grund des Art. 63 der Verfassungsurkunde (des sog. Nothstandsartikels) ergangene Königliche Verordnung getroffen worden. Der Landtag hat diese Verordnung dann laut einer vom Staatsministerium 1860 durch die Gesetzsammlung publicirten Bekanntmachung nachträglich genehmigt.

Für die Schatzanweisungen im Jahre 1869 massgebend sind das Gesetz betr. die Feststellung des Staatshaushaltsetats für das Jahr 1869 vom 1. Februar 1869 (Ges.-S. S. 217) und das darin angezogene Gesetz betr. die Beschaffung des Geldbedarfs für die Militairverwaltung etc. vom 28. September 1866 (Ges.-S. S. 607). Von Königl. Ausgabe-Ermächtigungen und Bekanntmachungen des Finanzministers über die Bedingungen der Ausgabe ist zur Zeit noch nichts veröffentlicht.

Nach der bisher beobachteten Regel setzt eine im Staatsanzeiger und in den Amtsblättern veröffentlichte Bekanntmachung des Finanzministers den Zinsfuss und innerhalb der Bestimmungen des Etatsgesetzes darüber die Umlaufzeit fest, während ein Königl. Erlass die Nennwerthe angibt, zu denen Schatzanweisungen ausgefertigt worden sollen.

Für die Kassenanweisungen sind folgende Gesetze massgebend:

1) das Gesetz betreffend die Verminderung der unverzinslichen Staatsschuld um 15 Millionen Thlr. etc. vom 7. Mai 1856. (Gesetz-Samml. S. 334.);

2) das Gesetz betr. die auf den neuen Landestheilen lastenden Staatsschulden und die Ausgaben von Kassenanweisungen zum Betrage von 2,407,653 Thlr. vom 29. Februar 1868. (Ges.-S. S. 169.);

3) die Verordnung wegen erweiterter Realisation der noch im Umlauf befindlichen Tresor- und Thalerscheine vom 1. März 1815. (Gesetz-S. S. 266.);

4) die Kabinetsordre wegen Einführung der neuen Kassenanweisungen an die Stelle der Tresor- und Thalerscheine und ehemals Sächsischen Kassenbillets vom 21. December 1824. (Ges.-S. S. 238.);

5) in Bezug auf den Umtausch beschädigter Kassenanweisungen der § 5 des Gesetzes wegen Anfertigung und Ausgabe neuer Kassenanweisungen vom 19. Mai 1851. (Ges.-S. S. 335.);

6) in Bezug auf die Einführung aller für das ältere Staatsgebiet ergangenen Vorschriften wegen der Preussischen Kassenanweisungen in den neuen Landestheilen der § 6 der Verordnung betreffend das Münzwesen in den neu erworbenen Landestheilen vom 24. August 1867. (Ges.-S. S. 1427.);

7) in Bezug auf die Einziehung der älteren Kassenanweisungen und Darlehnskassenscheinen das Gesetz vom 13. April 1857. (Gesetz-Samml. S. 304.);

Endlich kommen für einzelne Schuldposten noch folgende Gesetze in Betracht:

1) für die Sächsischen Kammer- und Steuerkreditkassenscheine die Hauptconvention zwischen Preussen und Sachsen vom 28. August 1819. (Anhang zur Ges.-S. von 1819), und die nur in den Amtsblättern, und zwar auch nur ihrem Hauptinhalt nach abgedruckte Kabinetsordre vom 25. März 1823;

2) für die Rentenschuld an die Rentenbanken das Gesetz über Ablösung der Reallasten vom 2. März 1850 (Ges.-S. S. 77), und das Gesetz über die Errichtung von Rentenbanken vom 2. März 1850 (Ges.-S. S. 112);

3) für die Niederschlesisch-Märkischen Eisenbahnpapiere das Gesetz betreffend die Erwerbung der Niederschlesisch-Märkischen Eisenbahn für den Staat vom 31. März 1852 (Ges.-S. S. 89), sodann

    a) für die Stammactien das Gesellschaftsstatut vom 27. November 1843 (Ges.-S. S. 377);

b) für die Prioritäts-Actien das Privileg vom 26. Juli 1845 (Ges.-S. S. 459),

c) für die Prioritäts-Obligationen Serie I. und II. das Privileg vom 15. Mai 1846 (Ges.-S. S. 238) und wegen Herabsetzung des Zinsfusses die Bekanntmachung der Hauptverwaltung der Staatsschulden v. 3. Juni 1853 in den Amtsblättern,

d) für die Prioritäts-Obligationen Serie III. das Statut vom 9. Juli 1847 (Ges.-S. S. 343),

e) für die Prioritäts-Obligationen Serie IV. (Ges.-S. S. 482);

4) für die Münster-Hammer Eisenbahnpapiere das Gesetz betr. die Erwerbung dieser Eisenbahn für den Staat vom 30. April 1855 (Ges.-S. S. 251), sodann

a) für die Stammactien das Statut vom 4. März 1846 (Gesetz-S. S. 108) und

b) für die Prioritäts-Obligationen das Privileg vom 23. August 1851 (Ges.-S. S. 599);

5) in Betreff des Reservequantums für noch unbekannte Ansprüche einzelner Gläubiger von provinziellen Staatsschulden die Kabinets-Ordre wegen Regulirung des von der Hauptverwaltung der Staatsschulden übernommenen Staatsschuldenwesens vom 2. November 1822 (Ges.-S. S. 229) und § 6 b. des Gesetzes betr. die Verwaltung des Staatsschuldenwesens und Bildung einer Staatsschulden-Commission vom 24. Februar 1850 (Ges.-S. S. 57).

Ueber die Amortisation verlorener oder vernichteter Staatsschuldscheine und Sächsischer Kreditscheine sind mehrere Verordnungen erlassen, welche die Praxis analog auf alle Preussischen Staatspapiere ausgedehnt hat. Diese Verordnungen sind:

1) die Verordnung wegen Erläuterung, Abänderung, Ergänzung der bisher in Bezug auf das Aufgebot und die Amortisation verlorener oder vernichteter Staatspapiere geltend gewesenen Bestimmungen vom 16. Juni 1819 (Ges.-S. 1819 S. 157);

2) die Kabinetsordre betreffend das Verfahren bei dem Aufgebot verlorener Staatspapiere vom 22. October 1825 (Ges.-S. 1825 S. 229);

3) die Kabinetsordre denselben Gegenstand betreffend vom 3. Mai 1828 (Ges.-S. S. 61).

§ 4.

III. Die Gesetzgebung über die aus den neuen Landestheilen übernommenen Schulden.

Wegen der künftigen Behandlung der vormals Hannoverschen, Kurhessischen, Nassauischen, Hessen-Homburgischen und Schleswig-Holsteinschen Schulden sind die Gesetze vom 29. Februar 1868 (Ges.-S. S. 169) und vom 11. Februar 1869 (Ges.-S. S. 355) ergangen. Die Gesetze beziehen sich auf die Schuldkapitalien, welche in der dem Gesetze vom 29. Februar 1868 anliegenden Zusammenstellung verzeichnet stehen. Es sind dies diejenigen Schuldkapitalien, welche in den Abschnitten des Etats der Hauptverwaltung der Staatsschulden für die neuen Lande (vgl. das erste Kapitel § 1. Die verschiedenen Etatspositionen) aufgeführt werden. Die vormals Frankfurter Staatsschulden wurden erst später durch das Gesetz betr. die Auseinandersetzung zwischen Staat und Stadt in Frankfurt a. M. vom 5. März 1869 (Ges.-S. S. 379) übernommen. Letzteres hat im § 2 für die Verwaltung dieser Anleihen die Bestimmungen des Gesetzes vom 29. Februar 1868 massgebend erklärt.

Dies letztere Gesetz ist von den beiden wegen der künftigen Behandlung der übrigen Staatsschulden der neuen Landestheile erlassenen Gesetzen das Hauptgesetz; das Gesetz vom 11. Februar 1869 hat dazu nur einige Abänderungen und Ergänzungen getroffen. Wir führen dieselben hinter den Paragraphen des Hauptgesetzes an.

Das Hauptgesetz lautet in seinen vier ersten Paragraphen, welche sich auf die Verpflichtungen des Staates gegen die Gläubiger beziehen wie folgt:

§ 1. Die in der anliegenden Zusammenstellung verzeichneten Passivkapitalien des vormaligen Königreichs Hannover, des vormaligen Kurfürstenthums Hessen-Kassel, des vormaligen Herzogthums Nassau, des vormaligen Landgrafenthums Hessen-Homburg und der Herzogthümer Schleswig und Holstein werden zu den Beträgen, auf welche sich die einzelnen Schuldposten am 1. Januar 1868 nach den bis dahin erfolgenden Tilgungen und Umschreibungen belaufen werden, als Staatsschulden der Monarchie übernommen und der Hauptverwaltung der Staatsschulden zur Verwaltung überwiesen.

§ 2. Für die Verwaltung der in § 1 gedachten Passivkapitalien gelten, soweit nicht das gegenwärtige Gesetz Abweichungen bestimmt, lediglich die in den älteren Provinzen über die Verwaltung der Preussischen Staats-Schulden bestehenden Vorschriften, namentlich auch die Vorschriften über

    a) die Aussercourssetzung und Wiedereincourssetzung und Umschreibung der Preussischen Staats-Papiere,

    b) das Aufgebot, die Amortisation und den Ersatz verlorener oder vernichteter Preussischer Staats-Papiere,

    c) die Vernichtung eingelöster Staats-Papiere, und

    d) den Wegfall ihrer ferneren Verzinsung nach erfolgter Ausloosung.

Eine Einschreibung der auf Inhaber lautenden Staatsschuld-Verschreibungen auf den Namen des Besitzers, sowie die bisher in Hannover zulässig gewesene Umschreibung zum Zwecke der Zusammenlegung oder Theilung von Obligationen findet nicht weiter statt.

§ 3. In den Rechten der betreffenden Staats-Gläubiger bezüglich des Kapital-Betrages ihrer Forderungen, des Zinsfusses, zu welchem ihnen dieselben zu verzinsen sind, und der Rückzahlung ihrer Kapital-Forderungen wird durch das gegenwärtige Gesetz nichts geändert.

Das Bedürfniss zur Verzinsung und Tilgung wird für jedes Finanz-Jahr durch den Staatshaushalts-Etat bestimmt. Die zur vollen Deckung des Bedürfnisses erforderlichen Summen sind auf die bereitesten Staats-Einkünfte anzuweisen.

§ 4. Nicht erhobene Zinsen der im § 1 gedachten Passiv-Kapitalien verjähren binnen vier Jahren nach dem Eintritt des Fälligkeits-Termins. Gegen solche Zinsen-Forderungen, welche vor dem 1. Januar 1868 fällig geworden sind, wird die vierjährige Frist erst von diesem Tage berechnet, wenn die Verjährungsfrist nach den älteren Bestimmungen nicht früher abläuft.

Hinsichtlich solcher bereits ausgegebenen Zinscoupons, in denen eine andere Verjährungsfrist vermerkt ist, hat es bei der letzteren für diese ausgegebenen Coupons sein Bewenden. In neu auszugebende Zinscoupons ist die Bestimmung über die Verjährungsfrist jedesmal aufzunehmen.

Die durch Verjährung präcludirten Zinsen fallen dem Tilgungsfonds zu.

Was insbesondere die Bestimmungen des § 2 betrifft, so ist zu a. zu bemerken: In den älteren Provinzen giebt es hinsichtlich der Aussercourssetzung und Wiederincourssetzung und Umschreibung keine besonderen Bestimmungen für Staatspapiere, sondern es kommen für dieselben die allgemeinen Bestimmungen des Civilrechts darüber zur Anwendung. Mit letzteren übereinstimmende Normen waren aber für die neuen Landestheile schon vor dem Gesetz vom 29. Februar 1868 durch die Verordnung betr. die Ausser- und Wiederincourssetzung, sowie die Umschreibung der Papiere auf Inhaber für die mit der Preussischen Monarchie vereinigten Landestheile vom 16. August 1867 (Ges.-S. S. 1457) eingeführt worden.

Zu § 2 b. vergl. den vorigen Abschnitt über die Gesetzgebung für die alten Landestheile, woselbst S. 161 die dort über das Aufgebot, die Amortisation und den Ersatz verlorener oder vernichteter Preussischer Staatspapiere geltenden Verordnungen aufgeführt sind. Eine Uebergangs-Bestimmung zu § 2 b. ist der § 5 des Gesetzes vom 11. Februar 1869, welcher wie folgt lautet:

Für die Fälle, in welchen das Verfahren zur Amortisation abhanden gekommener oder vernichteter Staatsschuld-Verschreibungen oder Zins-Coupons bei Eintritt der verbindlichen Kraft des Gesetzes vom 29. Februar 1868 nach den bis dahin gültig gewesenen Vorschriften soweit durchgeführt war, dass nur noch die Ausfertigung neuer Documente an Stelle der amortisirten und die Aushändigung der neuen Verschreibungen oder Coupons an die Berechtigten zu veranlassen blieb, wird die Hauptverwaltung der Staatsschulden ermächtigt, die Ausfertigung der neuen Schuldverschreibungen oder Zins-Coupons, insofern dieselbe nicht wegen inzwischen eingetretener Verjährung entbehrlich ist, sowie die Aushändigung an die Berechtigten nach Massgabe der vor Erlass des Gesetzes vom 29. Februar 1868 bestandenen Gesetze, und mit der den Bestimmungen dieser letzteren entsprechenden rechtlichen Wirkungen auszuführen.

Zu § 2 d. ist zu bemerken, dass die neueren Anleihegesetze für das ältere Staatsgebiet regelmässig die Bestimmung enthalten, dass über den Einlösungstermin für ausgelooste Obligationen hinaus die etwa unabgehoben gebliebenen Kapitalbeträge nicht weiter verzinst werden.

Das letzte Alinea des § 2 wird ergänzt durch die §§ 2 und 3 des Gesetzes vom 11. Februar 1869, welche wie folgt lauten:

§ 2. Die Haupt-Verwaltung der Staatsschulden ist ermächtigt, Staatsschuld-Verschreibungen auf Namen, wenn der Eigenthümer es beantragt, in solche, die auf den Inhaber lauten, umzuschreiben. Die dadurch entstehenden Kosten sind vom Eigenthümer der Verschreibung zu tragen.

In Bezug auf die Tilgung wird durch die Umschreibung Nichts geändert.

§ 3. Die vor Erlass des Gesetzes vom 29. Februar 1868 geschehenen Einschreibungen von Staatsschuld-Verschreibungen, welche auf den Inhaber ausgestellt sind, auf den Namen des Besitzers, können, auf dessen Antrag und Kosten, von der mit der speciellen Verwaltung des betreffenden Staatsschulden-wesens beauftragten Provinzial-Behörde wieder aufgehoben werden.

Dem § 3 des Haupt-Gesetzes vom 29. Februar 1868 war von der Hauptverwaltung der Staatsschulden eine beschränkende Auslegung dahin gegeben worden, dass, wo nicht vertragsmässige Rechte ein Anderes begründeten, die in den älteren Provinzen über die Verzinsung und Tilgung bestehenden Vorschriften massgebend sein sollten. Dem entsprechend erachtete die Hauptverwaltung das Hannoversche Gesetz vom 30. Juni 1846, wonach die zur Tilgung zu bringenden Schuldverschreibungen nur nach der durch das Loos zu bestimmenden Reihenfolge zum Nennwerth eingelöst werden sollten, für alle Obligationen nicht mehr für anwendbar, für welche nicht zugleich den Gläubigern obligationsmässig ein Recht darauf zustehe, dass die Tilgung im Wege der Verloosung erfolgen solle. Die Hauptverwaltung ordnete demgemäss an, dass bei diesen Obligationen entsprechend den Bestimmungen in den Anleihegesetzen für die älteren Provinzen zunächst der Versuch zu machen sei, den Tilgungsbedarf mittels Ankaufs unter pari zu beschaffen, und dass nur, soweit dies nicht gelingen sollte, zur Verloosung geschritten werde.

Diese Maassregel gab zu vielfachen Klagen und Beschwerden Anlass, wurde auch, und wohl nicht mit Unrecht, in Bezug auf ihre Gesetzmässigkeit angefochten. In Folge dessen bestimmte § 1 des Ergänzungsgesetzes vom 11. Februar 1869 Folgendes:

Die Tilgung vormals Hannoverscher Landes- und Eisenbahnschulden ist vom Jahre 1869 ab in der Art zu bewirken, dass die in jedem Jahre einzulösenden Schuldverschreibungen im Anfange des Monats Juni öffentlich ausgeloost und die gezogenen Nummern zur öffentlichen Kenntniss gebracht und mit sechsmonatlicher Frist gekündigt werden.

Nach Ablauf von sechs Monaten nach der Kündigung können die Inhaber der ausgeloosten Schuldverschreibungen den Kapitalbetrag bei der Bezirks-Hauptkasse in Hannover baar in Empfang nehmen. Ueber diesen Termin hinaus werden unabgehobene Kapitalbeträge nicht weiter verzinst.

Für die vormals **Hannoverschen Staatsschuldverschreibungen** insbesondere sind noch eine Anzahl Hannoverscher Gesetze und Verordnungen in Geltung. Das wichtigste Gesetz darunter ist das Gesetz die Vermehrung der Mittel verschiedener Schuldentilgungsfonds etc. betreffend vom 13. Juni 1865 — (Hann. Ges.-S. S. 275). Aufgehoben von demselben sind nur der § 10 durch die Preussische Verordnung vom 10. Januar 1867 (Ges.-S. S. 76) und der § 6 durch das Gesetz vom 11. Februar 1869 (Ges.-S. S. 355). Das erwähnte Hannoversche Gesetz trifft Bestimmungen über die jährliche Amortisationsquote der in demselben aufgeführten Anleihen.

Ausserdem sind noch die nachfolgenden Hannoverschen Bestimmungen über das Staatsschuldenwesen als fortdauernd gültig anzusehen. Dieselben sind sämmtlich abgedruckt in der Zusammenstellung der Gesetzgebung über das Staatsschuldenwesen des Königreichs Hannover vom Schatzrath Grote (Hannover, Helwing 1860):

A. In Beziehung auf die Legitimation der Gläubiger.

1) Die Verordnung vom 2. Juli 1824, die Legitimation bei landschaftlichen Stamm-Obligationen betreffend — (Hann. Ges.-S. S. 1824, I. 25 S. 213).

2) Verordnung vom 20. Januar 1826, die Legitimation der Landesgläubiger und die Mortification abhanden gekommener landschaftlicher Schuldverschreibungen betreffend (in Bezug auf die Mortification gilt diese Verordnung nur noch für die auf den Namen lautenden Schuldverschreibungen) — (Hann. Ges.-S. 1826, V. 3 S. 77).

3) Gesetz vom 10. August 1836, die Legitimation der Gläubiger und Mortification von Schuld-Documenten in Ansehung der Schulden der Generalkasse betreffend (s. d. Bemerkungen in der Klammer zu Nr. 2) — (Hann. Ges.-S. 1836, I. 22 S. 105).

B. In Beziehung auf die Zinszahlung.

4) Bekanntmachung der Schatz-Commission vom 12. Januar 1819, die Auszahlung von vier Procent Zinsen auf die ablöslichen Landesschuldkapitalien betreffend — (Hann. Ges.-S. 1819, I. 3 S. 6).

5) Bekanntmachung des Schatz-Collegii vom 20. December 1822, die kapitalmässige Verzinsung der Landesschulden betreffend (Hann. Ges.-S. 1822, I. 65 S. 395).

6) Ministerial-Bekanntmachung vom 5. October 1840, dass die Zinsen solcher Hannoverschen Landes-Obligationen, welche auf Gold und auf jeden Inhaber lauten, bei allen Kreiskassen des Königreichs gezahlt werden können -- (Hann. Ges.-S. 1840, I. 48 S. 431).

C. Umrechnung der Schuldkapitalien.

7) Bekanntmachung des Königlichen Finanzministeriums vom 25. October 1834, die Umrechnung der in Conventionsmünze verzinseten Kapitalien auf Courant betreffend — (Hann. Ges.-S. 1834, I. 39 S. 157).

D. Abzüge für fehlende Zins-Coupons.

8) Gesetz vom 13. November 1834 betreffend die Zurückzahlung von Kapitalien, die in Obligationen auf jeden Inhaber lautend verbrieft sind. — (Hann. Ges.-S. 1834 I. 54 S. 283).

Zu den einzelnen Arten der Hannoverschen Obligationen sind besondere Gesetze nicht erlassen; die Zustimmung der Stände zur Aufnahme einer Anleihe wurde nicht durch Vorlage eines Gesetzentwurfes eingeholt. Nach erhaltener Zustimmung der Stände schrieb das Finanzministerium die Bedingungen für die Aufnahme der Anleihe dem Schatzcollegium durch Rescript vor; letzteres fertigte dann nach Inhalt desselben die Obligationen aus.

Unter den vormals **Kurhessischen Schuldverschreibungen** beruhen die Anleihen von 1834, 1845 und 1863 auf dem der Regierung von den Ständen in dem Finanzgesetz vom 31. October 1833 (Kurh. Ges.-S. S. 189), dem Landtagsabschied vom 25. September 1844 (Kurh. Ges.-S. S. 85) und dem Landtagsabschied vom 31. October 1863 (Kurh. Ges.-S. S. 183) bewilligten Kredit. Auf Grund dieses Kredits hat die Regierung dann 1845 und 1863 durch Vertrag mit dem Bankhause Rothschild in Frankfurt a. M. die Anleihebedingungen festgestellt, wonach die Obligationen von der Regierung ausgefertigt und an das erwähnte Bankhaus begeben wurden. Ausserdem stellte die Regierung dem Bankhause über den Gesammtbetrag der Obligationen bei jeder der beiden Anleihen eine Hauptschuldverschreibung aus.

Unter den vormals **Nassauischen Schuldverschreibungen** beruhen die Anleihen seit 1851 auf besonderen Kreditgesetzen, welche den Anleihebetrag und die Tilgungsquote bestimmen. Es sind erlassen:

1) für die Anleihe von 1851 das Gesetz vom 10. September 1851 (Nass. Verordnungsbl. S. 268),
2) für die Anleihe von 1853 das Gesetz vom 22. October 1853 (Nassauisches Verordnungsbl. S. 307),
3) für die Anleihe von 1858 das Gesetz vom 1. November 1858 (Nassauisches Verordnungsbl. S. 219),
4) für die Anleihe von 1859 das Gesetz vom 23. Juni 1859 (Nass. Verordnungsbl. S. 48),
5) für die Anleihen von 1860 und 1861 das Gesetz vom 2. April 1860 (Nass. Verordnungsbl. S. 68).

Auf Grund dieser Kreditgesetze stellte die Nassauische Regierung stets durch Vertrag mit dem Bankhause M. A. von Rothschild in Frankfurt a. M. die Anleibebedingungen fest, wonach dann von der Regierung die Obligationen ausgefertigt und an das Bankhaus begeben wurden.

Hessen-Homburg hat eine ständische Verfassung nicht besessen; die Anleihebedingungen wurden lediglich durch Vertrag zwischen dem Landgrafen und den betreffenden Frankfurter Bankhäusern geregelt.

Für die vormals **Schleswigschen** und **Holsteinschen Domanial-Obligationen** massgebend sind das Gesetz vom 30. Mai 1856 (Schlesw. Ges.-S. S. 186), das Schleswigsche Regulativ vom 27. Februar 1857 und das Holsteinische Regulativ vom 24. December 1861.

Von den vormals **Frankfurter Schulden** beruht jede Anleihe auf einem besonderen Gesetz, welches die sämmtlichen Anleihebedingungen regelt. Es kommen demnach folgende Gesetze in Betracht:

1) für die Anleihe von 1839 (convertirte Anleihe von 1822) das Publicandum vom 11. April 1822 (Frankf. Ges.-S. Bd. 3, S. 89 und Frankf. Amtsbl. vom 16. April 1822) und Publicandum vom 19. März 1839 (Frankf. Ges.-S. Bd. 7, S. 97 u. Frankf. Amtsbl. vom 20. März 1839),

2) für die Anleihe von 1844 das Gesetz vom 5. September 1843 (Frankf. Ges.-S. Bd. 8, S. 42 u. Frankf. Amtsbl. vom 7. September 1843),

3) für die Anleihe von 1846 das Gesetz vom 10. Februar 1846 (Frankf. Ges.-S. Bd. 8 S. 139 u. Frankf. Amtsbl. vom 12. Februar 1846),

4) für die Anleihe von 1848 das Gesetz vom 14. November 1848 (Frankf. Ges.-S. Bd. 8, S. 311 u. Frankf. Amtsbl. vom 16. November 1848),

5) für die Anleihen von 1857 und 1858 das Gesetz vom 27. October 1857 (Frankf. Ges.-S. Bd. 14, S. 119).

Die Unzahl von Gesetzen, Verordnungen und Königl. Erlassen, in welche nach der Darstellung in diesem Kapitel die verschiedenen Bestimmungen über die einzelnen Anleihen zerstreut sind, erschwert sowohl die Kenntniss der Gesetzgebung im Einzelnen, als auch die Vergleichung der verschiedenen Anleihen unter einander, schadet dadurch dem Kredit des Preussischen Staats im Allgemeinen und der Verbreitung der Preussischen Staatspapiere im Auslande insbesondere.

III. Kapitel.

Die Entstehung der Schulden.

§ 5.

I. Eintheilung der Schulden nach der Zeit ihrer Entstehung und der Verwendung des Kredits.

Viele Schuldverschreibungen sind an die Stelle älterer Verschreibungen durch Consolidation oder Convertirung getreten; andere haben dieselbe Benennung behalten, wiewohl das Schulddocument selbst erneuert wurde oder an Stelle des früheren Verpflichteten der Preussische Staat als Schuldner trat. Bei nachstehender Altersclassification ist lediglich das Alter der Benennung der Obligation massgebend. Danach unterscheiden wir zwischen älteren und neueren Schulden, je nachdem die Obligationen unter derselben Benennung schon vor oder erst nach 1840 vorgekommen sind.

1. Die älteren Schulden.

	Kapitalwerth nach dem Etat für 1869 Thlr.	Ursprüngliches Schuldkapital Thlr.
1) Sächsische Steuerkredit-Kassenscheine von 1763, 1807 und 1811	965,700 300	6,196,853 (1823)
2) Sächsische Kammerkredit-Kassenscheine von 1766	2,107	1,422,328 (1823)
3) Kurhessische Schuld an den Fideicommissfonds von 1776	14,900	14,900
4) Kurhessische Schuld an die Scheffer'schen Erben von 1777	1,400	1,400
5) Hessen-Homburgische Anleihe von Boas 1777 .	2,836	—
6) Preussische Staatsschuldscheine (1810), theilweise durch Consolidation älterer Schulden entstanden	66,784,700	180,000,000

7) Die vor 1815 entstandenen vormals Hannoverschen Schulden. Dieselben sind im § 1 (die Schulden nach den verschiedenen Posten des Staatshaushaltsetats) unter den älteren Schulden der Hannoverschen Landesschulden im engeren Sinne sub 1—7 und sub 11—18, sowie unter den Schulden der vormaligen Kgl. Hannoverschen Generalkasse sub 1 und 2 aufgeführt, können jedoch in ihren Beträgen nicht angegeben werden, da die letzteren im Etat für 1869 mit solchen von späteren Hannoverschen Schulden zusammengeworfen sind. Nach dem Etat für 1868 betrugen die vor 1815 entstandenen Hannoversch. Schulden zusammen noch 693,740 Thlr.

	Kapitalwerth nach dem Etat für 1869 Thlr.	Ursprüngliches Schuldkapital Thlr.
8) Augustenburgische Prioritätsschulden seit 1816 .	109,792	—
9) Kurmärkische Kriegsschuld, 1821 consolidirt . .	1,150,367	3,335,725
10) Neumärkische Kriegsschuld, 1821 consolidirt . .	214,300	619,993
11) Rente an die Kur- und Neumärkischen Tilgungs- fonds, nach d. Kapitalwerth veranschlagt circa	} 241,000 {	326,389 145,011
12) Schuldrente an das Potsdamer Militair-Waisen- haus, zum Kapitalwerth veranschlagt circa . .	3,306,325	—
13) Pensions-Aussterbefonds, zum Kapitalwerth veran- schlagt circa	4,900,000	—
14) Schuldrenten für aufgehobene Zölle und andere Berechtigungen, z.Kapitalwerth veranschlagt ca.	5,190,625	—
15) Schuldrenten an Fürsten und Standesherren für abgetretene Rechte und Besitzungen zum Ka- pitalwerth veranschlagt circa	5,104,225	—
16) Preussische Kassenanweisungen, 1824 durch Ein- ziehung von Tresorscheinen (1806) und Sächsi- schen Kassenbillets etc. entstanden	18,250,000	—
17) Hessen-Homburgische Anleihe von 1829 A. . .	26,857	285,714
18) Hessen-Homburgische Anleihe von 1829 B. . .	20,000	385,714
19) Rente zur Tilgung der ständischen Schulden der Niederlausitz, z. Kapitalwerth veranschlagt ca.	43,200	—
20) Rente zur Verzinsung und Tilgung der Schulden der Stifter Merseburg und Naumburg (1833), zum Kapitalwerth veranschlagt circa	67,000	—
21) Kurhessische Anleihe von 1834	182,600	1,265,850
22) Nassauische Anleihe vom 21. Juli 1837, theilweise durch Tilgung älterer Schulden entstanden . .	1,484,743	2,571,428
23) Nassauische Prämienanleihe, 1837 theilweise zur Tilgung älterer Schulden aufgenommen . . .	942,851	1,485,714
24) Frankfurter Anleihe, 1839 durch Convertirung der Anleihe von 1822 entstanden	2,545,657	4,857,140
25) Aeltere Hannoversche Schulden, einschl. der Nr. 7	2,346,009	—

2. Die neueren Schulden.

Es sind zu unterscheiden:

A. Schulden, durch Aufwendungen zu allgemeinen, insbesondere militairisch-politischen Zwecken entstanden,

B. Schulden, durch den Bau oder die Erwerbung von Eisenbahnen für den Staat entstanden,

C. Schulden, durch Entschädigungen für aufgehobene Privilegien etc. entstanden.

A. Schulden, durch Aufwendungen zu allgemeinen, insbesondere militairisch-politischen Zwecken entstanden:

	Kapitalwerth nach dem Etat für 1869 Thlr.	Ursprüngliches Schuldkapital Thlr.
1) Preussische Freiwillige Anleihe von 1848 . . .	2,543,400	15,000,000
2) Frankfurter Anleihe von 1848 (vgl. sub B Nr. 9)	284,571	342,856
3) Preussische Rentenschuld an die Rentenbanken von 1850, zum Kapitalwerth veranschlagt von ca.	7,680,000	—
4) Preussische Anleihe von 1850	12,909,900	18,000,000
5) Hannoversche Obligationen Lit. R. von 1850 . .	778,990	1,359,110
6) Nassauische Anleihe, 1851 zur Tilgung älterer Schulden aufgenommen	436,057	571,429
7) Nassauische Anleihe, 1853 zur Convertirung der Anleihe von 1848 aufgenommen.	548,685	685,714
8) Preussische Anleihe von 1854 (vgl. sub B Nr. 17)	6,981,100	8,680,000
9) Preussische Prämienanleihe von 1855	11,670,000	15,000,000
10) Preussische Anleihe von 1856	14,853,300	16,598,000
11) Hannoversche Obligationen Lit. R von 1857 . .	28,500	2,000,000
12) Frankfurter Anleihe von 1857	571,429	571,429
13) Frankfurter Anleihe von 1858	910,114	1,143,856
14) Preussische Anleihe von 1859	27,928,100	30,000,000
15) Hessen-Homburgische Anleihe von 1859. . . .	82,286	85,714
16) Hannoversche Obligationen Lit. S von 1860, zur Tilgung älterer Schulden ausgefertigt. . . .	1,406,900	1,545,500
17) Frankfurter Anleihe bei der Bank von 1866 (im Laufe des Jahres 1869 zurückgezahlt) . . .	3,284,005	3,284,005
18) Frankfurter Anleihe bei Privaten von 1866 (im Laufe des Jahres 1869 zurückgezahlt) . . .	685,714	685,714
19) Apanagen an die früheren Herrscherfamilien in den neuerworbenen Landestheilen, zum Kapitalwerth veranschlagt von circa.	4,304,640	—
20) Preussische Anleihe 1867 A	29,682,400	30,000,000
21) Preussische Anleihe von 1868 A	21,248,800	21,750,000
22) Preussische Schatzanweisungen	13,000,000	13,000,000
23) Anleihen, im Frühjahr 1869 aufgenommen (mit B Nr. 34 verbunden)	9,450,000	9,450,000
	(stehen noch nicht auf dem Etat).	

B. Schulden, durch den Bau oder die Erwerbung von Eisenbahnen für den Staat entstanden:

	Kapitalwerth nach dem Etat für 1869 Thlr.	Ursprüngliches Schuldkapital Thlr.
1) Niederschles.-Märkische Eisenbahn-Stammactien von 1843	7,049,100	10,000,000
2) Frankfurter Anleihe von 1844	742,857	1,143,856
3) Niederschlesisch-Märkische Eisenbahn-Prioritäts-Actien von 1845	3,597,412	4,175,000

	Kapitalwerth nach dem Etat für 1869 Thlr.	Ursprüngliches Schuldkapital Thlr.
4) Kurhessische Prämien-Lotterie-Anleihe von 1845	5,325,000	6,725,000
5) Münster-Hammer Eisenbahn-Stammactien v. 1846	1,127,600	1,300,000
6) Frankfurter Anleihe von 1846	2,092,800	2,857,140
7) Niederschlesisch-Märkische Eisenbahn-Prioritäts-Obligationen Serie I., II. von 1846	2,921,400	3,500,000
8) Niederschlesisch-Märkische Eisenbahn-Prioritäts-Obligationen Serie III. von 1847	2,300,000	2,300,000
9) Frankfurter Anleihe von 1848 (vgl. einen Theil dieser Anleihe sub A Nr. 2)	824,457	1,085,712
10) Niederschlesisch-Märkische Eisenbahn-Prioritäts-Obligationen Serie IV. von 1851	881,800	1,000,000
11) Münster-Hammer Eisenbahn-Prioritäts-Obligationen von 1851	179,100	200,000
12) Hannoversche Obligationen Lit. E I. von 1851 .	2,191,380	2,713,770
13) Preussische Anleihe von 1852	11,850,600	16,000,000
14) Hannoversche Obligationen Lit. F I. von 1852 .	4,167,190	5,102,950
15) Hannoversche Obligationen Lit. G I. von 1852 .	5,758,400	7,447,310
16) Preussische Anleihe von 1853	3,905,900	5,000,000
17) Preussische Anleihe von 1854 (s. einen Theil dieser Anleihe unter A Nro. 8)	5,083,000	6,320,000
18) Preussische zweite Anleihe von 1855	6,426,300	7,800,000
19) Hannoversche Obligationen Lit. H I. von 1855 .	3,253,760	6,219,930
20) Preussische Anleihe von 1857	7,047,600	7,680,000
21) Hannoversche Obligationen Lit. J I. von 1858 .	1,301,500	2,632,700
22) Nassauische Anleihe von 1858	2,205,600	2,285,714
23) Zweite Preussische Anleihe von 1859	16,883,800	18,400,000
24) Nassauische Anleihe von 1859	1,096,114	1,142,857
25) Nassauische Anleihe von 1860	3,428,571	3,428,571
26) Zweite Nassauische Anleihe von 1860	3,428,571	3,428,571
27) Nassauische Anleihe von 1861	2,285,714	2,285,714
28) Preussische Anleihe von 1862	4,630,200	4,800,000
29) Hannoversche Obligationen Lit. L I. von 1862 .	196,500	4,177,300
30) Nassauische Anleihe von 1862	4,087,714	4,114,286
31) Kurhessische Anleihe von 1863	9,882,600	10,000,000
32) Preussische Anleihe von 1864	16,820,000	17,000,000
33) Preussische Anleihe 1867 D.	24,000,000	24,000,000
34) Preussische Anleihe von 1868 B	20,000,000	20,000,000

C. Schulden, durch Entschädigungen für aufgehobene
Privilegien etc. entstanden:

	Kapitalwerth nach dem Etat für 1869 Thlr.	Ursprüngliches Schuldkapital Thlr.
1) Nassauische Schuld an die Landesbank von 1848	349,675	415,274
2) Desgleichen von 1854	46,325	57,142

	Kapitalwerth nach dem Etat für 1869 Thlr.	Ursprüngliches Schuldkapital Thlr.
3) Schleswig-Holsteinische Domanial-Obligationen von 1856	267,300	305,125
4) Schuld an Dänemark für Aufhebung der Sund- etc. Zölle	1,909,338	3,330,020
5) Schuld an den Dänischen Pensionsfonds . . .	419,311	3,600,000
6) Preussische Anleihe 1867 B.	2,968,300	3,000,000
7) Preussische Anleihe 1867 C.	9,782,975	10,000,000

Vorstehende Classification ergibt, dass unter den 480 Millionen Thaler Schuldobligationen des Preussischen Staates etwa 112 Millionen Thaler vor und 368 Millionen Thaler nach 1840 entstanden sind, und dass letztere Obligationen herrühren mit 166 Millionen Thaler aus Aufwendungen zu allgemeinen Zwecken, mit 187 Millionen Thaler aus dem Bau und der Erwerbung von Eisenbahnen und mit 15 Millionen Thaler aus der Ablösung nutzbarer Privilegien. Die zum Bau und zur Erwerbung von Eisenbahnen gemachten Schulden betrugen ursprünglich 216 Millionen Thaler. — Nicht einbegriffen in obige Classification sind das Reservequantum für noch unbekannte Ansprüche gewisser Gläubiger und die Hohenzollernschen Staatsschulden (zusammen rund 600,000 Thlr).

§ 6.

II. Eintheilung der Schulden nach dem Rechtsgrunde der Entstehung.

Nach dem Rechtsgrunde der Entstehung sind zu unterscheiden:

    I. Schulden, welche Preussen selbst eingegangen ist (288 Millionen Thlr.).

    II. Schulden, welche Preussen von anderen übernommen hat (107 Millionen Thlr.).

    III. Consolidirte Schulden (85 Millionen Thlr.).

I. Die Schulden, welche Preussen selbst eingegangen ist, betragen etwa 288 Millionen Thaler, d. i. nahezu ⅗ der Gesammtschuld. Dieselben sind entweder Anleihen oder Entschädigungsrenten.

Die Anleiheschulden begreifen die 21 neueren Staatsanleihen einschliesslich der Schatzanweisungen in sich und belaufen sich auf 270,215,300 Thlr., also auf $\frac{9}{16}$ der gesammten Staatsschuld. Der ursprüngliche Kapitalbetrag dieser Schulden bei der Aufnahme war 308,028,000 Thlr.

Zu den Entschädigungsrenten für aufgehobene nutzbare Privilegien gehören folgende Renten:

Renten Thlr.

1) an das Militairwaisenhaus in Potsdam zum Betrage von 132,253
2) für aufgehobene Zölle und andere Berechtigungen . 200,904
3) an Fürsten und Standesherren 204,179
4) an Dänemark für Aufhebung der Sund- und Beltzölle
   (Amortisationsrente) zum Betrage von 243,462

Gesammtbetrag dieser Renten 780,798

Ein Theil dieser Renten ist allerdings mit neuerworbenen Landestheilen übernommen worden.

II. Die Schulden, welche Preussen von anderen übernommen hat, betragen zusammen 107 Millionen Thaler und lassen sich eintheilen

A. in Schulden, welche von Provinzen oder neuen Landestheilen übernommen sind (82 Millionen Thlr.);

B. in Schulden, welche mit Eisenbahnen übernommen sind (18 Millionen Thlr.);

C. in Schulden, welche durch Annahme von Ablösungskapitalien übernommen sind (7 Millionen Thlr.).

A. Schulden, welche von Provinzen oder neuen Landestheilen übernommen sind:

Dieselben betragen 82 Millionen Thlr.; es gehören dahin:

1) Die mit den 1815 erworbenen vormals Sächsischen Landestheilen übernommenen Sächsischen Steuerkreditkassenscheine von 1763 und Kammerkreditkassenscheine von 1766. Die Scheine betrugen bei der Uebernahme 6,196,855 Thlr. und 1,422,328 Thlr. und waren 1869 bis auf 965,700 Thlr. und 2,107 Thlr. getilgt.

2) Der 1822 übernommene Antheil der Kriegsschulden der Kur- und Neumark. Diese Schulden betrugen ursprünglich 3,335,725 Thlr. und 1,700,000 Thlr. und sind bis auf 1,150,367 Thlr. und 214,300 Thlr. getilgt. In Verbindung damit steht eine Amortisationsrente an die Tilgungsfonds der Kur- und Neumark von 8,109 Thlr. und 3,606 Thlr., welche einem dem Staate 1816 gewährten Vorschuss von 326,389 Thlr. und 145,011 Thlr. ihre Entstehung zuschreibt.

3) Die der Niederlausitz zur Tilgung der ständischen Schulden durch Kabinetsordres vom 23. Januar 1829 und 30. März 1836 gewährte Rente von 2,880 Thlr.

4) Die den Stiftern Merseburg und Naumburg durch Kabinetsordre vom 19. Januar 1833 zur Verzinsung und Tilgung ihrer Schulden gewährte Rente von 6,700 Thlr.

5) Die mit den 1849 erworbenen Hohenzollernschen Landen überkommenen Staatsschulden. Dieselben betrugen bei der Vereinigung

453,100 Gulden = 258,912 Thlr. und sind gegenwärtig bis auf 87,143 Thaler getilgt.

6) Die vormals Hannoverschen Schulden im Gesammtbetrage von 22,146,050 Thlr. zerfallen ihrer Entstehung nach in folgende Kategorien:

a) Die Schulden der vormaligen Generalsteuerkasse im Betrage von 3,766,578 Thlr. Unter den älteren Schulden dieser Art kommen zunächst in Betracht eine grosse Zahl kleiner, bereits vor 1815 entstandener Schuldposten. Dieselben betrugen 1868 (im Etat für 1869 sind dieselben nicht vollständig specificirt) noch 693,740 Thlr. Es sind dies theils frühere landesherrliche Kassenschulden, theils Schulden der vormaligen Provinziallandschaften, theils Schulden der fremdherrlichen Occupation von 1803 bis 1813, theils Schulden der in den Jahren 1813 bis 1815 von Hannover neu erworbenen Landestheile, welche alle sich in den verschiedensten Rechtsformen erhalten haben. Alle diese Schulden wurden zufolge Ständebeschluss vom 15. Februar 1816 als Hannoversche Staatsschulden anerkannt. Zu diesen alten Schulden gehört auch noch ein Reservequantum von 6,400 Thlr. für noch unbekannte Ansprüche einzelner Gläubiger von Meppen- und Emsbührenschen Schulden. Ausser diesen Schulden zählen zu den älteren Schulden die Obligationen Lit. A. bis einschl. N. im Gesammtbetrage von noch 1,443,667 Thlr. Diese Obligationen sind in den Jahren 1815 bis 1840 ausgestellt worden, theils zur Convertirung älterer Schulden, theils zur Deckung der Kosten des Nothstandes, der Luxemburger Expedition und zur Entschädigung für aufgehobene Grundsteuerbefreiungen. Den jüngsten Titel der älteren Hannoverschen Landesschulden bildet ein zufolge Staatsvertrag von 1839 aus der Theilung des Bisthums Münster übernommener Schuldposten von 700 Thlr.

b) Die Schulden des früher landesherrlichen Domaniums oder der vormaligen Königlichen Generalkasse im Betrage von 6,501,143 Thlr. Es gehören darunter drei kleinere Posten mit zusammen 94,243 Thlr., welche aus Lehnsverhältnissen und Kaufverträgen im vorigen Jahrhundert herrühren und wegen der vertragsmässig erschwerten Rückzahlung noch nicht haben getilgt werden können. Ausser diesen kleinen Posten sind hier noch anzuführen für 1,406,900 Thlr. Obligationen Litt. S. Dieselben wurden zum Betrage von 1,545,500 Thlr. 1860 ausgestellt zur Tilgung einer der Königlichen Kron-Schatullkasse gehörigen Kapitalforderung.

c) Die Eisenbahnschulden im Betrage von 16,868,730 Thlr. rühren aus Anleihen für Eisenbahnbauten her, welche ursprünglich zum Kapitalbetrage von 28,284,960 Thlr. aufgenommen sind.

7) Die vormals Kurhessischen Schulden im Betrage von 15,406,500 Thalern. Darunter sind 15,405,100 Thlr. Anleiheschulden. Nicht aus einer Anleihe rühren her 1,400 Thlr. Kaufschuld an die Schefferschen Erben zu Felsberg und Gudensberg wegen eines dem Staate im Jahre 1777 verkauften Schefferschen Fideicommissfonds-Hauses.

8) Die vormals Nassauischen Schulden im Betrage von 20,340,628 Thalern sind bis auf 396,000 Thlr. aus Anleihen entstanden. Unter den Anleihen sind acht Anleihen der Landessteuerkasse und zwei Anleihen der Herzoglichen Domanialkasse. Die acht Anleihen der Landessteuer-kasse wurden 1851 bis 1862 im Betrage von 32,228,571 Thlr. auf-genommen und sind bis auf 18,630,418 Thlr. getilgt. Die beiden Do-manialanleihen rühren von 1837 her, betrugen ursprünglich 3,400,000 Thaler und sind bis auf 2,610,495 Thlr. getilgt. Die übrigen nicht aus Anleihen herrührenden Schulden im Betrage von 396,000 Thlr. sind durch Ablösung von Zehnten und der Bassenheim'schen Rente entstanden.

9) Die durch die Erwerbung der vormaligen Landgrafschaft Hessen-Homburg überkommenen Schulden zum Gesammtbetrage von 131,429 Thlr. sind Restbeträge von Anleihen.

10) Die durch die Erwerbung der Herzogthümer Schleswig-Holstein überkommenen Schulden betragen 796,403 Thlr. Es gehören dahin die früher auf den ehemaligen Besitzungen der Augustenburgischen Herzogs-familie ruhenden sog. Augustenburgischen Prioritätsschulden zum Ge-sammtbetrage von 109,792 Thlr., die bei der Aufhebung des Mühlenzwanges Behufs der Entschädigung der betreffenden Mühlenbesitzer 1856 aus-gestellten Domanialobligationen und der Restbetrag einer Abfindungs-summe an Dänemark für die Uebernahme auf Schleswig-Holstein an-theilig lastender Pensionen zum Betrage von 419,311 Thlr.

11) Die durch die Erwerbung der vormals freien Stadt Frankfurt a. M. überkommenen Schulden zum Gesammtbetrage von 11,941,605 Thlr.. Es sind dies sechs Staatsanleihen und ausserdem die zur Deckung der Kriegs-contributionen im Sommer und Herbst 1866 bei der Frankfurter Bank und Privaten aufgenommenen Darlehen. Die letzteren im Betrage von 3,969,719 Thlr. sind bereits 1869 getilgt.

12) Gleichfalls mit neuen Landestheilen haben 1866 übernommen werden müssen Apanagen zum Betrage von jährlich 430,464 Thlr., welche an Mitglieder der früher in denselben regierenden Familien gezahlt werden.

13) Auch der Pensionsaussterbefonds im Betrage von 490,000 Thlr. umfasst wesentlich Pensionen für Beamte, welche aus neuen Landestheilen übernommen wurden und in der Staatsverwaltung keine Verwendung er-halten konnten.

B. Schulden, welche mit Eisenbahnen übernommen sind
im Betrage von 18 Millionen Thlr.:

1) Die mit der 1852 erworbenen Niederschlesisch-Märkischen Eisenbahn übernommenen Actien und Obligationen betrugen bei der Uebernahme 19,208,338 Thlr. und betragen gegenwärtig noch 16,749,713 Thaler.

2) Die mit der 1855 erworbenen Münster-Hammer Eisenbahn übernommenen Actien und Obligationen betrugen bei der Uebernahme 1,387,300 Thlr. und betragen gegenwärtig noch 1,306,700 Thlr.

C. Durch Annahme von Ablösungskapitalien übernommen sind die Amortisationsrenten an die Rentenbanken im Betrage von jährlich 418,042 Thlr.

III. Consolidirte Schulden.

Unter denselben befinden sich sowohl Schulden, welche ursprünglich Preussen selbst eingegangen ist, als auch Schulden, welche es von anderen übernommen hat. Die consolidirten Schulden betragen zusammen 85 Millionen Thlr.

Verzinsliche consolidirte Schulden sind die Staatsschuldscheine im Betrage von 66,784,700 Thlr. Es wurden seit 1810 im Ganzen für 180 Millionen Thlr. Staatsschuldscheine ausgefertigt und hiervon etwa 133 Millionen zur Umwandlung bereits vorhandener Schulden verwandt und 47 Millionen direct begeben.

Unverzinsliche consolidirte Schulden sind die Kassenanweisungen im Betrage von 18,250,000 Thlr. In Kassenscheine umgewandelt wurden 1824 die Preussischen Tresorscheine und Sächsischen Steuerbillets, 1851 die Darlehnskassenscheine und 1868 die Kurhessischen Kassenscheine und die Noten der Nassauischen Landesbank.

§ 7.
III. Die bei Anleihen empfangene Valuta.

Die bei Anleihen empfangene Valuta drückt sich in dem Begebungscourse der betreffenden Obligationen aus.

Die Begebung der s. Z. 4procentigen Staatsschuldscheine im Betrage von 51½ Millionen Thaler geschah in zweifacher Art. Für 30 Millionen Thaler konnten al pari begeben werden, indem man eine Prämienlotterie mit der Ausgabe verband. Es mussten dabei auf die 30 Millionen Thaler Schuldscheine, welche in dieser Weise begeben wurden, für 11,164,800 Thaler Prämien zurückgezahlt werden. Dabei kamen für 3 Millionen

Thaler prämiirter Schuldscheine wieder in den Besitz der Regierung. Dergestalt sind also auf die definitive Unterbringung von 30 — 3 = 27 Millionen Thaler Staatsschuldscheine für 8,164,800 Thlr. Prämien gezahlt worden. In Wahrheit erhielt also die Regierung trotz des mit der Ausgabe verbundenen Lotteriespiels für eine Schuldverschreibung von 100 noch nicht 70. Der damalige Cours der gewöhnlichen Staatsschuldscheine betrug 67. Die übrigen 24½ Millionen Thaler von den vorerwähnten 51½ Millionen Thaler Staatsschuldscheine wurden 1822 an die Seehandlung zum Course von 66⅔ begeben.

Bei den neueren Preussischen Anleihen sind die Bedingungen durchweg so gestellt worden, dass die Obligationen annähernd al pari begeben werden konnten. Ueber den Emissionscours der Eisenbahnanleihen pflegt die Regierung keine Rechenschaft abzulegen. Von den militairischen Anleihen sind die (4½ proc.) Anleihe von 1850 zu 96⅝, 98½ und 99¼, die (4½ proc.) Anleihe von 1854 zu 93, die (3½ proc.) Prämienanleihe von 1855 zu 98½, die (5 proc.) Anleihe von 1859 zu 95 untergebracht worden. Die (4½ proc.) Anleihen 1867 A. und B. konnte man zu 96 bis 96,₄ unterbringen. Die Obligationen der (4½ proc.) Anleihen 1867 D. und 1868 B. wurden von den Bankhäusern, welche dieselben übernommen hatten, zu 95 bezw. 94 öffentlich ausgeboten.

Allerdings lässt sich der Zinsfuss nicht dergestalt in Bruchtheilen von Procenten bemessen, dass eine Unterbringung der Anleihe genau al pari immer möglich ist. Grundsätzlich bleibt es gleichwohl richtig, die Bedingungen möglichst darauf hin festzusetzen. Bei einem niedrigen Emissionscours legt der Staat gewissermassen eine Conventionalstrafe auf die Ausübung des ihm vorbehaltenen Kündigungsrechts. Er kommt dann bei steigenden Coursen desto später in die Lage, Convertirungen zur Erlangung eines niedrigeren Zinsfusses vorzunehmen. Der wohlfeile Zinsfuss, zu welchem sich die Gläubiger bei niedrigerem Emissionscours als Entgelt für die ihnen dadurch gebotene Sicherheit des längeren Fortbezugs dieses Zinsfusses vielleicht verstehen, kann allerdings einen Finanzminister reizen, der sich in augenblicklicher Geldverlegenheit befindet, wie dies 1822 der Fall war. Aber die augenblickliche Erleichterung der Zinslast wird in der Regel in keinem Verhältniss stehen zu der möglichen Benachtheiligung des Staates dadurch, dass er auch bei eintretender Besserung seiner Kreditverhältnisse den alten Zinsfuss fortgewähren muss. Wenn man bei den 4 procentigen Staatsschuldscheinen den Zinsfuss von der Valuta statt vom Nennwerth berechnet, hat der Staat für dieselbe von 1822 bis 1842, wo die Herabsetzung des Zinsfusses auf 3½ Procent vom Nennwerth erfolgte, 6 Procent Zinsen gezahlt. Bei den mit 5 Procent vom Nennwerth verzinslichen Obligationen hatte schon

durchweg vor 1832 eine Herabsetzung des Zinsfusses stattfinden können. — Aus den entwickelten Gründen kann es selbst fraglich erscheinen,
ob die Anleihen von 1854, 1859 und 1868 nicht vortheilhafter zu höheren Coursen gegen Gewährung eines halben Procents mehr an Zinsen
als zu den obenbezeichneten niedrigeren Coursen von 94, 95 und 97
aufgenommen worden wären. Es gilt dies namentlich für die Anleihen
von 1854 und 1859, welche unter kriegerischen Aussichten aufgenommen
werden mussten. In solchen Zeiten haben die Gläubiger wenig Neigung,
auf steigende Course zu speculiren. Auch pflegt alsdann solches Geld,
welches in Folge Lähmung der Geschäftsthätigkeit vorübergehend eine
anderweitige Verwendung zu gutem Zinsfuss sucht, in grösserem Maasse
verfügbar zu sein als Geld, welches Kapitalisten auf lange Zeit hin zu
einem sichern Zinsfuss in Staatspapieren anlegen wollen.

Die Schatzanweisungen sind 1867 und 1868 theils al pari, theils
zu 100½, theils zu 99½ ausgegeben worden. Da dieselben nur eine
höchstens einjährige Umlaufszeit besitzen, können obige Erwägungen über
die Zweckmässigkeit eines niedrigeren oder höheren Emissionscourses bei
Schatzanweisungen nicht Platz greifen.

Von den Hannoverschen Anleihen ist uns der Begebungscours nicht
bekannt. Die Kurhessische Anleihe von 1863 wurde zu 99 begeben.
Bei den neueren Nassauischen Anleihen sind in den Verträgen mit dem
Bankhause Rothschild folgende Course für die Begebung stipulirt worden:
Anleihe von 1853 98½, von 1858 94, von 1859 91½, von 1860 94⅞,
von 1861 97⅜, von 1862 98¼ Procent.

IV. Kapitel.

Die Schuldbeträge.

§ 8.

I. Die Währung der Schuldbeträge.

Die Schuldbeträge in den Obligationen der Preussischen Staatsschuld
beruhen auf der Silberwährung, ausgenommen die nachstehenden aus den
neuen Landestheilen übernommenen Posten, bei denen der Schuldbetrag
auf der Goldwährung beruht.

Thaler Courant.

1) Hannoversche Schuld aus der Münchhausenschen Stiftung von 1778 6000 Goldthaler = ... 6,600

Thaler Courant.

2) Hannoversche Schuld an die Erben von Grote aus den
Jahren 1765 21,500 Ducaten = ... 69,875

3) Hannoversche Obligationen Lit. S. 1,406,900

4) Von der vormals Kurhessischen Schuld an den Kurfürstlichen Fideicommissfonds im Betrage von 14,900
Thalern sind 11,000 Thlr. in Gold verbrieft . . . 11,000

Auch von anderen Hannoverschen Obligationen ist ein Theil noch
in Gold verbrieft. Nur die Obligationen Litera G, Q, J I. und L I.
sind ohne Ausnahme in Courant verbrieft. Seit 1859 wurden in Hannover Goldkapitalien bei Gelegenheit von Convertirungen auf die entsprechenden Courant-Beträge nach Massgabe des zur Zeit der Convertirung für die öffentlichen Kassen bestehenden Courses umgeschrieben.
Von den in Gold verbrieften Hannoverschen Obligationen werden auch
die Zinsen in Gold bezahlt und zwar bei der Bezirkskasse in Hannover
unbedingt, bei anderen Kassen nur insofern dieselben mit Gold versehen
sind. Andernfalls bleibt es der Wahl des Gläubigers überlassen, die in
Gold zu zahlenden Zinsen nach dem für die Annahme des Goldes statt
Courant in den öffentlichen Kassen festgestellten Course in Courant oder
in Hannover mit dem in den Zinscoupons festgestellten Betrage in Golde
zu erheben. Dasjenige, was bei den Zinsen, mögen die Obligationen auf
Namen oder auf jeden Inhaber lauten, nicht in einer halben Pistole berichtigt werden kann, soll nach dem Course in Courant berechnet und
gezahlt werden (Bekanntmachung des Hannov. Finanzministeriums vom
5. October 1840. Hann. Ges.-S. 1840 I. 48. S. 431). Für die in Gold
verbrieften 3½procentigen und 4procentigen Obligationen notiren die
Mäkler in Hannover besondere Course, welche namentlich, was die 4pro-
centigen betrifft, bis 4 Procent unter dem Course der entsprechenden
auf Courant lautenden Obligationen bleiben.

Die Rechnungseinheit für die auf der Silberwährung beruhenden
Schuldbeträge ist durchweg der Thaler, wie solcher zuletzt durch die
Münzconvention vom 24. Januar 1857 festgesetzt worden ist. Auf der
Guldenrechnung süddeutscher Währung nach Inhalt derselben Münzcon-
vention beruhen folgende Posten der Staatsschuld: Thaler.

Die vormals Nassauischen Schulden zum Betrage von . 20,340,628

Die vormals Hessen-Homb. Schulden zum Betrage von . 131,429

Die vormals Frankfurter Schulden zum Betrage von . . 11,941,605

Die vormals Hohenzoll. Staatsschulden zum Betrage von   87,143

In Summa . . 32,500,805

Nach der Verordnung vom 24. August 1867 (Ges.-S. S. 1427) ist
die Rechnung in Gulden in Nassau und Hessen-Homburg nur noch bis

Ablauf dieses Jahres gestattet. Bei Zahlungsverbindlichkeiten aus früherer Zeit hat eine Umrechnung in der Weise stattzufinden, dass sieben
Gulden gleich vier Thaler Preussisch gelten. — Die Guldenwährung
der Nassauischen und Frankfurter Obligationen ist ein Haupthinderniss,
warum dieselben nicht gleich den anderen Preussischen Staatspapieren
Aufnahme an der Berliner Börse finden können.

Auf anderen Silberwährungen beruhen noch folgende Schuldposten:

1) Auf Mark Schleswig-Holst. Courant lauten die zu den
Augustenburgischen Prioritätsschulden gehörenden Pfandobligationen im
Betrage von 14,990 Thlr. Nach der vorerwähnten Verordnung hat auch
das Mark aufgehört Landesmünze zu sein und gelten bei der Umrechnung fünf Mark gleich zwei Preussischen Thalern.

2) Auf Dänische Reichsthaler lauten die Schleswigschen und
Holsteinischen Domanial-Obligationen zum Gesammtbetrage von 267,300
Thalern. Auch diese haben nach der vorerwähnten Verordnung aufge-
hört Landesmünze zu sein und gelten bei der Umrechnung vier Dänische
Thaler gleich drei Thaler Preussisch.

3) Auf Speciesthaler lauten die zu den Augustenburgischen
Prioritätsschulden gehörenden Fideicommiss-Obligationen zum Gesammtbetrag von 85,200 Thlr. und ausserdem ein zu den älteren Hannoverschen
Schulden, im Einzelnen zu den Lüneburgischen Provinzialschulden gehö-
riges Grote-Stillhornsches Lehnskapital im Werthe von 51,000 Species-
thalern oder 77,511 Thlr. 17 Sgr. 3 Pf. Courant.

4) Auf Holländische Münze lauten noch einige Hannoversche
Obligationen Litera A. B. C., ohne Litera D. E. F. H. N. Andere
Obligationen auf Holländische Münze sind seit 1853 bei Gelegenheit der
Convertirung, Umschreibung oder Zusammenlegung auf Courant umge-
schrieben worden.

5) Auf Neue Zweidrittel-Stücke lauten vereinzelte Posten der
Hannoverschen Obligationen Litera D. im Betrage von 18,666⅔ Thlr.
Courant, welche zu einem von Grote-Stillhornschen Lehnskapital gehören.

6) Auf Conventionsmünze lautet ein Theil der Hannov. Obligationen Lit. D. Dieselben können laut Bekanntmachung des Hannov. Finanz-
Ministeriums vom 25. October 1834 (Hann. Ges.-S. 1834. I. 39. S. 157)
auf Antrag der Gläubiger auf Courant umgerechnet werden, in dem Verhältniss, dass für jeden Thaler in Conventionsmünze ein Thaler und acht
Pfennige Courant gerechnet werden. Bei Einreichung von Obligationen behufs
Zusammenlegung oder Umschreibung war diese Umrechnung obligatorisch.

Die nicht mehr gesetzlichen und theilweise auch im Verkehr nicht
mehr üblichen Währungen der sub 1 bis 6 aufgeführten Obligationen
erschweren naturgemäss in hohem Grade die Veräusserlichkeit derselben
bezw. ihre Verbreitung über den ganzen Staat.

§ 9.

II. Der Nennwerth der Theilobligationen.

Um durch Erweiterung des Kreises der Kreditgeber die Anleihen leichter unterzubringen, sind die einzelnen Anleihen durchweg in vielen Obligationen über kleine Theilbeträge verbrieft worden. Von den 480 Millionen Thaler der Preussischen Staatsschuld sind nur folgende Posten im Gesammtwerth von 39 Millionen Thaler gegenwärtig nicht in Theilobligationen verbrieft:

A. Auf dem Etat der Hauptverwaltung:

1) die Rentenschulden der alten Landestheile mit Jahresrenten von 418,042 Thlr., 8,104 Thlr. und 3,606 Thlr., welche an die Preussischen Rentenbanken und die Tilgungsfonds der Kur- und Neumärkischen Kriegsschulden verbrieft sind;

2) die älteren Hannoverschen Landesschulden, welche in der Uebersicht des § 1 ohne Bezeichnung mit Literis aufgeführt sind, im Betrage von etwa ½ Million Thaler; dieselben sind verbrieft an verschiedene Stiftungen (darunter die vormals Hannoversche Officier-Wittwenkasse für 86.350 Thlr.) und Privatpersonen;

3) die vormaligen Münster'schen Schulden (vormals Hannov. Schulden) im Betrage von 700 Thlr., welche an die Hannoversche Klosterkammer verbrieft sind;

4) die vormals Kurhessischen Schulden an den Fideicommissfonds, an die Kabinetskasse des Kurfürsten von Hessen verbrieft;

5) die vormals Kurhessische Schuld an den Scheffer'schen Fideicommissfonds im Betrage von 1400 Thlr., an die Scheffer'schen Erben zu Felsberg und Gudenberg verbrieft;

6) die Nassauischen Schulden aus der Zehntablösung von 1848 und der Rentenablösung des Grafen Bassenheim von 1854 im Betrage von 349,675 Thlr. und 46,325 Thlr., an die Nassauische Landesbank zu Wiesbaden verbrieft;

7) das Preussische und Hannoversche Reservequantum von 467,860 Thlr., 6,400 Thlr. und 3,199 Thlr.; hierfür sind die Gläubiger noch unbekannt.

B. Auf anderen Etats:

1) Entschädigungsrenten im Betrage von 204,179 Thlr., an verschiedene Fürsten und Standesherren;

2) die Entschädigungsrente für Aufhebung der Sund- und Beltzölle im Betrage von 243,462 Thlr., an das Königreich Dänemark verbrieft;

3) das Entschädigungskapital für übernommene Pensionszahlungen von 419,311 Thlr., ebenfalls an das Königreich Dänemark verbrieft;

4) eine Entschädigungsrente von 132,253 Thlr. an das Potsdamer Militairwaisenhaus;

5) sonstige Renten und Entschädigungen für aufgehobene Zölle etc. im Betrage von 207,625 Thlr., an verschiedene Communen, Corporationen und Private verbrieft;

6) Amortisationsrenten im Betrage von 2,880 Thlr. und 6,700 Thlr. an die Stände der Niederlausitz und die Stifte Merseburg und Naumburg;

7) schwebende Schulden der vormals freien Stadt Frankfurt aus dem Jahre 1866 im Betrage von 3,284,005 Thlr. an die Frankfurter Bank, und im Betrage von 685,714 Thlr. an verschiedene Private (sind im Frühjahr 1869 bereits zurückgezahlt);

8) Apanagen im Betrage von 430,464 Thlr. an den Kurfürsten von Hessen und verschiedene Hessische, Nassauische und Schleswig-Holsteinsche Prinzen und Prinzessinnen;

9) der Pensionsaussterbefonds im Betrage von 490,000 Thlr. schuldet Pensionen an frühere Beamte, Militairs und Geistliche;

10) die Hohenzollernschen Staatsschulden im Betrage von 87,140 Thlr.

Die hier nicht aufgeführten Schuldposten im Gesammtwerth von 441 Millionen Thaler zerfallen in Theilobligationen. Die über die einzelnen Beträge derselben Anleihe ausgestellten Obligationen (Theilobligationen, Partialobligationen) unterscheiden sich von einander nur durch ihren verschiedenen Nennwerth. Eine Ausnahme machen die Obligationen der Frankfurter Anleihen von 1839 und 1846, bei welchen dem verschiedenen Nennwerth auch ein verschiedener Zinstermin entspricht.

Bei Bestimmung eines verschiedenen Nennwerths für die Theilobligationen kommt es darauf an, dem verschiedenen Bedürfniss der Kapitalisten gerecht zu werden, ohne durch zu viel Verschiedenheiten den Verkehr in Staatspapieren zu erschweren oder durch zu kleine Obligationen die Mühe der Verwaltung allzusehr zu vermehren.

Was die Preussischen Staatspapiere anbetrifft, so bestimmt ein Finanzministerial-Rescript vom 22. März 1814, dass kein Staatsschuldschein über den Betrag von 1000 Thlr. hinausgeben und dass nur 8 Klassen zu 1000, 500, 400, 300, 200, 100, 50, 25 Thlr. beibehalten werden sollen. In eben denselben Beträgen wurden die Kurmärkischen und Neumärkischen Schuldverschreibungen ausgefertigt, nur blieb hier die Klasse der 25 Thaler-Scheine fort.

Auf Anordnung des Finanzministeriums haben 1846, 1848 und 1866 Umschreibungen von Staatsschuldscheinen stattgefunden, indem für je 1 Million grösserer 3½ procentiger Staatsschuldscheine durch kleinere à 100, 50 und 25 Thlr. ersetzt wurden. Die kleineren wurden der Seehandlung gegen Einlieferung der grösseren Stücke ausgehändigt, wobei dieselbe mit Rücksicht auf den höheren Cours der kleineren Stücke ein sehr gutes Geschäft machte. Im Jahre 1822 hat umgekehrt eine Zusammenlegung kleinerer Appoints der Staatsschuldscheine in grössere stattgefunden. Es coursirten Staatsschuldscheine am 1. Januar 1866:

$$
\begin{array}{rll}
32{,}362 & \text{Stück à } 1000 & \text{Thaler,} \\
17{,}110 & \text{„ à } 500 & \text{„} \\
6{,}001 & \text{„ à } 400 & \text{„} \\
9{,}813 & \text{„ à } 300 & \text{„} \\
19{,}596 & \text{„ à } 200 & \text{„} \\
194{,}303 & \text{„ à } 100 & \text{„} \\
51{,}520 & \text{„ à } 50 & \text{„} \\
66{,}156 & \text{„ à } 25 & \text{„}
\end{array}
$$

Summa 396,861 Stück zum Nennwerth von 73,840,700 Thlr. Das macht auf das Stück durchschnittlich einen Nennwerth von 186 Thlr.

Die freiwillige Anleihe von 1848 wurde zur Erzielung einer Betheiligung auch in den weitesten Kreisen ausser in Obligationen zu 100 und 50 Thlr., auch in Appoints zu 20 und 10 Thlr. ausgefertigt. Seitdem sind die Anleihen bis 1867 durchweg nur in Appoints zu 1000, 500, 200, 100 Thlr. ausgefertigt worden. Nur die gleich der freiwilligen Anleihe von 1848 zur allgemeinen Subscription aufgelegte Anleihe von 1859 hat auch Appoints von 50 Thlr. Bei der Anleihe 1867 C., deren Obligationen zur Entschädigung für aufgehobene Grundsteuerbefreiungen ausgegeben wurden, hat man, um die Obligationen möglichst den Entschädigungsbeträgen anzupassen, Obligationen ausser zu 500 und 100 Thlr. auch zu 50 Thlr. und 25 Thlr. ausgegeben.

Seitdem durch Gesetz wegen anderweitiger Einrichtung des Amts- und Zeitungs-Cautionswesens vom 21. Mai 1860 vorgeschrieben worden war, dass die Cautionen der Staatskassen- und Magazinbeamten, sowie der Zeitungsverleger in Staatspapieren statt wie bisher in baarem Gelde erlegt werden sollen, hatte sich die Nachfrage, besonders nach kleineren Appoints, wie sie die zahlreichen Justiz-, Steuer- und Postkassen-Beamten für ihre Cautionen brauchen, erheblich vermehrt. Die kleinen Appoints, namentlich der 3½ procentigen Staatsschuldscheine, wurden in Folge dessen zu 10 Procent über den Cours der grösseren Stücke bezahlt. Gleichwohl war nach einer Bekanntmachung des Justizministers vom 27. November 1867 (Staats-Anzeiger S. 4685) die Seehandlung nicht mehr in der Lage, den Beamten zur Bestellung von Amtscautionen Staatsschuldscheine in Abschnitten von 50 Thlr. überlassen zu können.

Mit Rücksicht hierauf sind von den neuesten Anleihen 1868 A. Appoints nicht bloss zu 1000, 500, 300, 100, sondern auch zu 50 Thlr. und von 1868 B. Appoints ausser zu 1000, 500, 200, 100, auch zu 50 Thlr. (30,000 Stück) und zu 25 Thlr. (50,000 Stück) ausgefertigt worden. Der amtliche Börsencours der Preussischen Obligationen bezieht sich auf die grösseren Stücke von 500 Thlr. an; die kleineren Appoints werden auch jetzt noch durchweg höher bezahlt, die Appoints à 200 Thlr. gewöhnlich ¼, die à 100 Thlr. von ⅜ bis ½, die Appoints à 50 Thlr. ¾ bis 1 Procent und die Appoints à 25 Thlr. bis 3 Procent. Die Schatzanweisungen sind bisher in Appoints zu 500, 100 und 50 Thlr. ausgefertigt worden. Die Kassenanweisungen haben Appoints à 1 Thlr. und 5 Thlr. (Vgl. über die besondere Natur dieser Papiere das Kapitel von der Rückzahlung.) Die Prämienanleihe von 1855 ist in Scheinen à 100 Thlr. ausgefertigt worden. Die von dem Staat 1852 und 1855 übernommenen Niederschlesisch-Märkischen und Münster-Hammer Eisenbahn-Papiere haben durchweg Appoints zu 100 Thlr. Eine Ausnahme machen die Niederschlesisch-Märkischen Prioritäts-Obligationen, welche auch in 50 Thaler-Stücken, und die Prioritäts-Actien, welche auch in Stücken à 62½ Thlr. ausgefertigt sind. Die letzteren Appoints sind ihres unbequemen Nennwerths wegen besonders unbeliebt und werden an der Börse mit verschiedenem Course notirt, welcher durchweg 2 bis 3 Procent unter dem Course der auf 100 Thlr. lautenden Appoints derselben Gattung bleibt.

Der Nennwerth der Hannoverschen Papiere beträgt 100 Thlr. bis 5000 Thlr. in runden Summen. Der Umstand, dass der grösste Theil der Hannoverschen Staatspapiere an öffentliche Fonds begeben werden konnte, ermöglichte die Ausfertigung auch von Appoints über 1000 Thlr. Seit 1859 wurden bei Neuverbriefungen älterer Obligationen nur Appoints von 100, 200, 300, 400, 500, 1000, 2000, 3000, 4000 und 5000 Thaler ausgestellt. Auch die Obligationen der letzten Anleihe (Lit. L. I.) haben nur solche Appoints; die Obligationen Lit. S. lauten auf 500 und 1000 Thlr., die Obligationen Lit. Q. sämmtlich auf 500 Thlr. Von den Hannoverschen vierprocentigen Obligationen werden bei den Coursnotirungen der Makler in Hannover die kleineren Stücke à 100 und 200 Thlr. bis zu 3 Procent höher notirt. — In Hannover war den Gläubigern gestattet, mehrere gleichartige Verbriefungen der allgemeinen Landesschuld in Eine Obligation durch das Schatzcollegium zusammen legen zu lassen. Auch konnte das Schatzcollegium die Theilung einer Obligation gestatten. Diese Bestimmungen wurden durch das Gesetz vom 29. Februar 1868, betreffend die künftige Behandlung etc. ausdrücklich aufgehoben, „weil derartige Veränderungen, welche in der Finanzwirthschaft des früheren selbstständigen Staatswesens ihren Werth gehabt haben mögen, bei der jetzigen Sachlage, wo es nur noch auf allmähliche Abwickelung der vorhandenen Staatsschulden ankommt, das Geschäft nur compliciren, ohne einen entsprechenden Nutzen zu gewähren."

Die Kurhessische Anleihe von 1863 ist in Appoints à 1000, 500, 200, 100 Thlr.; diejenige von 1834 in Appoints à 1000, 500, 250, 100 und 50 Thlr. ausgefertigt. Die Loose der Kurhessischen Prämienanleihe von 1845 haben einen Nennwerth von 40 Thlr.

Die Nussauischen Obligationen lauten durchweg auf 1000, 500, 200, 100 Gulden; die Obligationen der Anleihe von 1837 ausserdem auf 50 und 25 Gulden, die Prämienloose von 1837 auf 25 Gulden.

Die Hessen-Homburgischen Papiere lauten auf 1000, 500, 100 Gulden.

Von den Schleswig-Holsteinschen Papieren haben die Augustenburgischen und Gravensteinschen Fideicommiss-Obligationen einen Nennwerth von 800 Species-Thlr. Die Pfand-Obligationen sind zu den verschiedensten Beträgen ausgefertigt. Die Schleswigschen und Holsteinschen Domanial-Obligationen lauten auf 1000, 500, 200, 100 Thlr. Dänisch.

Die Frankfurter Obligationen haben verschiedenen Nennwerth von 1000, 500, 300, 100 Gulden; die Obligationen der Anleihe von 1857, welche unverzinslich sind und sich sämmtlich im Besitze der Frankfurter Bank befinden, lauten sämmtlich auf 1000 Gulden. Denselben Nennwerth haben sämmtliche Obligationen der Anleihe von 1858.

Es coursiren demnach gegenwärtig Appoints folgender Art:

I. In conventionsmässigen Silberthalern.

a) Zu Ein und Fünf Thlr.: die unverzinslichen Kassenscheine.

b) Zu Zehn Thlr.: 4½proc. Preuss. freiwillige Anleihe von 1848.

c) Zu Zwanzig Thlr.:   desgl.

d) Zu Fünfundzwanzig Thlr.: 3½proc. Preuss. Staatsschuldscheine und 4½proc. Preuss. Anleihe 1867 C.

e) Zu Vierzig Thlr.: Kurhessische Prämienscheine.

f) Zu Fünfzig Thlr.:
    3proc. Sächsische Steuer-Kreditscheine,
    Preuss. Schatzanweisungen,
    3½proc. Preuss. Staatsschuldscheine,
    3½proc. Kurmärkische Obligationen,
    3½proc. Neumärkische Obligationen,
    3½proc. Kurhessische Anleihe von 1834,

4proc. Preuss. Anleihe von 1868,

4proc. Niederschl.-Märkische Prioritäts-Obligationen Serie II.,

4½proc. Preuss. freiwillige Anleihe von 1848,

4½proc. Preuss. Anleihe von 1867 C und 1868 A u. B,

5proc. Preuss. Anleihe von 1859.

g) zu Zwei und Sechszig ein halb Thlr.:

Niederschlesisch-Märkische Prioritäts-Actien,

h) zu Hundert Thlr.:

3proc. Sächsische Steuerkreditscheine,

Preussische Schatzanweisungen,

3½proc. Preussische Prämien-Anleihe,

3½proc. Preussische Staatsschuldscheine,

3½proc. Kurmärkische Obligationen,

3½proc. Neumärkische Obligationen,

3½proc. Hannoversche Obligationen aller Art,

3½proc. Kurhessische Obligationen von 1834,

4proc. Preussische Anleihe aller Art,

4proc. Niederschlesisch - Märkische und Münster - Hammer Eisenbahnpapiere aller Art,

4proc. Hannoversche Obligationen aller Art mit Ausnahme Lit. Q. und S.,

4proc. Kurhessische Obligationen von 1863,

4½proc. Preussische Anleihe aller Art,

5proc. Preussische Anleihe von 1859,

i) zu Zweihundert Thlr.:

3proc. Sächsische Steuerkreditkassenscheine,

3½proc. Preussische Staatsschuldscheine,

Kurmärkische und Neumärkische Schuldverschreibungen,

3½proc. Hannoversche Obligationen aller Art,

4proc. Preussische Anleihe aller Art,

4proc. Kurhessische Anleihe von 1863,

4½proc. Preussische Anleihe aller Art,

5proc. Preussische Anleihe von 1859,

k) zu Zweihundert und fünfzig Thlr.:

3½proc. Kurhessische Anleihe von 1834,

l) zu Dreihundert Thlr.:

3½proc. Preussische Staatsschuldscheine, Kurmärkische und Neumärkische Schuldverschreibungen,

4proc. Preussische Anleihe von 1868 A,

3½proc. und 4proc. Hannoversche Obligationen aller Art, Lit. Q. und S. ausgenommen,

m) zu Vierhundert Thlr.:

    3½proc. Preussische Staatsschuldscheine, Kurmärkische und Neumärkische Schuldverschreibungen,

    3½proc. und 4proc. Hannoversche Obligationen aller Art mit Ausnahme von Lit. Q. und S.,

n) zu Fünfhundert Thlr.:

    3proc. Sächsische Steuerkreditscheine,

    3proc. Schatzanweisungen,

    3½proc. Preussische Staatsschuldscheine, Kurmärkische und Neumärkische Schuldverschreibungen,

    3½proc. Kurhessische Obligationen von 1834,

    3½proc. und 4proc. Hannoversche Obligationen aller Art, ausgenommen Lit. S.,

    4proc. Preussische Anleihe aller Art,

    4proc. Kurhessische Obligationen von 1863,

    4½proc. Preussische Anleihe aller Art,

    5proc. Preussische Anleihe von 1859,

o) zu Sechshundert bis Neunhundert Thlr.:

    3½proc. und 4proc. Hannoversche Obligationen aller Art, ausgenommen Lit. Q., S., L. I.,

p) zu Tausend Thlr.:

    3proc. Sächsische Steuerkreditscheine,

    3½proc. Preussische Staatsschuldscheine, Kurmärkische und Neumärkische Schuldverschreibungen,

    3½proc. Kurhessische Anleihe von 1834,

    3½proc. und 4proc. Hannoversche Obligationen aller Art, ausgenommen Lit. Q., S.,

    4proc. Preussische Anleihe aller Art,

    4½proc. Preussische Anleihe aller Art, ausgenommen 1867 C.,

    5proc. Preussische Anleihe von 1859,

q) zu Tausend bis Fünftausend Thlr.:

    in runder Summe alle Hannoverschen Obligationen, ausgenommen Lit. Q. u. S., Lit. L. I. nur zu 2000, 3000, 4000 Thlr.,

r) zu Fünftausend Thlr.:

    Hannoversche Obligationen aller Art, ausgenommen Lit. Q., S.

II. In conventionsmässigen Gulden.

a) Fünfundzwanzig Gulden:

Nassauische Prämienloose und Nassauische 3½proc. Anleihe.

b) Fünfzig Gulden:

Nassauische 3½proc. Anleihe.

c) **Hundert Gulden:**

    3 proc. Frankfurter Obligationen,

    3½ proc. Frankfurter Obligationen von 1839, 1846, 1848,

    3½ proc. Nassauische Obligationen,

    3½ proc. Hessen-Homburgische Obligationen von 1829,

    4 proc. Nassauische Obligationen aller Art,

    4 proc. Hessen-Homburgische Obligationen von 1829,

    4½ proc. Nassauische Obligationen aller Art,

    5 proc. Hessen-Homburgische Obligationen.

d) **Hundert und fünfzig Gulden:**

    3½ proc. Frankfurter Obligationen von 1839.

e) **Zweihundert Gulden:**

    3½ proc. Nassauische Obligationen,

    4 proc. Nassauische Obligationen von 1853, 1858, 1859, 1862,

    4½ proc. Nassauische Obligationen von 1860.

f) **Dreihundert Gulden:**

    3 proc. Frankfurter Obligationen,

    3½ proc. Frankfurter Obligationen von 1839, 1846, 1848,

    4 proc. Nassauische Obligationen von 1851, 1858, 1859.

g) **Fünfhundert Gulden:**

    3 proc. Frankfurter Obligationen,

    3½ proc. Frankfurter Obligationen von 1839, 1846, 1848,

    3½ proc. Nassauische Obligationen,

    3½ proc. Hessen-Homburgische Obligationen,

    4 proc. Nassauische Obligationen von 1851, 1853, 1859, 1862,

    4 proc. Hessen-Homburgische Obligationen,

    4½ proc. Nassauische Obligationen,

    5 proc. Hessen-Homburgische Obligationen.

h) **Tausend Gulden:**

    3 proc. Frankfurter Obligationen,

    3½ proc. Frankfurter Obligationen von 1839, 46, 48, 57, 58,

    3½ proc. Nassauische Obligationen,

    3½ proc. Hessen-Homburgische Obligationen,

    4 proc. Nassauische Obligationen,

    4 proc. Hessen-Homburgische Obligationen,

    4½ proc. Nassauische Obligationen.

Conventionsmünze à 1 Thlr. 8 Pf.

Hannoversche 3½ proc. Obligationen Lit. D. in runden Summen von 100 bis 5000 Thlr.

Neue ⅔-Stücke (à 21 Sgr.).

Hannoversche 3½ proc. Obligationen Lit. D. in runden Summen von 100
bis 5000 Thlr.

Holländische Münze.

Hannoversche 3½ proc. Obligationen Lit. A., B., C., ohne Litera, D., E.,
F., H., N. in runden Summen von 100 bis 5000 Thlr.

Dänische Reichsthaler.

4 proc. Schleswigsche und Holsteinsche Domanialobligationen in Stücken
zu 100, 200, 500, 1000 Thlr.

Mark Banco.

3-, 3½-, 3¾-, 4 proc. Augustenburgische Pfandobligationen in Beträgen
von 60 bis 1650 Mark.

Speciesthaler.

3½- und 4 proc. Augustenburgische und Gravensteinsche Fideicommiss-
Obligationen à 800 Species.

Goldthaler,

fünf auf eine Pistole gerechnet, — alle Hannoverschen Obligationen, ausgenommen Litera G., Q., J. I. und L. I.

Die Zahl der Verschiedenheiten im Nennwerth geht auch, abgesehen
von den verschiedenen Währungen, weit über das Bedürfniss des Verkehrs hinaus. Es würde genügen und die Verwaltung wie auch den
Börsenverkehr vereinfachen, wenn, abgesehen von Kassenscheinen und
Lotterielosen, nur Appoints zu 25 Thlr., 50 Thlr., 100 Thlr., 200 Thlr.,
500 Thlr. und 1000 Thlr. circulirten.

Die geringe Zahl von Appoints der Thalerwährung im Nennwerth
unter 100 Thlr. ist nicht nur beschwerlich für die Beamten, welche in
solchen Appoints ihre Cautionen bestellen müssen, sondern beschränkt
auch den Nehmerkreis für Preussische Staatspapiere. Statt in Staatsschuldscheinen suchen nun gewisse kleine Kapitalisten ihre Ersparnisse
in Sparkassenbüchern über 25 Thlr. anzulegen.

Was aber unsere Communalsparkassen anbetrifft, so erscheint uns
die Anlage der Ersparnisse von kleinen Leuten in Preussischen Staatspapieren volkswirthschaftlich weniger bedenklich, als die Ausdehnung
dieses Sparkassengeschäfts. Die öffentlichen Sparkassen entführen ja
gegenwärtig auch das Kapital ihrer Einleger der Kleinindustrie, indem
sie es zum überwiegenden Theil in Hypotheken oder Effecten anlegen.
Handelt es sich im letzteren Falle um die Anlage in Staatspapieren, so
beruht der Unterschied gegenüber der directen Anlage der Ersparnisse
Seitens der Einleger nur darin, dass die Commune für einen Gewinn an
Zinsen von durchweg mehr als 1 Procent das Risico für eine Coursernie-

drigung übernimmt. Dieses Risico ist aber nicht so bedeutend, dass zur Versicherung der kleinen Kapitalisten dagegen öffentliche Anstalten gerechtfertigt wären. In Zeiten, wo erhebliche Coursverluste an Staatspapieren möglich sind, erweisen sich überdies unsere öffentlichen Sparkassen für ihre Einleger als sehr unsichere Institute. Im Jahre 1866 waren viele Sparkassen in Folge ihrer falschen Grundlage, auf kurze Zeit Kredit zu nehmen, dagegen auf lange Fristen Kredit zu ertheilen, zeitweise vollständig zahlungsunfähig. Soweit die Sparkassen ihre Gelder in Staatspapieren angelegt hatten, mussten sie, um dem Sturm ihrer Gläubiger zu genügen, die Papiere um jeden Preis zu veräussern suchen. Hätten dagegen die Einleger statt ihre Sparkassenbücher bei den Sparkassen, ihre Staatspapiere an der Börse zur Einlösung bringen müssen, so würde voraussichtlich der Verlust am Course der Panik rascher Grenzen gesetzt haben.

Das wirkliche Bedürfniss des Verkehrs nach kleineren Appoints von Staatspapieren lässt sich a priori nicht abschätzen. Es würde seine natürliche Befriedigung finden, wenn die Schuldenverwaltung allen Anträgen von Privaten auf Umschreibung in kleinere Appoints stattgäbe, vorausgesetzt, dass die Antragsteller sich zu einem Agio erbieten, welches die Verwaltung für die grössere Mühe der Verwaltung einer in kleinere Appoints getheilten Schuldsumme dauernd entschädigte.

§ 10.

III. Die Begebung der Theilobligationen.

Die Begebung von Theilobligationen zur Convertirung und Consolidirung älterer Schulden bedarf einer näheren Erläuterung nicht. Von den Theilobligationen der Anleihen ist ein erheblicher Theil nicht versilbert, sondern unmittelbar in Zahlung gegeben worden zur Erfüllung anderweitiger bereits vorhandener Verbindlichkeiten. Hauptsächlich war dies der Fall bei nachstehenden Obligationen:

bei den Obligationen der Anleihe von 1856 im Betrage von ursprünglich 16,598,000 Thlr., welche der Bank zur Entschädigung namentlich für die von ihr bewerkstelligte Einziehung von Kassenscheinen ausgehändigt wurden;

bei einem Theil der Obligationen der Anleihe 1867 A., im Betrage von ursprünglich 24,892,110 Thlr., welche zur Entschädigung der depossedirten Fürsten von Hannover und Nassau denselben ausgehändigt bezw. zu ihren Gunsten deponirt worden sind;

bei den Obligationen der Anleihe 1867 C., im Betrage von ursprünglich 10,000,000 Thlr., welche den bisher bei der Grundsteuer

Privilegirten zur Entschädigung für die Aufhebung ihrer Privilegien ausgehändigt wurden;

bei den Obligationen der Anleihe 1868 A., im Betrage von ursprünglich von 21,750,000 Thlr., welche dem Dänischen Staatsschatz zur Abfindung für den Antheil Schleswig-Holsteins an der Dänischen Staatsschuld ausgehändigt wurden.

Was die unmittelbare Versilberung der Obligationen anbetrifft, so suchte der Preussische Staat zu Ende des vorigen Jahrhunderts seine Anleihen im Auslande durch dortige Bankhäuser unterzubringen; zu Anfang dieses Jahrhunderts begann die Unterbringung von Anleihen im Inlande durch Vermittelung der Seehandlung. Auch ein Theil der Staatsschuldscheine wurde 1822 von der Seehandlung begeben, welche sich die Mittel zur Bezahlung der Valuta durch eine Anleihe in London bei dem Bankhause Rothschild verschaffte. Der damalige Präsident der Seehandlung Rother berichtete darüber später (die Verhältnisse des Königlichen Seehandlungsinstituts, Berlin 1845) Folgendes: Der Besitz und die Behauptung erwähnter Staatsschuldscheine, welche ihr Kapital-Vermögen bei Weitem überstiegen, habe der Seehandlung manche Opfer gekostet; nichtsdestoweniger sind sie in Verbindung mit der Englischen Anleihe die Grundlage zu dem blühenden Zustande geworden, wozu sich die Geld- und Kreditverhältnisse des Instituts erhoben. —

Die Staatsschuldscheine mit Prämien wurden 1822 von den Bankhäusern Benecke u. Schickler in Berlin und M. A. Rothschild u. Söhne in Frankfurt a. M. übernommen. Nach der Ansicht von Krug in seiner Geschichte der Staatsschulden S. 258 haben diese Bankhäuser bei dem Geschäft Verlust gehabt.

Die neueren Anleihen des Preussischen Staates sind durchweg ohne Vermittelung von Bankhäusern untergebracht worden; eine Ausnahme macht die Anleihe von 1850, und die beiden letzten Eisenbahnanleihen 1867 D. und 1868 B. Von den übrigen Anleihen sind die Anleihen von 1848 und 1859 von 15,000,000 Thlr. und 30,000,000 Thlr., sowie theilweise die Schatzanweisungen vom Staate zur allgemeinen Subscription in Berlin und in den Provinzen aufgelegt worden.

Bei der freiwilligen Anleihe von 1848 hatte man für die Zeichnung keine Frist gestellt; bis zum 31. December 1848 waren auf die durch Kabinetsordre vom 25. April 1848 verlangten 15 Millionen 13,952,000 Thlr. gezeichnet worden. Auf die Anleihe von 1859 wurden innerhalb weniger Tage 31,875,100 Thlr. statt der verlangten 30,000,000 Thlr. gezeichnet. Die Einzahlungen hatten terminweise innerhalb drei Monate zu erfolgen gegen vier Procent Disconto im Fall der Vorausbezahlung. Die Anleihe wurde durchweg 25 Tage vor der Fälligkeit eingezahlt. Die zur Subscription öffentlich aufgelegte zweite Emission der Schatzanweisungen von 1867 war nach 6 Tagen gezeichnet. Auf die erste Emission von Schatzanweisungen im März 1868 wurden in der gestellten Frist von 8 Tagen statt der verlangten 3 Millionen Thaler 16,162,000 Thlr. gezeichnet. Ueber das Verhältniss der Zeichnungen bei der zweiten und dritten Emission Schatzanweisungen von 1868 ist nichts bekannt geworden. Bei der dritten Emission war keine Frist angegeben, die Zeichnungen sollten in der Reihenfolge der Anmeldungen berücksichtigt werden.

Die Obligationen der Anleihen von 1852, 1853, 1854, 1855, 1855 A, 1857, 1859 A, 1862, 1864, 1867 A (der nicht an die depossedirten Fürsten ausgehändigte Theil der Obligationen) und 1867 B sind von der Regierung selbstständig in kleinen Partien und allmählich an der Berliner Börse untergebracht worden. Eine wesentliche Stütze boten der Finanzverwaltung hierbei die Bestände des Betriebsfonds und des Depositalfonds der Staatsschuldenverwaltung, insbesondere das zeitweilig bis zu 6 Millionen Thaler angewachsene, seit 1860 aufgelöste Cautionsdepositum. Die Regierung tauschte aus den Effecten, worin diese Bestände zum grössten Theil angelegt waren, neue Obligationen gegen ältere für die Börse gangbarere Obligationen ein. Beispielsweise fanden sich von der 1851 bis 1853 realisirten Anleihe von 1852 im Betrage von 16,000,000 Thlr. in jenen Beständen am 1. Juli 1853 für 1,444,300 Thaler, am 1. Juli 1854 für 2,585,700 Thaler, am 1. Juli 1856 für 1,591,700 Thaler Obligationen.

Von der 1855 und 1856 realisirten Anleihe von 1855 B von 7,800,000 Thlr. besassen jene Bestände am 1. September 1856 für 4,200,000 Thaler Obligationen. Am 1. Juli 1857 waren dieselben bis auf 464,500 Thlr. gegen Obligationen der Anleihe von 1857 eingetauscht, von denen diese Bestände 3,975,600 Thlr. übernommen hatten. Am 1. October 1860 war dieser Betrag veräussert; dagegen waren 5,283,900 Thaler Obligationen aus der Anleihe 1859 B von den Beständen übernommen worden. Bis 1864 finden wir auch diese Obligationen veräussert.

Von der 4 procentigen Anleihe von 1862 besassen die Bestände am 1. Juli 1863 und 1. Juli 1864 für 850,000 Thlr. Obligationen. Am 1. October 1868 waren dieselben bis auf 139,600 Thlr. veräussert. Anscheinend hat ein anderer Staatsnebenfonds, der Köln-Mindener Eisenbahn-Garantiefonds, davon für 511,000 Thaler Obligationen übernehmen müssen.

Von den nicht unmittelbar untergebrachten Anleihen ist die Anleihe von 1850 im Betrage von 18,000,000 Thlr. zu $\frac{8}{9}$ ihres Betrags an die Bank und die Seehandlung begeben worden. Das neunte Neuntel scheint dagegen unmittelbar an der Börse untergebracht worden zu sein.

Für die Eisenbahn-Anleihen 1867 D. im Betrage von 24 Millionen Thaler und 1868 B. im Betrage von 40 Millionen Thaler ist eine neue Art der Begebung zur Anwendung gekommen. Diese Anleihen sind an ein Consortium inländischer Bankhäuser begeben worden, und dieses Consortium hat im Januar 1868 die Hälfte der Anleihe von 1867 D. und am 28. November 1868 die Hälfte der Anleihe 1868 B. zur öffentlichen Zeichnung aufgelegt. Die zweite Hälfte der Anleihe 1867 D. ist anderweitig vom Consortium begeben worden; die zweite Hälfte der Anleihe 1868 B. hat die Regierung bis jetzt noch nicht realisirt. Der Begebungsvertrag der Regierung mit dem Consortium ist nicht bekannt.

Das erwähnte Consortium besteht aus der Preussischen Bank, der Seehandlung und den Bankhäusern M. A. v. Rothschild & Söhne in Frankfurt a. M., der Discontogesellschaft in Berlin, der Berliner Handelsgesellschaft, den Bankhäusern S. Bleichröder, F. Martin Magnus, Mendelssohn & Co., H. C. Plaut, Gebr. Schickler, Rob. Warschauer & Co. in Berlin und Sal. Oppenheim jun. & Co. in Köln.

Für die zur öffentlichen Zeichnung aufgelegte Hälfte der Anleihe 1867 D. im Betrage von 12 Millionen Thaler war eine Frist von zwei Tagen (24., 25. Januar) gestellt und wurden zum Course von 95 (der Börsencours betrug am 24. Januar 96) statt der verlangten 12,000,000 Thaler 22,412,600 Thlr. gezeichnet, so dass also eine Reduction der Zeichnungen stattfinden musste, wobei die kleineren Beträge bis zu 4000 Thlr. voll, die grösseren nur zu 45 Procent berücksichtigt wurden. Die Einzahlungstermine erstreckten sich bis zum 15. Juni, also auf fünf Monate. Für die Zeichnung der ersten Hälfte der Anleihe 1868 B. im Betrage von 20,000,000 Thlr. war auch die Frist von 2 Tagen (3. und 4. December) gestellt und wurden zum Course von 94 (der Börsencours betrug am 28. November 95⅛) statt der verlangten 20,000,000 Thlr. nur etwa 17,800,000 Thlr. gezeichnet. Die Einzahlungstermine waren bis zum 20. April 1869, also auf nahezu fünf Monate ausgedehnt. Der Finanzminister erklärte in der Sitzung des Abgeordnetenhauses vom 18. December 1868 (Stenogr. Verh. S. 887) die Minderzeichnung daraus, dass beim Schluss des Termins in Folge politischer Nachrichten bedeutende Unterschriften zurückgezogen worden seien.

Bei der Anleihe 1868 B. war bestimmt, dass jeder Zeichner die zugetheilten Beträge verhältnissmässig in den ausgefertigten Appoints erhalten solle; Anmeldungen auf bestimmte Appoints sollten nur insoweit berücksichtigt werden, als dies nach dem Ermessen des Consortiums mit den Interessen der anderen Zeichner verträglich ist.

Warum bei diesen Anleihen der Weg des allmählichen und directen Verkaufs an der Börse verlassen wurde, ist um so weniger einzusehen, als zur Fertigstellung der Eisenbahnbauten, wofür die Kredite bestimmt sind, in der Hauptsache ein Zeitraum von 5 bis 6 Jahren in Aussicht genommen ist. Selbst wenn es der Regierung darauf ankam, sofort die ganze Anleihe zu realisiren, konnte sie ebenso wie bei den Anleihen von 1848 und 1859 selbst und ohne Vermittelung von Bankhäusern die Anleihe zur allgemeinen Subscription auflegen. Das Consortium bediente sich ja ohnehin der Bezirks-Hauptkassen als Zahlungs- und Annahmestellen.

Die beiden kleinen Anleihen von 5,000,000 Thlr. und 4,450,000 Thaler, welche im Frühjahr 1869 aufgenommen werden mussten, scheinen wieder unmittelbar in kleineren Partien an die Börse gebracht worden zu sein.

Die Hannoverschen Anleihen sind wohl seiner Zeit durchweg durch unmittelbare Verhandlung des Ministeriums mit Kapitalbesitzern, worunter namentlich öffentliche Fonds in Betracht kamen, begeben worden.

Kurhessen, Nassau und Hessen-Homburg begaben ihre Anleihen durchweg an das Frankfurter Bankhaus M. A. v. Rothschild. Dadurch machten sie sich für ihre Obligationen die Frankfurter Börse zugänglicher und stützten den eigenen in weiteren Kreisen weniger notorischen Kredit auf eine in der europäischen Geschäftswelt bekanntere Firma. Die letzte Hessen-Homburgische Anleihe von 1859 ist ausnahmsweise nicht an Rothschild, sondern an das Bankhaus A. Reinach in Frankfurt a. M. begeben worden. Die Nassauische Anleihe von 1858 ist nur zur Hälfte von Rothschild, zur andern Hälfte von der Nassauischen Landesbank übernommen worden.

Neben den Theilobligationen haben die vormals Nassauischen, Kurhessischen und Hessen-Homburgischen Landesregierungen den erwähnten Bankhäusern, an welche die Theilobligationen insgesammt begeben wurden, Hauptschuldverschreibungen ausgestellt. Die Theilobligationen sind mit Bezugnahme auf die Hauptschuldverschreibung von den Bankhäusern ausgefertigt worden.

Auf den Nassauischen Theilobligationen bezeugt das Bankhaus Rothschild dem Inhaber, dass er an der bei ihm „zur Verwahrung hinterlegten, auf unsern Namen gestellten, hierin abgedruckten Hauptschuldverschreibung für den gedachten Betrag mit allen Rechten Theil nehme", und verspricht zugleich, „die sämmtlichen Original-Documente über dieses Anlehen sorgfältig und getreu aufzubewahren, solche den Herren Interessenten auf jedesmaliges Verlangen zur Einsicht vorzulegen, auch nicht eher aus unserem Deposito zurückzugeben, als bis ein jeder Interessent und Theilhaber dieses Anlehens für Kapital, Zinsen und etwa entstehende Kosten vollkommen befriedigt sein wird".

V. Kapitel.

Die Person der Gläubiger.

Erster Titel.
Allgemeine Uebersicht.

§ 11.

Für diejenigen Schuldposten im Gesammtwerthe von 39 Millionen Thaler, welche nicht in Theil-Obligationen verbrieft sind, haben wir die Gläubiger im § 9 mitaufgeführt. Ueber die Besitzer der Theil-Obligationen zum Gesammtwerth von 441 Millionen Thaler fehlt jegliche Statistik. Im Besitze verschiedener Nebenfonds des Staats befanden sich zu Anfang 1869 u. A. folgende Beträge von Theilobligationen:

Betriebsfonds und Depositalfonds der Hauptverwaltung der Staatsschulden am 1. October 1868 für	2,646,530	Thlr.
Hannoversche Domanial-Ablösungs- und Veräusserungs-Fonds nach der 1868 vorgenommenen Tilgung von 13,595,420 Thlr. Hannoverscher Obligationen noch	714,600	„
Verschiedene andere ehemals Hannoversche Nebenfonds, 1869 zusammen noch	75,700	„
Verschiedene ehemals Kurhessische Nebenfonds, 1869 zusammen noch	73,000	„
Verschiedene ehemals Nassauische Fonds, 1869 zusammen	481,442	„
Sog. Holsteinscher Staatsschatz	30,000	„
Köln-Mindener Eisenbahnfonds	648,600	„
Summa .	4,671,872	Thlr.

In wieweit der Effectenbestand der Seehandlung, welcher Ende 1867 4,176,217 Thlr. betrug, aus Preussischen Staatspapieren besteht, ist nicht bekannt. Als Depositen besitzt der Staat für etwa 10 Millionen Thaler inländische Staatspapiere, welche als Cautionen von Beamten und Zeitungsverlegern hinterlegt worden sind. Nach dem Gesetz wegen anderweitiger Einrichtung des Amts- und Zeitungs-Cautionswesens vom 21. Mai 1860 (Ges.-S. S. 211) müssen die sämmtlichen dem Staate zu bestellenden Cautionen in inländischen Staatspapieren nach dem Nennwerthe erlegt werden. Den Cautionsbestellern steht zwischen den verschiedenen Gattungen von Staatspapieren die Wahl frei. Dies gilt auch hinsichtlich der aus den neuen Landestheilen übernommenen Staatspapiere.

Ebenfalls als Depositar besitzt der Staat durch die Gerichtsbehörden als Verwalter von Depositalgeldern inländische Staatspapiere in grosser Anzahl. Dahin gehören aber nur solche Gattungen von Staatspapieren, welche ausdrücklich für depositalfähig erklärt worden sind.

Ein depositalfähiges Staatspapier dürfen auch Kirchen, Schulen, milde Stiftungen und alle anderen öffentlichen Anstalten, die unter Vormundschaft stehenden Personen, sowie Verlassenschafts- und Kreditmassen zur zinsbaren Unterbringung von Kapitalien erwerben.

Depositalfähig erklärt sind für die alten Landestheile:

1) durch die Kabinets-Ordre vom 3. Mai 1821 (Ges.-S. S. 46) die Staatsschuldscheine,

2) durch die Kabinets-Ordre vom 27. Mai 1838 (Ges.-S. S. 280) die Kur- und Neumärkischen Obligationen,

3) durch die Kabinets-Ordre vom 16. September 1842 (Ges.-S. S. 289) die Sächsischen Steuerkredit-Kassenscheine,

4) durch die Kabinets-Ordre vom 14. Juni 1848 (Ges.-S. S. 156) die Obligationen der freiwilligen Anleihe von 1848,

5) durch die Kabinets-Ordre vom 23. September 1850 (Ges.-S. S. 412) die Obligationen der Anleihe von 1850,

6) durch die Kabinets-Ordre vom 29. Decbr. 1851 (Ges.-S. 1852 S. 35) die Obligationen der Anleihe von 1852,

7) durch die Kabinets-Ordre vom 22. October 1855 (Ges.-S. S. 683) die als Staatspapiere übernommenen Niederschl.-Märkischen Actien und Obligationen,

8) durch die Kabinets-Ordre vom 9. September 1854 (Ges.-S. S. 539) die Obligationen der Anleihe von 1853 und 1854,

9) durch die Kabinets-Ordre vom 15. Januar 1855 (Ges.-S. S. 67), die Prämienscheine von 1855,

10) durch die Kabinets-Ordre vom 22. October 1855 (Ges.-S. S. 683) die als Staatspapiere übernommenen Münster-Hammer Actien und Obligationen,

11) durch die Kabinets-Ordre vom 21. Januar 1857 (Ges.-S. S. 63) die Obligationen der zweiten Anleihe von 1855,

12) durch die Kabinets-Ordre vom 17. November 1856· (Ges.-S. S. 993) die Obligationen der Anleihe von 1856,

13) durch die Kabinets-Ordre vom 2. Juli 1859 (Ges.-S. S. 393) die Obligationen der Anleihe von 1859,

14) durch die Kabinets-Ordre vom 28. Mai 1859 (Ges.-S. S. 279) die Obligationen der zweiten Anleihe von 1859.

Hinsichtlich der neueren Anleihen mangeln noch entsprechende Kabinets-Ordres. Ebenso fehlt es an einer Bestimmung, welche die nach

der Gesetzgebung der neuen Landestheile dort depositalfähigen Staatspapiere in den alten Landestheilen für depositalfähig erklärt und umgekehrt. Das beengt ebenso die Verwalter von Corporations- oder Stif-
tungsvermögen, Pupillengeldern etc. in der Anlage von Geldern in Staatspapieren, wie es dazu beiträgt, einen verschiedenen Courswerth für einzelne sonst gleichartige Gattungen von Staatspapieren aufrecht zu erhalten.

Von öffentlichen Instituten, welche erhebliche Summen in Staatspapieren angelegt haben, seien besonders hier erwähnt: die Communal-
Sparkassen, die Preussische Bank, der Hannoversche Klosterfonds und
die vormals Hannoversche Officier-Wittwenkasse. Die öffentlichen Sparkassen in den alten Landestheilen hatten Ende 1867 für 24,118,224 Thlr.
in auf den Inhaber lautenden Papieren angelegt; darunter waren indessen
auch viele Communal- und Eisenbahnpapiere.

Zweiter Titel.

Eintheilung der Theilobligationen in Obligationen auf bestimmte Namen von Gläubigern und in Inhaberpapiere.

§ 12.

Die rechtliche Bedeutung dieses Unterschiedes ergiebt sich aus
Art. 306‑307 des Allgemeinen Deutschen Handelsgesetzbuches. Wenn
Inhaberpapiere veräussert und übergeben worden sind, so erlangt der
redliche Erwerber das Eigenthum, auch wenn der Veräusserer nicht
Eigenthümer war. Das früher begründete Eigenthum erlischt. Jedes
früher begründete Pfandrecht oder sonstige dingliche Recht erlischt,
wenn dasselbe dem Erwerber bei der Veräusserung unbekannt war. Dies
gilt auch von Papieren, welche gestohlen oder verloren waren. Die Inhaberpapiere sind mit Zinsquittungen (Coupons) versehen, welche gleichfalls auf den Inhaber lauten.

Die Theilobligationen lauten durchweg auf den Inhaber; eine Aus-
nahme machen nur folgende Gattungen: die 3½procentigen Hannoverschen
Obligationen Litera D, J, M und theilweise Litera K, die 4procentigen
Hannoverschen Obligationen Litera A, B, C und ohne Litera, Litera J,
Litera K und die Augustenburgischen Prioritätsschulden.

Die Hannoverschen Obligationen Litera D betrugen 1868 noch
927,992 Thlr.; die 4procentigen (sämmtlich auf den Namen der Officier-
Wittwenkasse verbrieften) Hannoverschen Obligationen 1868 zusammen
511,543 Thlr.; die sämmtlichen übrigen auf Namen lautenden Obligationen
zusammen etwa 200,000 Thlr.

Ausserdem lauten einzelne Obligationen anderer Gattungen Hannoverscher oder Nassauischer Papiere auf die Namen, auf welche sie von
den Hannoverschen und Nassauischen Behörden nach den früher dort
geltenden Gesetzen auf Verlangen der Inhaber eingeschrieben sind.

Die hiernach ohnedies geringe Zahl von Preussischen Staatspapieren,
welche auf Namen lauten, ist einer fortgesetzten Verminderung ausgesetzt. Das Gesetz betr. Abänderungen und Ergänzungen des Gesetzes
über die künftige Behandlung etc. vom 24. Februar 1868 hat einerseits
die fernere Einschreibung der auf Inhaber lautenden Staatsschuld-Ver-
schreibung auf den Namen des Besitzers für unstatthaft erklärt, andererseits die Haupt-Verwaltung der Staatsschulden ermächtigt, Staatsschuldverschreibungen auf Namen, wenn der Eigenthümer es beantragt, in
solche, die auf den Inhaber lauten, umzuschreiben. Die dadurch entstehenden Kosten sind vom Eigenthümer der Verschreibung zu tragen.
Wie die Motive des Gesetzes ergeben, sollen die Documente nicht eigentlich umgeschrieben, sondern durch neue ersetzt werden.

Inhaberpapiere sind allerdings für die Schuldenverwaltung weit be-
quemer. Zur Uebertragung einer Obligation bedarf es keiner Mitwirkung
der Verwaltung. Bei Erhebung von Zahlungen (Zins und Kapitalzahlung)
ist keine Legitimation des Besitzers erforderlich. Die auf den Inhaber
lautenden Zinscoupons circuliren theilweise als Zahlungsmittel im Verkehr, bevor sie Einlösung erheischen. Diese Vorzüge der Inhaberpapiere
erscheinen aber in den Augen der Besitzer doch nur insofern überwiegend,
als die Besitzer das Papier nicht zu dauernder Anlage erworben haben
oder als ihnen nicht der Verkehr mit der Verwaltung — beispielsweise
weil sie im Auslande wohnen — besonders beschwerlich fällt. Dies
trifft aber hinsichtlich der Besitzer vormals Hannoverscher Staatspapiere
vielfach nicht zu. Den Behörden oder öffentlichen Instituten, welche in
Hannover einen grossen Theil jener Staatspapiere in Händen haben,
mussten die auf den Namen des Besitzers lautenden Obligationen passen-
der erscheinen, weil sie hinsichtlich derselben gegen Unterschlagung ihrer
Beamten etc. gesicherter waren. Die Sicherheit der Anlage kommt ja bei
solchen Instituten in erster Reihe in Betracht. Da dieselben Erwägungen
nun auch für die Behörden und öffentlichen Institute in den alten Landestheilen Platz greifen, so wäre eine Uebertragung der Hannoverschen
Einrichtung, neben den Inhaberpapieren auch Namensobligationen auszugeben, auf die alten Landestheile angemessener gewesen, zumal die Einrichtungen, welche in den alten Landestheilen jene nachtheiligen Eigen-
schaften der Inhaberpapiere bei diesen selbst ausgleichen sollen, wie die
folgende Darstellung zeigen wird, ihren Zweck nur sehr unvollkommen
erfüllen.

Dritter Titel.

Die Inhaberpapiere insbesondere.

⌐ § 13.

A. Die Ausser- und Wiederincourssetzung der Inhaberpapiere.

Um denjenigen Besitzern von Inhaberpapieren zu genügen, welchen es weniger um eine leichte Veräusserung als um dauernden und sicheren Besitz derselben zu thun ist, hat das Allg. Landrecht § 48—51 Tit. 15 Thl. I. (hinsichtlich dieser Bestimmungen zufolge der Verordnung vom 16. Juni 1819, Ges.-S. S. 157, für den ganzen Umfang des Staats gültig) und das Gesetz vom 16. Juni 1835 das Institut der Ausser- und Wiederincourssetzung von Inhaberpapieren begründet. Durch zwei Gesetze vom 4. Mai 1843 über Wiederincourssetzung ist dieses Institut dann weiter entwickelt und durch die Verordnung vom 16. August 1867 (Ges.-S. S. 1451) auch in die neuen Landestheile eingeführt worden. Eine Aussercourssetzung blos des Hauptpapiers setzt nicht auch die Zinscoupons ausser Cours.

I. Die Aussercourssetzung des Papiers ist ein Vermerk auf dem Papier, worin der Eigenthümer sein Recht daran auf eine in die Augen fallende Art selbst vermerkt. Eine Aussercourssetzung hat verschiedene Wirkungen, je nachdem sie von Privaten oder einer öffentlichen Behörde geschieht. Die Aussercourssetzung durch Private ändert nichts an dem rechtlichen Charakter des Papiers dem Schuldner gegenüber, sondern hebt nur die Beschränkungen auf, welchen dasselbe sonst in der Vindication dem redlichen Erwerber gegenüber unterliegen würde. Sie verpflichtet ausserdem auf geschehene Anzeige den Schuldner, bei der Vindication soweit behülflich zu sein, dass er das Papier bei der Präsentation anhält und den Anzeigenden davon benachrichtigt.

Die Aussercourssetzung durch eine öffentliche Behörde benimmt dagegen dem Papier auch dem Schuldner gegenüber die Qualität des Inhaberpapiers.

Um den Verlust eines ausser Cours gesetzten Papiers der Behörde, welche das Papier ausgestellt hat, mit Erfolg anzuzeigen, muss die Anzeige von demjenigen ausgehen, zu dessen Vortheil das Papier ausser Cours gesetzt ist und ausser der Bezeichnung des Papiers nach Buchstaben, Nummern und Geldbetrag zugleich den Inhalt des Vermerks der Aussercourssetzung enthalten. — Kommt das Papier dann zum Vorschein, so wird es angehalten und davon sowohl dem Inhaber desselben als demjenigen, welcher die Beschlagnahme veranlasst oder sonst sich dabei betheiligt hat, Nachricht gegeben. Ist es ein Gericht, welches die Beschlagnahme ausgebracht hat, so wird demselben das in

Beschlag genommene Papier sofort ad deposita asservirt und werden an dasselbe gleichzeitig beide Theile mit ihren weiteren Anträgen verwiesen. Wird aber das Papier, weil es ausser Cours gesetzt worden, auf den Antrag desjenigen, zu dessen Vortheil es geschehen ist, angehalten, so werden gleichzeitig beide Theile aufgefordert, sich darüber zu einigen, an wen dies in Beschlag genommene Papier verabfolgt werden solle, unter der Verwarnung, dass, wenn eine solche Vereinigung in einer zu bestimmenden angemessenen Frist nicht nachgewiesen wird, dasselbe an das Kammergericht (Allg. Landr. Th. I. Tit. 12 § 2&4) ad deposita asservirt werden müsse (§ 2 d. Ges. v. 16. Juni 1835 und Verfügung der Hauptverwaltung an die Controlle der Staatsschulden vom 15. März 1839).

II. Die Wiederincourssetzung. Ein ausser Cours gesetztes Papier kann wieder in Cours gesetzt werden. Bei Privatvermerken kann dies nur geschehen durch einen auf das Instrument selbst nach voraufgegangener Legitimationsprüfung des Antragstellers gesetzten gerichtlichen Vermerk. Bei Vermerken von öffentlichen Behörden kann die Wiederincourssetzung erfolgen durch einen Vermerk derselben Behörde oder einer Behörde, welche an ihre Stelle getreten ist.

Der Wiederincourssetzungs-Vermerk muss, wenn eine Behörde, ein Gericht oder ein Institut den eigenen Vermerk aufhebt, die Worte: „Wieder in Cours gesetzt" enthalten. Hebt eine Behörde den Aussercourssetzungs-Vermerk einer anderen Behörde, an deren Stelle sie getreten ist, wieder auf, so hat sie bei ihrer Unterschrift zu bemerken, dass sie an deren Stelle getreten ist. Soll der Vermerk einer Privatperson aufgehoben werden, so ist dies durch die Worte: „Wieder in Cours gesetzt durch N. N." auszudrücken. Geschieht dies für einen anderen als denjenigen, welcher das Papier ausser Cours gesetzt hat, so ist dessen Legitimation in dem Vermerke — jedoch ohne umständliche Anführungen oder Bezugnahmen — anzudeuten, z. B. „Wieder in Cours gesetzt von den Erben des N. N." Ausserdem ist in allen Fällen das vollständige Datum, die Unterschrift und das in schwarzer Farbe auszudrückende Siegel der Behörde, des Gerichts oder Instituts dem Vermerke beizufügen (§ 4 des Gesetzes vom 4. Mai 1843).

Der Besitzer eines ausser Cours gesetzten Schuldpapiers kann bei der Schuldenverwaltung die Umschreibung dieses Papiers gegen ein coursfähiges Inhaberpapier unter Erstattung der Ausfertigungskosten beantragen. Der Besitzer hat dabei sein Anrecht auf das Papier nachzuweisen. Wenn ihm dies nicht möglich ist, erlässt die Verwaltung durch öffentliche Bekanntmachung im Berliner Intelligenzblatt und — falls der Nennwerth des umzuschreibenden Papiers mehr als 100 Thlr. beträgt, zugleich im Staatsanzeiger dreimal in Zwischenräumen von zwei Monaten die Aufforderung, dass Jeder, der an diesem Papier irgend ein Anrecht zu haben vermeine, dies innerhalb der nächsten 6 Monate schriftlich anzeige. Erfolgt eine Anzeige, so verweigert die Behörde die Umschreibung und verweist die Betheiligten zum Rechtswege. Meldet sich Niemand mit einem Anspruche, so hat die Behörde das Papier zu kassiren und dem Antragsteller statt desselben ein neues coursfähiges Papier gegen Erstattung der Ausfertigungskosten sowie der durch die Bekanntmachung entstandenen Schreib- und Insertionskosten auszuhändigen (Gesetz vom 4. Mai 1843). Das neue Document wird unter der Litera und Nummer des alten Documents ausgefertigt (Instruction der Hauptverwaltung für die Controlle der Staatsschulden vom 11. März 1839).

Die ganze vorbeschriebene Einrichtung der Ausser- und Wiedercourssetzung beruht also, abgesehen von der zuletzt erwähnten Einrichtung der Umschreibung, darin, dass es zur Aenderung des Rechtsverhältnisses nicht eines Umtausches des Documents bedarf, sondern diese Aenderung durch Vermerk auf dem Document selbst bewirkt werden kann. Die Möglichkeit solcher Vermerke auf den Inhaberpapieren erschweren aber den Verkehr mit denselben überhaupt. Jeder Erwerber eines Inhaberpapiers muss dasselbe sorgfältig darauf ansehen, ob sich nicht irgendwo ein Vermerk darauf befindet, oder ob nicht ein Stückchen Papier daran fehlt, auf dem vielleicht ein solcher Vermerk gestanden haben könnte. Denn auch im letzteren Falle kann, wenn der Schuldner seiner Zeit von dem Vermerk benachrichtigt wurde, dies bei der Präsentation des Documents zur Einlösung oder des Talons zur Ausgabe neuer Coupons bei dem Schuldner Weitläufigkeiten verursachen. Findet sich auf dem Document wirklich ein Vermerk, so ist eine Prüfung, ob das Papier rechtsgültig wieder in Cours gesetzt ist, in Bezug auf die Legitimation der betreffenden Behörde, die Formel der Wiedercourssetzung und den dazu gebrauchten Stempel erforderlich. Privatpersonen gibt überdies eine Aussercourssetzung durch eigenen Vermerk nur beschränkte Rechte für die Verfolgung ihres Besitzrechts. Erwägungen dieser Art haben neuerlich in der Presse und auf dem Juristentag zu Hamburg zu dem Verlangen geführt, das Institut der Ausser- und Wiedercourssetzung von Inhaberpapieren gänzlich aufzuheben. Wird dem stattgegeben, so tritt die im vorigen Paragraphen erörterte Frage, ob es nicht geboten erscheint, einen Theil der Staatspapiere auf Namen auszustellen, um so lebhafter in den Vordergrund.

§ 14.
B. Der Umtausch beschädigter Inhaberpapiere.

Inhaberpapiere sind ihres häufigeren Besitzwechsels wegen leichter als andere Schulddocumente einer äusseren Beschädigung ausgesetzt. Ist ein Inhaberpapier durch Vermerke anderer Art wie die Aussercourssetzung betreffend oder durch Befleckung oder Beschädigung zum ferneren Umlaufe unbrauchbar geworden, so kann nach den Bestimmungen des Gesetzes vom 4. Mai 1843 bei der Behörde, welche das Papier ausgestellt hat, die Umschreibung in ein coursfähiges Papier in derselben Weise beantragt und unter denselben Bedingungen bewilligt werden, wie wenn es sich um den Umtausch eines ausser Cours gesetzten Papiers handelt. (Vgl. den vorigen Paragraphen.)

In Betreff der Kassenanweisungen kommen die besonderen Bestimmungen hierfür in § 5 des Gesetzes vom 19. Mai 1851 (Ges.-S. S. 335) und § 5 des Gesetzes vom 7. Mai 1856 (Ges.-S. S. 334) in Betracht. Darnach wird für beschädigte oder unbrauchbar gewordene Exemplare von Kassenanweisungen Ersatz geleistet, wenn

1) die gedruckte Litera, Serie und Folienzahl,
2) die geschriebene Nummer und
3) die neben derselben stehende Namensunterschrift noch vollständig sichtbar sind.

Ob in anderen Fällen ausnahmsweise ein Ersatz geleistet werden kann, bleibt dem pflichtmässigen Ermessen der Hauptverwaltung der Staatsschulden überlassen. Beschnittene oder zerschnittene Kassenanweisungen dürfen in Zahlung nicht angenommen werden, sondern sind anzuhalten und an die Hauptverwaltung der Staatsschulden abzuliefern, welche nur dann Ersatz dafür leistet, wenn nachgewiesen wird, dass das Beschneiden oder Zerschneiden zufällig erfolgt ist.

Der Eintausch beschädigter Kassenanweisungen geschieht bei der Controlle der Staatspapiere Zug um Zug. Die Hauptverwaltung hat später den Eintausch zu genehmigen.

Die Kassenanweisungen oder Tresorscheine sind seit 1806 bereits viermal, nämlich 1824, 1835, 1851 und 1856 erneuert worden. Die Einthalerscheine sind ausserdem seit 1861 erneuert worden.

§. 15.
C. Der Ersatz verlorener oder vernichteter Inhaberpapiere.

Zur Milderung der Nachtheile, welche durch den zufälligen Verlust von Inhaberpapieren entstehen, sind folgende Bestimmungen getroffen:

Kann Jemand die gänzliche Vernichtung von Staatspapieren oder

Zinscoupons nach dem Ermessen der Hauptverwaltung unzweifelhaft dar-
thun, so werden ihm neue Schulddocumente von der Hauptverwaltung
der Staatsschulden ausgehändigt (§ 1—3 der Verordnung vom 16. Juni
1819, Ges.-S. S. 157). Für den Fall, wo der Beweis der Vernichtung
nicht zu führen oder das Papier verloren gegangen ist, hat die Allgemeine Gerichtsordnung Theil I. 51, §§ 120—140, Anhang § 388 für
Inhaberpapiere überhaupt das Rechtsinstitut des öffentlichen Aufgebots
und der gerichtlichen Amortisation eingeführt. Durch das Gesetz vom
29. Februar 1868 ist dieses Institut auch auf die Staatsschuldobligationen
der neuen Landestheile ausgedehnt worden. Meldet sich hiernach auf
ergangenes öffentliches Aufgebot der zeitige Inhaber des Papiers, so bleibt
demjenigen, welcher das Aufgebot veranlasst hat, überlassen, sein besse-
res Recht an das Papier nachzuweisen. Erfolgt keine Meldung, so wird
das Papier für gerichtlich amortisirt erklärt und derjenige, welcher das
Aufgebot veranlasst hat, erhält ein anderes Schulddocument ausgefertigt.
Auf Zinscoupons und Kassenscheine findet dies Verfahren keine Anwendung.

Das Aufgebot- und Amortisationsverfahren beruht im Einzelnen auf den Vorschriften der Allgemeinen Gerichtsordnung Theil I.
Tit. 51 §§ 120—140, Anhang § 388 und folgender für den Umfang
des Staates geltenden besonderen Verordnungen über Staatspapiere: Verordnung vom 16. Juni 1819 betreffend das Verfahren Behufs der Amortisation verlorener Staatsschuldscheine, der Sächsischen Central-Steuer-
obligationen und anderer Staatspapiere (Ges.-S. S. 157); Gesetz vom
7. Juni 1821 betreffend die Anwendung der Verordnung vom 16. Juni
1819 auf die Sächsischen Kammer-Kreditkassenscheine und Steuer-Kredit-
kassenscheine (Ges.-S. S. 96); Kabinetsordre vom 18. September 1822,
betreffend die Verjährung und die Unzulässigkeit des Aufgebots der Zinscoupons von Staatsschuldpapieren (Ges.-S. S. 213); Kabinetsordre vom
22. October 1825 betreffend das Verfahren bei dem Aufgebot verlorener Staatspapiere (Ges.-S. 1825 S. 229); Kabinetsordre vom 3. Mai
1828, denselben Gegenstand betreffend (Ges.-S. S. 21).

Für die aus den neuen Landestheilen übernommenen Staatspapiere
sind die in den alten Landestheilen geltenden Vorschriften über das Aufgebot, die Amortisation und den Ersatz verlorener oder vernichteter
Preussischer Staatspapiere durch das Gesetz vom 29. Februar 1868
maassgebend erklärt worden.

Folgende Uebergangsbestimmung ist zur Ersparung von unnöthigem
Zeit- und Kostenaufwand durch § 5 des Gesetzes betreffend Abänderungen etc. vom 11. Februar 1869 (Ges.-S. S. 355) getroffen worden:

„Für die Fälle, in welchen das Verfahren zur Amortisation abhanden gekommener oder vernichteter Staatsschuldverschreibungen oder Zinscoupons bei Eintritt der verbindlichen Kraft des Gesetzes vom 29. Februar 1868 nach den bis dahin gültig gewesenen Vorschriften so weit durchgeführt war, dass nur noch die Ausfertigung neuer Documente an Stelle der amortisirten und die Aushändigung der neuen Verschreibungen oder Coupons an den Berechtigten zu veranlassen blieb, wird die Hauptverwaltung der Staatsschulden ermächtigt, die Ausfertigung der neuen Schuldverschreibungen oder Zinscoupons, insofern dieselben nicht wegen inzwischen eingetretener Verjährung entbehrlich ist, sowie die Aushändigung an die Berechtigten nach Maassgabe der vor Erlass des Gesetzes vom 29. Februar 1868 bestandenen Gesetze und mit den den Bestimmungen dieser Letzteren entsprechenden rechtlichen Wirkungen auszuführen."

Das Preussische Verfahren ist im Einzelnen folgendes:

1) das Aufgebot geschieht auf Antrag des letzten Inhabers von dem Berliner Kammergericht; in Betreff der vormals Sächsischen Papiere von dem Appellationsgericht zu Naumburg;

2) auf Kosten des Betheiligten macht die Controlle der Staatspapiere im Berliner Intelligenzblatt und in dem Amtsblatte der Regierung, in deren Bezirk der Verlust sich ereignet hat, den Verlust unter Angabe auch des Nennwerths, des Buchstabens und der Nummer des Staatsschuldscheins bekannt;

3) alsdann wird sechs Zins-Zahlungstermine gewartet, ob sich Jemand mit dem angeblich verlorenen oder vernichteten Staatspapier meldet. Auf das Attest der Controlle der Staatspapiere, dass solches nicht geschehen und nach Beibringung der Blätter, worin der Verlust bekannt gemacht, erlässt das Gericht auf Antrag des Interessenten die Edictalcitation, welche viermal in das Berliner Intelligenzblatt, zweimal in ein auswärtiges Blatt und einmal in ein zweites auswärtiges Blatt eingerückt wird. Der etwaige Inhaber wird aufgefordert, sich spätestens im achten Zins-Zahlungstermin zu melden;

4) erfolgt diese Meldung nicht bis zum angegebenen Zeitpunkt, so ergeht das Amortisationserkenntniss, sobald ein Termin nach der letzten Bekanntmachung verstrichen ist, in welcher das Staatspapier selbst zur Empfangnahme neuer Zinscoupons hätte vorgezeigt werden müssen. Sobald das Erkenntniss rechtskräftig geworden ist, welches angenommen werden muss, wenn sich binnen vier Wochen nach geschehener Anschlagung an der Gerichtsstelle Niemand dagegen gemeldet hat, wird der Inhalt desselben von Seiten des Gerichts durch die betreffenden Provinzial- und Berliner Intelligenz- oder beziehungsweise Amtsblätter bekannt

gemacht, auch dem Eigenthümer ein anderer Staatsschuldschein auf den
Grund des vorliegenden Erkenntnisses überliefert und zwar mit den zu
dem amortisirten Documente gehörenden bis dahin noch nicht ausgehän-
digten Zinscoupons. Das Ersatzdocument trägt eine neue Nummer.
(Instruction der Hauptverwaltung für die Controlle der Staatspapiere
vom 11. März 1847.)

Die Controlle der Staatspapiere hat von Jahr zu Jahr amtliche
Listen der aufgerufenen und mortificirten Staatspapiere im Staatsanzeiger
zur öffentlichen Kenntniss zu bringen und hängt diese Listen sodann zu
Jedermanns Einsicht auf allen Börsen öffentlich aus und veröffentlicht
sie durch die Vossische, Spenersche, Neue Preussische Zeitung und durch
den Staatsanzeiger. Die Bekanntmachung für das Jahr 1866 benennt
33 Schuldverschreibungen zum Nennwerth von zusammen 4520 Thlr.,
diejenige für 1867 150 Stück zum Nennwerth von zusammen 17,875 Thlr.

Für die Inhaberpapiere im Ganzen ist die vorbeschriebene Einrichtung von nur sehr zweifelhaftem Werth. Das Verfahren ist umständlich
und kostspielig. Um durch dasselbe einzelnen Gläubigern zum Ersatz
ihres Verlustes zu verhelfen, wird sämmtlichen Besitzern von Inhaberpapieren im Allgemeinen die Verpflichtung auferlegt, fortgesetzt auf das
Erscheinen von Aufgeboten zu achten. Eine Nichtbeachtung derselben
kann für den redlichen Erwerber eines verlornen Papiers den Verlust
seines Forderungsrechts zur Folge haben. Die Vereinigten Staaten von
Nordamerika und Russland kennen für ihre Staatspapiere ein solches
Institut nicht.

Vierter Titel.

Die Veräusserung der Obligationen, insbesondere an der Börse.

§ 16.

Als Einrichtungen, welche auf den Besitzwechsel der Preussichen
Staatspapiere Einfluss haben, sind zu erwähnen die Beleihung derselben
bei der Preussischen Bank und die Coursfähigkeit derselben an der Börse.
Die Preussische Bank beleiht mit ¼ des jedesmaligen Courswerthes, jedoch
höchstens mit 80 Procent des Nominalwerthes die sämmtlichen in Theilobligationen verbrieften Preussischen Staatspapiere. In das amtliche Verzeichniss der bei ihr beleihbaren Effecten nicht aufgenommen finden wir
nur die Münster-Hammer Prioritätsobligationen, die Hessen-Homburgischen
Obligationen und die Augustenburgischen Prioritätsschulden. Schatzanweisungen werden von der Bank mit 5 Procent unter dem jedesmaligen
Courswerth beliehen.

Die verschiedenen Arten der Theilobligationen haben in Folge der häufiger unter ihnen vorkommenden Veräusserungen durchweg einen bestimmten Verkehrswerth. Eine Ausnahme machen ihrer geringeren Zahl halber nur die Schleswig-Holsteinschen und Hessen-Homburgischen Obligationen. Die übrigen Theilobligationen im Gesammtbetrage von 440 Millionen Thaler sind durchweg an der Börse verkäuflich. Eine Ausnahme machen nur die Hannoverschen Staatspapiere im Gesammtbetrage von etwa 22 Millionen Thaler. Indess wird für dieselben im Bankverkehr in der Stadt Hannover ein Cours notirt. Hierbei werden durch besondere Notirungen folgende Arten unterschieden:

1) vierprocentige Obligationen in Courant à 1000 und 500 Thaler,
2) „ „ „ „ „ à 200 „ 100 „
3) „ „ „ in Gold à 1000 „ 500 „
4) „ „ „ „ „ à 200 „ 100 „
5) 3½procentige Obligationen in Courant,
6) „ „ „ in Gold.

Von den 22 Millionen Thaler Hannoverscher Obligationen sind 2½ Millionen Thaler 3½procentig, der Rest ist vierprocentig.

Von den Obligationen, welche an der Börse verkäuflich sind, besitzen die Schatzanweisungen und Kassenanweisungen im Betrage von 31¼ Millionen Thaler wohl allgemeinen Cours, werden aber in der Regel an den Börsen nicht besonders notirt, da ihr Cours der kurzen Verfallzeit wegen sich ja nur gering vom Nennwerth entfernen kann. Werden von den 440 Millionen diese 31 Millionen und obige 22 Millionen in Abzug gebracht, so bleiben als eigentlich börsenfähig nur 387 Millionen Thaler übrig, das ist 81 Procent der Gesammtschuld. Hierunter ist massgebend der Berliner Börsencours für 345 Millionen, der Börsencours von Frankfurt a. M. für 42 Mill. und der Börsencours von Leipzig für 1 Mill. Thaler.

Unter den 345 Millionen, für welche die **Berliner Börse** massgebend ist, unterscheidet der amtliche Courszettel derselben folgende Gattungen von Obligationen durch besondere Notirungen:

A. Fonds und Staatspapiere.

		Zinsfuss.	Zinstermin.	Gesammtbetrag der noch umlaufenden Obligationen. Thlr.
1) Freiwillige Anleihe		4¼	1. April, 1. Oct.	2,543,400
2) Staatsanleihe von 1859		5	1. Januar, 1. Juli	27,928,100
3) do. von 1854, 55, 57, 59, 64, 67		4¼	1. April, 1. Oct.	125,675,475
4) do. von 1868 Lit. B. . .		4¼	do.	20,000,000
5) do. von 1856		4¼	1. Januar, 1. Juli	14,853,300
6) do. von 1850, 52, 53, 62		4	1. April, 1. Oct.	33,296,600

	Zinsfuss.	Zinstermin.	Gesammtbetrag der noch umlaufenden Obligationen. Thlr.
7) Staatsanleihe von 1868	4	1. Januar, 1. Juli	21,248,800
8) Staatsschuldscheine	3½	do.	66,784,700
9) Prämien-Anleihe 1855 à 100 Thlr. .	3½	1. April, 1. Oct.	11,670,000
10) Kur- und Neumärkische Schuldver- schreibungen	3½	1. Mai, 1. Nov.	1,364,667

Oft wird für einzelne der oben zusammengefassten 4½procentigen oder 4procentigen Anleihen ein besonderer um ¼ bis ½ Procent abweichender Cours notirt, wenn durch Ankäufe des Tilgungsfonds für einen besonderen Jahrgang der Anleihen ein stärkerer Begehr sich zeigt.

Ausser den vorgenannten Effecten werden von Preussischen Staatspapieren an der Berliner Börse noch die Kurhessischen Prämienscheine notirt; den Hauptmarkt für dieselben bildet jedoch die Frankfurter Börse.

Von obigen Anleihen werden noch an folgenden anderen Börsen Course notirt:

Amsterdamer Börse:
  1) 5proc. Staatsanleihe von 1859,
  2) 4½proc. Staatsanleihen,
  3) 3½proc. Prämienanleihe.

Breslauer Börse:
  1) 5proc. Staatsanleihe von 1859,
  2) 4½proc. Staatsanleihen,
  3) 4proc. Staatsanleihen,
  4) 3½proc. Staatsschuldscheine,
  5) 3½proc. Prämienanleihe.

Kölner Börse:
  1) 5proc. Staatsanleihe von 1859,
  2) 4½proc. Staatsanleihen,
  3) 3½proc. Staatsschuldscheine,
  4) 3½proc. Prämienanleihe.

Börse in Frankfurt a. M.:
  1) 5proc. Staatsanleihe von 1859,
  2) 4½proc. Staatsanleihen,
  3) 4proc. Staatsanleihen,
  4) 3½proc. Staatsschuldscheine,
  5) 3½proc. Prämienanleihe.

Hamburger Börse:
  1) 5proc. Staatsanleihe von 1859,
  2) 4½proc. Staatsanleihen,
  3) 3½proc. Prämienanleihe.

Leipziger Börse:
  1) 4½proc. Staatsanleihen,
  2) 3½proc. Staatsanleihen.

B. Staats-Eisenbahn-Papiere.

	Zinsfuss.	Zinstermin.	Gesammtbetrag der noch umlaufenden Obligationen. Thlr.
1) Stamm-Actien:			
a) Niederschlesisch - Märkische .	4	1. Januar, 1. Juli	7,049,100
b) Münster - Hammer	4	do.	1,127,600
2) Prioritäts-Actien und Obligationen:			
a) Niederschl.-Märk. Priorit.- Actien			
I. Serie	4	do.	} 3,597,413
b) do. do. II. Serie à 62½ Thlr.	4	do.	
c) do. Obligationen I. u. II. Serie.	4	do.	2,921,400
d) do. do. III. Serie . .	4	do.	2,300,000
e) do. do. IV. Serie . .	4	do.	881,800

Unter den 42 Millionen Thaler Obligationen, für welche die **Frankfurter Börse** massgebend ist, unterscheidet der dortige amtliche Courszettel folgende Gattungen von Obligationen durch besondere Notirungen:

	Zinstermin.	Gesammtbetrag der davon noch umlaufenden Obligationen. Thlr.
1) 3½proc. Frankfurter Obligationen	verschieden	6,657,599
2) 3proc. do. do.	1. December .	742,857
3) 4½proc. Nassauer do.	verschieden	9,142,857
4) 4proc. do. do.	do.	7,512,323
5) 3½proc. do. do.	do.	1,484,743
6) Nassauer Prämienloose		942,857
7) 4proc. Kurhessische Obligationen	1. Mai, 1. Nov.	10,065,200
8) Kurhessische Prämienscheine . . . , . . .		5,325,000

Die letztgenannten Prämienscheine haben ausserdem an der Berliner Börse Cours.

Die Eine Million Thaler Obligationen, für welche die **Leipziger Börse** massgebend ist, betrifft die 3procentigen Sächsischen Steuerkredit-Kassenscheine (sie betragen genau 965,700 Thlr.).

Insgesammt richtet sich also der Cours von 387 Millionen Thaler Obligationen nach 26 verschiedenen Notirungen.

VI. Kapitel.

Die Rückzahlung.

Erster Titel.
Allgemeine Uebersicht der Bedingungen für die Rückzahlung.

§ 17.

Bei folgenden Schuldposten findet eine Rückzahlung überhaupt nicht oder nur bedingungsweise statt:

1) Die 5 procentigen und 4 procentigen Hannoverschen Grote-Stillhorn'schen Schuldkapitalien von 13,350 Thlr., 69,875 Thlr. und 75,512 Thlr., zusammen also von 158,737 Thlr. dürfen nur dann gekündigt werden, wenn die Gläubiger die Gelder in unbeweglichen Gütern, welche dem Lehnsherrn anstehen und ihm dann zum Lehen aufgetragen werden sollen, anzulegen wissen.

2) Das 4 procentige Hannoversche Marenholz'sche Stiftungskapital von 3,045 Thlr., dessen Zinsen zum Besten der Armen im Fürstenthum Braunschweig, Calenberg'schen Antheils, verwendet werden sollen, ist „perpetuirlich und unablöslich."

3) Die 5 procentigen und 4 procentigen Hannoverschen Langenbeck-schen Stiftungskapitalien im Betrage von 8,527 Thlr. und 305 Thlr. sollen, „so lange einiges Kapital bei dem fürstlichen Landschatze steht, unabgeführt bleiben und die letzten sein".

4) Das 5 procentige Hannoversche Meinhelf'sche Stiftungskapital zum Betrage von 19,800 Thlr., dessen Zinsen zum Besten armer Soldaten- und Invalidenkinder zu verwenden sind, soll von den Seitens des Staates zu kündigenden Kapitalien das letzte sein.

5) Das 5 procentige Hannoversche Münchhausen'sche Stiftungskapital im Betrage von 6,600 Thlr., dessen Zinsen zum Besten der Armen und ad pias causas in dem Bezirke der Calenberg'schen Landschaft zu verwenden sind, soll anderweitig nur mit Bewilligung des Gläubigers belegt werden dürfen;

6) Die auf den Namen der Hannoverschen Officier-Wittwenkasse eingetragenen, vormals Hannoverschen 4 procentigen Schuldkapitalien im Betrage von 49,170 Thlr., 27,500 Thlr., 6,380 Thlr., 3,300 Thlr., 150,150 Thlr., 306,393 Thlr. und 55,000 Thlr., zusammen 597,893 Thlr., sind von der Kündigung ausgenommen, weil 1762 Georg III. der Kasse den Fortgenuss dieser Zinsen zugesichert hat.

7) Die 3procentige Münstersche, an die Klosterkammer verbriefte Schuld im Betrage von 700 Thlr. soll so lange nicht gekündigt werden, als noch zur Kündigung geeignete Kapitalien zu einem höheren Zinsfusse bei der Landeskasse stehen.

8) In Betreff der Rente an das Potsdamer Militair-Waisenhaus zum Betrage von 132,253 Thlr. ist eine Ablösung nicht vorgesehen.

Die Ausschliessung oder Erschwerung der Rückzahlung bei diesen Schulden hat den Nachtheil, dass dadurch eine Vereinfachung des Staatsschuldenwesens und im Falle einer sonst möglichen Aufnahme von Geldern zu billigerem Zinsfuss eine Herabsetzung des letzteren bei diesen Schuldposten ausgeschlossen ist.

Die übrigen rückzahlbaren Schulden lassen sich, was die Bedingungen für die Rückzahlung anbetrifft, in 5 verschiedene Gruppen theilen:

A. Schulden, zu deren Rückzahlung der Staat wohl berechtigt, nicht aber auch verpflichtet ist:

1) Die vom Staate übernommenen 4procentigen Niederschlesisch-Märkischen Eisenbahn-Prioritätsobligationen Serie III. zum Betrage von 2,300,000 Thlr. Eine theilweise, sich nicht zugleich auf sämmtliche Obligationen beziehende Kündigung derselben ist nicht eher zulässig, als bis die Niederschlesisch-Märkischen Eisenbahn-Stammactien durch statutenmässige Tilgung eingelöst worden sind.

2) Die vormals Hannoversche 4procentige Schuld an die Grafen von Kielmannsegge im Betrage von 4568 Thlr. kann vom Staate jeder Zeit, vom Gläubiger aber nur für den Fall des Ankaufs geeigneter Grundstücke mit dem Kapital gekündigt werden.

3) Die 3½procentigen Kurhessischen Schulden an den Fideicommissfonds des Kurfürsten und an die Scheffer'schen Erben zum Betrage von 14,900 Thlr. und 1400 Thlr. Der Tilgung dieser Schuld steht nichts entgegen.

4) Die Kurhessische Anleihe von 1834 zum Restbetrage von 182,600 Thaler. Eine Tilgungspflicht für diese Anleihe besteht nicht; gleichwohl sind im Etat für 1869 105,000 Thlr. zur Tilgung dieser, noch dazu 3½procentigen Anleihe ausgeworfen.

5) Als Schuldposten eigenthümlicher Art gehört hierhin das unverzinsliche Darlehen, welches die Frankfurter Bank 1857 dem Staate Frankfurt statutenmässig (gewissermassen als Entgelt für das Notenprivilegium) im Betrage von 1,000,000 Gulden = 571,429 Thlr. machen musste.

6) Die Schuldrenten für aufgehobene Zölle und andere Berechtigungen im Betrage von 207,625 Thlr. (darunter künftig wegfallend 12,966 Thlr.). Diese Renten sind grösstentheils nach Massgabe der

einzelnen Gesetze, auf welchen sie beruhen, zum 25 fachen Betrage ablöslich.

7) Die Schuldrenten an Fürsten und Standesherren für abgetretene Rechte und Besitzungen im Betrage von 204,179 Thlr.; auch diese Renten sind durchweg nach Massgabe der einzelnen Verträge zum 25-fachen Betrage ablöslich.

B. Schulden, welche Seitens der Gläubiger unkündbar sind, vom Staate aber jährlich mit einem gewissen Minimalbetrag getilgt werden müssen.

Hierhin gehören fünf Sechstel der Gesammtschuld oder nach dem Etat pro 1869 für etwa 414 Millionen Thaler Schuldkapitalien. Darunter sind alle diejenigen Schuldposten begriffen, welche rückzahlbar und nicht unter A, C, D und E einbegriffen sind.

C. Zeitrenten, d. h. Renten, welche nach Ablauf einer bestimmten Zeit von selbst erlöschen, vorher aber nicht abgelöst werden können.

Hierhin gehören:

1) Die Rente an die Tilgungsfonds der Kur- und Neumärkischen Kriegsschulden im Betrage von 11,711 Thlr. Dieselbe vermindert sich von zehn zu zehn Jahren zunächst im Jahre 1873 durch Beschränkung der Amortisationsquote auf 1 Procent des dann noch vorhandenen Kapitalwerths. Innerhalb des Zeitraums von 10 Jahren wächst der Amortisationsquote zu, was durch dieselbe an der Zinsquote von 3½ Procent des Kapitalwerths erspart wird.

2) Die Rente zur Tilgung der ständischen Schulden der Niederlausitz, welche bis 1875 im Betrage von 2,880 Thlr. zu leisten ist. Alsdann ermässigt sich der Betrag entsprechend den dann noch vorhandenen Schuldresten.

3) Die Rente zur Verzinsung und Tilgung der Schulden der Stifter Merseburg und Naumburg im Betrage von 6,700 Thlr.; hiervon sind 4,500 Thlr. bis 1875, 2,200 Thlr. so lange zu zahlen, bis es zu dem Betriebe des ständischen Arbeitshauses keiner weitern Zuschüsse aus der ständischen Schuldentilgungskasse bedarf.

D. Leibrenten, d. h. Renten, welche mit dem Tode der Bezugsberechtigten erlöschen.

Dahin gehören:

1) Pensionsaussterbe-Fonds; derselbe umfasst Leibrenten, welche nach dem Ableben der Empfänger nicht zur anderweiten Verwendung gelangen, sondern in die allgemeinen Staatsfonds zurückfliessen. Derselbe beträgt 1869 490,000 Thlr.

14*

2) Apanagen, 1869 zum Betrage von 430,464 Thlr. Dieser Schuldposten umfasst Leibrenten an den Kurfürsten Friedrich Wilhelm von
Hessen, die Hessische Fürstenfamilie, den Prinzen Nikolaus von Nassau
und einige Glieder der früheren Dänischen Königsfamilie. Die Dotation
an den Kurfürsten von Hessen ist auf dessen Antrag durch einmalige
Zahlung von 600,000 Thlr. abzulösen.

E. Schwebende Schulden, d. h. Schulden, welche auf Anstehen
der Gläubiger sofort oder nach kurzen Fristen gezahlt werden müssen.

Hierzu rechnen wir noch zwei Schuldposten (s. unter Nr. 7 u. 8),
welche im Jahre 1869 fällig werden. Alsdann ergibt sich an Schwebenden Schulden eine Summe von 38¼ Millionen Thaler, welche in folgende
Posten zerfällt:

1) Die Kassenanweisungen,
2) die freiwillige Anleihe von 1848,
3) die Schatzanweisungen,
4) die gekündigten Schulden, welche zum Hannoverschen Reservequantum gehören,
5) die gekündigten Obligationen der Hessen-Homburg. Anleihe von 1777,
6) die Augustenburgischen Prioritätsschulden,
7) die Frankfurter Darlehen von 1866,
8) Der Rest des Entschädigungskapitals an den Dänischen Pensionsfonds.

Ueber diese Schwebenden Schulden vgl. das Weitere in § 27.

Zweiter Titel.
Die Hauptarten der Rückzahlungsbedingungen.

Erstes Stück.
Die Schulden, welche jährlich mit einem gewissen Minimalbetrag getilgt werden müssen.

§ 18.
a. Die Tilgungspflicht im Allgemeinen.

Von den 480 Millionen Thaler, welche Summe die Preussische Staatsschuld beträgt, sind 414 Millionen Thaler, also etwas über fünf Sechstel
der Gesammtschuld, zwar Seitens der Gläubiger unkündbar, müssen aber
jährlich mit einem gewissen Minimalbetrag getilgt werden. Zweifelhaft
erscheinen kann es, ob darunter auch die Frankfurter Anleihen von
1839, 1846, 1848 und 1858 zum Gesammtbetrage von 6,657,600 Thlr.
zu zählen sind. Die betr. Anleihegesetze schreiben keinen Betrag für
die jährliche Tilgung vor, sondern bestimmen nur, dass die Verwaltung
dieser Anleihen der Schuldentilgungs-Commission in Frankfurt gebühre,
und dass die Tilgung durch Ausloosung zu erfolgen habe. Der Schulden-

tilgungs-Commission waren durch andere Gesetze bestimmte Einnahmen überwiesen; was davon nach Verzinsung der Schuld übrig blieb, wurde jährlich zur Tilgung verwandt. Die Regierung bestreitet, dass daraus ein Anspruch der Gläubiger auf Tilgung gefolgert werden könne, während die Frankfurter Mitglieder des Abgeordnetenhauses das Gegentheil ausführten (vergl. Verh. d. Abg.-H. 1868/69 S. 142 u. folg.). Für die Jahre 1868 und 1869 sind in dem Etat Tilgungsfonds für diese Anleihen ausgeworfen; ein Antrag der Commissarien des Abgeordnetenhauses, die Summen pro 1869 zu streichen, wurde am 19. November 1868 vom Plenum mit sehr grosser Majorität abgelehnt.

Die Tilgungspflicht des Staates ist theils staatsrechtlicher und privatrechtlicher, theils bloss staatsrechtlicher Natur. Im letzteren Falle beruht sie nicht auf dem Schuldvertrag, sondern auf Gesetzen oder Verordnungen, welche ohne Beziehung zu demselben erlassen sind, nur eine bindende Norm für die Finanzverwaltung darstellen und daher auch, ohne dass den Gläubigern ein Widerspruchsrecht zustände, ebenso wieder aufgehoben werden können.

Bei sämmtlichen hierhergehörigen Schuldposten, welche auf dem Etat der Hauptverwaltung der Staatsschulden für die alten Landestheile stehen und ursprünglich Preussische Schulden sind, ist die Tilgungspflicht auch privatrechtlicher Natur; denn die darüber ergangenen allgemeinen Bestimmungen sind in den Text der betreffenden Obligationen mitaufgenommen bezw. in demselben allegirt worden. Die Obligationen der freiwilligen Anleihe, hinsichtlich deren allerdings eine Tilgungspflicht erst nachträglich begründet worden ist, gehören, seitdem von 1858 an den Gläubigern ein Kündigungsrecht zusteht, zur schwebenden Schuld und kommen erst § 27 in Betracht.

Auch bei den vom Staate übernommenen Eisenbahnpapieren, den Kurhessischen, Nassauischen, Hessen-Homburgischen und Schleswig-Holsteinischen Obligationen ist die Tilgungspflicht Gegenstand des Schuldvertrages und daher auch privatrechtlicher Natur. Es folgt dies für die Kurhessischen, Nassauischen und Hessen-Homburgischen Schulden ausser aus den Obligationen selbst auch aus den Anleiheverträgen mit den Bankhäusern, an welche diese Anleihen begeben worden. Bei den Frankfurter Anleihen ist mit Ausnahme der Anleihe von 1844 die Tilgungspflicht, wie im vorhergehenden Kapitel bemerkt, überhaupt zweifelhaft; nimmt man gleichwohl eine solche an, so wird man ihr, da die betreffenden Gesetze vor Aufnahme der Anleihe ergangen sind, die privatrechtliche Natur nicht wohl abstreiten können.

Auf der andern Seite ist die Tilgungspflicht des Staates in Betreff der mit dem Herzogthum Sachsen übernommenen Schulden (Steuerkredit- und Kammerkreditkassenscheine) rein staatsrechtlich; sie gründet sich auf eine Königliche Kabinetsordre vom 2. November 1822, welche die ausführenden Bestimmungen über die in der Convention mit Sachsen von 1819 übernommene Tilgungspflicht enthält.

Verschiedener Natur ist die Tilgungspflicht bei den vormals Hannoverschen Schulden. Privatrechtlicher Natur, weil auf den Obligationen selbst eingeräumt, ist die Tilgungspflicht bei den Obligationen Litera R., S. und L. I. Staatsrechtlicher Natur ist die Tilgungspflicht in Betreff der älteren 3½ procentigen Obligationen und der Obligationen Litera Q.; die Tilgungspflicht ist hier nur durch allgemeine, theilweise erst nach Begebung der Obligationen erlassene Bestimmungen begründet worden, auch sind die allgemeinen Bestimmungen im Text der Obligationen nicht allegirt. Auf den Obligationen hat sich nämlich der Staat nur verpflichtet, die Schulden „nach Massgabe der wegen der Landesschulden bestehenden oder künftig zu erlassenden Gesetze" auf den Antrag des Gläubigers durch die Schuldentilgungskasse einzulösen.

Zum Theil privatrechtlich, zum Theil staatsrechtlich ist die Tilgungspflicht in Betreff der Obligationen Litera E. I., F. I., G. I., H. I. und J. I. Die obligationsmässig bestehende Tilgungspflicht wurde bei denselben nämlich durch das später erlassene Gesetz vom 13. Juni 1865 noch erweitert. Das letztere hat eine Beschränkung der Tilgung auf die obligationsmässige Quote im Wege der Gesetzgebung für bestimmte Fälle ausdrücklich angeordnet. Vergl. darüber § 21.

§ 19.
b. Die Grundsätze über die Auswahl der zu tilgenden Theilobligationen.

Die Auswahl der Theilobligationen, welche behufs Erfüllung der Tilgungspflicht zur Tilgung gelangen sollen, kann in verschiedener Art getroffen werden. Das Edict vom 27. October 1810 schrieb für die Staatsschuldscheine die Ausloosung vor und sollten die ausgeloosten Scheine al pari eingelöst werden. Die Erfüllung dieser Zusage mochte der Regierung indess zu kostspielig erscheinen; genug sie bewerkstelligte die ersten Tilgungen 1818 und 1819 durch freihändigen Ankauf einer entsprechenden Anzahl Obligationen an der Börse zum Courswerth. Die Verordnung vom 17. Januar 1820 behauptete, die Verloosung habe „in ihrer bisherigen Ausführung weder den Absichten des Staates noch den Erwartungen der Gesammtheit der Staatsgläubiger entsprochen", dagegen seien beim Börsenankauf der Staatsschuldscheine 1818 und 1819 „günstige Erfolge" erzielt worden, weshalb es vorläufig auch fernerhin bezüglich der Tilgung der verzinslichen Staatsschulden — die Anleihen im Auslande ausgenommen — dabei bewenden solle, die Staatsschuldscheine erst dann auszuloosen, wenn durch Ankauf unter pari an der Börse die erforderliche Anzahl nicht mehr zu beschaffen sei. Thatsächlich konnte von einer Ausführung des Edicts von 1810 in Betreff der Ausloosung bei den Staatsschuldscheinen überhaupt nicht die Rede sein, da seit Erlass desselben kein einziger Staatsschuldschein ausgeloost worden war.

Als in den nächsten Jahren weitere Emissionen von Staatsschuldscheinen nothwendig wurden, wiewohl der Cours derselben sich nicht heben wollte, führte die Kabinetsordre vom 9. Mai 1824 für die Staatsschuldscheine wieder die obligatorische Ausloosung ein.

Der Cours stand damals 88—90. Es sollte diese Massnahme ebenso wie die von 1820 bis 1826 mit der Ausgabe von Staatsschuldscheinen verbundene Prämienlotterie auf den Cours derselben günstig einwirken. Indess wurde dieser Zweck verfehlt und der Cours erfuhr keine Besserung. Durch Kabinetsordre vom 25. Februar 1826 (Ges.-S. S. 21) wurde daher für die Tilgung der Staatsschuldscheine im Allgemeinen statt der obligatorischen Ausloosung die facultative Ausloosung wieder eingeführt. Als Grund wird in der Kabinetsordre angegeben, dass die Massregel den erwarteten günstigen Erfolg nicht gehabt habe.

Bei den neueren Anleihen ist für die Tilgung der freihändige Ankauf mit facultativer Ausloosung unbestritten beibehalten worden. Die günstigeren Kreditverhältnisse sicherten schon ohnehin eine Courssteigerung; die neuen Anleihen wurden überdies im Gegensatze zu der Emission der Staatsschuldscheine im Jahre 1821 zu einem nur wenig unter dem Nennwerth bleibenden Course begeben. In dem Masse aber wie der Cours sich dem Nennwerth nähert, überwiegen die Nachtheile der obligatorischen Ausloosung auch in den Augen der Gläubiger den Vortheil der Pari-Einlösung. Die Ausloosungen können dem Gläubiger zu einer ihm sehr ungelegenen Zeit die Rücknahme seines Kapitals aufnöthigen; zudem erscheint die beständige Controlle der Verloosungslisten für alle Besitzer von Obligationen als eine grosse Unbequemlichkeit.

Die facultative Ausloosung gilt daher jetzt als Grundsatz bei sämmtlichen, auch ihrem Ursprunge nach Preussischen Schulden, ausgenommen die Prämienanleihe von 1855, worüber der folgende Paragraph zu vergleichen ist, und die Anleihe von 1856.

In Betreff der letzteren hat die Preussische Bank die Befugniss, einen dem Betrage des Tilgungsfonds gleichen Betrag in den betreffenden Obligationen nach dem Nennwerthe zur Tilgung an die Hauptverwaltung der Staatsschulden abzuliefern. Die Erklärung, von dieser Befugniss Gebrauch machen zu wollen, muss Seitens der Bank vor dem 1. Juni und resp. 1. December der Hauptverwaltung gemacht werden und ist dann der ganze Betrag der für das nächste halbe Jahr zu tilgenden Schuldverschreibungen am 2. Januar und resp. 1. Juli des folgenden Jahres an die Staatsschuldentilgungskasse abzuliefern. — Macht die Bank von ihrer Befugniss keinen Gebrauch, so erfolgt Ausloosung.

Es hängt die erwähnte Befugniss der Bank mit ihrer regelmässigen Verpflichtung zusammen, zur Tilgung der behufs Verminderung der Kassenscheine des Staats aufgenommenen Schuld einen Beitrag von jährlich 71,910 Thaler zu zahlen (s. den darüber abgeschlossenen Vertrag — Abg.-H. 1855/56 Anl. S. 523).

Was die Wahl zwischen freihändigem Ankauf und Ausloosung der Obligationen bei den Preussischen Anleihen im Einzelnen betrifft, so haben die Anleihegesetze in Uebereinstimmung mit der Verordnung vom 17. Januar 1820 bestimmt, dass eine Verloosung erst dann eingeleitet werden soll, wenn die resp. Schulddocumente an der Börse oder sonst nicht mehr unter dem Nennwerthe aufgekauft werden können. Wenn der Cours eines Papiers zur Zeit der Kündigung daher beispielsweise 99 bis 99½ steht, kann nach dem Wortlaut dieser Bestimmung zur Verloosung nicht geschritten werden. Gleichwohl ist es nach dieser Bestimmung der Hauptverwaltung auch nicht möglich, die Obligationen unter dem Nennwerthe anzukaufen. Denn sobald die Hauptverwaltung zum Ankauf schreitet, stellt sich der Cours auf pari und vielleicht sogar etwas darüber.

Schon am 24. März 1857 hat das Herrenhaus bei Prüfung des Berichts der Staatsschulden-Commission in Uebereinstimmung mit dem vom Vertreter der Hauptverwaltung abgegebenen Gutachten eine Erweiterung der Befugnisse der Hauptverwaltung auf dem Wege der Gesetzgebung dahin empfohlen, dass es gestattet werde, auch dann zu verloosen, wenn der Cours noch unter dem Nennwerth sei (Verh. d. Herrenh. 1857 S. 193). Eine Anregung ist indess dieser Empfehlung bisher nicht gegeben worden, und die betreffende Clausel auch in den neueren Anleihegesetzen unverändert beibehalten. In der Praxis scheint man sich jedoch neuerlich durch den Wortlaut des Gesetzes für weniger gebunden zu erachten; wenigstens haben neuerlich bei der Preussischen freiwilligen Anleihe von 1848 Ausloosungen stattgefunden, wiewohl der Cours derselben beständig unter pari gestanden hat.

Ausser für die Preussischen Anleihen gilt die facultative Ausloosung auch für die Schleswig-Holsteinischen Domanialobligationen, danach im Ganzen für eine Schuldsumme von 296,565,642 Thlr. mit einem Tilgungsfonds von gegenwärtig 5,283,758 Thlr.

Die obligatorische Ausloosung gilt für alle von Preussen übernommenen Schulden mit Theilobligationen, hinsichtlich deren dem Staate eine Pflicht der jährlichen Tilgung obliegt, ausgenommen die vorerwähnten Domanialobligationen; sie gilt daneben noch für die Preussische Prämienanleihe von 1856. Diese Schuldkapitalien betragen gegenwärtig 91,183,024 Thlr. und haben einen Tilgungsfonds von 2,339,994 Thlr.

Die kleineren Staaten, wie Frankfurt, Nassau, Kurhessen und Hessen-Homburg, von welchen solche Anleihen mit obligatorischer Ausloosung übernommen worden sind, mochten es für nöthig erachtet haben, bei ihren weniger notorischen Finanzverhältnissen dem Course durch die Pari-Einlösung einen gewissen äusseren Anhalt zu geben. Ausserdem konnte es zweifelhaft erscheinen, ob nicht ohnebin der geringe Börsenverkehr in Obligationen dieser kleineren Anleihen behufs Erfüllung der Tilgungs-pflicht regelmässige Ausloosungen nöthig machen werde.

In Hannover hat die Frage, nach welchen Grundsätzen die Theil-obligationen für die Tilgung ausgewählt werden sollen, im Laufe der Zeit eine sehr verschiedene Beantwortung erfahren.

Anfänglich war hier nicht einmal die facultative Ausloosung zulässig. Nach der Verordnung vom 23. August 1823 sollten die Tilgungsfonds nur zu freihändigem Ankauf nach dem Course, doch nicht über dem No-minalwerth, verwandt werden. Durch Verordnung vom 13. Juli 1829 wurde mit Rücksicht darauf, dass bei dem damaligen Course der vier-procentigen Obligationen über pari sich keine hinreichende Gelegenheit zum freihändigen Ankauf fand, vorgeschrieben, dass bis zum Belaufe der zur Einlösung freiwillig angebotener Schuldverschreibungen nicht verwend-baren Tilgungsmittel Schulden, die mit mehr als $3\frac{1}{2}$ Procent zu ver-zinsen seien, durch's Loos dergestalt gekündigt werden sollten, dass der Gläubiger nach Ablauf eines halben Jahres entweder sein Kapital zurück-nehmen oder dasselbe, von seiner Seite unaufkündbar, zu $3\frac{1}{2}$ Procent Zinsen stehen lassen müsse. Doch wurden von der Kündigung nicht nur solche Kapitalien ausgenommen, welche obligationsmässig vom Schuldner überhaupt oder bis zum Eintritt gewisser Bedingungen nicht zurückgezahlt werden dürfen, sondern auf den Wunsch der Stände einstweilen auch noch mehrere andere Klassen von Schuldkapitalien, über welche dem Gläubiger kein unbedingtes Verfügungsrecht zusteht.

Diese Ausnahmen verursachten in den ersten Jahren keine grossen Uebelstände. Hierdurch wurde zugleich die allgemeine Zinsermässigung auf $3\frac{1}{2}$ Procent ermöglicht. Das Gesetz vom 29. April 1838 führte das Kündigungs- und Zinsermässigungsrecht auch für diejenigen bisher davon ausgenommenen Obligationen ein, welche im Besitz von Kirchen-, Schul-, Armen- und Wittwenstiftungen, Vormundschafts- und Concursverwaltungen sich befanden.

Nach allgemeiner Durchführung der Herabsetzung des Zinsfusses auf $3\frac{1}{2}$ Procent wurde durch Gesetz vom 25. Januar 1840 jene Ausnahme

soweit wiederhergestellt, dass die in solchem Besitz befindlichen Obligationen erst gekündigt werden sollten, wenn eine hinreichende Menge anderer Schuldkapitalien nicht mehr abzutragen ist. Bei fortschreitender
Tilgung aber, und da immer mehr Landesschuldverschreibungen in Händen
solcher gelangten, deren Kapitalien vorerst nicht gekündigt werden durf-
ten, erwuchsen daraus der Kasse wie den Gläubigern nicht unerhebliche
Belästigungen und selbst Nachtheile. Auf wiederholtes dringendes Ge-
such der Stände wurden daher alle nicht auf Vertrag beruhenden Ausnahmen von der Kündigung durch das Gesetz vom 29. April 1838 aufgehoben.

Allein nun geriethen zahlreiche Gläubiger, für welche die Regierung
vorzugsweise sorgen zu müssen glaubte, weil sie der Regel nach ihre
Kapitalien weder in gewerblichen Unternehmungen noch in fremden
Staatspapieren anlegen können, als Kirchen, Pfarren, fromme Stiftungen
und ähnliche in grosse Verlegenheit, indem ihnen nach erfolgter, fast
gänzlicher Abtragung der mit 4 oder mehr Procent verzinslichen Schulden nicht mehr verstattet war, ihre Kapitalien selbst zu geringeren Zinsen stehen zu lassen. Desshalb stellte das Gesetz vom 25. Juli 1840
die Ausnahme von der Kündigung in Bezug auf die Kapitalien jener
Gläubiger wieder her und fügte ihnen auf ständischen Wunsch einstweilen noch die bei öffentlichen Kassen zu deponirenden Lehns - und
Fideicommiss - Ablösungskapitalien hinzu. Diese Ausnahmen umfassten
jedoch ungefähr ¼ aller zur Kündigung kommenden Kapitalien und waren
den Gläubigern, vorzüglich den nicht ausgenommenen, um so lästiger und
nachtheiliger, als trotz der ausserordentlich starken Tilgung der Cours der
Landesschuldverschreibungen über pari stand. Da die Ausnahme also
nicht bestehen bleiben, ebenso wenig aber ohne erhebliche Gefährdung
der ausgenommenen Gläubiger sofort aufgehoben werden zu können
schienen, für den Eisenbahnbau jedoch grosse Summen aufgeliehen werden
mussten, so verordnete das Gesetz vom 20. December 1844, dass bis
1. Juli 1846 die Mittel der Schuldentilgungskasse, soweit sie nicht durch
Einlösung freiwillig angebotener Landesschuldverschreibungen nutzbar zu
machen seien, der Eisenbahnhauptkasse gegen Verzinsung und mit Vorbehalt der Kündigung sollten dargeliehen werden dürfen. Zugleich wurden für den Fall des demnächstigen Wiedereintritts der Kündigung alle
durch das Gesetz von 1840 hergestellten Ausnahmen von derselben
beseitigt.

Als dann im Frühjahr 1846 eine 3½procentige Eisenbahn-Anleihe
zu 93 bis 94 Procent aufgenommen werden musste, und der Cours auch
der Landesschuldverschreibungen ungefähr gleichviel unter pari sank,
wurden der Tilgungskasse so viele Schuldverschreibungen angeboten, dass

sie dieselben nicht alle hätte einlösen können, durch Befriedigung einzelner Gläubiger aber, selbst wenn für deren Auswahl Normen bestanden hätten, die übrigen wesentlich benachtheiligt haben würde. Um den hieraus hervorgehenden Missständen abzuhelfen, wurde durch das Gesetz vom 30. Juni 1846 angeordnet, dass bis auf eine vom Könige zu erlassende Kundmachung die Landesschulden und die zur Einlösung der im Jahre 1845 behufs der Eisenbahnbauten gemachten Anleihe bestimmten Eisenbahnschulden - Tilgungsmittel lediglich zur Rückzahlung der auf diese Mittel angewiesenen Schuldkapitalien zum vollen Nennwerthe, jedoch nur nach der im Juni jeden Jahres durch das Loos zu bestimmenden Reihenfolge verwendet werden sollten.

Diese Vorschriften wurden durch das Gesetz vom 13. Juni 1865 auch auf die neueren Anleiheschulden ausgedehnt und sind dann in Geltung geblieben, bis 1868 die Preussische Hauptverwaltung der Staatsschulden die Verwendung des Tilgungsfonds zum freihändigen Ankauf bei allen denjenigen Obligationen anordnete, hinsichtlich deren die Ausloosung nicht auch vertragsmässig zugesichert war. Die Hauptverwaltung hielt sich dazu berechtigt auf Grund des Gesetzes vom 29. Februar 1868, welches in Betreff der Tilgungsweise überall, wo nicht vertragsmässige Rechte ein anderes begründeten, die in den älteren Provinzen über die Verwaltung der Preussischen Staatsschulden bestehenden Vorschriften für massgebend erklärt habe.

Diese Massnahme von höchst zweifelhafter Rechtmässigkeit gab zu vielfachen Klagen und Beschwerden aus der Provinz Hannover Anlass. Man führte aus: Die Massregel habe ein Sinken des Courses der ehemals Hannoverschen Staatspapiere zur unausbleiblichen Folge und der dadurch herbeigeführte Vermögensverlust werde um so schwerer empfunden, als die fraglichen Papiere niemals Speculationspapiere gewesen seien, sondern sich fast durchweg in festen Händen befänden und grossentheils zur Anlegung von Pupillengeldern und zur Bestellung von Amtscautionen benutzt worden seien. Die letztgedachte Art der Verwendung jener Effecten sei wesentlich durch die Massnahmen der früheren Hannoverschen Regierung herbeigeführt worden und die jetzige Regierung dürfe daher in keinem Falle Massregeln ergreifen, welche geeignet seien, den Werth der von den Vormundschafts-Behörden und von Beamten früher zu hohen Coursen angekauften Hannoverschen Staats-Schuldverschreibungen herabzudrücken.

Als nun die Hauptverwaltung der Staatsschulden auf ihrer Auslegung des Gesetzes vom 29. Februar 1868 beharrte, ergriff das Ministerium die Initiative zu dem Gesetz betreffend Abänderungen und Ergänzungen des Gesetzes vom 29. Februar 1868 über die künftige Behandlung der auf mehreren der neu erworbenen Landestheile haftenden Staatsschulden etc. vom 11. Februar 1869 (Ges.-S. S. 355). Dieses Gesetz führte für sämmtliche vormals Hannoverschen Staatsschulden die obligatorische Ausloosung wieder ein und zwar ohne den in der Verordnung vom 30. Juni 1846 enthaltenen Vorbehalt, dieselbe durch eine Königliche Kundmachung wieder aufzuheben.

Die in diesem Paragraphen zusammengestellten Bestimmungen über die Auswahl der Theilobligationen sind privatrechtlicher oder blos staatsrechtlicher Natur, je nachdem die Tilgungspflicht selbst sich characterisirt (vgl. darüber den vorigen Paragraphen). Nur bei den Hannoverschen Obligationen sind, ausgenommen die Obligationen Lit. L I, Bestimmungen über die Grundsätze bei der Auswahl der zu tilgenden Obligationen in den Anleiheverträgen und den damit zusammenhängenden Gesetzen etc. nirgend getroffen. Es kann also hier die obligatorische Ausloosung im Wege des Gesetzes ohne Rechtsverletzung der Gläubiger selbst dort aufgehoben werden, wo die Tilgungspflicht an und für sich vertragsmässig feststeht (vgl. den vorigen Paragraphen und § 21).

§ 20.
c. Die Tilgung mit Einlösungsprämien.

Die erste Prämienanleihe kam in Preussen 1796 vor. Dieselbe wurde in Frankfurt a. M. zum Betrage von 3 Millionen Thaler aufgenommen und sollte die Mittel bieten, um bei dem Rückmarsch der Preussischen Armee vom Rhein die dort ausgegebenen Assignationen zu tilgen. Von den 5000 Obligationen dieser Anleihe wurden 35 bei der Einlösung prämiirt. Die zweite Prämienanleihe kam 1821 vor. Es wurden 30,000 Stück Staatsschuldscheine à 100 Thlr. mit Anspruch auf Prämie begeben. Nur die 3000 höheren Prämien waren Einlösungsprämien; die 27,000 Gewinner von niedrigen Prämien erhielten dieselben unabhängig von der Einlösung ihrer Staatsschuldscheine ausgezahlt. Die dritte Prämienanleihe in Preussen wurde 1832 von der Seehandlung im Betrage von 12,000,000 Thaler zum Bau von Chausseen aufgenommen. An die Beendigung der Tilgung derselben schloss sich dann die Aufnahme der grösstentheils noch nicht zurückgezahlten Prämienanleihe von 1855 an.

Diese Anleihe im Betrage von 15,000,000 Thlr. bildet die zweite Hälfte des Kredits, welcher 1854 der Regierung zu Rüstungszwecken aus Anlass des orientalischen Krieges bewilligt worden war. Die Form der Prämienanleihe entsprach nicht dem Kreditgesetze und ist erst nachträglich vom Landtage genehmigt worden. Ausser dieser Prämienanleihe hat Preussen noch übernommen: die Kurhessische Lotterieanleihe, welche

1845 zum Bau der Main-Weser Eisenbahn im Betrage von 6,725,000 Thlr. aufgenommen war, und die Nassauische Prämienanleihe, welche 1837 zur Tilgung älterer Domanialschulden und zum Besten des Herzoglichen Hauses im Betrage von 2,600,000 Fl. aufgenommen war.

Das Unterscheidende dieser drei Prämienanleihen von anderen Anleihen liegt darin, dass die Ausloosung für die zur Tilgung bestimmten Obligationen obligatorisch ist und dass die ausgeloosten Obligationen nicht zum Nennwerth, sondern zu verschiedenen denselben übersteigenden Beträgen eingelöst werden. Im Zusammenhang mit dieser Einrichtung steht der Ausschluss des Kündigungsrechts des Staates über den Betrag der nach dem festgesetzten Tilgungsplan zu amortisirenden Obligationen hinaus.

Der Nennwerth der Obligationen ist aus letzterem Grunde völlig bedeutungslos. Die Obligationen geben der Spielsucht um so mehr Raum, je mehr der Durchschnitt der Prämien den Begebungscours übersteigt und je mehr die Prämien nach der Zeit ihrer Auszahlung und der Höhe ihrer Beträge einen verschiedenen Werth haben.

In dieser Beziehung unterscheidet sich die Preussische Prämienanleihe vortheilhaft von der Kurhessischen und Nassauischen; bei der letzteren liegt die ganze Entschädigung des Gläubigers für die Entbehrung seines Kapitals in den Prämien, während derselbe bei der Preussischen Anleihe noch 3½ Procent Zins erhält.

Allen drei Anleihen gemeinschaftlich ist die zur Erzielung eines günstigen Begebungscourses getroffene Einrichtung, wonach in den ersten Jahren nach Begebung der Anleihen grössere Prämien als in den letzten vertheilt werden.

In wieweit das mit dieser Anleiheform verbundene öffentliche Spiel dem Staate einen billigeren Kredit verschafft, ergiebt sich einigermaassen aus der Vergleichung des Courswerthes dieser Anleihen mit dem Erwartungswerth, d. h. demjenigen Werth, welchen die Obligationen zufolge ihres Anspruches auf die bis zur Beendigung der Verloosung noch zu verloosenden Prämien und bei der Preussischen Anleihe ausserdem zufolge ihres Zinsanspruches besitzt. Wir legen nachstehende Vergleichung dem Erwartungswerth zu Grunde, wie ihn Wild (die Europäischen Lotterie-Anleihen) unter Discontirung der zukünftigen Prämien mit 4 Procent für die Tage der Prämienauszahlung berechnet.

Danach betrug bei der

	der Courswerth	der Erwartungswerth
Preussischen Anleihe am 1. April 1868 . .	116 bez.	114,00
Kurhessischen Anleihe am 2. Januar 1869 .	54⅜	51,42
Nassauischen Anleihe am 2. Mai 1868 . .	35 G.	34,00

§ 21.

d. Die Grundsätze für die Dotation der Tilgungsfonds.

Die älteren Preussischen Anleihen aus diesem Jahrhundert waren nur auf drei bis acht Jahre aufgenommen und die Tilgung derselben wurde demgemäss auf drei bis acht Raten vertheilt. Das Edict vom 7. October 1810 über die Finanzen des Staates hatte hinsichtlich der Staatsschuldscheine in Aussicht gestellt, dass' eine Summe unveränderlich bestimmt werden solle, welche spätestens gleich nach Abtragung der Contribution an Frankreich und der rückständigen Zinsen der Staatsschuld jährlich abbezahlt werde. Dieser Bestimmung entsprechend waren denn auch 1818 und 1819 je 1 Million Thlr. zur Tilgung von Staatsschuldscheinen verwandt worden. Bei der ersten Englischen Anleihe im Jahre 1818 nahm man das System der Procentualtilgung an; jedoch sollten im ersten Jahre 3 Procent und in den folgenden Jahren 2½, 2, 1½ und 1 Procent des ursprünglichen Schuldkapitals verwandt werden. Indem man durch anfänglich starke Tilgung eine Aussicht auf Courssteigerung zu erwirken suchte, wollte man offenbar auf einen günstigen Cours bei der Begebung der Anleihe einwirken; für die damalige Lage der Staatsfinanzen war sonst die starke Dotation des Tilgungsfonds in den ersten Jahren nichts weniger als vortheilhaft. Ausser den erwähnten Procenten sollten die Zinsersparnisse aus der Tilgung ununterbrochen zur Dotation des Tilgungsfonds mit verwandt werden.

Abweichend hiervon schuf die Verordnung vom 17. Januar 1820 eine Erleichterung für die Staatskasse bei Ausstattung der Tilgungsfonds in späteren Jahren dadurch, dass sie dem von Anfang an unveränderlichen Tilgungsfonds von Einem Procent des ursprünglichen Schuldkapitals die Zinsersparnisse nicht ununterbrochen zuwachsen liess. „Um den Bedarf zur Verzinsung von Zeit zu Zeit vermindern und dadurch Unseren Unterthanen bei Entrichtung der Abgaben nach und nach Erleichterungen gewähren zu können", sollte die Zinsersparniss dem allgemeinen Tilgungsfonds, ausgenommen die alten Kurmärkischen landschaftlichen Obligationen, nicht ununterbrochen, sondern nur in bestimmten Fristen zunächst in den Jahren 1820 bis 1822, vom 1. Januar 1823 ab aber immer in Zeitabschnitten von zehn auf einander folgenden Jahren eintreten. Indess haben diese Ersparnisse zu der hier versprochenen Gewährung von Erleichterungen bei Entrichtung der Abgaben nur einmal geführt; im Jahre 1843 wurde der Monopolpreis des Salzes von 15 Thlr. auf 12 Thlr. pro Tonne herabgesetzt.

Bei den nach 1848 aufgenommenen Anleihen ist, die Anleihe von 1856 ausgenommen, das Princip eingeführt worden, den Tilgungsfonds mit den Zinsersparnissen ununterbrochen zu dotiren. Dies Princip kam zuerst im Gesetz vom 7. Mai 1851 für die Anleihen von 1848 und 1850 zur Anwendung. Massgebend war dabei zunächst der hohe Zinsfuss dieser beiden Anleihen, welcher eine baldige Tilgung derselben wünschenswerth erscheinen liess. Für die Anleihe von 1848 erschien die Neuerung ausserdem noch durch das den Gläubigern dabei von 1858 an eingeräumte Kündigungsrecht geboten. Die Commission der Zweiten Kammer fügte vermittelnd zwischen der Regierungsvorlage und dem Princip der Verordnung vom 17. Januar 1820 in das Gesetz noch die Klausel, dass der Zuwachs der Zinsen zum Tilgungsfonds nur so lange statthaben solle, als „nicht durch ein späteres Gesetz anders bestimmt werde". Die Regierung sollte, wie der Commissionsbericht ausführt, demzufolge „freie Hand behalten, um vielleicht in der Folge unter veränderten Umständen eine Beschränkung auf bestimmte Perioden anordnen zu können" (2. Kammer 1850/51 Anl. S. 948). Den Gläubigern der Anleihe von 1850 war übrigens vor Erlass jenes Gesetzes durch den die Aufnahme der Anleihe betreffenden Königlichen Erlass ein Zuwachs der Zinsen zum Tilgungsfonds in ununterbrochener Reihenfolge zugesagt worden, so dass ein anderweitiges Gesetz, welches in der Folgezeit nach jener Klausel erlassen werden möchte, für diese Anleihe eine Verletzung der Anleihebedingungen darstellen würde. Für die ursprüngliche Dotation des Tilgungsfonds ist das Eine Procent vom Schuldkapital seit der Verordnung vom 17. Januar 1820 bei allen späteren Anleihen, ausgenommen bei der Grundsteueranleihe von 1867 und der Dänischen Anleihe von 1868, beibehalten worden.

Die seit 1856 auf Verminderung der Schuldentilgung gerichteten Anträge des Herrenhauses gaben der Regierung Veranlassung, in dem Gesetzentwurf für die Anleihe von 1858 den Tilgungsfonds nur mit einem halben Procent des Schuldkapitals zu dotiren. Das Abgeordnetenhaus setzte aber ein ganzes Procent zur Tilgung aus, da es wünschenswerth sein müsse, einerseits bei Tilgung der Anleihen nach einem gleichen Massstabe zu verfahren, andererseits dafür Sorge zu tragen, dass diese Anleihen baldigst getilgt würden (Abg.-H. 1858 Anl. S. 281). Der Handelsminister erklärte nichts Wesentliches gegen den bisher üblichen Procentsatz einwenden zu wollen, und das Herrenhaus verwarf ein Amendement, welches den Satz von ½ Procent wieder herstellen wollte.

Sind schon nach dieser Darstellung bei den Preussischen Anleihen verschiedene Grundsätze für Bemessung der Dotation der Tilgungsfonds befolgt worden, so haben sich durch die Uebernahme fremder Schulden die für die Tilgung der gegenwärtigen Preussischen Staatsschuld insge-

sammt massgebenden Grundsätze zu einer wahren Musterkarte von Finanz-
einrichtungen gestaltet. Eine Uebersicht derselben lassen wir hiernach folgen.

Zunächst richtet sich die Dotation des Tilgungsfonds entweder nach
einem bestimmten von vornherein festgesetzten Tilgungs-
plan oder ist für jedes Jahr von dem Eintritt gewisser, mit der Schuldenverwaltung nicht in Beziehung stehender Verhältnisse abhängig. Das
letztere ist der Fall bei dem Tilgungsfonds der Stammactien der Münster-
Hammer Eisenbahn. Zur Tilgung derselben sollen die Betriebsüberschüsse
verwandt werden, soweit dieselben nicht zur Verzinsung der Actien und
Prioritäts-Obligationen der Bahn erforderlich sind. Die Festsetzung des
jährlich zur Amortisation zu verwendenden Betrages ist jedoch lediglich
dem Staate überlassen geblieben. Früher gehörten zu dieser Kategorie
auch die Frankfurter Anleihen von 1839, 1846, 1848 und 1858. Es
bestimmten nämlich die Anleihegesetze, dass dieselben aus den Mitteln
der Schuldentilgungs-Commission getilgt werden sollten. Dieser Commission waren durch verschiedene Gesetze zur Verzinsung und Tilgung die
Einkommensteuer und die Ueberschüsse der Staatseisenbahnen überwiesen
worden. Nachdem aber jene Einnahmen auf den Preussischen Staat übergegangen waren, hat die Preussische Verwaltung für diese Anleihen einen
bestimmten, unten näher zu erörternden Tilgungsplan festgesetzt.

Nachdem bis 1868 für jede neue Anleihe ein besonderer Tilgungsfonds ausgeworfen worden war, machte man bei der letzten
4½proc. Anleihe von 1868 den Vorbehalt, Anleihen, welche demnächst
im Laufe der Jahre 1868, 1869 und 1870 bewilligt werden möchten, mit
dieser Anleihe behufs der Tilgung zu vereinigen, sofern für die neuen
Anleihen derselbe Zinsfuss gewählt und die Höhe des Tilgungsfonds nach
denselben Bestimmungen festgesetzt werde. Es kann also der für diese
Anleihe ausgeworfene Tilgungsfonds auch zur Tilgung anderer Obligationen
aus den Jahren 1869 und 1870 verwandt werden, und umgekehrt können auf die Tilgung von Obligationen der Anleihe aus dem Jahre 1868
die Tilgungsfonds für die Anleihen von 1869 und 1870 verwandt werden.

Von dieser Klausel ist denn auch im Frühjahr 1869 bei Aufnahme
der beiden kleinen Anleihen von 5,000,000 Thlr. und 4,450,000 Thlr.
bereits Gebrauch gemacht worden, dergestalt also, dass für diese beiden
Anleihen und die Anleihe von 1868 ein gemeinschaftlicher Tilgungsfonds
besteht. — Die Verschmelzung des Tilgungsfonds erleichtert der Verwaltung die zur Verwendung der Fonds nöthige Erwerbung von Obligationen.
Wenn sonst Obligationen der einen Gattung zufällig an der Börse in
geringer Menge oder gar nicht zum Verkauf ausgeboten wurden, musste
die Verwaltung entweder einen höheren Cours bezahlen oder zur Ausloosung behufs Einlösung zum Nennwerth schreiten.

Für Schulden mit bestimmtem Tilgungsplan ist der Zeitpunkt, von welchem ab eine Dotation des Tilgungsfonds erfolgt, verschieden. Die Dotation der Tilgungsfonds der Preussischen Eisenbahn-Anleihen beginnt in der Regel erst in dem der Betriebs-Eröffnung der betreffenden Linie folgenden Jahre. So beginnt die Tilgung der 4½procentigen Eisenbahn-Anleihe von 1867 erst in dem Jahre (vermuthlich 1871), welches der Eröffnung der neuen Berliner Verbindungsbahn in ihrer ganzen Ausdehnung folgt. Ebenso beginnt die Tilgung der 4½procentigen Eisenbahn-Anleihe von 1868 zum Betrage von 40,000,000 Thlr. erst in dem auf Eröffnung der Strecke Thorn-Insterburg folgenden Jahre. Die Tilgung der 1851, 1852 und 1855 aufgenommenen Eisenbahn-Anleihen hat 1858, die Tilgung der Eisenbahn-Anleihe von 1857 im Jahre 1864 begonnen. Auch die Tilgung der 1863 von Kurhessen zum Bau der Bebra-Hanauer Bahn aufgenommenen Anleihe beginnt erst 12 Jahre später, und ebenso die Tilgung der 1860 und 1861 von Nassau aufgenommenen Eisenbahn-Anleihen erst 10 bez. 11 Jahre nach der Aufnahme. Bei den älteren Nassauischen Eisenbahn-Anleihen von 1858, 1859 und 1862 hat die Tilgung erst im 6. Jahre nach der Aufnahme begonnen.

Der Tilgungsplan ist entweder so aufgestellt, dass die Dotation des Tilgungsfonds in jedem Jahre dieselbe bleibt, oder Veränderungen unterliegt.

Eine für alle Jahre gleiche Dotation des Tilgungsfonds haben nur folgende Schuldposten:

1) Hannoversche 5proc. Obligationen Litera S. mit 1 Procent des ursprünglichen Betrages;
2) Hannoversche 3½proc. Obligationen Litera L I. mit 1 Procent des ursprünglichen Betrages (hierbei verändert sich der Betrag in sofern, als demselben auch die durch Präclusion ersparten Zinsen zuwachsen);
3) Kurhessische 4proc. Anleihe von 1863, die Tilgung beginnt von 1875 ab mit 1 Procent des ursprünglichen Betrages;
4) und 5) die beiden Hessen-Homburgischen Anleihen von 1829 werden gegenwärtig mit jährlich 22,000 Gulden und 35,000 Gulden getilgt.

Zur Tilgung der 4procentigen Hessen-Homburgischen Anleihe von 1829 ist ausser einem feststehenden Betrage nach der Hessen-Homburgischen Verordnung vom 16. Februar 1829 auch der Erlös aus allen Veräusserungen Hessen-Homburgischer Staatsgrundstücke zu verwenden.

Diese unverändert gleiche Dotation der Tilgungsfonds sichert der Staatskasse eine fortgesetzte Erleichterung aus der Zinsersparniss von den getilgten Obligationen. Im Verhältniss zur Schuld stellen die Tilgungsmittel dabei in dem Maasse eine grössere Quote dar, als die Tilgung fortschreitet. Zu den unverändert gleich dotirten Tilgungsfonds ist auch noch der Tilgungsfonds der Nassauischen Prämien-Anleihe von 1837 zu rechnen. Derselbe wird unverändert mit jährlich 90,000 Gld. = 3 $\frac{8}{13}$ Procent des ursprünglichen Nominal-Schuldkapitals dotirt. Dieser Tilgungsfonds ist quartaliter vertragsmässig an das Haus Rothschild abzuführen, welches daraus den Tilgungsplan zu vollstrecken hat. Nach dem letzteren sind sowohl die zur Tilgung der Nominalschuld, als die zur Prämiirung der zur Tilgung gelangenden Obligationen bestimmten Summen in den einzelnen Jahren der sich auf 49$\frac{1}{2}$ Jahre erstreckenden Tilgungsperiode verschiedenen Betrages. Im ersten Jahre der Tilgungsperiode betrug die zur Tilgung und Prämiirung Seitens des Hauses Rothschild zu verwendende Summe 105,850 fl. = 4 Procent des ursprünglichen Schuldkapitals, im zweiten Jahre nur 86,500 fl. = 3 Procent, und hat dann bis zum 29sten Jahre zwischen 51,100 fl. und 84,450 fl. geschwankt, ist also bis 1867 immer noch unter dem dem Hause Rothschild für die Tilgung jährlich gezahlten Betrage von 90,000 fl. geblieben. Bis dahin hat das Haus Rothschild den erhaltenen Mehrbetrag, welcher sich bis zum 1. November 1867 auf 1,179,118 fl. belief, kapitalisiren und zinsbar verwenden können. Erst vom Jahre 1867 an übersteigt die vom Hause Rothschild zur Tilgung zu verwendende Summe den Betrag von 90,000 fl.

Sofern wir es mit veränderlichen Dotationen der Tilgungsfonds zu thun haben, nimmt die Dotation entweder zu oder ab.

I. Zunehmende Tilgungsfonds.

1) Ein sprungweises Wachsthum findet statt bei der 5procentigen Hessen-Homburgischen Anleihe von 1859 und der Kurhessischen Prämienanleihe. Die Homburgische Anleihe von 1859 betrug 144,000 Fl.; hiervon sind in jedem der Jahre 1863 bis einschliesslich 1872 jährlich 1000 Fl., in jedem der Jahre 1873 bis einschliesslich 1886 jährlich 10,000 Fl. zurückzuzahlen.

2) Bei der Preussischen Prämienanleihe wächst der jährliche Prämien- und Tilgungsfonds von zwei zu zwei Jahren. Innerhalb der zwei Jahre fällt auf die gerade Jahreszahl die grössere Summe. Die für Tilgung und Prämiirung ausgeworfene Summe betrug in den ersten zwei Jahren 4$\frac{1}{10}$ Procent des ursprünglichen Schuldkapitals, wovon 3 Procent auf die Tilgung der Obligationen zum Nennwerth und 1$\frac{1}{10}$ Procent auf die Prämiirung der zu tilgenden Obligationen fielen. Die Zunahme des Tilgungsfonds innerhalb der Tilgungsperiode wird im Ganzen durch die Zinsersparniss von den getilgten Obligationen gedeckt.

3) Die Nassauische Anleihe von 1837, die Nassauischen Schulden an die Nassauische Landesbank, die Schuld an Dänemark aus der Aufhebung der Sund- und Beltzölle und die Rentenschuld an die Preussischen Rentenbanken haben in der Weise wachsende Tilgungsfonds, dass Zins und Tilgungsquote zusammen eine sich gleichbleibende Rente bilden dergestalt, dass was in dieser Rente von der Zinsquote durch die fortschreitende Tilgung abgeht, der Amortisationsquote zuwächst. Die Rente für die in Theilobligationen verbriefte Nassauische Anleihe von 1837 wird an das Bankhaus Rothschild gezahlt, welches eine der Amortisationsquote entsprechende Zahl von Obligationen zu tilgen hat. Die Tilgungsquote der vorbezeichneten Renten betrug ursprünglich bei der Nassauischen Anleihe von 1837 (Tilgungsperiode 49½ Jahre) etwa ½ Procent, bei der Schuld an die Nassauische Landesbank von 1848 2 Procent, bei der Schuld an dieselbe Bank von 1854 1 Procent, bei der Schuld an Dänemark (Tilgungsperiode 20 Jahre) 4 Procent und bei der Schuld an die Preussischen Rentenbanken (Tilgungsperiode 56½ Jahre) ⅜ Procent vom ursprünglichen Schuldkapital.

4) Die Nassauischen Anleihen von 1851, 1853, 1858, 1859, 1860, 1861 und 1862 haben wachsende Tilgungsfonds; der Betrag derselben ist für jedes Jahr der Tilgungsperiode im Voraus vertragsmässig genau festgestellt. Das Wachsthum dieser Fonds entspricht bis auf kleine der Abrundung wegen zu- oder abgesetzte Beträge der wachsenden Zinsersparniss aus der Tilgung. Diese Zinsersparniss lässt sich hier im Voraus genau berechnen, weil ja die Obligationen nicht zu verschiedenem Course freihändig angekauft, sondern nach dem Loose al pari eingelöst werden. Der Tilgungsfonds betrug zu Anfang der Tilgung bei den 4procentigen Anleihen von 1851 und 1853 (42jährige Tilgungsperiode) 1 Procent, bei der Anleihe von 1858 (55jährige Tilgungsperiode) circa ½ Procent, bei der 4procentigen Anleihe von 1862 (55jährige Tilgungsperiode) circa ⅜ Procent der ursprünglichen Schuldsumme. Der Tilgungsfonds wird bei der 4½procentigen Anleihe von 1860, deren Tilgung 1870 beginnt (50jährige Tilgungsperiode) ⅔, und bei der 4½procentigen Anleihe von 1861, deren Tilgung 1872 beginnt (50jährige Tilgungsperiode), etwa 0,₄₄₅ Procent betragen.

5) Die sämmtlichen neueren Preussischen Anleihen seit 1848 (die Prämienanleihe und die Anleihe von 1856 ausgenommen), die Niederschlesisch-Märkischen und Münster-Hammer Eisenbahnpapiere (die Niederschlesisch-Märkischen Prioritäts-Obligationen Serie III. und die Münster-Hammer Stammactien ausgenommen), die Sächsischen Steuerkreditkassenscheine, die älteren 3½procentigen Hannoverschen Obligationen, und die neueren Hannoverschen Obligationen Lit. R., sowie die Schleswig-Hol-

steinischen Domanialobligationen haben Tilgungsfonds, welche mit gewissen Procenten des ursprünglichen Schuldkapitals, den aus der Tilgung erwachsenden Zinsersparnissen, und den aus der Präclusion von Zinsen sich ergebenden Zinsersparnissen dotirt sind. Die letzterwähnten Zinsersparnisse wachsen dem Tilgungsfonds ausnahmsweise nicht zu: bei den Sächsischen Steuerkreditkassenscheinen, den Niederschlesisch-Märkischen Eisenbahnpapieren und der 4procentigen Anleihe von 1868. Bei der letzteren Anleihe erachtete man es nicht für im Interesse der Finanzverwaltung liegend, den ohnedies schon ungewöhnlich hohen Tilgungsfonds (2 Procent des Kapitalbetrages unter Zuwachs der ersparten Zinsen) noch zu erhöhen. Es würde dazu überdies die Zustimmung der Dänischen Regierung erforderlich gewesen sein, da die Bedingungen für diese Anleihe vertragsmässig festgestellt waren. Die Obligationen der Anleihe bildeten nämlich die Entschädigung Dänemarks für die Uebernahme des Schleswig-Holsteinischen Antheils an der Dänischen Gesammtschuld. Der Betrag, womit die erwähnten Tilgungsfonds ursprünglich dotirt waren, beträgt durchweg 1 Procent des ursprünglichen Schuldkapitals. Von einem höheren Satz geht die 4procentige Anleihe 1868 A aus, deren Tilgungsfonds, wie oben erwähnt, durch Vertrag mit Dänemark festgestellt ist und 2 Procent des Schuldkapitals beträgt. Ausserdem sind die Hannoverschen Obligationen Lit. R. mit 1½ Procent des Schuldkapitals dotirt worden. Nur mit einem halben Procent des ursprünglichen Schuldkapitals sind dotirt die Tilgungsfonds der Niederschlesisch-Märkischen und Münster-Hammer Eisenbahnpapiere (ausgenommen die Niederschlesisch-Märkischen Prioritäts-Obligationen Serie III. und die Münster-Hammer Stammactien, welche überhaupt nicht in diese Kategorie der Schulden mit bestimmten Tilgungsfonds gehören) und die 4½procentige Preussische Anleihe von 1867 C., welche letztere zur Entschädigung für aufgehobene Grundsteuerbefreiungen aufgenommen wurde.

Für die Sächsischen Steuerkreditkassenscheine und die älteren 3½procentigen Hannoverschen Obligationen ist der Tilgungsfonds ursprünglich nicht mit einem Procent vom Schuldkapital, sondern mit einer bestimmten runden Summe dotirt worden. Bei den Sächsichen Steuerkreditkassenscheinen betrug derselbe 1822 45,000 Thaler, was etwa ¾ Procent des damaligen Schuldkapitals ausmacht. Für die älteren 3½procentigen Hannoverschen Obligationen ist 1836 eine Tilgungssumme von jährlich 150,000 Thlr. ausgeworfen worden, welcher die Zinsen so lange zuwachsen sollten, bis der Tilgungsfonds die Höhe von 270,000 Thlr. erreicht haben würde. Durch das Hannoversche Gesetz vom 13. Juni 1865 ist diese Grenze für den Zuwachs der Zinsen aufgehoben worden.

II. Abnehmende Tilgungsfonds.

Beständig abnehmende Tilgungsfonds kommen im Preussischen Staats-
schuldenwesen nicht vor. Die Abnahme tritt nur am Endpunkt gewisser
Perioden ein, innerhalb welcher der Tilgungsfonds zunimmt. Von dieser
Art sind die Tilgungsfonds für die Preussischen Staatsschuldscheine, die
Kurmärkischen und Neumärkischen Schuldverschreibungen, die Preussische
Anleihe von 1856, die Hannoverschen Obligationen Lit. A und Litera
E I, F I, G I, H I und J I und die Kurhessische Prämienanleihe.

Bei den Preussischen Staatsschuldscheinen, den Kurmärkischen und
Neumärkischen Schuldverschreibungen wachsen die Zinsersparnisse von
den getilgten Obligationen dem ursprünglichen Tilgungsprocent innerhalb
von je zehn Jahren zu. Nach Ablauf dieser zehn Jahre, zunächst im
Jahre 1873, vermindert sich die Tilgungssumme auf ein Procent der
ursprünglichen Schuldsumme.

Bei der Preussischen Anleihe von 1856 wachsen die Zinsen dem
ursprünglichen Tilgungsfonds von 100,000 Thlr. = $\frac{10000}{16598}$ Procent der
ursprünglichen Schuldsumme so lange zu, bis letztere von 16,598,000 Thlr.
auf den Betrag von 10,000,000 Thlr. vermindert ist. Alsdann wird der
Tilgungsfonds auf den ursprünglichen Betrag ermässigt; von da an wachsen
demselben aber die Zinsersparnisse fortdauernd zu.

Bei den Hannoverschen Obligationen Litera E I, F I, G I, H I, J I
werden seit dem Hannoverschen Gesetz vom 13. Juni 1865 jährlich
2 Procent des ursprünglichen Schuldkapitals und die seitdem durch Tilgung ersparten Zinsen zur Tilgung verwandt. Vom 1. Juli 1878 an soll
nach diesem Gesetz die Ausstattung der Tilgungsfonds vorbehaltlich einer
dann etwa zu treffenden anderen gesetzlichen Bestimmung wieder auf den
Betrag von im Ganzen 2 Procent der ursprünglichen Schuldsumme beschränkt werden. Falls jedoch zur Zeit der behufs der Kündigung vorzunehmenden Ausloosung der Courswerth der auszuloosenden Obligationen
oder einzelner Gattungen derselben in Hannover den Nennwerth übersteigt, so kann hinsichtlich dieser Obligationen die Ausloosung und Kündigung auf denjenigen Betrag beschränkt werden, welcher nach dem Inhalte der Obligationen dazu verwendet werden muss. Diese obligationsmässige Dotation besteht aus 1 Procent des ursprünglichen Schuldkapitals
und den seit 1858 durch die Verwendung desselben zur Tilgung ersparten
Zinsen. Auch vor dem 1. Juli 1878 kann die Beschränkung der Tilgungsfonds auf den für diesen Termin festgesetzten Betrag von 2 Procent
der ursprünglichen Anleihesumme verordnet werden, wenn die Betriebsüberschüsse der sämmtlichen Hannoverschen Eisenbahnen sich demnächst
in Folge der Erweiterung des Eisenbahn-Betriebs und nachdem die Tilgung der Anleihen, welche behufs Herstellung neuer, erst nach dem

1. Januar 1865 beschlossener Eisenbahnanlagen aufzunehmen sind, begonnen und mindestens 2 Jahre lang fortgedauert hat, zur Bestreitung der Zinsen und zur Tilgung der Eisenbahnanleihen, sowie zur Bestreitung der Kosten, welche für Ergänzungs-Bauten oder zur Vermehrung des Betriebsmaterials oder Betriebskapitals zu verwenden sind, sich nachhaltig als unzulänglich erweisen. Eine in demselben Gesetze vom 13. October 1865 bestandene Verpflichtung, die Tilgungsfonds noch über den gegenwärtigen Betrag zu erhöhen, im Falle die Betriebsüberschüsse der Eisenbahnen eine gewisse Höhe übersteigen, ist durch die Preussische Verordnung vom 10. Januar 1867 (Ges.-Samml. S. 76) aufgehoben worden. Die Obligationen Lit. Q, für welche ähnliche Grundsätze massgebend sind, werden schon Ende 1869 sämmtlich getilgt sein.

§ 22.

e. Die Dotation der Tilgungsfonds im Jahre 1869.

Die gesammte Dotation für die Schuldsumme von 413,904,047 Thlr., hinsichtlich deren dem Staate zur Zeit eine Tilgungspflicht obliegt, beträgt für 1869 8,321,702 Thlr. oder 2,10 Procent des Schuldkapitals. Die einzelnen Tilgungsfonds sind etatsmässig wie folgt dotirt:

Reihenfolge der Obligationen nach Höhe der Tilgungsfonds; bei den gesperrt gedruckten Obligationen muss die Einlösung von Theilobligationen aus dem Tilgungsfonds al pari erfolgen:	Zinsfuss Procent	Restschuld. Thlr.	Tilgungs-fonds. Thlr.	Procentsatz von der Restschuld.
1) Hannoversche Obligation. Lit. Q.	4	28,500	28,500	100
2) Hessen-Homburgische Anleihe von 1829	4	20,000	16,571	82
3) Desgl. Anleihe von 1829 .	3¼	26,857	12,571	46,7
4) Sächsische Kammer-Kredit-Kassenscheine	—	2,107	735	35
5) Hannov. Obligationen Lit. Ll. .	3¼	196,500	41,773	21,2
6) Sächsische Steuer-Kredit-Kassenscheine	3	966,000	182,000	18,8
7) Aeltere Hannov. Obligationen .	3¼	2,251,157	339,771	15
8) Hohenzollernsche Staatsschulden . .	?	87,143	8,286	10
9) Schuld an Dänemark aus der Aufhebung der Sund- etc. Zölle	4	1,909,338	167,289	8,7
10) Nassauische Prämienanleihe .	—	942,957	51,429	5,4
11) Hannov. Obligationen Lit. R. .	4	778,990	41,303	5,3
12) Hannov. Obligationen Lit. J I. .	4	1,301,500	58,978	4,5
13) Kurhessische Prämien-Anleihe	—	5,325,000	221,350	4,1
14) Hannov. Obligationen Lit H I. .	4	3,253,760	139,537	4
15) Kurmärkische Schuldverschreibungen .	3¼	1,050,367	42,562	3,7

Reihenfolge der Obligationen nach Höhe der Tilgungsfonds; bei den gesperrt gedruckten Obligationen muss die Einlösung der Theilobligationen aus dem Tilgungsfonds al pari erfolgen:	Zinsfuss Procent.	Restschuld. Thlr.	Tilgungsfonds. Thlr.	Procentsatz von der Restschuld
16) Neumärkische Schuldverschreibungen .	3½	214,300	7,919	3,7
17) Preussische Prämien - Anleihe von 1856 .	3½	11,670,000	418,100	3,6
18) Nassauische Anleihe von 1837 .	3½	1,484,743	58,114	3,3
19) Preussische Staatsschuldscheine . .	3½	66,784,700	2,121,957	3,2
20) Schleswigsche Domanial-Obligationen .	4	59,700	1,950	3,2
21) Schuld an die Nassauische Landesbank von 1848	4	349,675	10,929	3,1
22) Frankfurter Anleihe von 1844 .	3	742,857	23,429	3,1
23) Preussische Anleihe von 1850 . . .	4	12,909.900	397,862	3,0
24) „ „ „ 1852 . . .	4	11,850,600	337,231	2,8
25) Hannov. Obligationen Lit. E I. .	4	2,191,380	60,880	2,8
26) „ „ Lit. F I. .	4	4,167,190	114,525	2,7
27) Preussische Anleihe von 1853 . . .	4	3,905,900	93,764	2,4
28) Hannov. Obligationen G I. . . .	4	5,758,400	167,102	2,4
29) Nassauische Anleihe von 1851 .	4	436,057	11,143	2,4
30) Preussische Anleihe von 1854 . . .	4½	12,064,100	282,116	2,3
31) „ „ von 1855 . . .	4½	6,426,300	139,817	2,2
32) Nassauische Anleihe von 1853 .	4	548,685	12,285	2,2
33) Preussische Anleihe 1868 A.	4	21,248,800	455,048	2
34) Schuld an die Nassauische Landesbank von 1854	4½	46,325	1,058	2
35) Holsteinische Domanial-Obligationen .	4	207,600	3,975	1,9
36) Frankfurter Anleihe von 1838 .	3½	2,545,657	48,571	1,9
37) Niederschles.-Märkische Prioritäts - Obligationen Serie I. u. II.	4	2,921,400	46,450	1,6
38) Preussische Anleihe von 1857 . . .	4½	7,047,600	105,258	1,5
39) „ „ von 1859 . . .	4½	4,630,200	252,229	1,5
40) „ „ von 1859 . . .	5	27,928,100	403,555	1,4
41) Niederschles.-Märkische Eisenbahn-Stammactien.	4	7,049,100	103,000	1,4
42) Frankfurter Anleihe von 1846 .	4	2,092,800	28,571	1,4
43) Preussische Anleihe von 1862 . . .	4	4,630,200	54,792	1,2
44) Niederschles.-Märkische Eisenbahn-Prioritäts-Actien . .	4	3,597,413	43,963	1,2
45) Niederschles.-Märkische Prioritäts-Obligationen Serie IV.	4	881,800	10,900	1,2
46) Frankfurter Anleihe von 1848 .	3½	1,009,028	14,286	1,2
47) „ „ von 1858 .	3½	910,114	11,429	1,2
48) Nassauische Anleihe von 1859 .	4	1,096,114	14,000	1,2
49) Preussische Anleihe von 1856 . . .	4½	14,853,300	178,512	1,2
50) Münster-Hammer Eisenbahn-Prioritäts-Actien	4	179,100	1,941	1,08

Reihenfolge der Obligationen nach Höhe der Tilgungsfonds; bei den gesperrt gedruckten Obligationen muss die Einlösung der Theilobligationen aus dem Tilgungsfonds al pari erfolgen:	Einfluss Procent.	Restschuld. Thlr.	Tilgungs-fonds. Thlr.	Procentsatz von der Restschuld.
51) Hannov. Obligationen Lit. S. .	4	1,406,900	15,400	1,08
52) Preussische Anleihe von 1864 . . .	4½	16,820,000	178,100	1,04
53) „ „ 1867 A.	4½	29,632,400	314,292	1,05
54) „ „ 1867 B.	4½	2,968,300	31,427	1,05
55) Preussische Rentenschuld an die Rentenbanken	4½	ca. 7,680,000	ca. 82,061	ca. 1
56) Nassauische Anleihe von 1858 .	4½	2,205,600	18,057	0,8
57) Hessen-Homburgische Anleihe von 1859	5	82,286	571	0,7
58) Preussische Anleihe von 1867 C. . .	4½	9,782,975	59,766	0,6
59) Nassauische Anleihe von 1862 .	4	4,087,714	27,714	0,6
60) Münster-Hammer Stammactien	4	1,127,600	500	0,04

Die Tilgungsfonds der Hannoverschen älteren 3½procentigen Obligationen sowie der Hannoverschen 4procentigen Obligationen Litera Q, R, J I, H I, L I sind im Verhältniss zur Restschuld zu einem so erheblichen Tilgungsfonds angewachsen in Folge der 1868 stattgehabten ausserordentlichen Tilgung aller Obligationen dieser Art, welche sich in Staatsnebenfonds vorgefunden haben.

Nach dem Zinsfuss der einzelnen Schuldtitel geordnet berechnen sich die Tilgungsfonds wie folgt:

Procentige Schulden.	Restschuld.	Tilgungsfonds.	Procent von der Restschuld.
5	28,010,386	404,166	1,44
4½	106,527,100	1,630,632	1,53
4% (Rentenschuld)	ca. 7,680,000	ca. 82,061	ca. 1,70
4	101,586,116	2,355,903	2,3
3½	87,822,423	2,717,053	3,11
3	1,708,857	205,429	12
Zinslose	6,270,064	274,014	4,3

Nach der Entstehung der Schuldposten summiren sich die Tilgungsfonds für die Hauptgruppen wie folgt:

	Schuldkapital.	Tilgungssumme.	Procentsatz vom Schuldkapital.
1) Preussische Anleihen, alte Landestheile	321,456,975	5,823,863	1,18
2) vormals Hannov. Schulden .	21,334,277	1,007,770	4,17
3) vormals Kurhess. Schulden .	15,207,600	221,850	1,14
4) vormals Nass. Schulden . .	20,340,628	181,873	0,19
5) vorm. Hess.-Homb. Schulden	129,143	29,714	23
6) vorm. Schlesw.-Holst. Schld.	267,300	5,925	2,12
7) vorm. Frankfurter Schulden .	7,400,456	126,286	1,17
8) Hohenzoll. Staatsschulden .	87,143	8,286	10

Gegen früher ist das Verhältniss der Tilgungsfonds zu dem Betrag des Schuldkapitals ein hohes, wie nachstehende Uebersicht zeigt, bei der indess nur die auf dem Etat der Oeffentlichen Schuld aufgeführten Schuldposten berücksichtigt sind:

	Schuldkapital.	Tilgungsmittel.	Verhältniss der letzteren zu dem Schuldkapital.
1869	406,260,081	8,054,609	1,98
1867	252,822,120	5,048,804	1,99
1863	246,823,310	4,178,758	1,70
1853			
1843	138,861,087	2,163,426	1,56
1833	163,626,583	2,739,989	1,67
1820	180,091,721	2,485,851	1,38

(ausschl. provinzieller Staatsschulden.)

In den nächsten zehn Jahren kommt die Dotation für die S. 230 unter 1 bis 8 aufgeführten Tilgungsfonds nach vollendeter Tilgung der Schuldposten mit 797,496 Thlr. in Wegfall. Ausserdem erfolgt eine Verminderung der Tilgungsfonds bei den Staatsschuldscheinen, Kurmärkischen und Neumärkischen Schuldverschreibungen (1873) im Betrage von 459,617 Thlr. und bei den Hannoverschen Obligationen Litera E I, F, G I, H I und J I (1878) um 140,276 Thlr.

Im Ganzen erhalten danach in den nächsten zehn Jahren die Tilgungsfonds eine geringere Dotation von 797,496 + 459,617 + 140,276 Thaler = 1,397,389 Thlr.

Andererseits wachsen dem Tilgungsfonds die Zinsersparnisse von den getilgten Obligationen zu. Diese werden bei einem durchschnittlichen Zinsfuss von 4 Procent in zehn Jahren sich auf rund 3½ Millionen Thaler belaufen. Ausserdem müssen die Tilgungsfonds noch verstärkt werden:

zufolge der in dieser Periode beginnenden Tilgungen

der Preuss. Anleihe 1867 D, 1868 B, der Nassauischen Anleihen von 1860 und 1861 um . . . 790,172 Thlr.

für die Preuss. Prämienanleihe und die Kurhessische Lotterieanleihe um . . . . 187,200 „

für die Hessen-Homb. Anleihe von 1859 um . . 5,188 „

in Summa um . . . 982,560 Thlr.

Hiernach wird die Gesammtdotation der Tilgungsfonds in den nächsten zehn Jahren wachsen um etwa 4,500,000 Thlr. Hiervon die obigen Verminderungen mit rund 1,400,000 Thlr. in Abzug gebracht, bleibt eine Vermehrung der Tilgungsfonds von 3,100,000 Thlr. Zahlt man diese zu der gegenwärtigen Dotationssumme von rund 8,300,000 Thlr. hinzu, so ergibt sich für 1879 eine Dotation der Tilgungsfonds für die jetzt vorhandenen Schuldposten von 11,400,000 Thlr.

Was den Tilgungseffect der zur Dotirung der Tilgungsfonds auf-
gewandten Summen anbetrifft, so müssen 1869 von den 8,321,702 Thlr.
verwendet werden:

Zur Einlösung mit Prämien . . . . . . 691,379 Thlr.

Zur obligatorischen Einlösung al pari . . 2,168,154 „

Es blieb danach zur Verwendung durch freihändigen Ankauf event.
zur Ausloosung übrig die Summe von 5,462,169 Thlr.

Im Jahre 1867 wurde bei den Schulden auf dem Etat der alten
Landestheile durch Aufwendung von 4,668,140 Thlr. eine Schuldsumme
mit einer Zinsrente von 204,120 Thlr. getilgt. Zur Tilgung dieser Renten musste aufgewandt werden:

bei den 5 proc. Obligationen der 20 fache Kapitalbetrag,

„ „ 4½ „ „ „ 22 „ „

„ „ 4 „ „ „ 22,7 „ „

„ „ 3½ „ „ „ 24 „ „

§ 23.

**f. Die Zweckmässigkeit der Uebernahme einer Tilgungspflicht von
Seiten des Staates.**

Wenn der Staat früher durch die Uebernahme der Verpflichtung,
jährlich mit einem bestimmten Betrage zu tilgen, den Gläubiger bewegen
konnte, seinerseits auf jedes Kündigungsrecht zu verzichten, so mochte
das damals als Fortschritt erscheinen. Der Gläubiger behielt wenigstens
das Recht, spätestens nach so und so viel Jahren sein Kapital wieder
zurück zu verlangen. Seitdem aber die Staatspapiere Gegenstand eines
regelmässigen und lebhaften Börsenverkehrs geworden sind, ist dem Kapitalisten diese Verfügbarkeit über sein Kapital in anderer und voll-
kommenerer Weise gesichert. Der Kapitalist kann durch Veräusserung
der Obligation an der Börse sein Kapital zu jeder Zeit zurückerhalten;
die Tilgungspflicht des Staates giebt ihm nicht ein Mehreres, sondern
setzt ihn umgekehrt dem Nachtheil aus, das Kapital zu einer Zeit zurück-
nehmen zu müssen, wo eine anderweitige Anlage nicht in seinem Interesse liegt.

Ausserdem mochte die Festsetzung einer Tilgungspflicht einen gewissen
Werth haben, als nach 1815 der Staatskredit noch nicht soweit befestigt
war, dass nicht ein erheblicher Coursrückgang der Staatsschuldscheine u. s. w.
zu befürchten stand. Die Tilgungspflicht begründete ein Moment für die
Courssteigerung, und dafür war allerdings auch bei dem niedrigen Begebungscourse der Staatsschuldscheine ein weiter Spielraum gegeben. Heutzutage ist der Staatskredit mehr befestigt, und da die Anleihen knapp

unter pari begeben zu werden pflegen, bringt eine erhebliche Courssteigerung den Gläubiger nur der Eventualität einer Kündigung zum
Zweck der Zinsherabsetzung näher. Auch abgesehen davon stellen die
auf einen Zeitraum von 30—50 Jahren bemessenen Tilgungsperioden für
die ersten Decennien eine so geringe Dotation der Tilgungsfonds in Aussicht, dass die jährlichen Ankäufe von Obligationen daraus für den Tilgungsfonds im Verhältniss zu dem Gesammtumsatz der Börse in dem
betreffenden Papier und zu den anderen auf den Cours einwirkenden
Momenten nicht in das Gewicht fallen. Wie der Courszettel der Berliner Börse nachweist, haben die seit 1850 aufgenommenen Preussischen
Anleihen mit demselben Zinsfuss auch durchweg denselben Cours, obwohl
die Tilgungsfonds derselben zwischen ½ und 4 Procent vom Schuldkapital
untereinander abweichen.

Wie vom privatwirthschaftlichen, ist auch vom staatswirthschaftlichen
Standpunkt aus die Uebernahme einer Tilgungspflicht gegenwärtig nicht
mehr zweckentsprechend. Die neuere Finanzwissenschaft lehrt mit Recht,
dass die Staatsschulden wesentlich nichts anderes sind als Anlagekapitalien
für die wirthschaftlichen Verhältnisse des Staatslebens oder ihre rechtlichen oder politischen Voraussetzungen. Danach stellt sich auch die
Tilgung der Staatsschulden lediglich dar als die Rückzahlung oder Amortisirung des Anlagekapitals. Eine solche ist zur Erhaltung der Bilanz
des Staatsvermögens nur in dem Maasse geboten, wie die Substanz der
mit diesem Kapital geschaffenen Werthe verbraucht wird. Wenn nun
aus laufenden Staatsmitteln, wie dies bei den Staatseisenbahnen der Fall
ist, ohnehin die verbrauchten Betriebsmittel ergänzt werden, geht eine
ausserdem stattfindende Rückzahlung der Eisenbahnschulden über den
Zweck, den Vermögensstand des Staates zu erhalten, hinaus. Bei den
durch politische Ereignisse, Kriegsaufwand und dergl. entstandenen Schulden kann es allerdings zweifelhaft erscheinen, inwieweit künftige Generationen geneigt sein werden, diese Verwendungen, der wissenschaftlichen
Definition entsprechend, als nützlich anzusehen. Zugegeben aber, dass
die gegenwärtigen Generationen verpflichtet sind, diesen Aufwand selbst
zu bezahlen, so braucht dies doch nicht in unmittelbarer Form durch
Abtragung der betreffenden Schuldposten zu geschehen. Die Bilanz kann
auch in der Weise wiederhergestellt werden, dass man, soweit neue Ka-
pitalaufwendungen des Staats erforderlich werden, die laufenden Mittel,
welche man sonst zur Tilgung alter Schulden verwandt hätte, zu jenen
neuen Aufwendungen mitverwendet. Andernfalls kommt der Staat in die
Lage, gleichzeitig mit der einen Hand alte Schulden abtragen, mit der
andern neue Schulden machen, Staatspapiere ein- und verkaufen zu müssen.

Die Verordnung vom 17. Januar 1820, welche eine Tilgungspflicht in umfassender Weise zuerst begründete, ging freilich von der Absicht aus, den Schuldenetat für immer zu schliessen. Wie aus unserer Darstellung der Geschichte des Staatsschuldenwesens erhellt, mussten aber schon bis 1833 wiederholt Schulden in der mannigfachsten Form aufgenommen werden. Häufiger noch ist dies seit 1848 geschehen, einerseits zum Bau von Staatseisenbahnen, andererseits zur Ablösung von Privilegien und endlich zum Zweck militairischer Rüstungen.

Von 1848 bis 1866 ging mit der Tilgung der älteren Anleihen die Aufnahme neuer Anleihen wie folgt parallel:

	Tilgung: Thlr.	neue Anleihen: Thlr.		Tilgung: Thlr.	neue Anleihen: Thlr.
1847:	2,696,393	—	1857:	5,626,866	6,000,000
1848:	3,003,077	15,000,000	1858:	4,211,985	1,680,000
1849:	2,765,239	—	1859:	4,599,726	33,933,900
1850:	2,851,147	27,600,000	1860:	4,477,279	10,232,700
1851:	3,885,243	—	1861:	4,714,412	833,400
1852:	5,622,709	16,000,000	1862:	5,520,697	15,000
1853:	6,683,926	5,000,000	1863:	4,666,416	4,510,800
1854:	4,989,883	15,000,000	1864:	4,639,657	9,491,200
1855:	4,129,729	22,800,000	1865:	4,925,767	10,694,000
1856:	5,916,448	16,598,000	1866:	5,288,094	300,000

Im Ganzen sind danach in diesen 20 Jahren für 91,214,693 Thlr. getilgt und für 195,689,000 Thlr. neue Obligationen ausgegeben worden. Dass Fiscus theurer einkauft als verkauft, ist ein alter Erfahrungssatz. Schon die blossen Vermittelungskosten einerseits des Kaufsgeschäfts, andererseits des Verkaufsgeschäfts müssen ja einen Unterschied zwischen den Ankaufs- und den Verkaufspreisen der Obligationen hervorbringen.

Nehmen wir an, der Unterschied zwischen dem Verkaufspreis der neuen und dem Einkaufspreis der alten Obligationen hätte nur 1 Proc. betragen, so hat uns dieses Finanzsystem, alte Schulden mit neuen Anleihen zu tilgen, auf eine Summe von 91,214,693 Thaler angewendet, nahezu eine Million gekostet.

Der Unterschied ist aber durchweg viel erheblicher gewesen. Ueber den Begebungscours der Eisenbahnanleihen besitzen wir freilich keine Notizen. Von den militairischen Anleihen aber wurde die 5 procentige des Jahres 1859 zu 95 untergebracht. In demselben Jahre tilgte der Staat für 1,167,900 Thlr. 4½ procentige Staatspapiere durch Ausloosung zum Nennwerth. Hier sicherte sich also der Staat dasselbe Schuldkapital von 1,167,900 Thlr. durch 5 Procent Kapitalverlust, ganz abgesehen davon, dass dasselbe Kapital fortan ½ Procent theurer verzinst werden musste. Für die seitdem verflossenen neun Jahre macht das einen Zinsverlust von 54,000 Thlr. Bei den 4 procentigen Obligationen von 1853, welche 1859 zur Hälfte zu denselben Coursen für den Tilgungsfonds angekauft wurden (32,400 Thlr. für 95 und 34,200 Thlr. für 92½ Proc.), zu welchen die neuen 5 procentigen ausgegeben wurden, beträgt der jährliche Zinsverlust seitdem sogar ein ganzes Procent. Die 4½ procentige militairische Anleihe von 1854 im Betrage von 15,000,000 Thlr. konnte nur zu 93 Procent untergebracht werden; die zur Tilgung bestimmten 4½ procentigen älteren Obligationen im Betrage von 1,803,375 Thalern wurden in demselben Jahre zu 99½ Procent angeschafft; die Staatskasse verlor also hier durch das System, gleichzeitig mit der Aufnahme neuer Anleihen alte Schulden zu tilgen, 6½ Procent von 1,803,375 Thlr., d. i. etwa 120,000 Thlr. Im Jahre 1867 ist der Börsencours der 4½ proc. Papiere 97—100 gewesen; die Staatskasse aber hat die neue 4½ proc. Anleihe 1867 A nur zu 96½ verwerthen können.

Die Verpflichtung, jährlich mit einem bestimmten Betrage zu tilgen, wird noch besonders unbequem dadurch, dass in den einzelnen Jahren die Einnahmen und Ausgaben des Staates in Folge einerseits der wechselnden Conjuncturen für den Absatz der Producte der Staatsindustrie (Montanindustrie und Forsten), andererseits der veränderlichen Preise der Lebensmittel sehr verschieden ausfallen können.

Die Erwägung aller dieser Verhältnisse hat in England schon 1828, in Frankreich 1848 dazu geführt, jede Tilgungsverpflichtung für den Staat zu beseitigen; seit 1859 hat auch Oesterreich gewagt, deren Beispiel zu folgen. Im Jahre 1856, als in Preussen eine Dotation der Tilgungsfonds aus laufenden Mitteln fernerhin nur bei Vermehrung der Steuern möglich erschien, ist die Frage auf eine Beseitigung der Tilgungspflicht im Preussischen Herrenhause durch einen Antrag Dönhoff-Itzenplitz (der gegenwärtige Handelsminister) angeregt worden. Die Regierung widersprach aber dem Antrage, weil sie eine derart fortschreitende Tilgung der Staatsschulden überhaupt für angemessen erachtete. Der Antrag wurde mit der Abschwächung angenommen, der Staatsregierung eine Verminderung der Amortisationsquote zu empfehlen (1856 Herrenhaus Verhandl. 432 Anlagen S. 278). Wie oben S. 223 ausgeführt worden ist, gab das Abgeordnetenhaus dem Antrage demnächst keine Folge.

In neuester Zeit hat das Reichstagsmitglied Twesten bei Bewilligung einer Marineanleihe für den Norddeutschen Bund die Frage berührt, ob es nicht an der Zeit sei, von dem Princip der Festsetzung von Tilgungsprocenten in den Anleihegesetzen abzusehen, ohne indess dem weitere Folge zu geben. (Reichst.-Verhdl. 1867, S. 581.) Die neuesten Ergebnisse der Finanzverwaltung, nach denen wiederum die Dotation des Tilgungsfonds aus laufenden Mitteln fernerhin nur bei beträchtlicher Ver-

mehrung der Steuern möglich erscheint, geben eine erneute Anregung
zur eingehenden Erörterung der Zweckmässigkeit, eine Tilgungspflicht
für den Staat festzusetzen.

§ 24.

g. Das Verfahren bei dem Ankauf von Theilobligationen für die Tilgungsfonds.

Die Obligationen werden vor und nach durch einen Makler an der
Börse für Rechnung des Betriebsfonds der Hauptverwaltung der Staatsschulden angekauft. Den Ankauf der Schleswig-Holsteinischen Domanialobligationen besorgt das Oberpräsidium in Kiel. Der erwähnte Betriebsfonds (s. im Einzelnen darüber den letzten Theil dieses Werkes über
die Verwaltung der Staatsschulden) besass am 1. October 1868 für
957,025 Thlr. Effecten und ausserdem baar 571,141 Thlr. Auch für die
Depositalfonds der Hauptverwaltung der Staatsschulden werden Obligationen angekauft und aus diesen je nach Bedarf vom Betriebsfonds erworben.

An den Zahlungsterminen wird dann eine entsprechende Anzahl
von Obligationen aus den Beständen des Betriebsfonds der Controlle der
Staatspapiere gegen Erstattung des Courswerthes von diesem Tage zur
Asservirung überwiesen. Ueber den Nennwerth erhält der Betriebsfonds
den Courswerth nicht vergütet. Der Tilgungstermin ist bei den Preussischen Anleihen von 1848, 1850, 1852, 1853, 1854, 1855, 1857,
1859 A., 1862, 1864, 1867 A., B., D., 1868 B., der 1. April und 1.
October, bei den Anleihen von 1859 (5procentige), 1867 C., 1868 A.,
der 2. Januar und 1. Juli, bei der Kurhessischen Anleihe von 1834
und den Schleswig-Holsteinischen Obligationen der 31. December.

Für die Staatsschuldscheine, die Kurmärkischen und die Neumärkischen Schuldverschreibungen sind Tilgungstermine überhaupt nicht vorgeschrieben; gewohnheitsmässig werden Staatsschuldscheine am letzten
Tage jedes Monats, die Kurmärkischen und Neumärkischen Schuldverschreibungen am 1. Mai und 1. November beziehungsweise am 1. Januar
und 1. Juli getilgt.

§ 25.

h. Das Verfahren bei der Ausloosung von Theilobligationen für die Tilgungsfonds.

I. Die Ausloosungs-Termine.

Für die Preussischen Staatsschuldscheine, die Kurmärkischen und
die Neumärkischen Obligationen sind Verloosungs-Termine nicht bestimmt;
es hat übrigens seit mehr als 25 Jahren hier eine Verloosung nicht mehr
stattgefunden.

Im Allgemeinen haben die Preussischen Staatspapiere, mit Ausnahme der Eisenbahnpapiere, jährlich zwei Verloosungs-Termine, desgleichen die Kurhessischen Prämien-Anleihen. Die übrigen Papiere haben jährlich nur einen Verloosungs-Termin, doch kommen bei den Nassauischen Anleihen seit 1858 auf die in einer Verloosung gezogenen Nummern zwei Einlösungs-Termine. Im Einzelnen giebt der nachfolgende Kalender die Verloosungs-Termine an. Diejenigen Staatspapiere, deren Tilgung durch Ausloosung obligatorisch ist, sind hier gesperrt gedruckt.

Januar.

Die Einlösung beginnt

Zu Anfang des Monats: **Münster-Hammer Prioritäts-Obligationen** . . . . 1. Juli.

15. Januar: **Preussische Prämien-Anleihe** in geraden Jahren Ziehung der Gewinn-Nummern aus den am vorhergehenden 15. September gezogenen Serien . . . . 1. April.

Nassauische Anleihe vom April und December 1860 . . . . . 1. Mai oder
    (Die Tilgung beginnt erst 1870.)   1. Novbr.

Februar.

1. Februar: **Gewinnziehung der Nassauischen Prämien-Anleihe** . . . . 1. Mai.

März.

Preussische freiwillige Anleihe von 1848, von 1850, von 1852, von 1853, von 1854, von 1855 A., von 1857, zweite (4½proc.) Anl. von 1859, von 1862, von 1864, von 1867 A, B, D, von 1868 B . 1. October.
    (Siehe auch September.)

Nassauische Anleihe von 1851 . . . . 30. Juni.

Nassauische Anleihe von 1858 . . . . 30. Juni od.
                                      31. Decbr.

Die Hessen-Homburgischen Anleihen . . . . 1. August.

                               Lit. A. . . . . 1. Januar.

Frankf. Anleihen von 1839   Lit. B. . . . . 1. April.
                                Lit. C. . . . . 1. Juli.
                                Lit. D. . . . . 1. October.

Frankfurter Anleihe von 1844 . . . . 1. Decbr.

April.

Zur Zeit der Leipziger Ostermesse: **Sächsische Steuer-Kreditscheine** . . . . Michalis-
                                          termin.
Niederschlesisch-Märkische Prioritäts-Actien Serie I. und II. . . . . 1. Juli.

Juni.

Münster-Hammer Stamm-Actien . . . . 2. Januar.
    (Ausloosung nur, wenn sich aus dem zur Tilgung bestimmten Ueberschuss der Bahn ein hinreichender Bestand gesammelt hat.)

Preussische Anleihe von 1856 . . . . 2. Januar.

Preussische Anleihe (5proc.) von 1859 . . . . 2. Januar.

Die grosse Zahl von Ausloosungs-Terminen erschwert den Besitzern Preussischer Papiere in hohem Grade die Uebersicht der ausgeloosten Obligationen.

II. Ort der Ausloosung.

Die Verloosung der Preussischen Staatspapiere findet bei der Hauptverwaltung der Staatsschulden statt, ausgenommen die Sächsischen Steuer-Kreditscheine, welche bei der Regierung in Merseburg verloost werden. Die Verloosung der Hannoverschen Staatspapiere geschieht bei dem Oberpräsidium in Hannover, der Kurhessischen Papiere bei der Regierung in Kassel, der Nassauischen und Hessen-Homburgischen Papiere bei der Regierung in Wiesbaden, der Schleswig-Holsteinschen Papiere bei dem Oberpräsidium in Kiel.

III. Vornahme der Ausloosung.

Die Ausloosungen sind in der Regel öffentlich. Der Termin wird vorher durch den Staatsanzeiger, bezw. durch das Amtsblatt der Behörde, wo die Ausloosung stattfindet, bekannt gemacht. Die Ausloosung geschieht unter Leitung der damit beauftragten Behörde und unter Mitwirkung eines Notars; in Merseburg werden zur Ausloosung der Sächsischen Steuerkreditkassenscheine ständische Deputirte der Ritterschaft und der Kreisstädte Wittenberg und Langensalza zugezogen. Bei den Verloosungen wird in der Weise verfahren, dass der zu amortisirende Betrag einer Anleihe grundsätzlich auf die verschiedenen Appoints-Gattungen derselben nach dem Verhältniss der in diesen Gattungen ausgegebenen Summen vertheilt wird. Dieser Grundsatz erleidet indess insofern eine Aenderung, als bei dem Betrage, welchen ein jedes Loos enthält, es nothwendig wird, dem durch Verhältniss-Rechnung sich für eine Appointsgattung ergebenden Amortisationsbetrage entweder Etwas zuzusetzen oder Etwas von demselben abzusetzen, damit die Loose soviel als möglich ganz zur Verwendung gelangen.

IV. Bekanntmachung der ausgeloosten Obligationen.

Ueber die ausgeloosten Obligationen werden von den mit der Ausloosung beauftragten Behörden auf Kosten des Staates gedruckte Verzeichnisse ausgegeben, welche als Beilagen gegenwärtig zu folgenden Blättern erscheinen: A. Amtliche: Staatsanzeiger und Regierungsamtsblätter. B. Nichtamtliche Blätter: Norddeutsche Allgemeine Zeitung, Kreuzzeitung, Spenersche Zeitung, Bank- und Handelszeitung, Preussische Handelszeitung, Berliner Fremden- und Anzeigeblatt, sämmtlich in Berlin erscheinend, Breslauer Zeitung, Schlesische Zeitung in Breslau, die Neue Hannoversche Zeitung in Hannover, die Kasseler Zeitung in Kassel, das neue Verloosungsblatt aller Europäischen Börsenpapiere in Stuttgart.

Die Regierungen veranlassen die Bekanntmachung in den Provinzial-

und Kreisblättern. Ausserdem werden solche Verzeichnisse an die Behörden, insbesondere die Landrathsämter und Bürgermeisterämter versandt. Die Auflage, in welcher die Verzeichnisse gedruckt werden, beträgt gegenwärtig 227,000.

Bei folgenden drei Gattungen von Staatspapieren sind besondere Bestimmungen über die Organe der Bekanntmachung der Ausloosungen getroffen. Es geschieht die Bekanntmachung der Ausloosung von

1) Niederschlesisch - Märkischen Eisenbahnpapieren durch zwei Schlesiche Zeitungen (Breslauer und Schlesische Zeitung), drei Berliner Zeitungen (Staatsanzeiger, die Kreuzzeitung, die Norddeutsche Allg. Zeitung), ausserdem durch die Spenersche Zeitung, Bank- und Handelszeitung, Preussische Handelszeitung, Berliner Fremden- und Anzeigeblatt;

2) Münster - Hammer Eisenbahnpapiere durch den Staatsanzeiger, die Amtsblätter in Münster, Düsseldorf, Arnsberg, 6 Berliner Zeitungen (Kreuzzeitung, Nordd. Allg. Zeitung, Spenersche Zeitung, Bank- und Handelszeitung, Preussische Handelszeitung, Berliner Fremden- und Anzeigeblatt), Kölnische Zeitung und Westfäl. Merkur;

3) Sächsischen Steuerkreditkassenscheinen durch die Amtsblätter zu Potsdam, Frankfurt a. d. O., Liegnitz, Magdeburg, Erfurt und Merseburg und die unter 2) genannten 6 Berliner Zeitungen. Die Bekanntmachung muss noch während der Leipziger Messwoche erscheinen.

Ueber die Einlösung der Schulddocumente vgl. den § 31 in diesem Kapitel.

⌐ § 26.

1. Das Kündigungsrecht des Staates.

Der Staat ist berechtigt, über den ihm obliegenden Betrag hinaus zu tilgen, sowie auch die sämmtlichen Obligationen zu kündigen. Eine Ausnahme machen die drei Prämienanleihen, die Preussische, Nassauische und Kurhessische, für deren Rückzahlung der Staat im Maximum wie im Minimum an den Verloosungsplan gebunden ist. Ausserdem ist bei folgenden Anleihen das Kündigungsrecht so lange suspendirt, wie die Tilgungspflicht des Staates suspendirt ist:

a) bei den Nassauischen Anleihen von 1860 und 1861 im Betrage von zusammen 6,857,143 Thlr. bis 1870 und 1872;

b) bei der Kurhessischen Anleihe von 1863 im Betrage von 4,087,714 Thaler bis zum Jahre 1875;

Für die Preussische Anleihe von 1859 tritt das Recht des Staates, den Tilgungsfonds zu verstärken, erst mit dem 1. Januar 1870 in Wirksamkeit.

Eine Kündigungsfrist ist für die Preussischen Staatsschuldscheine, die Kurmärkischen und Neumärkischen Schuldverschreibungen nicht vorgeschrieben. Bei den Preussischen, Hannoverschen und Kurhessischen Anleihen beträgt die Frist sechs Monate; bei den Nassauischen Anleihen und den Niederschlesisch-Märkischen Prioritätsactien hingegen nur drei Monate. Für die übrigen Eisenbahnpapiere gilt auch eine Frist von sechs Monaten.

Die Kündigung hat auch die rechtliche Wirkung, dass mit dem Tage der Fälligkeit der Obligationen die Verzinsung aufhört. In den neueren Anleihegesetzen ist dies ausdrücklich vorgesehen; das Gesetz über die künftige Behandlung der aus den neuen Landestheilen übernommenen Schulden hat bestimmt, dass über den Wegfall der ferneren Verzinsung nach erfolgter Ausloosung die in den älteren Provinzen für die Verwaltung der Preussischen Staatsschulden geltenden Vorschriften massgebend sein sollen. Indess hiesse die Ausführung dieser Bestimmung auch für die gewöhnlichen Ausloosungen vom Verkehr verlangen, dass er die Coupons nach ihren Nummern unterscheidet. In der Praxis findet daher eine Einlösung auch solcher Coupons noch statt, welche nach der Fälligkeit der Obligationen selbst fällig werden. Der Staat verschafft sich im Voraus die Deckung für diese Einlösung, indem er bei Einlösung der Obligation den Betrag der daran fehlenden Coupons von der Valuta in Abzug bringt.

Zweites Stück.
Die schwebenden Schulden.

§ 27.
I. Uebersicht der schwebenden Schulden.

Als schwebende Schulden haben wir in der Allgemeinen Uebersicht über die Rückzahlung (§ 17) solche Schulden bezeichnet, welche auf Anstehen des Gläubigers sofort oder nach kurzen Fristen gezahlt werden müssen und ausserdem zwei Posten darunter (s. unten No. 7 und 8) begriffen, welche im Laufe des Jahres 1869 fällig werden. Zu den schwebenden Schulden im Gesammtbetrage von 38⅓ Millionen Thlr. gehören hiernach:

1) Die jederzeit einlösbaren Kassenanweisungen zum Betrage von 182,500,000 Thlr.; siehe darüber die folgenden §§ 28 u. 29.

2) Die Obligationen der Preussischen Freiwilligen Anleihe von 1848 im Betrage von 2,543,400 Thlr. In dem Erlass vom 25. April

16*

1848 über die verzinsliche Annahme freiwilliger Beiträge zur Bestreitung der Staatsbedürfnisse heisst es nämlich: „Berechtigt ist der Staat zur Rückzahlung zu jeder Zeit, verpflichtet dazu erst nach zehn Jahren." Die Pflicht des Staats zur Rückzahlung ist somit seit 1858 eingetreten. Es findet seit 1850 wie bei den übrigen Preussischen Anleihen eine Procentualtilgung dieser Schuld statt mit 1 Procent des ursprünglichen Tilgungsbetrages und den durch die fortschreitende Tilgung ersparten Zinsen. Ausserdem werden zur Tilgung die dem Staat eingezahlten Rentenablösungskapitalien verwandt. Die Tilgungsquote aus der Procentualtilgung beträgt für 1869 337,468 Thlr. Die zur Tilgung verwandten Rentenablösungskapitalien betrugen 1867 7,498 Thlr. Die Schuld wird daher in 8—9 Jahren getilgt sein, vorausgesetzt, dass nicht die Gläubiger die sofortige Rückzahlung zu Beträgen verlangen, welche die ausgesetzten Tilgungsmittel noch übersteigen; dazu scheint indess bis jetzt wenig Aussicht, da die Obligationen sich durchweg in festen Händen befinden und die Tilgungsquote nur durch Ausloosung von Obligationen vollständige Verwendung erhalten kann.

3) Die Schatzanweisungen mit höchstens einjähriger Umlaufszeit zum Betrage von 13,000,000 Thlr.; s. darüber gleichfalls den folgenden besonderen § 30.

4) Die bereits gekündigten aber noch unerledigten Schulden, welche auf das Hannoversche Reservequantum von 7,804 Thlr. für derartige auf den Tilgungskassen nicht ruhende Schuldkapitalien angewiesen sind.

5) Die bereits gekündigten aber noch uneingelösten Obligationen der Hessen-Homburgischen Anleihe von 1777 im Betrage von 2,886 Thlr.

6) Die Augustenburgischen Prioritätsschulden im Betrage von zusammen 109,792 Thlr. Die Besitzer der Obligationen sind berechtigt, dieselben Johannis beziehungsweise Weihnachten zu kündigen, worauf die Rückzahlung sechs Monate später zu erfolgen hat. Zur Tilgung dieser Schulden ist im Etat für 1869 eine Summe von 25,000 Thlr. ausgeworfen, welche nach den seitherigen Erfahrungen zur Rückzahlung der gekündigten Kapitalien genügt hat.

7) Die 5procentige Anleihe, welche Frankfurt a. M. 1866 zu Contributionsleistungen zum Betrage von 3,284,005 Thlr. und 685,714 Thaler unter Verpflichtung der Rückzahlung in möglichst nahen Terminen und möglichst grossen Raten aufnehmen musste. Dieselben werden noch im Laufe des Jahres 1869 zurückgezahlt.

8) Der Rest des Entschädigungskapitals an den Dänischen Pensionsfonds im Betrage von 419,311 Thlr. soll 1869 an Dänemark ausgezahlt werden.

II. Die Kassenanweisungen.

§ 28.

a. Vorgeschichte der Kassenanweisungen.

Es war im Jahre 1798, als sich die Preussische Regierung und zwar auf Anrathen des damaligen Staatsministers von Struensee zum ersten Male entschloss, ein Papiergeld (sogenannte Tresorscheine) auszugeben. Dasselbe sollte nicht zur Abhülfe finanzieller Verlegenheiten, sondern lediglich zur Vermehrung der inneren Circulationsmittel und zur Belebung des Verkehrs geschaffen und deshalb zwar im Betrage von 20 Millionen Thalern ausgefertigt, aber nur nach Massgabe des sich herausstellenden Bedürfnisses ausgegeben werden. Schon im folgenden Jahre, bevor es zu der wirklichen Verausgabung kam, entstanden jedoch so grosse Bedenken gegen diese Massregel, dass die bereits angefertigten Tresorscheine im Betrage von 10 Millionen Thaler wieder vernichtet wurden. Die Abneigung gegen jedes Papiergeld muss sich damals so stark geäussert haben, dass Struensee in seiner im Jahre 1800 gedruckten, sehr ausführlichen Abhandlung „über die Mittel eines Staates bei ausserordentlichen Bedürfnissen, besonders in Kriegszeiten, Geld zu erhalten" (Abhandlungen über wichtige Gegenstände der Staatswirthschaft Bd. I. S. 185) unter den vielen, zum Theil recht bedenklichen Mitteln zur Abhülfe finanzieller Verlegenheiten zwar die Ausgabe von Kreditzetteln mit einem bestimmten Einlösungstermin nach Art der Englischen Exchequerscheine aufzählte (S. 408), aber die Ausgabe eines eigentlichen Papiergeldes nicht in Vorschlag zu bringen wagte. (Commissionsbericht von Patow im Abgeordnetenhause 1856 Anl. S. 525.)

Zum zweiten Male wurde die Ausfertigung von 20 Millionen Tresorscheinen im Jahre 1805 auf Anrathen des Staatsministers Freiherrn vom Stein (vgl. dessen ausführliche Denkschrift darüber in Steins Leben von Pertz, Band I. S. 317 u. 541) durch das Tresorschein-Edict vom 4. Februar 1806 genehmigt. Als Beweggrund zur Schöpfung dieser Papiere wurde angegeben: die Entfernung beträchtlicher Geldsummen aus dem inneren Umlaufe durch Bezahlung ausländischer Schulden und durch Vermehrung des Staatsschatzes; da es nun gleichwohl wünschenswerth sei, die Zahlungsmittel nicht zu verringern, indem in den Provinzen, durch welche der Staat vergrössert worden, es zur Belebung des Ackerbaues und des sonstigen Verkehrs an Geldumlauf fehle, und da die vergrösserte Menschenzahl, die Vermehrung des Umsatzes, die Erhöhung der Preise

aller Gegenstände des Handels und Verkehrs überhaupt, auch grössere
Summen von Zahlungsmitteln erforderten, so finde man es nothwendig,
die schon fühlbare und noch zu befürchtende Störung im Handel und
in den Gewerben durch Schaffung eines neuen Umlaufsmittels zu ver-
hindern. In Wahrheit sollte die Ausgabe der Tresorscheine mit dazu
beitragen, nach Erschöpfung des Staatsschatzes die Kosten für die Kriegsbereitschaft der Armee gegen Frankreich zu bestreiten. Es wurde bestimmt, dass bei allen Zahlungen in baarem Gelde, ausgenommen aus
Staatsanleihen und den bisherigen Anleihen der Bank und Seehandlung
sowie aus Verträgen, welche auf eine bestimmte Species lauten, es dem
Zahler freistehen solle, in Silber oder Tresorscheinen zu zahlen; bei allen
Zahlungen an Königliche Kassen sollte der vierte Theil in Tresorscheinen
gezahlt werden. Auch wurde zugesichert, die Tresorscheine an acht verschiedenen Orten auf Verlangen gegen Silber jederzeit einlösen zu wollen.
Solche Tresorscheine wurden in Stücken zu 5, 50, 100 und 250 Thlr. ausgefertigt. Statt der in Aussicht genommenen 20 Millionen Thaler wurden
bei der auch diesmal sich kundgebenden Abneigung der bewährtesten Fi-
nanzmänner und des Publicums gegen die ganze Massregel nur 9,039,210
Thaler ausgefertigt und davon zunächst nur 4 Millionen Thaler in Umlauf gesetzt. Die übrigen 5,093,210 Thlr. wurden erst später nach
und nach ausgegeben. Die Ereignisse von 1806 und 1807 nöthigten
die Staatskassen allenthalben zur Zahlungseinstellung; damit hörte
denn auch die Einlösung der Tresorscheine gegen Silber auf. Der
Cours derselben fiel auf 92 bis 88. Ein Preussischer Kabinetsbefehl
vom 1. Juni 1807 hob dann den Zwangscours der Tresorscheine auf
und stellte den Gebrauch derselben zur Zahlung statt in die Wahl
des Zahlers in diejenige des Empfängers. Schon unterm 29. October
tober 1807 wurde aber der Zwangscours von der Preussischen Regierung
mit der Massgabe wiederhergestellt, dass für den Werth der jedesmalige
durch die vereideten Börsenmakler festzusetzende Cours massgebend sein
solle. Der Cours der Tresorscheine war inzwischen an der Berliner
Börse bis auf 80 gefallen. In den von den Franzosen besetzten Provinzen wurden indess die Tresorscheine auch zu diesem Course nicht
angenommen. Der Börsencours in Berlin und der Normalcours in Königsberg sanken nun weiter; Ende 1807 bis auf 68, Ende März 1808
bis auf 47, Ende Juni bis auf 30. Den niedrigsten Cours erreichten
die Tresorscheine in Berlin am 1.—15. Juli 1808 mit 27, in Königsberg
am 16.—31. Juli mit 22⅔. Die Aussichten auf die endliche Vollziehung des Tilsiter Friedens und die Rückgabe der Kassen in Berlin an
die Preussische Verwaltung hoben dann wieder den Cours bis auf 70
im Februar 1809. Von da an drückte der Krieg zwischen Frankreich

und Oestreich den Cours bis auf einen von Juni bis November zwischen 30 und 40 schwankenden Betrag hinab. Auch die Verordnung vom 11. Februar 1809 wegen Wiederherstellung der Tresorscheine hatte nicht vermocht, dem Einhalt zu thun, wiewohl sie die Bestimmung der Verordnung vom 4. Februar 1806 wiederherstellte, wonach der vierte Theil der Staatsabgaben in Tresorscheinen nach dem Nennwerth gezahlt werden sollte. — Der Friedensabschluss zwischen Frankreich und Oestreich trieb dann im November 1809 den Cours rasch wieder bis zu 70 hinauf.

Am 4. December 1809 erschien eine Verordnung, welche die Einziehung von 2 Millionen Thaler grösserer Tresorscheine (unter 5 Thlr. waren bis dahin keine Scheine ausgefertigt worden) und statt dessen die Ausgabe desselben Betrages in Scheinen à 1 Thlr. verfügte. Diese Einthalerscheine mussten im Verkehr für voll angenommen werden und konnten theilweise in Berlin, theilweise in Breslau und theilweise in Königsberg gegen Silber eingewechselt werden, je nachdem sie auf eines der dort befindlichen Einwechselungscomtoire angewiesen waren. Hinsichtlich der eigentlichen Tresorscheine behielt es bei der Annahme zum Normalcours nach den Bestimmungen der Verordnung vom 29. October 1807 sein Bewenden, doch wurde unter gewissen Bedingungen die Umwechselung derselben in Thalerscheine gestattet. Mehr noch als diese Massregeln hat wohl die von 1810 an wieder in der Hauptstadt beginnende Thätigkeit der obersten Landesbehörden, die Regelung des Finanzwesens überhaupt und die wirthschaftliche und politische Reformgesetzgebung dazu beigetragen, den Cours bis zum November 1810 auf 90 zu heben. Der Cours erhielt sich dann mit geringen Schwankungen zwischen 88 und 90 bis in den Mai 1811 und zwischen 90 und 80 bis in den Mai 1812. In dieser Zeit gab man, um den andringenden Forderungen der Französischen Armee gerecht zu werden, sogenannte Vermögenssteueranweisungen in Beträgen zwischen 500 und 5000 Thlr. und zum Gesammtbetrage von 3½ Millionen Thaler aus und stempelte ausserdem Tresorscheine bis zu 5 Thlr. als geringstem Betrage in der Gesammthöhe von 1 Million Thaler zu ebensolchen Anweisungen um. Beide Arten von Papiergeld sollten spätestens vom 1. Januar 1813 an aus dem Ertrage der neu eingeführten Vermögenssteuer eingelöst, bis dahin aber bei dieser Steuer und beim Verkauf von Staatsgütern wie baares Geld angenommen werden.

Es waren danach also an Staatspapiergeld vorhanden: 1) Vermögenssteueranweisungen im Betrage von 4,500,000 Thlr.; 2) 6,093,210 Thlr. eigentliche Tresorscheine; 3) für 2,000,000 Thlr. Thalerscheine, insgesammt also für 12,593,210 Thlr. Staatspapiergeld, d. i. etwa 2 Thlr. auf den Kopf der Bevölkerung des damaligen Preussens. Die Vermögenssteueranweisungen wurden im Laufe der Jahre 1812 bis April 1816 wieder vollständig eingezogen.

Was die ferneren Schicksale der Tresorscheine und Thalerscheine betrifft, so hatte der Russisch-Französische Krieg im Jahre 1812 ihren Cours zum dritten Male seit 1806 zurückgeworfen und zwar bis auf 38½. Die Niederlage der Franzosen brachte eine kleine Besserung bis zu 50 zu Stande. Im December 1812 waren nach Angabe des Edicts vom 19. Januar 1813, abgesehen von den Beständen der Staatskasse, nur noch für 731,625 Thlr. eigentliche Tresorscheine im Umlauf. Dieses Edict ordnete die Vermehrung dieser Scheine bis zum Betrage von 10 Millionen Thaler an und stellte den Zwangscours der Verordnung vom 4. Februar 1806 wieder her. Der Zwangscours der Tresorscheine rief grosse Verwirrung hervor. Die Berliner Kaufmannschaft erbot sich für die Regierung ein Darlehen von 1,200,000 Thlr. aufzubringen. Dies bestimmte die Regierung am 5. März 1813, als von den 10 Millionen bereits für 8,093,210 Thlr. Tresorscheine ausgegeben waren, in der ferneren Vermehrung dieses Papiergeldes innezuhalten. Der Zwangscours wurde nur für Naturallieferungen zur Verpflegung der Armee aufrecht erhalten; ausserdem mussten Beamte und Pensionaire bei Gehältern und Pensionen über 400 Thlr. jährlich ein Viertel des Betrages in Tresorscheinen zum Nennwerth annehmen. Die Scheine sollten indess zum vollen Nennwerth bei der Vermögenssteuer und bei einem dritten Theil der anderen Steuern in Zahlung gegeben werden können.

Die Kriegsereignisse von 1813 warfen den Cours zum vierten Male und zwar bis auf 24½ (Juli 1813) zurück, also nahezu so tief wie im Jahre 1808 (22½). Die Siege der Verbündeten führten eine allmähliche Courssteigerung herbei; als diese im September 1814 über 70 gekommen war, wurde der Kreis der Zahlungen, bei welchen Tresorscheine von den öffentlichen Kassen zum Nennwerth angenommen werden sollten, erweitert. Zugleich wurden vom September 1814 bis Januar 1815 für 1,500,000 Thaler und am 27. April 1815 für 400,000 Thlr. Tresorscheine öffentlich vernichtet. Im März 1815 hatte der Cours wieder 90 erreicht, war also auf die Höhe vom Mai 1811 zurückgekehrt. Mit Rücksicht hierauf erschien unter dem 1. März die heute noch für die Kassenscheine massgebende, in der Kabinetsordre vom 21. December 1824 über die Ausgabe von Kassenscheinen wiederholte Bestimmung, wonach die Kassenscheine vom 1. Mai 1815 an bei allen Staatskassen in Zahlung gegeben werden können und von allen Staatskassen in Zahlung genommen werden müssen. Unter dem 7. April wurde dazu noch durch eine Verordnung die Quote, zu welcher Zahlungen an Staatskassen in Kassenscheinen entrichtet werden sollen, von einem Viertel auf die Hälfte erhöht und für jeden fehlenden Thaler ein Strafagio von 2 Sgr. festgesetzt (Ges.-S. S. 27).

Als diese Verordnung in Kraft trat, erlitt der Cours noch einen

Stoss bis auf 62 hinab durch die Landung Napoleon's in Frankreich. Ebenso schnellte der Cours alsbald wieder herauf und schwankte vom 1. Juli bis 1. November 1815 zwischen 94 und 95. Im August 1815 wurde unter Staatsgarantie ein Privateinwechslungscomtoir in Berlin errichtet, welches Tresorscheine zuerst zu 95, seit 1. Januar 1816 al pari annahm; unter dem 18. August 1818 wurde dasselbe in ein Staatsinstitut verwandelt, womit das alte Verhältniss von 1806 ganz wiederhergestellt war. Die Wiederherstellung des Courses hatte der Staatskasse im Ganzen 2,100,000 Thlr. gekostet.

Durch die Verordnung vom 15. Februar 1816 wurde bekannt gemacht, dass die gemäss der Convention mit dem Könige von Sachsen zum Betrage von 1,750,000 Thlr. übernommenen Sächsischen Kassenbillets à 1 Thlr. den Tresorscheinen gleichzuachten seien.

Für das Jahr 1820 berechnet K r u g in seiner Geschichte der Staatsschulden die Summe des Preussischen Staatspapiergeldes wie folgt:

Von der Summe der überhaupt fabricirten . . 9,093,210 Thlr.
in Tresorscheinen wurden zu Steuerscheinen gestempelt 944,685 „
es blieben also übrig . . . . 8,148,525 Thlr.
Davon sind eingezogen und vernichtet . . . . 2,223,100 „
mithin waren bei Bekanntmachung des Schuldenplans
vom 17. Januar 1820 noch im Umlaufe . . . . . 5,925,425 Thlr.
Zu derselben Zeit waren von den übernommenen
Sächsichen Kassenbillets Lit. A. noch im Umlaufe . . 1,300,122 „
indem von den ursprünglich auf Preussen gefallenen
1,750,000 Thlr. bis zu Ende des Jahres 1819 bereits
449,878 Thlr. vertilgt waren.
Das Papiergeld des Preussischen Staates betrug
daher am 17. Januar 1820 überhaupt . . . . . 7,225,547 Thlr.

In dem Schuldenetat zur Verordnung vom 17. Januar 1820 werden dagegen angegeben die „sogenannten unverzinslichen Schulden mit einer Summe von 11,242,347 Thlr., welche aus den in Circulation befindlichen Tresor- und Thalerscheinen, den von Uns tractatenmässig übernommenen ehemaligen Sächsischen Kassenbillets Lit. A. und aus einigen anderen Titeln entstanden sind, zu decken."

K r u g in seiner Geschichte der Staatsschulden S. 77 erklärt den Unterschied so, dass ausser obigen 7,225,547 Thlr. vorhanden waren an unverzinslichen Schulden:

1) ein Darlehn einer Privatperson von . . . . . 16,800 Thlr.
wofür der Staatsschuldenbehörde keine Zinsen zu
zahlen obliegt, und

2) eine Forderung von . . . . 4,000,000 Thlr.
welche in einem nur möglichen, nicht einmal wahrscheinlichen Falle
wegen einer schon in älterer Zeit übernommenen Garantie dereinst
an den Staat gemacht werden könnte, bis jetzt aber noch nicht
gemacht ist.

§ 29.

b. Die Kassenanweisungen von 1824 an bis jetzt.

Die Kabinetsordre vom 21. December 1824 (Ges.-S. S. 238) verfügte die Einziehung der alten Tresorscheine, Thalerscheine und Sächsischen Kassenbillets und dagegen die Ausgabe neuer Kassenanweisungen
zum vollen Betrage des in der Verordnung vom 17. Januar 1820 für
die unverzinsliche Staatsschuld angegebenen Postens von 11,242,347 Thlr.

Krug in seiner Geschichte der Staatsschulden bemerkt dazu S. 352
Folgendes: Es machte die Staatskasse nicht blos daran bedeutenden Gewinn, dass eine grosse Summe von diesen alten Papieren gar nicht zur
Umtauschung präsentirt wurde, die durch Brand, andere Unglücksfälle
und Zufälle vernichtet worden waren, sondern es wurde auch die volle
Summe der im Etat von 1820 öffentlich angegebenen unverzinslichen
Schulden in neuen Kassenanweisungen ausgefertigt. Die Staatskasse ge-
wann hierdurch über 5 Millionen disponibles Geld, welches damals höchst
nöthig war, da die Einnahme aus Domainen, Grundsteuer u. s. w. wegen
der Verlegenheit und Verarmung vieler Landwirthe nicht das Anschlagmässige einbrachte und die Ausgaben der Regierung wenigstens für die
Verzinsung und Kapitalabzahlung der Staatsschulden sich noch nicht
vermindert hatten."

Im Uebrigen bestätigte diese Kabinetsordre die Bestimmungen der
Verordnung vom 1. März 1815 in Bezug auf die Verpflichtungen zur
Annahme und Leistung von Zahlungen in Kassenscheinen, sowie in Be-
zug auf deren Einlösung gegen Silber.

Bei dem Einwechslungs-Comtoir in Berlin wurden nach Krug im
Jahre 1823 monatlich noch für ungefähr 30,000 Thlr. Scheine zum
Umwechseln präsentirt. Späterhin ist öffentlich nichts mehr von der
Wirksamkeit dieses Comtoirs bekannt geworden.

Ebenso wie die Einwechslung von Kassenscheinen bei dem Realisations-Comtoir ist es auch nicht üblich geblieben, einen bestimmten Theil
von Zahlungen an Staatskassen in Kassenscheinen zu leisten.

Wenn sonach auch nicht in Bezug auf die rechtliche Natur, so hat
sich doch die Bedeutung der Kassenanweisungen seit 1815 und 1824
geändert durch den wechselnden Betrag im Ganzen und hinsichtlich der

Appoints. Auch sind den Kassenscheinen seitdem in der Eigenschaft von Papiergeld, welches bei den Staatskassen angenommen wird, verschiedene Concurrenten erwachsen.

Zuerst wurde durch Kabinetsordre vom 22. April 1827 der Betrag der Kassenanweisungen von 11,242,347 Thlr. auf 17,242,347 Thlr. erhöht, „weil derselbe bei dem jetzigen Umfange des Verkehrs für die Bedürfnisse des Publicums und zur Berichtigung des gesetzlichen Theils der Abgaben in Kassenanweisungen nicht mehr ausreichend ist" (Ges.-S. S. 33). Um der Verordnung vom 17. Januar 1820 gegenüber den Gesammtetat der Schulden nicht zu überschreiten und so der Massregel den Schein der Gesetzmässigkeit zu bewahren, wurden zum Nennwerth der Kassenscheine verzinsliche Staatsschuldscheine aus dem Verkehr zurückgezogen und bei der Hauptverwaltung deponirt; die Zinsenersparniss und der Unterschied zwischen dem Paricours der Kassenscheine und dem Cours der Staatsschuldscheine diente mit dazu, die Ausgaberückstände der Verwaltung zu bezahlen. Die neuen 6 Millionen Thaler wurden ausgefertigt zur Hälfte in Appoints à 1 Thlr., zur Hälfte in Appoints à 50 Thlr.

Die Kabinetsordre vom 14. November 1835 (Ges.-S. S. 169) verordnete die Ausfertigung neuer Appoints, da die alten durch den Gebrauch untauglich geworden waren.

Durch Kabinetsordre vom 5. December 1836 (Ges.-S. S. 318) wurde eine weitere Vermehrung von Kassenscheinen gegen Hinterlegung des Nennwerths in Staatsschuldscheinen im Betrage von 5,500,000 Thlr. verfügt, „damit das mit Königlicher Genehmigung circulirende Papiergeld für den ganzen Umfang der Monarchie nach einem gleichmässigen Plane angefertigt werde und einer gleichen Beaufsichtigung in Betreff der Verfälschungen unterliege" (Ges.-S. S. 318); es wurden nämlich zu demselben Betrage Kassenscheine der Bank, der Seehandlung und Bankscheine der ritterschaftlichen Privatbank in Pommern eingezogen. Die neuen Kassenscheine wurden bis auf 500,000 Thlr., um welchen Betrag die Fünfthalerscheine vermehrt wurden, in den seit 1824 nicht mehr vorkommenden Appoints à 100 Thlr. und 500 Thlr. ausgefertigt. Die durch Kabinetsordre vom 9. Mai 1837 verfügte weitere Vermehrung um 3 Millionen Thaler sollte wieder „dem mehrfach hervorgetretenen Bedürfniss einer Vermehrung der Kassenanweisungen abhelfen". Der gesammte Betrag der umlaufenden Kassenscheine war jetzt 25,742,347 Thlr., das ist etwa ein Drittel der damaligen jährlichen Staatseinnahmen.

Durch die Bankordnung vom 5. October 1846 wurde der Bank das Recht verliehen, bis zu 21,000,000 Thlr. Banknoten in Appoints jedoch nicht unter 25 Thaler auszugeben, wogegen für sechs Millionen Thaler Kassenanweisungen eingezogen werden sollten. Die Banknoten sollen

„bei allen öffentlichen Kassen statt baaren Geldes, sowie statt der Kassenanweisungen angenommen werden". Bis 1850 war diese Einziehung zum Betrage von 4,900,000 Thlr. erfolgt. Durch Gesetz vom 7. Februar 1850 (Ges.-S. S. 163) wurde der Betrag der Kassenanweisungen der damals noch umlaufenden Summe entsprechend auf 20,842,347 Thaler festgesetzt. Inzwischen waren durch Gesetz vom 15. April 1848 (Ges.-S. S. 105) „zur Beförderung des Handels- und Gewerbebetriebs" Darlehnskassen errichtet worden, welche die Berechtigung erhielten, bis zum Gesammtbetrage von zehn Millionen Thaler Darlehnskassenscheine auszugeben. Dieselben sollten bestehen aus sechs Millionen in Einthalerscheinen und vier Millionen in Fünfthalerscheinen und „bei allen öffentlichen Kassen nach ihrem vollen Nennwerthe angenommen werden". Bei Auflösung der Darlehnskassen verfügte dann das Gesetz vom 30. April 1851 (Ges.-S. S. 191): Die Einziehung der Darlehnskassenscheine findet nicht statt. Der Gesammtbetrag der ausgefertigten Darlehnskassenscheine mit zehn Millionen Thalern bildet einen Theil der unverzinslichen Staatsschuld und tritt dem durch Gesetz vom 7. März 1850 auf 20,842,347 Thaler festgestellten Betrage der letzteren hinzu. Die Motive des Gesetzentwurfes (2. K. 1850/51 Anl. S. 144) fürchteten von einer Verminderung der Circulationsmittel ohne entsprechenden Ersatz eine „bedeutende Störung der wirthschaftlichen Zustände des Landes", insbesondere auch das Eindringen fremden Papiergeldes. Durch Gesetz vom 19. Mai 1851 (Ges.-S. S. 335) wurde dann die Ausfertigung neuer Kassenanweisungen an Stelle der umlaufenden Kassenanweisungen und Darlehnskassenscheine angeordnet. Die neuen Kassenanweisungen sollten angefertigt werden

für 7,500,000 Thlr. in Appoints zu 100 Thlr.,
„ 7,500,000 „ „ „ „ 50 „
„ 5,000,000 „ „ „ „ 10 „
„ 4,500,000 „ „ „ „ 5 „
„ 6,342,347 „ „ „ „ 1 „

Das ergibt also 15,842,347 Thaler in Appoints unter 50 Thaler und 15,000,000 Thaler in Appoints von höherem Werthe.

Eine weitere Aenderung trat dann durch das Gesetz vom 7. Mai 1856 (Ges.-S. S. 334) ein. Das für die Notenausgabe der Bank bestehende Maximum von 21 Millionen Thaler wurde aufgehoben; dagegen der Betrag der Kassenanweisungen um 15,000,000 Thlr., also den Betrag der in Appoints über 10 Thlr. umlaufenden Kassenanweisungen vermindert. Die Bank erhielt die Berechtigung, auch Noten zu 20 Thlr. und bis zu 10 Millionen Thaler Banknoten à 10 Thlr. auszugeben. Der Staat zog dagegen seine 5,000,000 Thlr. Zehnthalernoten ein und vermehrte dafür den Betrag der Einthalerscheine von 6,342,347 Thlr. auf

7,842,347 Thlr. und der Fünfthalerscheine von 4,500,000 Thlr. auf 8,000,000 Thlr. Zugleich wurden sämmtliche Kassenanweisungen gegen neu ausgefertigte umgetauscht. In den Motiven des Gesetz-Entwurfes (Abg.-Haus 1855/56 Anl. S. 521) wurde die Verminderung der Kassenscheine zu Gunsten einer Vermehrung der Banknoten damit befürwortet, dass der damals umlaufende Betrag von 30,842,347 Thlr. die Grenze des Quantums nicht innehalte, welches selbst unter den ungünstigsten Verhältnissen zur Vermittlung der Zahlungen an die Staatskassen und aus denselben — bei einer Einnahme des Staats von jährlich nur 100 Millionen Thaler — willige Verwendung finden werde. Der Umlauf der Banknoten dagegen könne stets mit der Nachfrage des Verkehrs übereinstimmend gehalten, die Einlösbarkeit sicherer gestellt werden.

Die Bestimmungen über die Höhe der Appoints der Banknoten einerseits und der Kassenscheine andererseits wurden wie angegeben getroffen, um die Kassenanweisungen und die Banknoten in ihren Umlaufskreisen möglichst zu scheiden und etwaigen Stockungen in der Circulation der Kassenanweisungen vorzubeugen.

Im Jahre 1866 erhielten die Kassenscheine eine Concurrenz durch Darlehnskassenscheine, welche von den in Gemässheit der Verordnung vom 18. Mai 1866 errichteten Darlehnskassen ausgegeben wurden. Dieselben sollten bei allen öffentlichen Kassen in Zahlung genommen werden und waren in Appoints à 1 Thlr., 5 Thlr. und 10 Thlr. ausgefertigt. Die Darlehnskassen wurden am 27. September 1866 geschlossen und die Darlehnskassenscheine allmählich aus dem Verkehr gezogen. Durch Gesetz vom 23. December 1867 (Ges.-S. S. 1929) wurde die Regierung ermächtigt, von den eingezogenen Scheinen den Betrag von 2,228,000 Thlr. wieder auszugeben behufs Gewährung von Darlehen an die Nothleidenden in Ostpreussen.

Die letzte Aenderung erlitten die Kassenscheine durch das Gesetz vom 29. Februar 1868 betr. die künftige Behandlung der Staatsschulden aus den neuen Landestheilen etc., welches die Einziehung der Kurhessischen Kassenscheine und der Noten der Nassauischen Landesbank verfügte, und die Ausgabe neuer Kassenscheine in Appoints von 5 Thlr. zum Betrage von 2,407,653 Thlr. vorschrieb.

Von Kurhessischen Thalerscheinen waren nach den Kurhessischen Gesetzen vom 26. August 1848 und 24. März 1849 2,500,000 Thaler in Umlauf gebracht worden. Allmähliche Einziehungen zum Betrage von jährlich 125,000 Thaler hatten diese Summe von 1852 bis 1863 auf 1,000,000 Thaler vermindert. Die Noten der Nassauischen Landesbank waren insofern Staatspapiergeld, als der Staat unbedingt für sämmtliche Passiva der Landesbank haftete. Die weitere Ausgabe dieser Noten zu

gestatten, erschien nicht rathsam, weil dem ganzen mit den Preussischen Verfassungs- und Verwaltungsgrundsätzen nicht zu vereinbarenden Institut eine Reorganisation bevorstand und es vorzugsweise zu
einem Institut für den mit der Ausgabe von Banknoten nicht zu vereinbarenden Immobiliarkredit gemacht werden sollte. Andererseits musste
der Landesbank ein Ersatz für die ihr durch Ausgabe von Banknoten
bisher zugeführten unverzinslichen Fonds gewährt werden. Der Betrag
der Noten der Landesbank wurde auf 1,845,918 Thaler angenommen.
Der Unterschied zwischen der Summe der Kurhessischen Scheine und
dieser Noten einerseits und der Mehrausgabe der Kassenanweisungen
andererseits beträgt 20,918 Thaler und soll nach den Motiven des Gesetzes „anderweit gedeckt werden".

Die neuen Kassenscheine sollen mit 2,400,000 Thaler in Appoints
à 5 Thaler und mit 7,653 Thaler in Appoints à 1 Thaler ausgefertigt
werden. Die Vermehrung hauptsächlich der Fünfthalerscheine (die Einthalerscheine wurden nur zur Abrundung ihres Gesammtbetrages vermehrt) ist erfolgt in der Annahme, dass durch die Ausfertigung von
Appoints zu 1 Thaler für den Verkehr keine besondere Erleichterung
herbeigeführt wird, und jedenfalls dem etwa in dieser Beziehung vorhandenen Bedürfniss durch die nach dem Gesetze vom 7. Mai 1856 in
solchen Appoints ausgefertigten 7,842,347 Thlr. hinlänglich genügt ist.

Danach sind also gegenwärtig umlaufend für 18,250,000 Thaler
Kassenscheine, das macht 0,₁₈ Thlr. auf den Kopf der Bevölkerung oder
0,₀₄ Thlr. weniger als bis 1866 auf den Kopf der damaligen Bevölkerung
Preussens umliefen. Unter den 18,250,000 Thaler befinden sich für
10,400,000 Thlr. Appoints à 5 und für 7,850,000 Thlr. Appoints à 1 Thlr.

Obige Darstellung zeigt, wie wesentlich verändert die Bedeutung der
heutigen Kassenscheine gegen die Kassenscheine von 1824 und gegen
die älteren Tresorscheine ist. In dem jetzigen Verhältniss geben die
Kassenscheine zu Bedenken keinen Anlass. Sie haben nur Appoints
à 1 Thlr. und 5 Thlr. und dienen daher vorzugsweise dem kleinen Verkehr. Derselbe bedarf solchen Papiergeldes noch, so lange nicht an die
Stelle des weniger circulationsfähigen Silbers Gold als gesetzliche Währung getreten ist. Die Kassenscheine geniessen als Papiergeld das vollste
Vertrauen, weil Jedermann sich ihrer bei den Zahlungen an die Staatskassen auf die leichteste Art entledigen kann. Der Gesammtbetrag der
Kassenanweisungen erreicht nur etwa ein Zehntel der jährlichen Staatseinnahmen. Der Verkehr würde eine Vermehrung der Kassenscheine,
namentlich der Fünfthaler-Appoints sehr gern sehen. Das Schicksal der
älteren Tresorscheine spricht nicht gegen die heutigen Kassenscheine.
Der Staatsbankerott war damals allgemein und brachte alle Finanzein-

richtungen in Verwirrung. Im Mai 1866 bei der ersten Panik vor Ausbruch des Krieges schien für einige Tage allerdings auch die Circulationsfähigkeit der Kassenanweisungen gestört. Nicht wenig trug aber hierzu auch bei, dass die Regierung damals gleichzeitig ein neues, noch dazu verfassungswidriges Papiergeld — die Darlehnskassenscheine — in Umlauf zu setzen sich bemühte.

Empfiehlt es sich daher auch, die Kassenanweisungen im Allgemeinen in ihrer jetzigen Gestalt beizubehalten, so erscheint es doch geboten, sie von den letzten Zwangsbestimmungen, welche ihnen noch von den Tresorscheinen überkommen sind, zu befreien. Die Bestimmungen, dass Kassenscheine bei Zahlungen aus Staatskassen zum vollen Werth angenommen werden müssen, und ferner, dass man bei Zahlungen an Staatskassen sich für einen gewissen Betrag der Kassenscheine zu bedienen hat, sind praktisch längst obsolet und scheinen nur geeignet, die Vertrauenswürdigkeit der Scheine herabzusetzen. — Auch das Einwechslungs-Comtoir für Kassenscheine hat praktisch keine Bedeutung mehr. Als Sicherheitsventil, welches eine Uebersättigung des Verkehrs mit Papiergeld anzeigt, hat der Fortbestand desselben indessen seinen Werth. Auch scheint dieser Fortbestand uns durch den Münzvertrag vom 24. Januar 1857 (Ges.-S. S. 305) so lange geboten zu sein, als nicht die eben erwähnten Bestimmungen in Wegfall kommen. Es heisst nämlich daselbst Art. 22: Keiner der vertragenden Staaten ist berechtigt, Papiergeld mit Zwangscours auszugeben oder ausgeben zu lassen, falls nicht Einrichtungen getroffen sind, dass solches jederzeit gegen vollwerthige Silbermünzen auf Verlangen der Inhaber umgewechselt werden kann.

§ 30.
III. Die Schatzanweisungen.

Schatzanweisungen sind zuerst auf Grund des Gesetzes vom 28. September 1866 mit 9 monatlicher Umlaufzeit im Betrage von 10,000,000 Thaler und dann im Jahre 1868 auf Grund des Staatshaushaltsgesetzes vom 24. Februar 1868 und des Nothstandsgesetzes vom 3. März 1868 mit einjähriger Umlaufzeit im Betrage von 13,000,000 Thlr. ausgegeben worden. Für 1869 ist die Ausgabe desselben Betrages von Schatzanweisungen genehmigt, wenngleich in diesem Augenblick noch nicht erfolgt. Die Schatzanweisungen wurden eingeführt zur Deckung der ausserordentlichen Kriegsausgaben von 1866. Sie sollten ursprünglich die aus den Kriegscontributionen und dem Verkauf von im Besitze des Staats befindlichen Eisenbahnpapieren erwarteten Mittel für den Staat antecipiren und später aus diesen Mitteln wieder eingelöst werden. (Motive des Anleihegesetzes, Abg.-H. 1866/67 Anl. S. 44.) Eine permanente Maassregel sollte nicht eintreten, erklärte der Finanzminister in der Com-

mission des Abgeordnetenhauses. Die verhältnissmässig kurze Zahlungs-
frist bei angemessener Verzinsung würde Schatzanweisungen für vorübergehende Kapitalanlagen besonders beliebt machen und denselben einen
Cours sichern, welcher von den Schwankungen des Geldmarktes wenig
berührt würde. (Abg.-H. 1866/67 Anl. S. 328.)

In dem Gesetz betreffend den ausserordentlichen Geldbedarf der
Militair- und Marineverwaltung und die Dotirung des Staatsschatzes vom
28. September 1866 erhielt darauf der Finanzminister die Ermächtigung, bis zur Höhe des ganzen Kredits von 60,000,000 Thlr. Schatzanweisungen auszugeben. Statt dessen wurden gewöhnliche 4½ procentige
Anleiheobligationen im Betrage von 30,000,000 Thlr. und für 10,000,000
Thaler Schatzanweisungen ausgegeben. Die Ausgabe der letzteren erfolgte
im Sommer 1867, nachdem schon sämmtliche Kriegscontributionen eingegangen und auch die zur Veräusserung gestellten Eisenbahnpapiere versilbert waren. Der Finanzminister gab sich damals der Hoffnung hin,
dass ein Theil dieser Schatzanweisungen aus den Ueberschüssen für 1867
würde gedeckt werden können und dass der andere Theil aus den Ueberschüssen des Jahres 1868 zu decken sein möchte. Nach den Rechnungs-
ergebnissen musste dies schon bei der Berathung des Etats für 1868
im Landtage vom Finanzminister aufgegeben werden (s. die Erklärung
desselben in der Sitzung des Abg.-H. vom 10. Februar 1868, Abg.-H.
1867/68 Verhandl. S. 1499). Es wurde demgemäss im Etatsgesetz für
1868 der Finanzminister ermächtigt, zur Einlösung der 1868 fällig werdenden Schatzanweisungen neue Schatzanweisungen mit höchstens einjähriger Umlaufszeit zu demselben Betrage auszugeben. Auch wurde
die Regierung durch Gesetz von 3. März 1868 ermächtigt, zur Deckung
der durch den Nothstand der Provinz Preussen veranlassten ausserordentlichen Ausgaben für den Betrag von 3,000,000 Thlr. Schatzanweisungen
auszugeben. Das Etatsgesetz für 1869 hat die Regierung ermächtigt,
für den Betrag der in diesem Jahre fällig werdenden Schatzanweisungen
von 13,000,000 Thlr. neue Schatzanweisungen auszugeben. Bis zum
August dieses Jahres hat die Regierung jedoch von dieser Ermächtigung
noch keinen Gebrauch gemacht. Auch von der 1868 und 1869 der
Regierung ertheilten Ermächtigung, noch bis zu 5 Millionen Thlr. Schatzanweisungen zur Deckung des Restes der Kriegskosten von 1866 auszugeben, ist kein Gebrauch gemacht worden; die Regierung hat vielmehr
für diesen Betrag eine gewöhnliche 4½ procentige Anleihe aufgenommen.

Die Ausgabe von Schatzanweisungen an Stelle der Begebung von
Anleihen mit langen Tilgungsperioden hat für 1867 und 1868 eine nicht
unerhebliche Kapital- und Zinsersparniss bewirkt. Während 4½ procentige
Anleihe 1867 nur zu 96½ und 1868 nur zu 93—94 von der General-

staatskasse begeben werden konnten, ist es möglich gewesen, 1867 4procentige Schatzanweisungen mit $\frac{1}{2}$ Procent Agio und 1868 3procentige Schatzanweisungen theils zu pari, theils zu 99$\frac{1}{2}$ unterzubringen.

Gegen die Ausgabe von Schatzanweisungen zur Anticipirung von Einnahmen, wie dies ursprünglich beabsichtigt wurde, oder zur Hinausschiebung fundirter Anleihen auf eine für die Aufnahme derselben günstigere Zeit, womit im folgenden Jahre im Abgeordnetenhause die neue Ausgabe u. A. gerechtfertigt wurde (Verh. d. Abg.-H. 1867/68 S. 1818), wird sich grundsätzlich kaum etwas einwenden lassen. Die Schatzkammerscheine sind in England zu solchen vorübergehenden Zwecken 1669 von Montague eingeführt worden, nämlich in der Absicht, eine Vermehrung der Umlaufsmittel zu bewirken, während die Münzen zum grössten Theil behufs Umprägung eingezogen waren. Unverkennbar haben solche zu vorübergehenden Zwecken contrahirten Schulden die Neigung dauernd zu werden. In der That ist dies auch für einen gewissen Grundstock bei den Französischen bons de trésor, und den englischen Exchequer bills der Fall gewesen. Diese bons mit einer Umlaufszeit von 3 Monaten bis zu einem Jahre belaufen sich in Frankreich durchweg auf 250—350 Millionen Francs; die Exchequer bills in England mit einer Umlaufszeit bis zu einem Jahre hatten 1813 die Höhe von 54,158,000 Pfd. Sterl. erreicht und sind seit 1864, wo sie noch 13,136,000 Pfd. Sterl. betrugen, beständig bis auf 8,187,700 Pfd. Sterl. am 31. März 1866 gefallen. Für Preussen ist die Ausgabe von Schatzanweisungen besonders geeignet, die verschiedenen Ergebnisse des Staatshaushalts in den einzelnen Rechnungsjahren auszugleichen. In Folge davon, dass zum Staatshaushalt eine in ihren Erträgen sehr wechselnde Staatsindustrie (Forsten, Eisenbahnen, Montanindustrie) gehört, kann leicht einem Ueberschussjahr ein Deficitjahr folgen und umgekehrt. Gerade gegenwärtig erscheint eine vermehrte Ausgabe von Schatzanweisungen als ein zweckmässiges Mittel zur Wiederherstellung der Kassenbilanz des Staates.

Bedenklicher sind Schatzanweisungen als Mittel, dauernd einen Theil der fundirten Schuld zu vertreten. Es widerspricht im Allgemeinen der Natur der Sache, für dauernde Zwecke Geld auf kurze Fristen zu leihen. Bei den Kassenanweisungen ist dies freilich auch der Fall; dieselben dienen aber einem dauernden Bedürfniss des Publikums, welches heutzutage in dieser Weise eben nur vom Staate befriedigt werden kann. Etwas Aehnliches sucht Adolph Wagner (die Ordnung des Oesterreichischen Staatshaushalts, Wien 1863) in Betreff der Schatzscheine darzuthun. Er will einen bleibenden und einen vorübergehenden Betrag der Schatzscheine unterscheiden und schreibt über die bleibende Schatzscheinschuld Folgendes: „Der Grund diesen bleibenden Theil der Schatzschein-

schuld nicht zu fundiren, sondern in dieser Form einer in kurzen Terminen rückzahlbaren Schuld dauernd beizubehalten, liegt darin, dass gewisse Kapitalien gerade dieser Form der Schuldtitel wegen in den Schatzscheinen angelegt werden. Es sind das momentan disponible Gelder der
Geschäftswelt, z. B. ungewöhnlich starke Kassenvorräthe, welche auch
zur Discontirung von Wechseln benutzt oder zeitweilig als Depositen bei
Banken hinterlegt werden; dann auch besonders die disponiblen Gelder
der letzteren (einschliesslich der Privatbankhäuser), welche im gewöhnlichen Geschäfte der Bank gerade nicht placirt werden können. Auch das
Privatpublikum legt Gelder, die es gern verfügbar erhalten will, in den
Schatzscheinen an, namentlich in Ländern, wo die Sitte, Bankcontos zu
haben und seine Zahlungen durch Checks zu leisten, noch nicht sehr
verbreitet ist. Der volkswirthschaftliche Vortheil der Schatzscheinschuld
besteht also darin, dass Capitalien, welche sonst grösstentheils ganz
müssig liegen, dem Staate geliehen werden, der Staat also nicht einer
productiven Verwendung das Kapital entzieht. Die Schatzscheinschuld
ersetzt hier in gewissem Umfange das Depositenbankwesen. Die einzelnen Inhaber von Schatzscheinen wechseln, wie die Deponenten einer
Bank, aber das Gros der Schatzscheinschuld bleibt von den sich ziemlich deckenden Kündigungen und neuen Uebernahmen von Schatzscheinen
Seitens der einzelnen Kapitalisten ebenso unberührt wie das Gros der
Deposten einer Bank von den Rückforderungen und neuen Einlagen.
Nach gewissen Erfahrungsregeln kann das Gros jener Schuld ebenso wie
der Saldo einer Depositenbank festgestellt werden."

Zugegeben selbst, dass hiernach ein Bedürfniss des Publicums besteht, auf kurze Fristen Geld bei dem Staate anzulegen, so ist dieses
Bedürfniss seiner innern Natur nach doch verschieden von dem finanziellen Bedürfniss des Staates, welches sich durch Ausgabe von Schatzanweisungen Befriedigung verschaffen will. Dies betrifft namentlich die
Verfallzeit der Schatzanweisungen. Jedenfalls bleiben alle Bedenken bestehen hinsichtlich des veränderlichen Betrages der Schatzanweisungen,
zumal sich der Betrag, welcher einem bleibenden Bedürfniss des Publicums entspricht, nicht ein für allemal feststellen lässt. Im Uebrigen
führt Wagener das bleibende Bedürfniss des Publicums in der Hauptsache zurück auf das mangelhaft entwickelte Depositenbankwesen. Wir
wollen diese mangelhafte Entwickelung auch für Preussen nicht bestreiten. Indem aber der Staat dafür einen künstlichen Ersatz schafft, hin-
dert er selbst die natürliche Entwickelung dieses Bankwesens und führt
damit dauernd eine Institution ein, die schliesslich doch nur in sehr
mangelhafter Weise dieses Bankwesen zu vertreten geeignet ist.

Für Preussen indessen sind Schatzanweisungen auch zur dauernden

Vertretung so lange und soweit gerechtfertigt, wie ihnen ein wirklicher Baarschatz des Staates gegenübersteht. Ein solcher Schatz ist gegenwärtig im Betrage von 30 Millionen Thaler vorhanden. Die Schatzanweisungen sind daher gewissermassen für den Staat eine Form der Nutzbarmachung des im Staatsschatz aufgehäuften todten Metalls. Wer die Institution des Staatsschatzes überhaupt für entbehrlich erachtet, kann der Ausgabe von Schatzanweisungen bis zum Betrage des Staatsschatzes nicht entgegen sein.

Die Schatzanweisungen sind bisher in Appoints zu 500, 100 und 50 Thlr. ausgestellt worden. In der Budgetcommission des Abgeordnetenhauses erschien es 1866 einem Mitgliede zweckmässig, die Schatzanweisungen in so hohen Appoints zu emittiren, dass sie nicht den Charakter von Kassenanweisungen und Banknoten annehmen; am angemessensten erscheinen als Minimum Appoints zu 200 Thlr., mit Steigerungen zu 100 Thlr., dann zu 1000 und 2000 Thlr. Dies habe sich namentlich in England am meisten bewährt, wogegen von dem Regierungscommissarius Mölle hervorgehoben wurde, dass in Frankreich Schatzanweisungen über 500 Frcs., also über circa 133 Thlr. ausgegeben würden. Unserer Ansicht nach wird die Ausgabe von Schatzanweisungen um so ungefährlicher, auf eine je breitere Basis von Nehmern sie sich stützt. Das Interesse, kleine Appoints von Schatzanweisungen auszustellen, kann nur eine Schranke finden in der dadurch der Verwaltung verursachten grösseren Mühe. Die Grenze gegen Kassenanweisungen und Banknoten ist dabei durch die längere Verfallzeit und die Verzinslichkeit von selbst gegeben.

Dritter Titel.
Die Einlösung der Schulddocumente.

§ 31.

1. Einlösbarkeit der Documente.

Zur Einlösbarkeit eines Documents gehört, ausser der Fälligkeit der Schuld, dass das Document ächt ist und nicht unter Notiz steht, d. h. nicht der Controlle der Staatspapiere als vernichtet oder abhanden gekommen angezeigt ist. Die letzteren Documente können ohne Zustimmung desjenigen, welcher die Anzeige gemacht hat, nicht eingelöst werden. (Allg. Landr. Thl. I., Tit. 7, § 15, Thl. I., Tit. XV., § 52, 53.) Zu den unächten Papieren gehören auch diejenigen, in welchen entweder die Litera oder die Nummer oder der Geldbetrag durch Rasur oder sonst entweder wirklich geändert ist oder nach dem Augenschein hatte verändert werden sollen, indem dergleichen verfälschte, unrichtige oder zweifelhafte Papiere im Umlauf nicht geduldet werden können. Die Fälligkeit eines Documents ergibt sich aus dem Ablauf der Kündigungsfrist nach dem Datum der Kündigung. Nach den gewöhnlichen Ausloosungen pflegt die Hauptverwaltung der Staatsschulden bekannt zu machen, dass die ausgeloosten Obligationen bei der Staatsschuldentilgungs-Kasse in Berlin bereits 14 Tage vor ihrer Fälligkeit (Schatzanweisungen 8 Tage vorher) eingelöst werden können. Die Einlösung kann geschehen bis zum Ablauf der Verjährungsfrist. Dieselbe beträgt in Preussen dreissig Jahre, von dem Tage angerechnet, wo die Erfüllung der Verbindlichkeit zuerst gefordert werden konnte, also von dem Einlösungtermin an. (Allg. Landr. Thl. I., Tit. 9, § 535 u. flgd.)

Nach dem Hannoverschen Gesetz vom 22. September 1850 ist die Verjährungsfrist für persönliche Forderungen eine zehnjährige. Dieselbe ist auf die Staatsschuld-Obligationen anwendbar, da sämmtliche Staatsgläubiger gegenwärtig nur rein persönliche Forderungsrechte gegen den Fiscus haben.

Es waren Schuldverschreibungen der alten Landestheile nicht eingelöst:

Ende des Jahres	Von den im Laufe des Jahres fällig gewordenen Obligationen zum Werth von Thlr.	Von den in Vorjahren fällig gewordenen Obligationen zum Werth von Thlr.	in Summa also Thlr.	Es betrug der Werth der im Jahre ausgeloosten Obligationen überhaupt Thlr.
1867	396,624	255,708	652,332	?
1866	319,441	387,687	707,128	1,928,943
1865	586,832	205,795	792,627	1,799,913
1864	410,286	172,658	582,964	1,633,250

Die fälligen Obligationen unter den Niederschlesisch-Märkischen Eisenbahnpapieren sind in diesen Zahlen nicht mitenthalten. Von fälligen Hannoverschen Obligationen waren am 31. December 1866 Obligationen zum Werthe von 440,616 Thlr. noch uneingelöst.

Die Einlösung der Obligationen wird nach jeder neuen Ausloosung, welche dieselbe Gattung betrifft, in den diese Ausloosung betreffenden Bekanntmachungen unter Aufführung der einzelnen Appoints in Erinnerung gebracht.

2. Legitimation des Präsentanten.

Einer solchen bedarf es nur, wenn das Papier von einer öffentlichen Behörde ausser Cours gesetzt ist, sowie bei Documenten, welche auf den Namen des Besitzers lauten. Bei letzteren kommt es darauf an, das Eigenthumsrecht des Präsentanten an dem Papier nachzuweisen. In Bezug auf die Hannoverschen Schuldverschreibungen auf den Namen wird dieser Beweis erleichtert durch das Hannoversche Gesetz wegen Legitimation der Gläubiger und Mortification von Schulddocumenten in Ansehung der Schulden der Generalkasse vom 10. August 1836 (Hann. Ges.-S. 1836 I. 22. S. 100). Danach soll derjenige Gläubiger schon für legitimirt angesehen werden, welcher die Original-Obligation besitzt und daneben nachweiset, dass die für die zuletzt verflossenen sechs Jahre fällig gewordenen Zinsen entweder von ihm selbst oder von solchen Vorgängern, in Ansehung deren er den während der letzten sechs Jahre stattgehabten Uebergang des Eigenthums vollständig darthut, als Kapital-Eigenthümer ohne Widerspruch erhoben und quittirt worden sind. Diese sechs Jahre werden von dem Zeitpunkt an rückwärts gerechnet, wo das verbriefte Kapital zurückbezahlt oder für die Schulden-Tilgungskasse eingelöst werden soll, oder wo auf Anerkennung des Gläubigers oder auf Ausstellung einer neuen Obligation für ihn angetragen oder auf irgend eine sonstige Veranlassung die Berechtigung des Besitzers der Obligation zur Untersuchung gebracht wird.

3. Einlösungskassen.

Die Einlösung der gekündigten Obligationen aus den alten und seit dem 9. Juli 1868 auch aus den neuen Landestheilen geschieht bei der Staatsschuldentilgungskasse in Berlin, Oranienstrasse 94, und für Rechnung der Staatsschuldentilgungskasse bei allen Regierungs- und Bezirks-Hauptkassen. Eine Ausnahme machen die Sächsischen Obligationen, welche nur von der Regierungshauptkasse zu Merseburg eingelöst werden. Die Obligationen der bei M. A. v. Rothschild zu Frankfurt a. M. begebenen Nassauischen, Kurhessischen und Hessen-Homburgischen Anleihen sind auch bei diesem Bankhause einlösbar. Es gehören dahin: Kurhessische und Nassauische Prämienanleihe, 4 proc. Kurhessische Anleihe von 1863, 3½ proc. Nassauische Anleihe von 1837, 4 proc. Nassauische Anleihen von 1851, 1853, 1858, 1859, 1862, 4½ proc. Nassauische Anleihen von 1860, 1860 Dec., 1861, 3½ proc. Hessen-Homburgische Anleihe von 1829. Ebenso sind die gekündigten Obligationen der 5 proc. Hessen-Homburgischen Anleihe von 1859 bei dem Bankhause A. Reinach in Frankfurt a. M. einlösbar. Sechs Monate nach dem Einlösungstermin findet die Einlösung von Obligationen der vorbezeichneten Anleihen nur noch bei den obenbezeichneten Königlichen Kassen statt.

Die Hannoverschen auf Gold oder Holländische Münze lautenden Obligationen werden in Gold nur von den Bezirkskassen zu Hannover, Osnabrück und Lüneburg eingelöst; andere Kassen lösen dieselben nur insofern ein, wie sie Gold vorräthig haben. Andernfalls muss sich der Gläubiger die Einlösung in Courant gefallen lassen.

4. Auszahlung der Valuta.

Die Einlösung geschieht erst, nachdem die Schuldverschreibungen von der Controlle der Staatspapiere in Berlin, welcher dieselben von der betreffenden Kasse dazu übersandt werden, als ächt anerkannt worden sind. Ist das Papier als verloren oder abhanden gekommen notirt, so wird die Zahlung verweigert und die zu zahlende Summe dem Kammergericht ad deposita offerirt. (A. Ld.-R. Th. I. Tit. XVI. § 214, 222 und 229.) Bei Einreichung der Schatzanweisungen ist ein doppeltes Verzeichniss derselben, in welchem die Schatzanweisungen nach Litera, Nummern und Beträgen (Kapital und Zinsen vor der Linie getrennt, in der Linie in einer Summe) aufzuführen sind und welches aufgerechnet und unterschrieben sein muss, abzugeben. Das eine Exemplar dieses Verzeichnisses wird mit einer Empfangsbescheinigung versehen sofort wieder ausgehändigt und ist bei der Empfangnahme des baaren Betrages zurückzugeben. In einen Schriftwechsel mit den Inhabern der Schuldverschreibungen über die Zahlungsleistungen lässt sich die Staatsschuldentilgungskasse nicht ein. Die Hannoverschen auf Namen lautenden Obligationen sind mindestens sechs Wochen vor dem Fälligkeitstermine mit allen auf etwa eingetretene Besitzveränderung — Erbschaft, Cession u. s. w. — bezüglichen Documenten mittelst schriftlichen Gesuchs an das Oberpräsidium zu Hannover einzureichen, welches die Legitimation des Gläubigers prüft und nöthigenfalls deren Vervollständigung veranlasst. Bei der Einreichung ist die Kasse anzugeben, von welcher die Einlösung verlangt wird. Bei Auszahlung der Valuta wird für etwa fehlende, nach dem Einlösungstermine fällige Zins-Coupons und Talons der Geldbetrag von dem zu zahlenden Kapital in Abzug gebracht. Was die anderen Coupons anbelangt, so fällt in der Regel der Einlösungstermin für die zur ordentlichen Tilgung ausgeloosten Obligationen mit dem Zinstermin der betreffenden Obligationen zusammen. Eine Ausnahme machen zunächst die Niederschlesisch-Märkischen Eisenbahn-Stammactien, deren Einlösungstermin 14 Tage vor den Zinstermin fällt. Hier wird der noch nicht fällige Coupon gleichwohl als fällig mit eingelöst. Auch bei den Hannoverschen 3½ proc. und den Hannoverschen 4 proc. Obligationen Litera G I, H I, J I, L I fallen Zinstermin und Einlösungstermin nicht zusammen. Hier findet bei der Einlösung eine Berechnung von Rückzinsen statt.

5. Quittung über die empfangene Valuta.

Formulare zu den Quittungen über die Einlösung werden von den Kassen, bei welchen die Schuldverschreibungen eingereicht werden können, unentgeldlich verabreicht. Bei den auf Namen lautenden Han-

noverschen Schuldverschreibungen hat der Gläubiger auf die ihm zu er-
theilende Zahlungsanweisung durch seine gerichtlich oder notariell zu
beglaubigende Namensunterschrift den Empfang der angewiesenen Summe
zu quittiren und ist letztere sodann bei der Kasse zu erheben. Bei den
von evangelischen Kirchen - Vorständen auszustellenden Quittungen ist
eine gerichtliche oder notarielle Beglaubigung nicht erforderlich, es genügt vielmehr, wenn diese Quittungen nach Vorschrift des § 29 Absatz 1
und 3 der Hannoverschen Kirchenvorstands- und Synodal - Ordnung vom
9. October 1864 vollzogen werden.

VII. Kapitel.

Die Verzinsung der Schulden.

Erster Titel.

Der Zinsbetrag.

§ 32.

I. Allgemeine Vorbemerkungen.

Unter Zins ist die Summe zu verstehen, welche der Schuldner jährlich an den Gläubiger als Entgeld für die Kapitalbenutzung zu entrichten hat. Bei dem Preussischen Reservequantum für noch unbekannte
Ansprüche einzelner Gläubiger von provinziellen Staatsschulden sowie
bei dem Hannoverschen Reservequantum für noch unbekannte Ansprüche
einzelner Gläubiger von Meppen- und Emsbührenschen Schulden und für
auf den Tilgungskassen nicht ruhende, gekündigte aber noch unerledigte
Schuldkapitalien ist eine Schuld noch nicht vorhanden, sondern nur als
möglich angenommen; bei denselben kann daher auch von einem Zins
nicht die Rede sein.

Das Entgeld des Schuldners für die Kapitalnutzung kann auch in
anderer Weise wie durch Zahlung eines Zinses entrichtet werden; es
kann ganz oder theilweise mit der Rückzahlung des Kapitals zusammen-
hängen. So kommt unter den Preussischen Staatsschulden ein Zins nicht
vor bei den Kassenanweisungen, den Sächsischen Kammerkreditkassen-
scheinen (einschliesslich 300 Thlr. zinsloser Steuerkreditkassenscheine),
der Kurhessischen und der Nassauischen Prämienanleihe, den (fälligen)

Obligationen der Hessen-Homburgischen Anleihe von 1777, und bei der Frankfurter Anleihe von 1857. Die letztere Anleihe ist von der Frankfurter Bank zinslos übernommen worden zur Entschädigung des Staates für das der Bank ertheilte Privilegium zur Ausgabe unverzinslicher Noten.

Bei den Apanagen und dem Pensionsaussterbefonds, den Zins-Renten an die Niederlausitzer Stände und die Stifter Merseburg und Naumburg ist das jährliche Entgeld für die Schuld mit dem jährlichen Amortisationsquantum untrennbar verbunden und lässt sich besonders nicht berechnen. Eigentlich verzinslich sind daher von den 480 Millionen Preussischer Staatsschulden nur etwa 450 Millionen Thaler.

Der Zins kommt bei einzelnen Titeln auch in der Form der Rente vor. Rente nennt man in der Regel eine jährliche Leistung aus einem Schuldverhältniss, bei dem der Kapitalwerth der Schuld nicht ausdrücklich beziffert ist. Die Rente kann ausser der Zinsvergütung auch eine Abzahlung auf das Schuldkapital enthalten. Dies ist der Fall bei der Rente an die Tilgungsfonds der Kur- und Neumark, bei der Rente an die Rentenbanken und bei der Rente an Dänemark zur Entschädigung für Aufhebung des Sundzolles etc. Die ewigen und unveränderlichen Renten dagegen, wie die Renten zur Entschädigung der Fürsten und Standesherren, die Renten für aufgehobene Zölle und andere Berechtigungen, die Renten an das Militairwaisenhaus in Potsdam, enthalten keinen Amortisationsbetrag, sind also lediglich Zinsrenten.

Zinsfuss ist das Verhältniss des jährlichen Entgelds für die Kapitalsnutzung zu dem nominellen Kapitalwerth der Schuld. Um daher bei Anleihen mit niedrigem Begebungscours das wirkliche Entgeld für die Kapitalnutzung zu erhalten, muss der Zinsfuss im Verhältniss des Begebungscourses zum Nennwerth entsprechend erhöht werden.

§. 32.
II. Geschichte des Zinsfusses und der Course.

Bei den ersten Staatsanleihen aus der Regierungszeit Friedrich Wilhelm III. betrug der Zinsfuss 4, 4½ oder 5 Procent. Die Anleihen waren nur auf kurze Zeit (5—8 Jahre) aufgenommen. Die Bankhäuser erhielten ausserdem Provisionen von 4—6 Procent. Für die 1793 bei Willemer in Frankfurt a. M. aufgenommene Anleihe rechnet Hoffmann in seinen Bemerkungen zu Krug's Geschichte S. 35 unter Veranschlagung der ungünstigen Rückzahlungsbedingungen einen jährlichen Nutzungspreis für das Kapital von 14½ Procent heraus.

Bei der 1796 in Frankfurt a. M. aufgenommenen Lotterieanleihe wurde ein alljährlich um ½ Procent, im Ganzen von 4—6 Procent steigender Zinsfuss ausbedungen.

Für die Tabacksactienanleihe wurden 1798 6 Procent Zinsen stipu-lirt. Krug a. a. O. S. 42 bemerkt dazu: Die in's Publicum gebrachten Actien trugen übrigens schon bald ein Agio, da sie nach einem Zinsfuss ausgefertigt waren, der in Staatsobligationen bisher unerhört war.

Im Jahre 1804 konnte der Zinsfuss der kündbaren Seehandlungs-obligationen von 4 auf 3 Procent herabgesetzt werden. Nach dem Til-siter Frieden erhielt der Preussische Staat kaum unter den schwersten Bedingungen Kredit. Bei der am 27. December 1808 von Königsberg ausgeschriebenen Anleihe von 1 Million Thaler wurde die später nicht mehr vorgekommene Form gewählt, den Gesammtbetrag von 6 Procent Zinsen der Anleihe in verschiedene Loose von 5 bis 15,000 Thlr. zu theilen und dieselben an sämmtliche Inhaber von Obligationen zu ver-loosen. Gleichwohl fand die Unterbringung dieser Anleihe grosse Schwie-rigkeit.

Im Jahre 1810 wurde eine Zwangsanleihe in Scheidemünze ausge-schrieben gegen 5 Procent Zinsen. Die an Frankreich 1809 zur Deckung der Kriegscontribution begebenen Domainenpfandbriefe trugen 4 und 5 Proc. Zinsen. Die Staatsschuldscheine, welche von 1810 an ausgegeben wurden, und in welche alle übrigen Obligationen consolidirt werden sollten, trugen nur 4 Procent Zinsen, hatten demgemäss aber auch einen Cours, der erst 1814 die Hälfte des Nennwerths erreichte, so dass der Zinsfuss bis dahin in Wirklichkeit 8 bis 12 und noch mehr Procent ausmachte.

Die beiden Englischen Anleihen von 1818 und 1822 trugen fünf Procent Zins und wurden zum Course von 72 und 85 begeben, was in Wirklichkeit 7 bezw. 6 Procent Zinsen ausmachte.

In den Jahren 1820—1830 besserte sich mit dem wieder auf-blühenden Erwerbe und der Regelung der Staatsfinanzen der Staatskredit; der Cours der vierprocentigen Staatsschuldscheine hatte schon 1825 den Cours von 90 vorübergehend erreicht und kam im December 1829 auf 100 an. Um diese Zeit begannen die Regierungen in Europa allent-halben Obligationen behufs Ermässigung des Zinsfusses zu kündigen. England gelang es schon 1822, seine 4 proc. Schuld in eine 3½ proc. zu verwandeln. Hannover begann 1829 neue Kapitalien zu 3½ Procent Zinsen aufzunehmen, um die älteren 4 procentigen Schulden abstossen zu können. Im Jahre 1835 wurde diese Massregel dort allgemein, und bei sämmtlichen ablöslichen Schuldkapitalien, welche nicht gewissen öffent-lichen Corporationen, Schulen, Kirchen, milden Stiftungen u. s. w. ge-hörten, erfolgte im Wege der Kündigung eine Herabsetzung des Zins-fusses von 4 auf 3½ Procent. Im Jahre 1838 wurde diese Massregel dort auch auf die öffentlichen Corporationen gehörenden Schuldkapitalien ausgedehnt. Hessen-Homburg nahm 1829, Nassau 1837, Frankfurt a. M.

1839 Anleihen gegen 3½ Procent Zinsen zur Tilgung älterer Schulden auf. Kurhessen bewirkte 1833 eine Ermässigung des Zinsfusses von 4 auf 3½ Procent bei der Schuld an den Fideicommissfonds und nahm 1834 eine 3½procentige Anleihe auf. In Preussen war der Cours der Staatsschuldscheine zuerst durch die politischen Begebenheiten nach der Französischen Revolution wieder herabgedrückt worden. Von 1835 an überstieg er jedoch wieder den Nennwerth. Die Zinsherabsetzung begann hier 1839 mit der Kündigung der 4procentigen Kurmärkischen Kriegsschuld; im Jahre 1840 wurde dann auch der Zinsfuss der Neumärkischen Schuldverschreibungen auf 3½ Procent herabgesetzt. Im Jahre 1842 folgte dann die Kündigung der Staatsschuldscheine; dieselben hatten inzwischen den Cours von 104 erreicht. An Prämien wurden Gläubiger, welche, statt die Auszahlung des Kapitals zu verlangen, in die Herabsetzung innerhalb einer bestimmten Frist einwilligten, bei Convertirung der Kurmärkischen und Neumärkischen Obligationen 1 bezw. 2 Procent, bei Convertirung der Staatsschuldscheine 1 bezw. 1½ bezw. 2 Procent bewilligt, je nachdem die Besitzer früher oder später ihre Einwilligung in die Convertirung erklärten. Bei Convertirung der Staatsschuldscheine wurden zur Convertirung eingereicht 496,965 Stück über 98,383,175 Thaler, zur baaren Rückzahlung gelangten nur 60 Stück über 6,825 Thlr., gar nicht vorgelegt, also stillschweigend der Convertirung unterworfen, wurden 5,592 Stück über 583,350 Thlr. Auch nach der Convertirung blieb der Cours der Staatsschuldscheine bis zum Frühjahr 1844 über 100. Im Jahre 1844 gelang es der Stadt Frankfurt a. M. sogar eine nur 3procentige Anleihe unterzubringen; doch folgte ihr dann im Jahre 1846 wieder eine 3½procentige.

Die Ansprüche, welche der beginnende Bau von Eisenbahnen an den Kapitalmarkt stellte, sowie Missernten drückten den Cours der Staatsschuldscheine von 1845 bis Anfang 1848 von 100 bis auf 92 herab. Die Ereignisse des Jahres 1848 brachten eine allgemeine Erschütterung des Staatskredits.

Die 3½procentigen Preussischen Staatsschuldscheine, welche Anfang 1848 noch 91⅞ standen, waren bis Ende Juni auf 69 gefallen, was ungefähr einem Zinsfuss von 5 für 100 gleichkommt. Zu diesem Zinsfusse wurde 1848 die freiwillige Anleihe aufgenommen. Der Stadt Frankfurt gelang es dagegen auch im Jahre 1848 noch eine 3½procentige Anleihe aufzunehmen. Im Jahre 1850 und 1851 erreichten die Staatsschuldscheine wieder einen Cours von 84 bis 88. Die Anleihe zu den Kosten der Mobilmachung konnte bei einem 4½procentigen Zinsfusse zu 96⅞ bis 99¼ untergebracht werden. Als im Jahre 1852 wieder eine 4½procentige Anleihe begeben wurde, stand die Anleihe von 1850 schon

102 bis 103. Dieser Cours wurde benutzt, um die 5procentige Anleihe von 1848 in eine 4½procentige zu convertiren, was ohne Gewährung von Prämien, bloss gegen Zusicherung des Fortgenusses der Zinsen für das nächste halbe Jahr an die mit der Convertirung einverstandenen Gläubiger gelang. Im Jahre 1853 hatte der Cours der Staatsschuld-scheine sich wieder vollständig auf den Stand vor 1848 erholt und stand über 90. Die neue Eisenbahnanleihe konnte desshalb zu einem 4pro-centigen Zinsfuss begeben werden und stand schon Ende Juni 100, nur 2½ unter dem Course der 4½procentigen. Der günstige Cours wurde benutzt, um die in diesem Jahre als Staatsschuld übernommenen bis 1852 5procentigen, seitdem 4½procentigen Niederschlesisch-Märkischen Eisen-bahn-Prioritäts-Obligationen Serie I. II. III. in 4procentige zu conver-tiren. Es wurde dabei ½ Procent Prämie gewährt; gleichwohl verlangte ungefähr ein Drittel der Besitzer baare Auszahlung. Auch Hannover und Nassau hatten in den Jahren 1850 bis 1853 4procentige Anleihen auf-nehmen können.

Der beginnende Orientalische Krieg brachte die Course bald wieder zum Weichen. Auf den Orientalischen Krieg folgte 1857 die grosse Handelskrisis. Die Staatsschuldscheine fielen noch unter den Cours von 1850 bis 82 und 84, was einem Zinsfuss von etwa 4½ für Hundert gleichkommt. Zum Zinsfuss von 4½ Procent wurden in dieser Zeit sämmtliche Preussischen Anleihen aufgenommen. Zur Zeit des tiefsten Coursstandes in der ersten Hälfte 1854 konnte die 4½procentige Anleihe nur zu 93 untergebracht werden. Hannover gelang es auch in den Jahren 1855, 1857 und 1858 und Nassau 1858 (allerdings nur zum Course von 94) Eisenbahnanleihen gegen 4 Procent Zinsen unterzubringen. Han-nover hat durchweg einen um ½ Procent Zinsen billigeren Staatskredit als Preussen erhalten. Die Ursachen liegen theils in den im Verhältniss zur Schuld sehr grossen öffentlichen Fonds, deren Anlage in Staatspapieren besonders angezeigt war, theils in den vorherrschenderen landwirthschaft-lichen Productionsverhältnissen, welche eine lohnende Anlage in Industrie-papieren für das Inland ausschlossen.

Der Oesterreichisch-Italienische Krieg im Jahre 1859 drückte die Course vorübergehend noch mehr (Staatsschuldscheine Ende Juni 75). Preussen, Nassau und Hessen-Homburg mussten die während desselben aufgenommenen Anleihen mit 5 Procent (dabei Begebungscours Preussen 95, Nassau 91½) bezahlen. Die nach Beendigung des Italienischen Krieges von Preussen (1859) und Nassau (1860, 1861) aufgenommenen Anleihen trugen 4½ Procent Zinsen. Im Jahre 1862 hatten die Course wieder die Höhe vor Ausbruch des Orientalischen Krieges im Jahre 1853 (Staats-schuldscheine über 90) erreicht. Nassau brachte in diesem Jahre eine

4 procentige, Hannover gar eine 3½ procentige Anleihe unter. Auch Preussen versuchte jetzt eine kleine 4 procentige Anleihe unterzubringen, was aber nur sehr allmählich gelang.

Schon 1861 hatte Preussen die 5 procentigen Niederschlesisch-Märkischen Prioritätsobligationen Serie IV. vom Jahre 1852 in 4½ procentige convertirt. Der hohe Cours von 1862 sollte darauf auch zur Convertirung der 4½ procentigen Anleihe von 1850 und 1852 in 4 procentige benutzt werden. Als Ende März die Convertirung eingeleitet wurde, war der Cours der 4½ procentigen 101 und der 4 procentigen 100⅝. Es wurde den einwilligenden Gläubigern ½ Procent Prämie bewilligt. Gleichwohl gelang die Massregel nur zum Theil; durchweg erklärte sich nur die Hälfte der Gläubiger (von 15,148,400 Thlr. der Anleihe von 1850 für 7,145,100 Thlr., von 13,749,100 Thlr. der Anleihe von 1852 für 6,457,600 Thlr.) mit der Zinsherabsetzung einverstanden. Der übrige Theil musste baar ausgezahlt werden. Im Jahr 1863 nahm Kurhessen eine 4 procentige Anleihe zu 99 auf.

Der Dänische Krieg und die beginnenden Verwickelungen mit Oesterreich machten 1864 und 1865 die Course wieder fallen (3½ procentige Staatsschuldscheine 88—91, 4 procentige 94—99). Die Eisenbahnanleihe Preussens aus dem Jahre 1864 wurde wieder zu dem höheren Zinsfusse von 4½ Procent aufgenommen. Nassau gelang es im Februar 1864 den Zinsfuss der 1859 während des Krieges aufgenommenen Anleihe von 5 auf 4 Procent zu ermässigen.

Ende December 1865 stellten sich die Course wie folgt:

	4½ proc.	4 proc.	3½ proc.
Preussen	100½	96¾	89¼
Hannoveraner . . .	—	102⅛	99
Kurhessen	—	99⅛	—
Nassauer	100¾ Br.	96½ Br.	90¾ Br.
Frankfurter . . .	—	—	91½ Br.

Der Staatskredit von Preussen, Nassau und Frankfurt stand hiernach sich damals ungefähr gleich, während Hannover und Kurhessen höhere Course hatten.

Nach dem Kriege, am Ende des Jahres 1866, als sich die Course wieder in etwas befestigt hatten, war der Stand derselben folgender:

	4½ proc.	4 proc.	3½ proc.
Preussen . . .	98¾	89⅝	84⅞
Hannoveraner . .	—	95⅛ Br.	89 Br.
Kurhessen . . .	—	93 Br.	—
Nassauer . . .	94¾	88 G.	83¾ G.
Frankfurter . .	—	—	81¾ G.

Demnach waren die Course von Nassauer und Frankfurter Papieren unter die Preussischen Course gedrückt, während die Hannoverschen und Kurhessischen Papiere noch ihren Vortritt behaupteten. Im Allgemeinen hat der Stoss, welchen der Staatskredit durch die Ereignisse des Jahres erlitt, die Course wieder auf den Stand während des Jahres 1850, des Orientalischen Krieges und der demselben nächstfolgenden Jahre zurückgeworfen. Anleihen wurden 1866 nicht aufgenommen, ausgenommen die zur Deckung der Contributionen in Frankfurt a. M. aufgenommenen beiden 5procentigen Anleihen. Die fortdauernden, bald zu- bald abnehmenden Befürchtungen eines Krieges mit Frankreich und die 1867 und 1868 neu aufgenommenen Staatsanleihen von zusammen über 108 Millionen Thaler (wozu noch 13 Millionen Thlr. Schatzanweisungen zu rechnen sind), drückten die Course noch weiter herab, bis dieselben Ende 1868 (4½procentige Staatsanleihe 93¾, 4procentige Anleihe 87½, 3½procentige Staatsschuldscheine 80¾) den Stand erreichten, welchen sie 1854 bei Beginn des Orientalischen Krieges gehabt hatten. Die neuen Anleihen wurden durchweg zum Zinsfuss von 4½ Procent aufgenommen (der ausnahmsweise 4procentige Zinsfuss der an Dänemark begebenen Obligationen der Anleihe 1868 A. beruhte auf dem Staatsvertrage mit Dänemark), und zwar zu den weichenden Coursen von 96, 95, 94, 93 und weniger. Zu dem Course von 93 ist auch 1854 bei Beginn des Orientalischen Krieges eine 4½procentige Anleihe untergebracht worden.

Die Schatzanweisungen als Papiere mit höchstens einjähriger Umlaufszeit konnten 1867 bei 4 Procent und 1868 bei 3 Procent Zinsen al pari leicht untergebracht werden, ein Beweis dafür, dass zu vorübergehenden Anlagen in Folge der Erwerbsstockungen viel Kapital müssig lag und dass die Kapitalbesitzer gewillt waren für die in den kurzen Rückzahlungsterminen gewährte Sicherung gegen Coursverluste sich einen billigeren Zins gefallen zu lassen.

Das Verhältniss der Course der Preussischen Staatspapiere zu anderen Preussischen Papieren und ausländischen Staatspapieren gibt für die letzten 8 Jahre nachstehende Tabelle an:

	Course am Jahresschluss								Cours am 26. Juli
	1861	1862	1863	1864	1865	1866	1867	1868	1869
4½ proc. **Preussische** Staatsanleihe . . .	**102**	**102**	**100**	**102**	**100¼**	**98¾**	**96**	**93¾**	**93⅛**
4½ proc. Berlin-Anhalter Eisenbahn-Prioritäts-Obligat.	101¾	101¼	99⅛	101½ B.	100 G.	96½	97½	94½ B.	92 G.

	Course am Jahresschluss								Cours am 26. Juli
	1861	1862	1863	1864	1865	1866	1867	1868	1869
4½ pr. **Preussische** Staatsanleihe . . .	**98¼**	**99½**	**94½**	**97**	**96¾**	**89⅝**	**89½**	**87¼**	**85¾**
4 proc. Kurmärkische Rentenbriefe . . .	98¼	99¾	96	97½ B.	94⅛	89⅜ G.	90¼ B.	89¾	86¾ G.
4 proc. Kurmärkische Pfandbriefe	100⅜	101¾	98	98¾	94	88⅜	86 B.	83½	82¼
4 proc. Berlin-Anhalter Eisenbahn-Prioritäts-Obligation.	99⅛	99¾	95¼	97¼ G.	93¼ B.	91 G.	90⅜ B.	90⅛ G.	89 G.
3proc. Englische Consols.	90⅜	92¼	91⅜ G.	89½	87¼	90⅛	$92\frac{3}{16}$	92¼	$93\frac{3}{16}$
3½ pr. **Preussische** Staatsschuldscheine	**88⅜**	**89⅜**	**87⅜**	**91**	**89½**	**84⅜**	**82¾**	**80¾**	**81¼**
3½ proc. Kurmärkische Pfandbriefe .	91½	92	87¼	87¼	83¼	77⅜ G.	76¼	76	73
3 proc. Französische Rente	67,25	70,10	66,40	65,70	68,02	69,65	68,25	70,15	72

Vorstehende Tabelle zeigt, dass während die Course am Jahresschluss innerhalb der Jahre 1861 bis 1868 bei der Französischen Rente und bei den Englischen Consols nur um 4¾ und 5¼ sich verändert haben, die Preussischen 4½procentigen, 4procentigen und 3½procentigen Staatsobligationen um 9¼, 11¾ und 10¼ im Course schwankten. Während Französische Rente und Englische Consols den günstigen Stand von 1862 schon Ende 1868 wieder erreicht haben, hat das Sinken aller Preussischen Papiere nach 1866 fortgedauert. So standen Ende 1868 Englische 3procentige Consols nur noch 1 Procent und am 26. Juli 1869 gar nur noch $^{3}/_{16}$ Procent niedriger als 4½procentige Preussische Staatsanleihe; Preussen muss also seinen Kredit um die Hälfte theurer bezahlen als England. Im Jahre 1862 standen Preussische 4½procentige Obligationen noch 9½ höher als 3procentige Englische Consols, und der Cours der letzteren überstieg den Cours der Preussischen 3½procentigen Staatsschuldscheine nur um 2⅝ Procent.

Wenn man ferner für 1868 die Course der 3½proc. Preussischen Staatsschuldscheine und der 3procentigen Französischen Rente vergleicht und den Cours der Staatsschuldscheine dem niedrigeren Zinsfuss der Rente entsprechend herabsetzt, so steht die Französische Rente Ende 1868 noch 0,90 Procent und am 26. Juli 1869 gar noch 2¼ höher als die 3½procentigen Staatsschuldscheine, während sie im Jahre 1862 bei derselben Rechnungsweise 9 Procent höher als die Rente stand.

Im Verhältniss der Preussischen Staatspapiere zu anderen Preussischen Papieren zeigt sich im Allgemeinen der Cours der ersteren auch für die letzteren massgebend. Die Course der Pfandbriefe sind etwas stärker gefallen als die Course der Staatspapiere, wogegen die Course der Rentenbriefe und Eisenbahnpapiere sich andauernd etwas über den Coursen der Staatspapiere gehalten haben.

Das Verhältniss der Course der Preussischen Staatspapiere zu den Coursen der Staatspapiere von Ländern mit zerrütteten Finanzverhältnissen, insbesondere mit einem Zwangscourse des Papiergeldes, gibt nachstehende Uebersicht der Course vom 26. Juli 1869 an:

3½procentige		Preussische Staatsschuldscheine	81¼
5	„	Oesterreichische Rente	63,40
5	„	Italienische Rente	56
6	„	Amerikaner rückzahlbar 1882 . . .	88¼
8	„	Rumänier	92½
4	„	Türken	45
5	„	Russen	84—91.

§ 34.

III. Uebersicht der Haupt-Cours-Veränderungen der Preussischen Staats-Schuldscheine und der neueren Preussischen 4- und 4½procentigen Staatsanleihen in der Zeit von 1815 bis 1869.

A. Von 1815 bis 1848.

Hier lassen wir von den bis 1843 4procentigen, seitdem 3½procentigen Staatsschuldscheinen den höchsten Cours in den letzten Quartals-Monaten folgen:

1815		1816		1817		1818	
März . . .	85	März . . .	80¼	März . . .	73½	März . . .	70¼
Juni . . .	81½	Juni . . .	76¾	Juni . . .	72	Juni . . .	70¾
September	78	September	76¾	September	74¼	September	64¾
December	79	December	74¾	December	73¾	December	66⅝
1819		**1820**		**1821**		**1822**	
März . . .	67	März . . .	71¼	März . . .	68	März . . .	71
Juni . . .	67⅝	Juni . . .	70⅝	Juni . . .	67½	Juni . . .	72⅛
September	70⅛	September	70	September	67¼	September	74⅛
December	71⅝	December	68¼	December	70⅛	December	74⅛
1823		**1824**		**1825**		**1826**	
März . . .	71¼	März . . .	91¼	März . . .	91⅓	März . . .	84
Juni . . .	72¾	Juni . . .	95⅛	Juni . . .	91⅝	Juni . . .	82¼
September	74	September	87¼	September	90⅓	September	$84\frac{7}{12}$
December	$73\frac{11}{12}$	December	89⅝	December	89¼	December	85¼
1827		**1828**		**1829**		**1830**	
März . . .	86⅝	März . . .	87¾	März . . .	$93\frac{5}{12}$	März . . .	$101\frac{7}{12}$
Juni . . .	88⅓	Juni . . .	$90\frac{5}{12}$	Juni . . .	96⅛	Juni . . .	$100\frac{7}{12}$
September	89⅝	September	93¾	September	98¼	September	97¼
December	87¾	December	91⅛	December	100¼	December	91¾

1831		1832		1833		1834	
März . . .	87⅝	März . . .	93⅝	März . . .	98⅛	März . . .	98⅜
Juni . . .	90⅓	Juni . . .	93¾	Juni . . .	96¾	Juni . . .	99
September	91⅛	September	93¾	September	97	September	99¼
December	93 11/12	December	93 5/12	December	97	December	99⅝

1835		1836		1837		1838	
März . . .	100⅓	März . . .	102⅛	März . . .	102⅓	März . . .	102⅜
Juni . . .	101	Juni . . .	101⅝	Juni . . .	102 1/12	Juni . . .	102⅚
September	101⅓	September	102	September	102⅔	September	103
December	101 7/12	December	101¾	December	102⅝	December	102¾

1839		1840		1841		1842	
März . . .	103¼	März . . .	104	März . . .	103 7/12	März . . .	104 7/12
Juni . . .	103⅓	Juni . . .	103¾	Juni . . .	103⅝	Juni . . .	104 11/12
September	104	September	104	September	104 7/12	September	104 11/12
December	103⅝	December	103 7/12	December	104 5/12	December	103 11/12

1843		1844		1845		1846	
März . . .	104⅔	März . . .	101⅝	März . . .	100	März . . .	97⅛
Juni . . .	103⅜	Juni . . .	101¼	Juni . . .	99⅝	Juni . . .	96½
September	104	September	100⅜	September	100	September	94⅔
December	103¼	December	101	December	98	December	94

1847	
März . . .	93⅛
Juni . . .	93¼
September	93
December	92¼

B. Von 1848 bis 1869.

Hier lassen wir die Ultimo-Course der einzelnen Quartale von den 3½procentigen Staatsschuldscheinen und den 4- und 4½procentigen Staatsanleihen folgen:

	Ultimo	4½ %	4 %	3½ %
1848	März . . .	—	—	83
	Juni	—	—	69
	September	—	—	73½
	December .	—	—	79½
1849	März . . .	—	—	79½
	Juni	—	—	81½
	September	—	—	89⅜
	December .	—	—	88½
1850	März . . .	—	—	86
	Juni	—	—	86⅞
	September	—	—	85
	December .	99¼	—	84½
1851	März . . .	102	—	85⅞
	Juni	102⅛	—	87½
	September	102⅜	—	88⅜
	December .	102¼	—	89¼
1852	März . . .	102	—	89⅜
	Juni	103¼	—	92¼
	September	103½	—	95¼
	December .	103	—	94⅜
1853	März . . .	103	—	93
	Juni	102½	100	92½
	September	101	99⅜	90⅜
	December .	100⅜	99	91

	Ultimo	4½ %	4 %	3½ %
1854	März . . .	93	85½	80¼
	Juni	95¼	90¾	84
	September	98½	93½	85¼
	December .	96	92	83
1855	März . . .	99⅛	93⅞	83⅝
	Juni	100½	97	87
	September	100	95	85¾
	December .	101½	97½	85¾
1856	März . . .	101	96	86
	Juni	101¾	96	86¼
	September	99¾	93½	82½
	December .	98¼	91	82¼
1857	März . . .	99½	95	84¼
	Juni	99¾	93⅛	83½
	September	99	94	81¾
	December .	99	90½	81¾
1858	März . . .	100½	94¾	84
	Juni	100¼	93	83½
1858	September	100¾	94¾	84⅝
	December .	101	95	84¾
1859	März . . .	100	95	84
	Juni	88¼	80½	75
	September	99¼	91½	83¾
	December .	99⅝	93½	84⅜
1860	März . . .	99¾	94¼	82¾
	Juni	99¾	94¼	85
	September	100¾	93½	86¾
	December .	99¼	96	86
1861	März . . .	101¼	96½	87⅜
	Juni	102	98½	89
1861	September	102½	99¾	89¾
	December .	102	98¼	88⅞
1862	März . . .	101	100⅜	92
	Juni	101¼	99⅞	90¼
	September	102⅝	99⅞	91⅛
	December .	102	99½	89⅞
1863	März . . .	101¾	99	89¾
	Juni	101¼	98¼	89¾
	September	101½	98½	90⅛
	December .	100	94½	87⅞
1864	März . . .	99¾	94⅞	89⅛
	Juni	100¼	95	90¾
	September	101½	96½	89½
	December .	102	97	91
1865	März . . .	102⅜	98½	91¾
	Juni	101½	98¾	91½
	September	100½	96¼	88⅛
	December .	100½	96¾	89½
1866	März . . .	100	92¾ B.	82
	Juni	98	76	73
	September	97⅛	88¼	84¾
	December .	98¾	89⅜	84⅝
1867	März . . .	100	91⅛	83¾
	Juni	98	91¼ B.	85
	September	97⅛	89⅜	83⅛
	December .	96	89½	82¾
1868	März . . .	95⅜	89⅞	83⅝
	Juni	95½	88¾ B.	83⅜
	September	95⅜	87⅝	81½
	December .	93¾	87½	80¾

§ 35.

D. Uebersicht über den Zinsfuss der Preussischen Staatsschulden nach dem Staatshaushaltsetat für 1869.

a) 3procentige Schulden:	Thlr.
Sächsische Steuerkreditkassenscheine von 1763	965,700
Hannoversche Münstersche Schuld	700
Augustenburgische Pfandobligationen	10,252
Frankfurter Anleihe von 1844	742,857
Preussische Schatzanweisungen von 1868 (inzwischen eingelöst) . .	13,000,000
Summa	14,719,509

b) 3½procentige Schulden:	
Preussische Staatsschuldscheine	66,784,700
Kurmärkische Kriegsschuld von 1822	1,150,367
Neumärkische Kriegsschuld von 1822	214,300

	Thlr.
Rente an die Tilgungsfonds der Kur- und Neumark, Zinsquote der-selben Kapitalwerth circa	241,000
Preussische Prämienanleihe von 1855	11,670,000
Hannoversche ältere Obligationen	2,251,157
Hannoversche Obligationen Lit. L I von 1862	196,500
Kurhessische Schulden an den Fideicommissfonds und die Scheffer-schen Erben	16,300
Kurhessische Anleihe von 1834	182,600
Nassauische Anleihe von 1837	1,484,743
Augustenburgische Pfandobligationen, Augustenburgische und Gra-vensteinsche Fideicommissobligationen	29,760
Frankfurter Anleihe von 1839, 1846, 1848, 1858	6,675,599
Summa . . .	90,397,026

c) 3¾procentige Schulden:

Augustenburgische Pfandobligationen	600

d) 4procentige Schulden:

Preussische Anleihen von 1850, 1852, 1853, 1862, 1868	54,545,400
Niederschlesisch-Märkische Eisenbahn-Stammactien, Prioritätsactien und Prioritäts-Obligationen Serie I. II. III.	15,867,913
Münster-Hammer Eisenbahn-Stammactien	1.127,600
Hannoversche ältere Schulden	683,322
Hannoversche Obligationen Litera Q, R, S, E I, F I, G I, H I, J I	18,886,530
Kurhessische Anleihe von 1863	9,882,600
Nassauische Anleihen von 1851, 1853, 1858, 1859, 1862 und Nas-sauische Schuld an die Landesbank von 1848	8,723,845
Hessen-Homburgische Anleihe von 1829	20,000
Augustenburgische Pfandobligationen und Augustenburgische und Gravensteinsche Fideicommiss-Obligationen	69,180
Schleswigsche und Holsteinische Domanial-Obligationen	267,300
Entschädigungskapital an Dänemark für Aufhebung der Sund- und Beltzölle	1,909,338
Entschädigung an den Dänischen Pensionsfonds	419,311
Rente für aufgehobene Zölle und andere Berechtigungen (sind durch-weg zum 25fachen Betrage ablösbar, wesshalb sie hier unter den 4procentigen Schulden aufgeführt werden)	11,191,025
Hohenzollernsche Staatsschulden nach dem Durchschnittsprocentsatz	87,140
Summa . . .	123,680,504

e) 4⅖procentige Schulden:

Zinsquote der Renten an die Rentenbanken Kapitalwerth circa . .	7,680,000

f) 4½procentige Schulden:

Die Preussischen Anleihen von 1848, 1854, 1855 (B), 1856, 1857, 1859 (B), 1864, 1867 A, B, C, D, 1868 B	167,702,375
Niederschlesisch-Märkische Prioritäts-Obligationen Serie IV. und Münster-Hammer Prioritäts-Obligationen	1,060,900
Nassauische Anleihen von 1860 und 1861, Schuld an die Landes-bank von 1854	9,189,183
Summa . . .	177,952,458

g) 5procentige Schulden: | Thlr.

	Thlr.
Preussische Anleihe von 1859	27,928,100
Hannoversche Stiftungskapitalien	118,152
Hessen-Homburgische Anleihe von 1859	82,286
Frankfurter Anleihen von 1866 (1869 zurückgezahlt)	3,969,719
Rente an das Potsdamer Militärwaisenhaus als diesem Zinsfuss entsprechend und zum 20fachen Kapitalwerth angenommen . . .	2,645,060
Summa . . .	34,743,317

Zusammenstellung:

3procentige Schulden	14,719,509 Thlr.
3¼ „ „	90,897,026 „
3⅜ „ „	600 „
4 „ „	123,680,504 „
4⅛ „ „	7,680,000 „
4¼ „ „	177,952,458 „
5 „ „	34,743,317 „
Summa . . .	449,673,414 Thlr.

Hiernach berechnet sich für die verzinsliche Gesammtschuld von 450 Millionen Thaler ein Durchschnittszinsfuss von 4,₁₃ Procent vom Nennwerth.

Im Staatshaushaltsetat für 1869 sind zur Verzinsung der auf dem Etat der Hauptverwaltung stehenden Schuldkapitalien ausgeworfen:

	Schuldkapital Thlr.	Zinsen Thlr.	Procent vom Schuldkapital
I. Alte Landestheile .	357,857,422	14,839,255	4,₁₄
II. Hannover	22,146,050	875,812	3,₉₅
III. Kurhessen . . . (einschl. der Prämienanleihe)	15,406,500	402,309	2,₆₁
IV. Nassau . . . . (einschl. der Prämienanleihe)	20,340,628	835,576	4,₁₀
V. Hessen-Homburg .	131,429	5,854	4,₄₃
VI. Schleswig-Holstein .	377,092	14,831	3,₉₃
Summa	416,259,121	16,973,637	4,₀₇

Zweiter Titel.

Die Zinstermine.

§ 36.

Die Regel bilden, namentlich für alle auch ursprünglich Preussischen Schuldtitel, halbjährliche Zinstermine. Ganzjährige Zinstermine kommen dagegen vor bei den älteren, d. h. vor 1848 entstandenen Hannoverschen Schuldtiteln, den Frankfurter und den Schleswig-Holsteinschen Schuldtiteln. Die halbjährlichen Termine entsprechen am Meisten den Interessen des Publicums. Ganzjährige Termine empfehlen sich eher für kleinere Obligationen, wo bei dem geringen Betrag des Zinses die Mühe der Erhebung mehr in Anschlag kommt.

Die Preussischen Staatsschuldscheine haben Zinstermine auf den 2. Januar und 1. Juli; die Zinstermine der neueren Anleihen lauten mit wenigen Ausnahmen auf den 1. April und 1. October. Die Zinstermine der aus den neuen Landestheilen übernommenen Schulden sind sehr verschieden, so dass jetzt die auf dem Etat der Hauptverwaltung stehenden Schulden (einschl. der Frankfurter Schulden) für 1869 21 verschiedene Termine haben. Wir führen dieselben mit den etatmässig fälligen Zinsbeträgen pro 1869 hier auf. Ausser Betracht gelassen bei dieser Zusammenstellung sind nur die Renten für die alten Landestheile, die im Etat nicht specialisirten älteren 3½ procentigen Hannoverschen Schuldkapitalien und die Zinsen der Schatzanweisungen, welche letzteren zugleich mit dem Kapitalbetrag fällig werden.

1. Januar	3,326,379 Thlr.
15. „	51,428 „
20. „	41,050 „
1. Februar	124,713 „
1. März	20,572 „
also im 1. Quartal	3,564,142 Thlr.
1. April	4,406,922 Thlr.
20. „	41,050 „
1. Mai	388,305 „
1. Juni	153,725 „
26. „	668 „
30. „	57,054 „
also im 2. Quartal	5,047,724 Thlr.
1. Juli	3,321,202 Thlr.
15. „	51,428 „
20. „	41,050 „
1. August	138,919 „
1. September	20,582 „
also im 3. Quartal	3,573,181 Thlr.
1. October	4,047,807 Thlr.
20. „	41,050 „
1. November	387,586 „
1. December	209,005 „
31. „	82,423 „
also im 4. Quartal	4,767,871 Thlr.

Im Ganzen also:

1. Quartal . . . . . . 3,564,142 Thlr.
2. „   . . . . . . 5,047,724 „
3. „   . . . . . . 3,573,181 „
4. „   . . . . . . 4,767,871 „

Die vorstehende Vertheilung der Zinstermine auf das ganze Jahr erleichtert allerdings den Geldumlauf und ermöglicht es für die Staatskasse, einen gleichmässigeren Kassenbestand zu halten. Indessen würde diesem Umstande auch schon bei weniger Zinsterminen genügend Rücksicht getragen. Die einheitliche Oesterreichische Staatsschuld hat gegenwärtig 8 Zinstermine. Die Zinstermine sind dort bei den in Noten verzinslichen Obligationen: 1. Februar und 1. August oder 1. Mai und 1. November. Bei den in klingender Münze verzinslichen: 1. Januar und 1. Juli oder 1. April und 1. October.

Für die verschiedenen Schuldposten mit Theilobligationen gestaltet sich der **Zinskalender** gegenwärtig wie folgt:

I.

Ganzjährige Zinstermine sind an folgenden Tagen:

2. Januar: Hannov. 3½proc. Oblig. Lit. F, Lit. G.
3¼proc. Frankfurter von 1839, Lit. A, Lit. E.

6. Januar: Augustenburgische und Gravensteinsche Fideicommiss-Oblig.

1. März: 3½proc. Hannov. Oblig. Lit. N.

1. April: 3½proc. Preuss. Prämienanl. von 1855.
3½proc. Frankf. Oblig. von 1839, Lit. B.

1. Juli: 3½proc. Frankfurter Oblig. Lit. C.
3½proc. dito Lit. F.

1. August: Hannov. Oblig. Lit. H und J.

1. September: Hannov. 3½proc. Oblig. auf Namen Lit. D und M, Lit. E. und L.

1. October: 3½proc. Frankf. Oblig. Lit. D.
3½proc. Anl. von 1848.

1. November: Hannov. 4proc. Oblig. auf den Namen und 3½proc. Oblig. auf den Inhaber Lit. A, B u. C und ohne Lit., Lit. K.

1. December: 4proc. Hannov. Oblig. Lit. Q.
3 proc. Frankf. Oblig. von 1844.
3½proc. dito von 1858.

31. December: 4proc. Schlesw. und Holst. Domanial-Oblig.
Augustenburg'sche und Gravenstein'sche Pfand-Oblig.

II.

Halbjährliche Zinstermine sind an folgenden Tagen:

1. Januar und **1. Juli** (s. auch 30. Juni und 31. December):

    5 proc. Preuss. Anl. von 1859.

    4½ proc.   „   „   von 1848.

    4½ proc.   „   „   von 1867 C.

    4½ proc. Niederschl.-Märk. Eisenbahn-Prioritäts-Oblig. Serie IV.

    4½ proc. Münster-Hammer Eisenbahn-Prioritäts-Oblig.

    4 proc. Preuss. Anleihe von 1868.

    4 proc. Niederschl.-Märkische Eisenbahn-Stammactien, Prioritäts-Actien und Prioritäts-Oblig. Serie I. bis III.

    4 proc. Münster-Hammer Eisenbahn-Stammactien.

    4 proc. Hannov. Oblig. Lit. S.

    4 proc. Nass. Eisenbahnanleihe von 1859.

    3½ proc. Preuss. Staatsschuldscheine.

    3½ proc. Neumärk. Obligationen.

15. Januar und **15. Juli:**

    4½ proc. Nass. Anleihe von 1861.

1. Februar und **1. August:**

    5 proc. Hessen-Homb. Anl. von 1859.

    4½ proc. Nass. Anl. von 1860.

    4 proc. Hannov. Eisenbahn-Oblig. J I.

    4 proc. Hessen-Homb. Oblig. von 1829.

    3½ proc. Nass. Anl. von 1837.

    3½ proc. Hessen-Homb. Anl. von 1829.

1. März und **1. September:**

    3½ proc. Hannov. Oblig. Lit. L I.

1. April und **1. October:**

    4½ proc. Preuss. Anleihe von 1854.

    „   „   Anl. (2.) „ 1855.

    „   „   Anleihe „ 1856.

    „   „   „   „ 1857.

    „   „   „   „ 1859.

    „   „   „   „ 1864.

    „   „   „   „ 1867 A.

    „   „   „   „ 1867 B.

    „   „   „   „ 1867 D.

    4 proc.   „   „   „ 1850.

    „   „   „   „ 1852.

    „   „   „   „ 1853.

    „   „   „   „ 1862.

    „   Hannov. Oblig. Lit. G I.

    „   Nass. Eisenbahn-Anleihe von 1862.

1. Mai und **1. November:**

    4½ proc. Nassauische Eisenbahn-Anleihe von 1860.

    4 proc. Hannov. Oblig. Lit. H I.

    4 proc. Kurhess. Anl. von 1863.

    3½ proc. Kurmärk. Oblig.

1. Juni und **1. December:**

    4 proc. Hannov. Oblig. Lit. R.

    „   „   „   Lit. E I.

    „   „   „   Lit. F I.

    „   Nassauische Anleihe von 1853.

30. Juni und **31. December:**

    4 proc. Nassauische Anleihe von 1852.

    „   „   „   „   1858.

    3½ proc. Kurhessische Anleihe von 1834.

Dritter Titel.

Die Zinscoupons und Zinstalons.

§ 37.

Die sämmtlichen Theilobligationen auf den Inhaber sind mit Zinsanweisungen für die nächsten Zinstermine versehen, welche, von den Documenten losgetrennt, als selbständige Inhaberpapiere Anspruch auf Erhebung der Zinsrate gewähren und zugleich die Quittung über dieselbe darstellen. Von den auf Namen lautenden Schulddocumenten sind ausnahmsweise die Documente über das zu den vormals Hannoverschen Schulden gehörende Meinhelf'sche Stiftungskapital (Kapitalbetrag 19,800 Thlr.) mit solchen Zinscoupons versehen. Die Einrichtung der Zinscoupons entbindet von der Vorzeigung der Kapitaldocumente bei der Zinserhebung und ermöglicht die selbständige Veräusserung der Zinsforderungen. Ein öffentliches Aufgebot und gerichtliches Amortisationsverfahren wegen verlorener oder vernichteter Zinscoupons findet nicht statt; ebenso ist eine Klage auf Zustellung anderer Coupons an Stelle der verlorenen oder vernichteten unzulässig. Wenn jedoch die gänzliche Vernichtung des Coupons dergestalt dargethan wird, dass darüber bei der Hauptverwaltung der Staassschulden kein Zweifel mehr übrig bleibt, so wird an Stelle desselben von der der Hauptverwaltung der Staatsschulden untergeordneten Controlle der Staatspapiere ein anderer Coupon dem Betheiligten ausgehändigt. Es hängt dies jedoch lediglich von der Beurtheilung der Hauptverwaltung der Staatsschulden ab. (Verordnung vom 16. Juni 1819, Ges.-S. S. 151 und Kabinetsordre vom 18. September 1822, Ges.-S. S. 213).

Was die Zahl der Coupons betrifft, so sind mit Coupons versehen die Preussischen Theilobligationen für vier Jahre, die Hannoverschen für fünf Jahre, die Nassauischen für zehn Jahre, die Frankfurter für acht bezw. fünfzehn Jahre. Die Beigabe von Coupons auf längere Zeit erspart die öftere Einreichung der Hauptdocumente, vermindert aber andererseits für Gläubiger, denen die Hauptdocumente abhanden gekommen sind, die Gelegenheit, den gegenwärtigen Inhaber des Documents ausfindig zu machen, um event. gegen denselben eine Vindicationsklage anzustellen. Uns scheint diese Rücksicht so untergeordneter Art gegenüber der Mühe, welche die öftere Ausreichung neuer Coupons für Gläubiger und Schuldner verursacht, dass wir längere Coupons-Serien, etwa auf je zehn Jahre, für angemessener halten müssen.

Seit einigen Jahren sind zur Erleichterung der Ausgabe neuer Coupons-Serien bei der Preussischen Schuldenverwaltung für alle Theilobligationen auf den Inhaber die Talons eingeführt worden. Für die Hannoverschen Staatsschuld-Documente auf den Inhaber waren dieselben schon durch das Hannoversche Gesetz vom 3. Juli 1844 (Hannov. Ges.-S. 1844 I. 33, S. 143) eingeführt. Durch das Gesetz betreffend die Ausgabe von Talons zu den Preussischen Staatsschuldverschreibungen vom 18. März 1869 (Ges.-S. S. 490) ist die Einrichtung für alle Preussischen Staatsschuldverschreibungen geregelt worden.

Der Talon ist eine Anweisung auf eine neue Coupons-Serie; derselbe ist nach Ablauf der dem Kapitaldocument beigegebenen Coupons loszutrennen und behufs ihrer Realisirung, sowie Ausreichung eines neuen Talons selbständig zu präsentiren. Es wird dadurch die für die Staatsgläubiger und die Verwaltung gleich lästige Einreichung der Schulddocumente erspart, welche früher, namentlich für die im Auslande lebenden Gläubiger, mit so erheblichen Weiterungen verknüpft war, dass die Ausbreitung des Verkehrs mit diesen Papieren über die Grenzen Preussens hinaus dadurch beeinträchtigt wurde. Der Talon vertritt das Kapitaldocument hierbei nur subsidiär, d. h. nur in dem Falle, dass nicht vorher das Kapitaldocument selbst präsentirt ist, oder vom Inhaber des letzteren der Ausreichung einer neuen Coupons-Serie rechtzeitig widersprochen worden ist. Ist letzteres der Fall, so erfolgt die Ausreichung der neuen Coupons-Serie nur gegen Einreichung des Kapitaldocuments und gegen Quittung. Bis zur Präsentation des Kapitaldocuments bleiben die Coupons asservirt. Dem Besitzer eines ächten Kapitaldocuments wird die Ausreichung eines Coupons und Talons nur verweigert, wenn dasselbe von einer öffentlichen Behörde ausser Cours gesetzt ist und der Präsentant sich nicht als denjenigen legitimiren kann, zu dessen Gunsten das Papier ausser Cours gesetzt ist; wenn es mittels Privatvermerks ausser Cours gesetzt ist und denjenigen, zu dessen Gunsten dies geschehen, der Hauptverwaltung das Abhandenkommen des Papiers in gehöriger Form (Bezeichnung des Papiers nach Buchstaben, Nummer und Geldbetrag zugleich mit dem Inhalt des Vermerks über die Aussercourssetzung) angezeigt hat; endlich wenn ein Gericht das Document mit Beschlag belegt hat. (§ 2, 3 und 7 des Gesetzes vom 16. Juni 1835.)

Was noch das Verfahren bei der Couponsausgabe betrifft, so macht im Einzelnen vor Ablauf der Gültigkeit einer Coupons-Serie die Hauptverwaltung der Staatsschulden oder die von derselben dazu beauftragte Behörde im Staatsanzeiger und in den Amtsblättern bekannt, dass von einem bestimmten Termin an (gewöhnlich einen Monat vor Ablauf) die neue Coupons-Serie mit dem neuen Talon bei der Controlle der Staatspapiere oder durch die Regierungs-Hauptkassen bezogen werden könne. Wer die Coupons bei der Controlle der Staatspapiere in Empfang nehmen will, hat die Talons mit einem Verzeichnisse, zu welchem Formulare bei der gedachten Controlle unentgeltlich zu haben sind, bei derselben persönlich oder durch einen Beauftragten abzugeben. Genügt dem Einreicher eine numerirte Marke als Empfangsbescheinigung, so ist das Verzeichniss nur einfach, dagegen von denjenigen, welche eine schriftliche Bescheinigung über die Abgabe der Talons zu erhalten wünschen, doppelt vorzulegen. Im letzteren Falle erhalten die Einreicher das eine Exemplar mit einer Empfangsbescheinigung versehen sofort zurück. Die Marke oder Empfangsbescheinigung ist bei der Abholung der neuen Coupons zurückzugeben. In Schriftwechsel lässt sich die Controlle der Staatspapiere nicht ein. Wer die Coupons durch eine der obengenannten Kassen beziehen will, hat die alten Talons mit einem doppelten Verzeichniss einzureichen. Das eine Verzeichniss wird mit einer Empfangsbescheinigung versehen sogleich zurückgegeben und ist bei Aushändigung der neuen Coupons wieder abzuliefern. Formulare zu diesen Verzeichnissen sind bei den Regierungs-Hauptkassen und den von den Königlichen Regierungen in den Amtsblättern zu bezeichnenden Kassen, insbesondere den Kreiskassen, Kreis-Steuerkassen, Haupt-Zoll- und Haupt-Steuerämtern unentgeltlich zu haben.

Bei den Niederschlesisch-Märkischen Eisenbahnpapieren geschieht die Couponsausgabe durch die Hauptkasse dieser Bahn in Berlin und die Stationskassen derselben in Breslau, Frankfurt a. d. Oder und Liegnitz. Hier ist das Verzeichniss jedenfalls doppelt einzureichen. Die bisher bestandene Portofreiheit für die Correspondenz, betreffend die Ausreichung neuer Coupons, ist durch das neue Bundesgesetz, betreffend die Aufhebung der Portobefreiungen, aufgehoben worden.

Vierter Titel.

Die Einlösung der Zinscoupons und Auszahlung der Zinsen.

§ 38.

I. Einlösbarkeit der Coupons.

Um einlösbar zu sein, muss der Coupon fällig und unverjährt sein und darf nicht auf der Vorderseite durchkreuzt oder einer Ecke beraubt sein. Die Fälligkeit ergibt sich aus dem auf dem Coupon vermerkten Termin. Die Hauptverwaltung der Staatsschulden in Berlin pflegt jedoch vor den Hauptzinsterminen an den ersten Quartalstagen durch den Staatsanzeiger und die Amtsblätter bekannt zu machen, dass die Einlösung der an diesem Tage fällig werdenden Zinscoupons bei der Staatsschuldentilgungskasse schon vierzehn Tage vorher, bei den Regierungshauptkassen in den Provinzen schon zehn Tage vorher ihren Anfang nehme. Eine ältere Bestimmung, wonach fällige Coupons nach den Zinsterminen ausser im Falle der Zahlung auf Abgaben, Gefälle und Pächte nur in den Monaten Januar, Februar, Juli und August eingelöst werden können, ist durch Verfügung des Finanzministers vom 7. October 1851 (Ministerial-Blatt der inneren Verwaltung) aufgehoben worden. Die fälligen Zinsen können also jetzt jederzeit bis zum Eintritt der Verjährung erhoben werden.

In Betreff der Zinsenverjährung bestimmt Art. XVII. der Verordnung vom 17. Januar 1820 Folgendes: „Um der Staatsschulden-Verwaltungsbehörde zur Unterhaltung einer ordnungsmässigen und übersichtlichen Buchführung alle nur möglichen Mittel zu gewähren, bei fortdauerndem vieljährigen Unterbleiben des Einziehens fälliger Zinsen von Seiten der Inhaber der Schulddocumente aber die Erreichung dieses Zwecks mit mannichfaltigen Schwierigkeiten verbunden ist, so finden wir es unumgänglich nöthig, den Verjährungstermin bei Zinsrückständen von Staatsschulddocumenten, vom Tage der Vollziehung dieser Verordnung ab, auf vier Jahre von der Verfallzeit an gerechnet, hierdurch festzusetzen." — Auch nach dem Gesetz vom 31. März 1838 (Ges.-S. S. 249) wegen der Einführung kürzerer Verjährungsfristen verjähren allgemein die Forderungen wegen der Rückstände an vorbedungenen Zinsen in vier Jahren. Die neueren Anleihegesetze setzen diese Verjährungfrist gleichwohl für die einzelnen Anleihen noch besonders fest. Dieselbe Frist ist durch das Gesetz vom 29. Februar 1868 betreffend die künftige Behandlung etc. für die aus den neuen Landestheilen übernommenen Schulden eingeführt worden. Gegen solche Zinsenforderungen, welche vor dem 1. Januar 1868 fällig geworden sind, wird die vierjährige Frist erst von diesem Tage berechnet, wenn die Verjährungsfrist nach den älteren Bestimmungen nicht früher abläuft. Hinsichtlich solcher bereits ausgegebenen Zinscoupons, in denen eine andere Verjährungsfrist bemerkt ist, hat es bei der letzteren für diese ausgegebenen Coupons sein Bewenden. In neu auszugebenden Zinscoupons ist die Bestimmung über die Verjährungsfrist jedesmal aufzunehmen. In Hannover verjähren übrigens die Zinsen nach dem Hannoverschen Gesetze vom 22. September 1850 (Hann. G.-S. 1850 I. 70 S. 187) auch in vier Jahren.

Ueber die Berechnung der Verjährungsfrist finden wir in Koch, Landrecht Thl. I. S. 643 (Berlin 1862) folgende Anmerkung: Nach § 5 des Gesetzes vom 31. März 1838 beginnt die Verjährung mit dem Zahlungstage, wo ein solcher besonders festgesetzt ist. Nach Artikel XVII. der Verordnung vom 17. Januar 1820 sollen die Zinsen von der Verfallzeit an gerechnet werden, also nicht erst vom Zahltage, d. i. der erste Tag nach der Verfallzeit. Man nimmt daher Seitens der Staatsschuldenverwaltung an, dass die Zinsen, welche z. B. mit Ende des 31. März 1857 fällig, aber erst den 1. April 1857 gezahlt werden, nicht erst mit dem 1. April, sondern schon mit dem 31. März 1861 verjähren; denn sie erklärt in dem vorgeschriebenen Vermerke auf dem betreffenden Coupon (Kabinetsordre vom 18. September 1822, Ges.-S. S. 213) diesen Coupon schon mit dem 31. März 1861 incl. für ungültig. Darnach ist die Verjährungsfrist nach allgemeinen Grundsätzen um einen Tag zu kurz berechnet, da der 1. April, vor dessen Beginne die Zinsen nicht gefordert werden können, nicht mitgezählt werden kann, weil er, so lange er dauert, noch kein vollendeter Tag ist! —

Es wurden an Zinsen präcludirt von dem auf dem Etat der Oeffentlichen Schuld stehenden Zinsen (ausgenommen die Kur- und Neumärkischen Schuldverschreibungen und die Niederschlesisch-Märkischen und Münster-Hammer Eisenbahnpapiere) im Jahre 1867: 5238 Thlr., 1866: 4910 Thlr., 1865: 6276 Thlr., 1864: 4737 Thlr. Darunter befanden sich Coupons der Staatsschuldscheine 1867: 3443 Thlr., 1866: 3012 Thlr., 1865: 2697 Thlr., 1864: 2716 Thlr. Von dem etatsmässigen Zinsensoll beträgt die Summe der präcludirten Zinsen etwa ½ pro Mille. Die durch Präclusion entstandenen Zinsersparnisse dienen nach den Bestimmungen der Anleihegesetze, welche durch das Gesetz vom 29. Februar 1868 auch auf die neuen Landestheile ausgedehnt sind, zur Verstärkung der Tilgungsfonds. Eine Ausnahme machen in dieser Beziehung:

1) die präcludirten Zinsen von Sächsischen Steuerkreditkassenscheinen, welche in Ermangelung einer anderen Bestimmung der General-Staatskasse zufliessen;

2) die präcludirten Zinsen von Niederschlesisch-Märkischen Stammactien, welche „zum Vortheil eines für die Beamten der Gesellschaft zu bildenden Pensions- und Unterstützungsfonds" zu verwenden sind.

3) Bei den Münster-Hammer Actien, sowie den Prioritäts-Obligationen
der Niederschlesisch-Märkischen und Münster-Hammer Gesellschaft
ist bestimmt, dass die präcludirten Zinsen „zum Vortheil der Gesellschaft", also jetzt der Staatskasse, verfallen.

4) In Betreff der Coupons der Prämienanleihe, bei welcher die Tilgung planmässig genau festgestellt ist, bestimmt das Gesetz vom
7. Mai 1855 (S. 269): „Die ersparten Zinsen fallen dem Betriebsfonds der Staatsschuldentilgungskasse zu."

5) Bei der 4procentigen Anleihe von 1868 fallen die Zinsersparnisse
aus Präclusionen dem allgemeinen Staatsfonds zu, indem man es
nicht für zweckmässig erachtete, den ohnedies schon ungewöhnlich
hohen Tilgungsfonds dieser Anleihe durch Zuwendung der präcludirten Zinsen noch zu erhöhen.

II. Einlösungskassen.

Die Zinsen der auf Namen lautenden Schuldverschreibungen werden
nur bei den darin benannten oder für die Auszahlung herkömmlichen
Kassen entrichtet. Die Zinscoupons dagegen werden in Zahlung genommen beziehungsweise gegen baar eingelöst bei der Staatsschuldentilgungskasse, den Regierungshauptkassen, den Hauptsteuer- und Zollämtern, den
Kreis- und Steuerkassen und in Leipzig bei H. C. Plaut. Auch die
Unter-Steuerämter und Neben-Zollämter 1. Klasse müssen Zinscoupons
einlösen, soweit es die vorhandenen Mittel gestatten. Seit dem 9. Juli
1868 gilt dies auch von den Zinscoupons der aus den neuen Landestheilen übernommenen Staatsschulden.

Beschränkende Ausnahmen gelten für folgende Coupons: Die Coupons
zu den auf Goldwährung lautenden Hannoverschen Obligationen werden
in Gold ausser bei der Bezirkskasse in Hannover nur dort eingelöst,
wo die Kassen genügenden Vorrath davon besitzen. Gegen Silber dagegen werden diese Coupons zum tarifmässigen Cours überall eingewechselt
(Bekanntm. des Hannov. Finanzministerii vom 5. October 1840, Hannov.
Ges.-Samml. I. 48 S. 431, und des Schatzcollegii vom 26. Juli 1848,
Hannov. Zeitung No. 196, und vom 10. October 1854, Hannov. Zeitung
No. 483).

Erweiternde Ausnahmen gelten für folgende Coupons: Die Coupons
der Preussischen Eisenbahnpapiere werden auch eingelöst bei den betr.
Eisenbahnhauptkassen, die Coupons der Münster-Hammer Eisenbahn-

papiere ausserdem bei dem Bankhause A. Paderstein in Berlin. Die Coupons der Hannoverschen Eisenbahnobligationen können obligationsmässig innerhalb 90 Tagen nach der Fälligkeit bei den durch öffentliche Bekanntmachung zu bezeichnenden Agenten zu Frankfurt a. M., Hamburg, Bremen, Berlin und Leipzig entgegengenommen werden. Es sind dies gegenwärtig folgende Agenten: M. A. v. Rothschild & Söhne in Frankfurt a. M.; D'Jaques & Sohn zu Hamburg; Bremer Bank in Bremen; S. Bleichröder in Berlin; Frege & Co. zu Leipzig.

Die Zinscoupons der bei M. A. v. Rothschild zu Frankfurt a. M. begebenen Nassauischen, Kurhessischen und Hessen-Homburgischen Anleihen sind auch bei diesem Bankhause zahlbar. Es gehören dahin: 4 proc. Kurhessische Anleihe von 1863; 3½ proc. Nassauische Anleihe von 1837; 4 proc. Nassauische Anleihen von 1851, 1853, 1858, 1859, 1862; 4½ proc. Nassauische Anleihen von 1860, 1860 Dec., 1861, und die Hessen-Homburgische Anleihe von 1829.

Ebenso sind die Zinscoupons der 5procentigen Hessen-Homburgischen Anleihe von 1859 bei dem Bankhause A. Reinach in Frankfurt a. M., an welches diese Anleihe begeben wurde, zahlbar.

Die genannten Bankagenturen innerhalb Preussens sind gegenwärtig neben den zur Couponseinlösung bestimmten öffentlichen Kassen offenbar überflüssig. Auch die ausserhalb Preussens für Hannoversche Coupons zu Bremen und Hamburg bestehenden Einlösungsstellen scheinen uns überflüssig zu sein. Dagegen hat die Kölner Handelskammer mehrfach den Wunsch ausgesprochen, dass für Preussische Staatspapiere auch in den Niederlanden und Belgien Zahlstellen errichtet werden möchten.

III. Die Auszahlung der Zinsen

geschieht gegen Einreichung der Coupons, bei den auf Namen lautenden Schuldverschreibungen gegen Quittung. Die Coupons müssen bei ihrer Einreichung nach den einzelnen Schuldengattungen geordnet sein und es muss ihnen ein, die Stückzahl und den Betrag der verschiedenen Appoints enthaltendes aufgerechnetes und unterschriebenes Verzeichniss beigefügt sein.

VIII. Kapitel.

Die besonderen Sicherheiten für einzelne Schuldposten.

§ 39.

Für einzelne Schuldposten sind in den Anleihegesetzen oder Anleihe-verträgen zur Verzinsung und Tilgung besondere Staatseinnahmequellen bestimmt.

I. Preussische Staatspapiere.

In den Gesetzen über Eisenbahnanleihen werden die Fonds zur Verzinsung und Tilgung durchweg auf die Betriebsüberschüsse der Eisenbahnverwaltung, neuerlich auf die „etatsmässigen Mittel der Eisenbahnverwaltung" verwiesen. Der Eisenbahnfonds, auf welchen bei den früheren von der Preussischen Verwaltung aufgenommenen Anleihen verwiesen ist, besteht gegenwärtig nicht mehr. Ebenso sollen die zur Verzinsung und Tilgung der Niederschlesisch-Märkischen und Münster-Hammer Eisenbahnpapiere erforderlichen Summen nach den Gesetzen, worin diese Papiere vom Staate übernommen wurden, aus dem „Ertrag" der betreffenden Bahnen an die Staatsschuldentilgungskasse abgeführt werden.

In Gemässheit des § 62 des Gesetzes über die Rentenbanken vom 2. März 1850 sind die Ablösungskapitalien, soweit sie dem Berechtigten nicht baar gezahlt werden, zur Tilgung von Staatsschulden und zwar zunächst der durch das Gesetz vom 25. April 1848 gegründeten 5procentigen Anleihe zu verwenden.

Für die Schuldposten, welche in dem der Verordnung vom 17. Januar 1820 beigefügten Etat aufgeführt sind (dahin gehören gegenwärtig noch die Staatsschuldscheine, die Kur- und Neumärkischen Schuldverschreibungen), haften nach Artikel III. dieser Verordnung insbesondere die sämmtlichen Domainen, Forsten und säcularisirten Güter im ganzen Umfange der Monarchie, mit Ausschluss derer, welche zur Aufbringung des jährlichen Bedarfs von 2½ Millionen Thaler für den Unterhalt der Königlichen Familie, ihres Hofstaates und sämmtlicher Prinzlichen Hofstaaten, sowie auch für alle dahin gehörigen Institute etc. erforderlich sind. Zur Verzinsung und Tilgung sind nach Art. VII. derselben Verordnung überwiesen 1) die sämmtlichen Domainen- und Forstrevenüen; 2) der Erlös aus dem Verkaufe von Staatsgütern oder Ablösungen von Domanialrenten, Erbpachtsgeldern und anderen Grund-Abgaben, Zinsen,

Zehnten, Diensten u. s. w.; 3) die Salzrevenüen, soviel davon zur aus-
reichenden Ergänzung des Staatsschuldentilgungskassenbedarfs erfordert
wird. Letztere Einnahmen sind gegenwärtig verfassungsmässig dem Norddeutschen Bunde überwiesen. Die Verausgabung der übrigen Einnahmen
kann Seitens der Provinzialkassen nur durch Quittungen der Staatsschuldentilgungskasse rechnungsmässig justificirt werden. Die nach No. 2
für Veräusserungen von Staatsgütern, Ablösungen etc. zu leistenden Zahlungen können nur nach Bescheinigung der Hauptverwaltung der Staatsschulden als gültig anerkannt werden. In den Specialetats und Special-
rechnungen der Schuldenverwaltung werden alle die vorbenannten Einnahmen, auf welche die Verwaltung besonders angewiesen ist, vor der
Linie aufgeführt.

II. Hannoversche Staatspapiere.

Die ehemals gesonderten Schulden der Königlichen Generalkasse in
Hannover, welche auf dem Domanium daselbst hafteten, sind seit Erlass
des Finanzkapitels vom 24. März 1857 Staatsschulden, für welche in
gleicher Weise, wie für die anderen Hannoverschen Staatsschulden nur
die Staatseinnahmen insgesammt ohne besondere Verhaftung einzelner
Zweige derselben bürgen (s. Werenberg, die Rechtsverhältnisse im
Staatsschuldenwesen des Königreichs Hannover, S. 42. Bremen, bei H.
Strack 1859). Die älteren Hannoverschen Provinzialschulden der einzelnen Landschaften haben schon durch Ständebeschluss vom 1. October
1816 den Charakter allgemeiner Staatsschulden erhalten. Für eine alte,
zu den Schulden der vormaligen Königlichen Generalkasse gehörige Forderung des Grafen von Kielmannsegge im Betrage von 4568 Thlr. sind
die „Domainen-Intraden verpfändet" und für das zu derselben Gattung
gehörende Meinhelf'sche Stiftungskapital von 79,800 Thlr. „die Kammer-
und Bergwerks-Intraden".

III. Nassauische Staatspapiere.

Für die beiden Anleihen von 1837 sind die Erträge aus den Do-
mainen-Waldungen im Anschlag von jährlich 454,878 Fl. als Sicherheit
eingesetzt. In der Schuldverschreibung zur Prämienanleihe von 1837
heisst es in dieser Beziehung: „Wir haben Unsere betreffenden Behörden unter Entbindung ihrer besonderen Pflichten gegen Uns angewiesen,
aus den gedachten als Special-Hypothek eingesetzten Domainen-Gefällen
die zur planmässigen Einlösung der Prämien-Scheine erforderlichen jährlichen Leistungen in den bestimmten Terminen beizuschaffen und pünktlich zu entrichten." Für die Nassauischen Anleihen von 1851 und 1853
sind die Grundsteuern der Amtsbezirke Idstein und Weilburg beziehungsweise Wallmood und Wiesbaden nebst dem Ertrage der Domanialgüter des

Herzogthums Limburg dergestalt zur Sicherheit und zum speciellen Unter-
pfande angewiesen, „dass", wie die Schuldverschreibung wörtlich sagt,
„insofern wider Verhoffen die Zinsen und rückzahlbaren Kapitalbeträge
nicht oder nicht richtig eingehen sollten, alsdann aus den verpfändeten
Gefällen das Anlehen an Kapital und Zinsen, sowie auch etwaige Kosten
berichtigt und bezahlt werden sollen, zu welchem Ende Wir für solchen
Fall Unsere betreffenden Behörden besonders verpflichtet und angewiesen
haben, aus gedachten Gefällen nicht allein halbjährlich die Zinsen, sondern auch nach den Bestimmungen über die Tilgung des Kapitals letzteres selbst in den festgesetzten Terminen prompt und unfehlbar abzutragen."

IV. Hessen-Homburgische Staatspapiere.

Zur Sicherheit der beiden Hessen-Homburgischen Anleihen von 1829
sind verpfändet generaliter alle und jede Besitzungen, Domainen und
Einkünfte des Landgräflichen Hauses, die Reineinkünfte der beiden Ober-
ämter, die Domanialeinkünfte derselben, die dem Landgräflichen Hause
zustehenden Renten vom Grossherzogthum Hessen und England. Das
Haus Rothschild soll in den unmittelbaren Bezug der Hessischen Rente
eingewiesen werden. — Das Grossherzogthum Hessen hält sich übrigens,
nebenbei bemerkt, nicht für verpflichtet, diese Rente an Preussen zu
bezahlen.

V. Schleswig-Holsteinische Staatspapiere.

Zur Sicherheit der Augustenburgischen Prioritätsobligationen sind theils die gesammten ehemaligen Herzoglich Augustenburgischen Besitzungen in Schleswig, theils einzelne derselben verpfändet.
Diese Besitzungen sind bis auf das Gut Kielstrup und die Schlösser
Sonderburg und Augustenburg nicht mehr im Staatsbesitz. Die Verzinsung und Tilgung der Schleswigschen Domanialobligationen soll aus den
Domainen-Intraden vorweg, die Verzinsung und Tilgung der Holsteinischen
Domanialobligationen aus den Erb- und Zehntpflichtabgaben von den
herrschaftlichen Mühlen vorweg bestritten werden.

Eine solche besondere Sicherstellung einzelner Schuldtitel, wie sie
oben geschildert ist, hat heute, wo das ganze Staatsleben auch in seiner
Wirthschaft als eine Einheit erscheint, keine praktische Bedeutung mehr,
es sei denn, dass dadurch die Kassengeschäfte und die Verwaltung um-
ständlicher werden. Letzteres ist namentlich in ausserordentlichem Masse
der Fall durch die unter 1) aufgeführten Bestimmungen der Verordnung
vom 17. Januar 1820, welche die Hauptverwaltung der Staatsschulden

verpflichten, über die Verwendung aller Domainen- und Forstveräusserungsgelder zu Zwecken der Schuldenverwaltung auf den Quittungen über diese Gelder Bescheinigung zu ertheilen. Im Jahre 1867 musste die Hauptverwaltung nicht weniger als 10,214 solcher Bescheinigungen ausstellen.

Auch rechtlich hat nach den betreffenden Pfandgesetzen eine solche allgemeine Pfandbestellung durch Gesetz oder Vertrag an die Inhaber von Staatsobligationen einen sehr zweifelhaften Werth.

IX. Kapitel.

Die Zweckmässigkeit einer Consolidation der Staatsschulden.

§ 40.

Aus unserer ganzen Darstellung in diesem Theil erhellt die grosse Verschiedenheit unter den Preussischen Staatsschuldverschreibungen und Staatspapieren. Fassen wir auch nur die Theil-Obligationen in's Auge, so haben wir doch ein Bild der denkbar möglichsten Mannichfaltigkeit vor uns, sowohl was die Währung und den Nennwerth der Theil-Obligationen, als was die Bestimmungen über Tilgung und Rückzahlung anbetrifft. Aus dieser Mannichfaltigkeit erwächst zunächst der Schuldenverwaltung grosse Mühe und Beschwerde, von der ersten Aufstellung des jährlichen Ausgabe-Etats an gerechnet bis zur letzten Prüfung der Rechnungen. Die grosse Verschiedenheit der Staatspapiere beeinträchtigt aber auch den Staatskredit im Allgemeinen.

Die verschiedenen Arten der Preussischen Staatspapiere erschweren dem Publicum die Uebersicht über die Staatsschuld im Ganzen und das Verständniss für die einzelnen Papiere. Das macht die Anlage von Geldern in Preussischen Staatspapieren bei den Kapitalisten weniger beliebt, verhindert namentlich eine grössere Verbreitung der Papiere. Diejenigen Papiere, welche keinen Börsencours haben, wie die Hannoverschen, die Schleswig-Holsteinschen und Hessen-Homburgschen, bleiben in den betreffenden Provinzen. Die nur an der Frankfurter oder Leipziger Börse notirten Papiere kommen nicht über den nächsten Geschäftsbereich dieser Handelsplätze hinaus. Hinsichtlich der übrigen an der Berliner Börse notirten Papiere wirkt die Verschiedenheit der Arten einer Verbreitung im Auslande entgegen. Wie wir im § 16 gesehen haben, werden Preussische Papiere an ausländischen Börsen nur in Leipzig, Hamburg und Amsterdam, und an diesen auch nur in einzelnen Sorten gehandelt.

Die Verschiedenheit hat aber auch noch andere Nachtheile. Allen Besitzern von Papieren, welche keinen Börsencours haben, fällt es auch innerhalb des natürlichen Gebiets für die Verbreitung des Papiers sehr schwer, im Falle einer Veräusserung Käufer zu finden, und eben so schwierig ist dann die Erzielung eines angemessenen Kaufpreises. Aber selbst wenn die Papiere im Courszettel aufgeführt sind, fehlt bei kleineren Anleihen oft jeder Verkehr darin und noch öfter dem Angebot die Nachfrage oder umgekehrt. Es kann dann gar kein Cours notirt werden oder blos Brief- oder Geldcours. Wenn aber auch Geschäfte in solchen Papieren gemacht werden, so hat doch die Feststellung des Preises ihre Schwierigkeiten.

Die Beschränkungen des Nehmerkreises einerseits und die Erschwerungen des Handels in den Papieren andererseits geben den Obligationen der kleineren Anleihen einen geringeren Werth als die grösseren haben. Wir lassen hier die Ultimo-Course für 1868 von den Staatsschuldscheinen einerseits und den Kur- und Neumärkischen Schuldverschreibungen andererseits folgen. Beide Papiere sind sich in Bezug auf Verzinsung, Tilgung und auch sonst vollständig ebenbürtig; der Umstand, dass die Staatsschuldscheine 40 mal so zahlreich sind, wie die Kur- und Neumärkischen Schuldverschreibungen, bewirkt gleichwohl die nachstehenden Differenzen.

1868 ultimo	Staatsschuldscheine	Kur- u. Neumärk. Schuldverschreibungen	Der Cours der Staatsschuldscheine betrug also:
Januar	83⅜	78¾ B.	+ 4⅝
Februar	83½	78 B.	+ 5½
März	83⅝	77½ G.	+ 6⅛
April	84⅛	78¾ G.	+ 5⅜
Mai	84⅛	79½ B.	+ 4⅝
Juni	83⅜	80 G.	+ 3⅜
Juli	83⅜	—	—
August	83⅜	—	—
September	81½	81¼	+ ¼
October	81⅜	80¼	+ 1⅛
November	81⅞	82¼	— ⅜
December	80⅜	80	+ ⅜

Nassauer und Kurhessen, welche jetzt Preussische Staatspapiere geworden sind, bleiben regelmässig 1 bis 2 Procent unter dem entsprechenden Course der alten Preussischen Staatspapiere, obwohl den ersteren die Ausloosung al pari zugesichert ist, während die letzteren auch durch freihändigen Ankauf an der Börse getilgt werden können. Je kleiner eben ein Markt ist, um so grösseren Schwankungen unterliegt der Preis der daselbst feilgebotenen Waaren, weil ja bei dem geringeren Vorrath jede Zunahme von Angebot und Nachfrage stärker einwirken muss. Aus demselben Grunde schwankt auch der Cours von Obligationen derselben Sorte desto stärker, je geringer der Gesammtbetrag der Sorte ist. Beispielsweise schwankten in der Zeit vom 24. November bis 12. December 1868 die Course bei den 3½procentigen Staatsschuldscheinen (Gesammtbetrag 66 Millionen) um ⅜ Procent und bei 4procentigen Obligationen der Preussischen Anleihe (Gesammtbetrag 33 Millionen) um ⅛ Procent, dagegen bei den Niederschlesisch-Märkischen Stammactien (Gesammtbetrag 7 Millionen) um $\frac{11}{8}$ Procent und bei den Kur- und Neumärkischen Schuldverschreibungen (Gesammtbetrag 1½ Millionen) gar um $\frac{11}{8}$ Procent.

Schon das Edict über die Finanzen des Staates vom 27. October 1810 hat das erkannt, indem es durch die Consolidation der verschiedenen damals umlaufenden Staatspapiere in Staatsschuldscheine der Agiotage steuern wollte.

In dem Verhältniss wie die Obligationen der kleineren Preussischen Anleihen einen geringeren Werth haben, als die Obligationen der grösseren, in demselben Masse würde sich auch der Cours der letzteren höher stellen, wenn der Betrag derselben mit denjenigen der ersteren zusammen in einheitlicher Form auf den Markt käme. Auf die Möglichkeit eines höheren Courses lässt sich bis zu einem gewissen Grade schliessen, wenn man den Cours der grösseren Preussischen Anleihen mit dem Cours fremdländischer Staatspapiere vergleicht, welche in einheitlicher Form auf den Markt kommen. Das verbreitetste Preussische Papier, die 3½proc. Staatsschuldscheine, steht gegenwärtig (1. Mai) 83, Französische 3proc. Rente dagegen steht 72 Procent, oder auf den Zinsfuss von 3½ Procent berechnet, 84 Procent, also 1 Procent höher als die Preussischen Staatsschuldscheine. Dabei kommt noch in Betracht, dass von der Rente nichts zu Tilgungszwecken aufgekauft wird, während bei den Staatsschuldscheinen der Staat durch den Ankauf von jährlich 3 Procent der Gesammtsumme zu Tilgungszwecken einen Reiz auf den Cours auszuüben strebt. Was der Preussische Staat sonst an Kredit vor Frankreich voraus haben würde, verdirbt er eben wieder durch die Verschiedenheit der Form, in der er den Kredit in Anspruch nimmt. In Frankreich macht die 3procentige Rente ⅘ der gesammten Staatsschuld aus, und dieser einzige Posten ist sechsmal so gross wie die gesammte Preussische Staatsschuld mit ihren mehr als 100 Etatspositionen. Die Englischen 3proc. Consols stehen 93¼, also trotz der 1½ Procent Zinsen weniger nur ⅛ unter den Obligationen der 4½procentigen Preussischen Anleihen (93⅜). Auch in England ist die Staatsschuld, trotzdem sie elfmal so gross ist als die Preussische, auf wenige Posten beschränkt, worunter die 3proc. Consols der bedeutendste ist. Gewiss lassen sich für diesen günstigen Englischen Cours auch noch andere Ursachen anführen, aber nicht die geringste bleibt darum doch die Einheit der Schuldform.

Der verhältnissmässig ungünstige Cours der vorhandenen Preussischen Staatspapiere äussert für die Staatsfinanzen fortgesetzt nachtheilige Wirkungen einmal dadurch, dass er einen niedrigen Begebungscours für neue Anleihen zur Folge hat, zweitens dadurch, dass er einer Courssteigerung entgegenwirkt, welche eine Kündigung der höchstverzinslichen Papiere behufs Herabsetzung des Zinsfusses ermöglicht. Dieser Umstand in Verbindung mit der Erschwerung der Verwaltung gibt auch dem Staate ein grosses Interesse, die gegenwärtig vorhandenen Verschiedenheiten der Staatspapiere durch eine Consolidation derselben möglichst zu beseitigen.

Die Vereinfachung der Staatsschulden durch Consolidation gehört, wie wir im geschichtlichen Theil dieses Werkes nachgewiesen haben, zu den besten Traditionen der Preussischen Finanzverwaltung. Gegenwärtig hat der Staat an der Consolidation ein doppeltes Interesse, sofern dieselbe auch Veranlassung gibt, die für die freie Bewegung der Finanzverwaltung so überaus erschwerende Verpflichtung abzustreifen, gewisse Schulden alljährlich mit einem bestimmten Minimalbetrag zu tilgen. Wie wir im § 23 näher ausführten, haben jedenfalls bei den neueren Staatsanleihen mit höherem Zinsfuss auch die Gläubiger ein Interesse, dass der Staat von dieser Tilgungspflicht befreit wird. Das Interesse der Gläubiger für eine mit Aufhebung der Tilgungspflicht verbundene Consolidation könnte überdies noch gehoben werden dadurch, dass man die neuen Obligationen nach Wahl der Inhaber auch auf den Namen ausstellt, dagegen das Institut der Ausser- und Wiederincoursetzung für die neuen auf den Inhaber lautenden Obligationen aufhebt (vergl. über die Zweckmässigkeit einer solchen Massregel die §§ 12 und 13). Eine andere zweckmässige Massregel würde sein, die neuen Obligationen durch den ganzen Staat für depositalfähig zu erklären und ausschliesslich bei künftigen Cautionsbestellungen von Staatsbeamten zuzulassen. Bei vielen Papieren haben ausserdem die Gläubiger das stärkste Interesse, durch Convertirung eine nicht mehr übliche Währung, einen unbequemen Nennwerth, Zinsfuss, Zinstermin u. s. w., welche die Obligationen schwer verkäuflich machen, verändert zu sehen.

In Berücksichtigung aller dieser Umstände halten wir das Interesse der Gläubiger an einer Consolidation für so lebhaft, dass es nicht erforderlich scheint, die Massnahme so lange zu verschieben, bis die betreffenden Papiere den Paricours erreicht haben und daher eine allgemeine Kündigung derselben ohne Schädigung des Finanzinteresses stattfinden kann. Vielmehr lässt sich hinsichtlich der Mehrzahl der vorhandenen

Arten von Theilobligationen erwarten, dass wenn man den einzelnen Besitzern von Obligationen selbst ohne das Versprechen einer Prämie freistellt, ihre Papiere gegen neue Documente der consolidirten Schuld von demselben Zinsfuss einzutauschen, das Eigeninteresse eine grosse Anzahl von Gläubigern sofort bestimmen wird, auf den Tausch einzugehen. In dem Masse als die Consolidation fortschreitet, muss sie von selbst in beschleunigteren Gang kommen, weil die alten Obligationen an der Börse seltener und dadurch schwerer verkäuflich werden. Allerdings dürften die gegen neue Obligationen vom Staate eingetauschten Schulddocumente nicht sofort vernichtet werden, sondern wären einem Consolidationsfonds zuzuführen, der gewissermassen als Betriebsfonds für die Verwendungen der obligatorischen jährlichen Tilgungsquote bei den alten Schuldposten bis zu deren gänzlicher Löschung zu dienen hätte. Würden nämlich diese Documente sofort vernichtet, so erbten die nicht sofort zur Eintauschung gelangenden Documente deren Ansprüche an den jährlichen Tilgungsfonds und würden dadurch der Tilgung näher geführt. Dies müsste den Cours der alten Obligationen steigern. Die Möglichkeit der Durchführung des Consolidationsgeschäfts beruht aber darauf, dass die neuen Obligationen einen höheren Cours als die alten behalten.

Bei einer Vornahme der Consolidation in dieser Weise ist mit derselben für den Staat auch nicht das geringste Risico verbunden; im ungünstigsten Falle, d. h. wenn die Besitzer von Obligationen nur sehr vereinzelt von dem Rechte des Eintausches Gebrauch machen, würde nur in den consolidirten Obligationen den zahlreichen vorhandenen Gattungen von Staatspapieren noch eine neue Art hinzugefügt werden.

In je grösserer Ausdehnung die Consolidation unternommen wird, einen um so sicherern Erfolg verspricht sie. Wir würden den Eintausch zunächst für alle 4½- und 4procentigen Theilobligationen beginnen lassen. Die genannten Obligationen haben gegenwärtig einen Gesammtwerth von etwa 285 Millionen Thaler, das ist mehr als die Hälfte und nicht ganz zwei Drittel der gesammten Staatsschuld. Statt gegenwärtig etwa 50 Etatspositionen mit 16 verschiedenen Coursnotirungen an der Börse würde man dann nur zwei Gattungen zu unterscheiden haben. Die neuen Documente wären dann, wie oben empfohlen, nach Wahl der Gläubiger entweder auf den Namen oder auf den Inhaber auszustellen. Ferner würden, wie wir schon im § 36 empfahlen, die kleinen Appoints à 50 Thlr. und 25 Thlr. nur ganzjährige Coupons bekommen. Den grösseren Appoints à 100 Thlr., 200 Thlr., 500 Thlr. und 1000 Thlr. gebe man Zinstermine für den 1. Januar und 1. Juli oder für den 1. April und 1. October, je nachdem sie auf Inhaber oder auf Namen lauten.

Eine derartige Consolidation sämmtlicher 4½procentigen Obligationen

im Betrage von 178 Millionen Thaler würde wesentlich mit dazu beitragen, den gegenwärtig auf 93 stehenden Cours derselben alsbald wieder
dem Paricours zu nähern, welchen sie noch im März 1867 genossen
haben. Alsdann wäre der Moment gekommen, die 28 Millionen Thaler
5 procentiger Obligationen zu kündigen und in 4½ procentige consolidirte
Obligationen zu convertiren. Einer weiteren fortschreitenden Besserung
des Staatskredits bliebe es dann vorbehalten, auch die 4½ procentigen in
4 procentige zu convertiren (genossen doch die letzteren noch 1862 Paricours) und schliesslich durch Convertirung der 4 procentigen in 3½ procentige Obligationen den Zinsfuss der Staatsschulden im Jahre 1842
wiederzugewinnen. Bei solchem günstigeren Coursstande wäre dann auch
die Möglichkeit gegeben, die gegenwärtig 3½ procentigen Obligationen mit
der consolidirten Schuld zu verbinden.

Neben der Consolidation der Theilobligationen durch Eintausch würde
eine Convertirung anderer nicht in Theilobligationen verbriefter Schuldposten in consolidirte Theilobligationen anzustreben sein. In dieser Beziehung wären die Rentenschulden an die Preussischen Rentenbanken und
an die Nassauische Landesbank, die Renten für aufgehobene Rechte und
Nutzungen und die alten Hannoverschen Schulden in's Auge zu fassen.
So lange der niedrigere Cours der Theilobligationen von entsprechendem
Zinsfuss eine Kündigung verbietet, könnte hier freilich eine Convertirung
nur als Folge freier Vereinbarung mit den Gläubigern eintreten. Letztere
dürften aber mehrfach auch ein Interesse daran haben, durch Verbriefung
ihrer Forderungen in Theilobligationen von entsprechendem Zinsfuss Verfügbarkeit über den Kapitalwerth ihrer Forderung zu erhalten.

Kleinere Schuldposten, wie solche namentlich unter den älteren Kurhessischen, Hannoverschen und Schleswig-Holsteinschen Schulden noch
vorkommen, würden ohne Rücksicht auf ihren Zinsfuss schon zur Vereinfachung der Verwaltung wie zur Förderung des Consolidationswerkes
überhaupt zu kündigen sein, selbst wenn die Mittel zur Abzahlung durch
Aufnahme einer neuen Anleihe beschafft werden müssten.

Etwa 34 Etatspositionen mit zusammen 6,326,911 Thlr. werden
ferner innerhalb der nächsten 10 Jahre schon durch die planmässige Abzahlung verschwinden, zu deren Fortsetzung der Staat verpflichtet ist.

Schreitet in derselben Zeit die hier vorgeschlagene Consolidation
der übrigen Schulden unseren Voraussetzungen entsprechend fort, so würde
späterhin die Preussische Staatsschuld neben der consolidirten Schuld nur
noch aus den unverzinslichen Kassenanweisungen, vielleicht auch noch
aus Schatzanweisungen, sowie Pensionen und Apanagen bestehen, und
wäre damit eine Einheit der Staatsschuld wiederhergestellt, wie sie vor
1848 in der Hauptsache schon einmal bestanden hat.

Vierter Theil.

Die einzelnen Gattungen der Staatsschulden.

I. Kapitel.

Die von der Hauptverwaltung der Staatsschulden ressortirenden Schulden.

Erster Titel.

Die Schulden der alten Landestheile und die nach 1866 von der Hauptverwaltung ausgefertigten Schuldverschreibungen.

§ 1.
Die Staatsschuldscheine.

Gesetzgebung: Das Edict über die Finanzen des Staats etc. vom 27. October 1810 (Ges.-S. S. 25), die Verordnung wegen der künftigen Behandlung des gesammten Staatsschuldenwesens vom 17. Januar 1820 (Ges.-S. S. 9).

Entstehung: Die Staatsschuldscheine sind zuletzt im Jahre 1842 neu verbrieft worden; ihre Ausgabe hat aber schon 1810 begonnen, und zwar behufs Consolidirung anderer theils freiwillig, theils zwangsweise zum Umtausch präsentirter Staatsschuldverschreibungen. Für etwa 47 Millionen Thaler Staatsschuldscheine wurden 1820 bis 1822 direct begeben zur Deckung des Deficits und zu ausserordentlichen Ausgaben für das Retablissement des Staates wie zur Anlage eines Staatsschatzes. Vgl. im Einzelnen darüber den ersten Theil dieses Werkes — Geschichte des Preussischen Staatsschuldenwesens — in dem II. und IV. Abschnitt.

Hauptsächlich sind danach Staatsschuldscheine ausgefertigt worden:

	Zum Betrage von
a) Von 1810 bis 1833.	Thlr.
Zur Verbriefung älterer, vor 1807 entstandener Schulden in der Zeit bis 1820	38,787,634
Zur Verbriefung von Rückständen, durch den Krieg von 1806 und 1807 veranlasst	5,904,896
Zur Verbriefung verschiedener Anleihen aus der Zeit von 1807 bis 1815	897,650

	Zum Betrage von Thlr.
Zur Verbriefung von Lieferungsforderungen aus der Zeit von 1806/7—1815	32,148,967
Zur Verbriefung von Schulden, welche aus den 1815 neu-erworbenen Landestheilen übernommen wurden . . .	12,219,075
Zur Verbriefung der Kriegsanleihe von 1745 und älterer Landschaftsschulden	1,731,100
Zur Verbriefung der Domainen-Pfandbriefe und der neuen Holländischen Obligationen	4,253,143
Zur Verbriefung verschiedener 1820 noch in Liquidation begriffener Provinzial-Staatsschulden	7,207,225
Zur Verbriefung der mit den Sächsischen Gebietstheilen übernommenen Central-Steuerobligationen	1,022,800
Zur Verbriefung sonstiger in den Provinzen zerstreuter Schuldkapitalien	1,767,725
Zur Entschädigung in Folge der neueren Gesetzgebung, be-sonders über den gewerblichen Verkehr	1,534,600
Zur Versilberung behufs Retablissement des Staates, Anle-gung eines Staatsschatzes, Deckung der Ausgabereste bis Ende 1819, Deckung der ausserordentlichen Bedürfnisse des Staates in den Jahren 1820/22	47,038,654
Zu Dotationen und Abfindungen	380,297

b) Nach 1833:

Zur vollständigen Verbriefung der Obligationen der ehemali-gen Kurmärkischen Landschaft (1836)	1,170,648
Zur vollständigen Verbriefung der Domainen-Pfandbriefe (1842)	942,955
Zur Verbriefung der Anleihe bei Rothschild in London von 1818 (1843)	19,655,325
Zur Verbriefung verschiedener provinzieller Staatsschulden (1843)	5,625,350

Im Ganzen sind für etwa 180 Millionen Thaler Staatsschuldscheine ausgefertigt. In der Ziffer von 167,324,977 Thlr., welche in dem Be-richt der Budgetcommission der Zweiten Kammer vom Jahre 1850 (Drucks. ders. No. 513) angegeben wird, sind die bereits vor 1820 getilgten oder wieder umgeschriebenen Schuldscheine nicht einbegriffen. Der Staats-baushalts-Etat für 1869 gibt bei Berechnung der Tilgungsquote die Summe der Staatsschuldscheine, welche über die bereits im Etat zur Verordnung vom 17. Januar 1820 begriffenen Schuldkapitalien ausge-fertigt sind, auf 167,326,440 Thlr. an.

Durch die jährliche Tilgung hat sich die Summe auf den gegen-wärtigen Betrag von 66,784,700 Thlr. vermindert. Es waren in Umlauf:

Staatsschuldscheine		Staatsschuldscheine	
	Thlr.		Thlr.
1813	19,922,410	1853	103,525,000
1816	30,000,000	1863	79,604,500
1818	33,000,000	1864	77,734,300
1819	59,685,543	1865	75,800,800
1833	114,970,625	1866	73,800,700
1843	99,916,275	1867	71,548,400
1847	118,648,950	1868	69,236,400
1849	113,968,200	1869	66,784,700

Betrag der Staatsschuldscheine i. J. 1869: 66,784,700 Thlr.

Nennwerth der Theilobligationen: 1000, 500, 400, 300, 200, 100, 50, 25 Thlr.

Person der Gläubiger: Die Scheine lauten auf den Inhaber.

Rückzahlung der Schuld: Unkündbar Seitens der Gläubiger, kündbar Seitens des Staates. Verpflichtung des Staates zu jährlicher Tilgung durch freihändigen Ankauf oder, sofern derselbe unter dem Nennwerth nicht mehr zu ermöglichen ist, durch Ausloosung. (Verordnung vom 17. Januar 1820, Ges.-S. S. 577 und Wiederherstellung der betr. Bestimmungen darin durch Kabinetsordre vom 25. Februar 1826, Ges.-S. S. 18.) Pflichtmässige Dotation des Tilgungsfonds pro 1869: 2,121,957 Thlr. Demselben wachsen bis zum Jahre 1872 einschliesslich die durch Tilgung ersparten Zinsen zu. Für 1873 ermässigt sich der Tilgungsbetrag auf 1,673,264 Thlr., erhöht sich dann bis einschliesslich 1882 durch die in Folge der Tilgung seit 1873 ersparten Zinsen. In derselben Weise findet in den folgenden Jahrzehnden eine Ermässigung zu Anfang des Jahrzehends auf 1,673,264 Thlr. und sodann eine Erhöhung bis zum Schluss des Jahrzehends durch die in Folge der Tilgung innerhalb des Jahrzehends ersparten Zinsen statt. Eine Ausloosung hat seit dem 5. April 1842 nicht mehr stattgefunden. Die Ausloosung fand früher in der Regel halbjährlich mit 3—4 monatlicher Kündigung statt. Die Einlösung begann dann am 1. Juli resp. 2. Januar. Die Tilgung der angekauften Obligationen geschieht jetzt am letzten jedes Monats.

Zinsfuss: Seit dem 2. Januar 1843 (Kabinetsordre betr. die Umwandlung der Staatsschuldscheine und die Herabsetzung der Zinsen derselben von 4 auf 3½ Procent vom 27. März 1842, Ges.-S. S. 105) 3½ Procent, vorher 4 Procent.

Zinstermine: 2. Januar und 1. Juli.

Besondere Sicherheit: Die Staatsschuldscheine gehören zu denjenigen Schuldverschreibungen, zu deren Verzinsung und Tilgung die Verordnung vom 17. Januar 1820 die Domainen- und Forstrevenüen und den Erlös aus dem Verkaufe von Staatsgütern bestimmt hat. Ausserdem ist zur Sicherheit derselben durch die Verordnung das gesammte Vermögen und Eigenthum des Staates für verpfändet erklärt worden.

Cours an der Berliner Börse:

Letzter	December 1868	80¼		Letzter	Januar	1868	83¼
„	November	„	81½	„	December	1867	82¼
„	October	„	81⅜	„	September	„	83¼
„	September	„	81¼	„	Juni	„	85
„	August	„	83⅜	„	März	„	83⅜
„	Juli	„	83⅝	„	December	1866	84⅛
„	Juni	„	83¾	„	September	„	84¼
„	Mai	„	84¼	„	Juni	„	73
„	April	„	84¼	„	März	„	82
„	März	„	83⅝	„	December	1865	89¼
„	Februar	„	83¼				

§ 2.
Die Kurmärkischen Schuldverschreibungen.

Dieselben sind gemeinschaftlich vom Staate und den Ständen der Kurmark ausgestellt worden.

Gesetzgebung: Kabinetsordre vom 17. December 1821 (s. Bekanntmachung im Amtsblatt der Regierung zu Potsdam vom 15. November 1822) und Verordnung wegen der künftigen Behandlung etc. vom 17. Januar 1820. (Ges.-S. S. 9. Die Schuld ist hier in der Etatsposition von 15,249,039 Thlr. „für die noch in Liquidation und Verhandlung begriffenen, noch nicht vollständig anerkannten Schulden" mitenthalten.)

Entstehung: Die unter dem 1. November 1839 gelegentlich der Zinsermässigung neuverbriefte Schuld hat ebenso wie die im § 3 erwähnte Schuld der Neumark ihren Ursprung in den Kriegsverhältnissen von 1806—1808. Die Kurmark und die Neumark wurden wegen ihrer Lage um die Hauptstadt des Landes von den Bewegungen der feindlichen Heere besonders stark berührt, und schien es daher die Billigkeit zu erheischen, einen Theil der Schuldenlast auf den ganzen Staat zu übernehmen. Dies geschah durch die Königl. Ordre vom 17. December 1821, wonach der Staatsantheil an den Schulden der Kurmark auf $\frac{111,191}{200,000}$ an der Gesammtschuld, d. i. auf 3,335,725 Thlr. festgesetzt wurde, während 6,000,000 Thlr. zu Lasten der Provinz verblieben.

Restbetrag des Staatsantheils an den Schuldverschreibungen im Jahre 1869: 1,150,367 Thlr. Der Gesammtbetrag der Schuldverschreibungen beläuft sich im Jahre 1869 auf etwa 4,369,400 Thaler.

Nennwerth der Obligationen: 1000, 500, 400, 300, 200, 100, 50 Thaler.

Person der Gläubiger: Die Schuldverschreibungen lauten auf den Inhaber.

Rückzahlung der Schuld: Unkündbarkeit von Seiten der Gläubiger, Kündbarkeit Seitens des Staats. Verpflichtung des Staats zu jährlicher Tilgung durch Ankauf oder Ausloosung. Pflichtmässige Dotation des Tilgungsfonds für den Staatsantheil pro 1869: 42,562 Thlr.; dem Fonds wachsen bis einschliesslich 1872 die durch Tilgung ersparten Zinsen zu. Für 1873 ermässigt sich der Tilgungsbetrag auf 93,357 Thlr. (1 Procent der ursprünglichen Schuldsumme), erhöht sich dann bis einschliesslich 1882 durch die in Folge der Tilgung seit 1873 ersparten Zinsen. In derselben Weise findet in den folgenden Jahrzehnten eine Ermässigung zu Anfang des Jahrzehnts auf 33,357 Thlr. und sodann eine Erhöhung bis zum Schluss des Jahrzehnts durch die in Folge der Tilgung innerhalb des Jahrzehnts ersparten Zinsen statt. Eine Verloosung hat seit mehr als 25 Jahren nicht stattgefunden. Die Tilgung der angekauften Papiere geschieht halbjährlich.

Zinsfuss: Seit dem 1. November 1839 nur 3½ Procent, vorher 4 Procent. (Bekanntmachung der Hauptverwaltung der Staatsschulden in dem Amtsblatt — Potsdamer Amtsblatt 1839 S. 140.) Zinstermine: 1. Mai und 1. November.

Besondere Sicherheit: s. § 1 Staatsschuldscheine.

Cours an der Berliner Börse.
Letzte Notirung im

December 1868 . . . 80	December 1867 . . . 78¼ B.
November „ . . . 82¼ B.	September „ . . . 80¼
October „ . . . 80¼	Juni „ . . . 80¼ B.
September „ . . . 81¼	März „ . . . 81¼
August „ . . . —	December 1866 . . . 82
Juli „ . . . —	September „ . . . 83¼ B.
Juni „ . . . 80 G.	Juni „ . . . 73
Mai „ . . . 79¼ B.	März „ . . . —
April „ . . . 78¼ G.	December 1865 . . . 87¼
März „ . . . 77¼ G.	
Februar „ . . . 78 B.	
Januar „ . . . 78⅜ B.	

§ 3.
Die Neumärkischen Schuldverschreibungen.

Dieselben sind gemeinschaftlich vom Staate und von den Ständen der Neumark ausgestellt.

Gesetzgebung: s. die Kurmärkischen Schuldverschreibungen unter § 2. Die Kabinetsordre vom 17. December 1821 ist im Amtsblatt zu Frankfurt a. d. O. 1822 No. 56 abgedruckt.

Entstehung: Ueber die Entstehung dieser unter dem 1. Juli 1839 verbrieften Schuld s. § 2 Entstehung der Kurmärkischen Kriegsschuld. Durch Königl. Ordre vom 17. December 1821 wurde der Staatsantheil an der Kriegsschuld der Neumark auf 619993/1700000 au der Gesammtschuld, d. i. auf 619,993 Thlr. festgesetzt, während 1,700,000 Thlr. der Provinz verblieben.

Restbetrag des Staatsantheils an den Schuldverschreibungen im Jahre 1869: 214,300 Thlr.; der Gesammtbetrag der Schuldverschreibungen beläuft sich 1869 auf etwa 1,015,000 Thlr.

Nennwerth der Theilobligationen: 1000, 500, 400, 300, 200, 100, 50 Thlr.

Person der Gläubiger: s. § 2 die Kurmärkischen Schuldverschreibungen.

Rückzahlung der Schuld: s. § 2 die Kurmärkischen Schuldverschreibungen. Dotation des Tilgungsfonds für den Staatsantheil pro 1869: 7,910 Thlr. Wachsthum und Ermässigung des Tilgungsfonds im Verhältniss wie bei § 2. Der Tilgungsfonds wird 1873 auf 6199 Thlr. ermässigt. Eine Ausloosung hat seit mehr als 25 Jahren nicht stattgefunden.

Zinsfuss: Seit dem 2. Januar 1840 3½ Procent, vorher 4 Procent. (Bekanntmachung der Hauptverwaltung vom 24. December 1838 über die Convertirung in dem Amtsblatt.)

Zinstermine: 2. Januar und 1. Juli.

Besondere Sicherheit: s. § 2 die Kurmärkischen Schuldverschreibungen.

Börsencours: Derselbe wie für die Kurmärkischen Schuldverschreibungen.

§ 4.
Die Rente an die Tilgungsfonds für die Kur- und Neumärkischen Schuldverschreibungen.

Gesetzgebung: Kabinetsordre vom 17. December 1821. (Bekanntmachung im Amtsblatt zu Potsdam vom 15. November 1822.)

Entstehung: Zur Unterstützung der städtischen Communen war durch Königl. Ordre vom 23. Juli 1814 eine Erhöhung der städtischen

Accise auf verschiedene Verzehrungsartikel angeordnet worden. Aus den hierdurch in den Communen der Kurmark und der Neumark angesammelten Accisefonds entnahmen in den Jahren 1816—1820 die Kriegsschulden-Commissionen für 326,389 Thlr. bezw. 145,011 Thlr. Vorschuss. Statt Rückzahlung verpflichtete sich der Staat zu einem Beitrag zur Verzinsung und Tilgung des auf die Städte der Kur- und Neumark fallenden Theils der der Provinz zur besonderen Last verbleibenden Kurmärkischen und Neumärkischen Kriegsschuld.

Betrag der Rente für 1869: Die sowohl Zins als Tilgungsquote umfassende Rente beträgt 1869: 8,104 Thlr. für die Kurmark und 3,606 Thlr. für die Neumark.

Zinsquote: Die Zinsquote in der Rente bleibt übereinstimmend mit dem Zinsfuss der Kurmärkischen und der Neumärkischen Kriegsschuld 3½ Procent; vor der Zinsermässigung dieser Schuld im Jahre 1839 betrug daher die Zinsquote der Rente 4 Procent.

Tilgungsquote: Die Tilgungsquote in der Rente beträgt in Uebereinstimmung mit den Rückzahlungsbedingungen für die Kur- und Neumärkischen Schuldverschreibungen 1 Procent der Schuld im Jahre 1863, und das seitdem an der Zinsquote durch Tilgung Ersparte. Fernere Ersparnisse wachsen bis einschliesslich 1872 der Tilgungsquote zu. Alsdann ermässigt sich die Gesammtrente auf 4½ Procent der dann noch vorhandenen Restschuld, wovon 1 Procent die Tilgungsquote bildet. Der letzteren wächst das durch Tilgung an der Zinsquote Ersparte bis einschliesslich 1882 zu. Dann erfolgt eine Ermässigung der Rente wie 1872 u. s. f.

Kündbarkeit der Rente: Die Rente ist Seitens der Berechtigten nicht kündbar.

§ 5.
Prämien-Anleihe vom 2. Januar 1855.

Gesetzgebung: Gesetz vom 20. Mai 1854 (Ges.-S. S. 313), Königl. Erlass vom 24. November 1854 (Ges.-S. S. 585), Gesetz vom 7. Mai 1855 (Ges.-S. S. 269).

Entstehung: Die Anleihe wurde im Betrage von 15 Millionen Thaler, zusammen mit einer eben so grossen 4½procentigen Anleihe aus Anlass des Orientalischen Krieges zu Rüstungszwecken aufgenommen. Von den 30 Millionen Thaler, welche beide Anleihen zusammen betrugen, wurden auch 6,320,000 Thlr. zum Bau von Staats-Eisenbahnen und 2,324,798 Thlr. zur Erhöhung des Betriebsfonds der General-Staatskasse verwandt.

Restbetrag der Anleihe für 1869: 11,670,000 Thlr.

Nennwerth der Theil-Obligationen: 100 Thlr.

Person der Gläubiger: Die Obligationen lauten auf den Inhaber.

Rückzahlung: Von beiden Seiten unkündbar, ausgenommen die Kündigungen, zu welchen der Staat verpflichtet ist durch die ihm obliegende jährliche Ausloosung. Der dafür massgebende Verloosungsplan, wonach die Obligationen sämmtlich gegen Prämien über den Nennwerth eingelöst werden, lautet für die noch bevorstehenden Verloosungen wie folgt:

15. Verloosung zur Tilgung im J. 1870.

1 à	90,000 Thlr.	...	90,000 Thlr.
1 -	25,000 -	...	25,000 -
1 -	10,000 -	...	10,000 -
1 -	2,000 -	...	2,000 -
3 -	1,000 -	...	3,000 -
4 -	500 -	...	2,000 -
4 -	350 -	...	1,400 -
5 -	200 -	...	1,000 -
80 -	150 -	...	12,000 -
100 -	120 -	...	12,000 -
100 -	115 -	...	11,500 -
2100 -	111 -	...	233,100 -
2400 Stück			403,000 Thlr.

16. Verloosung zur Tilgung im J. 1871.
4000 Stück à 114 Thlr. 456,000 Thlr.

17. Verloosung zur Tilgung im J. 1872.

1 à	90,000 Thlr.	...	90,000 Thlr.
1 -	25,000 -	...	25,000 -
1 -	10,000 -	...	10,000 -
1 -	2,000 -	...	2,000 -
3 -	1,000 -	...	3,000 -
4 -	500 -	...	2,000 -
4 -	325 -	...	1,300 -
5 -	200 -	...	1,000 -
80 -	150 -	...	12,000 -
100 -	120 -	...	12,000 -
100 -	115 -	...	11,500 -
2100 -	112 -	...	235,200 -
2400 Stück			405,000 Thlr.

18. Verloosung zur Tilgung im J. 1873.
4300 Stück à 114 Thlr. 490.200 Thlr.

19. Verloosung zur Tilgung im J. 1874.

1 à	80,000 Thlr.	...	80,000 Thlr.
1 -	25,000 -	...	25,000 -
1 -	10,000 -	...	10,000 -
1 -	2,000 -	...	2,000 -
4 à	1,000 Thlr.	...	4,000 Thlr.
4 -	500 -	...	2,000 -
4 -	275 -	...	1,100 -
4 -	200 -	...	800 -
80 -	150 -	...	12,000 -
100 -	120 -	...	12,000 -
100 -	115 -	...	11,500 -
2200 -	113 -	...	248,600 -
2500 Stück			409,000 Thlr.

20. Verloosung zur Tilgung im J. 1875.
4800 Stück à 115 Thlr. 552,000 Thlr.

21. Verloosung zur Tilgung im J. 1876.

1 à	80,000 Thlr.	...	80,000 Thlr.
1 -	25,000 -	...	25,000 -
1 -	10,000 -	...	10,000 -
1 -	2,000 -	...	2,000 -
3 -	1,000 -	...	3,000 -
4 -	400 -	...	1,600 -
4 -	275 -	...	1,100 -
5 -	200 -	...	1,000 -
80 -	150 -	...	12,000 -
100 -	125 -	...	12,500 -
100 -	120 -	...	12,000 -
2200 -	114 -	...	250,800 -
2500 Stück			411,000 Thlr.

22. Verloosung zur Tilgung im J. 1877.
4800 Stück à 115 Thlr. 552,000 Thlr.

23. Verloosung zur Tilgung im J. 1878.

1 à	75,000 Thlr.	...	75,000 Thlr.
1 -	20,000 -	...	20,000 -
1 -	10,000 -	...	10,000 -
1 -	2,000 -	...	2,000 -
2 -	1,000 -	...	2,000 -
4 -	400 -	...	1,600 -
4 -	300 -	...	1,200 -
6 -	200 -	...	1,200 -

80 à	150 Thlr.	...	12,000 Thlr.
100 -	125 -	...	12,500 -
100 -	120 -	...	12,000 -
2700 -	115 -	...	310,500 -
3000 Stück			463,000 Thlr.

24. Verloosung zur Tilgung im J. 1879.
4800 Stück à 116 Thlr. 556,800 Thlr.

25. Verloosung zur Tilgung im J. 1880.

1 à	75,000 Thlr.	...	75,000 Thlr.
1 -	20,000 -	...	20,000 -
1 -	10,000 -	...	10,000 -
1 -	2,000 -	...	2,000 -
2 -	1,000 -	...	2,000 -
4 -	400 -	...	1,600 -
4 -	300 -	...	1,200 -
6 -	250 -	...	1,500 -
80 -	150 -	...	12,000 -
100 -	125 -	...	12,500 -
100 -	120 -	...	12,000 -
2700 -	116 -	...	313,200 -
3000 Stück			460,000 Thlr.

26. Verloosung zur Tilgung im J. 1881.
5000 Stück à 117 Thlr. 585,000 Thlr.

27. Verloosung zur Tilgung im J. 1882.

1 à	60,000 Thlr.	...	60,000 Thlr.
1 -	25,000 -	...	25,000 -
1 -	10,000 -	...	10,000 -
1 -	2,000 -	...	2,000 -
2 -	1,000 -	...	2,000 -
4 -	500 -	...	2,000 -
4 -	400 -	...	1,600 -
6 -	250 -	...	1,500 -
80 -	150 -	...	12,000 -
100 -	125 -	...	12,500 -
100 -	120 -	...	12,000 -
3200 -	117 -	...	374,400 -
3500 Stück			515,000 Thlr.

28. Verloosung zur Tilgung im J. 1883.
5200 Stück à 118 Thlr. 613,600 Thlr.

29. Verloosung zur Tilgung im J. 1884.

1 à	60,000 Thlr.	...	60,000 Thlr.
1 -	20,000 -	...	20,000 -
1 -	5,000 -	...	5,000 -
1 -	2,000 -	...	2,000 -

2 à	1,000 Thlr.	...	2,000 Thlr.
2 -	500 -	...	1,000 -
6 -	400 -	...	2,400 -
6 -	250 -	...	1,500 -
80 -	150 -	...	12,000 -
100 -	125 -	...	12,500 -
100 -	120 -	...	12,000 -
3200 -	118 -	...	377,600 -
3500 Stück			508,000 Thlr.

30. Verloosung zur Tilgung im J. 1885.
5500 Stück à 119 Thlr. 654,500 Thlr.

31. Verloosung zur Tilgung im J. 1886.

1 à	50,000 Thlr.	...	50,000 Thlr.
1 -	20,000 -	...	20,000 -
1 -	5,000 -	...	5,000 -
1 -	2,000 -	...	2,000 -
1 -	1,000 -	...	1,000 -
2 -	500 -	...	1,000 -
3 -	400 -	...	1,200 -
10 -	200 -	...	2,000 -
80 -	150 -	...	12,000 -
100 -	130 -	...	13,000 -
100 -	125 -	...	12,500 -
3700 -	119 -	...	440,300 -
4000 Stück			560,000 Thlr.

32. Verloosung zur Tilgung im J. 1887.
5500 Stück à 120 Thlr. 660,000 Thlr.

33. Verloosung zur Tilgung im J. 1888.

1 à	50,000 Thlr.	...	50,000 Thlr.
1 -	20,000 -	...	20,000 -
1 -	5,000 -	...	5,000 -
1 -	2,000 -	...	2,000 -
1 -	1,000 -	...	1,000 -
2 -	500 -	...	1,000 -
3 -	400 -	...	1,200 -
3 -	300 -	...	900 -
7 -	200 -	...	1,400 -
80 -	150 -	...	12,000 -
100 -	130 -	...	13,000 -
100 -	125 -	...	12,500 -
4000 -	120 -	...	480,000 -
4300 Stück			600,000 Thlr.

34. Verloosung zur Tilgung im J. 1889.
5500 Stück à 121 Thlr. 665,500 Thlr.

35. Verloosung zur Tilgung im J. 1890.

1 à	50,000 Thlr.	...	50,000 Thlr.
1 -	20,000 -	...	20,000 -
1 -	5,000 -	...	5,000 -
1 -	2,000 -	...	2,000 -
1 -	1,000 -	...	1,000 -
2 -	500 -	...	1,000 -
2 -	400 -	...	800 -
3 -	300 -	...	900 -
8 -	200 -	...	1,600 -
80 -	150 -	...	12,000 -
100 -	130 -	...	13,000 -
100 -	125 -	...	12,500 -
4200 -	121 -	...	508,200 -
4500 Stück			628,000 Thlr.

36. Verloosung zur Tilgung im J. 1891.
5800 Stück à 122 Thlr. 707,600 Thlr.

37. Verloosung zur Tilgung im J. 1892.

1 à	60,000 Thlr.	...	60,000 Thlr.
1 -	20,000 -	...	20,000 -
1 -	5,000 -	...	5,000 -
1 -	2,000 -	...	2,000 -
1 -	1,000 -	...	1,000 -
2 -	500 -	...	1,000 -
3 -	400 -	...	1,200 -
3 -	300 -	...	9,00 -

7 à	200 Thlr.	...	1,400 Thlr.
80 -	150 -	...	12,000 -
100 -	130 -	...	13,000 -
100 -	125 -	...	12,500 -
4500 -	122 -	...	549,000 -
4800 Stück			679,000 Thlr.

38. Verloosung zur Tilgung im J. 1893.
6000 Stück à 123 Thlr. 738,000 Thlr.

39. Verloosung zur Tilgung im J. 1894.

1 à	80,000 Thlr.	...	80,000 Thlr.
1 -	10,000 -	...	10,000 -
1 -	5,000 -	...	5,000 -
1 -	2,000 -	...	2,000 -
1 -	1,000 -	...	1,000 -
2 -	500 -	...	1,000 -
2 -	400 -	...	800 -
4 -	300 -	...	1,200 -
7 -	200 -	...	1,400 -
80 -	150 -	...	12,000 -
100 -	130 -	...	13,000 -
100 -	125 -	...	12,500 -
4700 -	123 -	...	578,100 Thlr.
5000 Stück			718,000 Thlr.

40. Verloosung zur Tilgung im J. 1895.
6400 Stück à 125 Thlr. 800,000 Thlr.

Die Ziehung der Serien — à 100 Nummern — findet am 15. September jedes Jahres statt. Sind die zur Verloosung kommenden Prämien unter sich verschieden, so werden die zu den gezogenen Serien gehörigen Nummern am 15. Januar und an den darauf folgenden Tagen des nächsten Jahres ausgeloost. Einlösung vom nächstfolgenden 1. April ab.

Zinsfuss: 3½ Procent.

Zinstermine: 1. April und 1. October.

Die besondere Verzinsung der verloosten Prämienscheine hört mit dem 1. April des Jahres auf, welches dem Tage der Zahlfälligkeit der Prämien vorhergeht, indem die Prämien auch für die einjährigen Zinsen Ersatz gewähren sollen.

Cours an der Berliner Börse:

letzter December	1868 .	118½B.	letzter August	1868 .	119⅜B.
„ November	„ .	119	„ Juli	„ .	119¼
„ October	„ .	119¼	„ Juni	„ .	118
„ September	„ .	118½	„ Mai	„ .	116¼

letzter April	1868	.	116½	letzter März	1867	.	121¼ B.
„ März	„	.	116	„ December	1866	.	120 G.
„ Februar	„	.	115¼	„ September	„	.	121 G.
„ Januar	„	.	115¼	„ Juni	„	.	108
letzter December	1867	.	114	„ März	„	.	118 G.
„ September	„	.	116	„ December	1865	.	121¼ B.
letzter Juni	„	.	122¼				

§ 6.
Die gegenwärtig 4procentigen Preussischen Anleihen.

Dahin gehören die Anleihen von 1850, 1852, 1853, 1862 und 1868 im Gesammtbetrage von 54,545,400 Thlr. Die Anleihen von 1853, 1862 und 1868 sind als 4procentige Anleihen aufgenommen worden; die Anleihen von 1850 und 1852 wurden als 4½procentige Anleihen aufgenommen; jedoch durch Königl. Erlass vom 21. März 1862 (Gesetz-Samml. S. 77) gekündigt und in 4procentige umgewandelt.

Gleich sind die Obligationen dieser Anleihen ausser in Betreff des Zinsfusses noch in Folgendem: Sie lauten auf den Inhaber und sind, was die Rückzahlung anbetrifft, unkündbar Seitens der Gläubiger, und kündbar (mit 6 Monaten) Seitens des Staates; der Staat ist zu halbjährlicher Tilgung durch Ankauf oder Ausloosung verpflichtet.

Unter sich zerfallen die Anleihen in zwei Gattungen, welche sich durch Verschiedenheiten in den Zinsterminen, in der Dotation der Tilgungsfonds und in dem Nennwerth der Theilobligationen unterscheiden. Zur ersteren Gattung gehören die Anleihen von 1850, 1852, 1853 und 1862, während die Anleihe von 1868 für sich besonders zu betrachten ist.

A. **Die Anleihen von 1850, 1852, 1853 und 1862,** im Gesammtbetrage von 33,296,600 Thlr. sind auch gleich in Bezug auf den Nennwerth der Theilobligationen (sie sind sämmtlich ausgestellt in Obligationen à 1000, 500, 200 und 100 Thlr.) und in Betreff der Zinstermine. Die Zinsen für alle diese Anleihen sind am 1. April und 1. October fällig. Entsprechend den Zinsterminen sind die Einlösungstermine für ausgeloste Obligationen auch am 1. April und 1. October und müssen demnach etwaige Ausloosungen behufs Innehaltung der sechsmonatlichen Kündigungsfrist im September bezw. März stattfinden.

Die Anleihen unterscheiden sich demnach bloss in der Dotation der Tilgungsfonds. Diese sind zwar auch nach denselben Grundsätzen dotirt — ein Procent des ursprünglichen Schuldkapitals nebst den

20*

Zinsersparnissen aus der Tilgung — haben aber bei dem verschiedenen Alter der Anleihen eine verschiedene Höhe erreicht. So verschieden ist dieselbe indess nicht, dass sie eine Einwirkung auf den Börsencours zu üben vermag. Es wird durchweg für alle Anleihen derselbe Börsencours notirt; nur vereinzelt weicht der Cours der Obligationen von älteren oder neueren Anleihen bis zu 1 Procent ab, wenn gerade der Tilgungsfonds einer einzelnen Anleihe erhebliche Ankäufe zu machen sucht.

Die Besonderheiten der Anleihen lassen wir hierunter noch folgen:

a) Anleihe vom 1. Juli **1850**. Gesetzgebung: Gesetz vom 7. März und Königl. Erlass vom 7. Mai 1850 (Ges.-S. S. 173 und 322) und Gesetz vom 7. Mai 1851 (Ges.-S. S. 237), Königl. Erlass vom 21. März 1862 (Ges.-S. S. 77). Entstehung: Die Anleihe wurde zum Betrage von 18,000,000 Thlr. aufgenommen, um die über den Friedensstand vorhandenen Rüstungen im Laufe des Jahres fortzuerhalten und eine Mobilmachung des Heeres eintreten lassen zu können. Restbetrag der Anleihe 1869: 12,909,900 Thlr. Dotation des Tilgungsfonds für 1869: 397,862 Thlr.

b) Anleihe vom 2. Januar **1852**. Gesetzgebung: Gesetz vom 7. December 1849 (Ges.-S. S. 437), Königl. Erlass vom 28. November 1851 (Ges.-S. S. 758), Gesetz vom 23. März 1852 (Ges.-S. S. 75), Königl. Erlass vom 21. März 1862 (Ges.-S. S. 77). Entstehung: Die Anleihe wurde im Betrage von 16,000,000 Thlr. zum Bau von Staatseisenbahnen aufgenommen. Dotation des Tilgungsfonds für 1869: 337,231 Thlr.

c) Anleihe vom 24. März **1853**. Gesetzgebung: Gesetz vom 7. December 1849 (Ges.-S. S. 437), Gesetz vom 23. März 1852 (Ges.-S. S. 25), Königl. Erlass vom 14. März 1853 (Ges.-S. S. 88). Entstehung: Die Anleihe wurde im Betrage von 5,000,000 Thlr. zum Bau von Staatseisenbahnen aufgenommen. Restbetrag der Anleihe 1869: 3,905,900 Thaler. Dotation des Tilgungsfonds für 1869: 93,764 Thlr.

d) Anleihe vom 7. März **1862**. Gesetzgebung: Gesetz vom 22. März 1861 (Ges.-S. S. 22), Königl. Erlass vom 24. Februar 1862 (Ges.-S. S. 60). Entstehung: Die Anleihe wurde im Betrage von 4,800,000 Thlr. zum Bau von Staatseisenbahnen aufgenommen. Restbetrag der Anleihe 1869: 4,630,200 Thlr. Dotation des Tilgungsfonds 1869: 54,792 Thlr.

Für die hier aufgeführten Anleihen wurden an der Berliner Börse folgende Course notirt:

Letzter	Dec. 1868	87¼	Letzter	Jan. 1868	89¼
„	Nov. „	87¾	„	Dec. 1867	89½
„	Oct. „	88	„	Sept. „	89⅝
„	Sept. „	87⅝	„	Juni „	91¼ B.
„	August „	88½	„	März „	91⅛
„	Juli „	88½	„	Dec. 1866	89⅝
„	Juni „	88¾ B.	„	Sept. „	88⅛
„	Mai „	88¼	„	Juni „	76
„	April „	88⅜	„	März „	92¾ B.
„	März „	89⅜	„	Dec. 1865	96¾
„	Febr. „	89½			

B. **Die Anleihe vom 27. Juni 1868.** Gesetzgebung: Gesetz vom 23. März 1868 (Ges.-S. S. 397), Königl. Erlass vom 24. April 1868 (Ges.-S. S. 449). Entstehung: Die Anleihe wurde zum Betrage von 21,750,000 Thlr. aufgenommen zur Deckung der nach den Artikeln VIII. und IX. des Wiener Friedensvertrages vom 30. October 1864 von den Elbherzogthümern an das Königreich Dänemark zu entrichtenden Schuld. Die Schuldverschreibungen sind vertragsmässig im August 1868 dem Dänischen Schatz ausgehändigt worden. Nach Uebereinkunft mit der Preussischen Regierung tauschte die Dänische Regierung im October 1868 den Inhabern Dänischer Obligationen in Schleswig-Holstein solche Obligationen gegen diese 4procentigen Preussischen Obligationen ein unter entsprechender Berechnung nach dem Zinsfuss. Restbetrag der Anleihe 1869: 21,248,800 Thlr.

Die Besonderheiten dieser Anleihe von den übrigen unter A. aufgeführten 4procentigen Anleihen beschränken sich auf den Nennwerth der Theilobligationen, die Zins- und Tilgungstermine und die Dotation des Tilgungsfonds.

Nennwerth der Theilobligationen: 1000, 500, 300, 100, 50 Thlr. Zinstermine: 2. Januar und 1. Juli. Dotation des Tilgungsfonds (2 Procent des ursprüngl. Kapitals) 1869: 455,048 Thlr. Derselben wachsen bis zur vollständigen Tilgung die durch die Tilgung ersparten Zinsen hinzu. Entsprechend den Zinsterminen sind auch die Tilgungs- und Einlösungstermine am 1. April und 1. October, und müssen demgemäss behufs Innehaltung der 6monatlichen Kündigungsfrist etwaige Ausloosungen im September und März stattfinden.

Der amtliche Courszettel der Berliner Börse notirt zwar für diese Anleihe regelmässig einen besonderen Cours; indessen weicht derselbe nur selten von dem Course der übrigen 4procentigen Anleihen bis zu 1 Procent ab.

§ 7.

Die gegenwärtig vier und ein halb procentigen Preussischen Anleihen mit Ausnahme der freiwilligen Anleihe von 1848.

Dahin gehören die Anleihen von 1854, 1855 B., 1856, 1857, 1859 B., 1864, 1867 A., 1867 B., 1867 C., 1867 D., 1868 B., 1869 A. und 1869 B. im Gesammtbetrage von 169,978,725 Thlr. Die genannten Anleihen sind sämmtlich als 4½ procentige Anleihen aufgenommen worden.

Gleich sind die Obligationen dieser Anleihen ausser in Betreff des Zinsfusses noch in Folgendem: Sie lauten auf den Inhaber, sind, was die Rückzahlung anbelangt, unkündbar Seitens der Gläubiger und kündbar (mit 6 Monaten) Seitens des Staates; der Staat ist zu halbjährlicher Tilgung verpflichtet.

Unter sich zerfallen die Anleihen nach der Verschiedenheit des Zinstermins, des Nennwerths der Theilobligationen und hinsichtlich der weiteren Rückzahlungsmodalitäten in drei Gattungen. Zur ersten Gattung gehören die Anleihen von 1854, 1855 B., 1857, 1859 B., 1864, 1867 A., 1867 B., 1867 D., 1868 B., 1869 A. und 1869 B., wogegen die Anleihe von 1856 und die Anleihe 1867 C. für sich besonders betrachtet werden müssen.

A. Die Anleihen von 1854, 1855 B., 1857, 1859 B., 1864, 1867 A., 1867 B., 1867 D., 1868 B., 1869 A. und 1869 B. Der Zinstermin für die Obligationen dieser Anleihen ist der 1. April und 1. October. Der Nennwerth dieser Obligationen ist 1000, 500, 200 und 100 Thlr. Die Tilgung der Anleihen geschieht durch Ankauf oder Ausloosung. Entsprechend den Zinsterminen fallen auch die Einlösungstermine für ausgeloste Obligationen auf den 1. April und 1. October und müssen demnach etwaige Ausloosungen behufs Innehaltung der 6monatlichen Kündigungsfrist im September bezw. März stattfinden.

Die Anleihen unterscheiden sich demnach blos in der Dotation der Tilgungsfonds. Diese sind zwar auch nach denselben Grundsätzen dotirt — ein Procent des ursprünglichen Schuldcapitals nebst den Zinsersparnissen aus der Tilgung — haben aber bei dem verschiedenen Alter der Anleihen eine verschiedene Höhe erreicht. So verschieden ist dieselbe indess nicht, dass sie eine Einwirkung auf den Börsencours zu üben vermag. Für sämmtliche Obligationen dieser Anleihe wird daher von der Berliner Börse durchweg derselbe Cours notirt; Abweichungen bei einzelnen Anleihen kommen in der Regel nur vor, wenn die betreffenden Tilgungsfonds besonders erhebliche Ankäufe von Obligationen einer bestimmten Sorte vornehmen.

Für die einzelnen Anleihen insbesondere bleibt hiernach nur noch Folgendes zu bemerken übrig:

a) Anleihe vom 6. Juni **1854**. Gesetzgebung: Gesetz vom 20. Mai 1854 (Ges.-S. S. 313), Königl. Erlass vom 17. Juni 1854 (Ges.-S. S. 316). Entstehung: Die Anleihe wurde im Betrage von 15,000,000 Thlr., ebenso wie die Prämienanleihe von 1855 aufgenommen aus Anlass des Orientalischen Krieges zu militairischen Rüstungen. Restbetrag 1869: 12,064,100 Thlr. Dotation des Tilgungsfonds 1869: 282,116 Thlr.

b) Anleihe vom 22. November **1855**. Gesetzgebung: Gesetz vom 21. Mai 1855 (Ges.-S. S. 310), Königl. Erlass vom 22. October 1855 (Ges.-S. S. 684). Entstehung: Die Anleihe wurde im Betrage vom 7,800,000 Thlr. zum Bau von Staatseisenbahnen aufgenommen. Restbetrag 1869: 6,426,300 Thlr. Dotation des Tilgungsfonds 1869: 139,817 Thlr.

c) Anleihe vom 30. Juli **1857**. Gesetzgebung: Gesetz vom 7. Mai 1856 (Ges.-S. S. 402), Kgl. Erlass vom 23. März 1857 (Ges.-S. S. 753). Entstehung: Die Anleihe wurde im Betrage von 7,680,000 Thlr. zum Bau von Staatseisenbahnen aufgenommen. Restbetrag 1869: 7,047,600 Thlr. Dotation des Tilgungsfonds 1869: 105,258 Thlr.

d) Anleihe vom 2. September **1859**. Gesetzgebung: Gesetz vom 10. Mai 1858 (G.-S. S. 270), Ges. vom 2. Juli 1859 (Ges.-S. S. 365), Kgl. Erlass vom 21. August 1859 (Ges.-S. S. 419). Entstehung: Die Anleihe wurde im Betrage von 18,400,000 Thlr. zum Bau von Staatseisenbahnen aufgenommen. Restbetrag 1869: 16,883,880 Thlr. Dotation des Tilgungsfonds 1869: 252,229 Thlr.

e) Anleihe vom 22. Februar **1864**. Gesetzgebung: Gesetz vom 24. September 1862 (Ges.-S. S. 317), Kgl. Erlass vom 4. Februar 1864 (Ges.-S. S. 31). Entstehung: Die Anleihe wurde im Betrage von 17,000,000 Thlr. zum Bau von Staatseisenbahnen aufgenommen. Restbetrag 1869: 16,820,000 Thlr. Dotation des Tilgungsfonds 1869: 178,100 Thlr.

f) Anleihe vom 1. April **1867** (1867 A). Gesetzgebung: Gesetz vom 28. September 1866 (Ges.-S. S. 607), Kgl. Erlass vom 31. März 1867 (Ges.-S. S. 400). Entstehung: Die Anleihe wurde im Betrage von 30,000,000 Thlr. aufgenommen zur Deckung der durch den Krieg gegen Oestreich und in Deutschland veranlassten ausserordentlichen Ausgaben. Restbetrag 1869: 29,682,400 Thlr. Dotation des Tilgungsfonds: 314,292 Thlr.

g) Anleihe vom 17. April **1867** (1867 B). Gesetzgebung: Gesetz v. 16. Februar 1867 (Ges.-S. S. 353), Königl. Erlass v. 25. März 1867 (Ges.-S. S. 399). Entstehung: Die Anleihe wurde im Betrage von 3,000,000 Thlr. zur Entschädigung des Fürsten von Thurn und Taxis für die Aufhebung seines Postregals im Gebiete des Norddeutschen Bundes und im Grossherzogthum Hessen aufgenommen. Restbetrag 1869: 2,968,300 Thlr. Dotation des Tilgungsfonds 1869: 31,427 Thlr.

h) Anleihe vom 9. September **1867** (1867 D). Gesetzgebung: Ges. vom 9. März 1867 (Ges.-S. S. 393), Königl. Erlass vom 5. August 1867 (Ges.-S. S. 1345). Entstehung: Die Anleihe wurde im Betrage von 24,000,000 Thlr. aufgenommen zum Bau von Staatseisenbahnen. Betrag 1869: 24,000,000 Thlr. Dotation des Tilgungsfonds: Die Tilgung beginnt erst von dem auf die Eröffnung des Betriebes der neuen Berliner Bahnhofs-Verbindungs-Eisenbahn in ihrer ganzen Ausdehnung (projectirt für 1870) folgenden Jahre, und zwar mit dem Betrage von 240,000 Thlr. Dem Tilgungsbetrage wachsen wie bei den anderen Anleihen die durch Tilgung ersparten Zinsen bis zur vollständigen Tilgung zu.

i) Die Anleihe vom 8. Mai **1868** und die Anleihen **1869 A** und **1869 B**. Die drei Anleihen haben einen gemeinschaftlichen Tilgungsfonds. Die Dotation dieses Tilgungsfonds beginnt für die Anleihe 1868 B und 1869 B erst mit dem auf die Eröffnung des Betriebes auf der Thorn-Insterburger Eisenbahn in ihrer ganzen Ausdehnung (für das Jahr 1874 projectirt) folgenden Jahre. Für die Anleihe 1869 A beginnt die Dotation des Tilgungsfonds schon von 1869 ab. Der Tilgungsbetrag soll ein Procent des Anleihebetrages ausmachen; demselben wachsen bis zur vollständigen Tilgung die durch Tilgung ersparten Zinsen zu. Dem Staat ist das Recht vorbehalten, auch noch andere Anleihen, welche demnächst im Laufe der Jahre 1869 und 1870 bewilligt werden möchten, mit der durch das gegenwärtige Gesetz bewilligten Anleihe behufs der Verzinsung und Tilgung zu einer und derselben Anleihe zu vereinigen, sofern für die neuen Anleihen derselbe Zinsfuss gewählt und die Höhe des Tilgungsfonds nach denselben Bestimmungen festgesetzt wird.

Im Einzelnen ist über die drei Anleihen Folgendes zu bemerken: α) Die Anleihe vom 8. Mai **1868** (1868 B.) Gesetzgebung: Gesetz vom 17. Februar 1868 (Ges.-S. S. 71), Königl. Erlass vom 27. April 1868 (Ges.-S. S. 1005). Entstehung: Die Anleihe soll 40 Millionen Thaler betragen und aufgenommen werden zur Deckung von Vorschüssen für Staatseisenbahnanlagen, zur Beschaffung von Betriebsmitteln für bereits bestehende Staatseisenbahnen und zur Erweiterung des Staatseisenbahnnetzes in den alten und neuen Provinzen des Staates. Die Bauzeit der betreffenden Eisenbahnlinien ist auf sechs Jahre veranschlagt. Bis jetzt sind nur 20 Millionen Thaler von dieser Anleihe aufgenommen worden.

Die Anleihe unterscheidet sich von den übrigen Anleihen der Gruppe A. dadurch, dass sie Theilobligationen zum Nennwerth auch von 50 Thlr. und 25 Thlr. hat.

β) Die Anleihe **1869 A.** Gesetzgebung: Gesetz vom 5. Februar 1869 (Ges.-S. S. 305), Königl. Erlass vom 22. Februar 1869 (Ges.-S. S. 348). Entstehung: Dieselbe ist im Betrage von 5 Millionen Thlr. aufgenommen worden zur Deckung der Restausgaben, welche der ausserordentliche Geldbedarf der Militair- und Marineverwaltung im Jahre 1866 veranlasst hat.

γ) Die Anleihe **1869 B.** Gesetzgebung: Gesetz vom 5. März 1869 (Ges.-S. S. 379), Königl. Erlass vom 8. März 1869 (Ges.-S. S. 419). Entstehung: Dieselbe ist im Betrage von 4,450,000 Thlr. aufgenommen worden behufs Rückzahlung der 1866 von Frankfurt aufgenommenen und bei der Auseinandersetzung zwischen Staat und Stadt von Preussen übernommenen Darlehnsschulden, sowie zur Bestreitung einer nach dieser Auseinandersetzung von Frankfurt zu zahlenden Entschädigung.

Für die sämmtlichen hier unter a) bis i) aufgeführten Anleihen wurden an der Berliner Börse folgende Course notirt:

Letzter December 1868	93¾	Letzter December 1867	96
„ November „	94¾	„ September „	97⅛
„ October „	95⅛	„ Juni „	98
„ September „	95⅜	„ März „	98¾
„ August „	95⅛	„ December 1866	98¼
„ Juli „	95⅛	„ September „	96¾
„ Juni „	95¼	„ Juni „	83
„ Mai „	95¼	„ März „	100
„ April „	95⅝	„ December 1865	100½
„ März „	95⅝		
„ Februar „	95⅜		
„ Januar „	95⅜		

B. **Die Anleihe vom 7. Mai 1856.** Die Anleihe unterscheidet sich von der Gruppe A durch andere Zinstermine und einige andere Rückzahlungsmodalitäten; es wird demgemäss auch ein besonderer Cours für sie notirt.

Gesetzgebung: Gesetz vom 7. Mai 1856 (Ges.-S. S. 334).

Entstehung: Die Anleihe wurde im Betrage von 16,598,000 Thlr. aufgenommen zum Zweck der Verminderung der unverzinslichen Staatsschuld um 15,000,000 Thlr. und zur nachträglichen Vergütung an die Königl. Bank dafür, dass ihr 1846 bei Umwandlung aus einem Staatsinstitut in eine Actiengesellschaft unter den Activis für 12,725,861 Thlr. Effecten zum vollen Nennwerth, statt zum Courswerth aufgerechnet waren.

Restbetrag 1869: 14,853,300 Thlr.

Nennwerth der Theilobligationen: 1000, 500, 200, 100 Thlr.

Zinstermine: 2. Januar und 1. Juli.

Tilgung: Die Dotation des Tilgungsfonds beträgt für 1869: 178,512 Thlr.; demselben wachsen die durch Tilgung ersparten Zinsen bis zur Verminderung der Restschuld auf 10,000,000 Thlr. zu. Von dieser Zeit an beträgt der Tilgungsbetrag jährlich 100,000 Thlr.; demselben wachsen die alsdann durch Tilgung ersparten Zinsen wieder zu, und zwar in ununterbrochener Reihenfolge bis zur vollständigen Tilgung der Schuld. Wenn die Preussische Bank sich nicht bis zum 1. December bezw. 1. Juni bereit erklärt hat, einen dem Betrage des Tilgungsfonds gleichen Betrag in den Schuldverschreibungen dieser Anleihe nach dem Nennwerth zur Tilgung an die Hauptverwaltung der Staatsschulden abzuliefern, findet Ausloosung statt. Im Falle der Ausloosung sind die Tilgungs- und Einlösungstermine den Zinsterminen entsprechend auch am 2. Januar und 1. Juli. Die Ausloosung muss also behufs Innehaltung der sechsmonatlichen Kündigungsfrist im Juni bezw. December statthaben.

Course an der Berliner Börse:

Letzter December 1868	. . 94½	Letzter December 1867	. 96
„ November „	. . 94¾	„ September „	. 97½
„ October „	. . 95½	„ Juni „	. 98
„ September „	. . 95½	„ März „	. 100
„ August „	. . 96¼	„ December 1866	. 98¾
„ Juli „	. . 96¼	„ September „	. 96¾
„ Juni „	. . 95¾	„ Juni „	. 83
„ Mai „	. . 95¼	„ März „	. 100
„ April „	. . 96	„ December 1865	. 100¼
„ März „	. . 95½		
„ Februar „	. . 95¾		
„ Januar „	. . 95¾		

Der Cours stellt sich danach zum Oefteren ¾ bis ⅞ höher als bei den anderen 4½procentigen Anleihen.

C. **Die Anleihe vom 1. April 1867 (Anleihe 1867 C.)** Dieselbe unterscheidet sich von den Anleihen der Gruppe A. durch den Nennwerth der Theilobligationen, die Zinstermine und eine wesentlich geringere Dotation (statt 1 Procent nur ½ Procent des ursprünglichen Schuldkapitals) des Tilgungsfonds.

Gesetzgebung: Gesetz vom 21. Mai 1861 (Ges.-S. S. 327), Königl. Erlass vom 13. März 1867 (Ges.-S. S. 450).

Entstehung: Die Anleihe wurde im Betrage von 10,000,000 Thlr. aufgenommen, um die bisher von Grund- und Gebäudesteuern ganz oder theilweise befreiten Besitzer für die ihnen durch die neue Grund- und Gebäudesteuer auferlegten Lasten zu entschädigen.

Restbetrag 1869: 7,782,975 Thlr.

Nennwerth der Theilobligationen: 500, 100, 50, 25 Thlr.

Zinstermin: 2. Januar und 1. Juli.

Tilgung: Durch Ankauf oder Ausloosung, Dotation 59,766 Thlr.; derselben wachsen bis zur vollständigen Tilgung die durch die Tilgung ersparten Zinsen hinzu. Im Fall der Ausloosung sind die Tilgungs- und Einlösungstermine entsprechend den Zinsterminen am 2. Januar und 1. Juli, die Ausloosung muss also behufs Innehaltung der 6 monatlichen Kündigungsfrist im Juni bezw. December stattfinden.

Der Börsencours dieser Anleihe ist stets derselbe wie bei den übrigen 4½ procentigen Anleihen aus dem Jahre 1867.

§ 8.
Die freiwillige Anleihe vom 11. September 1848.

Gesetzgebung: Kabinetsordre vom 25. April 1848 (Ges.-S. S. 765), Gesetz vom 7. Mai 1851 (Ges.-S. S. 237) und Königl. Erlass vom 10. September 1851 (Ges.-S. S. 606).

Entstehung: Die Anleihe wurde 1848 im Betrage von 15,000,000 Thlr. aufgenommen zur Beschaffung der für den inneren und äusseren Schutz des Staates erforderlichen Geldmittel.

Restbetrag der Anleihe im Jahre 1869: 2,543,400 Thlr.

Nennwerth der Theilobligationen: 100, 50, 20 Thlr. (Die 10-Thlr.-Obligationen sind bereits sämmtlich getilgt.)

Person der Gläubiger: Die Obligationen lauten auf den Inhaber.

Rückzahlung: Verpflichtung des Staates, die Anleihe nach 10 Jahren, also von 1858 an, zurückzuzahlen; nach den 10 Jahren, also von 1858 an, steht dem Inhaber der Obligationen die Kündigung zu. Ausserdem ist der Staat verpflichtet zur halbjährlichen Tilgung durch Ankauf oder Ausloosung. Pflichtmässige Dotation des Tilgungsfonds 1869:

337,468 Thlr. Ausserdem müssen zur Tilgung verwendet werden die Rentenablösungs-Kapitalien. (§ 62 des Gesetzes über die Errichtung von Rentenbanken. Ges.-S. S. 112.) Dieselben betrugen 1864: 45,401 Thlr., 1865: 52,629 Thlr., 1866: 17,770 Thlr., 1867: 7498 Thlr., überhaupt bis einschliesslich 1867: 8,358,875 Thlr. Die 1868 muthmasslich eingehenden Kapitalien werden im Etat für 1869 zum Betrage von 968 Thlr. veranschlagt. Die durch Tilgung mit ordentlichen Mitteln (wozu die Rentenablösungs-Kapitalien nicht zählen) ersparten Zinsen wachsen dem Tilgungsbetrag bis zur vollständigen Tilgung zu. Bei der gegenwärtigen Höhe des Tilgungsfonds im Verhältniss zum Restbetrag der Anleihe müssen die Obligationen jetzt regelmässig ausgeloost werden. Ausloosungstermine spätestens am 1. April und 1. October. Die Einlösung der gekündigten Obligationen beginnt dann am 1. October bezw. 1. April.

Zinsfuss: 4½ Procent; vor dem 1. October 1852 5 Procent.

Zinstermine: 1. April und 1. October.

Course an der Berliner Börse:

Letzter	December	1868	97 B.	Letzter	Januar	1868	95⅜ G.
„	November	„	97¾ G.	„	December	1867	96 G.
„	October	„	97½	„	September	„	96⅞ G.
„	September	„	97 G.	„	Juni	„	98
„	August	„	96¾	„	März	„	100¼ B.
„	Juli	„	96¼	„	December	1866	98¼
„	Juni	„	96 G.	„	September	„	96¼
„	Mai	„	96½	„	Juni	„	82¾
„	April	„	97 G.	„	März	„	97 B.
„	März	„	96 G.	„	December	1865	100¾
„	Februar	„	95⅜ G.				

Der Cours stellt sich gegen die anderen 4½procentigen Anleihen in Folge der starken Ausloosungen bis zu 3 Procent höher.

§ 9.

Die Rentenschuld des Staates an die Rentenbanken.

Gesetzgebung: § 62 des Gesetzes über die Errichtung von Rentenbanken vom 2. März 1850 (Ges.-S. S. 112).

Entstehung: Die dem Staate in Gemässheit des § 64 des Gesetzes über Ablösung der Reallasten vom 2. März 1850 von den Rentenpflichtigen zur Entschädigung der Rentenberechtigten eingezahlten Ablösungskapitalien werden vom Staate zur ausserordentlichen Tilgung der freiwilligen Anleihe (s. § 8) verwendet. Die Rentenbanken übernehmen dagegen die Abfindung der Rentenberechtigten durch Ausstellung von Rentenbriefen zum Nennwerth von ¹⁰/₉ der dem Staate eingezahlten Kapitalien. Der Staat hat die Verpflichtung, dafür den Rentenbanken die zur Verzinsung und Tilgung dieser Rentenbriefe erforderlichen Mittel zu leisten. (Ueber den Betrag der eingezahlten Ablösungskapitalien s. § 8.) Die Rentenschuld ist nach den Rechnungen angewachsen wie folgt:

Betrag der Rente:		Betrag der Rente:	
1852	70,522 Thlr.	1860	378,854 Thlr.
1853	156,051 „	1861	386,744 „
1854	224,227 „	1862	397,334 „
1855	270,911 „	1863	408,886 „
1856	307,626 „	1864	412,243 „
1857	342,849 „	1865	414,847 „
1858	360,678 „	1866	417,066 „
1859	371,102 „	1867	417,663 „

Betrag der Rente im Jahre 1869: 417,765 Thlr.

Zinsquote der Rente. Die Rentenbriefe werden mit 4 Procent verzinst. Da nun Rentenbriefe zum Nennwerth von $^{10}/_{9}$ der dem Staate eingezahlten Kapitalien ausgestellt werden, beträgt der Zinsfuss des Staates für die aus letzteren erwachsene Schuld an die Rentenbanken $^{10}/_{9} \times 4$ Procent $= 4^4/_9$ Procent.

Tilgungsquote der Rente. Die Rentenbriefe, welche die Rentenbank den Berechtigten aushändigt, sind mit $^1/_2$ Procent ihres Nennwerthes und der durch Tilgung ersparten Zinsenquote zu tilgen. Da nun Rentenbriefe zum Nennwerthe von $^{10}/_9$ der dem Staate eingezahlten Ablösungskapitalien ausgestellt werden, beträgt die Tilgungsquote des Staates für die aus der Annahme von Ablösungskapitalien erwachsene Schuld an die Rentenbanken $^{10}/_9 \times ^1/_2$ Procent $= ^5/_9$ Procent. Die durch Verwendung der Tilgungsquote entstehenden Ersparnisse an der Zinsquote wachsen der Tilgungsquote zu. Die Tilgungsquote, welche bei jedem neuen Rententheil $\frac{4^4/_9 + ^5/_9}{^5/_9} = ^9/_9$ des Rententheils beträgt, wird gegenwärtig von der Gesammtrente in Folge der Zinserparnisse etwa $^3/_9$ ausmachen.

§ 10.
Die 5procentige Anleihe vom 21. Mai 1859.

Gesetzgebung: Gesetz vom 21. Mai 1859 (Ges.-S. S. 242), Königl. Erlass vom 28. Mai 1859 (Ges.-S. S. 277), Königl. Verordnung vom 28. Mai 1859 (Ges.-S. S. 278), Bekanntm. des Staatsministeriums vom 12. April 1860 (Ges.-S. S. 184).

Entstehung: Die Anleihe wurde im Betrage von 30,000,000 Thlr.

aufgenommen aus Anlass des Italienischen Krieges zu militairischen Rüstungen.

Restschuld 1869: 27,928,100 Thlr.

Nennwerth der Theilobligationen: 1000, 500, 200, 100, 50 Thlr.

Person der Gläubiger: Die Obligationen lauten auf den Inhaber.

Rückzahlung: Unkündbar von Seiten der Gläubiger, kündbar Seitens des Staates vom 1. Januar 1870 ab. Verpflichtung des Staates zu halbjährlicher Tilgung durch Ankauf oder Ausloosung. Dotation des Tilgungsfonds 1869: 403,595 Thlr.; derselben wachsen bis zur vollständigen Tilgung die durch die Tilgung ersparten Zinsen zu. Ausloosungstermine im März bezw. September. Tilgungstermine bezw. Beginn der Einlösung von ausgeloosten Papieren am 1. October bezw. 1. April.

Zinsfuss: 5 Procent. Zinstermine: 2. Januar und 1. Juli.

Cours an der Berliner Börse:

letzter	Dec.	1868	. . . $102\frac{3}{8}$	letzter	Jan.	1868	. . . 103
„	Nov.	„	. . . $102\frac{1}{2}$	„	Dec.	1867	. . . 103
„	Oct.	„	. . . $103\frac{1}{4}$	„	Sept.	„	. . . $102\frac{1}{2}$
„	Sept.	„	. . . $102\frac{3}{8}$	„	Juni	„	. . . $103\frac{1}{8}$ G.
„	August	„	. . . $103\frac{5}{8}$	„	März	„	. . . $103\frac{3}{8}$
„	Juli	„	. . . $103\frac{1}{8}$	„	Dec.	1866	. . . $103\frac{1}{4}$
„	Juni	„	. . . 103	„	Sept.	„	. . . $102\frac{3}{4}$
„	Mai	„	. . . $103\frac{1}{2}$	„	Juni	„	. . . $91\frac{3}{4}$ G.
„	April	„	. . . $103\frac{3}{4}$	„	März	„	. . . 100
„	März	„	. . . $103\frac{3}{4}$	„	Dec.	1865	. . . $104\frac{1}{4}$
„	Febr.	„	. . . $103\frac{1}{4}$				

§ 11.

Die mit dem Herzogthum Sachsen 1819 übernommenen Schulden.

Gesetzgebung: Kabinetsordre vom 2. November 1822 (Bekanntmachung ihres Inhalts am 18. März 1823 in den Amtsblättern und in der Preussischen Staatszeitung vom 25. März 1823), Hauptconvention zwischen Preussen und Sachsen vom 28. August 1819 (Anhang zur Ges.-Samml. von 1819).

Entstehung: Durch den Wiener Tractat vom 18. Mai 1815 ging ein Theil des Königreichs Sachsen an Preussen über. Der Schuldantheil, welcher auf diesem Gebiete haftete, wurde durch die erwähnte Hauptconvention zwischen Preussen und Sachsen bestimmt. Danach betrugen Ende 1819 die völlig ausgemittelten, anerkannten und von Preussen über-

nommenen Provinzialstaatsschulden des Herzogthums Sachsen 12,388,460
Thaler. Von dieser Schuldsumme finden sich noch zwei Titel auf dem
Staatshaushaltsetat für 1869:

A. **Kammerkreditkassenscheine** zum Betrage von 2107 Thlr.,
der letzte Rest eines Neujahr 1766 entstandenen, 1823 der Hauptverwaltung im Betrage von 1,422,328 Thlr. überwiesenen Schuldpostens.
Zur Tilgung dieser in verschiedenen Theilbeträgen auf den Inhaber verbrieften zinslosen Schuld sind in Gemässheit der Kabinetsordre vom
2. November 1822 für 1869 735 Thlr. ausgeworfen; die Einlösung
erfolgt nach geschehener Ausloosung am 1. April und 1. October durch
die Regierungshauptkasse zu Merseburg.

B. **Steuerkreditkassenscheine.**

Entstehung: Die Sächsischen Steuerkreditkassenscheine stammen
im Betrage von 13,147,322 Thlr. aus den im Steuerkreditsystem Sachsens
von 1763 einbegriffenen älteren Schulden, im Betrage von 3,440,000 Thlr.
aus den im Jahre 1807 creirten landschaftlichen Obligationen und im
Betrage von 5,917,500 Thlr. aus der 1811 bewilligten ständischen Anleihe des Königreichs Sachsen. Von diesen Schulden übernahm Preussen zur Vertretung im Ganzen 6,196,855 Thlr., darunter 3 procentige
5,426,200 Thlr.

Betrag der Scheine im Jahre 1869: 965,700 Thlr. 3 procentige und 300 Thlr. zinslose. (Letztere stehen schon seit 1849 auf
dem Etat.)

Nennwerth der Theilobligationen: 1000, 500, 200, 100,
50 Thlr. Die Verschreibungen lauteten früher auf Conventionsgeld nach
dem 20-Guldenfusse und mussten in dieser Währung verzinst und getilgt
werden. Im Jahre 1851 wurde das Agio des Conventionsgeldes durch
Auszahlung von 3 Procent des Kapitalbetrages abgelöst.

Person der Gläubiger: Die Scheine lauten auf den Inhaber.

Rückzahlung der Schuld: Unkündbar von Seiten der Gläubiger,
kündbar Seitens des Staates. Verpflichtung des Staates zu jährlicher
Tilgung durch Ausloosung. Pflichtmässige Dotation des Tilgungsfonds pro
1869: 180,000 Thlr.; der Dotation wachsen die durch Tilgung ersparten Zinsen fortdauernd zu, die Schuld wird also in spätestens 5 Jahren
vollständig getilgt sein. Ausloosungstermine: Ostern und Michaelis bei
dem Regierungspräsidium zu Merseburg. Die Einlösung der gekündigten
Obligationen geschieht nur bei der Regierungs-Hauptkasse zu Merseburg
und beginnt am 1. October bezw. 1. April.

Zinsfuss: 3 Procent. Zinstermine: 1. April und 1. October.

Cours an der Leipziger Börse
(für Appoints von 500 und 1000 Thlr.):

26. Sept. 1868 . . . . 93 Proc.	ult. Dec. 1867 . . . . 93 Proc.
15. Juli „ . . . 93 „	„ Sept. „ . . . 93 „
ult. Mai „ . . . 94 „	„ Juni „ . . . 92 „
29. April „ . . . 93½ „	4. März „ . . . 93 „
ult. März „ . . . . 93½ „	20. Aug. 1866 . . . . 93½ „
„ Febr. „ . . . 94 „	20. März „ . . . 96 „
„ Januar „ . . . . 93 „	ult. Dec. 1865 . . . . 96 „

§ 12.

Die Niederschlesisch-Märkischen Eisenbahn-Actien und Obligationen.

Die Verzinsung und Tilgung derselben wurde bei Erwerb der Nieder-schlesisch-Märkischen Eisenbahn auf die Staatskasse übernommen. Ge-setz vom 31. März 1852 (Ges.-S. S. 89), Vertrag vom 24/25. Januar 1852 (Ges.-S. S. 573). Die gesammten Actien und Obligationen be-sassen damals einen Nennwerth von 19,208,338 Thlr. Dieselben lauten sämmtlich auf den Inhaber, sind, ausgenommen die Prioritäten Serie IV. (siehe E.), mit 4 Procent verzinslich, haben Zinstermine am 2. Januar und 1. Juli, unterscheiden sich aber nach dem Nennwerth der Obliga-tionen, der Tilgung und dem Börsencours in fünf verschiedene Gattungen.

A. Stammaktien vom Jahre 1843.

Gesetzgebung: Statut vom 27. November 1843 (Ges.-S. S. 371).

Restbetrag des ursprünglichen Actienkapitals von 10,000,000 Thaler für 1869: 7,049,100 Thlr.

Nennwerth der Theilobligationen: 100 Thlr.

Rückzahlung: Unkündbarkeit von Seiten der Gläubiger, Künd-barkeit von Seiten des Staates. Verpflichtung des Staates zu jährlicher Tilgung durch Ausloosung. Pflichtmässige Dotation des Tilgungsfonds für 1869: 103,000 Thaler. Demselben wachsen bis zur vollständigen Tilgung die durch Tilgung ersparten Zinsen zu unter Berechnung des ursprünglichen, vom Staate garantirten Zinsfusses von nur 3½ Procent. Ausloosungstermin: 1. Juli. Einlösung beginnt am 15. December, zu-gleich mit Auszahlung der für das 2. Semester verfallenen Zinsen von den ausgeloosten Actien. Die Einlösung geschieht auch bei der Haupt-kasse der Eisenbahn in Berlin und den Stationskassen zu Breslau, Frank-furt a. O. und Liegnitz.

Cours an der Berliner Börse:

letzter	December	1868	87¾	letzter	Januar	1868	88¼
„	November	„	87½ B.	„	December	1867	87¾
„	October	„	87⅝	„	September	„	88½
„	September	„	88⅜	„	Juni	„	90½
„	August	„	88¼ G.	„	März	„	90¼
„	Juli	„	88¾ bz.	„	December	1866	91 G.
„	Juni	„	88½ bz.	„	September	„	89¼
„	Mai	„	89¼ G.	„	Juni	„	76½
„	April	„	88¾	„	März	„	90½ B.
„	März	„	89¼	„	December	1865	97½ B.
„	Februar	„	88¼				

B. Die Prioritätsactien vom Jahre 1845.

Gesetzgebung: Privileg vom 26. Juli 1845 (Ges.-S. S. 459).

Restbetrag der ursprünglichen Ausgabe von 4,175,000 Thaler für 1869: 3,597,413 Thaler.

Nennwerth der Theilobligationen: Serie I. 100 Thaler, Serie II. 62½ Thaler.

Rückzahlung: wie die Stammaktien; die Dotation des besonderen Tilgungsfonds für 1869 beträgt 43,963 Thaler, demselben wachsen bis zur vollständigen Tilgung die durch Tilgung ersparten Zinsen zu. Ausloosungstermin im April. Einlösung beginnt am 1. Juli, und kann auch bei der Hauptkasse der Eisenbahn in Berlin und den Stationskassen zu Breslau, Frankfurt a. O. und Liegnitz verlangt werden.

Cours an der Berliner Börse.

Serie I. Actien à 100 Thaler:

letzter	December	1868	.	86½	letzter	Januar	1868	.	88 bz.
„	November	„	.	86¼	„	December	1867	.	87¼
„	October	„	.	86½ G.	„	September	„	.	87¼ G.
„	September	„	.	86½ G.	„	Juni	„	.	89
„	August	„	.	87¼ G.	„	März	„	.	89
„	Juli	„	.	87½ G.	„	December	1866	.	89¾
„	Juni	„	.	87¾	„	September	„	.	88¾
„	Mai	„	.	87⅝	„	Juni	„	.	73
„	April	„	.	87⅜	„	März	„	.	—
„	März	„	.	87¾ G.	„	December	1865	.	93
„	Februar	„	.	87¾ G.					

Serie II. Actien à 62½ Thaler:

letzter	December	1868	. —		letzter	Januar	1868	. 84⅛ B.
„	November	„	. 81¾ G.		„	December	1867	. 84½ B.
„	October	„	. 83¾		„	November	„	. —
„	September	„	. —		„	Juni	„	. 86½
„	August	„	. —		„	März	„	. —
„	Juli	„	. 85 bz.		„	December	„	. 85
„	Juni	„	. —		„	September	„	. —
„	Mai	„	. —		„	Juni	„	. 70¾
„	April	„	. 85½ G.		„	März	„	. —
„	März	„	. 84¾ G.		„	December	„	. 90¾ B.
„	Februar	„	. 84¾ G.					

C. Die Prioritäts-Obligationen Serie I. und II. vom 15. Mai 1846.

Gesetzgebung: Privileg vom 15. Mai 1846 (Ges.-S. S. 238), Bekanntmachung der Hauptverwaltung der Staatsschulden vom 3. Juni 1853 (in den Amtsblättern vom Juni, Juli und August), wodurch der Zinsfuss auf 4 Procent herabgesetzt wurde.

Restbetrag der ursprünglichen Ausgabe von 3,500,000 Thaler für 1869: 2,921,400 Thaler.

Nennwerth der Theilobligationen: 100, 50 Thaler.

Rückzahlung wie bei den Stammactien; die Dotation des besonderen Tilgungsfonds für 1869 beträgt 46,450 Thaler, demselben wachsen bis zur vollständigen Tilgung die durch Tilgung ersparten Zinsen zu. Ausloosung im Juli, Einlösung beginnt am 2. Januar und kann auch bei der Hauptkasse der Eisenbahn in Berlin und den Stationskassen zu Breslau, Frankfurt a. O. und Liegnitz verlangt werden.

Cours an der Berliner Börse:

letzter	December	1868	. 87¾ B.	letzter	Januar	1868	. 88
„	November	„	. 86¼	„	December	1867	. 87¾ G.
„	October	„	. 86¾	„	September	„	. 87¼ G.
„	September	„	. 86½ G.	„	Juni	„	. 88¾ G.
„	August	„	. 87¼ B.	„	März	„	. 89¼
„	Juli	„	. 87¾	„	December	„	. 89¾ G.
„	Juni	„	. 87¾	„	September	„	. 88¾
„	Mai	„	. 88 G.	„	Juni	„	. 73¾ B.
„	April	„	. 87¾ G.	„	März	„	. 90 B.
„	März	„	. 87¾ G.	„	December	„	. 93
„	Februar	„	. 87¾ G.				

D. Prioritäts-Obligationen Serie III. vom 9. Juli 1847.

Gesetzgebung: Privileg vom 9. Juli 1847 (Ges.-S. S. 343), Bekanntmachung der Hauptverwaltung der Staatsschulden vom 3. Juni 1853 (Amtsblätter vom Juni, Juli, August), wodurch der Zinsfuss auf 4 Procent herabgesetzt wurde.

Betrag seit der Ausgabe unverändert 2,300,000 Thaler.

Nennwerth der Theilobligationen: 100 Thaler.

Rückzahlung: Die theilweise Tilgung darf nach Inhalt des Privilegs nicht eher beginnen, als bis die Stammactien (unter A) durch statutenmässige Tilgung eingelöst worden sind. Zusammen können die Obligationen jedoch jederzeit gekündigt werden. Die nähere Bestimmung über die Tilgungsart ist dem Staate vorbehalten.

Cours an der Berliner Börse:

letzten	December	1868	. 82		letzten	Januar	1868	.	86 B.
„	November	„	. 82¼ B.		„	December	1867	.	84½ bz.
„	October	„	. 82¾ G.		„	September	„	.	84¾
„	September	„	. 83¼ G.		„	Juni	„	.	87⅜ B.
„	August	„	. 83¾ B.		„	März	„	.	87¾
„	Juli	„	. 83¾ G.		„	December	1866	.	87¼
„	Juni	„	. 83¾ G.		„	September	„	.	—
„	Mai	„	. 84¼ G.		„	Juni	„	.	92¾ G.
„	April	„	. 85 G.		„	März	„	.	—
„	März	„	. 85½ bz.		„	December	1865	.	92½ B.
„	Februar	„	. 85¾ G.						

E. Prioritäts-Obligationen Serie IV. vom Jahre 1851.

Gesetzgebung: Privileg. vom 25. Juni 1851 (Ges.-S. S. 482), Königl. Erlass vom 23. März 1861 (Ges.-S. S. 159), wodurch der Zinsfuss auf 4½ Procent herabgesetzt wurde.

Restbetrag von der ursprünglichen Ausgabe von 1,000,000 Thlr. für 1869: 881,800 Thlr.

Nennwerth der Theilobligationen: 100 Thlr.

Rückzahlung: Wie bei den Stammactien; die Dotation des besonderen Tilgungsfonds beträgt für 1869 10,900 Thaler, demselben wachsen bis zur vollständigen Tilgung die durch Tilgung ersparten Zinsen zu. Ausloosung im Juli. Einlösung beginnt am 2. Januar. Dieselbe kann auch bei der Hauptkasse der Eisenbahn in Berlin und den Stationskassen zu Breslau, Frankfurt a. d. O. und Liegnitz stattfinden.

Zinsfuss: Seit 1. Juli 1861 4½ Procent.

Cours an der Berliner Börse:

Letzter	December 1868. .	93 B.		Letzter	December 1867. .	93¾ bz.
„	November „ . .	94 B.		„	September „ . .	96¼ B.
„	October „ . .	93¾ G.		„	Juni „ . .	97½
„	September „ . .	—		„	März „ . .	97¼ G.
„	August „ . .	94¼ G.		„	December 1866. .	97¾
„	Juli „ . .	94½ G.		„	September „ . .	95¼ G.
„	Juni „ . .	94½ G.		„	Juni „ . .	81¼ G.
„	Mai „ . .	94½ G.		„	März „ . .	98½ B.
„	April „ . .	95 B.		„	December 1865. .	99½ G.
„	März „ . .	—				
„	Februar „ . .	95¼ bz.				
„	Januar „ . .	—				

§ 13.

Die Münster-Hammer Eisenbahn-Actien und Obligationen.

Die Verzinsung und Tilgung derselben wurde bei Erwerb der Münster-Hammer Eisenbahn auf die Staatskasse übernommen. Gesetz vom 30. April 1855 (Ges.-S. S. 251). Vertrag vom 12. Januar 1855 (Ges.-S. S. 473). Die gesammten Actien und Obligationen hatten bei der Uebernahme einen Nennwerth von 1,387,300 Thlr.

A. Stammactien vom 4. März 1846.

Gesetzgebung: Concession vom 4. März 1846 (Ges.-S. S. 108).

Restbetrag des ursprünglichen Actienkapitals von 1,300,000 Thlr. für 1869: 1,127,600 Thlr.

Nennwerth der Theilobligationen: 100 Thlr.

Person der Gläubiger: Die Actien lauten auf den Inhaber.

Rückzahlung: Unkündbar Seitens der Gläubiger, kündbar Seitens des Staates. Der Reinertrag der Bahnstrecke, soweit er den Zinsbedarf der Schuld übersteigt, muss zur Tilgung durch Ausloosung verwandt werden. Die Festsetzung des jährlich zur Amortisation zu verwendenden Betrages bleibt jedoch lediglich dem Staat überlassen. Anschlag des Tilgungsbetrages für 1868: 49,270 Thlr., für 1869 nur 500 Thlr. Ausloosung im Juni; Einlösung beginnt am 2. Januar, kann auch bei der Eisenbahnhauptkasse zu Münster erlangt werden.

Zinsfuss: 4 Procent.

Zinstermine: 2. Januar und 1. Juli. Die Zinscoupons sind auch einlösbar bei der Westfälischen Eisenbahnhauptkasse in Münster, der Stationskasse zu Hamm und dem Bankhause A. Paderstein in Berlin.

Cours an der Berliner Börse:

Letzter	December 1868	. .	88 G.	Letzter	December 1867	. .	87¼
„	November	„ . .	88 B.	„	September	„ . .	—
„	October	„ . .	—	„	Juni	„ . .	90¼ G.
„	September	„ . .	89 G.	„	März	„ . .	—
„	August	„ . .	90 B.	„	December 1866	. .	89¼ G.
„	Juli	„ . .	90 B.	„	September	„ . .	—
„	Juni	„ . .	89¼	„	Juni	„ . .	—
„	Mai	„ . .	90	„	März	„ . .	95 B.
„	April	„ . .	90 B.	„	December 1865	. .	97¼ G.
„	März	„ . .	89 G.				
„	Februar	„ . .	—				
„	Januar	„ . .	89 G.				

B. Die Prioritäts-Obligationen von 1851.

Gesetzgebung: Privileg. vom 23. August 1851 (Ges.-S. S. 544).

Restbetrag der ursprünglichen Ausgabe von 200,000 Thaler für 1869: 179,100 Thaler.

Nennwerth der Theilobligationen: 100 Thaler.

Person der Gläubiger: Die Obligationen lauten auf den Inhaber.

Rückzahlung: Unkündbar Seitens der Gläubiger, kündbar Seitens des Staates. Verpflichtung desselben zu jährlicher Tilgung durch Aus-loosung. Dotation des Tilgungsfonds 1869: 1,941 Thaler; derselben wachsen bis zur vollständigen Tilgung die durch Tilgung ersparten Zinsen zu. Ausloosung im Januar. Einlösung beginnt am 1. Juli, kann auch bei der Eisenbahnhauptkasse in Münster verlangt werden.

Zinsfuss: 4½ Procent.

Zinstermine: 2. Januar und 1. Juli. Die Zinscoupons sind auch einlösbar bei der Westfälischen Eisenbahnhauptkasse zu Münster, bei der Stationskasse zu Hamm und bei dem Bankhause A. Paderstein in Berlin.

Die Obligationen haben keinen bestimmten Börsencours.

§ 14.
Die Schatzanweisungen.

Für das Jahr 1869 hat die Regierung von der ihr durch das Staats-baushaltsgesetz vom 1. Februar 1869 (Ges.-S. S. 217) gegebenen Er-mächtigung zur Ausgabe von 13,000,000 Thlr. Schatzanweisungen bis jetzt — August 1869 — noch keinen Gebrauch gemacht. Die zu dem-selben Betrage 1868 ausgegebenen Schatzanweisungen sind sämmtlich eingelöst worden.

§ 15.
Die Kassenscheine.

Gesetzgebung: Gesetz betreffend die Verminderung der unverzinslichen Staatsschuld um 15 Millionen Thaler, sowie die Ausgabe verzinslicher Staatsschuldverschreibungen über 16,598,000 Thlr. vom 7. Mai 1856 (Ges.-S. S. 334) und Gesetz über die Vermehrung der Kassenscheine vom 29. Februar 1868 (Ges.-S. S. 169).

Entstehung: Siehe die ausführliche Entstehungsgeschichte des älteren Preussischen Staatspapiergeldes im dritten Theil dieses Werkes § 28 und die Geschichte der Kassenanweisungen von 1824 bis jetzt ebendaselbst im § 29. Die gegenwärtige Form der Kassenanweisungen datirt erst aus dem Jahre 1856, in welchem ihr Gesammtbetrag auf 15,842,347 Thlr. festgesetzt wurde. Das Gesetz vom 29. Februar 1868 hat dann die Vermehrung der Kassenanweisungen auf 18,250,000 Thlr. zugleich mit der Einziehung der vormals Kurhessischen Kassenscheine und der Noten der Nassauischen Landesbank verfügt. Die Kurhessischen Kassenscheine und die Noten der Nassauischen Landesbank werden vom 1. Januar 1869 ab nicht mehr bei öffentlichen Kassen als Zahlung, sondern nur noch zur Einlösung bei denjenigen Kassen angenommen, welche der Finanzminister bestimmen wird. Die Bekanntmachung dieser Kassen mit der Aufforderung zur Einlieferung der im Umlauf verbliebenen Geldzeichen ist zur Zeit noch nicht erfolgt. Die Bekanntmachung soll geschehen, und zwar vorläufig ohne Bestimmung eines Präclusivtermins, durch die Amtsblätter und andere öffentliche Blätter in sämmtlichen Provinzen, sowie durch mehrere auswärtige Deutsche Zeitungen. Die älteren, von 1835 datirten Kassenscheine waren mit den Darlehnskassenscheinen von 1848 durch das Gesetz vom 7. Mai 1855 (Ges.-S. S. 266) bereits präcludirt. Das Gesetz vom 15. April 1857 (Ges.-S. S. 304) hat indessen den Präclusivtermin wieder aufgehoben. Ende 1867 waren noch 235,347 Thlr. Kassenanweisungen von 1835 und 38,895 Thlr. Darlehnskassenscheine von 1848 rückständig geblieben. Die Regierung hat die Endfrist zu bestimmen, bis zu welcher Ersatz dafür zu leisten ist und solchen durch die Amtsblätter und durch Zeitungen sämmtlicher Provinzen, sowie durch die Ortsbehörden bekannt zu machen.

Betrag der Kassenanweisungen im Jahre 1869:
18,250,000 Thaler.

Nennwerth der Theilobligationen: Für 10,400,000 Thlr. Appoints à 5 Thlr. und für 7,850,000 Thlr. Appoints à 1 Thlr.

Umtausch beschädigter Kassenanweisungen. Nach § 5 des Gesetzes vom 19. Mai 1851 (Ges.-S. S. 335) und § 5 des Gesetzes vom 7. Mai 1856 (Ges.-S. S. 334) wird für beschädigte oder unbrauchbar gewordene Exemplare von Kassenanweisungen Ersatz geleistet, wenn

1) die gedruckte Litera, Serien- und Folienzahl,
2) die geschriebene Nummer und
3) die neben derselben stehende Namensunterschrift noch vollständig sichtbar sind.

Ob in anderen Fällen ausnahmsweise ein Ersatz geleistet werden kann, bleibt dem pflichtmässigen Ermessen der Hauptverwaltung der Staatsschulden überlassen. Beschnittene oder zerschnittene Kassenanweisungen dürfen in Zahlung nicht angenommen werden, sondern sind anzuhalten und an die Hauptverwaltung der Staatsschulden abzuliefern, welche nur dann Ersatz dafür leistet, wenn nachgewiesen wird, dass das Beschneiden oder Zerschneiden zufällig erfolgt ist.

Verpflichtung zur Annahme von Kassenanweisungen in Zahlungsstatt. Die Kassenanweisungen lauten auf den Inhaber. Die durch Kabinetsordre vom 21. December 1824 (Ges.-S. S. 238) bestätigte Verordnung vom 1. März 1815 (Ges.-S. S. 17) bestimmt, dass Kassenscheine bei allen Königlichen Kassen („Unseren" Kassen, heisst es in der Verordnung) in Zahlung gegeben und genommen werden müssen, es sei denn, dass die Zahlung einer bestimmten Species des Silbergeldes ausdrücklich vorbedungen worden ist. Im Privatverkehr, sowie bei sonstigen öffentlichen Kassen, findet ein Zwang zur Annahme von Kassenanweisungen nicht statt.

Verpflichtung zur Zahlungsleistung in Kassenanweisungen. Die Kabinetsordre vom 21. December 1824 bestimmt, dass alle an Königliche Kassen in Silbergeld zu leistenden Zahlungen, welche Zwei Thaler Courant erreichen oder übersteigen, zur Hälfte in Kassenanweisungen entrichtet werden sollen, bei einem Strafagio von 2 Sgr. auf den Thaler. Diese Bestimmung ist praktisch ausser Anwendung gekommen.

Einlösung der Kassenanweisungen gegen Silber. In Gemässheit der Kabinetsordre vom 21. December 1824 müssen die Kassenanweisungen bei dem dafür in Berlin bestehenden Realisationscomtoir (Kasse der Controle der Staatspapiere: Oranienstrasse 94.) jederzeit gegen Silber umgewechselt werden.

§ 16.

Das Reservequantum für noch unbekannte Ansprüche einzelner Gläubiger von provinziellen Staatsschulden.

Dasselbe ist zum Betrage von 467,860 Thalern in dem Etat der öffentlichen Schuld für 1869 der ideelle Rest einer durch die Verord-

nung vom 17. Januar 1820 (Ges.-S. S. 9) für provincielle Staatsschulden
in Rechnung gestellten Ziffer von 25,914,694 Thalern. Die praktische
Bedeutung dieses Postens im Etat der Schuldenverwaltung beschränkt
sich darauf, dass zufolge § 5 der Königl. Ordre vom 2. November 1822
(Ges.-S. S. 229) und § 6 b des Gesetzes vom 24. Februar 1850 (Gesetz-
Samml. S. 57) die Hauptverwaltung der Staatsschulden befugt ist, bis
zur Höhe der Ziffer von 467,860 Thalern „noch nicht anerkannte oder
noch illiquide Provinzial-Staatsschulden, sowohl in Betreff ihrer Qualität als der Verbindlichkeit des Staates zur Zahlung des Betrages und
des Zinssatzes festzustellen." Die Hauptverwaltung übt diese Befugniss
völlig selbständig aus, weder unterliegt sie darin den Anordnungen des
Finanzministeriums oder der Staatsschulden-Commission, noch kann gegen
ihre Entscheidung richterliches Urtheil angerufen werden.

Zuletzt sind auf die Ziffer des Reservequantums in Abrechnung gekommen: 1853 der Betrag von 7,905 Thaler bis dahin noch nicht etatsmässig gewesener provinzieller Staatspassiva und 1850 die Kosten der
Ablösung des Agios der Conventionsmünze, auf welche bis dahin die
Schulden des Herzogthums Sachsen lauteten.

Zweiter Titel.
Die vormals Hannoverschen Schulden.

§ 17.
Die 3 und 3½procentigen Schulden.

Dreiprocentig ist nur die an die Klosterkammer verbriefte
Münstersche Schuld im Betrage von 700 Thalern. Zu den drei und
ein halb procentigen Schulden gehören Obligationen Lit. A, B,
C, und ohne Litera, Lit. D, E, F, G, H, J, K, L, L I., M und N, sowie
ehemals Calenberg-Grubenhagen'sche, Lüneburg'sche, Hoya'sche, Bremen-
und Verdensche, Osnabrück'sche, Bentheim'sche, Hildesheim'sche, Ost-
fries- und Harlingerländische Provinzialschulden im Gesammtbetrage von
2,447,657 Thalern.

Diesen Schuldposten gemeinsam sind ausser dem Zinsfuss die Rückzahlungsbedingungen. Die sämmtlichen Schuldposten sind unkündbar von Seiten der Gläubiger, dagegen kündbar von Seiten des Staats.
Der Staat ist zu jährlicher Tilgung durch Ausloosung verpflichtet. Die
sämmtlichen Schuldposten mit Ausnahme der Obligationen Lit. L I. haben einen gemeinschaftlichen Tilgungsfonds, welcher pro 1869 mit
333,771 Thalern dotirt ist. Dem Tilgungsfonds wachsen die durch die
Tilgung ersparten Zinsen ununterbrochen zu. Der besondere Tilgungsfonds für die Obligationen Lit. L. I. ist feststehend mit 41,773 Thaler

dotirt. Die Ausloosung hat im Juni stattzufinden, worauf die gekündigten Obligationen nach 6 Monaten eingelöst werden können. (Gesetz vom
11. Februar 1869, Ges.-S. S. 355).

Im Uebrigen zerfallen diese Schulden in solche, welche in Theilobligationen verbrieft sind und in solche, welche nicht so verbrieft sind.

A. In Theilobligationen verbrieft sind die 3½procentigen
Obligationen Lit. A, B, C, und ohne Litera, Lit. D, E, F, G, H, J, K,
L, L I., M und N. Der Gesammtbetrag derselben (ausschliesslich der
Obligationen L I.) belief sich 1868 noch auf 3,539,638 Thlr. Für 1869
kann der Betrag nicht angegeben werden, wird sich aber höchstens auf
2,250,000 Thaler belaufen. Die Obligationen Lit. L. I. betrugen 1869
196,500 Thaler. Diese Obligationen sind mit Ausnahme der Obligationen L I. in der Zeit von 1817 bis 1838 behufs Neuverbriefung älterer, auf den Zinsfuss von 3½ Procent reducirter Kapitalien ausgegeben
worden. Ein Theil der Obligationen hat zur Entschädigung für aufgehobene Grundsteuerbefreiungen (Lit. G.), zu nachträglich gewährter Entschädigung aus der Occupationszeit (Lit. K.) und zur Bestreitung der Aus
gaben des Notbstandes im Jahre 1831, sowie der Luxemburger Expedition (Lit. L.) gedient. Die Obligationen Lit. L I. sind 1862—65 zum
Bau von Staatseisenbahnen ausgegeben worden. Die Theilobligationen
unterscheiden sich, indem sie theils auf den Inhaber, theils auf bestimmte Namen lauten, und ausserdem durch verschiedene Währung und
Nennwerth der Theilobligationen, sowie durch verschiedene Zinstermine.
Gleichwohl wird von den Bankiers in der Stadt Hannover der Cours
ohne Rücksicht auf die verschiedenen Buchstaben, nach welchen die
Obligationen unterschieden sind, notirt. Bei den einzelnen Stücken aber
wird unterschieden, je nachdem sie auf Courant oder Gold lauten.

a) Theilobligationen, welche auf den Inhaber lauten.
Dahin gehören die Obligationen Lit. A, B, C und ohne Litera, E, F,
G, H, L, L I., N und ein Theil der Obligationen Lit. K zum Gesammt-
betrage von höchstens 2 Millionen Thaler. In erheblicher Anzahl kom-
men davon nur noch die Obligationen A, B, C und ohne Litera, E, F,
G und N vor.

Nach der Währung und dem Nennwerth der Theil-Obligationen unterscheiden sich die Obligationen wie folgt:

α. Auf Gold, Courant und Holländische Münze lauten und sind in
runden Summen zu dem Nennwerth von 100 Thlr. bis 5000 Thlr.
incl. verbrieft die Obligationen Lit. A, B, C und ohne Litera,
Lit. E, F, H und N.

β. Auf Gold und Courant lauten und sind in runden Summen zu dem Nennwerth von 100 Thlr. bis 5000 Thlr. einschl. verbrieft die Obligationen Lit. K und L.

γ. Nur auf Courant lauten die Obligationen Lit. G und Lit. L I. Die Obligationen Lit. G sind in runden Summen zu dem Nennwerth von 100 Thlr. bis 5000 Thlr. einschl. verbrieft; die Obligationen Lit. L I. dagegen nur zu den Nennwerthen von 100, 200, 300, 400, 500, 1000, 2000, 3000, 4000 und 5000 Thlr.

Nach den Zinsterminen unterscheiden sich die Obligationen wie folgt:

Halbjährliche Termine haben nur die Obligationen L I., und zwar am 1. März und 1. September.

Die ganzjährlichen Termine der übrigen Obligationen sind wie folgt verschieden:

Am 2. Januar sind die Zinsen fällig von den Obligationen F und G, am 1. März von den Obligationen N, am 1. August von den Obligationen H, am 1. September von den Obligatiouen E, am 1. November von den Obligationen A, B, C, ohne Litera und K.

b) Theil-Obligationen, welche auf bestimmte Namen lauten. Dahin gehören die Obligationen Lit. D, J, M und theilweise Lit. K im Gesammtbetrage von höchstens 1 Million Thaler. In erheblicher Anzahl kommen nur noch die Obligationen Lit. D vor.

Was die verschiedene Währung anbetrifft, so lauten die Obligationen D auf Gold, Neue ²/₃-Stücke, Conventionsmünze, Courant und Holländische Münze, die Obligationen J, K und M nur auf Gold und Courant. Die Obligationen sind in runden Summen zu den Nennwerthen von 100 Thlr. bis einschl. 5000 Thlr. verbrieft. Die Zinsen sind fällig bei den Obligationen D und M am 1. September, bei den Obligationen J am 1. August und bei den Obligationen K am 1. November.

Für sämmtliche 3½procent. vormals Hannoversche Theil-Obligationen wurden in der Stadt Hannover nach den Aufzeichnungen des vereidigten Wechselsensals Heinrich Dorguth in Hannover folgende Course notirt:

		Theil-Obligationen in Courant Brief	Theil-Obligationen in Courant Geld	Theil-Obligationen in Gold Brief	Theil-Obligationen in Gold Geld
1868	31. December	89	—	89	—
	1. December	91½	—	90½	—
	3. November	92½	—	92½	—
	29. September	—	93½	—	92½
	28. August	86¾	—	85	—
	31. Juli	87½	—	85¾	—
	26. Juni	—	87¼	86	—
	29. Mai	—	87½	—	85
	24. April	—	87¼	85¼	—
	31. März	88	—	85¼	—
	28. Februar	88¼	87¼	85⅝	—
	31. Januar	88¼	87¼	84¾	—
1867	28. December	88	—	84¾	—
	27. September	85¾	—	84¾	—
	28. Juni	88¼	—	85¾	84¾
	29. März	87¾	—	86	—
1866	28. December	89	—	87½	—
	28. September	98¾	—	88¼	—
	12. Juni	96½	95	93½	92
	29. März	98½	97¾	95½	—
1865	29. December	—	99	95½	95

B. Schulden, welche in Theilobligationen **nicht** verbrieft sind. Dahin gehören die 3½procentigen ehemals Calenberg-Grubenhagenschen, Lüneburgschen, Hoyaschen, Bremen- und Verdenschen, Osnabrückschen, Bentheimschen, Hildesheimschen, Ostfries- und Harlingerländischen Provinzialschulden, sowie die 3procentigen vormals Münsterschen Schulden. Der Gesammtbetrag dieser Schulden belief sich 1868 noch auf 74,509 Thlr. Die 3procentige Münstersche Schuld ist der Rest der von Hannover in Folge der Dismembrirung des vormaligen Bisthums Münster durch Staatsvertrag mit Preussen und Oldenburg unter dem 16. October 1839 übernommenen Schulden. Die übrigen Schulden bestehen aus einzelnen Kapitalien, welche von den Provinziallandschaften vor 1807 und bis in das 15. Jahrhundert zurück aufgenommen worden sind. Diese Schulden wurden 1816 sämmtlich als Schulden des Hannoverschen Staates anerkannt. Der Zinstermin dieser Schulden ist verschieden und fällt theils auf den 1. Mai, theils auf den 1. November, theils auf den 2. Januar. Die erheblichsten Schulden sind die Calenberg-Grubenhagenschen und die Lüneburgschen, welche 1868 noch 27,830 Thlr. und 22,590 Thlr. betrugen.

§ 18.
Die vierprocentigen Theilobligationen.

Dahin gehören die Obligationen Lit. E I, F I, G I, H I, J I, Q, R und S im Gesammtbetrage von 18,886,620 Thlr. Die Obligationen lauten sämmtlich auf den Inhaber. Es gelten für diese Schulden dieselben Rückzahlungsbedingungen, insofern sie von Seiten der Gläubiger unkündbar, dagegen kündbar von Seiten des Staates sind. Der Staat ist zu jährlicher Tilgung durch Ausloosung verpflichtet, welche im Juni stattzufinden hat, worauf die gekündigten Obligationen nach 6 Monaten eingelöst werden können (Gesetz vom 11. Februar 1869, Ges.-S. S. 355). Die Obligationen haben aber verschiedene Tilgungsfonds, deren Dotation nach verschiedenen Grundsätzen erfolgt. Ausserdem unterscheiden sich die Obligationen noch in Bezug auf die Zinstermine, die Währung und den Nennwerth der Theilobligationen. Gleichwohl wird von den Bankiers in der Stadt Hannover der Cours ohne Rücksicht auf die Buchstaben, nach welchen die Obligationen verschieden sind, notirt. Bei den einzelnen Stücken aber wird unterschieden, je nachdem sie auf Courant oder Gold lauten und je nachdem sie einen geringeren Nennwerth von 100 oder 200 Thlr. oder einen grösseren Nennwerth von 500 oder 1000 Thlr. haben. Die Obligationen Lit. E I, F I, G I, H I, J I sind in den Jahren 1851—1858 ausgegeben worden zum Bau von Staatseisenbahnen, wogegen die Verbriefung der Obligationen Q, R und S zur Tilgung anderer, namentlich durch die ausserordentlichen Bedürfnisse der Jahre 1848 bis 1850 veranlassten Schulden, stattgefunden hat.

In Bezug auf die verschiedene Dotation der Tilgungsfonds gelten für die Obligationen Lit. E I, F I, G I, H I, J I nach dem Hannoverschen Gesetze vom 13. Juni 1865 (Hann. Ges.-S. S. 276) gemeinschaftliche Grundsätze. Es werden nämlich bei diesen Obligationen seit Erlass des erwähnten Gesetzes jährlich 2 Procent des ursprünglichen Schuldkapitals und die seitdem durch Tilgung ersparten Zinsen zur Tilgung verwandt. Vom 1. Juli 1878 ab soll aber nach diesem Gesetze die Ausstattung des Tilgungsfonds, vorbehaltlich einer dann etwa zu treffenden anderen gesetzlichen Bestimmung wieder auf den Betrag von im Ganzen 2 Procent der ursprünglichen Schuldsumme beschränkt werden. Falls jedoch zur Zeit der behufs der Kündigung vorzunehmenden Ausloosung der Courswerth der auszuloosenden Obligationen oder einzelner Gattungen derselben in Hannover den Nennwerth übersteigt, so kann hinsichtlich dieser Obligationen die Ausloosung und Kündigung auf denjenigen Betrag beschränkt werden, welcher nach dem Inhalte der Obligationen dazu verwendet werden muss. Diese obligationsmässige Dotation besteht aus 1 Procent des ursprünglichen Schuldkapitals und den seit 1858 durch die Verwendung desselben zur Tilgung ersparten Zinsen. Auch vor dem 1. Juli 1878 kann die Beschränkung der Tilgungsfonds auf den für diesen Termin festgesetzten Betrag von 2 Procent der ursprünglichen Anleihesumme verordnet werden, wenn die Betriebsüberschüsse der sämmtlichen Hannoverschen Eisenbahnen sich demnächst in Folge der Erweiterung des Eisenbahnbetriebs und nachdem die Tilgung der Anleihen, welche behufs Herstellung neuer erst nach dem 1. Januar 1865 beschlossenen Eisenbahnanlagen aufzunehmen sind, begonnen und mindestens 2 Jahre lang fortgedauert hat, zur Bestreitung der Zinsen und zur Tilgung der Eisenbahnanleihen, sowie zur Bestreitung der Kosten, welche für Ergänzungsbauten oder zur Vermehrung des Betriebsmaterials oder Betriebskapitals zu verwenden sind, sich nachhaltig als unzulänglich erweisen.

Der Tilgungsfonds für die Obligationen R besteht in 1½ Procent des ursprünglichen Kapitals; demselben wachsen die durch die Tilgung ersparten Zinsen zu. Der Tilgungsfonds für die Obligationen S beträgt feststehend jährlich 15,400 Thlr. Die Obligationen Lit. Q werden schon im Jahre 1869 sämmtlich getilgt sein.

Das Verhältniss der Tilgungsfonds zu den Restbeträgen der Schulden hat sich, abgesehen von den verschiedenen für die Dotation massgebenden Grundsätzen, auch dadurch verschieden gestaltet, dass 1869 eine bei den einzelnen Arten sehr verschiedene Zahl von Obligationen, welche anderen Staatsnebenfonds angehörten, ausserordentlich getilgt und daher von dem Restbetrag abgeschrieben worden sind.

In Bezug auf die einzelnen Gattungen der Obligationen erübrigen nun noch folgende Bemerkungen:

A. Obligationen Lit. E I vom 2. Januar 1851. Ursprüngliches Schuldkapital 2,713,770 Thlr.; Restbetrag 1869: 2,191,300 Thlr. Dotation des Tilgungsfonds 1869: 60,880 Thlr. Die Theilobligationen lauten in runden Beträgen von 100 Thlr. bis einschliesslich 5000 Thlr. auf Courant und Gold. Zinstermine: 1. Juni und 1. December.

B. Obligationen Lit. F I vom 2. Januar 1852. Ursprüngliches Schuldkapital 5,102,950 Thlr.; Restbetrag 1869: 4,167,190 Thlr. Dotation des Tilgungsfonds 1869: 114,525 Thlr. Die Theilobligationen lauten in runden Beträgen von 100 Thlr. bis einschliesslich 5000 Thlr. auf Gold und Courant. Zinstermine: 1. Juni und 1. December.

C. Obligationen **Lit. G I** vom 1. Juli 1852. Ursprüngliches Schuld-kapital 7,447,310 Thlr.; Restbetrag 1869: 5,758,400 Thlr. Do-tation des Tilgungsfonds 1869: 167,102 Thlr. Die Theilobli-gationen lauten in runden Beträgen von 100 Thlr. bis einschliesslich 5000 Thlr. auf Courant und Gold. Zinstermine: 1. April und 1. October.

D. Obligationen **Lit. H I** vom 1. März 1855. Ursprüngliches Schuldkapital 6,219,930 Thlr.; Restbetrag 1869: 3,253,760 Thlr. Dotation des Tilgungsfonds 1869: 139,537 Thlr. Die Theil-obligationen lauten in runden Beträgen von 100 Thlr. bis einschliess-lich 5000 Thlr. auf Gold und Courant. Zinstermine am 1. Mai und 1. November.

E. Obligationen **Lit. J I** vom 1. Juli 1858. Ursprüngliches Schuld-kapital 2,623,700 Thlr.; Restbetrag 1869: 1,301,500 Thlr. Do-tation des Tilgungsfonds 1869: 58,978 Thlr. Die Theilobli-gationen lauten in runden Beträgen von 100 Thlr. bis einschliesslich 5000 Thlr. nur auf Courant. Zinstermine: 1. Februar und 1. August.

F. Die Obligationen **Lit. Q** im Betrage von 28,500 Thlr. sollen noch im Jahre 1869 sämmtlich eingelöst werden.

G. Obligationen **Lit. R** vom 1. Juli 1850. Ursprüngliches Schuld-kapital 1,359,110 Thlr.; Restbetrag 1869: 778,900 Thlr. Dotation des Tilgungsfonds 1869: 41,303 Thlr. Die Theilobligationen lauten in runden Beträgen von 100 Thlr. bis einschliesslich 5000 Thlr. auf Gold und Courant. Zinstermine: 1. Juni und 1. December.

H. Obligationen **Lit. S** vom 1. Juli 1860. Ursprüngliches Schuld-kapital 1,545,500 Thlr.; Restbetrag 1869: 1,406,900 Thlr. Dotation des Tilgungsfonds 1869: 15,400 Thlr. Die Theilobligationen lauten auf Beträge von 500 Thlr. und 1000 Thlr. in Gold. Zins-termine: 2. Januar und 1. Juli.

Für sämmtliche 4procentige vormals Hannoversche Theilobligationen wurden in der Stadt Hannover nach den Auf-zeichnungen des vereidigten Wechselsensals Heinrich Dorguth in Han-nover folgende Course notirt:

| | Für Courantstücke | | Für Stücke in Gold-währung | |
	à 1000 u. 500 Thlr.	à 200 u. 100 Thlr.	à 1000 u. 500 Thlr.	à 200 u. 100 Thlr.
	Brief. Geld.	Brief. Geld.	Brief. Geld.	Brief. Geld.
31. December 1868 ...	93¾ 93	94¼ 94	90¾ —	92 —
1. December „ ...	94 93¾	— 93¾	— 90¾	— 91¼
3. November „ ...	92¼ 91¼	93 92	91¼ 90¼	92 91
29. September „ ...	96¼ 95¼	96¼ 95¼	95 94	95 94
28. August „ ...	90¾ —	90¾ —	87¼ —	88¾ —
31. Juli „ ...	91⅞ 90⅞	92¼ —	88 —	90¼ —
26. Juni „ ...	92¾ 92	95 —	88¼ —	91 —
29. Mai „ ...	93¾ 93¼	96 95	88⅞ —	91¼ —
24. April „ ...	93⅜ 92⅔	96 95	88¼ —	92 —
31. März „ ...	93 92	96 —	89¾ —	92¼ —
28. Februar „ ...	94 93¾	96⅜ —	89¾ —	92 —
31. Januar „ ...	94¾ 94	97¾ —	90¼ —	— 91¼
28. December 1867 ...	94¼ 93¼	97¼ —	90¼ 89¼	— 92
27. September „ ...	92 —	94¼ —	89¾ 88¾	90 89
28. Juni „ ...	94¼ —	96¼ 95¾	— 91¼	92¼ 91¼
29. März „ ...	94¼ 93⅜	96¼ —	93¼ 92¼	93¼ —
28. December 1866 ...	95 —	97 —	93¼ —	94 —
28. September „ ...	95 93¾	95¼ 94¼	92¼ 91	93 —
12. Juni „ ...	98¼ 97	99 —	97 —	97 —
29. März „ ...	101 100¼	101¼ —	99¾ 99	100 —
29. December 1865 ...	102¾ 101¼	103 102¼	100¼ —	100¼ 99¾

§ 19.

Die vierprocentigen an die vormals Königl. Hannoversche Officier-Wittwenkasse zu Hannover verbrieften Schulden.

Dieselben betragen 1869 insgesammt 597,893 Thlr. Den Gläubigern ist auf Grund einer Zusage des Königs Georg III. von 1762 die Fortdauer des 4procentigen Zinsgenusses zugesichert. Die Schuld zerfällt in folgende Hauptkategorien mit verschiedenen Zinsterminen:

	Betrag Thlr.	Zinstermine.
1) Vormals Calenberg-Grubenhagen'sche Provinzialschulden	49,170	theils 1. Mai, theils 1. Novbr.
2) Vormals Lüneburg'sche Provinzialschulden	27,500	„
3) Vormals Hoya'sche Provinzialschulden	6,380	1. Mai
4) Vormals Bremen- und Verden'sche Provinzialschulden	3,300	1. November

	Betrag Thlr.	Zinstermine.
5) Obligationen Lit. A, B u. C und ohne Litera aus der Verbriefung von Provinzialschulden aus der Zeit der feindlichen Occupation	150,150	1. November
6) Obligationen Lit. J, aus der Zusammenlegung landschaftlicher Obligationen entstanden	306,393	1. August
7) Obligationen Lit. K, in Folge Kapitalisirung nachträglich gewährter Entschädigungen aus der feindlichen Occupationszeit entstanden	55,000	1. November

§ 20.
Die Stiftungskapitalien.

Es sind dies Kapitalien, welche im 16. und 17. Jahrhundert dem Staate mit der Verpflichtung übergeben wurden, die Zinsen davon zum Zwecke einer Stiftung zu verwenden. In Folge dessen ist die Rückzahlung dieser Kapitalien an erschwerende Bedingungen geknüpft. Es gehören dahin folgende fünf Kapitalien im Gesammtbetrage von 38,377 Thaler.

A. Das von Borries von Münchhausen 1758 belegte Kapital von 6600 Thlr., wovon 5 Procent Zinsen am 1. Mai zum Besten der Armen und ad pias causas in dem Bezirk der Calenberg'schen Landschaft zu verwenden sind. Das Kapital soll so lange unkündbar stehen bleiben, bis es mit Bewilligung des Gläubigers und des Schuldners anderer Orten sicher belegt werden kann.

B. Das von Heinrich Langenbeck 1662 belegte Kapital von 8527 Thlr., wovon 5 Procent Zinsen am 1. Mai für fünf von ihm errichtete Stiftungen zu verwenden sind. Das Kapital soll, „so lange einiges Kapital bei dem Fürstlichen Landschatze steht, unabgeführt bleiben und das letzte sein."

C. Das von Demselben 1662 belegte Kapital von 305 Thlr., wovon 4 Procent Zinsen am 1. Mai zu Gunsten des jeweiligen Pastors zu Altencelle verwendet werden sollen. Das Schuldkapital soll, „so lange einiges Kapital im Schatze stehet, ohnabgeführt bleiben und das letzte sein."

D. Das von Gebhard von Marenholz 1625 belegte Kapital von 3046 Thlr., wovon 4 Procent Zinsen am 1. Mai zum Besten der Armen im Fürstenthum Braunschweig, Calenberg'schen Antheils, verwendet werden sollen. Das Schuldverhältniss soll „perpetuirlich und unablöslich" sein.

E. Das von Johann Christian Meinhelf 1720—28 belegte Kapital von 19,800 Thlr., wovon 5 Procent Zinsen am 1. Mai zum Besten armer Soldaten- und Invalidenkinder verwendet werden sollen. Durch Rescript vom 13./24. October 1730 ist vorgeschrieben, dass dies Kapital unter den vom Staate loszukündigenden das letzte sein soll.

§ 21.
Die Lehenskapitalien.

Hierhin gehören zwei Schuldkapitalien aus dem 17. und 18. Jahrhundert mit zusammen 165,304 Thlr., woran die Berechtigung sich nach Lehnrecht vererbt. Es sind dies:

A. Die Grote-Stillhorn'schen Lehnskapitalien aus den dem Herzoge Georg Wilhelm zu Celle 1672 abgetretenen Lehngütern. Diese Schuldkapitalien von zusammen 160,736 Thlr. gebühren den Lehnsnachfolgern des Freiherrn von Grote. Es handelt sich hierbei in der Hauptsache um drei Kapitalien. Bei zweien derselben im Betrage von 90,861 Thlr. haben Schuldner und Gläubiger das Recht halbjähriger Kündigung, im Falle die Gläubiger die Gelder „an dem Landesherrn anständige, unbewegliche Güter", welche letzterem alsdann zu Lehen aufgetragen werden sollen, anzulegen wissen. Von der obengenannten Summe sind 13,350 Thlr. am 26. Juni mit 5 Procent, die übrigen 77,512 Thlr. am 1. Mai mit 4 Procent und 1 Procent Supplementarzinsen zu verzinsen. Das dritte Kapital im Betrage von 69,875 Thlr. ist mit 5 Procent am 1. Mai zu verzinsen und kann von Seiten des Staates nicht gekündigt werden, oder er muss im Falle der Belegung zu einem geringeren Zinsfusse das an 5 Procent Fehlende den Gläubigern vergüten.

B. Das Platen'sche Lehnskapital aus dem Jahre 1735, entstanden durch den Kauf des Dominium utile an dem dem Grafen Platen zum Lehn überwiesenen Postwesen, gebührt den Inhabern des Fideicommisses des Grafen von Kielmannsegge. Das Schuldkapital von 4568 Thlr. ist am 1. Mai mit 4 Procent zu verzinsen. Beiden Theilen steht eine halbjährliche Kündigung frei, dem Gläubiger jedoch nur für den Fall des Ankaufs geeigneter Grundstücke mit dem Kapital.

§ 22.
Das Reservequantum für noch unbekannte Ansprüche einzelner Gläubiger von Meppen- und Emsbührenschen Schulden.

In dem Schlussprotokolle zu dem Staatsvertrage von 16. October 1839 über die Theilung des vormaligen Bisthums Münster zwischen

Preussen, Hannover und Oldenburg ist noch ein illiquider und unverzinslicher Rest der vormals Münsterschen Schuld — die sogenannte
Meppen- und Emsbührensche Schuld — erwähnt, dessen Bezahlung Hannover für den Fall übernommen hat, dass die Berechtigung der als Kre-
ditoren etwa auftretenden Reclamanten in legaler Weise nachgewiesen
werden sollte. Dieser, im Schlussprotokoll nur zu etwa 3000 Thlr. ver-
anschlagte Rest wird seit 1840 im Staatsschulden-Etat vorsorglich in
Höhe von 6400 Thlr. aufgeführt.

§ 23.

**Das Reservequantum für auf den Tilgungskassen nicht ruhende,
gekündigte, aber noch unerledigte Schuldkapitalien von 3199 Thlr.**

Die zur Verwendung der Mittel der Tilgungskassen gekündigten, aber
nicht abgehobenen Kapitalien sind durch die reservirten Mittel der Tilgungskassen völlig gedeckt, kommen also als Schulden nicht mehr in Betracht.
Es sind aber auch für den sogenannten Kapitalienfonds der Generalkasse,
d. i. der Schuldenverwaltung des früheren landesherrlichen Domaniums,
Schuldkapitalien gekündigt worden. Ueber diese Kapitalien, zur Zeit zum
Betrage von 3199 Thlr., wird von dem Vorstande der Tilgungskassen
eine besondere Rechnung geführt. Dieselben sind in den Conten der
betreffenden Schulden als ausgeloost bereits abgeschrieben, gleichwohl
nicht durch entsprechende Reserven der Tilgungskassen gedeckt.

Dritter Titel.

Die vormals Kurhessischen Schulden.

§ 24.

Die Schuld an den Fideicommissfonds,

ehemals der Prinzessin Charlotte zu Hessen, jetzt der Kabinetskasse des
Kurfürsten von Hessen aus den Jahren 1776 und 1780 (laut neu ausgestellten Schuldscheinen vom 15. September 1818 und 14. October 1826)
beträgt 1869: 14,900 Thlr.

Zinsfuss seit 1. April 1838 3½ Procent; Zinstermin: 31. December; Rückzahlung: Der Tilgung dieser Schuld steht in rechtlicher
Beziehung kein Hinderniss entgegen.

§ 25.
Die Schuld an die Schefferschen Erben

zu Felsberg und Gudensberg von 1400 Thlr. Kaufkapital wegen eines dem Staate im Jahre 1777 verkauften Schefferschen Fideicommisshauses laut Kaufbrief von 1802/3; die Schuld beträgt 1869: 1400 Thlr.

Zinsfuss: 3½ Procent; Zinstermin: 31. December.

Rückzahlung: Der Tilgung dieser Schuld steht in rechtlicher Beziehung kein Hinderniss entgegen.

§ 26.
Die Anleihe vom 23. März 1834.

Gesetzgebung: Finanzgesetz vom 31. October 1833 (Kurhessische Ges.-S. S. 189).

Entstehung: Die Anleihe wurde im Betrage von 1,265,850 Thlr. zur Deckung des in der Staatskasse entstandenen Deficits aufgenommen.

Restbetrag 1869: 182,600 Thlr. Nennwerth der Theilobligationen: 1000, 500, 250, 100, 50 Thlr.

Person der Gläubiger: Die Obligationen lauten auf den Inhaber.

Rückzahlung: Von Seiten der Gläubiger unkündbar, dagegen kündbar von Seiten des Staates. Eine Tilgungspflicht liegt dem Staate unseres Wissens nicht ob. Gleichwohl ist der Tilgungsfonds 1869 mit 105,000 Thlr. dotirt.

Zinsfuss: Seit 1837 3¼ Procent, vorher 4 Procent. Zinstermin: 30. Juni und 31. December.

§ 27.
Die Prämien-Lotterie-Anleihe von 1845.

Gesetzgebung: Landtagsabschied vom 25. September 1844 (Kurhessische Ges.-S. S. 85).

Entstehung: Die Anleihe wurde im Betrage von 6,725,000 Thlr. zur Erbauung der Main-Weser Staatseisenbahn aufgenommen und durch Vertrag vom 9. Januar 1845 dem Bankhause M. A. v. Rothschild & Söhne in Frankfurt a. M. begeben.

Restschuld für 1869: 5,325,000 Thlr.

Nennwerth der Theilobligationen oder Prämienscheine 40 Thlr. Je 50 Prämienscheine bilden eine Serie.

Person der Gläubiger: Die Obligationen lauten auf den Inhaber.

Rückzahlung: Die Obligationen sind Seitens der Gläubiger unkündbar; der Staat darf sie nur nach Massgabe des nachfolgenden von ihm einzuhaltenden Verloosungsplans kündigen. Die ausgeloosten Obligationen werden mit Prämien eingelöst, deren Höhe verschieden ist, wie der nachstehende Plan gleichfalls angibt. Eine Verzinsung der Obligationen findet nicht statt.

Prämien.	Betrag. Thlr.	Summa. Thlr.	Prämien.	Betrag. Thlr.	Summa. Thlr.
50 S. 1. Dec. 1868 u. 50 S. 1. Juni 1869.			60 Serien 1. December 1870.		
50 S. 1. Dec. 1869 u. 50 S. 1. Juni 1870.			60 „ 1. Juni 1871.		
34. Gewinnziehung 1. Juli 1869.			36. Gewinnziehung 1. Juli 1871.		
35. do. 1. Juli 1870.					
1	. . .	32,000	1	. . .	40,000
1	. . .	8,000	1	. . .	8,000
1	. . .	4,000	1	. . .	4,000
1	. . .	2,000	1	. . .	2,000
2	à 1500	3,000	2	à 1500	3,000
3	à 1000	3,000	3	à 1000	3,000
5	à 400	2,000	5	à 400	2,000
10	à 200	2,000	10	à 200	2,000
20	à 125	2,500	20	à 130	2,600
106	à 100	10,600	106	à 100	10,600
2350	à 65	152,750	2850	à 70	199,500
2500		221,850	3000		276,700
60 S. 1. Dec. 1871 u. 60 S. 1. Juni 1872.			60 S. 1. Dec. 1873 u. 60 S. 1. Juni 1874.		
60 S. 1. Dec. 1872 u. 60 S. 1. Juni 1873.			60 S. 1. Dec. 1874 u. 60 S. 1. Juni 1875.		
37. Gewinnziehung 1. Juli 1872.			39. Gewinnziehung 1. Juli 1874.		
38. do. 1. Juli 1873.			40. do. 1. Juli 1875.		
1	. . .	36,000	1	. . .	32,000
1	. . .	8,000	1	. . .	8,000
1	. . .	4,000	1	. . .	4,000
1	. . .	2,000	1	. . .	2,000
2	à 1500	3,000	2	à 1500	3,000
3	à 1000	3,000	3	à 1000	3,000
5	à 400	2,000	5	à 400	2,000
10	à 200	2,000	10	à 200	2,000
20	à 130	2,600	20	à 130	2,600
106	à 100	10,600	106	à 100	10,600
2850	à 70	199,500	2850	à 70	199,500
3000		272,700	3000		268,700
80 Serien 1. December 1875.			80 S. 1. Dec. 1876 u. 80 S. 1. Juni 1877.		
80 Serien 1. Juni 1876.			80 S. 1. Dec. 1877 u. 80 S. 1. Juni 1878.		
41. Gewinnziehung 1. Juli 1876.			42. Gewinnziehung 1. Juli 1877.		
			43. do. 1. Juli 1878.		
1	. . .	40,000	1	. . .	36,000
1	. . .	8,000	1	. . .	8,000
1	. . .	4,000	1	. . .	4,000
1	. . .	2,000	1	. . .	2,000
2	à 1500	3,000	2	à 1500	3,000
3	à 1000	3,000	3	à 1000	3,000
5	à 400	2,000	5	à 400	2,000
10	à 200	2,000	10	à 200	2,000
20	à 135	2,700	20	à 135	2,700
106	à 100	10,600	106	à 100	10,600
3850	à 75	288,750	3850	à 75	288,750
4000		366,050	4000		362,050

Prämien.	Betrag. Thlr.	Summa. Thlr.	Prämien.	Betrag. Thlr.	Summa. Thlr.
80 S. 1. Dec. 1878 u. 80 S. 1. Juni 1879.			100 Serien 1. December 1880.		
80 S. 1. Dec. 1879 u. 80 S. 1. Juni 1880.			100 „ 1. Juni 1881.		

<table>
<tr><td colspan="3">44. Gewinnziehung 1. Juli 1879.
45. do. 1. Juli 1880.</td><td colspan="3">46. Gewinnziehung 1. Juli 1881.</td></tr>
<tr><td>1</td><td>. . .</td><td>32,000</td><td>1</td><td>. . .</td><td>40,000</td></tr>
<tr><td>1</td><td>. . .</td><td>8,000</td><td>1</td><td>. . .</td><td>8,000</td></tr>
<tr><td>1</td><td>. . .</td><td>4,000</td><td>1</td><td>. . .</td><td>4,000</td></tr>
<tr><td>1</td><td>. . .</td><td>2,000</td><td>1</td><td>. . .</td><td>2,000</td></tr>
<tr><td>2</td><td>à 1500</td><td>3,000</td><td>2</td><td>à 1500</td><td>3,000</td></tr>
<tr><td>3</td><td>à 1000</td><td>3,000</td><td>3</td><td>à 1000</td><td>3,000</td></tr>
<tr><td>5</td><td>à 400</td><td>2,000</td><td>5</td><td>à 400</td><td>2,000</td></tr>
<tr><td>10</td><td>à 200</td><td>2,000</td><td>10</td><td>à 200</td><td>2,000</td></tr>
<tr><td>20</td><td>à 135</td><td>2,700</td><td>20</td><td>à 140</td><td>2,800</td></tr>
<tr><td>106</td><td>à 100</td><td>10,600</td><td>106</td><td>à 100</td><td>10,600</td></tr>
<tr><td>3850</td><td>à 75</td><td>288,750</td><td>4850</td><td>à 80</td><td>388,000</td></tr>
<tr><td>4000</td><td></td><td>358,050</td><td>5000</td><td></td><td>465,400</td></tr>
</table>

100 S. 1. Dec. 1881 u. 100 S. 1. Juni 1882.			100 S. 1. Dec. 1883 u. 100 S. 1. Juni 1884.		
100 S. 1. Dec. 1882 u. 100 S. 1. Juni 1883.			100 S. 1. Dec. 1884 u. 100 S. 1. Juni 1885.		

<table>
<tr><td colspan="3">47. Gewinnziehung: 1. Juli 1882.
48. do. 1. Juli 1883.</td><td colspan="3">49. Gewinnziehung 1. Juli 1884.
50. do. 1. Juli 1885.</td></tr>
<tr><td>1</td><td>. . .</td><td>36,000</td><td>1</td><td>. . .</td><td>32,000</td></tr>
<tr><td>1</td><td>. . .</td><td>8,000</td><td>1</td><td>. . .</td><td>8,000</td></tr>
<tr><td>1</td><td>. . .</td><td>4,000</td><td>1</td><td>. . .</td><td>4,000</td></tr>
<tr><td>1</td><td>. . .</td><td>2,000</td><td>1</td><td>. . .</td><td>2,000</td></tr>
<tr><td>2</td><td>à 1500</td><td>3,000</td><td>2</td><td>à 1500</td><td>3,000</td></tr>
<tr><td>3</td><td>à 1000</td><td>3,000</td><td>3</td><td>à 1000</td><td>3,000</td></tr>
<tr><td>5</td><td>à 400</td><td>2,000</td><td>5</td><td>à 400</td><td>2,000</td></tr>
<tr><td>10</td><td>à 200</td><td>2,000</td><td>10</td><td>à 200</td><td>2,000</td></tr>
<tr><td>20</td><td>à 140</td><td>2,800</td><td>20</td><td>à 140</td><td>2,800</td></tr>
<tr><td>106</td><td>à 100</td><td>10,600</td><td>106</td><td>à 100</td><td>10,600</td></tr>
<tr><td>4850</td><td>à 80</td><td>388.000</td><td>4850</td><td>à 80</td><td>388,000</td></tr>
<tr><td>5000</td><td></td><td>461,400</td><td>5000</td><td></td><td>457,400</td></tr>
</table>

120 Serien 1. December 1885.			120 S. 1. Dec. 1886 u. 120 S. 1. Juni 1887.		
120 „ 1. Juni 1886.			120 S. 1. Dec. 1887 u. 120 S. 1. Juni 1888.		

<table>
<tr><td colspan="3">51. Gewinnziehung 1. Juli 1886.</td><td colspan="3">52. Gewinnziehung 1. Juli 1887.
53. do. 1. Juli 1888.</td></tr>
<tr><td>1</td><td>. . .</td><td>40,000</td><td>1</td><td>. . .</td><td>36,000</td></tr>
<tr><td>1</td><td>. . .</td><td>8,000</td><td>1</td><td>. . .</td><td>8,000</td></tr>
<tr><td>1</td><td>. . .</td><td>4,000</td><td>1</td><td>. . .</td><td>4,000</td></tr>
<tr><td>1</td><td>. . .</td><td>2,000</td><td>1</td><td>. . .</td><td>2,000</td></tr>
<tr><td>2</td><td>à 1500</td><td>3,000</td><td>2</td><td>à 1500</td><td>3,000</td></tr>
<tr><td>3</td><td>à 1000</td><td>3,000</td><td>3</td><td>à 1000</td><td>3,000</td></tr>
<tr><td>5</td><td>à 400</td><td>2,000</td><td>5</td><td>à 400</td><td>2,000</td></tr>
<tr><td>10</td><td>à 200</td><td>2,000</td><td>10</td><td>à 200</td><td>2,000</td></tr>
<tr><td>20</td><td>à 140</td><td>2,800</td><td>20</td><td>à 140</td><td>2,800</td></tr>
<tr><td>106</td><td>à 100</td><td>10,600</td><td>106</td><td>à 100</td><td>10,600</td></tr>
<tr><td>5850</td><td>à 85</td><td>497,250</td><td>5850</td><td>à 85</td><td>497,250</td></tr>
<tr><td>6000</td><td></td><td>574,650</td><td>6000</td><td></td><td>570,650</td></tr>
</table>

Prämien.	Betrag. Thlr.	Summa. Thlr.	Prämien.	Betrag. Thlr.	Summa. Thlr.
120 S. 1. Dec. 1888 u. 120 S. 1. Juni 1889.			152 Serien 1. December 1890.		
120 S. 1. Dec. 1889 u. 120 S. 1. Juni 1890.			153 Serien 1. Juni 1891.		
54. Gewinnziehung 1. Juli 1889.			56. Gewinnziehung 1. Juli 1891.		
55. do. 1. Juli 1890.					
1	. . .	32,000	1	. . .	40,000
1	. . .	8,000	1	. . .	8,000
1	. . .	4,000	1	. . .	4,000
1	. . .	2,000	1	. . .	2,000
2	à 1500	3,000	2	à 1500	3,000
3	à 1000	3,000	3	à 1000	3,000
5	à 400	2,000	5	à 400	2,000
10	à 200	2,000	10	à 200	2,000
20	à 140	2,800	20	à 150	3,000
106	à 100	10,600	106	à 100	10,600
5850	à 85	497,250	7475	à 90	672,750
6000		566,650	7625		750,350

152 S. 1. Dec. 1891 u. 153 S. 1. Juni 1892.			152 S. 1. Dec. 1893 u. 153 S. 1. Juni 1894.		
152 S. 1. Dec. 1892 u. 153 S. 1. Juni 1893.			152 S. 1. Dec. 1894 u. 153 S. 1. Juni 1895.		
57. Gewinnziehung 1. Juli 1892.			59. Gewinnziehung 1. Juli 1894.		
58. do. 1. Juli 1893.			60. do. 1. Juli 1895.		
1	. . .	32,000	1	. . .	40,000
1	. . .	8,000	1	. . .	8,000
1	. . .	4,000	1	. . .	4,000
1	. . .	2,000	1	. . .	2,000
2	à 1500	3,000	2	à 1500	3,000
3	à 1000	3,000	3	à 1000	3,000
5	à 400	2,000	5	à 400	2,000
10	à 200	2,000	10	à 200	2,000
20	à 150	3,000	20	à 150	3,000
106	à 100	10,600	99	à 100	9,900
7475	à 90	672,750	7482	à 90	673,380
7625		742,350	7625		750,280

Die ausgeloosten Obligationen sind am 2. Januar fällig.

Cours nach den Notirungen der Börse zu

Letzte Notirung im		Frankfurt a. M.	Berlin.
December	1868	54¼	54⅜ G.
November	„	57¼ B.	57 G.
October	„	57 B.	57
September	„	54¾ B.	54½ G.
August	„	55¼ B.	
Juli	„	55¼ B.	54¾
Juni	„	53⅞ G.	53¾
Mai	„	55⅛ B.	56
April	„	55½ B.	55¾ B.
März	„	55⅝ B.	55½ G.
Februar	„	54½ B.	54 G.

Letzte Notirung im		Frankfurt a. M.	Berlin.
Januar	1868	53¾ B.	53⅝
December	1867	53⅛ G.	52¼ G.
September	„	52¼ B.	52¼ G.
Juni	„	53⅛ G.	54¼ B.
März	„	55⅜ B.	53¼ B.
December	1866	52¾ B.	
September	„	53 B.	
(25.) Juni	„	45¾	
März	„	53 B.	
December	1865	53½ B.	

§ 28.

Die Anleihe vom 1. Juni 1863.

Gesetzgebung: Landtagsabschied vom 31. October 1863 (Kurh. Ges.-S. S. 183).

Entstehung: Dieselbe wurde im Betrage von 10,000,000 Thlr. zum Bau der Bebra-Hanauer Staatseisenbahn aufgenommen und durch Vertrag vom 8. Mai 1863 an das Bankhaus M. A. von Rothschild und Söhne in Frankfurt a. M. begeben.

Betrag der Schuld 1869 noch unverändert 10,000,000 Thaler.

Nennwerth der Partialobligationen: 1000, 500, 200, 100 Thaler.

Person der Gläubiger: Die Obligationen lauten auf den Inhaber.

Rückzahlung: Die Obligationen sind Seitens der Gläubiger unkündbar; dem Staate steht vom Jahre 1875 an das Kündigungsrecht mit sechsmonatlicher Kündigungsfrist zu. Von diesem Zeitpunkte an ist er auch verpflichtet, jährlich durch Ausloosung für 100,000 Thaler zu tilgen.

Zinsfuss: 4 Procent.

Zinstermine: 1. Mai und 1. November.

Cours an der Börse zu Frankfurt a. M.:

Letzte Notirung im			Letzte Notirung im		
December	1868	. . . 86⅜ B.	Januar	1868	. . . 89½ G.
November	„	. . . 87½ B.	December	1867	. . . 90 B.
October	„	. . . 88 B.	September	„	. . . 90¾ B.
September	„	. . . 88⅛ B.	Juni	„	. . . 92½ B.
August	„	. . . 88 G.	März	„	. . . 92¼ B.
Juli	„	. . . 88 B.	December	1866	. . . 93 B.
Juni	„	. . . 88 G.	September	„	. . . 92¼ B.
Mai	„	. . . 88¼ G.	(7.) Juni	„	. . . 93 B.
April	„	. . . 89¼ G.	März	„	. . . 99¼ B.
März	„	. . . 89	December	1865	. . . 99⅛ B.
Februar	„	. . . 89¾ B.			

Vierter Titel.

Die vormals Nassauischen Schulden.

§ 29.

Die Anleihe vom 21. Juli 1837.

Entstehung: Die Anleihe wurde im Betrage von 4,500,000 Gulden zur Tilgung älterer Schulden aufgenommen und an das Bankhaus M. A. v. Rothschild & S. in Frankfurt a. M. begeben.

Restbetrag 1869: 2,598,300 Gulden = 1,484,743 Thlr.

Nennwerth der Theilobligationen: 1000, 500, 200, 100, 50, 25 Gulden.

Person der Gläubiger: Die Obligationen lauten auf den Inhaber.

Rückzahlung: Die Obligationen sind unkündbar Seitens der Gläubiger, dagegen kündbar Seitens des Staates. Der Staat ist zu jährlicher Tilgung durch Ausloosung verpflichtet. Dotation des Tilgungsfonds für 1869: 58,114 Thlr. Dieselbe wächst nach einem feststehenden Plane in einem den Zinsersparnissen durch die Tilgung annähernd gleichkommenden Betrage. Ausloosung zur Tilgung im October. Die Einlösung der ausgeloosten Obligationen beginnt am 1. Februar bezw. 1. August und kann auch bei dem Bankhause M. A. v. Rothschild in Frankfurt a. M. geschehen.

Zinsfuss: 3½ Procent.

Zinstermine: 1. Februar und 1. August. Die Einlösung der Coupons kann auch bei dem Bankhause M. A. v. Rothschild geschehen.

Besondere Sicherheit: Für die Anleihe haften bestimmte Domainenwaldungen als Specialhypothek.

Cours an der Börse zu Frankfurt a. M.:

Letzte Notirung im

December	1868	73¼ B.	December	1867	81¼ B.
November	„	72⅛ G.	September	„	81⅜ B.
October	„	--	Juni	„	83⅛ B.
September	„	83⅜ G.	März	„	87¼ B.
August	„	84¼ B.	December	1866	83¾ G.
Juli	„	83⅛ B.	September	„	82¼ B.
Juni	„	83 B.	19. Mai	„	78 G.
Mai	„	82⅛ G.	März	„	91¼ B.
April	„	82 B.	December	1865	90¾ B.
März	„	83 B.			
Februar	„	83 B.			
Januar	„	82 G.			

§ 30.

Die Prämienanleihe vom 14. August 1837.

Entstehung: Die Anleihe wurde im Betrage von 2,600,000 Gulden „zum Wohl und Besten Unseres Herzoglichen Hauses, namentlich zur Tilgung älterer Passiven“ aufgenommen und an das Bankhaus M. A. v. Rothschild & S. in Frankfurt a. M. begeben.

Restbetrag 1869: 942,857 Thlr.

Nennwerth der Theilobligationen: 25 Gulden.

Person der Gläubiger: Die Obligationen lauten auf den Inhaber.

Rückzahlung: Die Obligationen sind Seitens der Gläubiger unkündbar; der Staat darf sie nur nach Massgabe des nachfolgenden von ihm einzuhaltenden Verloosungsplanes kündigen. Die ausgeloosten Obligationen werden mit Prämien eingelöst, deren Höhe verschieden ist, wie der nachstehende Plan gleichfalls angibt. Eine Verzinsung der Obligationen findet nicht statt.

Verloosung.	Prämien.	Betrag Gulden.	Summa Gulden.	Verloosung.	Prämien.	Betrag Gulden.	Summa Gulden.	Verloosung.	Prämien.	Betrag Gulden.	Summa Gulden.
32 1. Februar 1870.	1	15,000	15,000	33 und 34 1. Februar 1871. 1. Februar 1872.	1	20,000	20,000	35 und 36 1. Februar 1873. 1. Februar 1874.	1	15,000	15,000
	1	3,000	3,000		1	4,000	4,000		1	3,000	3,000
	1	2,000	2,000		1	2,000	2,000		1	2,000	2,000
	1	1,000	1,000		1	1,000	1,000		1	1,000	1,000
	2	400	800		2	400	800		2	400	800
	2	200	400		2	200	400		2	200	400
	2	100	200		2	100	200		2	100	200
	20	60	1,200		20	60	1,200		20	60	1,200
	70	50	3,500		70	50	3,500		70	50	3,500
	1900	40	76,000		1900	41	77,900		2900	42	121,800
	2000		103,100		2000		111,000		3000		148,900
37 1. Februar 1875.	1	20,000	20,000	38 1. Februar 1876.	1	15,000	15,000	39 1. Februar 1877.	1	20,000	20,000
	1	4,000	4,000		1	3,000	3,000		1	4,000	4,000
	1	2,000	2,000		1	2,000	2,000		1	2,000	2,000
	1	1,000	1,000		1	1,000	1,000		1	1,000	1,000
	2	400	800		2	400	800		2	400	800
	2	200	400		2	200	400		2	200	400
	2	100	200		2	100	200		2	100	200
	20	60	1,200		20	60	1,200		20	60	1,200
	70	50	3,500		70	50	3,500		70	50	3,500
	2900	43	124,700		2900	43	124,700		3400	44	149,600
	3000		157,800		3000		151,800		3500		182,700
40 1. Februar 1878.	1	15,000	15,000	41 und 42 1. Februar 1879. 1. Februar 1880.	1	20,000	20,000	43 1. Februar 1881.	1	15,000	15,000
	1	3,000	3,000		1	4,000	4,000		1	3,000	3,000
	1	2,000	2,000		1	2,000	2,000		1	2,000	2,000
	1	1,000	1,000		1	1,000	1,000		1	1,000	1,000
	2	400	800		2	400	800		2	400	800
	2	200	400		2	200	400		2	200	400
	2	100	200		2	100	200		2	100	200
	20	60	1,200		20	65	1,300		20	65	1,300
	70	50	3,500		70	55	3,850		70	55	3,850
	3400	44	149,600		3400	45	153,000		3900	46	179,400
	3500		176,700		3500		186,550		4000		206,950

Verloosung.	Prämien.	Betrag Gulden.	Summa Gulden.	Verloosung.	Prämien.	Betrag Gulden.	Summa Gulden.	Verloosung.	Prämien.	Betrag Gulden.	Summa Gulden.
44 / 1. Februar 1882.	1	15,000	15,000	45 / 1. Februar 1853.	1	20,000	20,000	46 / 1. Februar 1884.	1	15,000	15,000
	1	3,000	3,000		1	4,000	4,000		1	3,000	3,000
	1	2,000	2,000		1	2,000	2,000		1	2,000	2,000
	1	1,000	1,000		1	1,000	1,000		1	1,000	1,000
	2	400	800		2	400	800		2	400	800
	2	200	400		2	200	400		2	200	400
	2	100	200		2	100	200		2	100	200
	20	65	1,300		20	65	1,300		20	65	1,300
	70	55	3,850		70	55	3,850		70	55	3,850
	3900	46	179,400		4400	47	206,800		4400	47	206,800
	4000		206,950		4500		240,350		4500		234,350
47 / 1. Februar 1885.	1	20,000	20,000	48 / 1. Februar 1886.	1	30,000	30,000	49 / 1. Februar 1887.	1	50,000	50,000
	1	4,000	4,000		1	6,000	6,000		1	10,000	10,000
	1	2,000	2,000		1	2,000	2,000		1	2,000	2,000
	1	1,000	1,000		1	1,000	1,000		1	1,000	1,000
	2	400	800		2	400	800		2	500	1,000
	2	200	400		2	200	400		2	250	500
	2	100	200		2	100	200		2	125	250
	20	65	1,300		20	65	1,300		20	72	1,440
	70	55	3,850		70	55	3,850		70	60	4,200
	4900	48	235,200		4900	48	235,200		4900	50	245,000
	5000		268,750		5000		280,750		5000		315,390

Recapitulation

der noch bevorstehenden Verloosungen:

Verloosung	Zahl der Prämien	Summa. Betrag Gulden	Verloosung	Zahl der Prämien	Summa. Betrag Gulden
32	2000	103,100	41	3500	186,550
33	2000	111,000	42	3500	186,550
34	2000	111,000	43	4000	206,950
35	3000	148,900	44	4000	206,950
36	3000	148,900	45	4500	240,350
37	3000	157,800	46	4500	234,350
38	3000	151,800	47	5000	268,750
39	3500	182,700	48	5000	280,750
40	3500	176,700	49	5000	315,390

Die Auszahlung der verloosten Prämienscheine beginnt am 1. Mai. Dieselbe geschieht auch bei dem Bankhause Rothschild in Frankfurt a. M.

Besondere Sicherheit: Für die Anleihe haften bestimmte Domainenwaldungen als Specialhypothek.

Cours an der Börse zu Frankfurt a. M.

Letzte Notirung im

December 1868 . .	37¾ B.	Februar 1868 . .	36½ B.
November „ . .	38¼ B.	Januar „ . .	38¼ G.
October „ . .	37⅛ G.	December 1867 . .	37¾ B.
September „ . .	35¼ B.	September „ . .	34½ G.
August „ . .	36½ B.	Juni „ . .	34 G.
Juli „ . .	36¼ G.	März „ . .	35¾ B.
Juni „ . .	35½ G.	December 1866 . .	36½ B.
Mai „ . .	35⅜ G.	September „ . .	35 B.
April „ . .	35 G.	(2.) Juni „ . .	33 B.
März „ . .	35¼ B.	März „ . .	33½ G.

§ 31.

Die Schuld an die Landesbank in Wiesbaden von 1848.

Entstehung: Die Landesbank hat auf Rechnung der Landessteuerkasse die nach § 8 des Zehntablösungs-Gesetzes vom 24. December 1848 zu zahlenden Zehntablösungs-Kapitalien den Zehntpflichtigen im Gesammtbetrage von 726,730 Gulden = 415,274 Thlr. vorgeschossen. Die Landessteuerkasse empfängt von den Zehntpflichtigen die empfangenen Vorschüsse in Annuitäten zurück.

Restbetrag 1869: 349,675 Thlr.

Rückzahlung: Die Schuld ist Seitens der Gläubigerin unkündbar, dagegen kündbar Seitens des Staates mit dreimonatlicher Kündigungsfrist. Der Staat ist verpflichtet, auf die Schuld am 31. December jährlich so viel abzutragen, dass Verzinsung und Tilgung zusammen eine Rente von 24,916 Thlr. ausmacht. Die Amortisationsquote in dieser Rente beträgt 1869: 10,929 Thlr.

Zinsfuss: 4 Procent.

Zinstermin: 31. December.

§ 32.

Die Schuld an die Landesbank zu Wiesbaden von 1854.

Entstehung. Der Graf von Waldbott-Bassenheim hatte für die durch die landesherrlichen Edicte vom 1/3. September 1812 und 9/11. December 1815 aufgehobenen Prästationen und Gehälter aus der Landessteuerkasse eine Entschädigungsrente von jährlich 5,580 Gulden zu beziehen, welche auf Grund Vertrages vom 19/21. Juni 1854 von der Landesbank auf Rechnung und im Auftrag der Landessteuerkasse durch eine Kapitalzahlung von 100,000 Gulden = 57,140 Thaler abgelöst ist.

Restbetrag 1869: 46,325 Thaler.

Rückzahlung: Die Schuld ist Seitens der Gläubiger unkündbar, dagegen kündbar Seitens des Staates mit dreimonatlicher Kündigungsfrist. Der Staat ist verpflichtet, auf die Schuld halbjährlich soviel abzutragen, dass Verzinsungs- und Tilgungsquote zusammen eine Rente von 3,143 Thaler ausmachen. Gegenwärtig beträgt die Tilgungsquote dieser Rente 1,058 Thaler.

Zinsfuss: 4½ Procent.

Zintermine: 30. Juni und 31. December.

§ 33.
Die vierprocentigen Anleihen.

Zu denselben gehören die Anleihen von 1851, 1853, 1858, 1859 und 1862. Die Anleihe von 1859 war bis 1866 fünfprocentig. Diese Anleihen betragen 1869 zusammen noch 7,582,323 Thaler. Die Obligationen dieser Anleihen lauten auf den Inhaber und haben Theil-obligationen à 100, 200, 500 und 1000 Gulden. Bei den Anleihen von 1858 und 1859 kommen ausserdem auch Obligationen à 300 Gulden vor. Was die Rückzahlung anbelangt, so sind die Obligationen von Seiten der Gläubiger unkündbar, dagegen von Seiten des Staates mit dreimonatlicher Frist kündbar. Der Staat ist zur Tilgung durch Ausloosung verpflichtet. Für die einzelnen Anleihen bestehen besondere Tilgungsfonds, welche nach feststehenden Plänen mit wachsenden Beträgen dotirt werden. Das Wachsthum entspricht nahezu den durch die Tilgung erwachsenden Zins-ersparnissen. Nach dem Tilgungsplan werden die Anleihen von 1851 und 1853 42 Jahre, die Anleihen von 1859 45 Jahre und die Anleihen von 1858 und 1862 55 Jahre nach ihrer Aufnahme vollständig getilgt sein. Die ursprüngliche Dotation betrug bei den Anleihen von 1851 und 1853 ein Procent, bei den Anleihen von 1858, 1859 und 1862 etwas über ein halb Procent. Die sämmtlichen Anleihen sind s. Z. an das Bankhaus M. A. v. Rothschild in Frankfurt a. M. begeben worden; ebendaselbst werden auch die gekündigten Obligationen und Zins-coupons eingelöst. Ausserdem gelten für dieselben die gewöhnlichen Einlösungsstellen für Preussische Staatsschuldverschreibungen.

Die Anleihen unterscheiden sich ausser den vorbemerkten Unter-schieden noch in Betreff ihrer Zinstermine; denselben entsprechend sind auch die Ausloosungs- und Einlösungstermine für die jährliche Til-gung verschieden. Ungeachtet dieser Verschiedenheiten werden alle 4procentigen vormals Nassauischen Obligationen an der Börse zu Frank-furt a. M. zu demselben Course notirt.

Hiernach bleibt über die einzelnen Anleihen noch Folgendes zu bemerken:

A. Anleihe vom 1. October 1851. Gesetzgebung: Gesetz vom 10. September 1851 (Nassauisches Verordnungsblatt S. 268). Entstehung: Die Anleihe wurde im Betrage von 1,000,000 Gulden zur Tilgung der seit 1840 aus der Landesbank zur Ausführung öffentlicher Bauten geleisteten Vorschüsse verwandt. Restbetrag 1869: 436,057 Thaler. Dotation des Tilgungsfonds 1869: 11,143 Thaler. Nach dem feststehenden Tilgungsplan gelangt die letzte Rate am 30. Juni 1893 zur Tilgung. Zinstermine: 30. Juni und 31. December. Die Ausloosung zur Tilgung findet im März statt, die Einlösung der danach gekündigten Obligationen beginnt am 30. Juni.

B. Anleihe vom 26. October 1853. Gesetzgebung: Gesetz vom 22. October 1853 (Nass. Verordnungsbl. S. 307). Entstehung: Die Anleihe ist im Betrage von 1,200,000 Gulden aufgenommen worden zur Tilgung einer 1848 aufgenommenen 5procentigen Anleihe. Restbetrag 1869: 548,685 Thaler. Dotation des Tilgungsfonds 1869: 12,285 Thaler. Nach dem feststehenden Tilgungsplan gelangt die letzte Rate am 1. December 1895 zur Tilgung. Zinstermin: 1. Juni und 1. December. Die Ausloosung zur Tilgung findet im August statt; die Einlösung der danach gekündigten Obligationen beginnt am 1. December.

C. Die Anleihe vom 29. November 1858. Gesetzgebung: Gesetz vom 1. November 1858 (Nass. Verordnungsbl. S. 219). Entstehung: Die Anleihe wurde im Betrage von 4,000,000 Gulden zum Bau von Staatseisenbahnen aufgenommen. Restbetrag 1869: 2,205,600 Thaler. Theilobligationen: Die Anleihe hat nicht bloss wie die übrigen Anleihen à 100, 200, 500 und 1000 Gulden, sondern auch à 300 Gulden Obligationen. Dotation des Tilgungsfonds 1869: 18,057 Thaler, nach dem feststehenden Tilgungsplan gelangt die letzte Rate am 31. December 1913 zur Tilgung. Zinstermine: 30. Juni und 31. December. Die Ausloosung zur Tilgung findet im März statt; die Einlösung der danach gekündigten Obligationen beginnt am 30. Juni beziehungsweise 31. December.

D. Die Anleihe vom 12. Juli 1859. Gesetzgebung: Gesetz vom 23. Juni 1859 (Nass. Verordnungsbl. S. 48). Entstehung: Die Anleihe wurde ursprünglich aus Anlass der Kriegsereignisse aufgenommen, späterhin aber zum Bau von Staatseisenbahnen verwendet. Die Anleihe trug bis 1866 fünf Procent Zinsen und ist dann convertirt worden. Restbetrag 1869: 1,096,114 Thaler. Theilobligationen: Die Anleihe hat nicht blos wie die übrigen Anleihen à 100, 200, 500 und 1000 Gulden, sondern auch à 300 Gulden Obligationen. Dotation des Tilgungsfonds 1869: 14,000 Thaler Nach dem feststehenden Tilgungsplan gelangt die letzte Rate der Anleihe am 1. Juli 1904 zur Tilgung. Zinstermine: 1. Januar und 1. Juli. Die Ausloosung zur Tilgung findet im September statt; die Einlösung beginnt dann am 1. Juli bezw. 1. Januar.

E. **Die Anleihe vom 30. September 1862.** Gesetzgebung: Gesetz vom 10. September 1862 (Nass. Verordnungsbl. S. 164). Entstehung: Die Anleihe wurde im Betrage von 7,200,000 Gulden zum Bau von Staatseisenbahnen aufgenommen. Restbetrag 1869: 4,087,714 Thaler. Dotation des Tilgungsfonds 1869: 27,714 Thaler. Die letzte Rate gelangt nach dem feststehenden Tilgungsplane am 1. October 1917 zur Einlösung. Zinstermine: 1. April und 1. October. Die Ausloosung zur Tilgung findet im December statt; die Einlösung der danach gekündigten Obligationen beginnt theils am 1. April, theils am 1. October.

Für sämmtliche 4procentige vormals Nassauische Obligationen ist an der Börse zu Frankfurt a. M. folgender Cours notirt worden:

Letzte Notirung im				Letzte Notirung im				
December	1868	. . .	86¼ B.	Januar	1868	. . .	86¼ B.
November	„	. . .	86⅜ B.	December	1867	. . .	85¼ G.
October	„	. . .	85⅝ G.	September	„	. . .	85¼ B.
September	„	. . .	85⅜ G.	Juni	„	. . .	88¼ G.
August	„	. . .	87¼ B.	März	„	. . .	91¼ B.
Juli	„	. . .	87¼ B.	December	1866	. . .	88 G.
Juni	„	. . .	85⅝ G.	September	„	. . .	86¼ B.
Mai	„	. . .	86 B.	Juni	„	. . .	80 B.
April	„	. . .	86 B.	März	„	. . .	98¼ B.
März	„	. . .	86¼ B.	December	1865	. . .	96¼ B.
Februar	„	. . .	85¾ B.				

§ 34.

Die vier und ein halb-procentigen Anleihen.

Zu denselben gehören die beiden Anleihen von 1860 und die Anleihe von 1861. Diese Anleihen betragen 1869 zusammen noch 9,142,857 Thaler. Die Obligationen der Anleihen lauten auf den Inhaber, und haben die Theilobligationen einen Nennwerth von 100, 200, 500 oder 1000 Gulden. Was die Rückzahlung anbelangt, so sind die Obligationen von Seiten der Gläubiger unkündbar; dem Staate steht ein Kündigungsrecht zu bei den Anleihen aus dem Jahre 1860 von 1870 ab und bei der Anleihe aus dem Jahre 1861 von 1872 ab mit Innehaltung einer dreimonatlichen Kündigungsfrist. In den genannten Jahren beginnt auch die Verpflichtung des Staates zur jährlichen Tilgung durch Ausloosung. Nach den dafür feststehenden Plänen wird die Tilgung der Anleihen von 1860 44 Jahre nach ihrer Aufnahme und 34 Jahre nach Beginn der Tilgung, die Tilgung der Anleihe von 1861 dagegen 60 Jahre nach ihrer Aufnahme und 48 Jahre nach Beginn der Tilgung vollständig geschehen sein. Die Anleihen sind sämmtlich an das Bankhaus M. A. v. Rothschild in Frankfurt a. M. begeben worden; dort kann auch die Einlösung der Obligationen und Coupons geschehen. Die Anleihen unterscheiden sich ausser in der künftigen Dotation des Tilgungsfonds noch in Betreff der Zinstermine; den letzteren entsprechend sind auch die Ausloosungs- und Einlösungstermine für die jährliche Tilgung verschieden. Ungeachtet dieser Verschiedenheiten werden alle 4½procentigen vormals Nassauischen Obligationen zu demselben Course notirt.

Ueber die einzelnen Anleihen bleibt noch Folgendes zu bemerken:

A. **Die beiden Anleihen vom 28. April 1860 und 15. Dec. 1860.**
Gesetzgebung: Gesetz vom 2. April 1860 (Nass. Verordnungsblatt S. 68). Entstehung: Jede dieser Anleihen ist im Betrage von 6,000,000 Gulden zum Bau von Staatseisenbahnen aufgenommen worden. Der Betrag derselben für 1869 ist noch unverändert, je 6,000,000 Gulden = 3,428,576 Thlr. Die Tilgung der beiden Anleihen beginnt erst mit dem Jahre 1870. Der Tilgungsfonds für jede Anleihe wird alsdann mit 33,000 Gulden dotirt. Diese Dotation wächst alljährlich nach einem feststehenden Plane um einen Betrag, welcher nahezu den durch die Tilgung erwachsenden Zinsersparnissen gleichkommt. Nach diesem Plane gelangt die letzte Rate am 1. November 1904 zur Tilgung.

Die Anleihen unterscheiden sich danach von einander nur durch verschiedene Zinstermine. Die Zinsen der Anleihe vom April 1860 sind am 1. Mai und 1. November fällig, dagegen die Zinsen der Anleihe vom December 1860 am 1. Februar und 1. August.

B. **Die Anleihe vom 17. Juni 1861.**
Gesetzgebung: Gesetz vom 2. April 1860 (Nass. Verordnungsbl. S. 68). Entstehung: Die Anleihe ist im Betrage von 4,000,000 Gulden zum Bau von Staatseisenbahnen aufgenommen worden. Betrag für 1869: noch unverändert 4,000,000 Gulden = 2,285,714 Thlr. Die Tilgung der Anleihe beginnt im Jahre 1872. Der Tilgungsfonds wird alsdann mit

21,800 Gulden dotirt. Diese Dotation wächst alljährlich nach einem feststehenden Plane um einen Betrag, welcher nahezu den durch die Tilgung erwachsenden Zinsersparnissen gleichkommt. Nach diesem Plane gelangt die letzte Rate am 15. Juli 1921 zur Tilgung. Zinstermine: 15. Januar und 15. Juli.

Für sämmtliche 4½procentige Nassauische Obligationen ist an der Börse zu Frankfurt a. M. folgender Cours notirt worden:

Letzte Notirung im

December	1868 . .	94⅛ B.	December	1867 . .	93¾ G.
November	„ . .	94½ B.	September	„ . .	93⅝ B.
October	„ . .	94⅝ B.	Juni	„ . .	95 B.
September	„ . .	94⅛	März	„ . .	96¾ G.
August	„ . .	95¼ B.	December	1866 . .	94¾ B.
Juli	„ . .	95 G.	September	„ . .	91⅜ G.
Juni	„ . .	94⅜ G.	Juni	„ . .	85½ B.
Mai	„ . .	94¾ B.	März	„ . .	101¼ B.
April	„ . .	94¾ B.	December	1865 . .	100¾ B.
März	„ . .	94¼ B.			
Februar	„ . .	94½ B.			
Januar	„ . .	94¾ B.			

Fünfter Titel.

Die vormals Hessen-Homburgischen Schulden.

§ 35.

Die Obligationen der Anleihe vom Jahre 1777.

Von dieser bei dem bereits Ende des vorigen Jahrhunderts in Concurs gerathenen Bankhause A. S. Boas im Haag begebenen 4procentigen Anleihe sind noch 4 Obligationen au porteur à 1000 Gulden nicht eingelöst. Dieselben scheinen verloren gegangen zu sein. Die generelle Schuldurkunde über die Anleihe beruht bei der Commission zur Beendigung der Angelegenheiten der Consignationskasse des vormaligen Hofes von Holland zu Gravenhagen. Dieselbe nahm laut Erklärung vom 24. März 1830 Anstand, die Urkunde auszuliefern, so lange nicht bewiesen sei, dass alle Theilobligationen eingelöst worden.

§ 36.

Die Anleihen vom Jahre 1829.

Dieselben sind beide vom 1. Februar 1829 datirt, beide im Betrage von 500,000 Gulden und 675,000 Gulden aufgenommen zur Einlösung der Obligationen der Boas'schen Anleihe von 1777 und zur Abtragung früherer Rothschild'schen Anleihen, sowie zur Verbesserung der Staatsgüter. Beide Anleihen sind an das Bankhaus M. A. v. Rothschild vertragsmässig begeben worden. Bei demselben kann auch die Einlösung der gekündigten Obligationen und der fälligen Coupons geschehen. Die Anleihen haben verschiedenen Zinsfuss, indem die unter A. erwähnten (seit 1838) nur 3½ Procent, die unter B. dagegen 4 Procent Zinsen trägt. — Dagegen fallen bei beiden Anleihen die Zinstermine auf den 1. Februar und 1. August. Der Nennwerth der Theilobligationen, welche sämmtlich auf den Inhaber lauten, ist bei beiden Anleihen 1000 Gulden, 500 Gulden und 100 Gulden. Rückzahlung: Beide Anleihen sind Seitens der Gläubiger unkündbar, von Seiten des Staates dagegen kündbar. Dem Staate liegt die Verpflichtung zu jährlicher Tilgung durch Ausloosung ob, welche im März stattfindet. Die ausgeloosten Obligationen werden vom 15. August ab eingelöst.

A. Die 3½ procentige Anleihe hat 1869 noch einen Restbetrag von 26,857 Thlr., während der Tilgungsfonds für 1869 mit 12,571 Thlr. dotirt ist. Soweit dies noch erforderlich, wird 1870 und 1871 der Tilgungsfond mit derselben Summe dotirt werden.

B. Die 4 procentige Anleihe hat 1869 noch einen Restbetrag von 20,000 Thlr., während der Tilgungsfonds mit 16,571 Thlr. dotirt ist. Der Rest der Anleihe wird 1870 getilgt werden.

§ 37.
Die Anleihe vom 26. Juli 1859.

Entstehung: Dieselbe wurde im Betrage von 150,000 Gulden aufgenommen zur Deckung ausserordentlicher Staatsausgaben, insbesondere zur Erbauung und Einrichtung einer neuen Kaserne, Erwerbung von Grundstücken zur Erweiterung der Anlagen an dem Mineralbrunnen. Die Anleihe wurde durch Schuldverschreibung vom 26. Juli 1859 an das Bankhaus A. Reinach in Frankfurt a. M. begeben.

Restbetrag 1869: 144,000 Gulden = 82,286 Thlr.

Nennwerth der Theilobligationen: 500 und 100 Gulden.

Person der Gläubiger: Die Obligationen lauten auf den Inhaber.

Rückzahlung: Die Obligationen sind Seitens der Gläubiger unkündbar, dagegen Seitens des Staates kündbar. Der Staat ist zu jährlicher Tilgung durch Ausloosung verpflichtet. Dotation des Tilgungsfonds bis 1872 jährlich 1000 Gulden; von da an beträgt die Dotation jährlich 10,000 Gulden. Die Ausloosung findet im März statt. Die ausgeloosten Obligationen sind am 15. August zur Einlösung fällig.

Zinsfuss: 5 Procent; Zinstermine: 1. Februar und 1. August. Die Coupons können auch bei dem Bankhause Reinach eingelöst werden.

Richter.

Sechster Titel.

Die vormals Schleswig-Holsteinschen Schulden.

§ 38.

Die Augustenburgischen Prioritätsschulden
im Restbetrage von zusammen 109,792 Thlr.

Dieselben sind entstanden durch Aufnahme von Anleihen, welche theils der Herzog Christian August von Schleswig-Holstein-Sonderburg-Augustenburg, theils andere Mitglieder des Augustenburgischen Hauses mit Autorisation des Königs von Dänemark in den Jahren 1810—1822 unter Verpfändung theils der gesammten, theils einzelner Augustenburgischen Güter aufgenommen haben.

Die Darlehen sind in Theilobligationen verbrieft, welche auf bestimmte Namen lauten. Die Obligationen sind von beiden Seiten kündbar. Eine Tilgungspflicht liegt dem Staate nicht ob, doch hat derselbe für 1869 einen Tilgungsfonds von 25,000 Thlr. ausgesetzt.

Die einzelnen Gattungen der Obligationen unterscheiden sich durch verschiedenen Zinsfuss, verschiedenen Nennwerth der Theilobligationen und verschiedenen Zins und Kündigungstermin.

A. Die **Fideicommiss-Obligationen** im Gesammtbetrage von 94,800 Thaler. Dieselben haben Theilobligationen von 800 Species- = 3000 Mark Schleswig-Holsteinisch Courant = 1200 Thlr., sind zu verschiedenem Zinsfuss am 6. Januar verzinslich und können Johanni zu Dreikönige gekündigt werden. Von den Obligationen sind verzinslich:

  a) die Augustenburgischen Fideicommiss-Obligationen (so benannt, weil für sie die Augustenburgischen Güter Augustenburg, Rumohsdorf und Gammelgaard verpfändet waren) im Betrage von 51,600 Thlr. mit 4 Procent und im Betrage von 16,800 Thlr. mit 3½ Procent;

  b) die Gravensteinschen Fideicommiss-Obligationen (so benannt, weil dafür die Gravensteinschen Güter verpfändet waren) im Betrage von 16,800 Thlr. mit 4 Procent und im Betrage von 9600 Thlr. mit 3½ Procent.

B. Die **Pfandobligationen** im Gesammtbetrage von 14,992 Thlr. Dieselben haben Zinstermin am 31. December und können Weihnachten und Johanni für den 1. Januar bezw. 1. Juli gekündigt werden. Die Obligationen sind verzinslich:

im Betrage von 780 Thlr. mit 4 Procent,
„ „ „ 600 „ „ 3¾ „
„ „ „ 3,360 „ „ 3½ „
„ „ „ 10,252 „ „ 3 „

Die Obligationen haben den verschiedensten Nennwerth von 60—1650 Mark Schl.-Holst.

§ 39.
Die Schleswig-Holsteinschen Domanial-Obligationen.

Gesetzgebung: Gesetz vom 30. Mai 1856 (Schlesw. G.-S. S. 186), Regulativ für die Schleswigschen Obligationen vom 27. Februar 1857 und für die Holsteinschen Obligationen vom 24. December 1861.

Entstehung: Die Obligationen sind im Betrage von 405,500 Thlr. Dänisch = 314,262 Thlr. Preussisch ausgestellt worden zur Entschädigung der Mühlenbesitzer für die Ablösung des Mühlenzwanges.

Restbetrag 1869: 267,300 Thlr., wovon 59,700 Thlr. auf die Schleswigschen und 207,600 Thlr. auf die Holsteinschen Obligationen kommen.

Nennwerth der Theilobligationen: 1000, 500, 200, 100 Thaler Dänisch = 775, 375, 150, 75 Thlr. Preussisch.

Person der Gläubiger: Die Obligationen lauten auf den Inhaber.

Rückzahlung: Die Obligationen sind von Seiten der Gläubiger unkündbar, dagegen von Seiten des Staats (mit 6monatlicher Frist) kündbar. Dem Staate liegt es ob, die Obligationen jährlich mit 1 Procent des ursprünglichen Schuldkapitals und den durch die Tilgung erwachsenden Zinsersparnissen mittelst Ankauf oder Ausloosung zu tilgen. Dotation des Tilgungsfonds 1869 für die Schleswigschen Obligationen 1950 Thlr. und für die Holsteinschen Obligationen 3975 Thlr. Der Einlösungs- und Tilgungstermin ist am 31. December; im Falle der Ausloosung müssen daher, behufs Innehaltung der 6monatlichen Kündigungsfrist, die Obligationen im Juni gekündigt werden.

Zinsfuss: 4 Procent. Zinstermin: 31. December.

Siebenter Titel.
Die vormals Frankfurter Schulden.

§ 40.

Die 3½procentigen Anleihen im Gesammtbetrage von 7,210,028 Thaler. Deren sind fünf und zwar aus den Jahren 1839, 1846, 1848, 1857 und 1858. Die Anleihe von 1857 ist von der Frankfurter Bank übernommen und sind die Obligationen noch sämmtlich im Besitze der Bank;

23*

die Coupons derselben müssen dem Staate als Entgeld für das Bank-
privilegium nach eingetretener Fälligkeit unentgeldlich zurückgegeben
werden. Die Anleihe ist also thatsächlich unverzinslich.

Die Obligationen sämmtlicher Anleihen lauten auf den Inhaber. Was
die Rückzahlung betrifft, so sind die Obligationen von Seiten der
Gläubiger unkündbar, dagegen von Seiten des Staates kündbar.

Zweifelhaft sein kann die Tilgungspflicht des Staates. Die betreffenden Anleihegesetze schreiben keinen Betrag für die jährliche Tilgung
vor, sondern bestimmen nur, dass die Verwaltung dieser Anleihen der
Schuldentilgungs-Commission in Frankfurt gebühre, und dass die Tilgung durch Ausloosung zu erfolgen habe. Der Schuldentilgungs-Commission waren durch andere Gesetze bestimmte Einnahmen überwiesen; was
davon nach Verzinsung der Schuld übrig blieb, wurde jährlich zur Tilgung
verwandt. Die Preussische Regierung bestreitet, dass daraus ein Anspruch
der Gläubiger auf Tilgung gefordert werden könne, während die Frankfurter Mitglieder des Abgeordnetenhauses das Gegentheil ausführten.
(Vergleiche Verhandlungen des Abgeord.-Hauses 1868/69, S. 142 u. ff.)
Für das Jahr 1869 haben die Tilgungsfonds sämmtlicher Anleihen,
mit Ausnahme der an die Frankfurter Bank begebenen Anleihe von 1857,
Dotationen erhalten; ein Antrag der Commissarien des Abgeordnetenhauses für die Berathung des Staatshaushaltsetats, diese Summen pro 1869
zu streichen, wurde am 19. November 1868 vom Plenum des Hauses
mit sehr grosser Mehrheit abgelehnt. Die Dotationen der Tilgungsfonds
betragen 1 Procent des ursprünglichen Schuldkapitals. Denselben sollen
künftig die Zinsenersparnisse aus der Tilgung und die durch Präclusion
erloschenen Zinsen zuwachsen.

Die Anleihen unterscheiden sich von einander durch die verschie-
denen Zinstermine und den verschiedenen Nennwerth der Theilobligationen.
Die sämmtlichen Anleihen werden an der Frankfurter Börse zu
Einem und demselben Course notirt.

Ueber die einzelnen Anleihen erübrigen folgende Bemerkungen:

A. Anleihe vom 9. April **1839**. Gesetzgebung: Publicandum vom
19. März 1839 (Ges.-S. d. Stadt Frankfurt Bd. 7 S. 97. Amtsbl. vom
21. März 1839). Publicandum vom 11. April 1822 (Ges.-S. d. St. Frkft.
Bd. 3 S. 89. Amtsbl. vom 16. April 1822). — Entstehung: Die Anleihe wurde aufgenommen im Betrage von 8,500,000 Gulden zur Con-
version des 4procentigen Anlehens vom Jahre 1822 und zur Tilgung
der schwebenden Schuld. — Restbetrag 1869: 4,454,900 Gulden =
2,545,657 Thaler. — Nennwerth der Theilobligationen: 1000,
500, 300, 150, 100 Gulden. — Zinstermin: Für die Obligationen

Lit. A 1. Januar, Lit. B 1. April, Lit. C 1. Juli, Lit. D 1. October. — Die Ausloosung dieser Anleihe fand 1869 im März statt; die ausgeloosten Obligationen sind an ihren Zinsterminen fällig.

B. Anleihe vom 12. Mai **1846.** Gesetzgebung: Ges. vom 10. Februar 1846 (G.-S. d. St. Frkft. Bd. 8 S. 139. Amtsbl. vom 12. Februar 1846). — Entstehung: Dieselbe wurde im Betrage von 5 Millionen Gulden zum Bau von Staatseisenbahnen aufgenommen. — Restbetrag: 1869: 3,662,400 Guld. = 2,092,800 Thlr. — Nennwerth der Theilobligationen: 1000, 500, 300, 100 Gulden. — Zinstermine: Für die Obligationen Lit. E am 1. Juli und für die Obligationen Lit. F am 1. Januar.

C. Anleihe vom 30. November **1848.** Gesetzgebung: Ges. vom 14. November 1848 (Ges.-S. d. St. Frkft. Bd. 8 S. 311. Amtsbl. vom 16. November 1848). — Entstehung: Dieselbe wurde im Betrage von 2,500,000 Gulden und im Betrage von 1,900,000 Gulden zum Bau der Staatseisenbahnen und im Betrage von 600,000 Gulden zu Zwecken der laufenden Verwaltung verwandt. — Restbetrag 1869: 1,940,800 Gulden = 1,090,028 Thlr. — Nennwerth der Theilobligationen: 1000, 500, 300, 100 Gulden. — Zinstermin: 1. October.

D. Anleihe vom 2. November **1857.** Gesetzgebung: Ges. vom 27. October 1857 (Ges.-S. d. St. Frkft. Bd. 14 S. 119). — Entstehung: Wie bereits oben erwähnt, ist die Anleihe im Betrage von 1,000,000 Gulden an die Frankfurter Bank begeben worden und thatsächlich unverzinslich. — Betrag 1869: unverändert 1,000,000 Gulden = 571,429 Thaler. — Nennwerth der Theilobligationen: 1000 Gulden. — Zinstermin: 1. November.

E. Anleihe vom 1. Februar **1858.** Gesetzgebung: Gesetz vom 27. October 1857 (G.-S. d. St. Frkft. Bd. 14 S. 119). Entstehung: Die Anleihe wurde im Betrage von 2,000,000 Gulden zur Tilgung einer schwebenden Schuld und zur Deckung weiterer Staatsbedürfnisse aufgenommen. — Restbetrag 1869: 1,592,700 Gulden = 910,114 Thlr. — Nennwerth der Theilobligationen: 1000 Gulden. — Zinstermin: 1. December.

Der Börsencours für sämmtliche 3½procentige Frankfurter Anleihen betrug zuletzt im Monat:

December	1868	. . $81\frac{1}{8}$ B.		Januar	1868	. . 82 B.
November	„	. . $80\frac{3}{4}$ B.		December	1867	. . 81 B.
October	„	. . 80 G.		September	„	. . $80\frac{3}{4}$ B.
September	„	. . 81 B.		Juni	„	. . $82\frac{3}{4}$ B.
August	„	. . $80\frac{1}{8}$ B.		März	„	. . $84\frac{1}{4}$ G.
Juli	„	. . 81 B.		December	1866	. . $81\frac{7}{8}$ G.
Juni	„	. . $81\frac{1}{2}$ B.		September	„	. . $81\frac{7}{8}$ G.
Mai	„	. . $82\frac{1}{4}$ G.		Juni	„	. . 79 B.
April	„	. . $81\frac{1}{4}$ G.		März	„	. . $90\frac{3}{4}$
März	„	. . $81\frac{1}{4}$ B.		December	1865	. . $91\frac{1}{2}$ B.
Februar	„	. . $81\frac{1}{8}$ B.				

§ 41.

Die **3procentige Anleihe vom 2. Januar 1844.** Dieselbe unterscheidet sich von den im vorigen Paragraphen aufgeführten Anleihen dadurch, dass sie nur mit 3 Procent verzinslich ist.

Gesetzgebung: Ges. vom 5. September 1843 (G.-S. d. St. Frkft. Bd. 8 S. 42. Amtsbl. vom 7. September 1844).

Entstehung: Die Anleihe wurde im Betrage von 2,000,000 Gulden zum Bau der Main-Neckar- und Frankfurt-Offenbacher Staatseisenbahn aufgenommen.

Restbetrag 1869: 1,300,000 Gulden = 742,857 Thlr.

Nennwerth der Theilobligationen: 1000, 500, 300, 100 Guld.

Person der Gläubiger: Die Obligationen lauten auf den Inhaber.

Rückzahlung: Die Obligationen sind Seitens der Gläubiger unkündbar, dagegen kündbar von Seiten des Staates. Der Staat ist verpflichtet, zur jährlichen Tilgung durch Ausloosung 1 Procent des ursprünglichen Zinskapitals und die durch die Tilgung erwachsenden Zinsersparnisse zu verwenden. Danach beträgt die Dotation des Tilgungsfonds für 1869: 28,571 Thlr. Die Ausloosung der Obligationen fand 1869 im März statt; die ausgeloosten Obligationen sind am 1. December fällig.

Zinsfuss: 3 Procent; Zinstermin: 1. December.

Cours an der Frankfurter Börse:

Ultimo	December	1868	. . $73\frac{1}{4}$ B.	Ultimo	December	1867	. . $72\frac{1}{4}$ G.
„	November	„	. . $72\frac{1}{4}$ G.	„	December	1866	. . $72\frac{1}{4}$ G.
„	Juni	„	. . $70\frac{3}{4}$	„	Juni	„	. . 70
„	Februar	„	. . 73	„	März	„	. . 86 B.
„	Januar	„	. . $72\frac{1}{4}$ G.				

§ 42.

Die beiden 5procentigen Darlehen, welche die Stadt Frankfurt 1866 zur Bezahlung der von Preussen geforderten Kriegsleistungen im Betrage von 3,284,005 Thlr. und 685,714 Thlr. aufnehmen musste, sind 1869 aus dem Ertrage der Preussischen Anleihe 1869 B zurückgezahlt worden.

II. Kapitel.

Die nicht von der Hauptverwaltung der Staatsschulden ressortirenden Schulden.

§ 43.

Die Renten und Entschädigungen an Fürsten und Standesherren für abgetretene Rechte und Besitzungen.

Gesetzgebung und Entstehung. Zur Ausführung des Artikels XIV. der Deutschen Bundesacte und der Königl. Verordnung vom 21. Juni 1815 (Ges.-S. S. 105) betreffend die Verhältnisse der vormaligen unmittelbaren Reichsstände wurde unter dem 30. Mai 1820 (Ges.-S. S. 81) eine Königl. Instruction erlassen, welche die Grundlage bildete für die mit den einzelnen vormals reichsunmittelbaren Familien bezüglich der Wiederherstellung ihrer Rechte oder der Entschädigung für deren Aufhebung abgeschlossenen Verträge. Die noch übrigen Vorrechte hob der Artikel 4 der Verfassungsurkunde vom 5. December 1848, welcher auch in die Verfassungsurkunde vom 30. Januar 1850 übergegangen ist, auf, und zwar ohne Entschädigung. Später erklärte dagegen das Gesetz vom 10. Juni 1854 (Ges.-S. S. 263), dass die Bestimmungen der Verfassungsurkunde einer Wiederherstellung dieser Vorrechte in gewissen Grenzen nicht entgegenständen, und dass diese Wiederherstellung durch Königl. Verordnung erfolgen solle. Unter Bezugnahme auf die dann unter dem 12. November 1855 erlassene Verordnung (Ges.-S. S. 688) sind denn auch neuerdings wieder mit einzelnen reichsunmittelbaren Familien Verträge betreffend die Wiederherstellung früherer Bevorzugungen und Entschädigung für Aufhebung früherer Bevorzugungen abgeschlossen worden. Ausserdem gehört zu dieser Kategorie von Renten noch die in dem Staatsvertrage vom 7. December 1849 den Fürsten von Hohenzollern-Sigmaringen und Hohenzollern-Hechingen bei Abtretung ihrer Länder an Preussen ausgesetzte Rente.

Es betrug diese Rentenschuld insgesammt: 1867 (Etat) 159,520 Thlr., 1866 und 1865 (Etat) 159,792 Thlr., 1864 (Rechnung) 159,795 Thlr., 1863 (Rechnung) 160,209 Thlr., 1862 (Rechnung) 159,791 Thlr., 1861 (Rechnung) 161,998 Thlr., 1860 (Rechnung) 159,521 Thlr. In den Jahren vorher ist der Titel nicht specialisirt worden. Im Jahre 1868 ist der Schuldposten dann noch erheblich vermehrt worden durch Uebertragungen von entsprechenden Titeln aus den Etats der neuerworbenen Landestheile. Mehrfache Streitigkeiten über das Recht der Regierung, solche Renten ohne Zustimmung des Landtages zuzusichern, haben in der letzten Session des Abgeordnetenhauses zur Vereinbarung des Gesetzes vom 15. März 1869 (Ges.-S. S. 490) Veranlassung gegeben, welches einerseits die bereits zugesicherten Renten bestätigt, andererseits die künftige Gewährung solcher Entschädigungsrenten an die Gesetzesform knüpft.

Der Gesammtbetrag dieser Rentenschuld beträgt nach dem Etat für 1868 204,295 Thlr. Davon kommen:

A. auf die alten Landestheile 159,520 Thlr., nämlich folgende Titel: Thaler.

1) Dem Fürsten zu Rheina-Wolbeck, früher dem Herzoge von Looz-Coorswaaren, Rente   3,000

2) Dem Herzoge von Arenberg, Rente   13,000

3) Dem Fürsten von Salm-Salm, Rente   13,390

4) Dem Herzoge von Croy-Dülmen, Rente   6,000

4) Dem Fürsten zu Salm-Horstmar, Abkommensrente 20,000

5) Zuschuss zu dem evangelischen Cultus in Coesfeld   300 | 20,300

6) Dem Fürsten zu Salm-Kyrburg, Rente   6,000

7) Dem Fürsten zu Bentheim-Steinfurt, Rente . .   500

8) Der Fürstlich Lippeschen Regierung zu Detmold nach § 3 des Staatsvertrages vom 17. Mai 1850, wegen Abtretung der mitlandesherrlichen Rechte über Lippstadt, feste Rente   9,120

9) Dem Fürsten von Wittgenstein-Berleburg:

a. Entschädigungsrente wegen der reluirten Abgaben aus dem Recesse vom 16. Juli 1821 und laut Verfassung vom 24. September 1821 . . . . . . Thlr. 3666. 20.

b. Zuschuss zu dieser Rente laut genehmigten Vertrages vom 22. Mai 1834 und Verfassung vom 26. August 1835 „ 90.10.   Thaler.

c. Entschädigungsrente aus dem Reichsdeputationsschluss vom 25. Februar 1803, = 15,000 Gulden, nach dem Verhältnisse 24½ Gulden = 14 Thlr. zufolge Allerhöchster Ordre vom 25. Februar und Ministerial-Rescript vom 11. Mai 1848 . . . . „ 8571. —.

d. Entschädigung wegen der ½ Abzüge von den Domanial-Prästationen laut Vertrags vom 14. Juli, Allerhöchster Ordre vom 16. September und Verfü- vom 7. October 1828 . . . . . „ 77. —.

e. Entschädigung für die Abtretung der Verwaltungsrechte und Gerichtsbarkeit laut genehmigten Vertrags vom 22. Mai 1834 und Verfügung v. 26. Aug. 1835 „ 1000. —.

f. Rente wegen Verkaufs der Patrimonial-Gefälle in der Herrschaft Homburg laut Allerhöchster Ordre vom 21. Juni und Verfügung vom 11. October 1838 „ 2000. —. 15,405

10) Dem Fürsten von Wittgenstein - Wittgenstein-Hohenstein:

a. Aus dem Recesse vom 6. Mai 1828 laut Kabinetsordre vom 11. September 1829 und Verfügung vom 22. September 1829 und 22. November 1849 . . . 4400 Thlr.

    und zwar:

    für den aus der Landessteuer erhaltenen Beitrag zur Hofhaltung unter dem Namen Küchengeld . . 1000 Thlr.
    für die Abtretung verschiedener Rechte u. Leistungen 3400 „
    ————
    4400 Thlr.

b. Als Erhöhung der durch den Vertrag vom 6. Mai 1828 festgesetzten Entschädigungsrate laut Staatsvertrages vom 7. Februar 1846 und Ministerialrescript vom 10. Januar 1847 . . . . 2100 Thlr. 6,500

11) Entschädigungsrenten des Fürstlichen Hauses Wied-
    Neuwied . . . .   **Thaler.**
    15,412
12) Dergleichen des Fürstl. Hauses Solms-Braunfels . 12,761
13) Dergleichen des Fürstl. Hauses Solms-Lich . . . 2,633
14) Dem Fürsten von Hohenzollern-Hechingen, Rente
    nach Art. 6 des Staatsvertrages vom 7. December 1849
    (Leibrente) 10,000
15) Dem Fürsten von Hohenzollern-Sigmaringen, nach
    Art. 7 desselben Vertrages (erbliche Rente) 25,000

    B. auf die neuen Landestheile 44,775 Thlr., nämlich fol-
gende Titel:

                                         Thaler.

1) Dem Herzoge von Arenberg immerwährende Rente,
   als Entschädigung für verlorene nutzbare Regalien . . 3,597
2) Aversionalbeitrag zu den Kosten der landesherrlichen
   Justiz- und Polizeiverwaltung im Herzogthume Arenberg-
   Meppen 7,708
3) Dem Fürsten von Rheina-Woldeck, als Fideicommiss-
   Nachfolger, die dem Herzoge von Looz-Corswaaren
   gebührende immerwährende Rente als Entschädigung
   und Abfindung für geleistete Verzichte und geschehene
   Abtretungen 1,233
4) Dem Kammerrathe Freiherrn v. Cornberg zu Hannover, Rente, welche denen v. Cornberg zu Auburg
   für abgetretene Hoheitsrechte gebührt, 300 Thlr. Conventionsmünze oder 308
5) Dem Herzoge Carl von Schleswig-Holstein-Sonderburg-
   Glücksburg in Anlass des Uebergangs der früheren Herzoglich Ploen'schen Besitzungen an die Landesherrschaft,
   das sogenannte Holstein-Ploen'sche Aequivalent . . . 12,000
6) Der verwittweten Herzogin Louise von Schleswig-Hol-
   stein-Sonderburg-Glücksburg für gewisse, bei der Abtretung des Schlosses Glücksburg derselben reservirte Naturallieferungen 750
7) An die Töchter der verstorbenen Frau Gräfin Emilie
   v. Reichenbach-Bessonitz 7,886
8) An dieselben 5,200
9) An dieselben 58
10) An dieselben 3,029
11) An den Grafen v. Alt- und Neu-Leiningen-We-
    sterburg 3,006

Der Etat für 1869 enthält gegen vorstehende Ziffern keine Aenderung als einen Abgang an Renten von 116 Thlr. bei No. 11, 12, 13 der alten Landestheile.

§ 44.
Die Renten für aufgehobene Zölle und andere Berechtigungen.

Gesetzgebung und Entstehung: Auf Antrag der Budget-Commission erklärte die zweite Kammer 1850 (Verh. S. 2051) für erforderlich: 1) dass die Verwaltung alle schon etatsmässigen Entschädigungsrenten einer Revision unterwerfen und untersuchen möge, ob nach Art ihrer Verleihung oder mit Rücksicht auf die inzwischen eingetretene Veränderung der Gesetzgebung ihr Widerruf oder ihre Ermässigung statthaft ist. Das Resultat dieser Revision möge die Regierung in den Beilagen des Staatshaushaltsetats ersichtlich machen, resp. die widerruflichen Renten, insbesondere die Zuschüsse für standesherrliche Verwaltungszweige, welche jetzt auf den Staat übergegangen sind oder noch übergehen, von der Ausgabe absetzen. 2) Die Staatsverwaltung möge auf die billige Ablösung und Ablösbarkeit der unwiderruflichen Renten Bedacht nehmen. — Dem Antrage der Kammer gemäss hat das Finanzministerium den Ursprung der Entschädigungsrenten einer wiederholten actenmässigen, sehr gründlichen Prüfung unterworfen und darüber im Februar 1851 der zweiten Kammer Mittheilung gemacht (zweite Kammer 1851 Anlagen S. 528). Danach gehörten 1851 unter diesen Titel hauptsächlich folgende Renten:

a) neun Entschädigungsrenten für die nach der Verordnung vom 12. Juni 1816 (Ges.-S. S. 193) aufgehobenen Communal- und Privatzölle an der Havel, Spree, Oder, Warthe und Netze (37,202 Thlr.);

b) zwölf Entschädigungsrenten für die nach dem Zollgesetz vom 26. Mai 1818 (Ges.-S. S. 65) aufgehobenen Communal- und Privatbinnenzölle, Handels- und Consumtionsabgaben auf ausländische Waaren (24,477 Thlr.);

c) drei Entschädigungsrenten auf die durch die Acte vom 23. Juni 1821 (Ges.-S. 1822 S. 13) aufgehobenen Elbzölle (10,831 Thlr.);

d) sechs Entschädigungsrenten für die durch Verordnung vom 16. Juni 1838 (Ges.-S. 1838 S. 353) aufgehobenen Communicationsabgaben (8980 Thlr.);

e) achtzehn auf Vertrag oder Vergleich beruhende Entschädigungsrenten (29,205 Thlr.);

f) sechs Entschädigungsrenten, welche vornehmlich auf vor dem Jahre 1848 unwiderruflich und unbedingt ertheilter landesherrlicher Bewilligung beruhen (7312 Thlr.).

Seit 1851 sind aus den **alten** Landestheilen neu auf den Etat gekommen:

a) fünf Entschädigungsrenten für aufgehobene Wege-,
   Pflaster-, Brücken- und Fährgelder . . . . . 15,847 Thlr.

b) neun Entschädigungsrenten für die durch Gesetz vom
   17. Juni 1845 aufgehobenen Gewerbeberechtigungen 3,862 „

c) drei Entschädigungsrenten für Ueberlassung von Justiz-
   gebäuden in Gemässheit des Gesetzes vom 1. August
   1855 (Ges.-S. S. 379) . . . . 2,769 „

d) die Entschädigungsrente an das Fürstenthum Lippe
   für Abtretung des mitlandesherrlichen Rechtes über
   Lippstadt . . . . 9,120 „

e) Entschädigungsrente an die Stadt Erfurt für den
   durch das Gesetz vom 21. Mai 1861 (Ges.-S. S. 317)
   aufgehobenen Kämmereischoss . . . . 13,531 „

f) übertragene Rente vom Domänenetat . . . . . 350 „

g) Rheinzoll- und Elbzollrenten, übertragen vom Etat
   der indirecten Steuerverwaltung . . . . . . 39,369 „

h) Vorübergehende Ausgleichung für die von der Herzoglich Anhaltischen Regierung den Eisenbahngesell-
   schaften auferlegten, zu Gunsten der Postverwaltung
   verwertheten unentgeltlichen Leistungen . . . . 1,154 „

Hiernach und nach Abzug der abgelösten Renten betrug die Rentenschuld für die alten Landestheile: 1867 (Etat) 145,322 Thlr.; 1866 (Etat)
145,857 Thlr.; 1865 (Etat) 135,037 Thlr.; 1864 (Rechnung) 135,881
Thaler; 1863 (Rechnung) 138,467 Thlr.; 1862 (Rechnung) 137,439
Thaler; 1861 (Rechnung) 138,054 Thlr.; 1860 (Rechnung) 142,214 Thlr.

Vor 1860 ist diese Rentenschuld nur zusammen mit der Rentenschuld an Fürsten und Standesherren und den Zuschüssen an Tilgungskassen zur Ablösung von Reallasten angegeben, und betrug die Summe
dieser Posten 1859: 327,828 Thlr.; 1858: 326,468 Thlr.; 1857:
328,903 Thlr.; 1856: 363,682 Thlr.; 1852: 322,533 Thlr.; 1851:
274,018 Thlr.; 1850: 259,552 Thlr.; 1849: 241,972 Thlr.

Aus den **neuen** Landestheilen sind auf den Titel für aufgehobene
Zölle etc. 1868 für 27,239 Thlr. Renten übertragen worden.

Der Gesammtbetrag dieser Renten stellt sich danach für 1868
auf 200,900 Thlr. und für 1869 auf 207,625 Thlr. (darunter künftig
wegfallend 12,966 Thlr.). In Zugang gekommen sind seit 1868 zwei
Rentenzahlungen in Schleswig für aufgehobene Zoll- und Steuerrechte mit
4,363 Thlr. und zwei Renten für aufgehobene Brau- und Bierzwangs-
privilegien mit 3,573 Thlr.

Was die **Ablösbarkeit** der Renten betrifft, so sind einzelne Renten unablöslich, andere in Bezug auf die Ablösbarkeit zweifelhaft. Zum 20 fachen Betrage kann der Staat ablösen:

>> die Entschädigungsrenten für Communicationsahgaben aus dem Gesetz vom 16. Juni 1838;

>> die aus dem Gesetz vom 21. Mai 1861 der Stadt Erfurt zustehende Rente.

Zum 25 fachen Betrage kann der Staat ablösen:

>> die Gewerbeentschädigungsrenten aus dem Gesetze vom 17. Januar 1845;

>> die Rente an das Fürstenthum Lippe für Lippstadt.

„Zur Ablösung von Passiv-Renten und anderen Verpflichtungen" ist in Folge der Kabinetsordre vom 18. Januar 1840 im Etat des Finanzministeriums ein Ablösungs-Fonds ausgeworfen, welcher auch zur Ablösung von Renten dieses Titels mit verwendet wird. Der Fonds betrug bis 1850: 100,000 Thlr., und ist damals auf den gegenwärtigen Betrag von 50,000 Thlr. ermässigt worden, nachdem 1848 beinahe der dritte Theil und 1849 auch ein Theil erspart worden war. Es ist Grundsatz gewesen, daraus zunächst die kleinen Beträge und dann diejenigen zu beseitigen, deren Ablösung mit dem 20 fachen Betrage geschehen konnte. Wo dieser günstige Ablösungsmodus nicht zu erreichen war, hat man sich auch auf den 25 fachen Betrag geeinigt (Comm.-Ber. der zweiten K. 1851 S. 530). Auf Anregung des Abg. Duncker theilte die Regierung in dem 2. Bande der Anlagen zum Staatshaushaltsetat (Etat des Finanzministerii S. 79) eine Nachweisung über die Verwendung des Fonds in den Jahren 1849 bis einschliessl. 1866 mit. Danach sind in diesem Zeitraume aus dem Fonds statt der etatsmässigen Mittel im Betrage von 950,000 Thlr. nur 910,348 Thlr. verwendet worden. Die abgelösten Renten finden sich in dieser Nachweisung soweit angegeben, wie die Angaben ohne besondere Ermittelung resp. Feststellung der Beträge gemacht werden konnten. Es betragen danach die abgelösten Renten 23,369 Thlr.

§ 45.
Die Rente an das Militair-Waisenhaus in Potsdam.

Dieselbe beträgt 1869: 132,253 Thaler. Das von König Friedrich Wilhelm I. gegründete Institut ist eine selbständige juristische Person. Dasselbe ist mit einem eigenthümlichen Vermögen ausgestattet worden, welches ihm nach dem Willen des Stifters als eine Schenkung für ewige Zeiten verbleiben und getrennt von der Staats-Finanzverwaltung durch eine besonders dazu eingesetzte Immediat-Behörde — das Directorium —

verwaltet werden soll. Bedeutende Theile dieses Vermögens, namentlich Monopole und Privilegien, sind im Laufe der Zeit verloren gegangen, und bildet die Rente aus der Staatskasse dafür die Entschädigung. Die Rente betrug 1849 noch 80,500 Thlr., wozu dann eine Entschädigungsrente von 40,000 Thlr. kam, welche dem Militair-Waisenhause für den Verlust seines Intelligenz-Privilegiums durch das Gesetz vom 21. Dec. 1849 zugestanden wurde. Das Waisenhaus ist keine militairische Anstalt, da die darin aufgenommenen Waisen (Knaben) nicht ausschliesslich zu Soldaten erzogen werden. Bis 1868, bevor der Militairetat auf den Bundesetat überging, stand diese Rente auf dem Etat des Kriegsministeriums (Verh. des Reichstages 1867 S. 291).

§ 46.
Die Rente zur Tilgung der ständischen Schulden der Niederlausitz.

Für 1869: 2,880 Thaler. Rechtstitel: Kabinets-Ordre vom 23. Juli 1829 und 30. März 1836. Der Zuschuss ermässigt sich 1875 nach Massgabe des dann noch vorhandenen Schuldrestes.

§ 47.
Die Rente zur Verzinsung und Tilgung der Schulden der Stifter Merseburg und Naumburg.

Für 1869: 6,700 Thaler. Rechtstitel: Kabinets-Ordre vom 19. Januar 1833. Von diesem Zuschuss sind 4,500 Thaler bis 1875, 2,200 Thaler so lange zu zahlen, bis es zum Betriebe des ständischen Arbeitshauses keiner weiteren Zuschüsse aus der ständischen Schuldentilgungskasse bedarf.

§ 48.
Das Entschädigungskapital an Dänemark für Aufhebung der Sund- und Belt-Zölle.

Gesetzgebung und Entstehung: Durch den Vertrag vom 14. März 1857 zwischen Dänemark einerseits und Preussen, Osterreich, Belgien, Frankreich, Grossbritannien, Hannover, Mecklenburg-Schwerin, Oldenburg, den Niederlanden, Russland, Schweden und Norwegen, Lübeck, Bremen und Hamburg andererseits wurde Dänemark für Aufhebung der Sund- und Beltzölle ein Entschädigungskapital von 22,857,433⅓ Thaler zugebilligt. Preussen übernahm davon nach Massgabe des von Preussischen Schiffen bis dahin durchschnittlich alljährlich bezahlten Sundzolles — 258,934 Thaler — durch besondere Convention vom 25. April 1857 eine Entschädigungssumme von 3,330,020⅓ Thaler.

Restschuld 1869: 1,909,338 Thaler.

Rückzahlung: Die Schuld ist von Seiten Preussens kündbar mit dreimonatlicher Kündigungsfrist. Preussen ist verpflichtet, jährlich so viel abzuzahlen, dass Verzinsung und Tilgung zusammen eine halbjährliche Rente von 121,731 Thalern ausmacht. Dieselbe ist am 1. April und 1. October jedes Jahres fällig.

Zinsfuss: 4 Procent.

§ 49.

Die Dänemark aus dem Wiener Friedensvertrage.

vom 30. October 1864 gebührende Entschädigung für die alleinige Uebernahme der vormals dem Dänischen Gesammtstaat einschliesslich Schleswig-Holstein obliegenden Pensionszahlungen zum Betrage von 3,600,000 Thalern ist 1869 mit einer Restzahlung von 419,300 Thalern vollständig getilgt worden.

§ 50.

Der Pensionsaussterbefonds.

Auf den Pensionsaussterbefonds sollen bestimmungsmässig nur angewiesen werden Pensionen und Competenzen, welche nach dem Ableben der Empfänger nicht zur anderweiten Verwendung gelangen, sondern in die allgemeinen Staatsfonds zurückfliessen. Dahin gehören grundsätzlich Pensionen:

1) aus dem Reichsdeputations-Hauptschluss vom Jahre 1803;

2) der Mitglieder und Angehörigen aufgehobener Stifter und Klöster;

3) der Militairpersonen und Civilbeamten, sowie deren Wittwen und Kinder, welche auf Grund der seit dem Jahre 1815 geschlossenen Staatsverträge zu bewilligen waren;

4) die Pensionen ehemaliger Französischer, Westfälischer und Herzoglich Warschauischer Militairpersonen, welche in Berücksichtigung diesfälliger Ansprüche gewährt sind;

5) die Pensionen für Wittwen und Waisen solcher Beamten, welche mit den im Jahre 1814 erworbenen Provinzen in den diesseitigen Staatsdienst gekommen und denen aus der Gesetzgebung der Staaten, welchen sie bis dahin angehört hatten, ein Anspruch auf Unterstützung ihrer Hinterbliebenen erworben war;

6) Die Pensionen der Beamten, welche mit ihren Besoldungen in den Verwaltungsetats als aussterbend geführt oder deren Stellen mit ihrem Abgange eingezogen werden;

7) die ehemaligen Militairpensionen oder Wartegelder solcher Inva-
liden, welche im Communal- oder ständischen Dienst versorgt, aus
diesem Dienste, ohne in demselben Pensionsansprüche erworben
zu haben, scheiden;

8) die gering abgemessenen Pensionen der von der Staatsregierung
angestellten Bürgermeister in den westlichen Provinzen, sofern diesen
Communalbeamten von den zur Pensionsgewährung nicht verpflichteten Gemeinden die Pension verweigert wird;

9) die Wartegelder der Civilbeamten.

Letztere Kategorie ist seit 1851 in Folge Resolution der zweiten
Kammer (1850, Verhandl. S. 2031) von dem Pensionsaussterbefonds aus-
geschieden worden. Bis 1851 waren auf dem Pensionsaussterbefonds auch
viele Zahlungen angewiesen, welche dem Civilpensionsfonds zur Last fielen,
von demselben aber wegen nicht ausreichender Mittel hatten nicht übernommen werden können. Danach betrug der Pensionsaussterbefonds
jährlich nach den Rechnungen:

1850 . . . 1,152,629 Thlr.	1860 . . . . 370,277 Thlr.
1851 . . . 771,181 „	1861 . . . . 320,431 „
1852 . . . 718,611 „	1862 . . . 316,978 „
1853 . . . 665,573 ..	1863 . . . 277,338 „
1854 . . . 610,102 „	1864 . . . 242,726 „
1855 . . . 562,328 „	1. Juli 1865 etats-
1856 . . . 512,197 „	mässig . . . 209,391 „
1857 . . . 467,422 „	1. Juli 1866 etatsm. 187,716 „
1858 . . . 400,683 „	1. Juli 1867 etatsm. 185,388 „
1859 . . . 400,683 „	

Nach dem Etat für 1868 wurden auf den Pensionsaussterbe-Etat Zahlungen übernommen aus den neuerworbenen Landestheilen 286,730 Thaler.
Davon kommen auf

Hannover	94,002 Thlr.
Kurhessen	106,800 „
Nassau	80,417 „
Schleswig-Holstein	— „
Hessen-Homburg	599 „
Grossherzogthum Hessen . .	3,483 „
Baiern	1,429 „
Frankfurt	— „

Unter den Hannoverschen Pensionen befinden sich 69,920 Thaler,
welche durch den Vertrag mit König Georg über die Vermögensverhältnisse überkommen sind. Insgesammt ist der Pensionsaussterbefonds im
Etat für 1868 auf 430,000 Thaler veranschlagt. Im Etat für 1869 hat

sich der Betrag um 60,000 Thaler erhöht. Der Mehrbedarf beruht in dem Zutritt:

a) der auf den früheren Hannoverschen Lehnsfonds ruhenden, von dem Etat der Domainenverwaltung hierher übertragenen Pensionszahlungen mit . . . . 11,140 Thlr.

b) von Pensionen für Wittwen vormals Grossherzoglicher Postbeamten mit . . . . 1,646 „

c) der Pensionszahlungen der aufgelösten Kurhessischen Forstbeamten-Wittwenkasse mit . . . . 2,722 „

d) von verschiedenen Pensionen, welche theils bisher bereits zu leisten und ihrer Natur nach auf den Pensionsaussterbefonds zu übernehmen waren, theils neu bewilligt sind, nach Berücksichtigung der Heimfälle mit . . . . 44,492 „

Das Etatssoll des Pensionsaussterbefonds für 1867 im Betrage von 490,000 Thalern ist wie folgt berechnet. Am 1. Juli 1868 waren folgende Pensionszahlungen fällig:

α) Pensionen für emeritirte Beamte . . . . 63,776 Thlr.
β) Pensionen für hülfsbedürftige Wittwen und Waisen 30,082 „
γ) Pensionen aus Gnadenbewilligungen . . . . . 7,078 „
δ) Pensionen für Geistliche und Schulbediente . . 2,597 „
ε) Pensionen, welche sich auf den Reichsdeputations-Hauptschluss gründen . . . . 5,390 „
ζ) Kompetenzen für aufgehobene Nutzungen . . . 17,738 „
η) Stifts-Pensionen . . . . 6,747 „
θ) Fremdherrliche Militair-Pensionen . . . . . 10,974 „
ι) Wartegelder für Gensdarmen . . . . . . 406 „
κ) Gehaltszuschüsse . . . . 66 „
λ) Unterstützungen für hilfsbedürftige, gering besoldete Klostergeistliche . . . . 1,000 „
μ) Verschiedene Pensionen und Unterstützungen . . 369,179 „
514,969 Thlr.

Hiervon gehen ab: die muthmasslichen Heimfälle an Pensionen etc. im 2. Semester 1868 und im Laufe des Jahres 1869 unter Berücksichtigung der muthmasslichen Zugänge . . . . 24,969 „
Bleiben 490,000 Thlr.

§ 51.

Die Apanagen

sind mit den neuen Landestheilen übernommen für 1869 zum Betrage von 430,764 Thlr. Dabin gehören:

A. Die Hofdotation für den Kurfürsten Friedrich Wilhelm von Hessen auf Lebenszeit und zur Bestreitung der darauf ruhenden Lasten, laut Vertrag vom 17. September 1866 (Abg.-H. 1867/68 Anl. No. 91) 300,000 Thaler. Die Ausgaben, mit welchen diese Hofdotation zu Gunsten des früheren Hofetats belastet ist und welche von Preussen vorab daraus bestritten werden müssen, betragen nach der vertragsmässigen Fixirung eines zehnjährigen Durchschnitts

1) an Besoldungen und Pensionen fürstlicher Hofdiener	119,720 Thlr.
2) Verlag für das Landgestüt in Beberbeck . . .	15,000 „
3) Bauverlage	
ständige Unterhaltungskosten	13,000 „
mobiler Baufonds	30,000 „
4) Gartenverlag	19,530 „
5) Hoftheater	36,000 „
6) Jagdverwaltungskosten	20,800 „
7) Verschiedene Ausgaben	23,950 „
überhaupt	278,000 Thlr.

Hiervon werden durch Einnahmen von der Jagd, dem Gestüte, den Gärten u. s. w. gedeckt 37,000 Thlr. Es bleiben danach aus der Hofdotation vorab zu bestreiten 241,000 Thlr., und beträgt danach der an den Kurfürsten zu zahlende jährliche Ueberschuss nur 59,000 Thlr. Dieser Anspruch auf den Ueberschuss ist laut Vertrag auf Ansuchen des Kurfürsten durch einmalige Zahlung von 600,000 Thlr. baar abzulösen. Durch das Gesetz vom 15. Februar 1869 (Ges.-S. S. 321) ist auf diese Dotation, wie auf das Vermögen des Kurfürsten überhaupt von der Preussischen Regierung Beschlag gelegt worden.

B. Apanagen und Deputate an den Landgrafen Wilhelm und dessen Brüder und an die Fürstlichen Häuser Hessen-Philippsthal und Hessen-Philippsthal-Barchfeld, aus den früheren Kurhessischen Etats übernommen im Betrage von 57,008 Thlr.

C. Apanage an den Prinzen Nicolaus von Nassau: 10,286 Thlr. = 18,000 Gulden laut Vertrag mit Herzog Adolph vom 29. September 1867 (Abg.-H. 1867/68 Anl. No. 45).

D. Antheil an den Apanagen für Mitglieder der früheren Dänischen Königsfamilie, laut Art. XVI. des Wiener Friedenstractates vom 30. October 1864 und Art. 14 des Schlussprotokolls der internationalen Finanzcommission in Kopenhagen vom 17. April 1866: 62,255 Thlr. Die fraglichen Apanagen betragen überhaupt 239,860 Thlr. Dänische Reichsmünze, wovon auf die drei Herzogthümer 37 Proc. fallen.

E. Apanagen an die drei Prinzessinnen Charlotte, Pauline und Amalie von Schleswig-Holstein-Sonderburg-Augustenburg im Betrage von 900 Thlr. Den genannten drei Prinzessinnen ist nach dem Ableben ihres Vaters, des Prinzen Friedrich Karl Emil, durch Resolution des Königs Friedrich VII. von Dänemark vom 29. September 1841 eine Apanage von jährlich 2,400 Dänischen Reichsthalern zugesichert, wovon die Hälfte mit 1,200 Dänischen Reichsthalern auf Grund des Wiener Friedenstractates von Dänemark gezahlt wird. Die andere Hälfte = 900 Thlr. Preussisch ist auf die Preussische Staatskasse übernommen.

§ 52.
Die Staatsschulden der Hohenzollernschen Lande.

Dieselben sind in dem wegen der besonderen Münzwährung für die Hohenzollernschen Lande besonders aufgestellten Etat aufgeführt (Ausgabekapital 6). Die Schulden beliefen sich bei der Vereinigung mit Preussen auf 453,600 Gulden = 258,912 Thlr. und waren nach dem Etat für 1869 bis auf 152,500 Gulden = 87,143 Thlr. getilgt. Zinserforderniss für 1869: 6,100 Gulden = 3,486 Thlr. Dotation des Tilgungsfonds für 1869: 14,500 Gulden = 8,286 Thlr. Die Tilgungsquote, welche 1868 noch 22,000 Gulden betrug, ist 1869 auf vorstehenden, der obligationsmässigen Verpflichtung mehr entsprechenden Betrag beschränkt worden.

Fünfter Theil.

Die Verwaltung der Staatsschulden.

I. Kapitel.

Die Hauptverwaltung der Staatsschulden.

§ 1.

Zuerst liess Friedrich Wilhelm II. nach dem Baseler Frieden die gemachten Anleihen und alle noch unerfüllt gebliebenen Zahlungsverbindlichkeiten ermitteln und nach ihrem Verzinsungs- und Amortisationsbedarf etatisiren. Die Mittel zur Deckung dieses Bedarfs sollten die Ueberschüsse aus der Seehandlung und aus dem Salzwesen gewähren. In Folge davon wurde die Verwaltung des Amortisationsfonds sowie des Staatsschuldenwesens überhaupt dem Chef der Seehandlung, Staatsminister von Struensee übertragen, dessen Ressort gleichzeitig auch auf die Verwaltung des gesammten Salzwesens erweitert wurde. Durch die Verordnung über die veränderte Verfassung aller obersten Staatsbehörden vom 27. October 1810 wurde die Verwaltung des Staatsschuldenwesens der Abtheilung B des Finanzministeriums für die Generalkassen und die Geldinstitute des Staates untergeordnet. Die Verordnung wegen der Geschäftsführung bei den Oberbehörden in Berlin trennte dann die Verwaltung des Staatsschuldenwesens mit der Verwaltung des Schatzes, der Seehandlung, der Bank, der Generalsalzdirection, der Lotterie und der Münze vom Finanzministerium ab und übertrug dieselbe einem besonderen Ministerium des Schatzes und für das Staatskreditwesen, zu dessen Präsidenten v. Klewitz und zu dessen Director Rother ernannt wurde.

Durch die Verordnung wegen der künftigen Behandlung des gesammten Staatsschuldenwesens vom 17. Januar 1820 wurde dann die Verwaltung der Staatsschulden vom Schatzministerium getrennt und der jetzt bestehenden Hauptverwaltung übertragen. In der Verordnung heisst es Abschnitt VIII. und IX.: „Unser Staatsrath hat bei Gelegenheit seines wegen der Verordnung über die rechtliche Natur der Domainen in den neuen und wieder eroberten Provinzen abgegebenen Gutachten vom 30. Juni 1818 bereits darauf angetragen, dass bei der ferneren Ausführung des Domainenverkaufs eine besondere Behörde niedergesetzt werde, welcher die Verbindlichkeit obliege, für die Verwendung der Kaufgelder zur Schuldentilgung zu sorgen. In Berücksichtigung dieses Antrages und zur Ausführung der in gegenwärtiger Verordnung enthaltenen Bestimmungen setzen Wir daher eine von den übrigen Staats- und Finanzverwaltungen ganz abgesonderte Behörde unter der Benennung „Hauptverwaltung der Staatsschulden" hiermit ein. Diese Behörde soll aus Einem Präsidenten und vier Mitgliedern bestehen. Dem Präsidenten liegt die Leitung des Ganzen ob, ausserdem aber haben die Mitglieder mit ihm gleiche Befugnisse und daher auch gleiche Verantwortlichkeit." Diese Behörde wurde für die pünktliche Verzinsung und Tilgung der gesammten Staatsschulden sowie dafür verantwortlich erklärt, dass weder Ein Staatsschuldschein mehr noch andere Staatsschuldendocumente irgend einer Art ausgestellt werden, als der der Verordnung beigefügte Etat besagt. Wegen dieser zu übernehmenden Verpflichtungen sollten der Präsident und die Mitglieder durch den Justizminister in Gegenwart einer Deputation des Berliner Magistrats, der Börsenvorsteher und der Aeltesten der Kaufmannschaft vereidet werden. Die Verordnung setzte auch die Hauptverwaltung zusammen und zwar durch Ernennung des damaligen Präsidenten der Seehandlung Rother zum Präsidenten, des Geh. Oberfinanzraths v. d. Schulenburg, des Landraths v. Pannewitz, des damaligen Directors des Berliner Stadtgerichts Beelitz und des damaligen Chefs des Berliner Handlungshauses Gebrüder Schickler zu Mitgliedern. In Zukunft und beim Abgange des Präsidenten oder eines dieser Mitglieder sollten dem Könige von der künftigen reichsständischen Versammlung und bis zu deren Errichtung von dem Staatsrathe drei Individuen zur Auswahl eines derselben vorgeschlagen werden.

Seit 1850 ist für die Stellung der Hauptverwaltung statt der vorgedachten Verordnung vom 17. Januar 1820 das **Gesetz betreffend die Verwaltung des Staatsschuldenwesens und die Bildung einer Staatsschulden-Commission vom 24. Februar 1850 (Ges.-S. S. 62)**, massgebend. Der Erlass eines neuen Gesetzes war nöthig geworden, nachdem mit dem Vereinigten Landtage auch das Organ zu bestehen aufgehört hatte, welchem in der Verordnung vom 3. Februar 1847 das Recht des Vorschlags zur Besetzung erledigter Stellen und das Recht, die Rechnung der Haupt-Verwaltung der Staatsschulden abzunehmen, übertragen war. Die Stellen des Präsidenten und des ersten Mitglieds der Hauptverwaltung waren in Folge dessen seit 1848 unbesetzt, und die Kammern hatten dringende Anträge auf neue Regelung der Schuldenverwaltung gestellt. Der Entwurf des Gesetzes wurde aber so kurz vor Schluss der zur Vereinbarung der Verfassungsurkunde tagenden Kammersession vorgelegt, dass eine gründliche Berathung und gegenseitige Verständigung nicht mehr möglich war. (Bemerkung des Abg. Knoblauch, eines früheren langjährigen Mitgliedes der Hauptverwaltung, Sten. Ber. S. 2933).

Das neue Gesetz änderte die Stellung der Hauptverwaltung in dreifacher Beziehung: A. in Bezug auf den Geschäftskreis, B. in Bezug auf die selbständige Wahrnehmung der Geschäfte, und C. in Bezug auf die Zusammensetzung.

A. Der Geschäftskreis der Hauptverwaltung erstreckte sich bisher auf die in dem Etat zur Verordnung von 1820 aufgeführten Schuldposten, auf die in der Ordre vom 2. November 1822 erwähnten Provinzial-Staatsschulden und auf die ihr durch Erlass vom 25. April 1848 zur Verwaltung überwiesene freiwillige Anleihe aus diesem Jahre. Nunmehr wurde bestimmt, dass die Hauptverwaltung ausserdem alle künftigen Schulden verwalten solle, welche ihrer Verwaltung durch Gesetz überwiesen würden. Die Verwaltung bezieht sich auf die An- und Ausfertigung, Ausreichung und bezw. Wiedereinziehung von Staatsschuldendocumenten, die Verzinsung und Tilgung, sowie auf die Verwaltung der zu diesen Zwecken bestimmten Verzinsungs-, Tilgungs- und Betriebsfonds und aller sonstigen ihr überwiesenen oder künftig zu überweisenden Fonds.

Materiell erweitert wurde der Geschäftsbereich der Hauptverwaltung noch auf Antrag der Finanzcommission der zweiten Kammer:

1) durch Uebertragung der Ermittelung und Verfolgung, der Fälschung und Nachahmung aller als Geldzeichen umlaufenden Papiere, welche gesetzlich in den öffentlichen Kassen statt baaren Geldes angenommen werden müssen, insbesondere der Noten der Preussischen Bank;

2) die Einregistrirung von Staatsgarantieen.

Man wollte durch die unter 1) erwähnte Ausdehnung des Geschäftsbereiches die Ermittelung und Verfolgung der genannten Verfälschungen im Interesse der Einheit und Wichtigkeit dieser Function in die Hand Einer Behörde legen. Die Einregistrirung der Staatsgarantieen wurde der Hauptverwaltung übertragen, weil nach Art. 103 der Verfassungsurkunde die Uebernahme von Garantieen zu Lasten des Staates nur auf Grund eines Gesetzes stattfinden kann, auch in dieser Hinsicht die Staatsgarantieen den Staatsschulden also gleichgestellt worden sind und dieselben Gründe dafür sprechen, dass die zur Beaufsichtigung und Verwaltung der öffentlichen Schuld berufene Behörde auch die Staatsgarantieen als eventuelle Staatsschulden ihrem Rechtstitel, Umfang und ihrer Dauer nach einregistrire. (Verh. der zweiten Kammer 1850, S. 3087.) --

Ein 1852 in der zweiten Kammer von Claassen u. Gen. noch gestellter Antrag, der Hauptverwaltung auch die Tilgung der Documente zu übertragen, deren Tilgung dem Staate aus Garantieen obliegt, wurde abgelehnt. (Verh. der zweiten Kammer 1852, S. 513.)

B. Die Selbständigkeit der Hauptverwaltung der Staatsschulden erlitt durch das Gesetz vom 24. Februar 1850 eine wesentliche Einschränkung. Die Verordnung vom 17. Januar 1820 hatte die Hauptverwaltung ebenso wie die Seehandlung vollständig selbständig neben den Finanzminister gestellt; die einheitliche Vertretung des Staatskredits und die Einheit und das Zusammenwirken aller nothwendigen Kredit- und Geld-Operationen wurde dabei thatsächlich durch die Vereinigung des Amtes des Präsidenten der Hauptverwaltung mit dem Amt des Präsidenten der Seehandlung in einer Person zu erreichen gesucht. Die Motive des Gesetzes von 1850 dagegen betrachteten es ebenso für eine „Forderung der constitutionellen Regierungsform" wie für eine administrative Nothwendigkeit, die Schuldenverwaltung dem Finanzministerium unterzuordnen, soweit es sich nicht ausschliesslich um Erfüllung von Verpflichtungen handle, welche den Staatsgläubigern gegenüber übernommen sind. Die constitutionelle Regierungsform „dulde schon an sich ein selbständiges Fortbestehen der Staatsschulden-Verwaltungsbehörden ausserhalb des Kreises der ministeriellen Verantwortlichkeit nicht, während dieselbe andererseits durch die in ihr liegenden Garantieen die Erreichung der Zwecke in weit höherem Grade sicherstellt." (Verh. der zweiten Kammer 1850, S. 2574.) In der Commission der zweiten Kammer wurde noch besonders hervorgehoben, dass, insoweit die Hauptverwaltung auch eine rein administrative, zur zinsbaren Anlegung und Verwaltung disponibler Fonds berufene Behörde sei, der unzertrennliche Einfluss ihrer Wirksamkeit auf den allgemeinen Staatskredit die obere Leitung des Finanzministers im Interesse der allgemeinen Finanzverwaltung erheische. (Verh. der zweiten Kammer 1850, S. 3086.)

Demnach unterliegt nach dem Gesetze vom 24. Februar 1850 die Hauptverwaltung der oberen Leitung des Finanzministeriums, soweit ihr nicht in Bezug auf bestimmte Geschäfte die unbedingte Verantwortlichkeit ausdrücklich durch das Gesetz belassen ist. Unbedingt verantwortlich aber ist die Hauptverwaltung nach § 6 des Gesetzes auch künftig: a) in Bezug auf die An- und Ausfertigung und Ausreichung der verzinslichen und unverzinslichen Staatsschulden-Documente und der zu ersteren gehörigen Zinscoupons nach Massgabe der Gesetze; b) für die Feststellung noch nicht anerkannter oder noch illiquider Provinzial-Staatsschulden; c) für die regelmässige Verzinsung der ihr überwiesenen Staatsschulden und für die unverkürzte Verwendung der der Staatsschulden-Tilgungskasse zur Tilgung überwiesenen Fonds nach ihrem durch die Gesetze entweder für die Staatsschulden im Allgemeinen oder für einzelne Klassen derselben besonders festgestellten Gesammtbetrage; insbesondere d) für die unverkürzte Verwendung der Domainen-Veräusserungs- und Ablösungsgelder zur Schuldentilgung; e) für die Löschung, Cassation und Aufbewahrung der eingelösten verzinslichen und unverzinslichen Staatsschulden-Documente bis zur gänzlichen Vernichtung derselben.

Insbesondere hat die Hauptverwaltung auch noch die Befugniss, noch nicht anerkannte oder noch illiquide Provinzialstaatsschulden innerhalb der im Preussischen und Hannoverschen Schuldenetat (§§ 16 u. 21 des vierten Theils) dafür ausgesetzten Summen selbständig nach Betrag und Zinssatz festzustellen. Sie unterliegt dabei weder den Anordnungen des Finanzministeriums oder der Staatsschulden-Commission, noch kann gegen ihre Entscheidung richterliches Urtheil angerufen werden.

Mit Rücksicht auf die unbedingte Verantwortlichkeit für diese Geschäfte müssen auch nach dem Gesetze vom 24. Februar 1850 der Präsident und die Mitglieder der Hauptverwaltung einen besonderen Eid vor Antritt ihres Amtes in öffentlicher Sitzung des Obertribunals dahin ablegen, „dass sie weder einen Staatsschuldschein noch irgend ein anderes Staatsschulden-Document über den in den bestehenden oder in Zukunft zu erlassenden Gesetzen bestimmten Betrag hinaus ausstellen, oder durch andere ausstellen lassen, auch mit allem Fleiss und Nachdruck darauf halten und dafür sorgen wollen, dass die ihrer Verwaltung anvertraute Schuld prompt und regelmässig verzinset, das Kapital aber in der durch die Gesetze vorgeschriebenen Art getilgt werde und dass sie sich von Erfüllung dieser Pflichten und der übrigen, ihnen mit eigener Verantwortlichkeit übertragenen Obliegenheiten durch keine Anweisungen oder Verordnungen irgend einer Art abhalten lassen wollen.“

C. Die Zusammensetzung der Hauptverwaltung erlitt durch das Gesetz vom 24. Februar 1850 insofern eine Aenderung, als dieselbe statt aus einem Präsidenten und vier Mitgliedern fortan aus einem Director und drei Mitgliedern bestehen soll. Nachdem durch die vollendete Consolidation der Staatsschuld und durch die Feststellung der Provinzialstaatsschulden sich der Geschäftsumfang der Behörden beträchtlich vermindert hatte, erachtete man drei Mitglieder neben dem Präsidenten statt der bisherigen vier zur Bewältigung der Geschäfte für ausreichend. Ferner wurde durch das Gesetz vom 24. Februar 1850 das der Reichsständischen Versammlung in der Verordnung von 1820 vorbehaltene Präsentationsrecht der Mitglieder der Hauptverwaltung als eine „veraltete Art der Mitwirkung der Volksvertretung" beseitigt (Commiss.-Bericht in den Verh. der 2. Kammer 1850, S. 3086). Dagegen bestimmte das Gesetz vom 24. Februar 1850 ausdrücklich, dass der Director der Hauptverwaltung nicht zugleich Finanzminister sein dürfe.

Auch in ihrer gegenwärtigen Gestalt hat die Hauptverwaltung durch ihre Selbständigkeit eine anomale Stellung im Verwaltungsorganismus. Diese Selbständigkeit ist dem Finanzministerium gegenüber noch im vorigen Jahre zur Geltung gekommen, als es sich um den Tilgungsmodus für die Hannoverschen Staatspapiere handelte. Die Hauptverwaltung hielt sich im Gegensatz zu der Ansicht des Finanzministeriums für berechtigt, die zu tilgenden Obligationen statt der Ausloosung auch freihändig anzukaufen und das Finanzministerium lehnte auf erhobene Beschwerde es ab, auf die Hauptverwaltung eine Einwirkung zu üben, brachte jedoch alsdann auf dem Wege der Gesetzgebung seine Ansicht zur Geltung. Die geschichtliche Darstellung im ersten Theil unseres Werkes zeigt, wie die Hauptverwaltung 1827, 1835, 1836 und 1837 sich zu der ungesetzlichen Vermehrung der Kassenscheine herbeiliess, im Jahre 1846 dagegen die Ausfertigung der Banknoten unter Hinweis auf die Ungesetzlichkeit dieser Massregel ablehnte.

Die Hauptverwaltung wird als besondere selbständige Behörde so lange zu erhalten sein, wie nicht bei uns der Willkür der Verwaltungsbehörden überhaupt gesetzliche Schranken durch erweiterte Competenzen der Gerichte gezogen und eine wirksame parlamentarische Controlle durch eine selbständige Stellung der Oberrechnungskammer hergestellt sein wird. Alsdann könnte auf die selbständige Stellung der Hauptverwaltung dem Finanzministerium gegenüber unter der Bedingung verzichtet werden, dass der Staatsschulden-Commission die Gegenzeichnung bei der Ausfertigung neuer Schulddocumente übertragen würde. (Vgl. darüber den zweiten Theil, das Staatsschuldenwesen und die Landesvertretung in § 7.)

Im Einzelnen gehören gegenwärtig zum Geschäftsbereich der Hauptverwaltung alle diejenigen Schuldposten, welche in § 1 des zweiten Theils dieses Werkes als auf dem Etat der öffentlichen Schuld stehend aufgeführt sind. Dazu sind durch das Gesetz vom 3. März 1869 noch die vormals Frankfurter Schulden gekommen. Die Ueberweisung der Verwaltung dieser Schulden ist durch gesetzliche Bestimmung erfolgt; bei der Anleihe von 1859 geschah sie durch eine Königl. Verordnung in Gemässheit des Art. 63 der Verfassungsurkunde, welche später vom Landtage genehmigt wurde.

Ausserhalb des Bereichs der Hauptverwaltung sind auf dem Etat des Finanzministeriums verschiedene Schuldposten unter der Gesammtbezeichnung der „Passiva der General-Staatskasse" stehen geblieben. Diese Bezeichnung ist hergebracht aus der Zeit vor 1848, wo man unter dieser Benennung neuer Schuldposten die Bestimmung der Verordnung von 1820 umging, wonach der Schuldenetat geschlossen sein und es zur Aufnahme neuer Darlehen der Zustimmung der Reichsstände bedürfen solle. Ein Theil der dort stehenden Schuldposten, wie die Seehandlungsanleihe und die Cautionsschulden, wurden schon 1850 auf den Etat der öffentlichen Schuld übertragen. Es ist auch kein Grund vorhanden, die dort noch übrigen Posten (Renten für aufgehobene Rechte, Entschädigungskapital an Dänemark etc.) abgesondert von der übrigen Schuld aufzuführen und der Verwaltung der Hauptverwaltung vorzuenthalten. Letztere würde überdies eine Bürgschaft abgeben, dass nicht ohne Zustimmung des Landtages eine Erhöhung der Titel erfolge, wie solche in der That hinsichtlich der Rentenschulden an Fürsten und Standesherren mehrfach einseitig stattgefunden hat.

Durch besondere gesetzliche Bestimmungen ist der Hauptverwaltung auch die Verwaltung von Schulden übertragen worden, welche nicht zu den Preussischen Staatsschulden gehören:

1) Die Kabinetsordre vom 17. December 1821 hat, um der Kurmark und Neumark die Kosten einer besonderen Verwaltung des denselben verbliebenen Theils an der Kriegsschuld zu ersparen und Einheit in das Geschäft zu bringen, der Hauptverwaltung der Staatsschulden, jedoch ganz abgesondert von dem durch das Gesetz vom 17. Januar 1820 festgestellten Staatsschuldenwesen, die Verwaltung auch des provinziellen Antheils der Kurmärkischen und der Neumärkischen Kriegsschuld übertragen. Diese Verwaltung hat unentgeltlich zu geschehen. Bei derselben findet eine Mitwirkung von Deputirten der betreffenden Communal-Landtage statt.

2) Durch das Bundesgesetz betreffend die Verwaltung der nach Massgabe des Gesetzes vom 9. November 1867 aufzunehmenden Bundesanleihe vom 19. Juni 1868 (Bundesgesetzblatt S. 339) ist die Verwaltung der nach Massgabe des Gesetzes betreffend den ausserordentlichen Geldbedarf des Norddeutschen Bundes zum Zwecke der Erweiterung der Bundes-Kriegsmarine und der Herstellung der Küstenvertheidigung vom 9. November 1867 (Bundes-Gesetzblatt vom Jahre 1867, S. 157 ff.) aufzunehmenden Bundesanleihe von 10 Millionen Thaler bis zum Erlass eines definitiven Gesetzes über die Bundesschulden-Verwaltung der Preussischen Hauptverwaltung der Staatsschulden übertragen und soll von derselben nach Massgabe des Preussischen Gesetzes vom 24. Februar 1850 geführt werden.

Dieses Provisorium der Gesetzgebung und Verwaltung über das

Bundesschuldenwesen wurde hergestellt, weil Bundesrath und Reichstag sich über die Stellung des Reichstages einer Bundesschulden-Verwaltung gegenüber nicht hatten einigen können, indem der Bundesrath das vom Reichstage begehrte selbständige Klagerecht gegen die Mitglieder der Bundesschulden-Verwaltung nicht einräumen wollte. (Reichstags-Verh. 1867, S. 656 u. ff., 1868 Anl. S. 72, S. 447. Verh. S. 141 u. 430.) Als Entgelt für Wahrnehmung dieser Geschäftsverwaltung ist im Bundes-etat ein Aversum von 1700 Thlr. an die Preussische Regierung vorgesehen.

Was die Vertheilung dieser Geschäfte innerhalb der Hauptverwaltung anbelangt, so bestimmt § 3 des Gesetzes vom 24. Februar 1850: „Dem Director liegt die Leitung des Ganzen, die Disciplin über die der Hauptverwaltung der Staatsschulden untergeordneten Beamten und deren Anstellung ob; ausserdem aber haben die Mitglieder mit ihm gleiche Befugnisse und gleiche Verantwortlichkeit. Die Beschlüsse werden nach Stimmenmehrheit gefasst, bei Stimmengleichheit entscheidet die Stimme des Directors. In Verhinderungsfällen wird der Director von dem ältesten Mitgliede vertreten."

Director der Hauptverwaltung war von 1850 bis 1862 der Geh. Ober-Finanzrath Natan und ist seitdem der frühere Regierungs-Präsident von Merseburg, Geh. Ober-Finanzrath von Wedell (1862 von dem Ministerium Schwerin-Patow aus politischen Gründen aus der Stellung eines Regierungspräsidenten entfernt und in die jetzige Stellung befördert).

Mitglieder der Hauptverwaltung sind gegenwärtig:

1) Geh. Ober-Finanzrath Loewe, zugleich vortragender Rath in der Abtheilung des Finanz-Ministeriums für Domainen und Forsten;

2) Geh. Ober-Finanzrath Meinecke, zugleich Mitglied der Abtheilung des Finanz-Ministeriums für das Etats- und Kassenwesen;

3) Geh. Regierungsrath Eck, zugleich vortragender Rath im Bundeskanzleramt.

Der Geh. Rath Meinecke steht mit seinem vollen Gehalt (gegenwärtig 3000 Thlr.) auf dem Etat der Hauptverwaltung. Der Geh. Rath Loewe versieht die Stelle eines Mitglieds der Hauptverwaltung nur als Nebenamt für eine Remuneration von 500 Thlr. Die Stelle des Geh. Raths Eck ist bis 1868 als unbesoldetes Ehrenamt von einem Berliner Bürger, zuletzt von dem Director der Preussischen Rentenversicherung Gamet, versehen worden. Für den Geh. Rath Eck hatte die Regierung im Etat für 1869 von der Regierung eine Remuneration von 300 Thlr. in Ansatz gebracht; dieselbe ist aber im Hause der Abgeordneten abgelehnt worden (Verh. 1868/69 S. 117). Die Regierung befürwortete die Bewilligung wie folgt: Bei der Bildung der Hauptverwaltung im Jahre 1820 bestand noch keine Landesvertretung, und darum hauptsächlich wurde es angemessen gefunden, in die Verwaltung selbst Personen mit hereinzunehmen, die nicht dem Beamtenstande angehörten, sondern als Vertrauensmänner anzusehen seien; aus dieser Rücksicht war das neuerdings ausgeschiedene Mitglied der Hauptverwaltung der Staatsschulden noch unbesoldet. Jetzt ist jene Rücksicht weggefallen, die Landesvertretung übt durch die Staatsschulden-Commission eine sehr eingehende Controlle über die Verwaltung aus, und es bedarf daher zu diesem Zweck eines besonderen Elementes in der Verwaltung selbst nicht. Es sind jetzt hauptsächlich Fragen über die Auslegung der Gesetze, die zur Entscheidung kommen, und bei denen es wünschenswerth ist, dass im Beamtenstande vorgebildete Mitglieder die Behörde bilden, die auch wirklich an der Ausführung der Geschäfte theilnehmen können, was von unbesoldeten Mitgliedern nicht füglich verlangt werden kann. Wird aber ein Beamter, wie es jetzt beabsichtigt wird, mit dieser Stelle betraut, dann ist es nicht wohl zu vermeiden, ihm dafür eine besondere Zulage zu bewilligen. — Dagegen wurde principiell ausgeführt namentlich von den Abgeordneten Weber und von Hoverbeck, dass es sich nicht empfehle, das System der unbesoldeten Ehrenämter in der Verwaltung gegenwärtig zu schmälern, insbesondere die Controlle des Bürgerthums in der Verwaltung der Staatsschulden zu vermindern. — Offenbar liegt auch in dem Charakter eines unbesoldeten Ehrenamtes eine Bürgschaft, dass die der Hauptverwaltung formell eingeräumte Selbständigkeit auch thatsächlich zur Geltung kommt. Am wenigsten verträglich mit der Stellung der Hauptverwaltung scheint uns die jetzt massgebende Anschauung, welche die Mitgliedschaft dabei als ein Nebenamt für vortragende Räthe des Finanzministeriums betrachtet. Man könnte ebenso das Amt eines Obertribunalsraths mit der Stelle eines Rathes im Justizministerium cumuliren.

Von der Hauptverwaltung ressortiren nach § 4 des Gesetzes vom 29. Februar 1850:

    1) die Staatschulden-Tilgungskasse,

    2) die Controlle der Staatspapiere.

Bis 1866 war auch die Staatsdruckerei der Hauptverwaltung der Staatsschulden untergeordnet; seitdem (Kabinetsordre vom 28. Mai 1866, G.-S. S. 111) unterliegt dieselbe aber der unmittelbaren Leitung des Finanzministeriums.

Im Verwaltungswege hat die Hauptverwaltung in Uebereinstimmung mit dem Finanzministerium für einzelne Schuldposten einen Theil der ihr und der Controlle der Staatspapiere obliegenden Geschäfte anderen Behörden übertragen. Es führen demgemäss unter Aufsicht der Hauptverwaltung die nachbenannten Behörden die Verwaltung der nebenbe-

zeichneten Schulden einschliesslich der Ausloosung und Kündigung der
zu tilgenden Obligationen, ausschliesslich jedoch der auf die Ausfertigung
neuer Documente und Coupons, die Asservirung und Vernichtung der
eingezogenen Documente und der auf die Amortisation und Umschreibung
einzelner Documente bezüglichen Geschäfte:

1) das Regierungs-Präsidium zu Merseburg für die Sächsischen
Kammer- und Steuerkreditkassenscheine;

2) die Direction der Niederschlesisch-Märkischen Staatseisenbahn
zu Berlin für die Niederschlesisch-Märkischen Eisenbahnpapiere;

3) die Direction der Westphälischen Staatseisenbahn zu Münster
für die Münster-Hammer Eisenbahnpapiere;

4) das Oberpräsidium zu Hannover (unter dessen Leitung frühere
Mitglieder des Hannoverschen Schatzcollegiums die betreffenden Sachen
bearbeiten) für die vormals Hannoverschen Staatspapiere;

5) die Regierung zu Kassel für die vormals Kurhessischen Staatspapiere;

6) die Regierung zu Wiesbaden für die vormals Nassauischen, Hessen-
Homburgischen und Frankfurter Staatspapiere;

7) das Oberpräsidium in Kiel für die vormals Schleswig-Holsteinschen Staatspapiere.

Die Gesetzmässigkeit dieser Delegationen muss sehr bezweifelt werden.
Nach Art. 96 der Verfassungsurkunde soll die Competenz der Gerichte
und Verwaltungsbehörden durch das Gesetz bestimmt werden. Das Gesetz vom 24. Februar 1850 hat für die Hauptverwaltung solche Bestimmungen getroffen und dieselbe ist darin nicht als Aufsichtsinstanz,
sondern als unmittelbar verwaltende Behörde für die Staatsschulden eingesetzt worden. Insbesondere bedenklich erscheint eine Delegation von
Geschäften, welche sonst nicht der Controlle der Staatspapiere, sondern
den Mitgliedern der Hauptverwaltung persönlich obliegen, wie namentlich
die Ausloosung und Kündigung der zu tilgenden Obligationen. Zur Bürgschaft für die streng gesetzliche Führung dieser Geschäfte ist der Hauptverwaltung ihre besondere selbständige und unbedingt verantwortliche
Stellung eingeräumt worden; die Absicht des Gesetzgebers wird aber
vollständig vereitelt, wenn die Hauptverwaltung nun solche Geschäfte an
andere nicht allein ihr, sondern auch dem Finanzministerium unbedingt
untergeordnete Behörden überträgt.

Für die Mitglieder der Hauptverwaltung und der Centralbûreaus
erleichtert sich freilich durch solche Delegation die Geschäftslast; damit
geht aber auch der Anreiz für dieselben verloren, auf Vereinfachung
des Staatsschuldenwesens bedacht zu sein. Für das Publicum erschwert
die Vielheit der Behörden den Gebrauch der richtigen Adresse, zugleich
entsteht in den zahlreichen Fällen, wo beide Instanzen zusammen den
Geschäftsverkehr vermitteln, eine Verzögerung der Besorgung.

Der Verwaltungskosten-Etat für die Hauptverwaltung der Staatsschulden lautet nach dem Specialetat für das Jahr 1869 wie folgt:

Titel 1: Besoldungen.

	Thlr.
1) Der Director	3,500

(Ausserdem freie Dienstwohnung, ferner Antheil
an der Wasserheizung im Dienstgebäude gegen
eine jährlich besonders festzustellende Vergüti-
gung. Der künftige Inhaber dieser Stelle hat
für die Wohnung 10 Procent vom Gehalte als
Miethe zu entrichten.)

2) 2 Mitglieder à 3,000 Thlr., 500 Thlr.	3,500

(Die mit 500 Thlr. dotirte Stelle wird als Nebenamt verwaltet.)

3) Der technische Beamte für die Anfertigung der Staatspapiere 600

(Diese Stelle wird als Nebenamt verwaltet.)

4) Geheime Calculatur und Expedition.

    5 Beamte mit 1,600 Thlr. bis 800 Thlr. 6,000

5) Geheime Registratur und Geheimes Journal.

    2 Beamte à 1,500 Thlr. und 1,000 Thlr. 2,500

6) Geheime Kanzlei.

    1 Vorsteher mit 1,100 Thlr. und 1 Kanzlei-Secretair
    mit 600 Thlr. 1,700

7) Unterbediente.

    a) 1 Kastellan 500

    (Ausserdem Dienstwohnung gegen eine Entschädi-
    gung von 10 Procent des Gehalts und Heizung
    gegen eine jährlich besonders festzustellende
    Vergütigung.)

    b) 3 Kanzleidiener mit 450 Thlr. bis 350 Thlr. . . 1,200

    c) 2 Portiers à 350 Thlr. 700

    d) 3 Hausdiener à 300 Thlr. 900

8) Staatsschulden-Tilgungs-Kasse.

    a) 1 Rendant 1,800

    b) 1 Ober-Buchhalter 1,400

    c) 7 Buchhalter und 4 Kassirer mit 1,300 Thlr. bis
    700 Thlr. 11,150

    d) 7 Kassen-Secretaire mit 900 Thlr. bis 500 Thlr. 5,250

    e) 3 Kassendiener mit 450 Thlr. bis 350 Thlr. . . 1,300

Richter.   25

9) Controlle der Staatspapiere.   Thlr.
    a) 1 Dirigent   1,800
    b) 1 Ober-Buchhalter   1,400
    c) 1 Calculator, 6 Buchhalter, 2 Kassirer und 2 Jour-
       nalisten mit 1,300 Thlr. bis 700 Thlr. . . .   10,850
    d) 1 Kassen-Secretair   700
    e) 3 Kanzleidiener und 2 Kassendiener mit 450 Thlr.
       bis 350 Thlr.   1,900
10) Geheime Secretaire in den verschiedenen Büreaus.
    23 Beamte mit 900 Thlr. bis 500 Thlr.   15,850
11) Provinzialbeamte, und zwar:
    a) in der Provinz Hannover:

       1 Registrator mit . . . . . .   800 Thlr.
       1 Büreau-Assistent mit . . . .   500 „
       1 Kanzlist mit . . . .   500 „
       1 Bote mit . . . .   300 „
       1 Kassirer mit . . . .   800 „
       2 Buchhalter mit durchschnittlich
         800 Thlr.. . . . . 1,600 „
       1 Kassen-Assistent mit . . . 500 „
                             5,000
    b) in der Provinz Hessen-Nassau:
       1 Secretair und Revisor   700
                  Summa Tit. 1.   80,200

Titel 2: Andere persönliche Ausgaben.

1) Zu Diäten, Copialien und Stücklöhnen, einschliesslich
   200 Thlr. zu Remunerationen für temporaire Hülfsarbeiter
   in Hannover und für Besorgung der Botendienste bei der
   dortigen Bezirks-Haupt-Kasse   3,900
2) Zu Unterstützungen für die Beamten und Diätarien . .   1,500
                  Summa Tit. 2.   5,400

Titel 3: Sächliche und vermischte Ausgaben.

1) Zu Büreaubedürfnissen, Utensilien, Kosten des Papiers
   und Druckes der Schulddocumente, der Coupons und
   Talons etc.   28,550
2) An Hausverwaltungskosten   500
                  Summa Tit. 3.   29,050

Titel 4: Unterhaltung des Dienstgebäudes in Berlin   Thlr.
  einschliesslich 1,650 Thlr. zur Einrichtung einer neuen
  Zahlstelle und zur vorschriftsmässigen Herstellung des
  Bürgersteiges vor dem Dienstgebäude 2,150

	Summa Tit. 4. für sich.			
Dazu	„ „ 3.	. . .	29,050	
	„ „ 2.	. . .	5,400	
	„ „ 1.	. . .	80,200	
	Summa der Ausgabe	116,800		

Der Etat betrug	1867	. .	82,700 Thlr.
	1866	. .	81,500 „
	1865	. .	71,850 „
	1860	. .	68,300 „
	1855	. .	63,520 „
	1850	. .	59,800 „

Von dem der Hauptverwaltung zur Verwaltung überwiesenen Schuldkapital von 400 Millionen Thaler beträgt die Summe der Verwaltungskosten pro 1869 noch nicht ½ Promille, wobei indessen zu berücksich-
tigen ist, dass bei Weitem der grösste Theil der Kassengeschäfte von
anderen Provinzialbehörden besorgt wird. Der Etat für 1869 (116,800
Thaler) entspricht ungefähr dem Etat der Englischen Staatsschulden-
verwaltung (National debt office: 15,440 Pfd. Sterl.), welche die Geschäfte für eine 11mal grössere Staatsschuld wahrnimmt, wobei freilich
auch die gesammten Kassengeschäfte von der Englischen Bank besorgt
werden.

  Die Hauptverwaltung der Staatsschulden hat ihren Sitz mit der Controlle der Staatspapiere und der Staatsschuldentilgungskasse zu Berlin
Oranienstrasse 94 (im Hintergebäude befindet sich die Staatsdruckerei).
Der Director der Hauptverwaltung hat ebendaselbst Dienstwohnung. Das
Gebäude ist 1851—52 erworben worden und kostete excl. der Gebäulich-
keiten für die Staatsdruckerei 90,554 Thaler, d. i. 27,055 Thaler mehr
als der Verkaufserlös des früher an anderer Stelle belegenen Dienst-
hauses betrug. Diese Ausgabe war im Staatshaushaltsetat nicht vorgesehen; die Regierung entnahm die Gelder aus dem Betriebsfonds der
Hauptverwaltung und liess diese Verwendung im Etat für 1855 nachträglich genehmigen.

II. Kapitel.

Die Documentenverwaltung.

§ 2.

Für die Verwaltung der Schulddocumente besteht ein besonderes Organ in der der Hauptverwaltung der Staatsschulden untergeordneten „Controlle der Staatspapiere". Dieselbe führte bis 1820 den Namen Ausfertigungsbüreau; zum Geschäftskreis der Controlle gehören nach der ihr von der Hauptverwaltung ertheilten Instruction vom 11. März 1847 folgende Obliegenheiten:

1) die Ausfertigung und Ausreichung der verzinslichen und unverzinslichen Staatsschulddocumente und der zu ersteren gehörigen Zinscoupons;

2) die Realisirung von Staatspapieren, insbesondere die Einlösung beschädigter, zur Circulation nicht mehr tauglicher Kassen-Anweisungen;

3) die Controllirung aller in Circulation befindlicher Staatsschulddocumente, mittelst Notiznahme derjenigen, welche ihr als verloren, entwendet oder vernichtet angezeigt werden und mittelst Prüfung derartiger ihr vorkommender Documente;

4) die Löschung, Cassation und Aufbewahrung der eingelösten Staatspapiere bis zur Verschlussnahme durch die Staatsschuldencommission.

Das Personal der Controlle der Staatspapiere besteht nach dem Etat für 1869 aus einem Dirigenten mit 1,800 Thalern Gehalt, einem Oberbuchhalter mit 1,400 Thalern Gehalt, einem Calculator, sechs Buchhaltern, zwei Kassirern, zwei Journalisten und einem Kassensecretair mit 1,300 bis 700 Thalern, und zwei Kanzleidienern und zwei Kassendienern mit 450 bis 350 Thalern Gehalt.

Alle Ausfertigungen sind unter der Firma „Königliche Controlle der Staatspapiere" zu erlassen und vom Dirigenten, Oberbuchhalter und Calculator zu vollziehen.

Was zunächst die Ausfertigung neuer Schulddocumente anbelangt, so geht derselben die Herstellung durch die seit 1852 bestehende Staatsdruckerei vorher. Die Staatsdruckerei ist nach dem Königl. Erlass vom 3. Mai 1852 (Ges.-S. S. 288) allgemein „zur Anfertigung geldwerther Papiere für den Staat und für Corporationen bestimmt und kann auch mit der Lieferung von Drucksachen für die Staatsbehörden beauftragt werden."

Nach den Erläuterungen zum Staatshaushaltsetat für 1855 ist die Regierung bei der Errichtung von folgenden Erwägungen ausgegangen: „Wie in anderen Staaten, so ist auch in Preussen die Nothwendigkeit erkannt, die vereinzelten Methoden der Geldpapierbereitung in einer einzigen unter Controlle der Regierung stehenden Anstalt zu concentriren, dergestalt, dass in derselben unter der Aufsicht von Staatsbeamten vereidete Techniker die ganze zur Darstellung von Papiergeld nothwendige Reihenfolge von Operationen — von der Bereitung des Papiers an bis zur Ausreichung der circulationsfähigen Documente — mittelst ihrer eigenen Apparate, Maschinen und Werkzeuge vornehmen, und einen Stamm von tüchtigen Künstlern und Handwerkern unterhalten, welche sich bestreben sollen, durch fortgesetzte Uebung und anzustellende Versuche in ihrer Kunst sich immer mehr zu vervollkommnen, damit dem Nachmachen des Papiergeldes grössere Schwierigkeiten als bisher entgegengestellt werden können."

Die Staatsdruckerei, welche bis 1866 unter der Aufsicht der Hauptverwaltung stand, steht seitdem unter der unmittelbaren Leitung des Finanzministeriums. Der Director der Staatsdruckerei, welcher zugleich technischer Rathgeber der Hauptverwaltung für die Anfertigung von Staatspapieren ist, empfängt von der Hauptverwaltung die Bestellung und besorgt danach Papier, Satz und Druck der Schulddocumente. Die Coupons werden einschliesslich der Nummer und des Facsimiles eines Ausfertigungsbeamten der Controlle gedruckt. Auch auf den Kapitaldocumenten ist die Nummer gedruckt, während die Vollziehung des Ausfertigungsvermerks durch den Namenszug eines Beamten der Controlle erst in den Bureaus derselben geschieht. Zum späteren Umtausch oder Ersatz einzelner beschädigter oder verlorener Documente werden gleich eine Anzahl Documente ohne Nummer, sogenannte Reserveblanquets mitgedruckt.

Die von der Staatsdruckerei angefertigten Documente werden in das unter Aufsicht der Controlle der Staatspapiere stehende Hauptformularmagazin abgeliefert. Ueber alle hierhin gelieferten Formulare werden Haupteinnahme- und Ausgabe-Journale und für die einzelnen Kategorien Special-Einnahme- und Ausgabejournale geführt. Aus dem Hauptformularmagazin wird die erforderliche Anzahl jedesmal dem mit Vollziehung des Ausfertigungsvermerks (Unterschrift seines Namens) beauftragten Büreauassistenten der Controlle der Staatspapiere gegen Empfangsschein verabreicht.

Ueber die ausgefertigten Schulddocumente werden von der Controlle der Staatspapiere Stammbücher geführt, aus welchen zu ersehen ist, wie viel Exemplare von jeder Appoints-Gattung ausgefertigt und wie sie bezeichnet worden, was in Beziehung auf einzelne Exemplare Bemerkenswerthes während ihrer Circulation vorgekommen ist und wie viel Kapitalbeträge und Documente davon wieder getilgt und resp. eingegangen sind. Duplicate der Stammbücher über die verzinslichen Staatsschuldverschreibungen werden im Geh. Staatsarchiv niedergelegt und von Zeit zu Zeit von dort entnommen, um die inzwischen erfolgte Einlösung oder Amortisation von Documenten nachzutragen. Ueber die zu den verzinslichen Staatspapieren gehörigen Zinscoupons werden Zinscoupons-Ausfertigungs- und resp. Löschungsregister geführt.

Nach Vollziehung der Ausfertigung (wozu also bei Reserveblanquets ausser der Namensunterschrift auch die Nummerirung gehört) liefert der betreffende Beamte die Documente an den Kassirer der Controlle der Staatspapiere zur Vereinnahmung ab, welcher sie dann auf die Ordre der Hauptverwaltung an die Generalstaatskasse verabfolgt.

Die Kosten für An- und Ausfertigung der Schulddocumente werden aus den sächlichen und vermischten Ausgaben der Verwaltungskosten (Titel 3 No. 1 des im vorigen Paragraphen mitgetheilten Specialetats) bestritten. Die Kosten für die Kassenscheine werden aus dem besondern Etatstitel von 6000 Thlr. für die unverzinsliche Schuld bestritten bezw. in Jahren, wo diese Summe nicht ausreicht, aus dem Depositum, in welches Ersparnisse an diesem Titel fliessen. Die Herstellung der neuen Kassenanweisungen im Jahre 1856 (11,734,206 Stück incl. 2,291,859 Reserveblanquets) hat 320,333 Thlr. gekostet, d. i. 9,8 Pf. pro Stück. Die Kosten vertheilten sich wie folgt:

a) Für Papier, Schöpfform . . . . 44,294 Thlr.
b) Beaufsichtigung der Anfertigung . . . . . 2,503 „
c) Druck, Beschneiden, Verpacken und Etikettiren
   der Anweisungen . . . . 266,783 „
d) Ausfertigung . . . . 4,040 „
e) Revision und Ausreichung . . . . 2,712 „

Wie sehr sich diese Kosten im Laufe der Zeit erhöht haben, oder wie theuer die Staatsdruckerei im Gegensatz zur Privatindustrie arbeitet, geht daraus hervor, dass die Herstellung von 7,967,347 Stück Kassenanweisungen und 102,232 Reservestücken im Jahre 1851 nur 124,759

Thaler oder 5¼ Pf. pro Stück, die Herstellung von 10¼ Millionen Stück im Jahre 1835 nur circa 160,000 Thlr. und die Herstellung von circa 7¼ Millionen Stück im Jahre 1824 nur circa 173,000 Thlr. gekostet hat.

Die Controlle der Staatspapiere führt über die als verloren gegangen, vernichtet oder entwendet angezeigten Staatsschulddocumente nach jeder Gattung Notizbücher und über die entdeckten falschen Kassenanweisungen Specialjournale. Die für den Tilgungsfond eingelösten Documente, die eingetauschten, nicht mehr circulationsfähigen Kassenanweisungen, die falschen Kassenanweisungen oder andere verfälschte Papiere und die durch Präclusion werthlos gewordenen oder durch gerichtliche Mortification oder auf andere Weise erloschenen Schulddocumente werden in besondere Mortificationsbücher eingetragen und dann in den vorerwähnten Stammbüchern, bezw. in den Zinscoupons-Ausfertigungs- und Löschungsregistern gelöscht. Vorher müssen die Documente selbst mit der dazu bestimmten Schneidemaschine zum Zeichen der Kassation an dazu passenden Stellen durchschlagen und die zu den Documenten gehörigen Zinscoupons auf ihren Vorderseiten mit einem starken Pinselstrich durchkreuzt sein.

Ueber die nachfolgenden Documentengattungen führen statt der Controlle der Staatspapiere Provinzialbehörden die Stamm- und Mortifications-Bücher:

1) über die Sächsischen Steuer- und Kammerkreditkassenscheine das Regierungspräsidium zu Merseburg;

2) über die Niederschlesisch-Märkischen Eisenbahnpapiere die Niederschlesisch-Märkische Eisenbahndirection in Berlin;

3) über die Münster-Hammer Eisenbahnpapiere die Westfälische Eisenbahndirection in Münster;

4) über die Hannoverschen Staatspapiere das Oberpräsidium in Hannover;

5) über die Kurhessischen Staatspapiere die Regierung in Kassel;

6) über die Frankfurter, Nassauischen und Hessen-Homburgischen Staatspapiere die Regierung in Wiesbaden;

7) über die Schleswig-Holsteinischen Staatspapiere das Oberpräsidium in Kiel.

Sämmtliche in den Mortificationsbüchern und Stammbüchern gelöschten Documente, auch diejenigen, für welche die genannten Bücher von Provinzialbehörden geführt werden, werden von der Controlle der Staatspapiere bis zu ihrer Verschlussnahme durch die Hauptverwaltung und die Staatsschuldencommission asservirt und in das Asservaten-Journal und das Asservaten-Manual eingetragen.

Diese Verschlussnahme erfolgt jährlich nach erfolgtem Rechnungsabschluss. Die Documente werden vorher nach Stückzahl und Betrag geprüft und in Packete verpackt. Jedes Packet ist mit den Siegeln der Hauptverwaltung und der Staatsschuldencommission verschlossen und mit einer entsprechenden Aufschrift versehen. Sämmtliche Packete werden in den Tresor der Hauptverwaltung niedergelegt. Von den drei Schlüsseln zu den betreffenden Spinden nehmen die Deputirten der Hauptverwaltung zwei, ein Mitglied der Staatsschuldencommission einen an sich.

Die in Verschluss genommenen Documente werden nach Litera, Nummern und Geldbeträgen durch den Staatsanzeiger zur öffentlichen Kenntniss gebracht (§ 16 d. Ges. vom 24. Februar 1850). Sobald die betreffenden Rechnungen der Staatsschuldentilgungskasse von den Kammern dechargirt worden sind, werden die eingelösten verzinslichen Staatsschuldendocumente von Commissarien der Staatsschuldencommission und der Hauptverwaltung der Staatsschulden durch Feuer vernichtet und die Litera, Nummern und Geldbeträge derselben öffentlich (im Staatsanzeiger) angezeigt. Auf gleiche Weise erfolgt die Vernichtung der zur Circulation nicht mehr geeigneten älteren Kassenanweisungen (§ 17 des Gesetzes vom 24. Februar 1850). Die in den Jahren 1862, 1863, 1864, 1865 deponirten Documente konnten erst in den Jahren 1866 und 1867 vernichtet werden, weil das Abgeordnetenhaus bis dahin die Decharge der Rechnungen der Hauptverwaltung wegen Verausgabung ohne Unterlage eines Etatsgesetzes beanstandet hatte.

Am Schlusse jedes Jahres hat die Controlle der Staatspapiere ein Documententableau einzureichen, wodurch nachgewiesen wird, welche Documente im Laufe des Jahres eingezogen, vernichtet und resp. neu hinzugetreten sind.

Die Controlle der Staatspapiere hat keine bestimmte Rechnung zu legen; sie legt nur Rechnung:

1) über die von vier zu vier Jahren stattfindende Ausfertigung und Ausreichung einer neuen Serie Zinscoupons, mit welcher die Rechnung über die Ausreichung der an die Stelle gerichtlich amortisirter oder beschädigter Staatsschuldverschreibungen getretenen Documente verbunden ist;

2) über die Kassenanweisungen und zwar sowohl über die Einlösung der beschädigten als auch über den für falsche Kassenanweisungen geleisteten Ersatz;

3) über jedes durch ausserordentliche Massregeln veranlasste Geschäft.

Der Abschluss für das Kalenderjahr erfolgt am 31. März dergestalt, dass die vor diesem Termin bewirkten auf das abgelaufene Kalenderjahr sich beziehenden Geschäfte noch in die Jahresrechnung mit aufgenommen werden.

III. Kapitel.

Die Geldverwaltung.

Erster Titel.
Die Aufstellung des Etats.

§ 3.

Ueber die Eintheilung des Etats der öffentlichen Schuld in 9 Titel vergleiche man im Allgemeinen den § 6 des Zweiten Theils, insbesondere für die Titel 1 und 2 Verzinsung und Tilgung den § 1 des dritten Theils S. 145 u. folg. und für die Titel 6—9, Verwaltungskosten, den § 1 dieses Theils S. 385 u. folg. Es erübrigen daher hier nur noch Erläuterungen über die Berechnung der einzelnen Etatspositionen.

Der Berechnung der einzelnen **Ausgabepositionen**, Titel 1 und 2, für Verzinsung und Tilgung muss vorhergehen die Berechnung des Kapitalbetrages der Schuld am Anfange des Etatsjahres. Hier kann in der Regel nur der muthmassliche Betrag veranschlagt werden. Es können nämlich zur Zeit, wo die Etatsaufstellung beginnt, Anfang des zweiten Semesters im Vorjahre, die Tilgungsfonds nur zum geringsten Theil saldirt sein, theils weil die Mittel derselben noch nicht fällig oder (wie bei den durch die Präclusion erlöschenden Zinsen) ihrem Betrage nach noch unbekannt sind, theils auch, weil sich noch nicht voraussehen lässt, zu welchen Coursen die für das zweite Semester anzuschaffenden Effecten erworben werden können. In letzter Beziehung fusst der Anschlag darauf, dass der Cours der Staatspapiere in der zweiten Hälfte des Jahres nicht wesentlich verschieden sein wird von dem Stande desselben am Schluss der ersten Jahreshälfte. Für das Jahr 1866 betrug bei einem Schuldkapital von 248,570,980 Thlr. der Unterschied zwischen dem Kapitalsoll des Etats und dem Istkapital nach der Rechnung nur 19,500 Thaler nach Abzug derjenigen Differenz, welche durch Hinausschiebung von neuen Anleihen veranlasst war.

Was nun insbesondere Titel 1, Verzinsung anbelangt, so richtet sich selbstverständlich die Berechnung des Zinsbedarfs nach Zinstermin, Kapitalbetrag und Zinsfuss. In Bezug auf die Zinstermine gilt im Allgemeinen der Grundsatz, dass der Tag der Fälligkeit jeder Ausgabe das Etats- und Rechnungsjahr bestimmt, für welches die Ausgabe zur Verrechnung kommt. Demgemäss müssten die Zinsen für das Semester eines Jahres, sofern sie nicht am 31. December dieses Jahres, sondern

am 1. oder 2. Januar des künftigen Jahres fällig werden, erst im Etat
des künftigen Jahres erscheinen. In dieser Weise wird auch gerechnet
bei den Zinsen der Staatsschuldscheine, der Neumärkischen Obligationen,
der Niederschlesisch-Märkischen und Münster-Hammer Stammactien und
Prioritäten, sowie verschiedener Hannoverscher 3½procentiger Schuldtitel,
der Hannoverschen Obligationen Lit. L und der Nassauischen Anleihe von
1859. Die beispielsweise am 2. Januar 1870 fälligen Zinsen dieser Schuldposten stehen also auf dem Etat für 1870. Allerdings wird dadurch gewissermassen eine Schuld des Vorjahres in das folgende Jahr übertragen.
Die Ziffer dieser Schuld, d. h. der am 2. Januar des Etatsjahres fälligen
Zinsen aus dem Vorjahre, beläuft sich für 1868 auf 1,656,161 Thaler.
Der obige Grundsatz ist verlassen und werden die beispielsweise am
2. Januar 1870 fälligen Zinsen schon auf den Etat für 1869 gesetzt bei
den Preussischen Staatsanleihen von 1856, 1859 (Kriegsanleihe) und
1867 C. Für die Rechnungen hat dies die Folge, dass zur Zeit, wo die
Jahresrechnungen geschlossen werden — mit dem Ablaufe Januar — fast
die ganze Masse der Zinsen-Sollausgabe als Rückstand ausgebracht und
nicht ohne erheblichen Zeit- und Kostenaufwand in die Restmanuale
übertragen werden muss. Jedenfalls ist es ein Uebelstand, dass die Aufstellung des Etats nach verschiedenen Grundsätzen erfolgt.

Was den Kapitalbetrag als Factor der Berechnung des Zinsbedarfs anbelangt, so verändert derselbe sich durch die im Laufe des
Etatsjahres stattfindenden Tilgungen für Zinstermine, welche in die Zeit
nach einem Tilgungstermine fallen.

Die Hannoverschen und Kurhessischen, sowie etliche Nassauische
und Schleswig-Holsteinische Anleihen haben nur einen Tilgungstermin
und zwar im December. Hier ist es selbstverständlich, dass der Zinsen-
bedarf von dem zu Anfang des Jahres vorhandenen Kapital für das
ganze Jahr berechnet wird. Wo aber mehrere Tilgungstermine sind und
einem derselben ein Zinstermin nachfolgt, werden die Zinsen für den an
jedem Termin noch vorhandenen Kapitalbetrag besonders berechnet,
vorausgesetzt, dass bei diesen Anleihen eine Tilgung durch Ausloosung
stattfinden muss, der Effect der Tilgung für die Verminderung des Kapitalbetrages sich also im Voraus genau berechnen lässt.

Wo die Tilgung nicht obligatorisch durch Ausloosung stattfindet,
erfolgt die Zinsberechnung im Etat für das ganze Jahr von dem für den
Anfang des Jahres angenommenen Kapitalbetrage. Sofern hier die Zinsersparnisse dem Tilgungsfonds zuwachsen, entsteht dadurch auch in der
Rechnung über Verzinsung und Tilgung zusammen gegen den Etat kein
Unterschied. Bei der Preussischen Freiwilligen Anleihe von 1848 tritt
die Zinsersparniss den Tilgungsmitteln nicht vollständig, sondern nur in-

soweit zu, wie sie von dem mit den ordentlichen Tilguugsmitteln getilgten Kapital herrührt, wogegen die ersparten Zinsen von dem mit ausserordentlichen Mitteln (Privat-Rente-Ablösungs-Kapitalien) getilgten Kapitale dem allgemeinen Staatsfonds zu Gute kommen. Hier werden daher die Zinsen ebenso für jeden Termin besonders berechnet wie bei den obligationsmässig durch Ausloosung zu tilgenden Anleihen.

Was Titel 2. Tilgung insbesondere anbetrifft, so kommen für die Tilgungstermine dieselben verschiedenen Grundsätze zur Anwendung wie für die Verzinsungstermine. Die Dotation des Tilgungsfonds wird nach ihren einzelnen Bestandtheilen — Procentsatz des ursprünglichen Kapitals, Zinsenersparnisse und durch Präclusion erloschene Zinsen — aufgerechnet. Für die durch Präclusion erloschene Zinsen wird der Unsicherheit und Geringfügigkeit des Betrages wegen ein Geldbetrag nicht ausgeworfen. Ebenfalls werden bei der Anleihe von 1848 Rentenablösungskapitalien, welche bekanntlich zur ausserordentlichen Tilgung dieser Anleihe verwandt werden müssen, nicht in Anschlag gebracht. Die Berechnung der Zinsenersparnisse geschieht unter der Voraussetzung, dass die Schuld bis Anfang des Jahres durch Tilgung auf denjenigen Betrag ermässigt ist, wofür auch die Zinsen auf dem Etat berechnet sind. Die Zinsenersparnisse werden nicht von dem bei der Ausgabe der Schuldverschreibungen obligationsmässigen Zinsfuss, sondern nach den seitdem wirklich gezahlten Beträgen berechnet, dergestalt also, dass im Falle Convertirungen vorgekommen, von da an nur die ermässigten Zinsen als erspart verrechnet werden. Den Zinsenersparnissen zur Tilgung wachsen noch diejenigen Beträge zu, welche von den etatsmässigen Zinsen durch Tilgung im Laufe des Etatsjahres, bei dem vor einen Tilgungstermin fallenden Zinstermine erspart werden. Wo auf dem Zinsenetat nicht blos der am Schlusse des Vorjahres vorhandene Kapitalbetrag veranschlagt ist, sondern man den Kapitalbetrag für jeden Zinstermin besonders berechnet hat, wie beispielsweise bei der freiwilligen Anleihe von 1848, da sind auch die Zinsenersparnisse, welche zur Tilgung zu verwenden sind, nicht nach dem Kapitalbetrag am Schlusse des Vorjahres, sondern nach den Tilgungsterminen berechnet.

Für Titel 3 der Ausgaben für die Unverzinsliche Staatsschuld wird der feste Betrag von 6000 Thlr. ausgeworfen; bei einem etwaigen Minderbedarf fliessen die Ersparnisse in einen Depositalfonds, aus dem spätere Mehrbedürfnisse gedeckt werden.

Die Ausgaben zu Titel 4 für Renten sind in der Hauptsache feststehend; nur der Rentenbetrag für die im Jahre der Aufstellung des Etats und späterhin noch eingehenden Ablösungskapitalien muss muthmasslich veranschlagt werden.

Zu Titel 5. Extraordinair berechnen sich die Provisionen von Zinsenzahlungen und Kapitaltilgungen für die Nassauischen Anleihen in Procenten von den zu Titel 1 und 2 festgestellten Etatspositionen. Im Uebrigen dient dieser Titel nur zu Abrundungen des Etats der Oeffentlichen Schuld.

Bei den Ausgaben für Verwaltungskosten ist Titel 6 für Besoldungen feststehend; die Ausgaben zu Titel 7 bis 9 für andere persönliche, sächliche und vermischte Ausgaben und zur Unterhaltung des Dienstgebäudes richten sich nach dem jeweiligen Bedarf unter Berücksichtigung der Rechnungen über die Vorjahre.

Einnahmen werden im Etat für die Oeffentliche Schuld nicht in Anschlag gebracht, wiewohl die Hauptverwaltung eigene Einnahmen bezieht aus den theilweise in Effecten angelegten Beständen des Betriebsfonds und der Depositalfonds. Die betreffenden Einnahmen werden entweder zur Vermehrung dieser Fonds verwandt oder werden als Einnahme der Allgemeinen Kassenverwaltung berechnet. Die Einnahmepositionen aus Staatsfonds, auf welche die Schuldverwaltung durch besondere Gesetze angewiesen ist, wie die Einnahmen aus Domainen, Forsten, Betriebsüberschüssen der Staatseisenbahnen u. s. w. werden im Specialetat zwar aufgeführt, jedoch weil sie durchlaufende Posten im Staatshaushaltsetat sind, nicht in Ziffern dargestellt. Ebendaselbst werden auch die Einnahmen aus Rente-Ablösungskapitalien aufgeführt, obwohl sie nicht zu den durchlaufenden Posten zählen, sondern eigene Einnahmen der Schuldenverwaltung darstellen. Ihres unsicheren und gegenwärtig auch geringfügigen Betrages halber werden diese Kapitalien aber weder bei der Vereinnahmung noch bei der Verwendung zur ausserordentlichen Tilgung der freiwilligen Anleihe von 1848 in Ziffern veranschlagt. In der Rechnung erscheinen sie später unter den ausseretatsmässigen Einnahmen.

Zweiter Titel.

Die Kassenverwaltung.

§ 4.

I. Die Kassen der Hauptverwaltung.

Besondere Kassen der Hauptverwaltung der Staatsschulden sind die Staatsschuldentilgungskasse und die Kasse der Controlle der Staatspapiere. Die Geschäfte der Staatsschuldentilgungskasse sind durch die von der Hauptverwaltung der Staatsschulden erlassene Instruction vom 30. Sept. 1845 geregelt. Danach ist die Staatsschuldentilgungskasse eine Centralkasse, deren Geschäftsverkehr sich über den ganzen Staat erstreckt. Es liegt ihr ob, die Fonds, welche zur Verzinsung und Tilgung der Staatsschulden oder zu anderen damit in Verbindung stehenden Zwecken des Ressorts der Hauptverwaltung bestimmt sind und durch den für sie vollzogenen Etat oder durch besondere von der Hauptverwaltung erlassenen Verfügungen ihrer Verwaltung überwiesen werden, einzuziehen, die darauf angewiesenen Zahlungen zu leisten, die Geldbestände sicher aufzubewahren und über ihren ganzen Kassenverkehr Buch und Rechnung zu führen.

Die Kasse befindet sich Oranienstrasse 94 links im Dienstgebäude der Hauptverwaltung und ist täglich mit Ausnahme der Sonn- und Festtage und der zu den Vorbereitungen zu den Kassenrevisionen bestimmten drei letzten Tagen des Monats, Vormittags von 9 bis 1 Uhr geöffnet.

Das Personal der Kasse besteht nach dem Etat für 1869 aus einem Rendanten (1800 Thlr. Gehalt), 1 Ober-Buchhalter (1400 Thlr. Gehalt), 7 Buchhaltern und 4 Kassirern (1300 Thlr. bis 700 Thlr. Gehalt), 7 Kassen-Secretairen (900 bis 500 Thlr. Gehalt), und 3 Kassendienern mit 450 Thlr. bis 350 Thlr. Gehalt. Die Staatsschuldentilgungskasse zeichnet als „Königliche Staatsschuldentilgungskasse" und sind die Ausfertigungen von dem Rendanten, Controleur und Ober-Buchhalter zu vollziehen; förmliche Urkunden, wie beispielsweise Quittungen, ausserdem von dem Kassenbeamten zu vollziehen und mit dem Dienstsiegel zu bedrucken.

Die Staatsschuldentilgungskasse wird von der Staatsschuldencommission so oft sie es für angemessen erachtet, wenigstens aber einmal halbjährlich, ausserordentlich revidirt (§ 14 des Gesetzes vom 24. Febr. 1850).

Die Staatsschuldencommission erhält von der Hauptverwaltung der Staatsschulden die Monats- und Jahresabschlüsse der Staatsschuldentilgungskasse über die zur Verzinsung und Tilgung der Staatsschuld bestimmten Fonds (§ 14 des Gesetzes vom 24. Februar 1850).

Die Kasse der Controlle der Staatspapiere ist eine Nebenkasse der Staatsschuldentilgungskasse und empfängt von dieser die nöthigen Fonds. Sie dient hauptsächlich zur Einlösung der beschädigten Kassenanweisungen. Die Kasse ist täglich, mit Ausnahme der Sonn- und Festtage und der zu den Vorarbeiten für die Kassenrevision bestimmten drei letzten Tagen des Monats, von 9 bis 1 Uhr geöffnet.

§ 5.

II. Die laufende Einnahme- und Ausgabeverwaltung.

Was die Einnahmeverwaltung betrifft, so sollten die durch die Verordnung vom 17. Januar 1820 der Hauptverwaltung der Staatsschulden zur regelmässigen Verzinsung und Tilgung überwiesenen Domainen- und Forsteinnahmen, Verkaufsgelder und Salzeinnahmen nach

Inhalt dieser Verordnung „von den Provinzialkassen unter Verantwortlichkeit der denselben vorgesetzten Behörden ohne die geringste Verkürzung in monatlichen Raten direct an die Staatsschuldentilgungskasse eingezahlt werden". Als aber 1827 die baaren Mittel etwas knapp wurden, bestimmte eine Kabinetsordre vom 31. März 1827, dass die genannten Fonds von den Regierungshauptkassen nicht direct, sondern durch Vermittelung der General-Staatskasse in monatlichen Raten an die Staatsschuldentilgungskasse abgeliefert werden sollen. Das Gesetz, betreffend die Verwaltung des Staatsschuldenwesens etc. vom 24. Februar 1850 bestimmt im § 8, dass es bei dieser Einrichtung verbleibe. Demnach bezieht die Staatsschuldentilgungskasse die Fonds, welcher sie für die Preussischen Staatsschulden bedarf, allein durch die Generalstaatskasse. Durch ebendieselbe scheinen auch die Fonds für die von der Hauptverwaltung verwalteten Bundesschulden, sowie für den gleichfalls ihrer Verwaltung überwiesenen provinziellen Antheil der Kur- und Neumärkischen Kriegsschulden der Staatsschuldentilgungskasse überwiesen zu werden.

Was den von der Generalstaatskasse zu überweisenden Betrag anbelangt, so entspricht derselbe nur für die Titel „Tilgung" und „Kosten der unverzinslichen Staatsschuld" dem vollen Ausgabesoll. Für alle übrigen Titel wird der Staatsschuldentilgungskasse nur soviel überwiesen, wie die Staatsschuldentilgungskasse wirklich verausgabt hat, so dass also die Deckung für Ausgabereste, besonders für Zinsreste, bei der Generalstaatskasse verbleibt. Eine Ausnahme macht nur der Zinsbedarf für die Eisenbahnpapiere, die Kur- und Neumärkischen Kriegsschulden und die durch die Bankhäuser Rothschild und Rainach vermittelten Kurhessischen, Nassauischen und Hessen-Homburgischen Anleihen, wofür gleichfalls der volle dem Ausgabesoll entsprechende Zinsbedarf überwiesen wird.

Von dem überwiesenen Betrag gelangt nur so viel zur baaren Auszahlung an die Staatsschuldentilgungskasse, wie davon nicht compensirt wird durch Zahlungen, welche die Generalstaatskasse selbst oder die von ihr ressortirenden Kassen für Rechnung der Staatsschuldentilgungskasse geleistet haben.

Was die Ausgabeverwaltung anbelangt, so überweist die Staatsschuldentilgungskasse den ihr voll überwiesenen Betrag für die Verzinsung und Tilgung der Eisenbahnpapiere ebenso dem ganzen Ausgabesoll entsprechend zur Verausgabung an die Eisenbahnhauptkassen der Niederschlesisch-Märkischen und der Westfälischen Staatseisenbahnen. Dergestalt bleiben bei diesen Kassen auch die Deckungsmittel für Ausgabereste, und die Staasschuldentilgungskasse selbst löst Coupons und Obligationen der betreffenden Eisenbahnpapiere für Rechnung jener Eisenbahn-Hauptkassen ein. Gleichfalls dem vollen Ausgabesoll entsprechend wird die Competenz für Verzinsung und Tilgung der durch Rothschild und Reinach vermittelten Kurhessischen, Nassauischen und Hessen-Homburgischen Anleihen laut Bestimmung der betreffenden Anleiheverträge diesen Bankhäusern vor dem Verfalltermin überwiesen. Die Bankhäuser berechnen sich dann mit den Königlichen Kassen, welche solche Coupons oder Obligationen eingelöst haben. Die eingelösten Coupons und Obligationen sind von dem Bankhause innerhalb sechs Monate nach dem Verfalltermin an die betreffenden Staatskassen abzuliefern, und ist für die nicht abgelieferten Rückersatz der dem Bankhause überwiesenen Einlösungsmittel zu leisten. „Um jedoch das Bankhaus gegen allen Schaden, welcher ihm durch zufälligen Verlust eines oder mehrerer wirklich eingelöster Coupons erwachsen könnte, möglichst sicher zu stellen, ist bestimmt worden, dass eine Rückvergütung von Seiten des Bankhauses wegen der im oben angegebenen Termin nicht abgelieferten Zinscoupons nur für diejenigen Summen der Coupons, welche in zwei auf einanderfolgenden Zinsterminen nicht eingelöst und abgeliefert worden, geleistet und der Betrag ihnen nachträglich wieder gutgeschrieben werden soll, wenn dieselben in den folgenden Terminen präsentirt und bezahlt werden."

Die Ausgaben, welche auf dem Kassenetat der Staatsschuldentilgungskasse verbleiben, werden von derselben entweder direct oder durch andere Kassen geleistet. So lösen die Hauptsteuer- und Zollämter, sowie die Kreis- und Steuerkassen Zinscoupons ein und stellen sie zunächst den Regierungshauptkassen in Rechnung. Diese lösen ausser den Zinscoupons auch die gekündigten Obligationen ein und stellen derartige ihnen aufgerechneten oder von ihnen selbst geleisteten Zahlungen unter Beifügung der darüber sprechenden Belege monatlich der Generalstaatskasse auf, welche sie, wie vorbemerkt wurde, der Staatsschuldentilgungskasse auf ihre Einnahmekompetenz in Anrechnung bringt.

Das Bankhaus Rothschild bezieht von den ihm zur Einlösung überwiesenen Coupons und Obligationen eine Kassen- und Zahlprovision, welche für die Kurhessischen Anleihen theils ⅛, theils ¼ Procent, für die Nassauischen theils ⅛, theils ¼ Procent beträgt. Bei den letzteren wird die Provision von dem ganzen Soll berechnet ohne Unterscheidung, ob die Documente unmittelbar beim Bankhause oder für Rechnung desselben von Staatskassen eingelöst werden. Die Bankagenturen, welche zur Einlösung der Coupons von Hannoverschen Staatspapieren noch bestehen, leisten die Einlösung aus ihren Mitteln und erhalten nach festgestellter Abrechnung dafür Ersatz mit einmonatlichen Zinsen und ein halb Procent Provision.

§ 6.

III. Die Rest- und Depositalverwaltung.

Die Rest- und Depositalverwaltung der Hauptverwaltung der Staatsschulden zerfällt in drei Abschnitte, je nachdem sie mit den Schulden auf dem Etat der Hauptverwaltung in Verbindung steht oder mit Schulden, welche von diesem Etat bereits gelöscht sind, in Verbindung steht, oder des directen Zusammenhangs mit der Schuldenverwaltung überhaupt entbehrt. Um beim Jahresschlusse die Uebertragung zu bedeutender Rückstände in die Bücher der folgenden Jahre zu vermeiden, werden die Journale nach Abschluss des Kalenderjahres für nachträgliche, das verflossene Jahr angehende Buchungen noch offen gehalten, und erst am 31. März geschlossen. Die Regierungshauptkassen müssen ihre Abrechnungen bis zum 20. Februar einsenden.

A. Die Rest- und Depositalverwaltung der Schulden auf dem Etat der Hauptverwaltung.

Einnahmereste können nach der vorigen Darstellung bei der Schuldenverwaltung nicht vorkommen. Ausgabereste sind nur soweit möglich, wie das Ausgabesoll der Schuldenverwaltung von der Generalstaatskasse voll überwiesen wird, die Deckung für Ausgabereste somit nicht bei der Generalstaatskasse verbleibt. Dies ist nur der Fall bei den Titeln für die Tilgung und Kosten der unverzinslichen Staatsschuld sowie bei der Verzinsung der Eisenbahnpapiere, der Kur- und Neumärkischen Kriegsschulden und der durch Bankhäuser vermittelten Nassauischen, Kurhessischen und Hessen-Homburgischen Anleihen.

Was die Restverwaltung der Ausgaben für die Tilgung anbetrifft, so ist diese eine zweifache: es können Reste bleiben, weil man für den Restbetrag Obligationen weder gekündigt noch angekauft hat oder weil die gekündigten Obligationen noch nicht zur Einlösung präsentirt sind. Tilgungsreste, für deren Betrag Obligationen weder gekündigt noch angekauft sind, entstehen durchweg nur insofern, als von einzelnen Tilgungsfonds gewisse kleine Beträge übrig bleiben, für welche sich eine Obligation nicht erwerben lässt oder insofern zur Zeit der Ausloosung die verfügbaren Tilgungsmittel sich noch nicht vollständig übersehen liessen (bei der Anleihe von 1848 wegen der Rentenablösungskapitalien). Bei den Münster-Hammer Stammactien soll die Tilgung nach Massgabe der Betriebsüberschüsse dieser Bahnstrecke stattfinden. Dem Staate ist es überlassen, die Zeit der Verwendung dieser Tilgungsmittel zu bestimmen. Man lässt daher diese Ueberschüsse sich zuvor in einem be-

sonderen, in Effecten zinsbar angelegten Depositum bis zu einer gewissen
Höhe ansammeln, bevor man zur Ausloosung schreitet. Am 1. October
1868 waren in diesem Depositum 11,782 Thaler, darunter 32 Thaler
baar und 11,750 Thaler in Effecten. Die Tilgungsreste aus den Fonds
für die Tilgung der Niederschlesisch-Märkischen Eisenbahnpapiere und
der Münster-Hammer Prioritätsactien verbleiben bei den betreffenden
Eisenbahnhauptkassen, welchen ja die Fonds für die Verzinsung und Tilgung dem Ausgabesoll entsprechend überwiesen werden.

Die Deckungsmittel für gekündigte aber noch nicht zur Einlösung
präsentirte Obligationen werden dem Generaldepositorium für Pri-
vatpersonen überwiesen. Ebendahin kommt auch die zurückbehaltene
Valuta für die bei Einlösung der Obligationen fehlenden Zinscoupons. Eine
Ausnahme machen die Einlösungsmittel für Niederschlesisch-Märkische
Eisenbahnpapiere, welche bei der betreffenden Eisenbahnhauptkasse zu
Berlin als Bestand verbleiben. Das Generaldepositorium für Privatpersonen,
in welches auch noch die Deckung für die gegen Präclusion angemeldeten
Zinsrückstände fliesst, betrug am 1. October 1868 756,241 Thaler,
darunter 10,110 Thaler baar und 746,131 Thaler in Effecten.

Der Bestand dieses Fonds war:

		Thaler			Thaler
1. October 1867	. .	789,207	1. October 1857	. .	643,522
1. October 1866	. .	868,905	1. September 1856	. .	803,379
1. September 1865	. .	604,794	1. November 1855	. .	705,472
1. Juli 1864	. .	897,511	1. Juli 1854	. .	901,525
1. Juli 1863	. .	734,872	1. Juli 1853	. .	247,774
1. October 1861	. .	303,456	1. Juli 1852	. .	92,722
1. October 1860	. .	648,679	1. Juli 1851	. .	171,127
1. October 1859	. .	374,074	1. Juli 1850	. .	155,583
1. September 1858	. .	541,922	1. Juli 1849	. .	164,392

In unmittelbarer Verbindung mit dem Generaldepositum für Privatpersonen steht das Depositum für den Gewinn aus der Verwaltung des Depositalfonds. In dasselbe fliesst der Zinsgewinn aus
der Belegung der Effecten des erstgenannten Depositums, sowie die Valuta aus demselben für verjährte Obligationen. Das Depositum deckt
andererseits etwaige Coursverluste am Effectenbestande des Generaldepositums. Soweit der Bestand dieses Depositums über den Betrag von
10,000 Thlr. hinausgeht, wird derselbe alljährlich in die Generalstaatskasse ausgeschüttet. Der Restbestand wird in Effecten zinsbar angelegt.

Die Restverwaltung der Kosten der unverzinslichen Staatsschuld besteht darin, dass etwaige Ersparnisse von dem hierfür alljährlich ausgeworfenen Fonds von 6000 Thlr. einem besonderen Depositum

zugeführt werden, aus welchem in anderen Jahren etwaige Mehrbedürfnisse bestritten werden. Dieses Depositum hat gegenwärtig keinen Bestand, da die Ausgaben die etatsmässige Summe in den letzten Jahren beständig überschritten und noch Zuschüsse aus dem Betriebsfonds erforderlich gemacht haben.

Was die Restverwaltung der Zinsen anbetrifft, soweit dieselben überhaupt der Schuldenverwaltung dem Ausgabesoll entsprechend überwiesen werden, so befinden sich die Deckungsmittel für die Zinsreste der Eisenbahnpapiere bei den betr. Eisenbahn-Hauptkassen. Die Deckungsmittel für Zinsreste der Kur- und Neumärkischen Kriegsschuld bleiben bei der Staatsschuldentilgungskasse. Ebendieselbe verfügt auch noch über einen Vorschuss, welchen die Kurmark und die Neumark in Gemässheit der Kabinetsordre vom 11. December 1834 bei dem jedesmaligen Jahresschlusse zum Betrage der zweimonatlichen Rate für den Verzinsungs- und Tilgungsbedarf des provinziellen Schuldantheils im nächsten Semester bei der Staatsschuldentilgungskasse vorräthig halten müssen.

Die Deckung für die Zinsreste der übrigen Schuldpapiere verbleibt bekanntlich bei der Generalstaatskasse; Ende 1867 betrugen diese Zinsreste blos für die Schuldpapiere der alten Landestheile 827,573 Thlr.

B.

Ausser dieser in Verbindung mit den etatsmässigen Staatsschulden stehenden Restverwaltung begreift die Depositalverwaltung auch noch eine **Restverwaltung von älteren Schulden, welche auf dem Etat der öffentlichen Schuld bereits gelöscht sind.** Dieser zweite Theil der Depositalverwaltung umfasst

1) den Reservefonds der allgemeinen Staatsschuld,
2) den Depositalfonds zur Tilgung und Verzinsung der provinziellen Staatsschulden,
3) den Depositalfonds für den Tilgungsfonds der Danziger Freistaatsschulden.

1. Der Reservefonds der allgemeinen Staatsschuld.

Im Jahre 1820 wurde für muthmasslich noch zu erwartende, aber noch nicht zur Liquidation gebrachte ältere Ansprüche an die Staatskasse ein Pauschquantum von 2,283,756 Thlr. veranschlagt. Der hiervon nicht in Anspruch genommene Rest von 551,000 Thlr. wurde 1833 zur Schliessung des Consolidirungsgeschäfts in Staatsschuldscheinen ausgefertigt und mit diesen der Reservefonds ausgestattet. Die Bestimmung dieses Fonds ist die Befriedigung der Gläubiger aus älteren Titeln der Staatsschuld. Der Ueberschuss gebührt, wenn keine dergleichen Ansprüche mehr zu erwarten stehen, nach Art. XI. der Verordnung vom 17. Januar 1820, dem Staatsschatz. Durch die Ansammlung der Zinsen und den Baarerlös aus dem Verkaufe eines Bestandes von Danziger Obligationen hatte sich der Reservefonds bis zum Jahre 1847 (abgesehen von einem Bestande Danziger Obligationen) auf die Summe von 1,364,875 Thlr. erhöht. Mittels Königl. Ordre vom 12. April 1847 wurden davon 896,175 Thlr. zur Bildung eines Betriebsfonds bei der Generalstaatskasse und 468,700 Thaler zu einem besonderen Königl. Dispositionsfonds abgezweigt. Die ständische Deputation des Vereinigten Landtages war der Ansicht, dass diese abgezweigten Fonds der Staatsschuldentilgungskasse hätten über- wiesen werden müssen.

Der bis auf einen geringen Baarbestand in Effecten angelegte Fonds betrug am 1. October 1868 323,594 Thlr. Unter den Effecten befanden sich für 127,587 Thlr. Elbinger Zinsscheine, welche nur allmählich und in langen Fristen zur Realisation gelangen. Schon 1850 erachtete die Budgetcommission der Zweiten Kammer den Reservefonds für entbehrlich, da derselbe nur noch sehr selten in Anspruch genommen werde. Seit- dem ist nicht bekannt geworden, dass der Fonds bestimmungsgemäss Ausgaben zur Befriedigung der Gläubiger aus älteren Titeln der Staats- schuld im letzten Jahrzehnt hätte leisten müssen. Dagegen sind folgende ausserordentliche Ausgaben auf ihn angewiesen worden:

1) 1850 die Kosten zur Ablösung des Agios von den nach dem 20-Guldenfuss verbrieften Sächsischen Kammer- und Steuerkredit- kassenscheinen;

2) 1852 und 1862 zur Tilgung der Staatsschuldscheine im letzten Se- mester der zehnjährigen Tilgungsperiode die Summe von 370,821 Thaler resp. 410,602 Thlr.;

3) 1857 auf Grund des Etatsgesetzes 300,000 Thlr. zur Tilgung der Prämienanleihe der Seehandlung;

4) 1862 die Prämie zur Convertirung der Staatsanleihen von 1850 und 1852 mit 151,484 Thlr.

In Folge der Zinseinnahme aus seinen Effecten und der Realisirung der oben im Bestande von 1847 nicht mit einbegriffenen Danziger Ob- ligationen hat gleichwohl der Fonds die nachstehende Höhe behalten:

1. Juli	1849 .	2,663,841 Thlr.	1. Octob.	1859 . .	758,086 Thlr.
1. „	1850 .	2,198,938 „	1. „	1860 . .	818,186 „
1. „	1851 .	2,050,301 „	1. „	1861 . .	847,636 „
1. „	1852 .	1,916,796 „	1. Juli	1863 . .	287,836 „
1. „	1853 .	1,439,917 „	1. „	1864 . .	294,186 „
1. „	1854 .	1,296,723 „	1. Sept.	1865 . .	300,611 „
1. Nov.	1855 .	890,932 „	1. Octob.	1866 . .	308,161 „
1. Sept.	1856 .	945,404 „	1. „	1867 . .	314,861 „
15. Octob.	1857 .	924,183 „	1. „	1868 . .	323,594 „
1. Sept.	1858 .	629,411 „			26*

2. Der Depositalfonds zur Tilgung und Verzinsung der provinziellen Staatsschulden.

Im Jahre 1853 wurden eine Anzahl älterer Titel provinzieller Staatsschulden vom Staatsschuldenetat der leichteren Verrechnung wegen abgesetzt und zur Tilgung auf einen besonderen Depositalfonds verwiesen, welcher mit Deckungsmitteln zum gleichen Betrage ausgestattet wurde. Es waren dies Passivmassen zum Betrage von 91,917 Thlr., zum Theil in Cautionen und Depositen bestehend, welche nur dann abgetragen werden können, wenn die Ursache ihrer Niederlegung aufgehört hat, theils solche Kapitalien, deren angebliche Eigenthümer sich bisher nicht hatten legitimiren können. Mit diesem Depositalfonds wurde 1854 ein älterer Fonds „Zur Berichtigung der Zinsrückstände von provinziellen Staatsschulden aus der Zeit vom 1. Januar 1828" verschmolzen. Dem Fonds wachsen die Zinsen seiner in Effecten angelegten Bestände zu. Der Zinszuwachs hat in den letzten Jahren die Ausgaben des Fonds überstiegen. Im Jahre 1866 wurden aus den Mitteln des Fonds für 4478 Thlr. Schulddocumente eingelöst. Der bis auf einen geringen Baarbestand in Effecten angelegte Fonds betrug am

1. Juli	1853 . . 137,651 Thlr.	1. Octob.	1861 . . 154,425 Thlr.
1. „	1854 . . 172,275 „	1. Juli	1863 . . 182,477 „
1. Nov.	1855 . . 88,847 „	1. „	1864 . . 189,900 „
1. Sept.	1856 . . 91,315 „	1. Sept.	1865 . . 198,075 „
15. Octob.	1857 . . 117,625 „	1. Octob.	1866 . . 202,442 „
1. Sept.	1858 . . 120,600 „	1. „	1867 . . 193,451 „
1. Octob.	1859 . . 156,210 „	1. „	1868 . . 200,129 „
1. „	1860 . . 149,066 „		

Auch dieser Fonds ist entbehrlich; die kleinen Beträge von provinziellen Staatsschulden, welche noch liquidirt werden, könnten ebensowohl aus den Beständen des Staatsschatzes eingelöst werden, wie dieses bei den noch nachträglich zur Präsentation gelangenden älteren Kassenscheinen von 1835 und den Darlehnskassenscheinen von 1848 der Fall ist.

3. Der Depositalfonds für den Tilgungsfonds der Danziger Freistaatsschulden

besteht seit der Tilgung dieser Schuld im Jahre 1858 und hatte am 1. October 1868 einen bis auf einen geringen Baarfond in Staatspapieren angelegten Bestand von 7841 Thlr. Der Fonds ist zur Deckung noch nicht eingelöster Obligationen dieser Art (Ende 1865 5939 Thlr.) bestimmt. Der Fonds ist ebenso wie die Restschuld gemeinschaftlich dem

Staate mit der Stadt Danzig und dem Landgebiet des ehemaligen Freistaats Danzig. Ende 1865 betrugen die Antheile

	an der Schuld Thlr.	an dem Fonds Thlr.
des Staates	4,710	3,643
der Stadt Danzig	1,024	792
des Landgebiets Danzig . . .	205	158

C. Depositalverwaltung, welche mit der Schuldenverwaltung in keiner unmittelbaren Beziehung steht.

Diese Verwaltung umfasst hauptsächlich die Verwahrung gewisser Effecten, ohne dass der Hauptverwaltung eine Nutzniessung von denselben oder eine Verfügung über dieselben gebührte. Diese von der Hauptverwaltung in Verwahrung genommenen „Depositen und Asservaten" haben gegenwärtig einen Nennwerth von 8,483,950 Thlr. Dieselben zerfallen in fünf Abtheilungen, wovon die vier ersten nur Eisenbahneffecten enthalten.

a) Die aus der Eisenbahn-Abgabe erworbenen Stammactien am 1. October 1868 zum Betrage von 1,148,800 Thlr.; diese ausser Cours gesetzten Actien sollen nach § 6 des Gesetzes über Besteuerung der Eisenbahnen vom 30. Mai 1853 bei der Hauptverwaltung niedergelegt werden. Die Dividendeneinnahme aus diesen Actien steht auf dem Etat der allgemeinen Kassenverwaltung.

b) Die den Staatsantheil an der Oberschlesischen und Stargardt-Posener Eisenbahn darstellenden Stammactien dieser Bahnen, am 1. Oct. 1868 zum Werthe von 1,057,300 Thlr. Die Dividendeneinnahme daraus steht auf dem Etat der Eisenbahnverwaltung.

c) Die aus den Dividenden dieser Actien durch Verloosung erworbenen Actien derselben Bahnen, am 1. October 1868 zum Werthe von 763,100 Thlr.; die Dividendeneinnahme hieraus steht ebenfalls auf dem Etat der Eisenbahnverwaltung.

d) Zufolge Vertrag vom 8. Januar 1866 machte der Staat von seinem Einlösungsrecht der Actien der Ruhrort-Krefeld, Kreis Gladbacher und der Aachen-Düsseldorfer Eisenbahn Gebrauch und legte die eingelösten Actien zum Werthe von 5,476,400 Thlr. bei der Hauptverwaltung nieder. Die betreffende Bahn wurde dann vom Staate an die Bergisch-Märkische Eisenbahngesellschaft verkauft.

e) Amtscautionen in verschiedenen Staatspapieren 38,350 Thlr.

Ausser diesen „Deposita und Asservata" kommt hier noch in Betracht der Depositalfonds zur Tilgung der für Pommersche Bankscheine ausgegebenen Kassenanweisungen. Der Ritterschaftlichen Privatbank in Pommern war durch Statut vom 23. Januar 1833 (Ges.-S. S. 5) gestattet worden, unverzinsliche Pommersche Bankscheine auszugeben gegen unterpfändliche Niederlegung von 500,000 Thlr. in Staatsschuldscheinen nach dem Nennwerth bei der Generalstaatskasse. In Folge Königl. Ordre vom 5. December 1836 (Ges.-S. S. 318) mussten diese Bankscheine eingezogen werden und wurden der Ritterschaftlichen Bank statt derselben Kassenscheine des Staates zum Betrage von 500,000 Thlr. als unverzinsliches Darlehen ausgehändigt. An Stelle der Generalstaatskasse übernahm nun die Hauptverwaltung der Staatschulden die dafür unterpfändlich niedergelegten 500,000 Thlr. Staatsschuldscheine in Depositum. Durch Statut vom 24. August 1849 (Ges.-S. S. 361) ist die Ritterschaftliche Bank verpflichtet, von den Zinsen dieser Staatsschuldscheine alljährlich 5000 Thlr. der Hauptverwaltung zu belassen zur Ansammlung eines Fonds zur Tilgung jenes vom Staate in Kassenscheinen gegebenen Darlehens von 500,000 Thlr. Dieser Amortisationsfonds der Ritterschaftlichen Bank wird von der Hauptverwaltung in beliebigen Staatsschuldpapieren angelegt, deren Zinsen dem Fonds zuwachsen. Entsprechend dem Anwachsen des Amortisationsfonds erhält die Ritterschaftliche Bank die verpfändeten Staatsschuldscheine zurückgeliefert. Gegenwärtig beträgt dieser Amortisationsfonds 152,150 Thlr., welche bis auf die Baarsumme von 1164 Thlr. in Effecten angelegt sind. Das Depositum von Staatsschuldscheinen besteht noch in 367,000 Thlrn. Dieses Depositum ist auf einem die Amortisationsrente aus seinen Zinsen deckenden Bestande zu erhalten, auch wenn das Anwachsen des Amortisationsfonds eine weitere Aushändigung von Staatsschuldscheinen an die Ritterschaftliche Privatbank rechtfertigen würde. Die Beschleunigung der Amortisation ist der Ritterschaftlichen Privatbank gestattet. Hat der Amortisationsfonds den Betrag von 500,000 Thlr. erreicht, so werden der Bank die letzten von ihr deponirten Staatsschuldscheine zugleich mit 30,000 Thlr. Rückersatz der s. Z. von der Bank bei Uebergabe der Kassenscheine gezahlten Realisationskosten ausgehändigt, wogegen der Amortisationsfonds freies Staatseigenthum wird. Dieses Amortisationsverfahren hat indess zur Voraussetzung, dass die Bank bis zur Abwickelung desselben im Besitze des ihr durch dasselbe Statut vom 24. August 1849 wieder verliehenen Privilegiums verbleibt, für eine Million Thaler Noten auszugeben. Hört dieses Privilegium vorher auf, so hört auch das Amortisationsverfahren auf und die Zinsen der deponirten Staatsschuldscheine fliessen der Bank wieder ohne Abzug von 5000 Thlr. Amortisationsrente zu. Sollte die Bankgesellschaft sich auflösen, so geht das Eigenthum an den deponirten Staatsschuldscheinen auf den Staat über.

Die Depositalfonds gehören ebenso wie der im folgenden Paragraphen noch näher zu erörternde Betriebsfonds der Hauptverwaltung nicht zu den eigentlichen Tilgungsfonds, für deren Erhaltung und Verwendung die Hauptverwaltung allein verantwortlich ist. Dieselbe hat vielmehr nach § 6 des Gesetzes vom 24. Februar 1850 den in Betreff dieses Fonds von dem Finanzminister zu treffenden Verfügungen auf dessen Verantwortung Folge zu leisten. In den Motiven des erwähnten Gesetzes ist dazu bemerkt: Der Finanzminister ist zur Zeit der allein berufene Verwalter und Wächter des Staatskredits. Die nutzbringende Belegung der der Hauptverwaltung der Staatsschulden zur Verwaltung und Verwendung überwiesenen Fonds muss von der Zustimmung des Finanzministers abhängig sein, da dieser allein in der Lage ist, beurtheilen zu können, welche Rückwirkungen jene Operationen auf den allgemeinen Staatskredit in jedem Augenblick zu äussern geeignet sind, er allein dieselben mit den sonstigen Massregeln der Finanzverwaltung zweckmässig zu combiniren und allein zu übersehen vermag, ob mit Rücksicht auf die Gesammtlage der Finanzen die baaren Bestände der Staatsschuldentilgungskasse bereit gehalten werden müssen oder während einer kürzeren oder längeren Frist nutzbringend angelegt werden können.

In der Budgetcommission der ersten Kammer wurde 1850 (Verh. S. 2937) übrigens von allen Seiten, insbesondere auch von der Regierung anerkannt, dass die Befugniss des Finanzministers in Bezug auf diese Fonds nicht soweit gehen könne, die Einziehung derselben und ihre Verwendung zu anderen Zwecken anzuordnen. Die Fonds könnten ohne ein Gesetz der Hauptverwaltung nicht entzogen werden.

§ 7.

IV. Der Betriebsfonds der Hauptverwaltung der Staatsschulden.

Abgesondert von dem allgemeinen Betriebsfonds der Generalstaatskasse im Betrage von 7,000,000 Thalern besitzt die Hauptverwaltung der Staatsschulden noch einen besonderen Betriebsfonds. Bei Errichtung der Hauptverwaltung wurde ein allgemeiner Betriebsfonds aus den am 1. Januar 1820 verbliebenen Einnahmerückständen der damaligen General-Domänenveräusserungskasse gebildet. Neben dem allgemeinen Betriebsfonds schuf man 1822 noch einen Betriebsfonds für die provinziellen Staatsschulden aus den in den Provinzen ausstehenden Activkapitalien. Der erstgenannte Betriebsfonds wurde durch Königliche Ordre vom 12. April 1847 aufgelöst, seine Bestände, welche 1832 4,283,805 Thaler und 1843 noch 3,138,041 Thaler betragen hatten, anderweitig verwandt, seine Einnahme- und Ausgabereste auf den provinziellen Betriebsfonds überwiesen. Letzterer bekam nun den Charakter eines allgemeinen Betriebsfonds für die Schuldenverwaltung. Am Schluss des Jahres 1849 war der Bestand dieses Betriebsfonds excl. der ausstehenden, theilweise unsicheren Activkapitalien 1,710,949 Thaler.

Am 1. October 1868 hatte der Betriebsfonds einen Bestand von 1,537,383 Thalern, wovon 957,025 Thaler in Effecten und 571,141 Thaler in baar angelegt waren. Dieser Betriebsfonds soll namentlich zum Ankauf von Effecten für die Tilgungsfonds vor den Tilgungsterminen dienen, um so durch Ankauf kleinerer Partien ein Steigen des Courses als Folge dieser Ankäufe zu verhüten. Ein weiterer Zweck des Betriebsfonds besteht in der Ersatzleistung für unbrauchbar gewordene Kassenscheine vor der Ausfertigung der neuen Kassenscheine. Früher musste der Betriebsfonds auch dazu dienen, für den häufig verspäteten Eingang der zur Verzinsung und Tilgung der Staatsschulden bestimmten Mittel die rückständigen Einnahmen einstweilen vorschussweise zu vertreten. Mehrmals hat die Regierung aus diesem Betriebsfonds, sowie auch aus dem Depositalfonds vorübergehend die Mittel genommen zur Bestreitung von Ausgaben, wofür Anleihen bewilligt waren. Es geschah dies bei den Eisenbahnanleihen von 1855 und 1859, während die Schulddocumente der betreffenden Anleihe noch in der Ausfertigung begriffen waren.

Der Betriebsfonds hat Einnahmen

1) aus den Zinsen der zu seinem Bestande gehörigen Effecten;

2) aus der Einziehung der ihm überwiesenen älteren Forderungen. Dieselben betrugen 1852 noch 330,070 Thaler, darunter 188,092 Thaler geleistete Vorschüsse zur Tilgung der Kur- und Oberrheinischen Kreisschulden, der Schulden der Johanniter-Commenden Steinfurt und Herrenburg. Im Jahre 1868 betrugen die Ausstände nur noch 9,217 Thaler, welche einzelne Debitoren in den Provinzen verschuldeten.

Auf den Betriebsfonds sind in neuerer Zeit Ausgaben angewiesen worden:

a) auf Grund des Etatsgesetzes für 1857 400,000 Thaler zur Tilgung der Prämienanleihe der Seehandlung;

b) auf Grund desselben Gesetzes die Kosten der An- und Ausfertigung der neuen Kassenanweisungen aus dem Jahre 1856. Diese nach einem damaligen vorläufigen Ueberschlage insgesammt auf 277,321 Thaler sich belaufenden Kosten betrugen für 1856 82,084 Thaler;

c) auf Grund des Etatsgesetzes von 1855 56,544 Thaler zu dem Bau und den Einrichtungskosten der Staatsdruckerei und des Dienstgebäudes der Staatsschuldenverwaltung.

Der Betriebsfonds betrug danach (excl. der Ausstände) am:

		Thaler				Thaler
1. Juli	1850	1,537,768	1. October	1859		1,417,339
1. Juli	1851	1,541,181	1. October	1860		1,360,804
1. Juli	1852	1,580,623	1. October	1861		1,398,387
1. Juli	1853	1,567,883	1. Juli	1863		1,427,946
1. Juli	1854	1,619,131	1. Juli	1864		1,407,892
1. November	1855	1,721,797	1. September	1865		1,437,261
1. September	1856	1,787,292	1. October	1866		1,442,214
1. October	1857	1,837,520	1. Juli	1867		1,487,182
1. September	1858	1,410,774	1. October	1868		1,528,166

Angelegt war der Fonds

			in Effecten	in baar
1. Juli	1863		1,362,770 Thlr.	65,176 Thlr.
1. Juli	1864		961,560 „	446,159 „
1. September	1865		1,392,775 „	94,489 „
1. October	1866		1,243,300 „	198,914 „
1. Juli	1867		1,213,575 „	273,607 „
1. October	1868		957,025 „	571,141 „

Ueber das Aufsichtsrecht des Finanzministers in Betreff der Anlage dieses Fonds vergl. den Schluss des vorigen Paragraphen.

Zu dem Hauptzweck des Betriebsfonds, dem rechtzeitigen Ankauf von Obligationen zur Tilgung, kann die Hauptverwaltung jedenfalls noch die Bestände folgender Depositalfonds benutzen:

1) den Reservefonds der allgemeinen Staatsschuld abzüglich des unrealisirbaren Bestandes von Elbinger Zinsscheinen mit 195,325 Thlr.
2) den Depositalfonds der provinziellen Staatsschulden mit . . . . 200,050 „
3) das Generaldepositum für Privatpersonen mit . . 746,131 „

Die Hauptverwaltung verfügt also einschliesslich des Betriebsfonds zu diesem Zwecke über etwa 2,650,000 Thaler.

Die Dotation der Tilgungsfonds, welche zum Ankauf an der Börse bestimmt sind, betrug 1869 etwa 5 Millionen Thaler, welche so ziemlich in vier gleichen Raten zur Quartalsrechnung fällig sind. Jene besonderen Fonds ermöglichen es also der Hauptverwaltung, regelmässig die für zwei Quartalstermine erforderlichen Effecten schon zum Beginn des vorhergehenden Quartals, also 3 resp. 6 Monate vor der Tilgung anzukaufen. Da es nicht Absicht der Schuldenverwaltung sein kann, bei ihren Ankäufen an der Börse zu speculiren, gehen diese Mittel offenbar über den Zweck, wozu sie vornehmlich bestimmt sind, weit hinaus. Daneben vermag auch die der Hauptverwaltung obliegende Einlösung von beschädigten Kassenanweisungen besondere Fonds in dieser Höhe nicht zu rechtfertigen. Der Eingang solcher Kassenanweisungen vertheilt sich ziemlich auf das ganze Jahr, und bei Vorhandensein von Reserveblanquets braucht zwischen der Einlösung derselben und der Ausgabe neuer Kassenanweisungen an die Stelle derselben kein grosser Zwischenraum zu liegen. Unseres Erachtens besitzt die Hauptverwaltung für die erwähnten Zwecke schon genügende Betriebsmittel in den Beständen des Generaldepositums für Privatpersonen, welches bekanntlich die Deckungsmittel für fällige Obligationen enthält. Unbedenklich könnten daher ebenso der besondere Betriebsfonds wie der Reservefonds der allgemeinen Staatsschuld und der Depositalfonds der pronvinziellen Staatsschulden zur Generalstaatskasse eingezogen werden.

Vierter Titel.

Die Rechnungslegung.

§ 8.

Wie bereits in § 6 bemerkt worden, halten die Staatsschuldentilgungskasse und die Generalstaatskasse die Rechnungen nach Schluss des Kalenderjahres für nachträgliche, das verflossene Jahr angehende Buchungen noch offen bis zum 31. März. Die Regierungshauptkassen dagegen schliessen ihre Conten für die Einlösung von Coupons und Obligationen bereits mit dem 20. Februar. Nach dem Abschluss beginnt die Rechnungsprüfung. Die eigentlichen Rechnungen werden nach Vorprüfung durch die Calculatur der Hauptverwaltung der Staatsschulden der Oberrechnungskammer zu Potsdam zur Revision mitgetheilt. Die Rechnungen sowohl der Geld- wie der Documentenverwaltung zerfielen bis einschliesslich 1867 in folgende Abschnitte:

A. die Rechnungen der Staatsschuldentilgungskasse:
    I. über den Hauptfonds,
    II. über die Tilgungsfonds der einzelnen Anleihen,
    III. über den Depositalfonds nebst Effecten-Rechnung,
    IV. über den Betriebsfonds nebst Effecten-Rechnung,
    V. über die Verwaltungskosten,

B. die Rechnungen der Eisenbahnhauptkassen über Verzinsung und Tilgung der Actien und Obligationen
    1. der Niederschlesisch-Märkischen und
    2. der Münster-Hammer Eisenbahn;

C. die Rechnungen der Controlle der Staatspapiere:
  a) das Documententableau,
  b) die Rechnungen über die Verbriefung und Ausgabe neuer Coupons.

Die Oberrechnungskammer hat sich bereit erklärt, die Revision der Rechnungen in dem Masse zu beschleunigen, dass die Mittheilung und Erledigung ihrer Erinnerungen sowie die endliche Feststellung der Rechnungen noch bis zum November des folgenden Jahres erfolgen kann.

Nachdem die Oberrechnungskammer die Rechnungen bis auf einzelne durch die folgenden Rechnungen oder anderweit zu erledigende Erinnerungen für richtig angenommen hat, werden sie der Staatsschuldencommission mitgetheilt. Nach Prüfung derselben werden sie den beiden Häusern des Landtages zur Ertheilung der Decharge vorgelegt, vgl. zu diesem Paragraphen auch den § 7 des zweiten Theils, das Staatsschuldenwesen und die Landesvertretung, S. 141.

Alphabetisches Register.

A.

B. Die einzelnen Preussischen Anleihen.

1) Die früheren bereits getilgten Anleihen.

a) vor 1786 14; b) Holländische (1793) 15; c) Frankfurter (1794) 15, 16;
d) Scheidemünzanleihe (1794) 15, 25, 265; e) Kasselsche (1795) 16; f) Hardenberg'sche (1795) 16; g) Tabacksactienanleihe (1797) 17, 39, 265; h) Wittgenstein'sche Anleihe in Kassel (1798) 17; i) Kassel, Münster, Fürther Anleihe
(1806) 18; k) Anleihe mit Prämienzinsen (1808) 20, 39, 265; l) Zwangsanleihe
in Münzscheinen (1808) 20; m) freiwillige Zwangsanleihe (1810) 20; n) Holländische Anleihe (1810) 21, 22, 37, 38, 52, 298; o) Labes'sche, Kalckreuth-
sche Danziger Anleihe (1805) 25, 39; p) Anleihe der Berliner Kaufmannschaft (1813) 28; q) Zwangsanleihe (1813) 29, 37, 39; r) Zwangsanleihe (1814)
29, 30; s) Frankfurter (1817) 33, 37; t) Londoner (1818) 33, 37, 222, 298;
u) Londoner (1822) 44, 49, 53, 116; v) der Seehandlung (1832) 49, 55, 58,
61, 117, 220, 408; w) projectirte (1847) 53, 119.

2) Die neueren Anleihen.

a) projectirte 1864 59;

b) die 3½ procentige Prämienanleihe 145, 220, 221, 303—307 und insbes. noch
Gesetzgebung 132, 158; Entstehung 59; Emission 177, 192; Depositalfähigkeit 196; Tilgung 226, 242; präcludirte Zinsen 284;

c) 4 procentige 307—309; s. insbes. noch Course 267—270, 272, 291; Consolidation 293, 294.

α) 1850: 145, 308, und insbes. noch: Widerspruch des Anleihegesetzes mit
dem Aufnahmeerlass 159, Entstehung 59, Emissionscours 177, Begebung
191, Depositalfähigkeit 196, Tilgungsgesetz 131, Dotation des Tilgungsfonds 223, 225, 227, Zinsherabsetzung 135, 268, 403.

β) 1852: 145, 308, und insbes. noch: Entstehung 58, Begebung 192, Depositalfähigkeit 196, Tilgung 225, 227, Zinsherabsetzung 135, 268, 403.

γ) 1853: 145, 308, und insbes. noch: Entstehung 58, Begebung 192, Depositalfähigkeit 196, Tilgung 227.

δ) 1862: 145, 308, und insbes. noch: Entstehung 58, Begebung 192, Tilgungsfonds 227.

ε) 1868 A.: 146, 309, und insbes. noch: Entstehung 73, Etatsabschnitt 153,
Appoints 184, Begebung 191, Tilgungsfonds 227, 228, präcludirte Zinsen 284.

d) 4½ procentige 310—315; s. insbes. noch Course 266—270, 272, 291, Consolidation 293, 294.

α) freiwillige von 1848: 145, 315, und insbes. noch: Entstehung 59, 119,
Appoints 183, Begebung 191, Depositalfähigkeit 196, Rückzahlung 243,
Tilgungsfonds 223, Zinsherabsetzung 267, Tilgung aus Ablösungskapita-
lien 286, Etatsberechnung 394, 395.

β) 1854: 145, 311, und insbes. noch: Entstehung 59, Emissionscours 177,
Begebung 192, Depositalfähigkeit 196, Tilgungsfonds 227.

γ) 1855 B.: 145, 311 und insbes. noch: Entstehung 58, Begebung 192, 408,
Depositalfähigkeit 196, Tilgung 225, 227.

δ) 1856: 145, 313, und insbes. noch: Gesetzgebung 132, Entstehung 59, 60,
Begebung 190, Depositalfähigkeit 196, Tilgung 215, 229, Etatsaufstellung 394.

ε) 1857: 145, 311, und insbes. noch: Entstehung 58, Begebung 192, Depositalfähigkeit 196, Tilgung 225, 227.

B.

C.

D.

H.

Q.

R.